作者像

周绍朋经济文选

（上 册）

周绍朋 著

经济管理出版社
ECONOMY & MANAGEMENT PUBLISHING HOUSE

图书在版编目（CIP）数据

周绍朋经济文选/周绍朋著. —北京：经济管理出版社，2015.4
ISBN 978-7-5096-3636-7

Ⅰ.①周… Ⅱ.①周… Ⅲ.①中国经济—文集 Ⅳ.①F12-53

中国版本图书馆 CIP 数据核字（2015）第 039493 号

组稿编辑：杨国强
责任编辑：杨国强　张瑞军
责任印制：黄章平
责任校对：超　凡　雨　千

出版发行：经济管理出版社
　　　　　（北京市海淀区北蜂窝 8 号中雅大厦 A 座 11 层　100038）
网　　址：www. E-mp. com. cn
电　　话：（010）51915602
印　　刷：三河市延风印装厂
经　　销：新华书店
开　　本：720mm×1000mm/16
印　　张：52.5
字　　数：961
版　　次：2015 年 5 月第 1 版　　2015 年 5 月第 1 次印刷
书　　号：ISBN 978-7-5096-3636-7
定　　价：198.00 元（上、下册）

自 序

1965年8月底，还差3个月满19周岁，生在旧中国、长在红旗下的我怀揣梦想，从河南省新蔡县的一个贫穷落后的小乡村，第一次乘火车来到日夜向往的伟大祖国的首都——北京，开始了我的5年但实际上只上了还不到1年基础课的大学生活。值得庆幸的是，这是"文化大革命"前的最后一届大学生……

1978年10月初，已过三十而立的我，经过8年的工作历练之后，再一次怀揣新的梦想，听从"科学的春天就要到来了"的伟大召唤，从古城西安的一家中央直属企业再次来到阔别9年（由于备战备荒，1969年10月初，新中国成立20周年大庆一过，首都高校就都被迁到了全国各地）的北京，开始我的研究生生活，师从著名经济学家、管理学家蒋一苇教授和刘其昌教授（当时实行的是导师组和双导师制度，遗憾的是两位恩师都已先后离我们而去）。值得自豪的是，这是"文化大革命"后的第一届研究生（号称中国社会科学院的黄埔一期），随后我又有幸成为蒋一苇老师的博士研究生，从此开始了我的学术生涯。

逝者如斯夫，不舍昼夜。从1965年第一次来北京求学算起，转眼已经走过了半个世纪，真是弹指一瞬间！

摆在读者面前的这部文集分上、下两册，所收集的125篇论文和研究报告等，是从能收集到的近250篇文章中挑选出来的。可以说，它是我学习、工作和从事学术研究的真实记录。按照发表的时间排序，最早一篇是发表于1980年第6期《江淮论坛》上的《劳动力所有制与商品生产》，这是我在攻读硕士研究生时发表的一篇习作，也是我的处女作；最晚的一篇是《"市场在资源配置中的决定性作用"与政府职能转变》，曾以《市场能否在资源配置中起决定性作用取决于政府如何发挥作用》为题，部分发表于2014年4月9日的《光明日报》，二者相隔整整34年。这34年正是我国改革开放从刚刚起步到逐步深入，并走向全面深化，取得巨大成功的34年。

在读硕士研究生期间，我们和导师一起参加了由著名经济学家、时任中国社会科学院工业经济研究所所长马洪同志（后任中国社会科学院院长、国务院副秘书长、国务院发展研究中心主任等）直接领导的经济体制改革大调研，这一调研活动是我国经济体制改革整体部署的一个重要组成部分。可以毫不夸张地说，我参与了迄今为止的我国改革开放的全过程，这是我人生最大的幸运。文集中所收集的文章，大致反映了我参与改革开放的基本情况，以及在改革开放各个阶段的学术成果和学术观点。现在把这些文章汇集起来，对我本人来说，也算是一个阶段性的学术总结吧。如果还有人愿意看一眼的话，那么对同时代的同事和朋友，可以引起对我国改革开放进程的身临其境的情景回忆，而对年轻一代的同事和朋友来说，也许能从中进一步了解到我国改革开放是如何走过来的。无论是前者还是后者，我觉得都还算有一点意义。

125 篇文章按其内容和内在逻辑，共分为五个部分，即市场经济理论、经济体制改革、经济发展与宏观经济管理、企业改革与发展、企业经营管理（划分不一定科学和准确），每一部分又是按照公开发表的时间顺序编排的，以便能够与改革开放的进程相吻合。文章完全是对发表时的原文照搬，仅对极个别的明显错误进行了更正。至于文中的观点，有正确的，肯定也有错误的，错误的恳请大家批评指正。还有些文章，只有根据当时的背景去看，可能才会有意义。

2014 年 11 月是国家行政学院建院 20 周年，也是我从中国社会科学院工业经济研究所调入国家行政学院工作的第 20 个年头。这部文集在这个时候出版，似乎又增加了一丝新的含义。

最后，衷心感谢为这部文集出版付出辛勤劳动的所有同志们！

作　者

2014 年 11 月 15 日于北京

目　录

上　册

下　册

第一部分

市场经济理论

劳动力所有制与商品生产

商品生产存在的条件是什么？社会主义社会为什么还存在商品生产？劳动力是否也存在所有制问题？它与商品生产的关系如何？这些问题还有争论。本文试图就此谈一些粗浅的看法。

一

商品生产的理论，马克思在《资本论》的《商品和货币》中作了详尽的论述。由于人们对马克思关于商品制度的基本原理理解不同，加之马克思和恩格斯不曾预料到社会主义社会还存在商品生产，因而，便产生了关于商品生产存在条件的种种观点。

（1）认为社会分工和生产资料私有制是商品生产存在的条件。马克思说："各种使用价值或商品体的总和，表现了同样多种的，按照属、种、科、亚种、变种分类的有用劳动的总和，即表现了社会分工。这种分工是商品生产存在的条件，虽然不能反过来说商品生产是社会分工存在的条件。在古代印度公社中就有社会分工，但产品并不成为商品。"社会分工是商品生产存在的一个条件，其道理是不言自明的，因为同质的劳动没有交换的必要。但是，社会分工并不是商品生产并存在的充分条件。"在古代印度公社中就有社会分工，但产品并不是商品"，在未来的共产主义社会里，社会分工必将更加精细，但商品生产也将不再存在。至于私有制是商品生产存在的条件，已被社会主义公有制仍然存在商品生产的现实所否定。因为私有制存在商品生产，社会主义公有制也存在商品生产，因此，私有制只是商品生产存在的充分条件，但不是必要条件。把一个必要条件和一个充分条件一起作为商品生产存在的条件，其本身就是不科学的。

因此，社会分工和私有制不能一起作为商品生产存在的充分必要条件。

（2）认为社会主义两种公有制同时并存是商品生产存在的条件。这种观点事实上只是把私有制作为商品生产存在条件的一种变形。这种观点最早来自斯大林。斯大林第一次提出了社会主义还必须实行商品生产，这是一个大贡献。但是，他未能把问题继续引向深入。在单一的全民所有制国家里，是否就可以废除商品生产了呢？现在的问题已经越来越清楚，在整个商品世界里，不仅 19 世纪末叶的英国，在无产阶级夺取政权时，不能废除商品生产，而且在当代任何一个国家里，也还没有条件这样做。也就是说，即使在发达的资本主义国家，当经过社会主义革命，实现了单一的全民所有制时，商品生产仍然不可能很快被废除。按照斯大林的观点，必然得出全民所有制内部的产品交换不属商品交换，生产资料不属商品的结论。这种结论不符合社会主义社会生产资料仍然具有使用价值和价值属性的实际情况，被证明是错误的，而且给社会主义经济建设带来了损害。

（3）认为社会主义必须实行按劳分配是商品生产存在的条件。按劳分配是社会主义社会公有制的产物，也是社会主义公有制（确切地说，应该是生产资料公有制）的实现，但它与商品生产并没有什么必然的联系。资本主义生产是最发达的商品生产，但资本主义并没有实行，也不可能实行按劳分配，而且在资本主义社会之前，商品生产已经有几千年的历史了。正如马克思多次指出的，分配关系不过是生产关系的背面，有什么样的生产关系，就有什么样的分配关系。因而，不是按劳分配决定商品生产的存在，相反，按劳分配是以生产资料公有制为基础的商品生产的产物。

（4）认为"人们在生产发展的一定历史阶段必然形成的劳动本质差别是商品产生和存在的原因"。这是樊季刚同志在《商品产生和存在原因的再探讨》（见《中国社会科学》1980 年第 2 期）一文中提出的一种新见解。但是，所谓劳动的本质差别意味着什么呢？当然只能是具体劳动的差别，抽象劳动是谈不上质的差别的。然而具体劳动的差别是社会分工的结果，它是人类社会存在的永久条件，永远也不可能被消灭。在原始氏族社会里，虽然不存在社会分工，也还存在着自然分工，制造尽管是粗笨的石器，但与狩猎和采集毕竟是不同质的劳动。就其狩猎和采集的量而言，男女老幼之间也不可避免地存在着差异。樊季刚同志指出，劳动本质差别的消灭即是："操纵自动化生产线的工人，他们的劳动只是看仪表，按电钮，记数据，即使劳动能力多少有些差别，不同的劳动者，在同一时间内生产的产品数量将是大致相等的，或者说单位产品内所耗劳动时间，并不因人而异。""单位产品内所耗劳动时间，并不因人而异"，这只能是对相同产品而言的，并没有解决不同产品的比较问题。在这里，质和量的概念被混淆了，量的差别的消灭代替了质的差别的消灭。即使在共产主义社会里，也不可能用同种具体劳动生产出各种产品，由于生产的产品不同，相同时间里生产产品的量也就无从比较。虽然共产主义社会不存在现在的旧式分工，但毕竟分工更加精细，劳动者不可能同时从事多种劳动。任何社会里，写作和开机器都是两回事，况且还有老弱病残的存在，那种在劳动面前人人平等，既无质又无量的差别永远是不能实现的。

我们说，在共产主义社会里，脑力劳动和体力劳动的本质差别已经消灭，是二者在劳动者身上的高度结合。在共产主义高级阶段上，迫使人们奴隶般地服从分工的情形已经消失，从而脑力劳动和体力劳动的对立也随之消失之后，在劳动已经不仅仅是谋生的手段，而且劳动本身成了生活的第一需要之后；在随着个人的全面发展劳动力也增长起来，而集体财富的一切源泉都充分涌流之后——只有在那个时候，才能完全超出资产阶级权利的狭隘眼界，社会才能在自己的旗帜上写上："各尽所能，按需分配。"这里，马克思指出的迫使人们奴隶般地服从分工的情形及脑力劳动和体力劳动对立的消失决不意味着劳动本身差别的消灭。这种劳动本身的差别的消灭是不能实现的。

（5）认为社会主义生产单位的相对独立性是商品生产存在的条件。那么相对独立性指的是什么呢？显然不是指社会生产的组织形式，任何社会生产都不可能在一个大工厂里进行。如果是这样，问题就又归结为社会分工了。如果指的是独立的经济核算，贯彻物质利益原则，为什么实现生产资料公有制以后，还要贯彻物质利益原则呢？这恰恰是要进一步挖掘的问题。上述关于商品生产存在的种种条件，有些是商品生产存在的必要条件，有些是商品生产存在的充分条件，但都不能成为商品生产存在的充分必要条件。问题的关键在于要找出一种条件，使得它的存在必然导致商品生产的存在。同时，只要商品生产还存在，这个条件就不会被消灭，这就是商品生产存在的充分必要条件。

二

为了研究商品存在的充分必要条件，简单回顾一下商品生产的历史是必要的。商品生产不是现在才有的，也不是从来就有的，它是人类历史发展到一定阶段的产物，是一个历史的范畴。商品生产的幼芽产生于原始社会末期，经历了奴隶社会和封建社会的简单商品生产，到了资本主义才得到了充分的发展。不可否认，社会主义商品生产是商品生产的最后阶段。商品从无到有，并将从有到无，其间经历了并将经历着长期的发展变化，但就商品的共同属性，即商品一般而言，商品的发展变化只是一个量的变化。商品的产生和消亡是一种质的飞跃，而引起这种质变的条件才是我们研究商品存在的最重要的东西。

原始社会是没有商品交换的，那时的生产力水平十分低下，迫使人们只有结合成原始共同体才能生存下去，这种原始共同体的一个最大特点是，人们共同进行劳动，劳动得来的食物按男女老幼进行分配。共同体不仅占有简单粗笨的劳动工具，而且主要是占有劳动者本身。商品的幼芽——共同体之间的物物交换是劳动者属于不同的共同体引起的。后来发生在共同体内部的交换，是由于随着生产力的发展，劳动者企图摆脱共同体的必然结果。劳动已经有了剩余，劳动者已经产生了私有观念，共同体已经不能从根本上占有他们了。随着人们逐渐对共同体的摆脱，原始共同体瓦解，私有制产生，商品制度也就真正被确立了。

通常我们说到所有制形式，一般都是针对生产资料而言的。对于劳动力是否也存在一个所有制问题是有争论的。我同意劳动力存在所有制问题的观点，劳动力作为生产力的一个决定性因素，其所有制形式与生产资料所有制形式一起构成社会生产关系的基本内容。马克思在研究资本主义生产过程时，曾提出过劳动力的所有权问题。他说"他作为人，必须总是把自己的劳动力作为自己的财产，从而当作自己的商品"，"要做到这一点，他必须始终让买者只在一定期限内暂时支配他的劳动力，使用他的劳动力，就是说，他在让渡自己的劳动时不放弃对它的所有权。"根据马克思的这些论述，一些同志认为，只有在资本主义的生产条件下，才存在劳动力的所有权问题。理由是，只有当劳动者成为"人身自由的人"，并且"自由"到除了自己的劳动力之外，再也一无所有的时候，他才不得不把自己的劳动力出卖给资本家，从而发生劳动力的所有关系。但是我认为，在任何社会形态下，劳动力的生产和再生产都需要一定的劳动来补偿，只是这种补偿劳动在不同的经济时期有不同的表现形式。当它被当作商品拿去出卖的时候，存在一个所有权问题；当它不被拿去出卖，与生产资料直接结合的时候，同样存在一个所有权问题。马克思说："不论生产的社会形式如何，劳动者和生产资料始终是生产的因素。但是，二者在彼此分离的情况下，只在可能性上是生产因素。凡要进行生产，就必须使他们结合起来。实行这种结合的特殊方式和方法，使社会结构区分为各个不同的经济时期。"

那么，判别一种劳动力所有制性质的最主要标准是什么呢？这要看劳动力的生产和再生产的费用由谁来承担，谁承担这部分费用，劳动力就应该归谁所有。按照这个标准，历史上不同社会形态下的劳动力所有制形式可以划分为劳动力公有制和劳动力私有制两大类型。其中私有制中又可以分为劳动力本人占有和劳动力他人占有两种形式。正是这些不同的劳动力所有制形式和不同的生产资料所有制形式以及它们之间的不同组合，决定着不同的生产方式，形成不同的社会阶段。例如，原始社会是由生产资料和劳动力的公有制结合而成的。但是这种公有制都是低级的公有制，是由生产力水平的低下决定的。奴隶社会和封建社会是由生产资料的私有制和劳动力的私有制结合而成的，它们之间的区别又在于劳动力他人所有制和劳动力部分他人所有与部分本人所有制。资本主义社会则是由生产资料私有制和劳动力完全本人所有制，并且二者间接结合而成的。在这些社会阶段中，原始社会是非商品的经济，奴隶社会和封建社会是简单商品经济，资本主义社会是资本主义的商品经济。

社会主义社会是生产资料已经实行公有制的社会，但是资产阶级权利也只是在这个范围内才被消灭了。"处于私人地位的生产者"所提供的劳动还是"自己的劳动"，社会还"默认不同等的个人天赋，因而也就默认不同等的工作能力是天然特权"。个人消费品仍然是按照劳动者向社会提供劳动的质和量来分配的，劳动力再生产的费用基本上还是由劳动者本人承担，劳动力在事实上还是属于劳动者个人所有。在这种情况下，劳动者与社会，劳动者与劳动者之间所进行的劳动交换还只能采取等价的形式。这就是社会主义仍然实行物质利益原则的终极原因，也是社会主义社会仍然存在商品生产的根本条件。

在研究商品生产的时候，我们把生产资料的所有制形式和劳动力的所有制形式分开来考察是符合马克思主义基本原理的。劳动交换之所以按照商品交换的形式进行，劳动产品属于不同的所有者是一个原因，但产品的不同所有与生产资料的不同所有是不同的两回事。按照马克思的劳动价值论，价值的创造仅仅与活劳动相联系，即与劳动力的使用相联系。因此，除了生产资料的补偿以外，产品的净值 V + M 在作了各种扣除之后应该全部归劳动者所有。劳动力的不同占有必然带来产品的不同占有，商品的交换也就不可避免的了。

但是，还应该指出，社会主义的劳动力本人所有制与资本主义的劳动力本人所有制又有着本质的区别。社会主义的劳动力本人所有制是与生产资料的公有制相结合的，它虽然还承认不同等的个人占有不同等的劳动力是一种天然特权，但任何人都不再占有他人的劳动力，劳动力不再成为商品。同时，劳动既是个人的劳动力，又是社会总劳动力的一个有机组成部分。因此，一方面，社会主义社会的劳动者存在自由寻找职业的权利；另一方面，这种自由又受到社会劳动计划的约束。这种约束归根结底是社会主义社会还不能彻底消除旧式分工的结果，劳动者还不能充分自由地得到全面发展。

毫无疑问，建立在社会主义生产资料公有制之上的劳动力本人所有制的上述特点给商品生产带来了深刻的变化，使商品生产的目的不再仅仅是价值或剩余价值的生产，这为价值和使用价值、生产和消费的统一提供了可能性，使马克思建立的劳动价值论的伟大学说在实践中得以贯彻。

生产力的发展水平决定所有制的形式，从而决定社会的性质。资本主义的生产发展提供了消灭生产资料私有制的可能性，社会主义生产的发展必将为消灭劳动力的私有制创造条件。可以设想，未来社会一旦占有了生产资料，又占有了劳动力，商品生产也就被废除了。可见，劳动力的私人占有是商品生产存在的充分必要条件。

那么，怎样才算社会占有了劳动力呢？如何才能实现这种占有呢？我认为社会占有劳动力的标准有两条：第一，劳动力再生产的全部费用由社会给予最充分的供应；第二，劳动者能够自觉地向社会提供最充分的劳动能力。显然，这些条件是无法通过暴力实现的，因而，劳动力的社会占有远比生产资料的社会占有要困难得多。

由于社会主义社会还不能实现对劳动力的社会占有，所以，商品生产必然存在于整个社会主义阶段。实现各尽所能、按需分配的条件是社会产品极大丰富，劳动者的劳动能力及共产主义觉悟极大提高。也就是说，那时的社会有能力以最高的质量实现劳动力的再生产，那时的人们"也不是现在的庸人"，他们将向社会提供自己的全部劳动能力，即劳动已经成为一种享受，不再是谋生的手段，"使得集体财富的一切源泉都充分涌流"。如果把这些条件的实现寄托于劳动者提供劳动质量和数量差别的消灭，仍然没有跳出等价交换的狭隘界限。

一切社会现象最终都与生产力的发展水平相联系。生产力的发展使商品生产在一定的历史阶段得以产生和发展，同时，生产力的进一步发展，也必将造成商品生产消亡的条件。但是生产力的发展是一个历史过程，人类不能选择自己的生产力，因而也不能选择自己的生产关系，商品关系的存在是不以人们的意志为转移的，任何不顾生产力发展水平，企图人为地取消商品生产的做法都将遭到失败。空想社会主义者欧文的"劳动商场"的试验失败了，伟大的共产主义者、无产阶级革命的导师列宁也承认自己企图取消商品生产、货币交换的想法是错误的，我们的"共产风"同样失败了。但是失败又使人们认识了真理，"人们不能自由选择自己的生产力——这是他们的全部历史的基础，因为任何生产力都是一种既得的力量，以往的活动的产物"。我们深信，随着生产力的不断发展，商品生产必将退出历史舞台，一个无限美好、各尽所能、按需分配的共产主义社会必将实现。

参考文献

[1]《马克思恩格斯全集》第 23 卷，第 55 页。

[2]《马克思恩格斯选集》第 3 卷，第 12 页。

[3]《马克思恩格斯全集》第 23 卷，第 191 页。

[4]《马克思恩格斯全集》第 24 卷，第 44 页。

[5]《马克思恩格斯选集》第 3 卷，第 12 页。

[6]《列宁选集》第 3 卷，254 页。

[7]《马克思恩格斯选集》第 4 卷，第 321 页。

（原载于《江淮论坛》1980 年第 6 期）

计划经济　商品经济
有计划的商品经济

社会主义经济是计划经济。社会主义经济是商品经济。社会主义经济是有计划的商品经济。这几个命题是否都是正确的？它们之间的关系如何？本文试谈一点看法。

一、社会主义经济是计划经济

社会主义经济是计划经济，这是社会主义经济的根本标志之一。说社会主义经济是计划经济，是相对于资本主义社会生产的无政府状态和周期性危机而言的。由于社会主义社会实行生产资料公有制，人们有可能在整个社会范围内有计划地组织生产，充分利用人力、物力和其他社会资源，提高社会经济效益，实现其生产目的。但由于过去我们对计划经济的片面理解，以为计划经济就是把种种社会经济活动都纳入计划，实行计划经济就必须建立以指令性计划为主的高度集中的计划管理体制，于是把客观上复杂多变的经济活动搞得很死，使社会主义经济的优越性不能得到充分的发挥。若进一步分析，上述偏差原因就是把计划经济当作了社会主义经济的唯一特征，从而把它同商品经济对立起来。其实，说社会主义经济是计划经济，只是按照管理方式的划分来判明其经济性质，并不排除还可按其他划分来判明其经济性质，如公有制经济、商品经济等。

二、社会主义经济是商品经济

社会主义经济是商品经济，对于这一命题是否正确，人们一直有不同认识。传统观点是斯大林晚年在《苏联社会主义经济问题》中提出的，即社会主义还存在商品生产，但只局限于生活消费资料部分，其原因是社会主义还存在两种不同形式的生产资料所有制。党的十一届三中全会以后，我们对这个问题的认识有了突破，承认在社会主义时期，不仅生活资料是商品，生产资料也是商品。但直到党的十二届三中全会才正式提出发展社会主义商品经济的问题。说社会主义经济是商品经济，是按照社会生产的客观运动过程来划分经济性质的。所谓经济，就是生产—交换（流通）—分配—消费的统一体。而经济的性质，则取决于这一统一体的主体形式。既然社会主义还普遍存在商品生产和商品交换，分配和消费也是通过交换实现的，则社会主义经济就必然还是商品经济。当然社会主义商品经济具有区别于其他商品经济的特征：一是实行生产资料公有制；二是劳动力退出商品的范围，实行按劳分配；三是自觉运用价值规律，有计划地组织社会生产。

三、社会主义经济是有计划的商品经济

在确认前两个命题是正确的之后，这一命题的正确性就很显然了。社会主义经济是有计划的商品经济，有计划的商品经济也只能是社会主义经济。严格说来，只有这样描述社会主义经济才是科学的。它既反映了社会主义经济的特征，又避免了把计划经济和商品经济当成两回事，甚至对立起来的错误观念。

有计划的商品经济，其社会生产的内在运动是商品生产和商品交换，只是这种商品生产和商品交换建立在一般商品经济所不具备的特殊条件之上，即生产资料公有制和按劳分配，它使人们有条件而且必须有计划地组织社会生产。但有计划地组织毕竟是一种主观行为，只有当人们的主观行为和客观实际相符合时，才能达到预期的效果。因此，我们在进行社会主义经济计划管理的时候，必须尊重和运用价值规律。总之，《中共中央关于经济体制改革的决定》对我国经济性质的概括，是符合我国现阶段经济发展的实际的，是对马克思主义经济理论的重大发展。

（原载于《北京日报》1985 年 4 月 20 日）

积极探索公有制实现形式

　　江泽民同志在党的十五大报告中指出，公有制为主体、多种所有制经济共同发展是我国社会主义初级阶段的一项基本经济制度。同时还指出，公有制的实现形式可以而且应当多样化。一切反映社会化生产规律的经营方式和组织形式都可以大胆利用。要努力寻找能够极大促进生产力发展的公有制实现形式。这为调整和完善所有制结构，加速由计划经济体制向社会主义市场经济体制转变指明了方向。

　　在计划经济体制下，非公有制经济的发展受到极大限制，公有制的实现形式又比较单一，这种不合理的所有制结构很不适应社会主义初级阶段生产力发展的要求。在由计划经济体制向社会主义市场经济体制转变过程中，积极探索多样化的公有制实现形式，具有极其重要的意义。

　　首先，只有公有制实现形式的多样化，才能搞活公有制经济。过去，公有制经济活力不足，除了企业缺乏必要的生产经营自主权外，主要是由于公有制实现形式比较单一。特别是实行国有国营的全民所有制形式，企业之间就很难形成不同的市场主体，则职工吃企业大锅饭、企业吃国家大锅饭的问题就不可避免。在两个大锅饭的情况下，企业生产经营的效率就不可能提高，而效率不高的经济是不可能有活力的。即使是集体所有制经济，在计划经济体制下，由于严重地存在着产权不清晰和平均主义等问题，也缺乏应有的活力。只有公有制实现形式多样化，才能使企业之间具有清晰的产权边界，从而在公有制经济内部形成多元化的市场主体和利益主体。多元化的市场主体和利益主体之间形成竞争，才能使整个经济充满活力。

　　其次，只有公有制实现形式的多样化，才能巩固和发展公有制的主体地位。党的十五大报告指出，公有制的主体地位主要体现在公有资产在社会总资产中占优势。同时还指出，公有资产占优势，要有量的优势，更要注重质的提高。质和量是辩证的统一，没有量，也就说不上质，但如果质很差，不仅量失去了意义，而且还会带来负效应。如一些品质较差的国有资产，在经过一个时期运行之后，不仅不能带来经济效益，而且还会造成很大亏损。很显然，如果这样的资产太多，不仅不能显示出优势，还会给经济发展带来很大负担。可以说，质的高低，对能否保证量的优势具有决定性的意义。在计划经济体制下，由于非公有制经济受到很大限制，有的根本不允许发展，因而，不论公有资产的质怎样，都能保持公有制的主体地位。但在多种经济成分共同发展的市场经济体制下，如果公有资产不注重质的提高，则很难长期保持公有制的主体地位。一些同志担心公有资产的比重不断下降会影响公有制的主体地位，但他们又不主张"通过公有制实现形式多样化，从而用增强公有制经济活力的办法，去巩固和发展公有制的主体地位"，而是主张仍然采取以往的老办法，即限制其他所有制经济发展的办法，去消极维持公有制的主体地位，这显然不符合建立社会主义市场经济体制的客观要求，也是阻碍社会生产力发展的，因而是错误的。在运用改革的手段，打破单一的公有制经济和单一的公有制实现形式，逐步实现所有制结构合理化之后，任何一种经济成分要巩固和发展自己的地位，都必须增强自己的活力。非公有制经济是这样，公有制经济也是这样。改革以来的实践证明，仅仅运用原有单一的公有制实现形式，很难使公有制经济的活力进一步增强。因此，探索多样化的公有制实现形式，是一个关系到增强公有制经济活力，巩固和发展公有制的主体地位，保证有中国特色的社会主义经济健康发展的大问题。

最后，只有公有制实现形式的多样化，才能建立和完善社会主义市场经济体制。社会主义市场经济体制是建立在公有制为主体、多种经济成分共同发展的所有制结构基础之上的。社会主义市场经济的本质是在国家的宏观调控下，充分发挥市场机制的作用，使市场成为资源配置的主要的、基础性的方式。然而，如果作为主体地位的公有制经济，其实现形式仍比较单一，则在整个国民经济中就很难形成合理的市场主体和利益主体结构。而没有合理的市场主体和利益主体结构，市场经济体制就很难建立健全起来。一些国家在向市场经济过渡中，放弃了社会主义制度，走上了私有化的道路，这在中国显然是行不通的。而单一的公有制实现形式，特别是国有国营的全民所有制经济，又很难与市场经济体制有机地融合起来。所以我们的根本出路是要经过大胆探索，在实行公有制为主体、多种所有制经济共同发展的基本经济制度的同时，使公有制实现形式多样化。

在企业改革的实践中，我们经常会陷入这样一种矛盾：在一些关键的行业和企业，一般都要以实行国有独资公司的形式使国有资产占控股地位，以增强国有资产的控制力，更好地发挥国有经济的主导作用，但往往又是国有资产的独资和控股地位极大地限制了市场机制的作用，影响了企业经营机制的转换。要解决这一矛盾，就必须按照党的十五大报告的要求，继续调整和完善所有制结构。一方面，要在国家控制国民经济命脉、国有经济的控制力和竞争力得到增强的前提下，使某些地区和领域里的国有经济比重减少一些；另一方面，要使公有制实现形式，特别是国有制实现形式多样化。

根据生产力发展和改革开放的要求，我国现阶段的国有制经济和集体所有制经济可以有以下实现形式。

就国家所有制来说，按照国有资产出资的多少，可以分别采取国有独资公司、国有绝对控股公司、国有相对控股公司和国有参股公司等多种形式。国有独资公司，只有国家一个投资主体，出资人应当由国有资产经营公司或国家授权建立的投资机构担当。国有独资公司的数量不宜过多，一般较适合于资源、技术和产品必须由国家垄断的行业、企业，以及那些其他经济成分不愿投资的公益性行业、企业等。即使这种国有独资公司，也必须实行出资者所有权和企业法人财产权相分离，以确保企业的法人地位。国有绝对控股公司，投资主体是多元化的，但国有股本必须占企业全部股本的50%以上。除国有股本外，其他股本可以是集体资本，也可以是私有和个体资本。这种公司形式较适合于那些虽属国民经济命脉，但也需要实行竞争的行业、企业。国有相对控股公司，虽然国有资本处于控股地位，但股本却在50%以下。在投资主体很多的股份公司中，国有股本占百分之十几，甚至百分之几就可以处于控股地位。这种公司形式较适合于那些比较重要，但不属于国民经济命脉的行业、企业。国有参股公司，国有资本不占控股地位，对企业的生产经营缺乏控制力，国有资产只是按照它在企业总资产中的比重享有相应的权力和利益。这种公司形式较适合于一般性的行业、企业。

上述国有独资、控股和参股公司，可以设在国内，也可以设在国外。其员工可以是中国公民，也可以是外国公民。对于中国公民来说，他们不仅是企业的经营者和劳动者，而且还通过国家对国有资产间接地享有出资人的权利。

对集体所有制经济来说，按照出资者和出资方式的不同，既可以采取由某一集体性质的组织（如乡镇、街道等）出资的集体经济形式，也可以采取由企业员工共同出资，实行劳动者的劳动联合与劳动者的资本联合相结合的股份合作制的经济形式。

由某一集体性质的组织出资建立的集体企业，也必须实行出资者所有权与企业法人财产权相分离。出资者所有权由出资单位通过一定的形式行使，法人财产权由企业行使。这种集体企业的员工可以是出资单位的成员，也可以是出资单位以外的劳动者。对属于出资单位成员的员工，他们不仅是企业的经营者和劳动者，而且还通过他们所在的集体对集体资产间接地享有出资人的权利。

由劳动者的劳动联合和劳动者的资本联合共同组成的股份合作制经济是

集体经济的一种重要形式。这种集体经济的主要特点是，企业的员工既是出资者，又是劳动者。劳动联合是基础，资本联合采取股份形式。在分配制度上，则实行按劳分配和按股分红相结合。它是一种适应我国现阶段生产力水平和社会主义市场经济体制要求，有利于实现政企分开和企业经营机制转换，充分发挥劳动者积极性，促进企业经济发展的公有制实现形式。因此，江泽民同志在十五大报告中提出，对这种集体经济尤其要提倡和鼓励。

（原载于《企业活力》1997 年第 11 期）

关于公平、不平等与效率问题的思考

近期，笔者有机会主持了一场世界银行副行长、首席经济学家弗朗索尼·布吉尼翁教授的报告会，其题目为"不平等和经济增长"，这引发了笔者对公平、不平等与效率关系问题的思考。关于公平与效率的关系，在我国学术界已讨论了多年。随着改革开放的不断深入，我国的各项政策在体现公平与效率的关系上也不断发生着变化。针对改革开放前我国实行的绝对平均主义、大锅饭的分配体制，党的十四大在确立我国经济体制改革的最终目标是建立社会主义市场经济体制的同时，还把"兼顾效率与公平"作为经验总结写进了会议决议。但从党的十四届三中全会开始，在效率与公平关系的提法上发生了一个很重要的变化，即把"兼顾效率与公平"改为"效率优先，兼顾公平"。这一改变的目的显然是为了进一步提高效率。也就是说，在当时，平均主义与效率低下仍然是主要矛盾。最近几年，随着我国收入分配差距的进一步扩大，社会公平问题越来越受到人们的关注。我国著名经济学家刘国光教授还专门撰写文章，发出了"进一步重视社会公平问题"的呼吁。在本文中，我只想从公平、不平等和效率这几个概念出发，进一步谈谈它们三者之间的关系问题。

一、公平不应成为效率的对立物

在人们讨论效率与公平的关系问题时，通常是把公平当成效率的对立物来考察的。也就是说，一个社会越公平，效率就越低下。反之，在一定的范围内，社会越不公平，效率就越高。因此，在处理公平与效率关系问题上，人们往往面临一个两难的选择。特别是我国是一个社会主义国家，它的一个重要特征是主张社会公平。但要保持社会公平，就必须牺牲效率。按照这种逻辑关系，社会主义与效率天生就是矛盾的。笔者认为，这是一个很大的误区。公平不应成为效率的对立物，而应成为效率的推动力。这里涉及对公平的理解问题。

所谓公平，就是不偏不倚的意思，它与平均主义完全是两回事。《现代汉语词典》上对公平的解释是：处理事情合情合理，不偏袒哪一方面。如果这种解释是正确的，那么公平又怎么会影响效率呢？相反，公平只能有利于调动各方面的积极性，从而有利于效率的提高。例如，我们在进行各种比赛，特别是体育比赛时，一个最基本的原则就是公平、公正、公开。只有公平、公正、公开，才能吸引更多的人去参与比赛，也才能创造出更好的成绩。很显然，公平与效率不是矛盾的，而是统一的。

前面提到的弗朗索尼·布吉尼翁教授"不平等与经济增长"的报告中，他首先对公平、不平等和效率作了一个界定，然后才讨论不平等与经济增长的关系问题。弗朗索尼·布吉尼翁指出，公平主要是指机会均等，不平等指的是结果上存在的差异。笔者认为，这一界定对研究公平、不平等、效率及经济增长的关系问题极为重要。最近，在"2005年诺贝尔奖获得者北京论坛"上，著名经济学家夏威尔·萨拉—伊—马丁演讲的题目是《收入分配、贫困、不平等与经济增长》，他在讲到中国的收入分配差距拉大时使用的也是"不平等"在加剧，而不是"社会不公平"在加剧。夏威尔·萨拉—伊—马丁指出，1978年之后，中国发生了巨大变化，尤其是在20世纪90年代，中国的老百姓变得更加富有，富有的中国人比贫穷的中国人收入增长更快，不平等现象进一步加剧。在2000年情况更是如此，大家都知道中国的不平等在加剧。他还指出，中国的富人以更快的速度富裕起来，同时在贫困线以下的人口数量也在下降。一方面是不平等在加剧，另一方面贫困在中国也在减少。这不仅对中国很重要，对世界也很重要，因为中国是世界上人口最多的国家。中国的贫困率下降，就意味着很多中国人，当然也意味着很多世界人口将摆脱贫困。笔者认为，夏威尔·萨拉—伊—马丁教授对中国情况的评述是客观公正的，因而也是正确的。

不平等在加剧，但贫困（当然是马克思所说的"绝对贫困"）却在减少，这是好事还是坏事呢？当然是好事，至少比"不平等在减少、贫困在增加"要好。如果从机会和结果，即公平与不平等两个方面来考察，改革开放以后中国所发生的变化更是令人鼓舞的。就机会而言，包括就业、升学、医疗卫生、户口迁移、人口流动、享受公共服务等方面，中国的老百姓无论是生活在乡村，还是生活在城市，也无论是生活在经济发达地区，还是生活在经济欠发达地区，从总体上看，应当说是越来越公平了，而不是越来越不公平了；就结果而言，不平等在加剧，贫困却在减少。这虽然不是坏事（至少不是绝对的坏），但我们也不能用贫困的减少去掩盖不平等加剧带来的社会矛盾。因为这种不平等对社会稳定和经济增长都会带来不利影响。

二、必须把不平等限制在一定的范围内

说中国的不平等在加剧，主要是指中国的收入差距在进一步拉大，这是一个不争的事实。如城镇和农村居民的收入差距，1978 年为 2.47∶1，2003 年则拉大为 3.24∶1；基尼系数 1988 年为 0.341，2000 年则上升为 0.417。近几年仍在继续增加。就收入分配而言，平等只能是相对的，不平等则是绝对的。如果把它同效率联系起来，很显然，平等是影响效率的，而限制在一定范围内的不平等则是有利于提高效率的。这大概就是我们把"兼顾效率与公平"改为"效率优先，兼顾公平"的目的所在吧（也许把这里所说的"公平"改为"平等"更为确切些）。我们必须保持一定的不平等，并把这种不平等限制在一定的范围内，才能既有利于效率的提高，又有利于社会的和谐与稳定。

人们在强调社会分配应当公平时，主要是指分配标准、分配程序和分配规则要公平、公正，而不是要使分配结果完全平等。在不同的社会制度下，分配的标准、程序和规则是不同的。在资本主义社会里，分配的标准是资本，因此按资分配是资本主义的铁的规则，只要真正实现了按资分配，就被认为是公平的，而不管分配的结果是多么不平等。马克思在《哥达纲领批判》中曾经指出：什么是"公平的"分配呢？难道资产者不是断定今天的分配是"公平的"吗？难道它事实上不是在现今的生产方式基础上唯一"公平的"分配吗？因此，马克思认为，要实现真正的公平的分配，必须彻底改变资本主义的生产方式。马克思指出："消费资料的任何一种分配，都不过是生产条件本身分配的结果。而生产条件的分配则表现生产方式本身的性质。例如，资本主义生产方式的基础就在于：物质的生产条件以资本和地产的形式掌握在非劳动者的手中，而人民大众只有人身的生产条件，即劳动力。既然生产的要素是这样分配的，那么自然而然就要产生消费资料的现在这样的分配。如果物质的生产条件是劳动者自己的集体财产，那么同样要产生一种和现在不同的消费资料的分配。"毫无疑问，马克思的上述论断是完全正确的。这就是说，如果没有人们在生产资料占有上的完全平等，则消费资料分配上的所谓公平是不可能实现的。正是基于这一点，马克思才提出在"一个集体的、以共同占有生产资料为基础的""共产主义社会第一阶段"（实际上就是我们所说的社会主义社会）里，必须实行按劳分配原则，因为在这样的社会里，"除了自己的劳动，谁都不提供其他任何东西"。在谈到按劳分配时，马克思进一步指出，"在这里平等的权利按照原则仍然是资产阶级的法权"，"这个平等的权利还仍然被限制在一个资产阶级的框框里。生产者的权利与他们提供的劳动是成比例的；平等就在于以同一的尺度——劳动——来计量"，"这种平等的权利，对不同等劳动来说是不平等的权利"，"所以就它的内容来讲，它像一切权利一样是一种不平等的权利"。按劳分配尚且是一种不平等的权利，那又怎么谈得上现实社会中分配上的平等呢？

我们现在所处的社会阶段，显然还达不到马克思所说的"共产主义社会第一阶段"的水平，但它也绝不是资本主义阶段，而是"社会主义初级阶段"。在这个阶段里，我们所实行的是"公有制为主体、多种所有制经济共同发展的基本经济制度"，这就决定了我们现行的分配制度既不是资本主义的按资分配，也不完全是社会主义的按劳分配，而是按劳分配和按生产要素分配的结合。如果向社会提供劳动和生产要素的人们都能依法取得合理的报酬，则这个分配就是公平的。至于分配上出现的差距，那不是公平不公平的问题，而是平等不平等的问题。如果一个社会的收入分配差距过大，甚至超出了它的承受能力，就会危及社会的稳定，政府必须采取有力措施加以调节。除了分配政策的调节外，关键是调节生产要素，特别是生产资料的占有问题。

所谓调节生产要素，特别是生产资料的占有问题，实际上是调节所有制结构。按照马克思主义的观点，所有制对分配制度起决定作用，而分配制度又是所有制的实现。如果我们现行的分配制度与所有制结构是相适应的，那么分配制度就是公平的。如果分配结果差距太大，首先要看所有制结构是否合理。也就是说，要看以公有制为主体的地位是否得到了保证。如果所有制结构上出了偏差，就不能只从分配制度上采取措施。只要所有制结果是合理的，分配制度就应当是公平的。也就是说，我们能够允许非公有制经济发展到什么程度，就应当允许收入分配的差距扩大到相应的程度。我们绝不能一方面允许非公有制经济的大力发展，另一方面又不允许收入分配差距的扩大，因为这是违反马克思主义的，也是根本不可能的。如果硬要这样做，那只能会降低资源配置的效率，最终会影响非公有制经济，从而影响整个经济的发展。很难设想，一个拥有亿万生产资料的富翁与一个不拥有任何生产资料的打工者在收入分配的结果上会是平等的。

应当说，从总体上看，我国当前的收入分配差距与城乡二元经济结构和所有制结构是相适应的。人们所说的收入分配不公和分配差距过大，主要还不是由于所有制结构调整造成的分配结果上的差别，而是由于在一次分配中还严重地存在着税收不合理和偷逃税款等违法现象。在二次分配中，特别是在提供公共产品和劳务、健全社会保障体系、实行财政转移支付等方面还存在诸多问题，而这正是需要通过收入分配政策的调整和法制的健全来解决的。

三、要正确处理公平与不平等的关系

从以上分析中可以看出，机会公平与一定范围内的结果不平等都是有利于提高效率的。在市场经济条件下，政府所能做到的，就是尽可能为每一个公民提供公平的机会，包括受教育、就业和享受社会公共服务等方面的机会，同时还要通过一定的政策调节，把结果的不平等限制在一定的范围内。这就需要正确处理公平与不平等的关系。首先，必须把公平和平等严格区分开来，决不能把机会的公平误认为是结果的平等，否则就会重新走向平均主义的没有效率的老路。其次，还要充分注意到机会公平与结果不平等之间的辩证关系。一方面，机会不公平会对结果产生重大影响，而机会公平则有利于消除结果上的不平等，但机会公平并不必然导致结果的平等，就像两个人可以有完全公平的受教育的机会，但受教育的结果不能保证每一个人都能取得博士学位一样；另一方面，我们还应当充分注意到，不平等的结果又会对机会公平产生重要影响。毫无疑问，富人及其子女往往会比穷人及其子女在受教育、医疗、就业等方面享有更多、更好的机会，而这种不公平的机会往往又会带来新的结果的不平等。政府的责任，就是要通过机会的公平去打破那种穷人越穷、富人越富的循环，而不是通过结果的平等去实现机会的公平。否则，必然会造成效率低下，从而造成共同贫穷的结果。为了尽可能地减少不平等的结果对机会公平的影响，政府一方面需要尽可能提供充足的公共产品和服务，并不断提高社会福利水平，另一方面，还需要通过强有力的政策措施，把分配结果上的不平等限制在社会能够承受的范围之内，从而把公平、不平等和效率很好地统一起来，以保证经济社会和谐高效地发展。

参考文献

[1] 马克思. 哥达纲领批判 [M]. 北京：人民出版社，1971.
[2] 刘国光. 进一步重视社会公平问题 [J]. 市长参考，2005 (5).

（原载于《市长参考》2005 年第 10 期）

论邓小平社会主义市场经济思想的
形成与发展

——纪念《邓小平鲁山报告》六十周年

  1948 年 4 月 25 日，邓小平同志在河南鲁山召开的豫陕鄂前委和后委联席会议上作了《跃进中原的胜利形势与今后的政策策略》的报告（见《邓小平文选》第 1 卷），即《邓小平鲁山报告》。邓小平同志早期的经济思想比较集中地反映在《邓小平鲁山报告》中。本文从《邓小平鲁山报告》中所反映的邓小平同志的早期经济思想入手，通过对邓小平同志有关讲话和著作的梳理，探讨了邓小平同志市场经济思想的形成与发展历程，以及它在我国经济体制改革中所发挥的重大作用。笔者认为，《邓小平鲁山报告》是邓小平社会主义市场经济思想的起点，虽然在他早期的其他著作中也有不少关于新民主主义经济建设和发展经济的论述，但从市场经济角度论述新民主主义经济建设和发展问题最早还是在《邓小平鲁山报告》中。我国的经济体制改革是在包括邓小平社会主义市场经济思想在内的邓小平理论的指导下进行的，改革的伟大实践又为邓小平社会主义市场经济思想的发展提供了极为丰富的营养。

  我国改革开放 30 年的最大成果是：从理论与实践的结合上建立和不断发展了中国特色社会主义，其中包括建立和不断完善了社会主义市场经济体制。社会主义也可以搞市场经济是邓小平同志提出来的。可以说，没有邓小平同志，就没有社会主义市场经济；而没有社会主义市场经济，也就没有中国特色的社会主义，社会主义市场经济的理论和实践是中国特色社会主义的理论和实践的重要组成部分。在新的历史时期，研究邓小平的市场经济思想，对于把中国特色社会主义建设推向一个新阶段具有极为重要的意义。

  1948 年邓小平在鲁山所做的报告中，邓小平同志指出："像鲁山街上这个小市场，如果倒闭了，起码有一万人失掉生计，马上向你伸手要饭吃。我们这个区有三万人靠种植烟草生活，如果纸烟厂垮了，不能出口，这三万人马上没有饭吃，没有衣穿。究竟是打倒了资本家？还是打倒了老百姓？我看这不是打倒了资本家，而是打掉了人民的生计。官僚资本是指四大家族那个集团，不是官僚加资本，不然县长开个店也得没收了。如果我们在工商业问题上搞得不好，解放区的经济无法建设，人民的生活要受影响，那时国民党不叫我们走，我们也得走，革命就要失败。所以要解决好工商业政策问题。私人工商业是新民主主义经济不可缺少的一部分，我们要扶助它发展。"在这段论述中，邓小平深刻阐述了市场在新民主主义经济发展中的重要作用，以及在市场经济条件下的劳资关系等问题。同时，他还在此报告中阐述了如何正确看待资本剥削劳动的问题："资本家做生意，当然要赚钱，而且要有剥削，但是一个商号倒闭了，或者我们把它没收了，要影响到比资本家剥削所得多得多的人民的生计。我们要看看自己的脚究竟站在哪里，怎样做才是更好地为群众。说不让资本家剥削，听起来是革命思想，一算账就知道这不是革命思想，并可使革命遭受失败。"这些论述已孕育了社会主义社会也可搞市场经济的思想萌芽，为邓小平的社会主义市场经济思想奠定了基础。

新中国成立后直到"文化大革命"前夕，由于逐步建立和实行了高度集中的计划经济体制，加上当时以阶级斗争为纲的政治大环境，邓小平同志的经济思想没有得到应有的发展。但从在他担任政务院副总理兼财政部部长期间对经济工作的一些重要指示中，始终可以看到市场经济思想的闪烁。如1954年1月13日他在全国财政厅局长会议上的报告（见《邓小平文选》第1卷）中就提出了实行财政包干和自留预备费，节余留用不上缴等问题；在1962年7月7日接见出席中国共产主义青年团三届七中全会全体同志的讲话（见《邓小平文选》第1卷）中指出："生产关系究竟以什么形式为最好，恐怕要采取这样一种态度，就是哪种形式在哪个地方能够比较容易比较快地恢复和发展农业生产，就采取哪种形式；群众愿意采取哪种形式，就应该采取哪种形式，不合法的使它合法起来。""现在要恢复农业生产，也要看情况，就是在生产关系上不能完全采取一种固定不变的形式，看用哪种形式能够调动群众的积极性就采用哪种形式。现在看来，不论工业还是农业，非退一步不能前进。你不承认这个退？农业不是在退？公社不是在退？公社核算退为大队核算，大队核算又退为生产队核算，退了才能前进。"这些论述与邓小平同志后来提出的社会主义市场经济理论是一脉相承的。

"文化大革命"结束后，邓小平同志重新担任了党和国家的重要领导职务，作为我国改革开放的总设计师，他的社会主义市场经济的思想得到了充分的发挥和发展。

早在1979年11月26日，邓小平同志在会见美国不列颠百科全书出版公司编委会副主席吉布尼和加拿大麦吉尔大学东亚研究所主任林达光等的谈话（见《邓小平文选》第1卷）中，就已明确提出社会主义也可搞市场经济。他指出："当然我们不要资本主义，但是我们也不要贫穷的社会主义，我们要发达的、生产力发展的、使国家富强的社会主义。我们相信社会主义比资本主义的制度优越。它的优越性应该表现在比资本主义有更好的条件发展社会生产力。""说市场经济只存在于资本主义社会，只有资本主义的市场经济，这肯定是不正确的。社会主义为什么不可以搞市场经济，这个不能说是资本主义。我们是计划经济为主，也结合市场经济，但这是社会主义的市场经济。""市场经济，在封建社会时期就有了萌芽。社会主义也可以搞市场经济。"

要实行社会主义市场经济，就必须回答市场经济同社会主义是否存在根本矛盾的问题。只有很好地回答了这个问题，才能打消人们思想上的顾虑，把市场趋向的改革推向前进。1985 年 10 月 23 日，邓小平同志在会见美国时代公司组织的美国高级企业家代表团时再次指出："社会主义和市场经济之间不存在根本矛盾。问题是用什么方法才能更有力地发展社会生产力。我们过去一直搞计划经济，但多年的实践证明，在某种意义上说，只搞计划经济会束缚生产力的发展。把计划经济和市场经济结合起来，就更能解放生产力，加速经济发展。"（见《邓小平文选》第 3 卷）为进一步说明社会主义和市场经济之间不存在根本矛盾，邓小平同志还提出了计划和市场都是发展生产力的方法的观点。1987 年 2 月 6 日，他在会见捷克斯洛伐克总理什特劳加尔时指出："为什么一谈市场就说是资本主义，只有计划才是社会主义呢？计划和市场都是方法嘛。只要对发展生产力有好处，就可以利用。它为社会主义服务，就是社会主义的；为资本主义服务，就是资本主义的。好像一谈计划就是社会主义，这也是不对的，日本就有一个企划厅嘛，美国也有计划嘛。我们以前是学苏联的，搞计划经济。后来又讲计划经济为主，现在不要再讲这个了。"（见《邓小平文选》第 3 卷）这些论述有力地打破了那种只有资本主义才能搞市场经济、实行计划经济还是实行市场经济是社会主义与资本主义根本区别的传统观念，为我国坚持市场趋向改革开辟了广阔道路。

改革开放前夕和初期，我国面临的一项重要任务是恢复被"文化大革命"严重破坏了的社会生产力，逐步打破高度集中的计划经济体制，解决分配制度上的平均主义，调动企业、职工和社会各方面的生产、工作积极性。城市的经济体制改革是从扩大企业自主权入手的，这是因为，要打破高度集中的计划经济体制，首先必须解决分配制度上存在的"两个大锅饭"问题，即企业吃国家的"大锅饭"，职工吃企业的"大锅饭"。如果不能很好地解决这个问题，发挥市场机制的作用和提高经济效率就是一句空话。正是在这种情况下，邓小平同志在《解放思想，实事求是，团结一致向前看》（见《邓小平文选》第 2 卷）的著名讲话中，除了对解放思想等一系列重大问题做出部署外，还对在发挥市场机制作用条件下的收入分配问题进行了精辟论述，提出了"使一部分人先富起来"的著名论断："在经济政策上，我认为要允许一部分地区、一部分企业、一部分工人农民，由于辛勤努力成绩大而收入先多一些，生活先好起来。一部分人生活先好起来，就必然产生极大的示范力量，影响左邻右舍，带动其他地区、其他单位的人们向他们学习。这样，就会使整个国民经济不断地波浪式地向前发展，使全国各族人民都能比较快地富裕起来。"对于这一点，尽管在部分人群中至今还存在不同认识，但它却是市场经济一个不可抗拒的规律，是邓小平社会主义市场经济思想的重要组成部分。

在深化改革的同时，如何逐步扩大对外开放也是邓小平同志思考的重要问题。早在 1979 年年初，他就提出要利用外资。当年 1 月 17 日，他在同胡厥文、胡子昂、荣毅仁等工商界领导人的谈话（见《邓小平文选》第 2 卷）中，对利用外资和发挥原工商业者的作用问题做出了重要指示。他指出："现在搞建设，门路要多一点，可以利用外国的资金和技术，华侨、华裔也可以回来办工厂。""要发挥原工商业者的作用，有真才实学的人应该使用起来，能干的人就当干部。""要落实对原工商业者的政策，这也包括他们的子孙后辈。"对外开放和利用外资的思想是邓小平社会主义市场经济思想的一个重要方面。

如何提高我国的社会生产力水平，创造出比资本主义更高的生产率，使人民过上更加富裕的生活，是邓小平同志考虑一切问题的出发点和归宿点，也是邓小平社会主义市场经济思想能够形成和发展的根本原因。早在改革开放初期，针对"四人帮"散布的种种谬论和对我国社会生产力造成的严重破坏，邓小平同志多次指出贫穷不是社会主义，并做出了社会主义首先要发展生产力的科学论断。如他在 1980 年 4~5 月同有关方面和外宾的谈话（见《邓小平文选》第 2 卷）中指出："不解放思想不行，甚至于包括什么叫社会主义这个问题也要解放思想。经济长期处于停滞状态总不能叫社会主义。人民生活长期停止在很低的水平总不能叫社会主义。""讲社会主义，首先就要使生产力发展，这是主要的。只有这样，才能表明社会主义的优越性。社会主义经济政策对不对，归根到底要看生产力是否发展，人民收入是否增加。这是压倒一切的标准。空讲社会主义不行，人民不相信。"1987 年 4 月 26 日邓小平同志在会见捷克斯洛伐克总理什特劳加尔时再次指出："搞社会主义，一定要使生产力发达，贫穷不是社会主义。我们坚持社会主义，要建设对资本主义具有优越性的社会主义，首先必须摆脱贫穷。现在虽说我们也在搞社会主义，但事实上不够格。只有到了下世纪中叶，达到了中等发达国家的水平，才能说真的搞了社会主义，才能理直气壮地说社会主义优于资本主义。现在我们正在向这个路上走。"（见《邓小平文选》第 3 卷）邓小平同志对社会主义本质的这种认识和实事求是的精神，完全符合马克思主义生产力决定生产关系的基本原理。他之所以一再强调要大力发展生产力，是因为只有不断提高生产力发展水平，才能使中国强大起来，人民富裕起来。他之所以主张用市场经济的办法发展我国的生产力，是由于他具有马克思主义的科学态度和思想方法，并对中国人民有着极为深厚的感情。

我国的经济体制改革是在包括邓小平社会主义市场经济思想在内的邓小平理论的指导下进行的，改革的伟大实践又为邓小平社会主义市场经济思想的发展提供了极为丰富的营养。1992 年 10 月，中国共产党第十四次全国代表大会确立了我国经济体制改革的最终目标是建立社会主义市场经济体制，这是邓小平同志南方谈话（即 1992 年 1 月 18 日至 2 月 21 日在武昌、深圳、珠海、上海等地的谈话，见《邓小平文选》第 3 卷）的直接结果。正是从这个意义上讲，没有邓小平同志，就没有中国的市场经济。尽管邓小平同志早在 1979 年就提出社会主义也可以搞市场经济，我们的改革还是经历了一个从"按经济规律办事，重视价值规律的作用"——到"计划经济为主、市场经济为辅"——到"有计划的商品经济"——到"社会主义市场经济"的漫长而曲折的过程，这充分说明了改革的艰巨性和复杂性。当然，邓小平社会主义市场经济思想也是在改革中不断发展的。如果说在他南方谈话之前所论述的市场经济，还是指在板块式的计划调节与市场调节相结合的前提下充分发挥市场机制作用的市场经济的话，那么，南方谈话则把他的社会主义市场经济思想推向了一个新阶段，发展为充分发挥市场在资源配置中的基础性作用、市场调节和计划调节相重叠、共同覆盖全社会的市场经济。他在这次讲话中明确指出："计划多一点还是市场多一点，不是社会主义与资本主义的本质区别。计划经济不等于社会主义，资本主义也有计划；市场经济不等于资本主义，社会主义也有市场。计划和市场都是经济手段。"这是邓小平同志对社会主义市场经济最深刻、最经典的概括。在这次讲话中，邓小平同志还对与市场经济密切相关的证券、股市等问题进行了深刻论述："证券、股市，这些东西究竟好不好，有没有危险，是不是资本主义独有的东西，社会主义能不能用？允许看，但要坚决地试。看对了，搞一两年对了，放开；错了，纠正，关了就是了。关，也可以快关，也可以慢关，也可以留一点尾巴。怕什么，坚持这种态度就不要紧，就不会犯大错误。总之，社会主义要赢得与资本主义相比较的优势，就必须大胆吸收和借鉴人类社会创造的一切文明成果，吸收和借鉴当今世界各国包括资本主义发达国家的一切反映现代社会化生产规律的先进经营方式、管理方法。"

伟人已去，但他的思想长存。在《邓小平鲁山报告》60 周年和我国改革开放 30 年之际，重温《邓小平鲁山报告》以及邓小平南方谈话和其他著作，使我们备感亲切。从这些讲话和著作中，我们可以清晰地看到邓小平社会主义市场经济思想形成和发展的全过程，以及它在我国经济体制改革中所发挥的重大作用。邓小平社会主义市场经济思想的形成和发展，我国社会主义市场经济体制的建立和完善，不仅对中国的社会主义现代化建设具有重大的现实意义和深远的历史意义，而且对全人类都是一个重大贡献。

（原载于《光明日报》2008 年 4 月 22 日）

第二部分

经济体制改革

在稳步发展中逐步完善工业
经济责任制

——济南、青岛两市实行工业经济责任制的调查

济南、青岛是山东省的两个主要工业城市，工业总产值和上缴利润均占全省 1/3 以上。1981 年全国工交会议以来，两市在工业交通企业中普遍实行了经济责任制。这是继扩大企业自主权之后，又一项重大经济变革措施，它给工业生产带来了可喜的生机，对国民经济的发展起着有效的促进作用。同时，实践也提出了许多值得探索的问题。

一、两市实行工业经济责任制带来了哪些新变化？

两市工交企业普遍地实行经济责任制是从 1981 年 6、7 月开始的，直接起因是由于财政的压力，完成上缴任务困难，其基本形式是利润盈亏包干。实行经济责任制以来，在推动工业生产、促进财政上缴和改善企业经营管理等方面，收到了比较明显的效果。

（1）促进了工业生产的发展。1981 年在重工业受调整影响的情况下，济南市工业总产值计划比 1980 年增长 3%，这是不容易的。从 1981 年上半年的执行情况看，只比 1980 年同期增长了 0.17%。普遍实行经济责任制以后，进一步调动了企业和广大职工的生产积极性，轻工业开足马力，重工业也积极找米下锅，因而第三季度工业增长速度加快：与 1980 年同期相比，7 月增长 0.34%，8 月为 0.85%，9 月为 1.5%，10 月为 2.7%，创造了月产历史最好水平。预计全年可超过原定 3% 的增长速度。济南第三棉纺厂等 13 家经济责任制搞得比较早的企业对生产的促进作用更为明显。这 13 家企业综合计算，工业总产值上半年比 1980 年同期增长了 13.2%，第三季度比 1980 年同期增长了 22.6%。青岛市 1981 年第一季度工业总产值比 1980 年同期下降了 4.03%，随着经济责任制的推行，6 月突破历史最好水平。第三季度虽然处于高温季节，

又遇到百年大旱，工业用水压缩将近一半，少数用水大户为保居民生活用水甚至被迫停产，但 8、9 两个月的工业总产值仍然比 1980 年同期分别增长了 4.9%和 8.9%，预计全年可能超额完成国家计划，增长速度达到 2.5%。经济主管部门认为，如果不是搞经济责任制，要取得这样的成绩是很困难的。

（2）促进了财政上缴。1981 年年初，重工业急剧下降，一些原材料、燃料价格上升，严重影响企业的利润，直到 5 月，两市的财政计划还没有完全落实下去。实行经济责任制后，财政任务基本上得到了落实。从济南市的情况看，在没有普遍实行经济责任制的上半年，实现利润比 1980 年同期下降 8.9%，实行经济责任制后情况逐步好转，第三季度月利润水平比上半年增长 13.9%。青岛市实现利润随着经济责任制的发展也是逐月、逐季提高，6~10 月比 1~5 月增长 43%，上缴利润的增长速度更快。经济责任制的实行有利于改变企业拖欠税利的现象，促使企业按时足额上缴。济南市 7、8、9 三个月比上半年平均每月上缴利润增长了 36%。青岛市第二季度比第一季度上缴利润增长 6.5%，第三季度比第二季度又增长 31.54%。预计两市可超额完成 1981 年的财政包干任务。

（3）推动了企业经营管理的改善。经济责任制的推行必然要求企业加强基础工作，提高经营管理水平。因此，许多企业主动抓企业整顿，制定和完善各项规章制度，改善劳动组织，加强定额和原始记录管理，开展全面经济核算。有的企业为适应实行经济责任制的需要，对过去的规章、条例和办法多次修改、补充，使之逐步完善。那种用人无定员、劳动无定额、生产打乱仗的情况有了很大的改变。例如，济南第三棉纺厂把实行经济责任制与建立健全岗位责任制结合起来，以建立岗位责任制为重点，以实行经济责任制为动力，以改善经营管理、提高经济效果为目标，进行了大量的企业整顿工作。同时，在全厂进行"做一个职工，应该向国家尽哪些义务"的教育，做到政治工作与经济工作相结合，保证经济责任制的贯彻执行。这个厂 3000 多名职工都有比较明确的岗位职责，在此基础上，又建立了工厂、车间和班组三级检查考核制度，检查有记录，按期公布。不检或漏检，有关部门和人员要承担经济责任。经过一段时间的努力，扭转了一度存在的比较混乱的生产秩序，初步形成了一个能够自动反馈的生产经营指挥系统。他们还结合纺织工业的特点，通过自己的实践，摸索制定了一套企业内部管理制度。现在，类似济南第三棉纺厂这样通过实行经济责任制不断提高企业经营管理水平的企业已经越来越多。

二、实行工业经济责任制遇到了哪些问题？

实行工业经济责任制，是一项具有重大意义而又复杂艰巨的任务。由于发展较快，经验不足，在实践过程中，也遇到一些问题，主要是：

（一）国家、企业和职工三者利益分配的合理界限问题

自 1979 年以来，随着财政管理体制的改革，部分企业扩大自主权，国家、企业和职工之间的利益分配（即国民收入的初次分配和再分配的形式及比例与过去相比）都发生了很大变化：国民收入初次分配的资金比重加大了，企业的自有财力和职工的收入增多了，通过财政再分配的资金比重下降了，地方财政预算增多了，中央财政预算减少了。实行以利润盈亏包干为主要形式的经济责任制以后，这种情况有了进一步的发展，如何处理这三者利益的关系是一个重大课题。这主要反映在三个方面：①合理地确定盈亏包干基数；②恰当地设计国家与企业的分成比例；③妥善地控制奖金（包括计件超额工资）的发放界限。这三个方面的问题从根本上说就是对实现的增收利润如何在国家、企业和职工之间进行合理地分配，做到在保证国家多得的前提下，使企业所得与职工收入有一定幅度的增长。

在包干的办法上，虽然两市都是包利润，但具体内容也有所不同。济南市包的是上缴利润，青岛市包的是实现利润。而两市的包干基数大都低于计划指标。济南的计划指标是 2.34 亿元，实际包了 2 亿元；青岛的计划指标是 4.47 亿元，实际包了 3.92 亿元。包干基数低于利润计划的原因很多，就不同的行业与企业而论，有合理的，也有不合理的：企业千方百计地压低基数不能不是一个重要的原因，基数压低一点，实现增收的利润就可以高一点，企业和职工就可以多得一点。因此，围绕着确定基数问题，企业与财政部门往往要经过反复的"讨价还价"。从年底预计情况看，两个市的包干基数都大大突破。以青岛市为例，全年预计实现利润为 4.4 亿元，超过包干基数部分达 5000 万元。应该说，实行了经济责任制，调动起企业和职工的积极性，取得了较好的经济效益的结果，但也有基数偏低的一面。有的企业为了压低基数，尽量压低国家计划，夸大生产中的不利因素，掩盖企业的增产潜力，甚至隐瞒生产能力。目前，两市还没有发现因基数偏高企业年底完不成包干任务的事例，这说明企业一般不会接受难以达到的基数。

与基数紧密相关的是确定分成比例。按照国家多得的原则，超收利润上

缴国家部分，一般不应低于60%，留给企业的部分在不同行业比例会有差别，总算账不应超过40%。但是，实际上国家所得达不到这个水平。这两市的分成比例见表1。

表1 两市的分成比例

单位：万元

地区	预计超收	国家所得绝对值	国家所得相对值（%）	企业所得绝对值	企业所得相对值（%）
济南	1655	655	39.58	1000	60.42
青岛	5049	2499	48.50	2600	51.50

对于企业增长利润的分配，在不同的行业和企业大致有四种情况：一是国家分得了其中的大部分，企业分得了其中的小部分；二是企业分得了其中的大部分，国家分得了其中的小部分；三是增收利润全部分给企业，国家比上年还少得一部分；四是利润比上年减少，企业并不少得，损失全部由国家承担。由于这两个市采用的是基数包干、超额分成的办法，如果基数偏低，比例又不够合理，那么，就难以保证国家多得。尤其有的企业已经提取了超收分成，将继续提取企业基金；有的扩权企业已按扩权办法提取了利润分成，却又继续提取超收分成。这种得双份的情况已经引起两市领导的高度重视，并采取措施予以防止。

如何有效地控制住奖金（包括计件超额工资）的发放限额是实行经济责任制所遇到的尖锐问题。以济南市为例，在剔除调资和新增工资的因素外，按可比口径计算，1981年7~9月奖金及工资比1980年同期分别增长了16.52%和5.94%。

由于任何一种计件工资形式都可以直接纳入成本，所以，工资支出的明显增长与计件工资面的迅速扩大是分不开的。1981年下半年以来，实行计件工资和超定额计件工资的人数与1980年同期相比，济南市增加了1.3倍，青岛市增加了3倍。以青岛市为例，到1981年9月底为止实行计件工资的情况如表2所示。

表2 青岛实行计件工资的情况

类别	企业数（家）			职工数（人）			工资及奖金数（万元）		
	总数	其中计件企业数	占比（%）	总数	其中实行计件人数	占比（%）	总数	其中计件工资	占比（%）
合计	1919	443	23.08	501457	252355	50.32	2212.7	1823.9	82.43
全民	918	167	18.19	281773	159359	56.56	1355.9	1226.2	90.43
集体	1001	276	27.57	219684	92996	42.33	876.8	597.7	68.17

在这两市实行计件工资的企业中，确有相当数量的企业或者生产任务不很饱满，产供销不够正常，或者基础工作薄弱，定额和计件单价问题甚多，严格说并不具备或不完全具备实行计件工资的条件。在这种情况下，职工个人收入增长过快就难以避免了。据济南市劳动部门对 36 个国营工业企业的调查，1981 年 9 月共发超额计件工资 70.93 万元，占标准工资的 49.6%。职工个人收入增长过快，必然引起单位产品中工资含量的上升。从我们对济南市 14 家企业的估算来看，单位产品中的工资含量（包括所有附加收入）一般都有所上升，其中有 4 家企业的 6 个主要产品（1981 年与 1980 年相比）只有 1 个产品下降了 2.32%，其余 5 个产品分别提高了 4.39%~17.55%。

（二）产值、产量、利润三项指标的协调问题

在我国现行的计划体制下，产值、产量和利润指标分别来自不同部门，互不协调。1981 年这 3 项指标之间更出现了一定的脱节。例如，济南市 1981 年产值增长的计划数是 3%，而财政计划增长数是 13.37%，相差 4 倍以上。对于企业来说，协调这三项指标的关系是非常困难的。在财政任务与生产任务极不相称的情况下实行利润包干，突出"利润"指标的作用，很容易助长单纯追求利润的倾向。这种倾向与其说是来自企业，还不如说是来自外部的因素更符合实际。当然，它同经济责任制本身并无必然联系，只能从某种办法的不完善中寻找原因。

从调查的情况看，单纯追求利润的倾向主要表现在以下几个方面：①利润高的大干，利润低的不愿多干，甚至不干。例如纺织企业普遍愿意多生产化纤产品，少生产棉布，因为化纤产品利润大。济南市近几年纯棉布产量逐年递减，1979 年比 1978 年减少了 15.3%，1980 年又比 1979 年减少了 15.7%，1981 年实行经济责任制后，计划交商业部门 8870 万米，1~6 月实际完成 6400 万米，预计全年欠产 800 万~900 万米。②质量下降。如两市卷烟一级品率下降，保温瓶、搪瓷面盆的一级品率也有降低情况，有些产品返修率上升。紧缺商品质量下降更为明显。青岛市的一些优质产品的质量也有下降。③国家统购统销商品和国家规定不准工业自销的产品，企业自销量较大。如棉布中的白布和花布、食糖、卷烟、火柴都出现了自销的情况，自行车、缝纫机等耐用消费品自销比重过高，而且价格也有些混乱。

还有一个值得注意的情况是为完成增长速度的需要，使得有些企业在追求利润的同时，还存在追求产值的倾向。其后果是产品积压增长很快。在商业部门拒绝再收积压严重的滞销产品时，某些上级机关有时竟以所谓"支持生产"为理由，变相地给商业部门施加压力，造成虚增利润，假象的增长速度和严重的库存积压。在积压的产品中，不仅有重工产品，而且有轻工产品。

以济南市 5 种轻工产品的产销情况为例,如表 3 所示。

表 3 济南市 5 种轻工产品的产销情况

产品名称	计量单位	年初库存	1~9 月产量	1~9 月销量	9 月库存	
					数量	金额
化纤厚织布	万米	14	289	264	38.59	1316
12 寸电视机	台	9395	16513	26308	29600	9025
服装	万件	16	364.7	358	22	2059
日光灯管	万支	23.3	48	29.17	21.1	360
皮鞋	万双	9.64	133.1	116.6	26	2558

产品积压,集中反映了盲目追求利润与产值的倾向;同时又引起"三角欠账"或"连锁欠账"情况的发生。如纺织厂欠原料批发公司的账,印染厂欠纺织厂的账,商业部门欠印染厂的账,就属于"三角欠账"。这种情况是值得注意的。

(三) 行业之间和企业之间由于客观因素造成的"苦乐不均"问题

由于价格、税率、生产条件等不合理的因素所造成的行业之间、企业之间在利润分配上的"苦乐不均"始终是经济体制改革所面临的一个难题。从这两市的情况看,随着工业经济责任制的实行,"苦乐不均"的问题有所发展。

在调查中发现,主要表现两种情况:①由于价格因素所造成的行业与行业之间以及同一行业不同企业之间"苦乐不均"的事例很多。例如,济南市有两家造纸厂,人数相当,产量差不多,设备技术条件也不相上下,其中一家多生产高档纸,产值大、利润高,尤其是卷烟纸,取消了品种税,好处全留在企业里。而另一家多生产低档纸,产值小,利润低。其结果,两个厂的企业利润留成部分相差很大。②企业生产条件与协作条件的不同。1981 年以来,国家对国民经济进一步调整对某些行业与企业的利润水平也有不同影响,例如转产过程中的企业与开工不足的企业,特别是机械行业的企业感到利益受到损失。这些厂的职工反映,生产任务缩减是国家要求的,可是企业和职工的切身利益却受到了影响。

这种因为价格、税率、生产条件等因素造成的"苦乐不均"情况,通过不同的基数、分成比例以及内部价格等方法可以进行一定程度的调节。但是,由于以上这些因素本身比较复杂,变化比较大,而基数、分成比例等办法不能随时相应地变化,因此并不能从根本上解决"苦乐不均"的问题。

在调查中还发现,经营管理水平高的企业留利水平未必高,这主要是过去相对落后的企业基数定得比较低,而增产潜力又比较大,实际留利会高于管理水平较高而增产潜力较小的企业。两市实行经济责任制后，有些原有的扩权企业得到的好处反而不如非扩权企业，这也是有些扩权企业在保持既得好处外再加一层包干分成的一个原因。这个问题不解决，有碍于发挥各企业努力改善经营管理的积极性。

（四）企业的技术改造问题

在我国，工业企业内部设备陈旧、工艺落后、技术老化的情况普遍存在，而产品质量差、消耗高的问题很突出。扩权以后，企业手里的钱比过去多了，但是，有些企业对本身的技术改造兴趣并不很大，不愿意用生产基金进行技术改造，而宁愿申请贷款。根据对济南 14 家企业的典型调查，最近 4 年只有 7 家用自有资金进行技术改造，这 7 家中有 4 家是扩权企业，用于生产的资金仅占留成基金的 28%。看来实行利润包干后，并不能解决这个问题。企业明白，集体留利和个人收入的高低并不都取决于劳动生产率的提高，更新设备，改革工艺，产品升级换代，增加花色品种，都要花钱，却不能相应地得到收益，不如扩大生产能力，或者靠拼设备与加班加点去增加产值和利润量。许多企业竞相开足马力多干，有的把备用设备也开动起来，该大修的也不大修了。也有不少企业为补还生活欠账，多建职工住宅，动用了生产基金。至于企业得到的贷款，有相当的比例是用于新增生产能力，土建比重很大，因而中短期贷款要求收回快与回收周期长的矛盾很大。如何调动企业进行技术改造的积极性，保证企业生产基金主要用于技术改造，以求提高经济效果，是今后必须重视的一个大问题。

应该指出，这两市在实行经济责任制过程中所遇到的问题并不奇怪，它说明工业经济责任制远比农业生产责任制复杂得多，人们需要在实践过程中积累经验，逐步改进与完善。同时也应该看到这些问题的存在主要还是现行经济管理体制的某些弊病所致，许多问题在扩权中已经遇到而没有能够很好解决，是旧矛盾的新发展。也可以说，工业经济责任制的实行，进一步暴露了现行经济体制的一些矛盾，为今后的改革提供了新的研究课题。解决这些问题的根本出路在于对改革经济体制，进行整体地研究与规划，从全局出发，在计划经济的指导下，把国家的集中统一领导和企业的积极性有机地结合起来。

三、怎样在稳步发展中完善工业经济责任制？

根据两市工业经济责任制初步实践的经验，下面几个问题值得研究和注意。

（一）要充分认识工业经济责任制的特点，全面理解经济责任制的内容

工业经济责任制与农业生产责任制相比较，有着许多不同的特点。例如工业经济的主体是全民所有制，在农业中，集体所有制占主导地位。这决定了在利益分配上的差别。在处理国家、企业和职工个人三者利益的关系上，首要的问题是保证国家多得。这是根本的长远的利益所在，在这个前提下，才有局部的眼前利益正确的调节与处理。经验证明，恰当地解决这个问题不仅是一个重大的经济问题，也是一个重大的政治问题。农业生产责任制主要是处理社队集体与劳动者个人的关系，复杂性要少一些。在生产力水平方面，工业基本上是社会化大生产，有机构成高，分工精细，国民经济各个部门、各个企业联系紧密，互相依存，而农业生产的社会化水平则低一些。因此，工业企业经营的好坏，受外部条件的影响和制约比农业要大得多。工业经济责任制要联系一系列相关的指标，而农业生产责任制主要联系产量和产值两个指标。工业经济责任制包括国家对企业实行的盈亏包干，基数确定是否恰当，利润增长分成比例是否合理，以及企业内部奖金和超额工资的数量，这些都会影响国家的财政状况和宏观经济的综合平衡。而农业对国家财政的影响主要表现在计划收购基数的确定以及国家对农产品价格补贴的增加，同农业生产责任制本身关系不大。只有认识这些特点，才有可能避免盲目照搬农业生产责任制的做法。

全面理解工业经济责任制的内容，就要澄清一种观念，以为工业经济责任制就是利润包干，或者就是国家、企业和职工的分利。事实上，工业经济责任制是一个包含着丰富内容的概念，它的基本要求是经济责任、经济权力和经济利益的统一。在这里，责是前提，企业的主管部门、企业本身、车间、班组和职工个人，都要层层明确各自在经济上对国家应负的责任，建立健全企业的生产、技术、经营管理等各项专责制和岗位责任制，保证全面完成国家计划的要求与不断满足社会的需要。为了更好地各尽其责，权是条件，要求创造条件，使企业逐步成为相对独立的社会主义经济单位。与此相适应，车间、班组、职工个人也要有一定的权力以适应履行职责的需要。必要的经济利益是一种推动力量。把企业的利益与经营成果、职工的收入与劳动成果联系起来，目的在于充分调动各方面的积极性，更好地担起应负的责任，为社会创造更多的物质财富，为国家提供更多的积累。

（二）既要加强对工业经济责任制的管理，又要为企业提供必要的外部条件

完善工业经济责任制，一方面是加强管理与监督，另一方面是为企业生产活动提供必要的外部条件。

（1）要改善计划工作，加强计划指导。要根据企业在国民经济中的地位和产品重要性的不同采取不同的管理办法。要改变那种只包"利润"指标的做法，应该包若干项指标，全面考核企业。例如包干指标至少应有利润、产量、质量和供货合同四项。在这四项指标中，利润是价值方面的综合指标，产量和质量是使用价值方面的指标，供货合同是协调企业之间经济关系的，这样做是符合社会主义经济发展的客观要求的。济南和青岛两市经过一段时间的实践，深感单包利润指标的弊病，现在已经逐步改变办法，除利润指标外，增加了产量、质量、品种、成本和供货合同等指标。我们在各自的实践中究竟包哪几项，可以根据不同行业和企业的特点决定。为了有效监督各项指标的完成，不仅要加强主管局对企业的考核，经委、计委、财政部门、劳动部门还可考虑实行联合定期办公的办法，负责企业的包干和考核工作。应该创造条件尽速恢复审计制度，以加强财政部门对企业财务活动的监督。

（2）要改善和加强资金管理。要处理好财政上缴和归还贷款的关系；要改变由于积压、资金周转迟缓造成的流动资金占用上升的状况，引导企业用好自有资金；严格现金管理制度；要对企业自销产品中的零售部分单独核算，缴纳商业环节的税利，企业自销产品应严格执行国家计划和国家规定的价格政策；要加强对商业购销新形式的管理。

（3）要发挥好经济杠杆的作用，利用价格、税收、利息等手段，调节行业与行业、企业与企业之间存在的"苦乐不均"，而又要避免平均主义。要在条件具备的情况下，积极稳妥地进行价格调整，特别是有些产品价格很不合理而影响企业生产发展的，应采取适当的调节措施。同时，要发挥财政、银行、劳动等部门的经济监督作用，制定一套财务、工资、奖金福利等规章条例和实施办法。加快经济立法工作，对违法乱纪的单位和个人要严肃处理。总之，实行工业经济责任制，要求计划、物资、商业、劳动、物价、财政、银行等部门进行一系列必要的工作，以适应经济责任制发展和完善的需要。

（4）要注意解决因为经济调整、工业改组所出现的新问题，实行经济责任制能够推动经济调整、工业改组，而不是加剧部门和地区割据。国家有关部门要为企业正常的生产、经营提供必要的外部条件，尤其企业自身难以解决的一些问题，要加强宏观的协调。

（三）要认真做好企业实行经济责任制的基础工作，搞好企业整顿

大量的事实说明，离开最基础的工作，经济责任制很难搞好。尤其是管理混乱的企业，既无必要的检测计量手段，又无原始记录，用人无定员，劳动无定额，好坏无考核，实行经济责任制难免不出现这样或那样的问题。在这个意义上，整顿企业是实行经济责任制的需要，又为经济责任制的完善创造基础与前提。反过来，经济责任制又成为整顿企业的推动力。根据两市的情况，大多数企业可在继续实行经济责任制中搞好企业整顿。少数基础太差的企业，主管部门应首先帮助他们搞好整顿才有可能实行经济责任制。

整顿企业，关键是要整顿、提高领导班子，使企业的领导班子不仅逐步年轻化、专业化、知识化，还要做到作风正派，敢于抵制不良倾向，坚决贯彻执行党和国家的政策法令，维护国家的根本利益。要整顿劳动纪律、劳动组织，搞好定员定额管理。目前，定额管理是一个非常薄弱的环节，为了解决这个问题，在缺乏全国统一的劳动定额的情况下，可以先从一省、一市、一个地区、一个行业搞起，逐步完备。

（四）要加强政治思想教育

实行经济责任制不仅不能代替政治思想教育，而且必须要有政治思想教育作保证。因为经济责任制关系到企业每个职工的切身利益，在实施过程中，必然会遇到各种各样的思想问题和实际问题，需要大力加强思想政治工作。进行有针对性、有说服力的思想教育，关键是提高广大职工对实行经济责任制的目的与意义的认识，增强主人翁的责任感，树立全局观念，正确处理国家、企业、职工三者利益的关系，摆正局部利益和整体利益、当前利益和长远利益的关系。在当前国民经济调整任务还很艰巨、国家财政困难很大的情况下，更要教育职工为国分忧，为国尽责，不能只为个人争利。要继承我国工人阶级的光荣传统，发扬工人阶级大公无私、艰苦创业的革命精神，坚决反对损公肥私、损公利己的本位主义、个人主义倾向。要把经济责任制激发起来的生产积极性引导到为社会主义建设多做贡献的正确方向上。

（原载于《经济研究》1982 年第 2 期，与马泉山、朱嘉明、朱铁臻合作）

中国工业经济责任制

我国正在逐步实行的工业经济责任制对于促进我国国民经济发展，加速四个现代化建设将产生深远影响。它引起了国内人民和国际人士的关心和关注。为了使人们对工业经济责任制有一个比较全面的认识，现将有关问题作一个简要的论述。

一、实行工业经济责任制的必要性

工业经济责任制是在计划经济条件下，以提高经济效益为目的，实行经济责任、经济权力和经济利益相结合的一种工业生产经营管理制度。它主要包括三个方面的内容：①对企业主管部门、企业、车间、班组和职工，层层都要有明确的经济责任，建立健全企业的生产、技术、经营管理等各项专责制和岗位责任制；②正确处理国家、企业和职工三者利益关系，把企业和职工的经济利益同他们承担的经济责任及实现的经济效果紧密结合起来；③进一步扩大企业自主权力，保证企业生产经营活动所必需的条件。实行这种制度的必要性是：

第一，从建立健全企业生产、技术、经营管理等各项专责制和岗位责任制看，它是社会化大生产的需要。在社会化大生产条件下，社会分工精细，生产专业化程度很高，不仅企业之间的协作关系非常广泛，而且企业内部的经济活动也是建立在各车间、班组和劳动者分工协作的基础之上。特别是随着科学技术的迅速发展，生产过程的机械化和自动化程度越来越高，各个环节的配合更加紧密。建立各项专责制，明确规定生产过程中各个单位和个人的责任，是生产顺利进行的必要条件。同时，我国的工业生产是建立在生产数据公有制基础上的有组织、有计划的生产，国家和企业之间、企业相互之间以及企业内部各部门和职工之间都存在着错综复杂的经济联系，只有建立严格的责任制度，才能保证社会生产的协调发展。

第二，从正确处理国家、企业和职工三者利益关系看，它是实行按劳分配的需要。社会主义经济制度的基本特征就是生产数据公有制和按劳分配。公有制和按劳分配是紧密联系的，没有生产数据公有制，就不可能实现按劳分配，也就谈不上社会主义；而没有按劳分配，公有制就不能得到体现。但是实践证明，全面实行按劳分配不是一件很容易的事。早在1956年，我国就完成了对资本主义工商业的社会主义改造，基本上实现了社会主义生产数据公有制，但在如何全面贯彻按劳分配问题上，我们却经历了一个相当长的摸索过程。长期以来我们在对国营企业的管理上是统负盈亏的，企业的固定资金和流动资金由国家无偿拨给，企业的利润和折旧费都要上缴国家，企业的盈亏由国家统一包下来。在这种"大锅饭"的情况下，尽管我们在工资制度上采取了很多措施，但是分配上的平均主义仍然十分严重。特别是在"文化大革命"中，由于"四人帮"的破坏，企业奖金被取消，职工工资长期不能调整，形成干好干坏、干与不干一个样，按劳分配遭到严重破坏，职工的生产积极性受到很大挫伤，致使我们的社会主义优越性不能得到充分发挥。经验告诉我们，要全面实行按劳分配，必须正确处理国家、企业和职工的关系，国家要根据企业的经营好坏、贡献大小决定企业的利益，在这个基础上，再根据职工个人提供劳动的数量和质量决定其收入的多少。如果企业没有相对独立的经济利益，企业就不可能对职工真正实行按劳分配。实行经济责任制，把企业和职工的经济利益同他们承担的经济责任及实现的经济效果紧密结合起来，正是贯彻按劳分配的一个有效办法。

第三，从进一步扩大企业自主权来看，它是经济管理体制改革的深入发展。我国经济管理体制改革的必要性，经过一个时期的讨论，很快为大家所公认，但是在怎样进行改革的问题上，要在不断的实践中逐步取得经验。在较长的一段时间内，改革工作只停留在给企业一点利润留成上，责权脱节的问题并没有得到很好解决。但在实行经济责任制后，不仅使企业的财权进一步扩大，而且使企业在生产计划、原材料采购、产品销售、机构设置、人事安排等方面的权力也进一步得到落实，促进了商业、物资、财政、劳动等专业管理体制和国家领导机构的改革，使整个改革工作大大深入了一步。

实行工业经济责任制与实行农业经济责任制在本质上是一样的，都要通过生产单位责权利的结合，贯彻按劳分配原则，调动人民群众发展生产、改善经营管理的积极性，提高生产经营活动的经济效果。但是，实行工业经济责任制与实行农业经济责任制又有所不同，原因在于工业生产与农业生产在以下几个方面存在区别：①生产数据所有制形式不同。工业中全民所有制占主导地位；农业中集体所有制占主导地位。②生产社会化程度不同。工业生产社会化程度较高，分工细，企业间经济联系广泛，一般都是商品生产，经营好坏受外界因素影响较大；农业生产社会化程度较低，分工简单，社队间经济联系较少，自然经济占优势，生产好坏受外界因素影响较小。③劳动者生活数据的分配形式不同。工业中以工资形式支付劳动报酬；农业中主要以实物形式支付劳动报酬。④对国家财政影响不同。工业生产对国家财政影响较大；农业生产影响较小。这就决定了在生产力的组织和处理国家、集体和劳动者之间的经济关系方面，工业比农业遇到的问题要多。实行工业经济责任制比实行农业经济责任制也就复杂得多。

二、中国工业经济责任制的建立和发展过程及 主要形式

（一）建立和发展过程

中国工业经济责任制是在总结多年工业管理和企业管理经验的基础上逐步建立发展起来的。作为建立企业生产经营的各项专责制，可以说，从我们建立和管理自己工业的时候就开始了，但把它与经济利益结合起来；发展为经济责任制，实际上是从 1978 年底进行扩大企业自主权试点开始的。

早在 1950 年 2 月 28 日，原东北人民政府工业部就颁布了《关于生产责任制的决定》，强调指出：要改进与提高我们的工业管理，就必须建立和加强生产责任制与生产纪律，解决生产与建设计划不能完成无人负责，原材料供应不及时发生停工待料无人负责，产品质量好坏无人负责，破坏技术操作规程招致损失无人负责，连续发生事故无人负责，检查制度无人负责，技术问题不能解决无人负责，重要机器的保护与使用无人负责，惊人浪费无人负责，联系合同、集体合同流于形式无人负责，生产不能配合甚至相互掣肘无人负责，产品不能推销堆于仓库无人负责，无纪律现象无人负责等问题。1950 年12 月 25 日《纺织工业部关于建立和加强生产责任制的决定》中进一步指出：建立生产责任制的目的，是使人人对生产负责，事事有人负责，以消灭无人负责的现象，加强经营管理，巩固劳动热情，增加国家财富。建立责任制首先应当建立领导人员的责任制度，即首先建立经理、厂长、工程师、技术人员与管理人员的责任制。1953 年 5 月 28 日《重工业部关于在生产厂矿建立责任制的指示》中也指出：贯彻责任制，必须贯彻从行政上、技术上的专责制，一直到材料供应、产品检查、产品推销的各种责任制度上。以上可以看出，

我们对建立工业生产责任制的认识是在实践中不断全面和深化的。1961 年 9 月 16 日，中共中央经过全面总结新中国成立特别是前 3 年工业企业管理方面的经验和教训以后，制定颁发了《国营工业企业工作条例（草案）》，即《工业七十条》。在这个《条例》中更加明确地指出：每个企业，都要根据本企业的特点总结已有的经验，经过群众充分讨论，建立和健全厂部、车间、工段、小组各级的行政领导责任制，建立和健全生产、技术、劳动、供销、运输、财务、生活、人事等专职机构和专职人员的责任制，建立和健全每个工人的岗位责任制。在上述文件精神的指导下，通过长时间的实践和摸索，绝大多数企业都建立了一套比较科学的、适合自己特点的管理制度和责任制度。但是，这一时期的责任制度有一个共同的弱点，就是没能同企业和职工的经济利益紧密结合起来，只是依靠广大职工的自觉性和责任心来贯彻，结果往往不能得到完全落实并巩固下来、坚持下去。"文化大革命"中，企业管理遭到严重破坏，各项管理制度和责任制度基本上被取消了。粉碎"四人帮"后，1978 年 4 月 20 日中共中央颁发了《关于加快工业发展若干问题的决定（草案）》，即《工业三十条》，要求所有工业企业都要学习大庆的经营管理经验，建设大庆式企业，进一步强调要建立和健全各方面的专责制，建立健全各级干部、工人和技术人员的岗位责任制，做到事事有人管，人人有专责，彻底根除无人负责的现象。根据《工业三十条》的精神，企业着手进行整顿工作，又重新建立和恢复了一些长期以来行之有效的规章制度和责任制度。

1978 年 10 月，我们开始了扩大企业自主权的试点工作，首先在原四川省重庆钢铁公司等 6 个企业进行。12 月，中国共产党第十一届中央委员会第三次全体会议正式提出了改革我国经济管理体制的任务，全会《公报》指出："现在我国经济管理体制的一个严重缺点是权力过于集中，应该有领导地大胆下放，让地方和工农业企业在国家统一计划的指导下有更多的经营管理自主权。"1979 年 1 月，四川省在总结经验的基础上，制定了《四川省地方工业扩大企业权力，加快生产建设步伐的试点意见》（简称"十四条"），随即把试点扩大到 100 个企业。与此同时，云南省也提出了扩大企业自主权的十三条意见，开始在 50 个企业进行试点。1979 年 7 月，国务院下达《关于扩大国营工业企业经营管理自主权的若干规定》等五个改革管理体制的文件后，北京、上海、天津、江苏、湖南、浙江等许多省市都先后进行了试点。在扩权企业的带动下，大多数企业都进行了不同程度的整顿，取得了显著成效。截至 1979 年底，全国县属以上大中型企业，90% 达到《工业三十条》规定的整顿标准，涌现出一大批先进企业，命名为大庆式企业的达到 12000 多个。整个工交企业恢复了正常生产，也为改革创造了条件。截至 1980 年底，全国扩权企业达到 6000 多个，占国家预算内工业企业总数的 16%，产值约占 60%，利润约占

70%。其中还有 191 个企业实行了以税代利、独立核算、自负盈亏的试点。

扩大企业自主权不仅搞活了企业的生产经营活动，推动了企业整顿，改善了经营管理，提高了经济效果，而且在国家与企业之间以及企业内部职工之间创造了多种分配形式，为体制改革积累了丰富的经验，促使人们从更高的角度去研究和认识问题。

1981 年初，山东省等地在扩大企业自主权的基础上，对部分企业又实行了利润（或亏损）包干办法，提出了工业经济责任制问题。随后，全国各地也都相继实行了各种不同的包干办法，并把这些办法连同其他扩权形式一起统称为工业经济责任制。1981 年 4 月全国工业交通会议要求所有工业企业都要逐步实行经济责任制，推动企业整顿工作，促进体制改革深入发展。到 1981 年 8 月底，全国县属以上国营企业中，实行经济责任制的占 65%，其中包括 6000 多个扩权企业和 264 个按行业（主管局或公司）、195 个按系统（县经委）包干的企业。从地区看，实行面在 80%以上的有山东、北京、天津、辽宁等 9 个省市；实行面在 50%~80%的有河北、内蒙古、山西等 12 个省、自治区。1981 年 11 月国务院批转了国务院体制改革办公室、国家经委的《关于实行工业生产经济责任制若干问题的意见》，工业经济责任制又有了新的发展和提高。

（二）主要形式

工业经济责任制包括两个主要环节：一是处理国家与企业的关系，即在国家与企业之间实行经济责任制；二是处理企业与职工的关系，即在企业内部实行经济责任制。

关于国家与企业之间的经济责任制，首先要明确企业对国家承担的基本责任，即不仅要完成上缴利润任务，而且还必须完成产量、质量、品种、消耗、成本等各项指标。国家保证企业生产经营活动的自主权，并根据企业承担和实现经济责任的情况给予企业相应的经济利益。

目前，在分配方面主要形式有：

（1）利润留成。即把企业实现的利润按一定比例在国家与企业之间进行分配。利润留成包括全额留成、超额留成和基数留成加超额留成三种。所谓全额留成，即全部利润都按一定的比例留成；超额留成，即计划内的利润不留成或少留成，计划外的利润多留成，或按当年利润较上年增长的部分留成；基数留成加超额留成，即以固定（或上年）利润额为基数，本年利润中的基数部分按核定比例留成，超额（或增长）部分按另定比例留成。

（2）盈亏包干。即根据企业盈利或亏损情况实行利润或亏损包干。盈利企业实行利润包干，企业完成利润上缴的包干任务后，其余部分全部留给企业或按一定比例在国家与企业之间分成。如果企业完不成包干任务，必须用自有资金补足。亏损企业实行亏损包干，包干基数以内的亏损额由国家财政补贴，超亏不补，减亏留用。盈亏包干又分按企业、按行业（主管局、公司）、按系统（地、县经委）包干三种。实行按行业、按系统包干的，可以在行业或系统内部进行调节。

（3）自负盈亏。即把上缴利润改为缴纳各种税（费）款，企业盈利在按规定向国家纳税（费）后，其余部分全部留企业。实行这种办法的，各地在税（费）种、税率的设计上也不完全相同。例如上海实行的是五税二费。五税，即增值税（按销售收入减去成本中原料、材料等费用的余额课税）、级差收入调节税、车船牌照税、房地产税、所得税。二费，即固定资产占用费（按净值计费）和流动资金占用费。四川省部分企业实行的是三税，即工商统一税、固定资产占用税（按原值课税）和所得税。所得税税率一般都在50%以上，其他税（费）率根据不同情况分别核定。

在国家与企业之间出现上述多种分配形式的主要原因有两点：一是不同行业与不同企业有不同的情况和特点，不可能采取"一刀切"的办法；二是经济责任制尚在试验阶段，只有通过不同形式的试点，才能把各种办法加以比较，总结经验，然后择其善者而从之。从初步实践看，利润留成比较简便易行，而盈亏包干和自负盈亏更能调动企业的积极性。但不管采取哪种办法，企业利润或盈利留下的部分，都要按照一定的比例用于建立企业生产发展基金、职工福利基金和职工奖励基金。生产发展基金主要用于企业的挖潜、革新、改造，有条件的也可以用于扩建；职工福利基金主要用于职工集体福利设施的建设、困难补助和医药费等；奖励基金用于奖励贡献较大的职工。

企业内部的经济责任制，首先要建立健全生产、技术，经营管理各项专责制和岗位责任制，使企业各项工作都有专人负责，保证生产经营活动上下衔接，左右协调；其次要建立合理的分配制度，处理好企业同职工的关系，调动职工的生产积极性。建立健全生产、技术、经营管理各项专责制和岗位责任制就是从厂长（经理）、车间主任到班组长，从职员、技术人员到工人，每个人以及每个部门，每个环节和每道工序都有明确的职责范围，并把它用一定的条文规定下来，形成一个自上而下的生产行政指挥系统。建立合理的分配制度主要是制定考核办法和奖惩条例，根据每个部门和职工履行职责的情况决定对他们进行奖惩，从而使各项责任制度得到落实。

目前，在分配方面主要形式有：

（1）小指标计分计奖。即把企业的生产经营总目标分解为若干个小指标，落实到每个部门和职工。每个指针都规定有基本分数和增减分数的标准，根据每人完成指针情况确定得分数，然后再根据得分数计算奖金。其计算方法如下：

　　　每人应得奖金＝指标得分×企业奖金总额/总分数

　　（2）浮动工资。即职工工资随企业经营好坏、个人贡献大小而浮动。具体做法是，把每个职工原有固定工资都取出一个百分数或绝对数，与企业奖励基金一起作为活动工资，根据每个职工完成工作的情况进行分配，其分配办法与前相同。

　　（3）计件工资。包括全额计件和超定额计件两种。全额计件就是按照工人完成合格产品的数量，以同一单价支付工资，工人完成多少产品，就支付多少工资，没有限额。超额计件是职工完成劳动定额发基本工资，超过定额，按计件单价计发超额工资；完不成定额进行适当扣罚，但扣罚不超过本人基本工资的一定比例。上述两种计件办法又分别分为个人计件和集体计件两种形式。实行集体计件的，所得收入再在集体内部进行考核和分配。

　　（4）企业对车间实行成本降低额留成或联产计奖。成本降低额留成，即把车间产品（或零部件）总成本降低额（比计划或上期实际）按一定比例留给车间作为奖金；联产计奖即根据车间完成合格产品（或零部件）的数量计算车间应得奖金。车间所得奖金再在职工之间进行考核分配。

　　上述几种形式各有利弊，很多企业往往把它们结合起来运用，但当前比较普遍实行的是小指标计分计奖和成本降低额留成或联产计奖，因为这两种办法不改变职工的基本工资，容易被人们所接受。从实行效果看，浮动工资具有更大的优越性，它既能较好地克服平均主义，又能避免新老工人之间产生矛盾。

　　从以上可以看出，实行工业经济责任制，使企业与国家的关系、企业与职工的关系都发生了一定的变化。但必须指出，这种变化符合社会主义经济的客观要求，丝毫不会改变我国工业企业的社会主义性质。仅以国营企业为例，不论采取哪种分配形式，企业都对国家承担盈亏责任，并把盈利的主要部分上缴国家，这正是全民所有制企业的重要标志。至于企业盈利留下的部分，绝大部分也用于生产和职工集体福利设施的建设，由它们形成的固定资产仍然属于全民所有。分配给劳动者个人的工资、奖金则是按劳分配的收入。这些都与社会主义生产资料公有制相适应。

三、实行工业经济责任制取得的效果和
遇到的问题

我国实行工业经济责任制已经取得了显著效果，也遇到了一些需要研究解决的问题。

（一）取得的效果

1. 增强了职工当家做主的主人翁精神

在我们社会主义企业中，职工是企业的主人，这是社会主义优越性的根本表现。由于实行工业经济责任制使职工当家做主有了更加丰富的物质内容，因而，增强了他们的主人翁责任感。

首先，勤俭节约、爱厂如家的精神大发扬。例如，首都钢铁公司实行经济责任制后，广大职工精打细算，在生产中注意节约一块煤、一度电、一桶油、一把棉纱，为实现公司增利目标，人人做出贡献。公司动力厂的职工为了节约原材料消耗，在半桶油上下功夫。他们经过科学计算，在保证正常运转的条件下，把空压机的转动轴平均每转一圈加一桶半油减少为一桶油，每月为国家节油170公斤。公司炼铁厂三号高炉的职工，认真实行经济核算，从焦比、煤比、氧气消耗、原材料消耗、矿石筛分损失、使用小块焦炭等各方面节约开支，使吨铁生产成本大大下降。这个高炉的炉长深有感触地说："现在高炉上上下下都是管家人，经济责任制不仅带来了好的经济效益，也使爱厂如家的先进思想大发扬。"在首钢，类似这样的生动事例到处都是。最近国务院领导同志表彰他们说：现在工人把首钢的日子过得比自己家的日子还好。

其次，职工的生产积极性空前高涨。劳动出勤率和劳动效率普遍提高。济南第三棉纺厂实行经济责任制后，很多人主动要求到生产第一线，运转工的出勤率逐年提高，1981年上半年达到94.9%，而实行经济责任制前的1978年同期是86.74%。由于挖掘了劳动潜力，提高了功效，该厂仅在生产第一线就节约劳动力159人，成为实行"四班三运转"[①]所需劳动力的主要来源。

此外，职工学习管理知识、操作技术的积极性大大提高。过去在平均主

---

① 四班三运转，是国家为减轻纺织工人劳动强度而实行的一种新的工作制度，即把原来的三班制改为四班制，每班的劳动时间不变，但工作日比原来减少1/4。

义影响下，职工学习管理知识、操作技术总是缺乏一定的积极性。一些业务训练、岗位练兵往往流于形式。特别是一些青年职工，认为学不学技术都一样，反正年限不到不能增加工资。实行经济责任制后，情况不同了，每个管理人员都认识到，如果不认真钻研业务，就不能完成自己担负的责任，不仅影响自己的收入，还影响到本单位的全体人员；每个工人的技术水平，不仅直接关系到他们完成产品的数量和质量，决定收入多少，而且还有一个能否为国家多做贡献的荣誉问题。如某企业的一位青年工人在谈到经济责任制时说，"人都是有自尊心的，只要是非功过分明，谁也不愿做对国家无用的人"。现在，学习业务技术知识已经成为很多职工特别是青年工人的自觉行动。济南第三棉纺织厂很多青年工人坚持早上班进行学习，操作技术提高很快。有一个细纱学员进厂 3 个多月就能看管 30 支 1200 锭，达到劳动定额的先进水平。首都钢铁公司等单位还办起了企业管理讲座，请专业管理人员讲课，干部、工人都争先恐后地参加，形成了一个学本领、赶先进的热潮。

2. 促进了企业经营管理工作的改善

实行经济责任制，明确每个职工的经济责任，贯彻按劳分配原则，这在客观上要求企业在管理上有较好的基础工作，较高的管理水平。因此，企业开始重视抓整顿工作，逐步建立并完善了各项规章制度，加强了劳动定额、原始记录和计量管理，制定了企业内部结算价格，开展了全面经济核算。同时还改善了劳动组织，增强了劳动纪律，那种"用人无定员、劳动无定额"的状况已经基本上改变了。例如，济南第三棉纺厂把实行经济责任制与建立健全岗位责任制结合起来，以建立岗位责任制为重点，以实行经济责任制为动力，以改善经营管理、提高经济效果为目的进行了大量的企业整顿工作。同时，在全厂进行了"做一个国家职工，应该向国家尽哪些义务的教育，结合这个教育，进一步完善了岗位责任制，使 3000 多名职工都有比较明确的职责。在此基础上，又建立了工厂、车间和班组三级检查考核制度，并且规定检查有记录、记录要齐全完备、及时准确、责任分明、按期公布，如有不检或漏检，有关部门和人员要承担经济责任。经过一段时间的努力，该厂已经扭转了曾一度存在的比较混乱的生产秩序，初步形成了一个能够自动反馈的生产经营指挥系统。他们还结合纺织工业的特点，通过实践，摸索制定了一整套企业内部管理制度。目前这些制度已经被汇编成册，长达 60 万字。再如，首都钢铁公司通过实行经济责任制，从改进计划工作入手，促进了其他专业管理工作的改善，提高了管理水平。目前，首钢在计划管理的内容和方法上都做了很大改变。传统的"生产技术财务计划"已发展为"生产经营计划"。过去计划的编制是根据国家下达的生产任务，以产量指标为中心进行综合平衡后下达厂矿。年计划一经确定，除季度略作调整外，就很少再作改变。

现在计划的编制是以提高经济效益为中心，对供产销进行全面安排。执行中，在确保完成国家计划规定指标的前提下，根据经济效果实现的情况随时加以调整，既体现了国家计划的主导作用，又发挥了市场的调节作用。首钢的计划是通过目标分解、层层落实来实现的，这样就形成了一个包括各项经济技术指标和专业管理在内的计划管理体系。在计划实现过程中，生产作业计划和日常调度工作发挥了过去不曾发挥的作用。现在，首钢的生产作业计划也变为"生产经营作业计划"，即不仅按月、按周、按日安排生产；同时还安排销售、成本和利润任务；总调度室随时掌握生产、成本、销售和实现利润动态，及时调节不适应的环节，保证生产经营总目标的实现。在计划工作的统率下，企业的经济核算工作贯穿于生产经营过程的始终。首钢从物资供应开始，一直到产品销售，各个环节都加强经济核算，讲求经济效果。供应部门在注意原材料质量、保证生产的同时，进行比价采购，努力降低材料采购成本，减少资金占用。技术工作也开始从单纯追求技术先进转变为以保证产品质量、提高经济效果为主要目标。技术人员和操作工人一起采取一系列技术措施，使甲类钢率和成材率大大提高。销售部门也改变了经营作风，变"坐商"为"行商"，通过走出去、请进来、发函征购、外出推销、用户座谈、参加调剂会议、搞联合经营、带料加工等多种经销方式，保证销售任务的完成。在百分之百执行订货合同的情况下，他们还根据社会需要，力求多销高档产品，为用户进行深度加工，以提高盈利。在实行全面经济核算中，财务工作发挥了重要的组织作用，由过去事后的记账、算账发展为事前的预测和控制，围绕企业总目标的实现，加强对成本、资金和利润等主要经济指标的计划和监督，防止任何浪费现象和不必要开支的发生；由算死账变为算活账。在国家财经制度允许的范围内，大力支持那些见效快、收益大的技术改造项目；由少数专业人员的核算变为全体职工参加和关心的群众核算。首钢的同志高兴地说："现在人人都成了财务科长，大家都关心经济效益的提高。"实行经济责任制后，类似济南第三棉纺厂和首都钢铁公司这样不断提高企业经营管理水平的企业已经越来越多。

3. 促进了生产发展，提高了经济效果

由于实行经济责任制调动了职工的生产积极性，改善了经营管理，很多企业在人员设备很少增加的情况下，生产都有大幅度增长，经济效果也有明显提高。例如济南第四建筑工程公司从 1978 年开始先后实行计件工资和预算及利润包干经济责任制后，生产指标逐年上升，经济效果越来越好。其情况如表 1 所示。

从表 1 中可以看出，该公司 1979 年和 1980 年各项经济指标都比上年大大提高。1981 年虽因国民经济进一步调整，压缩基建投资等原因，工作量和

表 1　经济情况

	1979 年		1980 年		1981 年	
	完成数	比上年（±%）	完成数	比上年（±%）	完成数	比上年（±%）
工作量（万元）	1833.22	+21.7	2350.38	+28.2	2310.56	-3
竣工面积（平方米）	129015	+14.9	145127	+12.5	142965	-1
实现利润（万元）	135	+266.8	276.8	+105	285.5	+3
成本降低率（%）	6.32	多降低 2.52	8.51	多降低 1.69	10.42	多降低 1.91

竣工面积略有下降，但成本仍继续大幅度降低，实现利润也有增长。

首都钢铁公司的经济效果更为显著，该公司 1981 年面临国家对钢铁限产的困难，按国家计划，产值要比上年下降 16.4%，经过很大努力，调整产品结构，广开生产门路后，产值仍下降 1.9%，但实现利润却比 1980 年增长了 9.07%，上缴利润增长 8.9%，产值利润率、资金利润率、销售利润率都在全国钢铁联合企业中领先。特别是建立健全企业内部经济责任制后的 5 个月，每月实现利润比半年平均增长 28%，创造了本企业历史新水平。能源消耗逐步下降，第四季度，吨铁能耗跨进国际先进行列，吨钢能耗达到全国最好水平。全年 52 项可比技术经济指标中，有 30 项夺得全国冠军。产品质量也有明显提高，优质产品的比例由 1980 年的 34.1% 上升 43.2%，消灭了二类产品，10364 份供货合同全部按期完成，成为全国冶金战线上的先进标兵。

4. 促使企业按时足额上缴税利，保证了国家财政收入

过去一些企业中，由于管理比较混乱，原材料积压浪费严重，资金周转困难，经常发生拖欠国家税利的现象。实行经济责任制后，国家对企业实行了固定资产有偿使用和流动资金全额信贷制度，促使企业改善了资金管理，减少了资金占用。同时，企业只有完成税利上缴任务后才能取得一定的利润分成，明显地改变了企业拖欠税利的现象，促使企业按时足额上缴，保证了国家财政收入。例如山东省 1981 年普遍实行经济责任制后，上缴利润大幅度增长。济南市 7、8、9 三个月比上半年平均每月上缴利润增长了 36%，青岛市第二季度比第一季度增长了 61.5%，第三季度比第二季度又增长了 31.54%，两市全年都超额完成了财政上缴任务。

（二）遇到的问题

1. 产值、利润和产量、质量指标的协调

这个问题的实质是商品价值和使用价值的对立统一问题。社会主义生产的目的是为了满足社会和人民生活的需要，这一点为商品价值和使用价值的

进一步统一提供了可能，但是既然是商品，其矛盾也是不可避免的。在我国现行的管理体制下，产值、利润、产量和质量指标分别由不同的部门下达，因此工作相互脱节。实行经济责任制后，利润在各指标中的地位大大提高，成为利益分配的基本依据，再加上供求不够平衡，价格不够合理，一些同志又有单纯追求增长速度的思想，这为协调上述几项指标的关系增加了一定困难。当前，一些企业出现了强调产值、利润，而忽视品种和质量的现象，产值大、利润高的产品争着干，产值小、利润低的不愿干，甚至不干。结果一些产品造成了积压，而有些产品仍供应不足，工商之间在购销问题上也产生了一些矛盾。这些问题对资本主义来说是天经地义、不可避免的，但它却不符合社会主义经济的要求。当前，国家正采取有效措施加以解决。

2. 国家、企业和职工三者利益的合理分配问题

实行经济责任制后，企业的财权有了扩大，国家、企业和职工之间的利益分配，即国民收入初次分配和再发配的比例都发生了变化。企业盈利由全部上缴给国家变为各种形式的利润分成。企业的纯收入在国民收入初次分配中的比重加大了，通过财政再分配的比重减少了。在这种情况下，如何处理好三者利益关系，使之既能保证国家财政收入的增长，又能调动企业和职工的积极性，是一个新的重大课题。反映在具体工作中，就是如何合理地确定盈亏包干基数或留成比例，恰当地设计税种税率，妥善地控制奖金和计件超额工资的发放数额等。在处理这些问题的时候，国家、企业和职工之间不可避免地要发生一些矛盾。财税部门希望国家多收一些，企业希望多留一些，职工则想多得一些。因此，围绕着确定包干基数、留成比例、税种税率、劳动定额和计件单价等问题，企业与有关部门要经过反复地协商。个别企业为了压低包干基数，提高留成比例，在与有关方面签订协议的前一年就故意把生产降下来，因为不管是确定包干基数，核定留成比例还是设计税种税率，都要以企业上年的生产和实现利润情况为依据。还有的企业夸大生产中的不利因素，尽量压低计划任务。再加上行业之间、企业之间因各种客观因素而造成的利润水平的悬殊，更增加了问题的复杂性。尽管采取了不少措施，一些企业仍然存在着包干基数低，分成比例高，国家收入的增长速度低于企业和职工收入的增长速度，甚至国家收入下降，企业和职工收入反而上升的情况。在一些地区和企业，职工奖金和计件超额工资大大超过了应得的水平。

3. 行业之间和企业之间因客观因素造成的"苦乐不均"问题

这里所说的"苦乐不均"是指由于价格、税收和生产条件等不同所引起的行业之间、企业之间利润率的悬殊以及由此产生的利润分配上的差别。由于我国产品的价格不是按生产价格来制定的，一些产品的价格严重背离价值，因而不能形成平均利润率。有一些规模相同的企业，职工人数相当，设备技

术条件差不多，经营管理水平也不相上下，但因生产的产品不同，有的产品产值大，利润高；有的产品产值小，利润低，结果企业的利润水平相差很大。即使按照生产价格定价，也会产生资金有机构成对企业盈利水平的影响，有机构成高的企业，人均利润水平高；反之，人均利润水平低。在这种情况下，把利润作为分配的唯一依据就不可避免地出现"苦乐不均"。此外，由于设备技术条件、资源条件和地理条件不同，也会带来利润率的差别。有些企业设备技术先进，资源条件好，地理条件优越，不经很大努力就可以得到超额利润。相反，有些企业，设备技术落后，资源条件差，地理条件不利，虽经很大努力仍不能得到平均利润。从理论上讲，社会主义企业的级差收入应该归国家所有，但在实践中，对企业的超额利润，很难区分哪些是客观条件形成的，哪些是主观努力得到的。对这部分收入，如果国家拿走得太多，就会挫伤企业的积极性；如果拿走太少，又达不到调节的目的。对于这些客观因素造成的"苦乐不均"，尽管通过不同的包干基数、留成比例、税种税率可以进行一定程度的调节，但因这些因素本身比较复杂，变化较大，而基数、比例、税种税率又不可能随时变化，因此，并不能从根本上解决问题。这个问题不解决，就不能充分调动企业改善经营管理的积极性。

四、对加强和完善工业经济责任制的几点设想

根据我国实行工业经济责任制的初步实践经验，进一步加强和完善工业经济责任制，需要研究解决以下几个问题：

第一，要研究制订我国经济管理体制改革的整体规划。我国工业经济责任制是经济管理体制改革的深入发展，在实行中出现的某些问题，一是经验不足造成的，二是现行体制的某些弊病所致。必须在总结经验的基础上，研究和制订我国经济管理体制改革的整体规划。首先要根据社会主义经济发展的客观要求，研究适合我国特点的经济管理模式，确立改革的总目标。按照这个总目标，分别确定计划、物资、财政、价格、劳动等专业管理体制的改革方案。然后再根据现有的条件和可能，制订出改革的近期目标和中期目标，并提出实现每个目标可能出现的问题及解决办法。各项改革必须相互配合，同步进行，保证政策的稳定性，逐步确立企业作为相对独立的经济实体的地位，为实行经济责任制创造充分的条件。

第二，要改进计划工作，加强计划的指导和控制。要按照企业和产品在国民经济中的地位和重要性，分别采取不同的管理办法。根据单纯以利润作

为分配依据所出现的各种弊端，要研究确定一个指标体系，对企业进行考核，决定利益的分配。确定指标体系的原则是既要能够克服单纯强调利润指标出现的问题，又要有利于发挥企业的积极主动性，同时还要便于考核管理。这个指标体系大致应包括利润、产量、质量和供货合同等几项指标。其中，利润是价值方面的综合指针，产量和质量是使用价值指标，供货合同用来协调企业之间的经济关系基本上符合社会主义计划经济的客观要求。除上述几项指标外，还可根据不同行业和企业的特点适当有所增减，例如煤炭行业可以增加掘进进尺，化肥行业可以增加煤耗和电耗等指标。鉴于目前各项指标是由几个部门分别管理的，有的指标甚至没有管理机构，应当由经委综合财政、劳动等有关部门的意见，负责统一制定企业的技术经济指标体系和指标的考核办法，并对确定包干基数、留成比例和税种税率做出统一的规定。企业年度的计划指标，应由一个部门经过综合平衡后统一下达。

第三，充分发挥经济杠杆的作用。要利用价格、税收、信贷等手段，引导企业的生产经营活动符合国家的计划要求，调节行业之间、企业之间出现的"苦乐不均"。当前，价格的大幅度调整有一定困难，在行业内部可以运用内部价格进行调节，在行业之间可以尽量发挥税收的作用。此外，还要加快经济立法工作，使企业的每项经济活动都要有法可依。每破除一项旧的不合理的制度，必须有新的合理的法规来补充，对那些违法乱纪的单位和个人要严肃处理，以保证经济责任制健康深入地发展。

第四，对企业来说，完善和健全经济责任制，要把重点放在企业内部责任制的层层落实上。实行经济责任制要解决的不单纯是一个分配问题，必须把工作重点放在企业内部经济责任的落实上。要建立健全岗位责任制和其他各项规章制度，把企业所承担的经济责任落实到每个车间、班组和工作岗位。落实到每个岗位的经济责任要全面明确，既包括价值指针和使用价值指针，又包括操作要求和工作要求。结合落实经济责任，搞好定员、定额、原始记录、统计、计量、内部价格等基础工作。同时，要建立严格的检查考核制度和奖惩制度，改善劳动组织，加强劳动纪律。在此基础上，逐步建立一套科学的管理制度，实行全面计划管理、全面质量管理和全面经济核算。

第五，要加强思想政治工作。实行经济责任制能够把企业的责、权、利紧密结合起来，使职工从物质利益上关心企业生产，改善经营管理，提高经济效果，但思想政治工作必须加强。经济责任制关系到每个职工的切身利益，在实行过程中，必然会遇到各种各样的思想问题和实际问题，只有大力加强思想政治工作，进行有针对性、有说服力的思想教育，才能提高广大职工对实行经济责任制目的与意义的认识，增强主人翁的责任感，树立全局观念，处理好国家、企业与职工三者利益的关系，摆正局部利益和整体利益、眼前利益和长远利益的位置。我们是社会主义国家，职工是国家和企业的主人，如果没有国家整体和长远的利益，就不可能有集体、个人和眼前的利益。在当前国家财政还有困难的情况下，更要教育职工继承我国工人阶级的光荣传统，发扬大公无私、艰苦创业的革命精神，为国尽责分忧。现在，很多地区的干部和工人都响亮地提出："国家有困难，大家来分担"，这种革命精神应当大大提倡和发扬。有了这种精神，我们就无往而不胜。

我国实行工业经济责任制，尽管时间还不长，很多方面还需要进一步完善，但是它已经显示出强大的生命力。我们深信，只要按经济规律办事，既坚持国家的统一计划，又坚持把企业经济搞活，不断总结经验，我国工业经济责任制就一定能够更加完善起来。经过一个时期的摸索和实践，我们就一定能够建立一套科学的、具有中国特色的工业管理和企业管理制度。

（本文是作者参加 1982 年 6 月在香港中文大学召开的"中国企业管理研讨会"提交的论文，原载于《香港新亚学术集刊》1983 年第 5 期）

试论全民所有制企业的经营方式

　　企业的经营方式是涉及企业性质和能否搞活企业的一个重要问题，我们要在坚持社会主义方向的前提下搞活企业，就必须按照社会主义商品经济的客观要求，对不同的企业实行不同的经营方式。那么，全民所有制企业究竟可以实行哪几种经营方式呢？笔者认为主要有以下几种：

一、全民所有，国家经营

　　全民所有，国家经营对极少数特殊部门，如铁路、邮电、国防工业等可实行这种经营方式。这类企业的所有权和经营权都掌握在全民的代表国家手中。同时，既然是国家经营，按照谁经营谁负盈亏的原则，其盈亏也应由国家来负。此外，诸如企业的投资、产品方向的确定、厂长的委派、职工的招收、能源及主要原材料的供应、产品的销售等也都应由国家直接负责。在分配方面，这些企业基本上不存在企业内部的分配问题，主要是国家对企业和职工分配。其分配内容和分配方式大致是：企业实现的盈利，除要同其他企业一样向国家缴纳一般税收（这种税收对各类企业都是一样的）外，其余部分也要以利润形式上缴国家。与此相适应，企业扩大再生产所需要的费用要由国家拨给，职工的工资等级和标准也要由国家统一规定。总的来说，国家对这些企业的管理与旧体制下对全民所有制企业的管理基本相同。所不同的是，国家也要根据企业的经营好坏对企业的领导人和职工进行一定的奖励和惩罚，以促进他们改善管理，不断提高经济效益。在这类企业中，虽然实行各种形式的经济责任制，但严格地说，它却不是独立经营的法人集体，或者说它不是真正意义上的商品生产者和经营者。

二、全民所有，个人承包或承租经营

全民所有，个人承包或承租经营对少数从事服务、饮食、修理等行业的小型企业可以实行这种经营方式。这些企业应由承包人或承租人担任厂长，其经营权也应掌握在他们个人手中。企业经营什么以及怎样经营，都应由承包人或承租者个人在合同规定的范围内自由决定。同时，企业的自负盈亏也要由他们完全负责，国家则只享受合同规定的权利，并承担相应的义务。国家同这些企业之间的分配，要严格按照承包或承租合同进行。但合同一定要签订得合理，既要考虑国家资产的多少，又要考虑承包或承租时企业的经营状况。在签订合同时，一般应对企业的财产进行清查、评估，企业除要向国家缴纳一般税收外，还应按占用国家资产的多少和签订合同时的经营状况缴纳承包和承租费。企业实现的盈利，在按合同规定向国家缴纳各种款项后，其余部分应由承包人或承租人支配。如果企业发生亏损，也要由他们完全负责。同时，企业扩大再生产需要的费用，也要由承包人或承租人负责筹集。可以向银行贷款，也可以通过其他形式进行集资。待承包或承租合同终止时，要对企业的财产重新进行清查、评估，并与开始承包或承租时进行比较。超过者，原则上归承包人或承租人自己；不足者，要由他们负责赔偿，并负责清理企业的一切债权债务。

在这类企业中，如果除承包人或承租人外，不再有其他职工，也就不存在职工之间的分配问题。如果除承包人或承租人外，还有其他职工，这些职工与承包人或承租人的关系，则完全是一种雇用关系。他们既没有经营权，也不承担盈亏责任。他们的工资及其他福利待遇，应由雇用双方自由商定。当然，承包人或承租人为了调动其他职工的积极性，在生产经营活动中也可以听取他们的意见，并把他们的经济收入与企业的经营好坏和个人贡献大小结合起来，但这是承包人或承担人的管理方法问题，不应该成为法定的制度。特别是承包人或承租人同其他职工的关系决不是一种按劳分配关系。

我们必须承认，实行这种经营方式，企业的性质要发生一定的变化。也就是说，在企业生产经营过程中必然存在剥削与被剥削、解雇与不受雇等问题。但由于实行这种经营方式的企业只是少数，特别是职工人数很少，在较小的范围内允许上述问题的存在，并不影响整个经济的社会主义性质。同时，对被解雇和不受雇的职工，要给他们以生活出路，允许他们调往其他企业或重新就业。现在有一种论点，认为在个人承包或承租企业中，承包人和承租人同其他职工也是一种平等关系，也不存在剥削等问题，因而也要集体经营、共负盈亏，并且对职工也不允许解雇与不受雇等，这显然是违背逻辑的，也是不符合事实的。一句话，这类企业带有一定的国家资本主义性质。当然，对那些集体承包或集体承租的企业，则另当别论。这些企业已经不属于全民所有、个人经营的范围，而应当包括在我们所要讨论的另一种经营方式，即全民所有、集体经营之中。

三、全民所有，集体经营

除上述两类少数企业外，绝大多数大中型企业都可以实行这种经营方式。所谓全民所有，集体经营，就是企业的所有者是代表全民的国家，但企业经营者既不是国家，也不是个人，而是企业全体劳动者。它与集体所有制企业的区别在于所有者不同，而经营者都是劳动者集体。在具体经营方式上，可以集体承包或承租，也可以采取其他形式。但不管采取什么形式，在企业的经营权限方面，除特别重大的决策要由国家做出外，其他的都应同集体所有制企业完全相同。按照谁经营谁对经营成果负责的原则，这类企业应由全体职工承担盈亏责任，并且经营权也应交给全体职工。这种经营权，不仅包括对企业重大经营活动的决策权，而且还包括对厂长和其他企业领导人的选举和决定权。

在分配方面，如果实行的是集体承包或承租，国家和企业之间的分配也要按照合同规定的内容进行，但企业内部，对包括厂长在内的全体职工都必须实行按劳分配。如果采取的不是承包或承租办法，而是国家征税或其他形式，那么，具体的分配办法应当比目前的利改税有所改进。现在的利改税，主要是分配对象和税种设置有问题。首先，在分配对象上，国家和企业之间分配的不是企业创造的净产值，而是企业实现的盈利。在这种情况下，职工的工资仍然是由国家事先统一确定的，与企业的经营状况和职工的个人贡献联系很少，这就不可能从根本上消除平均主义。其次，在税种的设置上，由于设有调节税，对先进企业不利，又造成了"鞭打快牛"的现象。正确的分配办法是，企业的总产品在补偿消耗掉的生产资料之后，首先要在国家和企业之间分配，然后再在企业内部职工之间分配。这就是所谓的"两级按劳分配"。企业不仅要向国家缴纳一般税款，而且还要对占用国家的财产承担经济责任。原则上，应对同类企业实行同税种、同税率。只有这样，才能真正具有鼓励先进、鞭策落后的作用。企业创造的净产值，在向国家缴纳各项税款后，剩余部分应完全由企业自主支配。企业应有权选择自己的工资和奖励形式，可以把工资、奖金合一，也可以把二者分开。但不管采取什么分配形式，都必须贯彻按劳分配原则。至于企业的改造和发展，在经营者的经济利益同企业的长远发展紧密结合在一起的情况下，广大职工是比任何人都关心的。在这方面，首钢就是一个典型的例子。如果它不把大量的留成资金用于企业的技术改造和发展，又怎么能够连续多年以 20% 多的速度实现盈利的增长呢？职工的收入和集体福利又怎么能够较快地增加呢？

实行全民所有、集体经营的经营方式，最根本的就是要按照所有权和经营权可以互相分离的原则，把企业的经营权交给全体职工，并由他们共同承担盈亏责任。现在，很多人都承认全民所有制企业是可以实行集体经营的。但实行这种经营方式后，企业的经营权是否应当归全体职工，还存在不同认识。有两种意见是值得商榷的：一种是经营权不应交给或不应完全交给企业的职工，仍要全部或大部分留在国家手中。其理由是，所有权和经营权虽然是可以分离的，但只是适当分离，所有权不能不产生对经营权的要求。这种观点从本质上是同全民所有、集体经营这一经营方式的内涵相矛盾的，实际上是对它的一种否定。另一种是经营权应该交给企业，但不是交给企业的全体职工，而是交给厂长（经理）一个人或几个人。这样，集体经营也就变成了一个人或少数几个人经营。有的同志一提到经营者，就是指厂长（经理）或少数几个人，但一讲到自负盈亏，却又指的是全体职工，这显然是悖谬的。对全民所有、集体经营的正确理解应当是：全民所有者是代表国家授权企业全体劳动者承担经营者的权利和义务，构成法人集体，厂长或经理是法人的代表。只有这样，才能在企业内部实行民主集中制，并在民主的基础上建立高度集中的厂长负责制。

实行全民所有、集体经营的经营方式，把经营权交给全体职工，使他们享有对生产资料的支配权，不仅能够体现劳动者同生产资料的直接结合，增强职工的主人翁责任感，而且有利于企业经营决策的民主化和科学化。同时还能使全体职工共享经营成果，共担经营风险。否则，企业因经营不善造成亏损或破产，就没有理由要求劳动者共同承担亏损甚至破产的责任，也就无法实现企业的自负盈亏。

在绝大多数大中型企业都实行全民所有、集体经营，把经营权交给企业全体职工的情况下，要保证企业的行为符合国家宏观经济发展目标的要求，就必须运用经济杠杆，搞好宏观控制；健全经济法规，约束企业行为。关于这一点，在前面已经讲到。但这里还需要强调指出，宏观控制与约束企业行为绝不是对企业进行直接管理，而是要进行间接控制。否则，也就谈不上运用价值规律和加强宏观管理。如果国家间接控制和宏观管理的能力还不够，国家直接经营的企业可先多一些，集体经营和个体经营的企业少一些，随着宏观管理的加强再逐步调整它们的比例，但却不应改变各种经营方式的内涵。总之，全民所有、集体经营是适合于绝大多数大中型企业的一种经营方式，应当积极创造条件，尽快实行。只有这样，才有可能把全民所有制大中型企业搞活。

（原载于《南京大学学报》1986 年增刊）

试论国家与企业的分配关系

国家与企业（指全民所有制企业，下同）的分配关系，是人类社会进入社会主义阶段出现的一个新问题。迄今为止的理论和实践还不能说已经很好地回答和解决了这个问题。马克思主义的创始人虽然对社会主义社会和共产主义社会的分配关系做过大致的轮廓性的描述，即社会主义实行按劳分配，共产主义实行按需分配，但那是针对个人消费品的分配而言的。况且是以全部生产资料归社会所有，不存在商品生产和商品交换为前提的。出乎马克思主义创始人的意料，现今的社会主义社会，还普遍存在着商品生产和商品交换，劳动者的个人劳动还不能直接成为社会劳动，必须通过等价交换的形式才能转化为社会劳动。就联合劳动而言，这种转化还要经过集体劳动这个环节。社会所承认的还只是凝结在商品中的社会必要劳动量，而不是实际消耗的劳动量。在这种情况下，按劳分配不可能像马克思所设想的那样，由社会直接对每个劳动者进行分配。同时，由于商品生产的存在，作为从事集体劳动的企业，不仅是社会生产的基本单位，而且是相对独立的商品生产者和经营者，必须具有自我改造、自我发展的能力。因此，一个新的问题就出现了：国家与企业的分配关系究竟怎样？

一、关于分配的对象

研究国家与企业的分配关系，首先必须明确分配的对象。当前，人们在国家与企业的分配关系问题上之所以存在种种不同认识（如有的同志主张按劳分配，即两级按劳分配的第一个层次；有的同志主张按资分配，即国家资金股份化，由资金及其量的关系决定国家与企业的分配关系；等等），其根本原因就是对分配对象没有一个统一的认识。

众所周知，马克思在分析资本主义的商品生产时，把商品价值 W 分解为

C、V 和 M 三个部分。其中，C 是转移的生产资料的价值，V 是劳动力的价值，M 是资本家占有的剩余价值。在社会主义条件下，由于实行了生产资料公有制，劳动力不再是商品，劳动者的工资不再是劳动力的价值，而是劳动报酬，M 也不再归资本家所有，而归全体劳动者所有。但是，社会主义还存在商品生产，商品的价值在形式上也还是由 C、V、M 三部分组成。那么，国家和企业之间要分配的是什么呢？

首先，C 是不能作为国民收入分配的。因为它是对消耗的生产资料的补偿，是维持简单再生产的基本条件。只要国家不愿意关闭或缩小某个企业的生产，C 就应该全部留给那个企业。过去，我们把 C 的一部分（固定资产折旧）也拿来分配，结果吃了大亏，搞得许多企业设备陈旧不堪，生产难以为继，这个教训应当吸取。剔除 C 以后，剩下的就是 V+M 了，即通常我们所说的净产值。这里还可分为以下几种情况：

第一种情况：国家与企业之间分配的是 V（确切地说是国家确定企业的V）。也就是企业把从它的净产值中得到的收入全部用于职工个人消费。所谓两级按劳分配指的是这样一种情况。最早提出这一论点的是蒋一苇老师。就笔者所知，他正是从生活资料的分配这一点出发提出问题的。他指出："按劳分配的原则，真正归企业职工所有的是 V，就是可以用来分配给职工个人或集体享受的消费资料或劳务，这一部分才是真正的企业职工的利益，其他应该说还是属于'扣除'的范畴，不属于按劳分配的范畴。"笔者认为，这个论点的积极意义就在于它把马克思的按劳分配理论同社会主义的经济实践很好地结合了起来。人们对两级按劳分配的种种疑问，集中到一点，就在于是对企业的分配还是对企业职工集体的分配上。由于在现实经济生活中，企业所得到的收入（即企业留利），一方面并没有完全包括职工的个人消费资料，另一方面却又包括了一部分可用于扩大再生产的开支，这使问题变得复杂化了。为了避免引起误解，笔者认为还是把国家对企业实行按劳分配的提法改为国家对企业职工集体实行按劳分配更合适一些。有的同志认为，提两级按劳分配不妥，因为决定企业劳动成果的，不仅是企业职工的集体劳动（包括体力劳动和脑力劳动），而且还有生产条件等因素，国家与企业之间的分配不应该也不可能是按劳分配，还是提两级分配为好。其实，在国家通过种种办法调整企业的级差收入之后，企业的劳动成果也就大体上体现了企业职工向社会提供的劳动成果。问题在于企业是否能把这些劳动成果全部地分配给职工，是否还需进行各种"扣除"，这是需要进一步研究的问题。

第二种情况：国家与企业之间分配的是 M。这是以不打破国家对劳动者个人的直接分配为前提的。那么，究竟如何分配呢？有的同志曾提出"由资金及其量的关系决定国家与企业之间分配关系"的观点。这种观点认为，社会主义国家和企业的利益分配关系，实际上包含两个层次：其一是国家作为社会的正式代表与企业这个创造财富的经济单位之间的关系；其二是在现阶段国家代表社会作为生产资料的所有者与分别占有、使用这些生产资料的企业之间的关系。由于第一层关系的存在，企业必须向国家缴纳一般税金。在抽去第一层关系之后，国家与企业的分配关系就只能为资金（量）所影响和决定。这种观点的最后结论是，必须实行国家资金的股份化，由资金所有者以收取股息的方式处理国家与企业的分配关系。笔者认为，这种对国家与企业的关系进行层次划分的观点有利于我们研究二者的分配关系，而且由第一层关系所引起的分配也是正确的。但是，由第二层关系所引起的分配是否必然是资金所有者收取股息的关系就值得商榷了。众所周知，股息的存在是以股份经济为前提的。在社会主义条件下，能否普遍实行股份经济是很值得研究的。因为在普遍实行股份经济的情况下，虽然可以通过国家控股的办法保证国家股份占绝对优势，但也必然会影响到生产资料公有制和按劳分配的实现。退一步讲，即使可以普遍实行股份经济，也会出现很多矛盾。首先，如果有些企业和职工无股可入，全部资金都是国家的，剩余产品都由国家拿走了，还分配什么呢？其次，假如职工有股可入，企业不入股，一部分股息都按股份分配给每个股票持有者，还谈得上什么企业内部的分配呢？最后，假如职工无股可入，企业用自有资金入股，且不说能否长期保持国家股份的绝对优势，企业所分得的股息是否还需在职工之间分配呢？如果分配的话，又将按什么分配呢？

第三种情况：即国家和企业分配的是 $V+M$。这是四川省一些企业最早并还在实行的一种办法，他们称之为"除本分成"（即除 C 分成）。这样，企业的产品价值就被分割为 C、V、M_1 和 M_2，其中，V 是企业职工集体所得，M_1 是企业所得，但它不能再转化为 V，其所有权仍然属于国家，使用权属于企业，M_2 是国家所得。问题的困难在于如何进行这种分割。很显然，企图用某一种原则（如按劳或按资）来概括这种分割是极其困难的，因为 V 和 M_1、M_2 的确定都有着各自的客观要求和内在规律性。但是，如果我们把 M_1 也视为国家所得（因为 M_1 的所有权仍是属于国家），那么国家和企业的分配关系也就变成了国家与企业职工集体的分配关系了，这样也就可以用按劳分配来概括了。可能有的同志会问，剩余产品都是国家的，职工所得到的仍然只是工资，这不是等于又回到老体制上去了吗？笔者的看法是，完全不是这样。首先，M_1 虽然在事实上是属于国家的，但它却是留给企业使用的；其次，V 不是事先由国家统一确定的，而是随着企业的经营好坏随时变化的。关于这一点我们将在后面谈到。

二、关于分配的程序

所谓分配程序，简单地说，就是由谁先得以及怎样得法。由于分配程序直接影响到分配的量，因而它对于确定国家与企业的分配关系是极其重要的。马克思在《哥达纲领批判》一文中对社会总产品的分配曾经做过详尽的描述，概括说来就是：先进行各种扣除，而后再对劳动者个人进行分配。尽管我们不能完全照搬马克思的分配模式，但他提出的基本原理还是可以运用的。过去我们在进行社会总产品的分配时，除了 C 先进行扣除之外，其余部分是先进行个人分配（即职工工资是由国家事先确定的），然后再进行各种扣除。这种分配程序的颠倒，可以说是产生"铁饭碗"、"大锅饭"的最根本原因。笔者认为今后分配程序应该改为：首先，由国家扣除 M_2，其次，由企业（实际上也是国家）扣除 M_1，最后，再在职工之间分配 V。M_1 和 M_2 就是马克思所说的六项扣除中的后五项。其中，M_2 的扣除是比较复杂的，对它还必须做进一步地划分，并确立相应的分配程序。可以考虑，它还可以划分为"级差收入"、"资金收入"（这种收入在一定量的限度内对社会主义商品经济是必要的）和"一般收入"（相当于对集体经济和个体经济所做的扣除）。其分配程序是，首先扣除"级差收入"，然后再扣除"资金收入"，最后再扣除"一般收入"。对于 M_1 的扣除，从使用角度看，如果仅用于生产性积累的话，则可不必做出进一步划分，而如果用于生产性积累和非生产性积累两方面的话，则要先扣除生产性积累，再扣除非生产性积累。上述种种扣除以什么形式为好，这一点我们将在后面讨论。至于扣除多少，马克思认为"应当根据现有的资料和力量来确定，部分的应当根据概率论来确定"。这里所说的"根据现有的资料和力量来确定"，笔者认为就是根据以往的分配情况和现实的经济实力来确定。对企业净产值进行扣除的过程，同时也是确定企业职工集体收入的过程。如果各种扣除都是合理的话，V 的大小就将随着企业经营成果的好坏而变动，这实际上是国家对企业职工集体实行了按劳分配。

三、关于分配的原则

这里所说的分配原则，主要是指进行上述各种扣除（包括 M_1 和 M_2 的扣除）应遵循的原则。

总的原则应是，必须有利于社会生产力的发展。在这个总原则的指导下，在扣除 M_2 时，还要坚持下述具体原则。

首先，在纵向上要坚持兼顾国家利益、企业利益和职工利益的原则。具体地讲，就是既要保证国家财政收入的不断增长，又要保证企业具有一定扩大再生产的能力，同时还要保证职工的经济收入逐步有所提高。在一般的情况下，一个国家在一定时期内的财政支出总有一个最低的限额，国家的财政收入（包括来自各方面的收入）原则上不应低于这个限额。随着社会主义建设事业的发展，国家的财政支出总是不断增长的，相应地，国家的财政收入也必须不断增长。然而，国家财力的主要来源又来自企业生产的发展，企业生产不发展，国家的财政收入就成了无源之水、无本之木。这要求我们必须给企业留有一定扩大再生产的能力。同时，企业生产发展的来源又来自广大职工的生产积极性，而要充分调动这种积极性，又必须保证职工的生活逐步有所改善。

其次，在横向上要坚持企业平等竞争的原则。竞争是商品经济的产物，既然社会主义还实行有计划的商品经济，竞争就是不可避免的。为了发挥竞争的积极作用，以便有效地利用社会资源，调动所有企业的积极性，国家必须尽可能地为企业创造平等的竞争条件。然而，就企业的生产经营条件而言，无论是内部条件，还是外部条件，主观条件，还是客观条件，在任何情况下都不可能是完全平等的。诸如企业的地理位置、产品方向、市场环境、技术装备、人员素质等，在任何时候都不可能是完全一样的。主观条件和内部条件且不说，仅客观条件和外部条件的完全平等也是难以实现的。因此，这里所说的平等条件，除信贷、原材料供应等条件外，主要的只能从对 M_2 的扣除上体现出来。即使如此，由于各项扣除的复杂性，平等也只能是相对的。那种企图通过对企业固定资产重新评估而实现完全平等的想法是不切实际的。

既然企业竞争的平等条件，主要地只能从对 M_2 的扣除上体现出来，那就必须扣除得尽可能合理。首先，"级差收入"应当按照资源的丰裕程度扣除的。其次，占用国家资金应根据量的多少承担经济责任的。除此之外的"一般收入"的扣除应按照不同行业从企业的 $V + M$（扣除级差收入和资金付费后）中分别实行等比例扣除。至于企业资金有机构成不同造成的收入差别，除通过资金有偿占用进行一定的调节外，其余的部分也可在对 M_1 的扣除中解决。

当前，国家与企业分配关系中存在的问题，除了有分配对象上的问题外，主要是分配程序的颠倒。改革以来采取的种种分配办法，一个最根本的弊端就是"鞭打快牛"。利润留成中的留成比例、利润包干中的包干基数、利改税中的调节税，它们的确定都是以保护企业既得利益为条件的。这样，也就不可能解决企业之间的相对平等问题。要彻底改变这种状况，必须首先保证国家从企业的纯收入中得到它应得到的部分，把因经营水平不同造成的收益差别留给企业。当然，要实现这种扣除还要有一个过程。产品价格的不合理就是一大障碍。但我们应当积极创造条件，争取早日实现这一点，只有这样，才能真正做到企业的自主经营，自负盈亏。

在扣除 M_1 时，要坚持以下原则：

首先，要坚持兼顾生产和生活的原则。前面已经讲到，M_1 是用于企业生产发展和职工集体福利设施的，不能再分配给职工个人。其所有权属于国家，使用权属于企业。M_1 的大小不仅决定着企业扩大再生产的能力和职工集体福利设施的建造能力，而且还直接决定着 V 的多少。因此，对它的扣除必须实行兼顾生产和生活的原则。

其次，要坚持企业之间资金同步增长的原则。所谓企业之间资金同步增长，就是各企业的资金每年都要有所增长，并且增长的速度是相同的。我们假定现有工业资金的分布是合理的，或者说生产的发展是协调的。那么，坚持企业资金的同步增长就能保证社会生产继续按比例协调发展。当然，这只是一种抽象，现实的经济生活要复杂得多。

经济体制改革以来，我们在企业留成资金分配上碰到的一个最大困难是：如果国家统一规定分配比例，就会把企业的手脚捆死，不能满足资金有机构成和不同企业的不同需要，如果国家不统一规定分配比例，又会引起消费基金的过快增长。假如把企业生产发展基金的量与企业占用资金的量挂起钩来，就有可能解决这一问题。但在目前情况下，由于企业利润率的悬殊和留利水平的不合理，要做到这一点是比较困难的。

我们这里所讨论的对 M_1 的扣除，与现行的企业留利资金的分配无论在分配对象上还是在分配程序上都是完全不同的。假定 M_1 全部用于生产发展，按照企业资金同步增长的原则，对它的扣除就应由国家按照企业占用资金的量规定统一比例。这样，一方面，企业占用的资金多，扣除的 M_1 就多，可以促使企业尽可能少占用资金，而占用资金过少，又会影响企业总收入，从而影响职工的个人收入，又会促使企业不得不占用它必需占用的资金，这就形成了一个资金占用的自动调节机制。另一方面，资金有机构成高的企业，扣除的 M_1 就多；反之，扣除的 M_1 就少。它既能消除资金有机构成不同的企业在职工个人收入方面的过大差距，又能保证资金有机构成高的企业有足够的资金用于扩大再生产。

假定 M_1 不完全用于企业的生产发展，还要用于职工的集体福利设施，那么用这一部分的扣除则需单独进行，或者由国家统一规定按企业职工人数扣除，或者由企业自行决定。

现在的困难在于，有些企业由于客观原因，处境十分艰难，如果按统一规定的办法进行分配就很难活下去。对这些企业，可以采取特殊政策。

四、关于分配的形式

在分配对象、分配程序、分配原则明确之后，分配形式也就不言而喻了。由于国家、企业、职工之间分配关系的复杂性和多层次性，就国家所得部分而言，笔者认为今后宜主要采取税收的形式。

国家以税收的形式取得收入，除能适应分配关系多层次性的客观要求外，它比分成办法还有以下几方面好处：首先，它可以缓解价格不合理带来的矛盾。国家可以通过征收产品税、增值税的办法，对价格因素对企业净产值的影响进行调节，从而有利于实现企业的平等竞争。其次，它可以把企业与国家的分配关系用法令形式固定下来，以保证国家财政收入的稳定增长。再次，它可以使企业从新增净产值中得到较多的经济收益，增强企业改善经营管理、提高经济效益的积极性。最后，它还有利于割断部门、地区同企业经济利益上的联系，促进企业横向经济联系的发展。

这里还要讨论一下资金有偿占用的具体形式问题。目前，大家对资金必须实行有偿占用的认识是一致的，而且对流动资金实行全额信贷也没有太大分歧，只是对固定资金有偿占用采取什么形式还存在不同看法。主要的意见大致有三种：一是税收形式，二是付费形式，三是股金形式。在分配对象和分配程序既定的情况下，税收和付费在本质上并没有什么区别，但股金则是一种完全不同的形式。主张采取股金形式的同志认为，资金税的基本弱点在于其固定性，其征税不考虑企业经营的好坏，而股金则要承担相当的经营风险，能够较好地适应企业经营决策上的弹性要求。我认为这种观点是值得商榷的。首先，从股金的角度来认识仅仅属于利息意义上的资金，有偿占用本身就是一个错误。因为股息和利息是两个完全不同的经济范畴。利息是资金所有者仅仅以其所有者的身份取得的收入，它是不必承担经营风险的，而股息则是资金所有者不仅以其所有者而且以其经营者的身份取得的收入，它是要承担经营风险的。在社会主义计划商品经济条件下，资金所有权属于国家，经营权属于企业，从资金所有和占有关系的角度讲，国家只应当得到不承担经营风险的那一部分"利息"收入，而不是股息收入。其次，实行资金有偿占用的根本目的是要使企业对占用、使用国家资金承担经济责任，从而促进企业提高资金使用效果，节约资金占用。资金税（费）的刚性恰恰能满足这一要求。否则，企业经营好承担的责任就大，经营不好承担的责任就小，不仅违反了企业平等竞争的原则，也失去了资金有偿占用的本来意义。

由于本文涉及的问题很多，加之作者水平有限，肯定会有不少缺点和错误，恳请读者批评指正。

（原载于《经济管理》1986 年第 8 期）

略评承包经营

当前，各部门、各地区都在进一步实行和完善企业承包经营。但是，人们对承包经营的认识还不完全一致。多数同志认为，承包经营是搞活企业的一条有效途径，是经济体制改革的深入发展。有的同志甚至把它说成是我国经济体制改革进程中继农村家庭联产承包责任制后的第二个里程碑，是社会主义商品经济发展的必然。也有一些同志认为，承包经营并非是一种理想的经营方式，更不是改革所要达到的最终目标，而是由旧体制转向新体制的一种过渡。有少数同志甚至把它看成是经济体制改革的一种倒退，是改革在走投无路情况下所采取的一种"缓兵之计"。那么，究竟应如何看待承包经营呢？本文想就此谈一点肤浅的看法。

一、承包确有不少优越性

承包经营是经济体制改革中产生的一种全民所有制企业的经营方式。它是企业所有者和经营者以契约形式对企业经营成果进行核定、包干和分配的经营。承包经营的具体形式有多种。目前已经实行的主要有：①"双保一挂"。即保上缴税利，保国家批准的技术改造项目，工资总额和实现税利挂钩。②上缴利税递增包干，即企业上缴产品税（或增值税）后，按核定的基数和比率，逐年递增上缴利润。③上缴利润基数（或纳税目标）包干，超收分成。即确定企业上缴利润基数，超收部分实行比例分成或分档分成。④微利、亏损企业利润包干或亏损包干。即确定企业的利润或亏损包干基数，超收（减亏）全部留给企业或按规定比例分成。⑤行业投入产出包干。即国家对一个行业实行投入和产出总承包。有的行业，对企业也实行承包。

从分配形式上看，上述各种承包经营方式，大都与 1981 年上半年由山东省首先开始实行的利润（亏损）包干（后来称之为工业经济责任制的办法）

基本相同，有的则是在此基础上的发展和完善。1981~1987 年，其间经历了利改税第一步和完全的利改税，不久前宣传一时的所有制改革遇到极大的困难和阻力，现在又回到各种形式的包干上。这是不是像有些同志所说的，是经济体制改革的一种倒退、是改革在走投无路情况下所采取的一种"缓兵之计"呢？我们认为，完全不是。原因有两方面：第一，目前的承包经营与 1981 年的利润包干虽然在分配形式上有很多相似之处，但二者却有着本质的区别。首先，目前的承包经营是作为一种经营方式提出来的，它不仅规定着国家同企业的分配关系，而且还规定着国家和企业在其他方面的责权关系，而 1981 年的利润包干是为落实财政任务而提出来的，它仅仅是一种利润分配办法，不涉及国家和企业其他方面的责权关系；其次，目前的承包经营是在各项专业经济管理体制，如计划体制、财税体制、信贷体制、流通体制、价格体制等进行较大改革的情况下进行的，企业在很多方面的经营自主权，不仅能够在承包合同中加以明确，而且有条件落实。而 1981 年实行利润包干时，经济体制改革刚刚开始，各项专业经济体制基本上还没有什么变化，企业的经营自主权还很小，它还不可能成为一种经营方式。第二，退一步讲，即使现在的承包经营和过去的利润包干完全一样，也不能认为是倒退。这是因为，经济体制改革没有现成的经验可循，在改革中必然要进行各种形式的试点，通过试点，把各种办法进行比较，择其善者而从之，这是一种进步，而不是倒退。不能因为承包的试点在前，现在才来推广它就认为是倒退，现在的问题是，同其他改革办法相比，承包经营是否具有更多的优越性，我们的回答是肯定的。

（1）它有利于企业所有权与经营权的分离，进一步落实企业自主权。实行企业所有权与经营权分离，是中共十二届三中全会提出的经济体制改革的一项基本指导思想。然而，过去进行的其他各种形式的改革都没有能够很好地解决这一问题，这造成了企业自主权不落实，甚至发生已经落实的自主权又被上收的情况。实行承包经营，把国家同企业的经济关系通过合同形式加以明确，实际上是明确了企业所有者和经营者的责权关系。所有者和经营者分别应当承担哪些责任，享受哪些权利，都在承包合同中规定下来。这本身就是所有权和经营权的一种分离。它能够在保证全民所有制企业社会主义性质的前提下，进一步扩大和落实企业经营自主权，把企业搞活。

（2）它使企业同国家的分配关系更直接、更明朗，对企业具有更大的刺激性和吸引力。经济体制改革以来，在处理国家和企业的分配关系上，一直存在两种主张：一种是主张按比例分配，即国家和企业所得都随着企业实现盈利的增减而增减；另一种是主张按绝对额分配，即首先核定国家所得的绝对额，企业实现的盈利在缴足国家应得的数额之后，其余都是企业的。利润分成和利改税等改革办法基本属于前一种；承包经营则属于后一种。虽然两种办法都能把企业的经济利益同企业的经济效益挂起钩来，但相比之下，承包使国家同企业的分配关系更直接、更明朗，对企业具有更大的刺激性和吸引力，更能调动企业的积极性。可以说。它是适应当前我国广大职工思想觉悟和管理水平的处理国家及企业分配关系的一种较好的办法。

（3）它能在一定程度上改变"鞭打快牛"的状况，调动所有企业的积极性。在价格体系不合理，企业客观生产条件存在较大差别的情况下，实行利润分成和利改税等办法，为消除企业之间的"苦乐不均"，就要一户一率或征收调节税，但又必然造成"鞭打快牛"，影响先进企业的积极性；实行承包经营虽然在确定包干基数时也有一个"鞭打快牛"问题，但相对来说，它具有较大的灵活性，矛盾也不像留成比率不一和征收调节税那么直接、突出，因而容易被企业接受。特别是在包干基数确定之后，企业如果能够创造出更多的盈利，多收部分都是属于企业的，对先进企业来说，这比那种征收调节税，企业创利越多上缴也越多的办法要有利得多。因此，实行承包经营能够在一定程度上改变"鞭打快牛"的状况，调动所有企业的积极性。

（4）它能促进企业技术改造，加速企业技术进步。当前，企业技术改造和技术进步中存在的主要问题是资金不足。由于实行承包经营，对有重大技术改造任务的企业，在确定承包基数时一般都要考虑这些技术改造项目所需要的资金，并把要完成的技术改造任务作为承包内容，因而能够提高企业留利水平，并促使企业将绝大部分留利基金用于技术改造等生产发展方面。同时，企业要使自己的盈利水平逐年提高，以便在完成上缴任务后能够取得更多的留利，也需要把较多的自有资金用于扩充生产能力、开发新产品、提高产品质量等方面。这些都会促进企业的技术改造，加速企业技术进步。

（5）有利于加强企业自我约束，改善企业行为。随着经济体制改革的发展，企业的经济利益与经济效益有了密切的联系，企业的动力机制不断加强，但约束机制却有所削弱。这主要是由于行政约束放松了，经济约束机制还没有建立健全起来，因而出现了消费基金膨胀等问题。实行承包经营，企业必须完成合同规定的利税上缴任务，否则要用自有资金补足，这本身就是对企业预算约束的一种硬化。它有利于加强企业自我约束，改善企业行为。特别是在实行工资总额与经济效益挂钩的情况下，乱摊成本、消费基金增长过快等问题都会得到一定的克服和遏制。

二、承包经营也有一些弊端和不足

尽管承包经营有不少优越性，但把它说成是经济体制改革的第二个里程碑，是社会主义商品经济发展的必然，似乎又有些夸大其词，至少有些为时过早。回顾改革以来的情况，每当实行一种新的试点的时候，都有人把它称之为"里程碑"和"必然"，然而，过不了多久，情况稍有变化，一个个都销声匿迹了。这种脱离实际的夸大宣传是造成某些改革一哄而起，出现问题之后又一风吹的重要原因，今后应尽可能避免。实事求是地讲，当前实行的承包经营还不能说是一种十分理想的经营方式，同其他许多改革办法一样，它也存在一些弊端和不足。

（1）它很不规范。社会主义企业是建立在社会化大生产和生产资料公有制基础上的商品生产者和经营者，不仅其生产力具有较高的发展水平，生产关系也是有史以来最先进的，国家对社会主义企业的管理应当有一套科学的规范化的办法。然而，承包经营无论是在确定承包基数，还是在规定国家与企业的其他权责方面，都是一个企业一个样，一个时期一个样，既不规范，又缺乏科学性，同时还大大加重了管理的工作量，这决定了它不是社会主义商品经济发展的必然，而只能是一种试验和过渡。

（2）承包基数的确定缺乏科学依据，企业经济利益受人为因素影响较大，实行承包经营，包干基数对企业的经济利益起决定作用。然而，包干基数的确定往往缺乏科学依据，带有很大的偶然性，因而，企业和职工的经济利益受人为因素影响较大。诸如参与评定人员的思想觉悟和业务水平，企业领导人的权力和地位等都会影响包干基数的确定，从而影响企业的经济利益。这样就不能充分体现按劳分配原则，同时还会造成企业向国家的讨价还价，甚至助长一些企业和个人的投机心理。

（3）企业负盈不负亏的问题仍不能得到根本解决。经济体制改革以来，在处理国家同企业的分配关系上，各种改革办法都未能解决企业只负盈不负亏的问题，而这一点正是经济体制改革深入发展的关键。承包经营虽然明确了企业在承包期间内应向国家上缴的税利，但它仍然不能解决这一问题。首先，在进行承包时，只有承包人（包括企业集体）认为有利可图时，承包才能达成协议，而承包人是最了解企业情况的，承包一般都能给承包者带来较多的利益；其次，即使承包人对形势估计错误或经营失误，不能完成包干任务，甚至造成严重亏损，国家也拿不出责成其赔偿损失的行之有效的办法，诸如

"三分之一家产作抵押"之类，是无济于事的。

（4）从根本上讲，它也很难解决企业行为短期化问题。近几年，企业行为短期化的问题比较突出。它是企业没有长期利益造成的，是新体制不健全的结果，又影响着新体制的进一步完善。因而，解决企业行为短期化问题，也是经济体制改革的一个重要问题。承包经营虽然能在某些方面加强企业自我约束，改善企业行为，但从根本上讲，仍不能解决企业行为短期化问题。因为承包总是有个期限的，一般是 3 年或 5 年，承包者所考虑的首先是承包期以内的利益。当近期利益与长远利益发生矛盾时，他甚至会人为地牺牲长远利益，换取近期利益。从这个意义上讲，它反而会加剧企业行为的短期化。如果搞得不好，企业就会像一匹众人都可以骑但谁也不对它的生命负责的马，你骑了他骑，他骑了我骑，越骑越瘦。

三、需要注意的几个问题

从以上可以看出，承包经营既有许多优越性，也有一些弊端和不足，但总的说来，它是在现阶段新的经济体制还很不完善的情况下所能采取的一种比较好的经营方式。凡是有条件实行同时又愿意实行的企业，都应当允许实行。但是也要注意稳步前进，不要一哄而起。一方面，应该在实践中探索克服承包经营本身弊端和不足使之不断完善的办法；另一方面，在实行承包经营的同时，还应当允许进行其他形式的试点，以便取得进一步的经验。对已经实行或将要实行承包经营的企业，当前特别需要注意解决好以下几个问题。

（1）要确保承包基数的合理性。能否确保承包基数的合理性，是承包能否取得成功的关键。承包基数的确定，既要保证国家财政收入的稳定增长，又要使企业能够在生产发展的基础上，不断提高留利水平，增强自我改造、自我发展的能力，同时使职工的收入逐步增加，调动和保持他们的积极性。为了避免企业之间的"苦乐不均"和"鞭打快牛"现象，确定承包基数，应当以企业前几年实绩的平均数为基础，并根据同地区同行业其他企业的情况，做适当调整。

（2）要把企业发展目标作为承包内容。为了克服企业行为短期化等倾向，承包不能只局限于企业盈利的分配，还应当把企业在承包期间的发展目标列入承包内容，特别是企业必须完成的技术改造任务和产品质量要达到的水平等一定要明确。待承包结束后，要根据实现发展目标的情况，在合同规定的分配之外，再对承包者进行一定的奖惩。

（3）要把承包经营同其他改革结合起来。进行承包经营和其他改革的目的都是为了把企业搞活，但如果承包方法不当，承包指标太多，又会把企业捆死。承包经营必须同其他改革，如计划体制改革、财税体制改革、价格体制改革、企业领导体制改革等结合起来，才能取得好的效果。首先，承包要有利于巩固和扩大已有的改革成果，而不能损害这些成果；其次，在实行承包经营的同时，还要继续进行其他方面的改革，以承包来推动和促进改革。只有这样，才能进一步扩大和落实企业自主权，把企业搞活。

（4）承包合同要全部兑现。无论实行集体承包还是实行个人承包，承包合同一经签订，就具有法律效力。除遇特殊情况（如国家经济政策的重大调整和重大自然灾害等）外，合同规定的条款都必须全部执行、兑现。当承包者（包括集体和个人）得利较多时，国家可以建议和动员他们合理使用，但不能违反合同。同样，当承包者完不成承包任务时，就必须赔偿，没有赔偿能力的，要承担一定的法律责任。

（5）要提倡集体承包。承包经营，可以集体承包，也可以个人承包。为了提高承包者的负亏能力，并调动企业全体职工的积极性，应大力提倡集体承包。一般来说：大中型企业都应当由厂长代表全体职工进行集体承包，而不能由一个人或几个人进行承包。对某些小企业，虽然可以实行个人承包，但承包人必须有足够的财产作担保，同时要注意处理好承包人同其他职工的关系。

（6）要加强对企业的财务监督。有的同志认为，实行承包经营可以放松对企业的财务监督，因为企业向国家上缴的利税是事先确定的，与企业的经营好坏和实现利税多少无关，国家没有必要再对企业内部的财务事项实行统一的财务制度和财经纪律。我们认为，这种看法是不正确的。由于承包经营企业的生产资料所有权仍然是属于国家的，如果没有严格的财经纪律，就有可能出现为保护和增加承包者利益而侵犯国家财产的情况。例如，企业不提或少提固定资产折旧，就可以降低成本，提高盈利，从而使承包者在完成包干任务后得到更多的利益。但是，这样做的结果必定会使企业固定资产的实际价值低于账面价值（净值），长期下去就会把企业挖空，这实际上就是侵犯了国家利益。因此，对实行承包的企业不仅不能放松，而且还应当加强财务监督。

（原载于《学习与研究》1987 年第 8 期）

再评承包经营

1987 年 5 月，正当全国大力推行承包经营责任制的时候，我曾写了《略评承包经营》一文。文章除肯定实行承包经营责任制具有一些优越性外，还指出了这种制度的弊端和实行中存在的问题。下面我想就承包经营再发一点议论，作为对《略评承包经营》这篇拙文的修正和补充。

一、承包经营是利润包干和利改税的折衷与混合

对承包经营，至今还存在种种不同意见。要对承包经营有一个客观评价，首先需要看一下承包经营是如何产生的。

经济体制改革 10 年，企业改革大体经历了扩权、利改税和承包经营等几个阶段。这几个阶段虽然在时间上有先有后，但并不都存在着必然的逻辑关系。因为改革不是事先完全设计好的，而是在实践中摸索前进的。

扩大企业自主权是从改革企业同国家的分配关系入手的。它以利润分成和利润包干的方式，首先打破了完全统收统支的财政体制，使企业有了一定独立的经济利益，继而又有力地冲击了计划、物资、价格、税收和劳动人事等管理体制，使企业开始从捆绑中解放出来，产生了前所未有的活力。

随着改革的深入发展，企业的经济利益不断扩大，企业之间在分配上因客观条件不平等而形成的"苦乐不均"和"鞭打快牛"问题就逐步暴露和突出起来。这样，利改税就被提到了改革的议事日程上来了。

1983 年和 1984 年两步利改税的基本指导思想，是想为企业创造平等的竞争环境，同时使国家与企业的分配关系规范化。然而，第一步利改税除把一部分利润变为所得税外，对税后利润仍实行各种不同的上缴和留存办法，这与利润分成和利润包干并没有本质区别。第二步利改税曾设想通过产品税、资源税和固定资金占用税来缓解价格不合理带来的矛盾，调节企业因客观条

件不同而造成的利润差异，以实现企业的平等竞争。但在方案测算过程中，又遇到了不同企业同类产品利润率相差悬殊的问题。如果产品税税率定得太高，很多企业都将承受不起；定得太低，既不能发挥应有的调节作用，又会影响国家财政收入。其结果只得放弃固定资金占用税，并开征一户一率的收入调节税。这就与原有的指导思想发生了背离，因而也就不能达到应有的目的。它不仅没有解决"苦乐不均"和"鞭打快牛"问题，而且还造成了一些大中型企业留利水平的降低等其他一些问题。（参见拙文《企业改革的难点与对策》，《学习与研究》1989 年第 1 期）

利改税虽然没有取得完全的成功，但它的基本思路是正确的。可以说，它是为解决企业不平等竞争问题所做的一种尝试，但又被这种不平等的条件所击败。正是这种失败，为经营承包的全面推行提供了舆论优势。

早在实行利改税之前，就有很多同志主张全面实行经营承包，但由于有关部门的坚决反对，这一主张未能得到贯彻。随着利改税的受挫，这种主张逐渐占了上风，并得到了实施。按照正常情况，既然实行经营承包，就应该取消利改税。但由于利改税已既成事实，就只好在利改税的基础上实行经营承包。后来，为了把经营承包和利润包干加以区别，以强调它是一种经营方式，就又把"经营承包"改为"承包经营"。

把承包作为一种经营方式提出来，是想通过企业所有权和经营权的分离来实现企业的自主经营、自负盈亏。但在经营环境和经济约束机制根本改善和健全之前，无论实现何种经营方式，都难以真正实现企业的自主经营、自负盈亏。同时，由于承包经营是对企业现有经营环境的一种妥协，它必然不断受到环境变化的冲击。

从以上可以看出，承包经营并不像有些同志们说的那样，是商品经济发展的必然，是经济体制改革的又一里程碑，而是在特定条件下所采取的一种过渡性措施。从深化企业改革的角度看，它并没有什么更大的突破，只是利改税和利润包干的折衷与混合。

二、承包经营的弊端越来越突出

评价任何一项改革措施，不仅要看到它的优点和积极作用，而且还要看到它存在的问题。

关于实行承包经营的利弊，笔者已在《略评承包经营》一文中做了比较详细的论述。然而，随着改革的不断深入，承包经营存在的问题越来越突出。

（1）它与其他改革措施相矛盾。承包经营本身是一项改革措施，但它又与其他改革措施相矛盾。承包经营要求企业处在一个相对稳定的经营环境之中，而改革则随时会造成企业经营环境的变动。当某项改革措施引起一些企业的盈利水平下降，从而严重影响到承包者的经济利益时，不论这种改革正确与否，都会遭到承包者的强烈反对，这无形中增加了改革的阻力和难度。尽管在其他分配形式下，某些改革也会引起企业经济利益的变动，但矛盾一般不会像承包那样突出。解决承包经营与其他改革的矛盾，通常只有两种办法：一是牺牲其他改革，确保承包经营顺利进行；二是推进其他改革，放弃承包经营，否则，就必须随时调整承包基数，而这又失去了承包经营的意义。例如，价格改革就受到承包经营的严重制约，如果维持现行的承包，价格改革就无法迈开大步；如果加快价格改革的步伐，承包经营就很难维持下去。当然，价格改革还存在其他种种困难，但承包经营不能不是价格改革的一个阻力。当前，很多企业的承包合同已经到期，其中不少企业都不愿意再继续进行承包，其主要原因就是他们无法把握企业经营环境的变化，特别是对生产资料价格上涨的情况难以预计。总之，改革随时都会带来企业经营环境的重大变化，这与承包经营要求企业有相对稳定的外部环境是相矛盾的。

（2）承包经营会造成企业之间的分配不公。当前，分配不公已成为我国经济生活中的一个严重问题，它极大地影响着企业职工的生产积极性。然而，用承包的办法来确定企业同国家的分配关系，就必然会造成企业之间的分配不公。首先，承包基数的确定本身就缺乏科学依据，企业的经济利益不可避免地要受到各种人为因素的影响。诸如企业领导人的地位和权力，参与评定人员的思想觉悟和业务水平等，都会影响到包干基数的确定，从而影响到企业的经济利益。其次，在承包基数确定以后，如果国家经济政策（如价格、税收等）和企业经营环境发生重大变化，有些企业就会因此大捞一把，而有些企业就会遭受重大损失。受益的企业又可以多留多分，遭损的企业就有可能完不成包干任务，不仅企业和职工的利益要受到影响，欠缴的利润也只能由发包方自己包起来。在实际工作中，这样的情况已屡见不鲜。

（3）它不符合企业经济发展的客观规律。在商品经济条件下，由于企业经营环境的不断变化和企业之间的激烈竞争，任何一个企业的经济发展和经济效益的提高都不可能是直线上升的。有的时期可能投入多一些，产出少一些，有的时期可能投入少一些，产出多一些。其盈利水平，有时会提高，有时又会下降。然而，承包经营要求企业的上缴任务不断增加，或至少不能降低，这不符合企业经济发展的客观规律。据了解，有不少实行承包经营的大型骨干企业，为了完成承包任务，不仅贷款不能按期归还，企业留利也逐年减少；已经列入规划的技术改造项目不能按期完成，职工的积极性受到很大挫伤。

长此下去将会带来严重的后果。

（4）它不利于加强企业的内部管理。企业经济效益的提高，除需要创造必要的外部条件外，最终还要依靠加强企业的内部管理，不断提高管理水平。然而，在实行承包经营条件下，由于企业的经济利益主要不是取决于企业经营管理的改善，而是取决于包干基数的确定和有关部门给予的特殊政策，这就把企业的注意力完全吸引到争包基数和向上要优惠政策中去了，至于企业的内部管理，则很少有人关心。尽管人们一再强调不能以包代管，在承包经营中必须加强经营管理，但只要企业同国家的分配关系不是由客观的经济机制来制约，而是由主观的行政的包干办法来确定，以包代管的问题就永远也解决不了，企业的经营管理也就不可能有很大的改善。

三、尽快用税利分离取代承包经营

由于看到上述种种问题，人们自然地把深化企业改革的视角转向承包制以外。现在有一种很流行的说法，叫作完善承包制，发展股份制，逐步实现承包制向股份制的过渡或对接。它主要是想说明，由承包制到股份制，不是改革纠偏的选择，而是改革发展阶段的客观延续。其实，股份制和承包制完全不是一个层次上的概念，它们之间并不存在谁向谁过渡或谁先谁后的逻辑关系。股份制是一种所有制关系，而承包制则是一种分配关系。尽管分配关系与所有制关系有着紧密的联系，但它们毕竟不属于同一个范围。一种分配形式，怎么能够向一种所有制形式过渡呢？如果不实行承包制是否就不能实行股份制呢？假如我们在实行利润留成以后，就采取"分账制"（即企业留利资金形成的固定资产归企业所有）的办法，同时再吸收职工个人入股，是否就不能形成股份制呢？

经济体制改革以来，在处理企业同国家的分配关系方面，我们曾采取了利润分成、利润包干、利改税、承包经营等多种形式。在这些分配方式中，利润分成和利改税主要是按比例分配，利润包干和承包经营主要是按绝对额分配。一般情况下，按比例分配能够把企业同国家的利益紧密联系起来，从而既保证国家的财政收入，又调动企业的积极性，按绝对额分配则容易把企业的利益同国家的利益对立起来，从而产生对包干基数的讨价还价。当然，按比例分配，也有一个比例如何确定的问题，如果在确定比例时，过分强调企业的既得利益，采取一户一率的办法，就会出现"鞭打快牛"的现象。但如果根据同行业的平均销售利润率确定分配比例，就能够起到鼓励先进的作用。

从利润分成和利改税两种按比例分配的形式看，利改税更能发挥税收的经济杠杆作用。第二步利改税之所以受挫，一方面是由于迫于客观原因增设了一户一率的调节税，另一方面是由于用税收代替了利润。目前，许多大型骨干企业的调节税都已经减免，笔者认为，在这种情况下，应尽快用税利分离取代一家一个基数的企业承包经营，以理顺企业同国家的分配关系，促进企业的深化改革。

与承包经营相比，实行税利分离，除能够更好地发挥税收职能，明确国家对企业的行政管理关系和财产关系外，还具有以下优越性：

（1）它有利于进行其他方面的改革。企业改革是经济体制改革的中心环节，但企业改革的深化，必须有其他方面的改革相配合。实行税利分离，不仅要涉及到税收制度的改革，而且还要涉及财政体制、投资体制和所有制关系等方面的变革。例如，在财政体制方面，它必然要打破现行的层层包干、"分灶吃饭"的管理办法，重新确立国家和地方的分配关系；在投资体制方面，国有资产的投资主体、资金来源等，都需要有明确的规定和划分；在所有制关系方面，它将为股份制企业的产生和发展创造必要的条件；等等。同时，由于税收具有较大的灵活性和适应性，价格改革也可以加快进行。随着上述各方面改革的深入发展，企业就可以改变政府机关附属物的地位，逐步成为自主经营、自负盈亏的商品生产者和经营者。

（2）它能在一定程度上解决企业之间的分配不公问题。当前，企业之间分配不公，一是由于包干基数不合理，二是由于外界环境变化引起的利润升降不能得到及时调节。实行税利分离，包干基数就转化为税种、税率问题。在税种、税率的设计上，虽然仍会碰到利改税时的矛盾，但由于税收占企业纯收入的比重要相对降低，矛盾就不会那样突出。在这种情况下，只要处理好产品税和所得税的关系，即产品税税率适当低一些，所得税税率适当高一些，就可以做到不设调节税。这样，就可以对同类企业实行同税种、同税率，实现国税面前人人平等和企业之间大体上的公平竞争。至于外界环境变化造成的企业盈利的升降，税收可以随时给予调节，损益则由国家和企业共同分担或分享，企业之间的分配不公问题，就可以在很大程度上得到解决。

（3）它有利于企业经济的发展。实行税利分离，企业创造的纯收入，一部分要以税收的形式上缴国家或地方，一部分要在所有者之间进行分配。企业越发展，经济效益越高，所有者受益越大。这样，不管所有者是谁，是国家（由国家投资公司代表），是集体，还是个人，都会关心企业经济的发展和经济效益的提高。对于那些经营管理水平高，经济效益好，资金收益大的企业，所有者就会从收入中拿出较多的资金进行再投入，以保证企业的进一步发展；

对于那些经济效益暂时不好或一时下降，税后利润较少的企业，也不会因为上缴任务的不断追加而失去任何发展的能力和机会。必要时，所有者可以不进行分红而将税后利润全部投入再生产，以便使企业渡过难关，至于那些税后利润一直很少甚至长期亏损的企业（可能由于经营管理不善，也可能由于产品无市场），不仅得不到发展，而且还会有破产的危险，而这正是社会经济发展所需要的。总之，利税分离符合企业经济发展的规律，有利于企业在优胜劣汰中生存和发展。

（4）它有利于加强企业的经营管理。实行利税分离，由于税收具有法律性和强制性，在税种、税率确定以后，企业的经济利益就不再取决于主管部门的主观意志和某些特殊政策，而取决于企业的经营管理。这样，企业就会把主要精力放在改善经营管理上，从而不断提高自己的管理水平。

实行利税分离，关键是要搞好税种、税率的设计。既要保证国家必要的财政收入，又要保证企业有一定的税后利润，同时还要保证企业之间的公平竞争。现在有一种观点认为，只要在股份制全面形成以后，才能实行利税分离，这是值得商榷的。股份制企业必须实行利税分离，但利税分离又不只限于股份制企业，对任何企业都可以实行，如集体所有制企业的分配，实际上就是一种利税分离。

实行利税分离，除要正确地确定税种、税率外，还必须搞好税后利润的分配。在这方面，对不同的企业应采取不同的分配办法。凡是股份制企业，要按股分红；凡是单一的全民所有制企业，首先要向国家缴纳固定资产和流动资金占用费，然后再按一定比例分配；凡是集体和个体企业，则全部由企业支配。

为了处理好中央和地方的经济关系，在实行税利分离的同时，还要实行中央和地方分税制。国家的财政收入主要依靠国家税收，地方的财政收入主要依靠地方税收。各级地方政府的一个重要任务，就是要搞好市政建设，创造良好的投资环境，以吸引更多的投资，取得较多的经济收入，对那些经济落后，依靠地方税收暂时不能维持正常财政开支的地区，可在一定时期内由中央财政给予一定的补贴。

（原载于《管理世界》1989 年第 6 期）

完善工资总额与经济效益挂钩制度

在经济体制改革中，国家对一些大中型企业实行了工资总额与经济效益挂钩制度。实践证明，这种制度有利于克服企业之间的平均主义，调动企业和职工的生产积极性。但是在具体执行过程中，也存在一些问题，需要进一步完善。

现行"工效"挂钩中存在的主要问题是：①我国当前价格关系还没有理顺，企业经济效益受价格因素的影响还比较大，因产品价格不合理而影响企业工资总额的现象相当普遍；②经济效益和工资总额的基数不合理；③"工效"挂钩制度只在少数经济效益较好的大中型企业实行，对不实行"工效"挂钩企业的工资增长又缺乏有效控制，因而出现了某些经济效益较好的挂钩企业，其工资总额的增长速度反而低于某些经济效益不好的不挂钩企业的不正常现象。

"工效"挂钩作为分配制度的一项改革，其方向是正确的，但对于其存在的缺陷和问题，必须采取措施加以完善和解决。

（1）变工资总额与经济效益增长挂钩为全额挂钩。所谓工资总额与经济效益全额挂钩，就是要在企业实现的全部经济效益中确定一个适当的比例和份额作为企业的工资总额。实行这种挂钩办法，企业的经济效益就不可能只用税利总额来衡量，而只能用销售净产值来衡量。这是因为在净产值一定的情况下，税利总额直接受工资总额的影响。同时，在企业的工资总额确定之前，税利总额是无法计算的。这样，"工效"挂钩就由现行的工资总额与税利挂钩，变成了工资总额与销售净产值挂钩，即在企业实现的商品总产值中，首先扣除生产资料转移的价值，然后再按一定比例确定企业的工资总额。只有实行这样的挂钩办法，才能使企业职工的工资总额随着其新创造价值的多少而浮动，从而真正体现按劳分配原则。

（2）确定挂钩的合理比例。实行工资总额与经济效益全额挂钩，关键是确定企业工资总额占销售净产值的合理比例。为了消除产品价格不合理对企业销售净产值从而对企业工资总额的影响，在确定挂钩比例时，应采取适当灵活的办法，既不是所有的企业都采取一个比例，也不能一个企业实行一个比例。如果所有企业都采取一个比例，就会出现"苦乐不均"：如果一个企业实行一个比例，不仅会给管理带来困难，而且会造成"鞭打快牛"的状况。比较好的办法是，由国家先根据消费与积累的需要，确定一个平均的比例，然后再按照不同行业的劳动强度和产品价格水平确定不同的系数。每个企业根据国家确定的平均比例、本行业的系数和本企业实现的销售净产值，就可以计算出本企业的工资总额。只有这样，才能使不同行业、不同经济效益企业的职工具有不同的工资收入水平。

（3）扩大实行挂钩的范围。"工效"挂钩作为贯彻按劳分配原则的一种经济机制，应当对所有企业实行。当前，考虑到价格不合理等客观条件的限制，可首先在盈利企业中普遍实行这种制度。至于那些因价格而亏损的企业要暂缓实行。随着价格关系的不断理顺，再逐步扩大实行范围。只有在普遍实行或在较大范围内实行"工效"挂钩制度的情况下，才能促进企业之间开展竞争，从而达到改进管理，降低消耗，提高经济效益的目的。

（4）把实行"工效"挂钩与完善承包制结合起来。"工效"挂钩本来就是承包制的一项内容，只是这项内容在有些承包企业实行了，在有些承包企业没有实行。它与承包制的其他内容既有紧密的联系，又有一定的区别。"工效"挂钩所解决的主要是职工个人消费品的分配问题，承包制还要解决国家的财政收入、企业的经济发展、职工的集体福利等问题。而这些问题解决的好坏往往又与实行"工效"挂钩，贯彻按劳分配原则，发挥职工的生产积极性紧密联系在一起。因此，只有把实行"工效"挂钩同完善承包制结合起来，才能正确处理国家、企业和职工三者的经济关系，这样既保证国家财政收入的不断增长，又保证企业的自我发展和职工生活水平的逐步提高。

（原载于《光明日报》1990 年 4 月 7 日）

关于深化投资体制改革的思考

一、投资体制改革是建立社会主义市场经济体制的重要环节

建立社会主义市场经济体制，需要各方面的改革相配合，其中，投资体制改革是极其重要的环节。投资体制改革的重要性在于，建立社会主义市场经济体制，实际上就是建立市场在资源配置中能够发挥基础性作用的经济体制，而投资体制则从根本上决定着资源配置的方式。

为了使市场能够在资源配置中发挥基础性作用，一方面，需要进行宏观经济体制改革，包括计划体制改革、财税体制改革、金融体制改革、价格体制改革和劳动体制改革等；另一方面，需要进行微观经济体制改革，即企业制度改革。只有深入进行宏观经济体制改革，建立健全宏观经济调控体系和市场体系，彻底摒弃计划经济体制下形成的政府机构运用行政手段对企业的直接管理和指挥，才能使市场配置资源成为可能。同时，只有深入进行企业制度改革，使企业真正成为市场主体和经济利益主体，才能保证政府和市场对企业的间接调控与引导行之有效，从而使市场配置资源的积极作用得到充分发挥，避免和减少其消极作用。在上述两个方面，投资体制都发挥着极为重要的作用。在宏观经济方面，它以固定资产投资的方式决定着社会资源的配置；在微观经济方面，它通过投资主体的确定，决定着企业产权关系是否明晰，从而决定着企业制度及其经营机制，决定着企业能否作为市场主体和经济利益主体在市场配置资源中发挥主体作用，决定着企业对资源配置的经济合理性。

二、投资体制改革滞后已严重影响到社会主义市场经济体制的建立和完善

随着计划、财税、金融等方面一系列重大改革措施的出台与实施，以及转换企业经营机制，建立现代企业制度的深入发展，我国社会主义市场经济体制的框架已基本形成。在这一改革过程中，投资体制改革虽然也取得了较大进展，但相对而言，这方面的改革是滞后的，它已成为经济体制改革中的一个主要矛盾，严重影响到社会主义市场经济体制的建立和完善。从资源配置方面看，它使得行政手段对资源的配置仍然发挥着极为重要的作用。从企业改革方面看，一方面对原有的国有企业转换经营机制，建立现代企业制度；另一方面又在按照老的投资体制建立着旧制度旧机制的企业。从这个意义上讲，投资体制改革滞后正抵消着其他方面改革所取得的成果。

旧投资体制的主要弊端是政资不分，投资主体不明，所建立的企业产权关系不清。在这种投资体制下，各级政府机构作为投资项目的决策者，所追求的投资目标主要是增加产值，提高发展速度。为了实现这一目标，可以不顾财政赤字和信贷赤字而扩大投资规模。同时，由于投资主体不明确，投资效益无人负责，资金利润率应当大于银行存款利息率的合理界限被打破，造成了投资效益低下与投资规模膨胀的同时并存。特别是实行拨改贷之后，建设一个项目，往往是中央有关部委给解决一部分贷款，各级地方政府再解决一部分贷款，企业建成后，也不知道所有者到底是谁，企业背着沉重的债务包袱运行，效益不好，甚至连年亏损，无力还贷，也没有人承担责任。银行贷款本息收不回，同样不承担责任。当然，在银行接受政府指令向企业贷款的情况下，让银行承担责任既是不可能的，也是不合理的。更为严重的是，在解决这些企业的建设贷款时，中央有关部委与各级地方政府又相互钓鱼，你要求我解决多少，我要求你解决多少，争来让去，资金往往不能全部到位。不少项目因资金问题不能按期完工，完工的项目又因缺乏流动资金而不能正常运行。最终，政府又不得不在财政赤字已经很大、信贷已经严重超出应有规模的基础上再追加投资，以保证这些项目的完工和投产运行。其结果，没有这么大的能力，硬干了这么多的事，而且效益很差，这是造成固定资产投资膨胀，从而造成通货膨胀的最根本原因。

三、按照市场在资源配置中发挥基础性作用的要求，加快投资体制改革

改革投资体制，最重要的是实行业主制度，明确投资主体。谁是投资主体？谁负责解决项目的建设资金问题？并享受投资收益？项目建成投产后，要实行出资者所有权与企业法人所有权的分离。出资者所有权享有资产受益权及参与企业的重大决策与选聘经营者、转让股权等权利；企业法人财产权则享有对企业法人财产的占有、占用和依法处分的权利，并对企业的债务承担责任。

企业的投资主体，必须是自然人或企业法人（包括社团法人），而不能是政府行政机构。国有资产的投资，要通过代表国有资产产权的国有资产投资经营公司投向其他生产经营企业。国有资产经营公司必须在执行国家产业政策的前提下，注意提高国有资产的投资收益，以确保国有资产的保值增值。国有资产投资经营公司作为一种专门经营国有资产的国有独资公司，也要按照现代企业制度的机制运行。

改革投资体制在实行业主制，明确投资主体的同时，还必须保证投资项目有足够的资本金投入，而不能主要依靠银行贷款去搞建设。在这方面，还需要有金融体制的改革相配合。同时，任何投资项目都必须既有固定资金投入，又有相应的流动资金投入。以往那种建设项目主要靠银行贷款，企业流动资金也靠银行贷款，这种企业运用生产经营资金搞项目建设的状况必须改变。

按改革投资体制，新建项目必须按照现代企业制度的要求去建设。大中型企业，除少数特殊企业可依法建成国有独资公司外，绝大多数都应建成有限责任公司或股份有限公司；中小型企业则可建成股份合作制企业和合伙制企业。

只有按照上述要求，加快投资体制改革，才能促进社会主义市场经济体制建立和完善，而只有建立健全的市场经济体制，产权约束、财政约束和信贷约束才能增强，由财政赤字和信贷超过应有规模所支撑的投资膨胀及投资效益差等问题，才能从根本上得到消除。

（原载于《经济日报》1994 年 7 月 26 日）

社会主义市场经济体制在中国的建立
——纪念改革开放二十周年

　　本文围绕着社会主义市场经济体制在我国的建立，系统论述了社会主义市场经济理论的产生与发展；社会主义市场经济体制逐步建立的实践进程和实现由计划经济体制向社会主义市场经济体制根本转变等问题。着重指出，社会主义市场经济理论是邓小平建设有中国特色的社会主义理论的重要组成部分，它是在中国经济体制改革的实践中产生并不断发展起来的。其发展经历了一个从"按经济规律办事，重视价值规律的作用"到"计划经济为主、市场调节为辅"，再到"有计划的商品经济"，最后到"社会主义市场经济"的不断深化的认识过程。中国的经济体制改革正是随着思想认识上的不断深化和理论上的不断发展，按照循序渐进的原则，逐步展开和深入进行的。从实践进程上看，改革经历了试点、展开和体制创新等几个大的阶段。为了实现由计划经济体制向社会主义市场经济体制的根本转变，在已经取得的改革成果的基础上，必须继续做好调整和完善所有制结构；建立和完善现代企业制度；建立和完善市场体系；建立健全宏观经济调控体系；改进和完善收入分配制度；建立和完善社会保障制度；加强法制建设等方面的工作。

　　1998年是我国改革开放20周年。20年来，中国发生了天翻地覆的变化，世界也发生了天翻地覆的变化。从这种变化中，我们可以深刻地认识到我国实施改革开放政策的无比正确性和邓小平伟大理论的无比正确性。

　　我国的改革开放是围绕经济体制改革不断深入展开的，而经济体制改革的方向和最终目标是建立社会主义市场经济体制。回顾20年来我们在建立社会主义市场经济体制方面所做的艰苦努力和取得的伟大成就，不仅使我们感到，建立社会主义市场经济体制是一场前无古人的伟大事业，在其前进的道路上，充满了困难与曲折，同时，也使我们看到了改革的光辉前景，充满了对建立和发展有中国特色的社会主义经济的信心。

一、社会主义市场经济理论的产生与发展

中国原有的经济体制是高度集中的计划经济体制，这种计划经济的主要特征是以单一的生产资料公有制为基础，完全运用行政手段配置资源。国家通过指令性计划直接指挥和管理整个国民经济和企业的活动，实行的是"计划统包统揽，物资统配统价，职工统进统出，工资统级统调，财政统收统支"的大一统政策。在这种情况下，政府集所有权职能、宏观经济管理职能、微观经济管理职能和社会管理职能于一身，造成了严重的政资、政企不分。计划经济体制在历史上曾发挥过积极的作用，如在有效解决旧中国遗留下来的种种经济社会问题，使国民经济迅速得到恢复；集中有限资金尽快建立起比较完整的国民经济体系，特别是奠定国家工业化的初步基础等方面所发挥的作用，这是其他经济体制所不能达到的。

但是，随着国民经济的不断发展，这种经济体制的弊端也就逐步暴露出来。其突出表现是忽视价值规律的作用和物质利益原则，造成供需脱节，效率低下。特别是当国民经济发展到一定规模的时候，其消极作用越来越明显，以致严重地阻碍了社会生产力的发展。正如《中国共产党第十一届中央委员会第三次全体会议公报》指出的，"现在我国经济管理体制的一个严重缺点是权力过于集中，应该有领导地大胆下放，让地方和工农业企业在国家统一计划的指导下有更多的经营管理自主权。"《公报》还强调"应该坚决按经济规律办事，重视价值规律的作用"。从中共十一届三中全会提出改革经济管理体制的任务到党的十四大把建立社会主义市场经济体制确定为经济体制改革的目标，再到党十五大提出的调整和完善所有制结构等一系列深化改革的重大方针政策，这在思想认识和理论发展上是经历了一个较长的甚至曲折的过程的。

（一）从"按经济规律办事，重视价值规律的作用"到"计划经济为主、市场调节为辅"

在中共十一届三中全会以后的一段时间里，人们对社会主义社会是否存在商品生产，以及商品生产存在的客观依据是什么的认识还很不一致。比较普遍的认识是，社会主义社会还存在一定的商品生产与商品交换，其原因是社会主义社会还存在着两种所有制，即全民所有制与集体所有制。这是斯大林晚年在《苏联社会主义经济问题》中提出的观点。

1981年6月，在中共十一届六中全会通过的《中共中央关于建国以来党的

若干历史问题的决议》中提出："必须在公有制基础上实行计划经济，同时发挥市场调节的辅助作用。要大力发展商品生产和商品交换。"这就是在较长的一段时间内所遵循的"计划经济为主，市场调节为辅"的原则。1982 年 9 月中共十二大重申要实行"计划经济为主，市场调节为辅"，并提出要对不同企业和不同产品分别实行指令性计划、指导性计划和市场调节。实行"计划经济为主，市场调节为辅"，虽然离实行商品经济，特别是实行市场经济还有很大距离，但比一般性的提"重视价值规律的作用"还是大大前进了一步。"计划经济为主，市场调节为辅"的主要缺陷是：首先，计划经济讲的是经济形态，市场调节讲的是调节手段，二者不是一个层次的问题，不宜并列相提；其次，对市场机制的作用重视不够，基本上还是处于一个补充的地位；最后，计划与市场的作用范围是板块式的，仍然有一种把二者对立起来的感觉。

（二）从"计划经济为主，市场调节为辅"到"有计划的商品经济"

从"计划经济为主，市场调节为辅"到"有计划的商品经济"，这是向社会主义市场经济迈出的极为重要的一步。1984 年 10 月中共十二届三中全会通过的《中共中央关于经济体制改革的决定》（以下简称《决定》）指出："要突破把计划经济同商品经济对立起来的传统观念，明确认识社会主义计划经济必须自觉依靠和运用价值规律，是在公有制基础上的有计划的商品经济。"并且第一次正式提出了所有权同经营权适当分开和政企职责分开的问题。

提"有计划的商品经济"与提"社会主义市场经济"在理论上可以说只有一步之遥，因为商品经济与市场经济在经济形态上是完全一致的，它们都是实行等价交换的经济，只是生产力发展的阶段和经济发展的水平不同。从这个意义上讲，商品经济就是初级阶段的还不够发达的市场经济，而市场经济则是高级阶段的充分发达的商品经济。"有计划的商品经济"这个概念本来是很清楚的，它明确了社会主义经济是商品经济，同时还明确了这种商品经济不同于资本主义条件下的无政府的商品经济，而是一种在国家计划指导下的商品经济。然而，由于《决定》中同时存在着社会主义计划经济、有计划的商品经济和社会主义商品经济三种提法，一些同志就仍然坚持有计划的商品经济就是计划经济，这使理论界又展开了有计划的商品经济是计划经济还是商品经济的争论。

1987 年 10 月，中共十三大一方面重申"社会主义经济是公有制基础上的有计划的商品经济"的论断，同时还进一步明确了"社会主义有计划商品经济的体制，应该是计划与市场内在统一的体制"，"计划和市场的作用范围都是覆盖全社会的"，并且还提出了新的经济运行机制应当是"国家调节市场，市场引导企业"。这就把有计划的商品经济的理论大大向前推进了一步。它不仅彻底摒弃了长期以来把市场与计划对立起来的传统观念，而且还明确了计划与市场的结合不再是板块式的，而是相互渗透在一起，共同覆盖全社会的。

（三）从"有计划的商品经济"到"社会主义市场经济"

讲到社会主义市场经济理论的提出，不能不首先谈一谈小平同志关于社会主义市场经济的论述。早在 1979 年 11 月 26 日，小平同志在会见美国不列颠百科全书出版公司编委会副主席吉布尼和加拿大麦吉尔大学东亚研究所主任林达光时就明确提出，社会主义也可以搞市场经济。此后，他又多次指出，计划多一点还是市场多一点，不是社会主义与资本主义的本质区别。计划经济不等于社会主义，资本主义也有计划；市场经济不等于资本主义，社会主义也有市场。计划和市场都是调节手段，社会主义也可以搞市场经济。邓小平同志的这些论述奠定了社会主义市场经济理论的基础。

1992 年 10 月中共十四大正式提出："我国经济体制改革的目标是建立社会主义市场经济体制"，并进一步提出建立社会主义市场经济体制必须认真抓好转换国有企业经营机制，加快市场体系培育，深化分配制度和社会保障制度改革，加快政府职能转变等几个相互联系的重要环节。1993 年 11 月中共十四届三中全会通过的《中共中央关于建立社会主义市场经济体制若干问题的决定》，则把十四大提出的建立社会主义市场经济体制的目标具体化，勾画出了社会主义市场经济体制的基本框架。这一基本框架可以概括为：在以公有制为主体、多种经济成分共同发展的基础上，由适应市场经济要求，产权清晰、权责明确、政企分开、管理科学的现代企业制度；实现城乡市场紧密结合，国内市场与国际市场相互衔接，促进资源优化配置的全国统一开放的市场体系；实现政府职能转变，并保证国民经济健康运行的以间接手段为主的完善的宏观调控体系；以按劳分配为主体，效率优先、兼顾公平的收入分配制度和能够为城乡居民提供同我国国情相适应的社会保障，促进经济发展和社会稳定的多层次的社会保障制度构成。

1997 年 9 月，中共十五大则就建立和完善社会主义市场经济体制问题进一步提出了调整和完善所有制结构；加快推进国有企业改革；完善分配结构和分配方式；充分发挥市场机制作用，健全宏观调控体系等一系列重大理论和实践问题。

社会主义市场经济理论的形成和发展，不仅对中国的社会主义现代化建设具有重大的现实意义和深远的历史意义，而且对全世界和全人类都是一个重大的贡献。

二、建立社会主义市场经济体制的伟大实践

中国的经济体制改革是随着思想认识上的不断深化和理论上的不断发展，按照循序渐进的原则，逐步展开和深入进行的。从实践进程上看，改革大致可以分为三个阶段。

（一）第一阶段（1979 年底至 1984 年 10 月）

从 1978 年 12 月中共十一届三中全会提出要改革经济管理体制到 1984 年 10 月中共十二届三中全会通过《中共中央关于经济体制改革的决定》，这是改革的第一阶段。这一阶段改革的重点在农村，改革的主要内容是完成由农村人民公社体制向家庭联产承包责任制的过渡。在政权建设方面，恢复了乡政权的建制；在经济政策方面，采取了大幅度提高农产品收购价格，减轻农民负担等多项措施。这就大大改善了农民的生活，提高了农民的生产积极性，从而促进了农业经济的发展，加强了农业的基础地位。

在农村改革不断深入的同时，城市改革也以扩大企业经营自主权为主要内容开始起步，并逐步展开。这个阶段的扩大企业经营自主权主要是扩大企业的财权。同时，在生产计划、产品销售等方面也有了一定松动。为了使企业有一定的自有资金并逐步规范国家与企业的分配关系，国家对企业先后实行了利润留成、盈亏包干和利改税第一步等办法。

所谓利润留成，就是把企业实现的利润按一定比例在国家与企业之间进行分配，这就打破了计划经济体制下企业实现利润全部上缴国家的统收统支的分配制度。在实际工作中，利润留成又分为全额留成、超额留成、基数加超额留成等多种。全额留成，即企业实现的全部利润都按相同的比例留成；超额留成，即国家计划内的利润不留成，超过国家计划的利润按较高的比例留成；基数加超额留成，即以一定的利润额为基数，基数内的利润部分按一定比例留成，超额利润部分则按另定比例留成。

盈亏包干，就是根据企业的盈利或亏损情况实行利润或亏损包干。盈利企业实行利润包干，企业完成利润上缴包干任务后，其余部分全部留给企业或按一定比例在国家与企业之间分成。如果企业完不成包干任务，必须用自有资金补足；亏损企业实行亏损包干，包干基数以内的亏损额由国家财政补贴，超亏不补，减亏留用。

利改税第一步的主要内容是：凡是有盈利的国营大中型企业（包括金融

保险组织）均根据实现的利润，按55%的税率缴纳所得税。企业缴纳所得税后的利润，一部分上缴国家，另一部分按国家核定的留利水平留给企业。上缴国家部分，根据不同情况分别采取递增包干、固定比例、缴纳调节税和定额包干等办法。其中，定额包干上缴办法只限于矿山企业实行；凡有盈利的国营小企业，根据实现的利润，按八级超额累进税率缴纳所得税，缴税以后，由企业自负盈亏，国家不再拨款，但对税后利润较多的企业，国家可以收取一定的承包费，或者按固定数额上缴一部分利润。

（二）第二阶段（1984年10月至1992年10月）

从1984年10月中共十二届三中全会通过《中共中央关于经济体制改革的决定》到1992年10月中共十四大正式提出建立社会主义市场经济体制，这是改革的第二阶段。这一阶段改革的重点由农村转向城市，改革的主要内容包括：转换国有企业经营机制，增强企业，特别是国有大中型企业的活力，使其逐步成为自主经营、自负盈亏的商品生产者和商品经营者；大幅度减少指令性计划和国家直接定价的商品数量，以促进市场体系的形成和完善，并逐步改变国家对企业的管理方式，即由直接管理为主转向间接管理为主。

在这一阶段，为了增强国有企业的活力，国家制定了包括《中华人民共和国全民所有制企业法》和《全民所有制企业转换经营机制条例》等在内的一系列法律、法规和有关方针政策，从而使国有企业的经营自主权不断得到扩大和落实。在国家与企业的分配关系上则先后实行了利改税第二步和承包经营制度。

第二步利改税是第一步利改税的深入发展，其设置的税种有产品税、增值税、营业税、资源税、盐税、城市维护建设税、房产税、土地使用税、车船使用税、所得税和收入调节税。不同的企业分别同时向国家缴纳其中的几种税，税后利润原则上全部留给企业使用。但是，后来又从税后利润中增加了能源交通基金和教育费附加等。

承包经营是企业所有者和经营者以契约形式对企业经营成果进行核定、包干和分配的经营。承包经营的具体形式有多种，如"双保一挂"。即企业保上缴税利，保国家批准的技术改造项目，国家对企业实行工资总额和实现税利挂钩；上缴利税递增包干。即企业上缴产品税（或纳税目标）后，按核定的基数和比率，逐年递增上缴利润；上缴利润基数（或纳税目标）包干，超收分成，即确定企业上缴利润基数，超收部分实行按比例分成或分档分成；微利、亏损企业利润包干或亏损包干，即确定企业的利润或亏损包干基数，超收（减亏）全部留给企业或按规定比例分成；等等。

由于承包经营是在第二步利改税基础上进行的，因此，虽然国家对企业实行了财政上缴任务承包，但第二步利改税确定的税种、税率仍然有效。也就是说，这时的承包实际上是企业上缴税利总承包。很显然，这种连税收也实行承包的办法是不规范、不合理的。如果只从分配形式上看，承包经营与前一个阶段实行的盈亏包干并无本质区别，但承包经营又是作为一种经营方式提出来的，它不仅规定着国家同企业的分配关系，而且还规定着国家与企业在其他方面的责权关系。也就是说，除了承包税利上缴任务外，还要承包其他一些经济技术指标。然而，承包的指标越多，对企业的限制就会越死。这就决定了承包经营也只能是一种过渡形式。

(三) 第三阶段 (1992 年 10 月以后)

以中共十四大为标志，中国的经济改革进入了以建立和完善社会主义市场经济体制为主要内容的体制创新阶段。

1993 年 11 月中共十四届三中全会通过的《中共中央关于建立社会主义市场经济体制若干问题的决定》，在深入分析当时经济体制改革面临的形势和任务的基础上，对转换国有企业经营机制、建立现代企业制度、培育和发展市场体系、转变政府职能、建立健全宏观经济调控体系、建立合理的个人收入分配和社会保障制度、深化农村经济体制改革、深化对外经济体制改革、进一步扩大对外开放、进一步改革科技体制和教育体制、加强法律制度建设等有关经济体制改革的重大问题进行了全面系统的论述，指明了建立社会主义市场经济体制的基本方向。

为了全面贯彻《中共中央关于建立社会主义市场经济体制若干问题的决定》，加快建立社会主义市场经济体制的步伐，1994 年以来在宏观经济体制改革方面推出了一系列重大措施。如统一税率，实行中央与地方分税制；中央银行、政策性银行和商业银行职能分开；进一步放开主要工业品的价格和实行汇率并轨等。在企业改革方面，则围绕着建立现代企业制度，采取了抓大放小，资本优化组合，企业改革、改组、改造与加强管理相结合等项措施。中共十五大又进一步提出了推进企业技术进步，鼓励兼并、规范破产、下岗分流、减员增效和实施再就业工程等措施。特别是对国有小企业，提出要采取改组、联合、兼并、租赁、承包经营和股份合作制、出售等形式，加快放开搞活的进程。这就为我国的经济体制由传统的计划经济体制向社会主义市场经济体制过渡迈出了极为重要的步伐。

三、实现由计划经济体制向社会主义市场经济体制的根本转变

在已取得的改革成果的基础上继续完成由计划经济体制向社会主义市场经济体制的根本转变，是深化经济体制改革的基本任务。为了实现这一基本任务，必须继续做好以下几个方面的工作。

（一）调整和完善所有制结构

以公有制为主体、多种所有制经济共同发展，是我国社会主义初级阶段的一项基本经济制度。实行这项基本经济制度，是由我国的社会主义性质和社会主义初级阶段的国情决定的，也是建立社会主义市场经济体制的客观要求。在已经形成的多种经济成分共同发展的格局基础上，继续调整和完善所有制结构，进一步解放和发展生产力，是实现经济体制转变的重大任务。

调整和完善所有制结构，一方面要巩固和发展公有制的主体地位，另一方面要积极发展非公有制经济。

巩固和发展公有制的主体地位，首先要全面认识公有制和公有制为主体的含义。公有制经济不仅包括国有经济和集体经济，而且还包括混合所有制经济中的国有成分和集体成分。公有制的主体地位主要体现为公有资产在社会总资产中占优势。所谓公有资产占优势，不仅要有量的优势，更要注重质的提高。质和量是辩证的统一，没有量，也就谈不上质，但如果质很差，不仅量失去了意义，而且还会带来负效应。如一些品质较差的国有资产，在经过一个时期运行之后，不仅不能带来经济效益，而且还会造成很大亏损。很显然，如果这样的资产太多，不仅不能显示出优势，还会给经济发展带来很大负担。可以说，质的高低，对能否保证量的优势具有决定性的意义。在计划经济体制下，由于非公有制经济发展受到很大限制，有的根本不允许发展，因而，不论公有资产的质怎样，都能保持公有制的主体地位，而在多种所有制经济共同发展的市场经济体制下，只有不断提高公有资产的质量，才能长期保持公有制的主体地位。

巩固和发展公有制的主体地位，还必须实行公有制实现形式多样化。过去，公有制经济活力不足，除了企业缺乏必要的生产经营自主权外，主要是由于公有制实现形式比较单一。特别是实行国有国营的全民所有制形式，企业之间就很难形成不同的市场主体，职工吃企业"大锅饭"，企业吃国家"大

锅饭"的问题就不可避免。在两个"大锅饭"的情况下，企业生产经营的效率就不可能提高，而效率不高的经济是不可能有活力的。只有公有制实现形式多样化，才能使企业之间具有清晰的产权边界，从而在公有制经济内部形成多元化的市场主体和利益主体。多元化的市场主体和利益主体之间形成竞争，才能使整个经济充满活力。同时，也只有通过公有制实行形式的多样化，在整个国民经济中形成合理的市场主体和利益主体结构，才能建立健全社会主义市场经济体制。

根据深化改革，促进生产力发展的要求，我国现阶段的公有制经济可以有下列多种实现形式：就国家所有制而言，按照国有资产出资的多少，可以分别采取国有独资公司、国有绝对控股公司、国有相对控股公司和国有参股公司等多种形式。对集体所有制来说，按照出资者和出资方式的不同，可以采取由某一集体性质的组织（如乡镇、街道等）出资的集体经济形式，也可以采取由企业员工共同出资，实行劳动者的劳动联合与劳动者的资本联合相结合的股份合作制的经济形式。同时，集体资产也可以同其他所有制的资产一起共同建立混合所有制经济。在各种有国有资产和集体资产的混合所有制企业中，不仅其中的国有成分和集体成分属于公有制经济，而且就整个企业来说，只要是国家和集体控股，就有明显的公有性，它有利于扩大公有资本的支配范围，增强公有制的主体作用。

积极发展非公有制经济，必须充分认识到非公有制经济也是我国社会主义市场经济的主要组成部分。它对于满足人们多样化的需求，增加就业，促进国民经济的发展具有重要作用。对个体、私营等非公有制经济，要积极给予鼓励和引导，使之同其他所有制经济一样，按照社会主义市场经济的要求健康发展。

（二）建立和完善现代企业制度

建立和完善现代企业制度，是建立社会主义市场经济体制的微观基础。在社会主义市场经济体制下，国家不再直接管理和指挥企业的生产经营活动，而主要是运用经济手段和法律手段，通过间接方式，引导企业按照国民经济发展总体目标的要求进行发展和规范自己的行为，这就需要处理好发挥市场机制作用和加强宏观经济调控的关系。而要处理好这两者的关系，一方面需要通过宏观经济管理体制的改革，建立起灵活有效的宏观经济调控体系；另一方面还需通过企业改革，建立和完善现代企业制度。为了保证宏观经济调控的有效性，一方面必须使宏观调控的方向正确，力度适当；另一方面企业作为宏观调控的对象，必须自觉接受国家的调控。而深化企业改革，建立现代企业制度，使企业真正成为市场主体和经济利益主体，是使企业自觉接受国家宏观调控的前提条件。

所谓现代企业制度，就是适应社会化大生产和市场经济客观要求的一种企业组织形式和组织制度。它是相对于历史上曾经普遍存在的企业制度（业主制和合伙制），以及传统的国有企业制度而言的，其基本特征是产权清晰、政企分开、权责明确、管理科学。作为现代企业制度的本质表现，这四个方面是一个相互紧密联系的整体。其中，产权清晰是核心，因为产权不清晰，出资者、经营者等各方面的权责就不可能明确。这些方面的权责不明确，政企就无法分开，在政企不分的情况下，也就谈不上管理科学。建立现代企业制度，需要实行企业法人制度、有限责任制度、公司制度和法人治理结构。

（1）需要实行企业法人制度，实现出资者所有权与企业法人财产权相分离。所谓企业法人制度，主要是指，企业虽然不是自然人，但却被人格化了，作为市场竞争的主体，它具有独立的法律地位，能够独立享受民事权利，承担民事责任。企业法人制度的核心是企业拥有法人财产权，它是企业有能力享受民事权利，承担民事责任的物质基础。在企业法人制度下，企业法人财产权与出资者所有权是相分离的。出资者所有权包括资产收益、参与企业重大经营决策、聘请企业经营者和转让股权等权利；企业法人财产权则包括对法人财产的占有、占用、处置和以法人财产清偿债务等项权利。

（2）需要实行有限责任制度，实现企业自主经营、自负盈亏。所谓有限责任制度，主要是指，投资者以其出资额或所持股份为限对企业承担责任，企业以其全部资产对公司的债务承担责任。在市场经济条件下，企业之间必然存在着激烈的竞争，而竞争的结果必然是优胜劣汰。实行有限责任制度，是投资者进行自我保护，减少风险的一种有效办法。同时，它还有利于减轻因企业破产造成的社会震荡，保护社会生产力的发展。在有限责任制度下，由于企业的法人财产同出资者的其他财产是严格分开的，因此企业必须自主经营、自负盈亏。

（3）需要实行公司制度，实现企业产权主体的多元化、分散化。现代企业制度的基本形式是公司制，产权主体的多元化、分散化是它的一个重要特征。所谓产权主体的多元化、分散化，是指对一个企业的投资有多个人（包括自然人和法人），而不是只有一个人；每个投资者所拥有的股权一般只占企业总股权的一少部分。实行产权主体的多元化、分散化，不仅有利于扩大企业投资规模，而且有利于分散投资者的投资风险，从而有利于促进社会生产力的发展。当然，在现今世界上，一些国家也还存在着为数不多的产权主体单一的独资公司，我国《公司法》也把国有独资公司作为一种有限责任公司形式，这也是一种客观需要。然而，由于这种独资公司很容易把投资者的其他财产与公司的法人财产混淆起来，很难成为独立的法人实体，不利于企业经营机制的转换，因此，这种公司不宜搞得太多。

（4）需要实行企业法人治理结构，在企业领导体制中建立起制衡机制。由于企业产权主体的多元化、分散化，以及出资者所有权与企业法人财产权的分离，客观上就要求实行企业法人治理结构，在企业领导体制中建立起制衡机制。在企业法人治理结构下，企业的权力机构、决策机构、执行机构和监督机构之间相互独立、权责明确，各司其职、各行其责，相互监督、相互制约，从而使出资者、经营者、生产者的权益都得到保障，行为都受到约束，积极性都得到发挥。

建立现代企业制度，必须按照《公司法》的规定，一方面要对原有企业实施公司制改造，另一方面要对新建企业根据不同情况建立有限责任公司和股份有限公司。其中，对原有企业实施公司制改造是企业改革的一项基本任务，应当在试点的基础上尽快全面推开。

（三）建立和完善市场体系

建立社会主义市场经济体制，必须建立和完善包括商品市场和要素市场在内的市场体系。随着计划体制改革和价格改革的深入发展，我国的商品市场已经初步建立起来，今后的主要任务是培育和发展包括金融市场、劳动力市场、房地产市场、技术市场和信息市场在内的要素市场。

金融市场包括货币市场、资本市场、黄金买卖市场和外汇市场。其中，货币市场和资本市场应当作为发展的重点。货币市场要积极发展规范的银行同业拆借和票据贴现，资本市场则要加快债券、股票融资的发展步伐。为了促进金融市场的发育和完善，在加强金融监管、加快各类银行建设的同时，还应积极发展非银行金融机构。同时，在坚持国有制金融机构占绝对优势的情况下，也要适当发展其他所有制形式的金融机构。在条件成熟时，银行应逐步实行利率浮动制度。

发展劳动力市场，必须深化劳动制度改革。要积极发展多种就业形式，运用经济手段调节就业结构。要进一步推行用人单位和劳动者双向选择，加快劳动力合理流动的就业机制的形成。当前，影响劳动力合理流动的主要障碍是住房制度和户籍制度，应按照发展劳动力市场的要求，加快这两个方面的改革。

规范和发展房地产市场，不仅是建立健全市场体系所必需的，而且也是促进国民经济发展的一个突破口。当前，房地产市场中存在的突出问题是乱批乱占耕地的现象严重；出让土地使用权所得收益使用不合理；高档房屋和高消费游乐设施增长过快；房价太高等。为解决这些问题，国家应严格垄断城镇土地一级市场，同时加强土地二级市场的管理，建立正常的土地价格的市场形成机制。同时，要通过完善房地产税（费）收制度，防止房地产交易中的暴利和国家收益的流失。要结合城镇住房制度改革，继续大力实施安居工程。房地产开发企业应加强管理，千方百计降低房屋造价和销售价格，以促进住房建设的发展，加快住房商品化的进程。

发展技术、信息市场，必须加强知识产权保护，实行科技成果有偿转让。科技成果转让的价格要合情合理，既要使出让方能够得到充分补偿，又要使受让方在成果使用中有利可图。要加快技术产品和信息商品化、产业化的步伐，促进科技成果和信息向现实生产力的转化。

建立和完善市场体系，还必须加强和改善对各类市场的管理和监督，进一步整顿市场秩序，规范市场行为。特别是要打破地区、部门的分割和封锁，反对不正当竞争，创造平等的竞争环境，以促进统一、开放、竞争、有序的大市场的形成。

（四）建立健全宏观经济调控体系

建立健全宏观经济调控体系，是正确处理发挥市场机制作用与加强宏观调控关系的一个极为重要的方面。宏观调控的主要任务是，保持经济总量的基本平衡，促进经济结构的优化，引导国民经济持续、快速、健康发展，推动社会全面进步。为了实现这一任务，宏观调控应主要采用经济手段和法律手段，同时也辅以必要的行政手段。要通过制定和执行正确的产业政策、投资政策和财政货币政策，对经济增长率、通货膨胀率、失业率和国际收支等进行有效的调控，使它们能够保持在一个正常的范围内，并且有一个合理的关系。

建立健全宏观经济调控体系，必须按照市场在资源配置中发挥基础性作用的客观要求，积极推进财税、金融、计划和投资体制改革，并搞好计划、财税和金融部门的协调，使产业政策、投资政策、财政和货币政策相互配合，形成一个有机的整体。

建立健全宏观经济调控体系，还必须推进政府职能转变，加快政府机构改革。要把政府的经济管理职能与社会管理职能分开，经济行政管理职能与国有资产的所有权职能分开。政府的经济行政管理职能，主要是制订和执行宏观经济调控政策，搞好基础设施建设，为国民经济的发展创造良好的环境。同时，还要培育市场体系，制订市场运行规则，维护市场运行秩序和平等竞争，调节社会分配，组织与管理社会保障，控制人口增长，保护自然资源与生态环境等。政府的国有资产所有权职能，主要是授权国有资产代表与经营机构，制订国有资产管理办法，监督国有资产运营，取得国有资产收益，并保证国有资产保值增值。政府机构改革，应按照政企、政资分开、精简、统

一、效能的原则，把综合经济部门改组为宏观调控部门，调整和减少专业经济部门，加强执法监督部门，培育和发展社会中介组织。要健全和加强以行业内部组织协调、服务和监督为主要内容的行业管理，加快实现由部门管理向行业管理的转变。当前正在深入进行的政府机构改革，就是党的十五大关于机构改革精神的贯彻和落实。

（五）改进和完善收入分配制度

社会主义市场经济体制是建立在以公有制为主体、多种所有制经济共同发展的基本经济制度之上的，这一点决定了在收入分配上必须坚持按劳分配为主体、多种分配方式并存的制度。要按照社会主义初级阶段的客观要求，把按劳分配和按生产要素分配结合起来，坚持效率优先、兼顾公平的原则，以促进经济发展，保持社会稳定。

当前，在收入分配上，既存在平均主义问题，也存在差距过大的现象。为了解决平均主义问题，一方面要通过深化企业改革，建立健全企业内部经济责任制，使劳动报酬的分配充分体现按劳分配原则；另一方面要进一步完善有关政策，允许和鼓励一部分人通过诚实劳动和合法经营先富起来，允许和鼓励资本、技术等生产要素参与收益分配；为了清除差距过大的现象，国家要采取有效措施，整顿不合理收入，特别是那些凭借行业垄断和某些特殊条件获得的个人额外收入产生的消极影响很大，必须坚决纠正。对某些从事特殊职业的人群取得的过高收入，则应通过完善个人所得税，开征遗产税等新税种加以调节。至于那些通过侵吞公有财产和采用偷税逃税、权钱交易等非法手段谋取利益的，已不属于收入分配制度方面的问题，而属于严重的经济犯罪，必须坚决依法惩处。总之，规范收入分配，改进和完善收入分配制度，使收入差距趋向合理，既克服平均主义，又防止两极分化，这不仅是建立社会主义市场经济体制的重要内容，也是社会主义制度的本质要求。

（六）建立和完善社会保障制度

社会保障制度是社会主义市场经济体制的重要内容之一。社会保障包括社会保险、社会救济和社会福利等。根据建立社会主义市场经济体制的要求，除要继续健全社会救济和社会福利等制度，搞好这些方面的工作外，今后工作的重点应放在加快社会保险制度的建设与完善上。

社会保险制度又包括养老保险制度、失业保险制度和医疗保险制度等。近几年来，这些方面的工作虽然有了长足的进展，但总的来说，还很不适应建立社会主义市场经济体制的客观要求。社会保险制度改革与发展滞后，已经成为经济体制改革深入发展的"瓶颈"。

实现由计划经济向社会主义市场经济体制的转变，迫切要求加快社会保障制度建设的步伐，但这方面的建设又受到经济发展水平、社会人口年龄结构和劳动就业程度等因素的制约，因此，这就要求我们必须从我国的国情出发，建立起一个资金来源多渠道，保障方式多层次，权利与义务相结合，制度与政策统一，管理和服务社会化，社会统筹与个人账户相结合的社会保障体系。所谓资金来源多渠道，就是社会保障资金由国家、单位和个人共同承担；保障方式多层次，就是要实行个人保险、单位保险和社会保险相结合；权利与义务相结合，就是谁参加保险，按规定缴纳保险金，谁就享受保险待遇；制度与政策统一，就是各部门、各地区的社会保障制度、基本政策和管理办法要相一致，在具备条件时，要由全国统一的社会保障机构实行统一管理；管理和服务社会化，就是社会保障基金的收缴、管理、发放，以及对退休职工、失业职工的管理和再就业，都要与各单位相分离，而由专门的社会保障机构来承担。

当前，社会保障制度建设中存在的主要问题是，社会保险的覆盖面还比较小，一般还只限于城镇国有、集体企业的职工；由于一些企业经济效益不佳，基金的收缴还比较困难；退休职工养老金的发放和劳动者的就业、再就业等一般还是由各单位管理，其社会化程度还比较低；管理体制还很不顺，多部门参与，政策和管理不统一，管理费用较高，资金被挪用等现象还比较严重等。

针对上述存在的问题，要健全社会保障制度，应在理顺管理体制的基础上，尽快扩大社会保险的范围。城镇全体职工，包括国有、集体、三资、私营和个体企业的职工，都要参加养老、失业和医疗保险。特别是对于基本保险，要依法强制实行。在资金来源方面，要逐步扩大个人和企业承担的比重，并建立起正常调整的机制。同时，要加强对社会保险基金的管理，在不影响支付和保证安全性、流动性的前提下，可依法把基金用于购买国家债券等多项投资，以确保社会保险基金的保值增值。

（七）加强法制建设

由于市场经济就是法制经济，因此，社会主义市场经济体制的建立和完善，必须依靠完备的法律制度进行规范和保障。近阶段我国法制建设的基本目标是：遵照宪法规定的原则，加快经济立法工作，进一步完善民商法律、刑事法律，以及有关国家机构和行政管理方面的法律，到 20 世纪末初步建立起适应社会主义市场经济的法律体系；改革司法制度，完善行政执法机制，提高司法和行政执法水平；建立健全执法监督机制和法律服务机构，保证各项法律的贯彻执行；深入开展法制教育，提高全社会的法律意识和法制观念。

实现上述法制建设的基本目标，必须把立法、执法和司法很好地结合起来。在立法方面，要实现立法决策与改革决策的紧密结合。立法要体现改革精神，符合建立社会主义市场经济体制的客观要求，要用法律引导、推进和保障改革的顺利进行。同时，改革必须在法律规定的范围内进行，对那些阻碍改革和与建立社会主义市场经济体制不相适应的法律、法规要适时加以废止和修改。在执法方面，要加强执法队伍建设，提高执法人员的素质和执法水平。各级政府和工作人员都要依法行政，依法办事，模范执行各项法律和法规，坚决克服当前还存在着的各种有法不依的现象。

（中央国家机关改革开放 20 周年座谈会论文）

论正确行使国有资产出资人权能

国有企业改革的方向是建立现代企业制度。现代企业制度是适应社会化大生产和市场经济客观要求的现代企业资本组织形式，是实现公有制与市场经济相结合的有效途径。其基本特征是产权清晰、权责明确、政企分开、管理科学。要建立和完善现代企业制度，把国有企业改革推向一个新的阶段，正确行使国有资产出资人权能是一个关键。

一、国有资产出资人应具有的权能

要正确行使国有资产出资人权能，首先必须正确界定国有资产出资人应具有哪些权能。社会主义初级阶段实行公有制为主体、多种所有制经济共同发展的基本经济制度。在这种基本经济制度下，国有资产作为国有经济的物质基础，同其他所有制经济的资产应具有同样的权能。这些权能主要包括：

（1）资产受益权。资产受益权是各种所有制资产的一项最基本最主要的权能。国有资产投入企业后，不论企业的资产组织形式如何，是国有独资公司、国有控股公司，还是国有参股公司，都应同其他资产一样，按出资多少，取得相应的收益，并承担相应的责任。

（2）参与重大决策权。参与企业的重大决策，是出资人的又一项重要权能。所谓重大决策，主要包括：决定公司的经营方针和经营计划；选择和更换董事，决定有关董事的报酬事项；选举和更换由股东代表出任的监事，决定有关监事的报酬事项；决定公司的经营计划和投资方案；制订和审议批准公司的年度财务预算方案、决算方案；制订和审议批准公司的利润分配方案和弥补亏损方案；制订公司增加或减少注册资本的方案以及发行企业债券的方案，并对此作出决议；拟订公司合并、分立、解散的方案，并对此作出决议；修改公司章程；决定公司内部管理机构的设置；制定公司的基本管理制度等。就国有资产来说，这些权能通过选派代表参加股东大会或选派董事参加董事会来行使。

（3）聘请经营者。一个企业经营的好坏，与经营者的素质和能力有很大关系。在社会主义市场经济条件下，企业经营者必须能够认真执行国家的各项方针政策和法律法规，具有强烈的事业心和责任感；经营管理能力较强，熟悉业务，系统掌握现代管理知识，具有金融、科技和法律等方面的基本知识，善于根据市场变化作出科学决策等。为了确保国有资产的权益，国有资产出资人必须具有通过董事会聘请经营者的权利，即通过董事会聘任或解聘公司经理，并根据经理的提名，聘任或者解聘公司副经理、财务负责人，决定其报酬事项等。

（4）转让股权。转让股权也是现代企业制度下出资人的一项重要权能，它从另一个方面，即以"用脚投票"的方式给经营者施加压力，促使其勤奋工作，确保出资人的权益。对于国有资产出资人来说，转让股权不仅是确保自身权益的一种手段，而且有利于调整和完善所有制结构等。当前，上市公司中的国有股和法人股尚不能流通，这实际上是对国有股和法人股权益的一种侵害，不利于国有资产和持股企业资产的保值增值，这个问题必须尽快予以解决。

二、正确行使国有资产出资人权能的意义

建立社会主义市场经济体制和国有企业改革与发展中的诸多问题都与国家如何行使国有资产出资人的权能密切相关，只有正确解决了这一问题，其他一些问题才能得到有效解决，改革和发展才能不断走向深入。

第一，它有利于从战略上调整国有经济布局。中共十五届四中全会通过的《中共中央关于国有企业改革和发展若干重大问题的决定》中指出，在社会主义市场经济条件下，国有经济在国民经济中的主导作用主要体现在控制力上，国有经济的作用既要通过国有独资企业来实现，更要大力发展股份制，通过国有控股和参股企业来实现；从战略上调整国有经济布局，要同产业结构的优化升级和所有制结构的调整完善结合起来，坚持有进有退，有所为有所不为；国有大中型企业尤其是优势企业，宜于实行股份制的，要通过规范上市、中外合资和企业相互参股等形式，改为股份制企业，发展混合所有制经济，重要的企业由国家控股。这些规定，不仅从战略上为调整国有经济布局指明了方向，而且充分肯定了股份制这种现代化企业资本组织形式在企业

改革和发展中的重要作用，其必将进一步推动股份制企业的迅速发展。无论是发展股份制经济，还是实现国有经济布局的调整，在实际工作中，都必须确保国有资产的所有者权益，都需要通过行使国有资产出资人权能的方式去进行，才能符合市场经济客观规律的要求，工作也才能顺利进行。

第二，它有利于实现国有企业战略性改组。我国国有企业的组织结构是在计划经济体制下形成的，存在的主要问题是，重复建设严重，企业大而全、小而全，没有形成专业生产、社会化协作体系和规模经济，缺乏市场竞争力。要解决这一问题，必须对国有企业实施战略性改组。一方面要着力培育实力雄厚、竞争力强的大型企业和企业集团，发展跨地区、跨行业、跨所有制和跨国经营的大企业集团；另一方面需要继续采取改组、联合、兼并、租赁、承包经营和股份合作制、出售等多种形式，放开搞活国有小企业。无论是培育大型企业和企业集团，还是进一步放开搞活小企业，都必须充分发挥市场机制的作用，克服单纯运用行政手段，实行的"拉郎配"，只图形式不顾实际效果的倾向。而要做到这一点，就必须在明确国有资产出资人的同时，正确行使国有资产出资人的权能，充分利用资本的纽带作用，使企业重组符合经济规律的要求。

第三，它有利于实行政企分开。政企分开是现代企业制度的一个重要特征，也是市场经济的一个基本特征。计划经济体制下的政企不分，主要表现为企业与主管部门的政企不分。《中共中央关于国有企业改革和发展若干重大问题的决定》（以下简称《决定》）明确指出，各级党政机关都要同所办的经济实体和直接管理的企业在人、财、物等方面彻底脱钩，这就为实行政企分开提供了切实的政策和制度保证。市场经济的核心是市场在资源配置中发挥基础性作用，它必须实行政企分开。在市场经济条件下，企业不应当有行政的隶属上级，但绝不能没有投资主体，而要解决国有资产的投资主体问题，就需要通过一定的形式，正确行使国有资产出资人的权能。当前，我们应贯彻中共十五届四中全会《决定》的精神，抓住政府机构改革的有利时机，彻底破除企业与各级政府部门的行政隶属关系，构建国有资产的投资主体，为实行政企分开创造必要的条件。实行政企分开以后，国有企业及国家参与投资的混合所有制企业，与其他所有制企业，在运行机制上不应有任何区别，唯一的区别就是出资人不同。国家除要对其行使国有资产出资人的权能外，在行使政府职能方面，应与其他所有制企业完全是一样的。也就是说，政府管理经济的职能应当是覆盖全社会的，而不能只面对国有企业及有国有资产投资的企业。

第四，它有利于建立和完善公司法人治理结构。公司法人治理结构是现代企业制度的核心。所谓公司法人治理结构，就是适应公司制客观要求的一种企业领导体制。在公司制度下，由于企业内部存在着不同的利益主体，这就要求在企业领导体制中建立起代表不同利益集团的组织，并赋予他们相应的权责，这些组织及其领导人各司其职、各负其责，相互制约、相互监督，形成一种有效的制衡机制。在公司法人治理结构中，代表所有者利益的组织是董事会，其成员是由出资者按照出资多少派出或选举产生的。在有国有资产投资的企业中，国有资产也应像其他所有制资产一样，按法定程序派出自己的代表进入董事会，以行使自己作为出资人的权能。否则，公司法人治理结构无法建立健全起来，即使建立了相应的机构，也只能是一种形式，很难按照应有的机制运行。

第五，它有利于实现国有资产的保值增值。任何商业性投资，都要求资产保值增值。当前，一些国有企业的资产不能保值增值，除了经营上的原因外，主要是国有资产未能有效地行使出资人的权能，出资人不到位。例如，在某些股份制企业中，国有投资不能享受与其他投资同样的权益；在企业重组中，人为地低估国有资产的价值，造成国有资产流失等。这些都是出资人不到位，缺乏产权约束造成的。为了解决这一问题，国家必须通过一种适宜市场经济客观要求的方式，正确行使国有资产出资人的权能。

三、如何正确行使国有资产出资人的权能

正确行使国有资产出资人的权能，需要解决好两个问题：一是正确界定国有资产出资人的权能；二是确定国有资产出资人的代表机构。关于前者，本文的第一部分已经详细论述。关于后者，它涉及建立健全国有资产管理、监督、运营体系问题。中共十五届四中全会《决定》指出，要按照国家所有、分级管理、授权经营、分工监督的原则，逐步建立国有资产管理、监督、营运体系和机制，建立与健全严格的责任制度。国务院代表国家统一行使国有资产所有权，中央和地方政府分级管理国有资产，授权大型企业、企业集团和控股公司经营国有资产。要确保出资人到位。允许和鼓励地方试点，探索建立国有资产管理的具体方式。《决定》还指出，要继续试行稽察特派员制度，同时要积极贯彻中共十五大精神，健全和规范监事会制度，过渡到从体制上、机制上加强对国有企业的监督，确保国有资产及其权益不受侵犯。这些规定既明确了国有资产管理、经营和监管的基本原则，又允许和鼓励各地继续进行试点，为探索国有资产管理的具体方式留下了广阔的空间。

正确确定国有资产出资人的代表机构，是建立科学的国有资产管理体制

的核心。而确定国有资产出资人的代表机构，无非存在着三种可能性：①由政府直接作为国有资产出资人的代表。这显然是不行的，因为它会造成政企、政资不分，与计划经济体制没有什么区别。②由企业自己作为国有资产出资人的代表，即实行所谓委托或授权经营。这就是《决定》中所说的授权大型企业、企业集团和控股公司经营国有资产。笔者认为，这可以作为一种形式，但只适于极少数国有独资和国有绝对控股的大型企业和企业集团。同时，实行这种管理形式，必须建立健全相应的监督机制，否则，国有资产的权益就有可能受到侵犯，因为在市场经济条件下，企业的利益与国家的利益是存在一定矛盾的，由企业代表国家的利益，如果没有有效的监督机制，往往会侵害国家的利益，这已被大量的事实所证明。特别是在众多的混合所有制企业中，企业的利益还包含着国家以外的其他所有者的利益，让企业作为国有资产出资人的代表，如果监督不力，就不能确保国有资产出资人到位。同时，如果对所有有国有资产投资的企业都采取这种管理形式，监督成本也太高。很显然，实行这种管理方式，关键是监督问题，这就需要实行稽察特派员制度，或由国家直接向企业派出监事会成员，以确保国有资产的权益不受侵犯。此外，对极少数国有独资企业，还需要按照社会主义市场经济体制的要求，在国家与企业之间建立规范的税后利润分配机制。③由国家授权建立的国有投资公司和国有资产经营公司作为国有资产出资人的代表。笔者认为，这是一种正确行使国有资产出资人权能的方式，适合于绝大多数有国有资产投资的企业的有效管理。它既有利于实现政企分开，又能确保国有资产权益。在这种管理形式下，国家只要管好国有投资公司和国有资产经营公司，国有资产管理中的许多问题都可以得到有效解决。为了保证国家对国有投资公司和国有资产经营公司的有效管理，对其领导人可实行准公务员制度，即由国家直接任命，如其不能很好地履行自己的职责，就予以撤换。国家把国有资产保值增值的责任落实到国有资产出资机构身上，这是符合社会主义市场经济客观要求的，特别是政府对少数国有资产出资机构进行产权管理，比直接面对成千上万的企业要容易得多，有效得多。同时，它还有利于国有资产经营和发展混合所有制经济。

中共十五届四中全会《决定》指出，政府对国家出资兴办和拥有股份的企业，通过出资人代表行使所有者职能，按出资额享有资产收益、重大决策和选择经营管理者等权利，对企业的债务承担有限责任，不干预企业日常经营活动。由国家授权建立的国有投资公司和国有资产经营公司作为国有资产出资人代表，行使国有资产的所有者权能是完全符合上述要求的。按照国家所有、分级管理的原则，中央和地方政府都可以授权建立投资公司和资产经营公司，分别作为自己出资兴办和拥有股份的企业的出资机构，这样就可以建立健全符合市场经济体制要求的国有资产管理、监督、运营体系和机制，在实行政企分开的同时，确保国有资产及其权益不受侵犯。

需要指出的是，正确行使国有资产出资人权能，无论实行哪种国有资产管理形式，都要注意防止两种倾向：一是出资人不到位，国有资产权益受到侵犯。要避免这种情况的发生，其主要措施就是前面已经提到的，建立健全以监督机制为主要内容的国有资产保值增值机制。二是出资人越位，企业法人财产权受到侵犯。无论是国有资产还是非国有资产，一旦投入企业，就形成企业的法人财产，企业法人对其拥有的法人财产具有占有、占用和依法处置等项权利。出资人在行使自己的各项权利时，必须按照出资人权利与企业法人财产权相分离的原则，并遵循相应的法定程序，而不能随意干预企业的生产经营活动，侵犯企业的法人财产权。为了正确行使国有资产出资人权能，除要按照社会主义市场经济的客观要求，建立健全国有资产管理、监督和运营体系，正确确定国有资产代表人和代表机构外，还必须培育一大批专门经营国有资产和在大型企业、企业集团中担任领导职务且被授权经营国有资产的优秀企业家。按照中共十五届四中全会《决定》的要求，这些企业家应该是：思想政治素质好，认真执行党和国家的方针政策与法律法规，具有强烈的事业心和责任感；经营管理能力强，熟悉本行业务，系统掌握现代管理知识，具有金融、科技和法律等方面的基本知识，善于根据市场变化作出科学决策；遵纪守法，廉洁自律，求真务实，联系群众。而要建设这样一支高素质的经营管理者队伍，就必须深化国有企业人事制度改革，从建立健全企业经营管理者的产生机制、流动和合理配置机制、激励和约束机制等多方面采取有效措施，特别是要建立健全适应现代企业制度要求的选人用人新机制，把组织考核推荐和引入市场机制、公开向社会招聘结合起来，把党管干部原则和董事会依法选择经营管理者原则以及经营管理者依法行使用人权结合起来。同时，还要加快培育企业经营管理者人才市场，建立企业经营管理人才库，按照公开、平等、竞争、择优原则，优化人才资源配置，打破人才部门所有、条块分割，促进人才合理流动等，形成良好的经营管理者和企业家队伍健康成长的社会环境。

（原载于《中国青年政治学院学报》2000 年第 2 期）

打破垄断，促进市场有效竞争

一、阻碍市场化进程的行政垄断严重地存在

经过 20 多年的改革开放，市场经济体制已经初步确立，但市场经济发展的体制性障碍还很普遍、很严重地存在着，其中垄断行业改革的滞后十分突出。① 在制度的层面上，一些法律法规已经明显地不适应进一步改革开放的时势，某些行业政企不分的"瓶颈"没有打通，政府职能部门既是比赛规则制定者，又是裁判员或运动员。作为管制政策的制定者和监督者，同时又是具体业务的实际经营者，这就导致企业经营管理效率低下，实际运行成本高昂，资源严重浪费，而且一些职能部门对市场化取向的改革、全面开放、市场竞争的大势缺乏应有的认识和实际行动，甚至以维护国家利益，整治市场秩序，实行行业管制为借口，扩大垄断经营范围，制定垄断价格，设置市场进入壁垒，强化垄断地位，假借已经不合时宜的法律法规，运用行政手段阻止必要的市场竞争，与民争利，阻挠市场化进程。这些是企业和消费者在日常经营、生活中能够切实感受到的。例如，不久前国家体改委对某些垄断行业的市场调查表明，群众对这些垄断行业的满意度很低，评分最高的邮政部门也仅为50%多一些，其中，对邮政的价格很不满意。事实表明，阻碍市场化进程的行政性垄断大量地存在着，不仅直接或间接地损害企业和消费者利益，破坏市场秩序，阻滞经济发展和全面开放，也有损政府管理部门自身的形象和信誉，降低政府管制经济秩序的权威性和严正性。目前发生的邮政部门与非邮政速递企业关于速递业务专营和委托经营问题的争执即是一个典型的例证，它明

① 相关报道见《经济参考报》，2002 年 4 月 9 日第 1 版；《中国经济时报》，2002 年 4 月 12 日第 1 版。

显地暴露了行政性垄断的很多问题。此事已经引起社会各界的广泛关注。

二、引进竞争、打破垄断是深化改革、全面开放的紧迫而又艰巨的任务

垄断行业的改革，是今后经济体制改革的一个重点。

第一，市场化改革的核心就是要打破行业垄断。建立有效的市场竞争机制、促进有效竞争是制度的进步，沿袭或庇护垄断是落后的表现。发达国家邮政与电信业务的分离、电信业务的市场开放以及建立竞争机制对促进电信业的发展起了非常大的作用。我们也在电信行业引入竞争机制中尝到了甜头，消费者从中获益匪浅。相反，一些政府保护的垄断行业长期不见起色，仍处于不死不活的尴尬境地中。"十五"计划建议的一个重点就是对电力等垄断行业的改革问题。

第二，加入世贸组织、实行全面开放，需要打破垄断。在加入世贸组织前，我们基本上是处于半开放状态，只在有限的领域、有限的层面上开放。在这种开放格局中，政府还可以出于各种目的、用一定的行政手段来保护垄断。"入世"以后，要求迅速结束这种半开放的格局，全面性地开放，即多层次、全方位地开放，这种开放就不能再用行政政策、行政手段来自我保护和对外限制。全面开放使改革开放的关系发生了根本性变化，由原来的"以改革促开放"跃迁到"以开放促改革"。过去改革可以根据自己的所谓特殊情况来"慢慢地"处理，但现在是时不我待，"市不我待"。不能自己定时间表，必须根据国际市场的变化和发展适应性地改革我们现在的体制，加快改革进程，开放全面竞争的市场，打破垄断。

第三，企业与消费者强烈要求打破垄断。整个社会对垄断行业的改革都给予了极大的关注，企业与消费者强烈要求打破垄断。这次非邮政速递企业及其行业组织国际货代协会对国家邮政总局 2002 年 2 月发布的《关于贯彻信息产业部等部门有关进出境信件寄递委托管理文件的通知》的强烈不满与据理力争，就是一个突出反映。同时也表明企业主体意识的确立，这是一个历史性的进步。

第四，打破垄断是规范市场秩序的需要。市场秩序混乱，表征在市场上，但根源则在政府。一方面，政府工作做得不到位，提供市场运行秩序的制度资源是政府的一个基本职能，市场秩序混乱就说明政府该做的事没有做好；另一方面，政府的很多职能部门"既踢球，又吹哨，又制定比赛规则"，偏袒

甚至获取部门利益就在所难免，这种行为本身就是市场秩序的破坏力量。规范市场秩序首先要规范政府行为，其中打破行政垄断是一个重要环节。

第五，提高政府效率、抑制腐败需要打破垄断。行政垄断是滋生腐败的一个"温床"，只要存在行政垄断，腐败就不可避免，政府效率就难以提高。2002年4月中旬，世界银行中国代表处开了一个座谈会，介绍各国反腐败的经验，其中有一个案例就是用各国邮政局的快递时间来评价一个政府的效率。中国邮政快递的速度是14天，在与国际上130多个国家对比中是慢的，好多国家的邮政快递时间都比中国短得多，如反腐败最好的国家之一智利是7天左右，中国的邮政效率比它慢了一半。

三、重新认识和划分垄断的领域与界限

垄断是一种市场结构。垄断的存在是必然的，具有一定的经济合理性，对于垄断当然不能一概反对。但问题是，我们长期以来靠计划机制配置资源，历史的惯性与利益的驱动使行政性垄断持续下来，许多行业主要是从行政管理角度考虑归并，而不是从规模经济要求组建若干独立经营的企业，这种统一管理没有能够得到规模经济的好处，结果倒体现了不经济性，成本大、价格高、产出质量低；由于管理层次增加，官僚主义严重，效率递减。垄断的结果必然排斥竞争，对改进管理缺乏动力，造成"X—非效率"。如我国邮政行业的生产率仅相当于美国邮政职工劳动生产率的1/6。1995年，美国69万邮政职工处理各种邮件1800亿件左右，收入500多亿美元，利润50多亿美元。同年我国47万邮政职工处理各种邮件295亿件，亏损50亿元，人均1万多元。因此，我们需要重新认识垄断问题，我们的主要任务是如何打破垄断。

首先，要区分自然垄断和非自然垄断。非自然垄断尤其是行政垄断显然是必须要打破的。自然垄断产业本身也并不是"铁板一块"，实际的状况是，某些业务领域具有自然垄断性，而另一些业务领域则是竞争性的。如果经营自然垄断性业务的企业同时经营竞争性业务，就为垄断企业采取不正当竞争行为提供了条件。20世纪70年代以后，世界上很多国家都逐步认识到，垄断性产业的网络经营业务，既具有竞争的潜质，又存在限制竞争的因素。在政府负担沉重，公众长期对这些行业的效率不满以及技术的迅猛发展促使管理能力提高这些外部条件的共同作用之下，很多国家先后对一贯认为是自然垄断的电力、铁路、电信、天然气和某些行业垄断领域的部门结构进行改造，引入竞争机制，促使这些产业的市场结构向竞争性市场结构转化。核心是分离自然垄断性业务和非自然垄断性业务，前者继续实行垄断经营，价格由国家管制；后者由一家独占变为多家竞争。这对提高这些行业的效率会起到巨大作用。

其次，更深一个层次是政企分开。对于具体的行业，需要进行专业性的研究，一把钥匙开一把锁。以邮政业为例，过去一直普遍地认为，邮政行业是自然垄断性行业，由国家垄断性经营最合适。近来一种观点认为，邮政不是自然垄断行业。这种认识值得重视，它为打破邮政的行政垄断提供了一个新的思路和解释。自然垄断主要是由规模经济的需求而引起的，主要特征有两个：一个是技术或网络；另一个是成本弱增性，如铁路、电力、电信、煤气、自来水等行业。但邮政业这两个特征都不存在。邮政实际上利用的是别人的技术网络，如发一封信，可利用航空、铁路、公路、水陆等多种方式，这些不是不可替代的网络，也不具有成本弱增性，因此在本质上不是自然垄断行业，这种说法是成立的。就邮政的业务种类来看，它分为两大类：①政府应负有普遍服务义务的业务，包括普通信函、电报、汇款、小型包裹等。这些业务政府不垄断也得垄断，因为企业不愿意干，无利可图，它是一种公共产品，是邮政业必须承担的对公民的普遍义务。中华人民共和国公民的信函、边疆地区的电报、报刊等，邮局都有义务把它传送到目的地，不管是新疆的乌孜别里山口，还是西沙群岛、青藏高原。这个业务是不赚钱的，企业也不会来与政府争。它就成为政府的一项基本职能，政府必须为公民提供这种服务，这类业务不管怎么改革，政府必须要承担，这就不是垄断不垄断的问题，而是政府的一项公共义务，这类业务的价格应由国家管制，亏损应由财政补贴。这要通过公共决策程序来处理。②竞争性业务，如特快专递、礼仪电报、物品邮购等，企业来干会比政府垄断经营质量更高，服务更好，所以必须引进市场竞争，价格由市场决定。邮政局怕也不行，也得让人家干，邮政局不应以经营普遍性业务亏损为由而垄断竞争性业务，行政性地限制竞争，而只有提高自身的竞争能力，否则就会被淘汰出局。这就是政企分开的问题，这个问题必须要认识清楚。至于有关国家信息安全的问题，则另有处理的渠道与途径。

总之，我们需要按照现代社会经济与公共管理的演进趋势认识垄断问题。各种垄断，能打破的都要打破，能放开的都要放开，要形成有效的竞争格局；政府必须垄断经营的，要尽力降低成本，提高社会效益。

四、如何打破垄断：基本思路与措施

打破行政垄断，需要解决的问题很多，这里牵涉到转变观念、政府职能定位、国企改革与政企分开、市场秩序与政府管制、法律的完善、争端解决机制以及社会监督机制等诸多问题。

第一，尽快转变观念，深化理论研究。观念是行为的先导，政府职能部门观念的转变至关重要。一般地讲，垄断行业观念的转变非常困难，这背后的力量就是利益。垄断和竞争是两种对立的力量，对立的核心是利益，没有利益谁也不会搞垄断，谁也不会搞竞争。垄断行业历来是在国家的支持下成长、经营、发展、壮大的，但是在今天，面对众多竞争对手，垄断行业的第一反应是什么？是寻求行政保护、支持，甚至利用手中的权力压制对方，还是平等地看待这些竞争对手，壮大自己与之公平竞争？这是观念问题。对于新兴的业务领域，比如，与传统邮政业务不同的快递业务，作为传统业务管理部门的邮政局，对这种新兴业务是持欢迎的态度，还是扩张管理欲望和势力，自己建立一个包揽一切、一统天下的垄断格局？这也是个观念问题。如何以开放、包容的态度来对待新兴的业务、新的竞争对手，这是现在很多管理部门尤其是传统的行政垄断部门应该反思的。开放不只是请几个外国人来，或者我们到国外去看看，而是尽快接受和运用国际上通行的竞争规则和惯例。值得我们更深刻反思的是，开放不只是对外开放，也包括对内开放，而且首先是对内开放，凡是对外资企业开放的，对国内的民营企业也要开放，真正给予平等的国民待遇。决策管理部门首先要解决这个观念问题。再者，要深入研究一些重要的理论问题。最近一家权威媒体报道，国家邮政局的官员说邮政是国家批准的政企不分、政企合一的行业。这里涉及重要的理论问题，邮政行业是不是应该政企不分？首先要在理论上搞清楚。从目前改革开放的程度看，应该不应该还是一个政企不分的行业？这需要认真研究。明显的事实是：政企不分，政企合一就很难公平竞争。

第二，找准政府职能定位，促进政企分开。政企不分是国有企业改革的根本问题，也是在垄断行业表现最明显的问题。政府是全体人民的代表。在政企不分的国有企业中，政府既是管理者，又是所有者；既代表消费者，也代表企业。改革要通过政企分开把各种职能界定清楚，分离开来；对于极个别暂时不实行政企分开的行业，要弄清楚什么时候代表政府，什么时候代表企业。在行使政府职能时，是代表社会、代表国家的；在经营企业时，作为企业主体就要和其他企业竞争，靠自己努力适应市场，在竞争中生存和发展。"父爱主义"已经此路不通。比如邮政行业要把普遍性义务和竞争性业务分开，普遍性义务这一块是邮政部门应履行的政府职能，要确实负担起来；竞争性业务，邮政局如果也要做的话，就不能与普遍性义务"一锅搅马勺"，要进行企业化经营，要与其他企业处在平等的位置上，公平竞争，这才叫政企分开。其他行业也是如此。

第三，规范政府管制，整治市场秩序。公平竞争有个竞争秩序问题，需要政府监管。"入世"主要是政府的"入世"，政府职能部门首先要规范自己的行为，政府行为要符合国际惯例，符合市场经济通行的规则。应该由政府干的，政府就应该按着政府运行的规则干好，这个规则概言之就是依法行政；不应该政府干的，政府不要胡乱掺和，随便干预。己身正，方可正人。政府再也不能用行政手段限制应该进入市场竞争的产品的经营范围，制定垄断价格。政府行为规范了，整治市场秩序才可能收到效果。

第四，修改不合时宜的法律法规，严格立法程序。应该加快修改立法，对于法律上还存在的空白点应制定新的法律予以弥补。重要的是要规范立法程序。立法程序混乱是一个大问题。不是哪一个主管部门发个通知、下一个文件、写一个通告就是法律，这里有一个立法程序和层次问题。过去那种由部门起草、部门颁布、部门解释、部门执行、部门裁决的"一条龙"的做法应该摒弃。特别是涉及消费者、企业以及多个政府职能部门的法律法规，在起草时要经过广泛协商、论证，像修订《婚姻法》那样广泛听取社会各方面的意见。法律就是通过提供强制性的正式规则维护公共利益。因此，立法要有社会公众的广泛参与，要体现公众利益。人大对政府部门制定法规的授权、政府对其职能部门的授权都有严格的法律程序。政府各职能部门首先要搞清楚这些程序，不能动辄假借法律之名行垄断之实，维护、获取部门利益。

第五，建立磋商机制。垄断与竞争的范围和界限是动态的，不是一成不变的。由此引发的各方面的利益冲突是不可避免的。解决这种冲突，要有一定的规则。这种规则在根本上应该是法律或市场经济通行的惯例。在没有相应的或现成的规则和惯例时，要靠磋商机制来解决。磋商本身也是一个规则，从一定意义上讲，世界贸易组织就是一个争端解决机制，在不同利益主体之间发生冲突时，当事人各方坐下来共同协商、探讨解决，核心是利益协调。通过磋商机制实现双赢或多赢。

第六，充分利用社会监督机制。我们要学会和习惯运用社会监督机制来推动解决矛盾冲突，其中重要的一条渠道是大众媒体。一方面，汲取社会公众的智慧，体现社会公众的意志，也就是我们一贯坚持的群众路线；另一方面，将矛盾与冲突暴露出来，给社会弱势群体提供表达意愿的渠道，借此使决策者以及强势群体了解决策中存在的问题，以使问题得到有效的解决，这是市场经济社会良性运转的必备条件。现在有一种观念就是害怕舆论监督，这是与现代制度文明背道而驰的。你做得好，决策体现公众意志，符合公众利益，为什么怕舆论监督？真理越辩越明，谁对谁错，何去何从，群众的眼睛是亮的。改革中重大问题的解决要进入公众的视野，我们应该利用舆论监督这个社会监督机制。

（原载于《北京市经济管理干部学院学报》2002 年第 2 期，与焦建国合作）

进一步转变政府职能
完善社会主义市场经济体制

中共十六大提出了继续深化改革，完善社会主义市场经济体制的伟大任务。完成这一任务，仍然需要做各方面的巨大努力，其中，转变政府职能是一个重要的方面。随着社会主义市场经济体制的初步建立和逐步完善，我国的政府职能，特别是政府管理经济的职能已经发生了根本性的转变。这种转变突出表现在政企关系的调整上，即政府对企业的管理已由过去的直接指挥转变为间接管理和宏观调控。但是，政府在执行经济管理职能方面也还存在着这样那样的问题，如在行使国有资产出资人权能方面，既存在着不到位问题，也存在着越位和错位问题。从一定意义上讲，政府职能的转变与完善程度又决定着市场经济体制的完善程度，因此，要进一步完善社会主义市场经济体制，就必须进一步转变和完善政府职能。

一、资源配置方式、经济体制与政府职能

完善社会主义市场经济体制，必须进一步转变政府职能，而从本质上讲，对经济体制和政府职能起决定作用的又是资源的配置方式。江泽民同志在十六大报告中指出，要在更大程度上发挥市场在资源配置中的基础性作用，创造各类市场主体平等使用生产要素的环境，促进商品和生产要素在全国市场自由流动。这是新时期完善社会主义市场经济体制最根本的任务。

市场经济体制的核心是市场作为资源配置的主要方式和基本手段，或者说市场要在资源配置中发挥基础性作用。所谓市场配置资源，就是市场主体通过价格机制，并结合供求机制和竞争机制配置资源。在市场经济条件下，企业是最重要的市场主体，必须有配置资源的权力和能力。也就是说，企业生产什么产品，以及生产多少这些产品，必须由企业根据市场情况来决定，

而不能由政府来决定。

在市场经济体制下，资源配置的主体主要是企业，资源配置主要运用经济手段和市场，因此，市场经济体制下的政府经济管理职能就应当主要是宏观经济调控和微观经济规制，同时，还要为企业创造良好的发展环境，并提供各种服务。换句话说，也就是要进行经济调节，加强市场监管，创造良好环境，搞好服务。中共十六大报告指出，要完善政府的经济调节、市场监管、社会管理和公共服务的职能。这是社会主义市场经济体制下政府管理经济的基本职能。由于市场经济与计划经济的资源配置方式和政府经济职能完全不同，因此，要完成由计划经济向社会主义市场经济的根本转变，就必须完成资源配置方式和政府经济职能的根本转变。同时，又由于政府经济管理机构是经济体制的运行载体，它的设立必须满足资源配置和政府职能的需要，否则，就会影响资源的配置和政府职能的行使，因此，要完成资源配置方式和政府职能的根本转变，还必须按照精简、统一、效能的原则和决策、执行、监督相协调的要求，继续推进政府机构改革。我国经济体制改革的进程，特别是中共十三届四中全会以来经济体制改革的伟大实践充分证明了这一点。

二、政府职能转变取得重大进展

随着改革的不断深入，我国的政府职能转变已取得重大进展，这主要表现在以下几个方面：

（1）宏观经济调控体系已初步建立并不断完善。宏观经济调控的主要任务是保持经济总量的基本平衡，促进经济结构优化，引导国民经济持续、快速、健康发展，推动社会全面进步。而政府管理职能的一个重要方面就是对宏观经济进行有效的调控。因此，一方面，建立健全宏观经济调控体系，必须推进政府职能转变和机构改革；另一方面，也只有建立健全了宏观经济调控体系，才能真正实现政府职能的根本转变。

中共十四大以来，由于某些改革还不够到位以及受到世界经济发展的影响，我国国民经济的发展经历了一个由经济过热到经济增长速度下滑的过程。先是 1992 年前后的经济过热，后是 1997 年以后的经济增长速度下滑。针对这种情况，中央从 1993 年下半年开始采取了以治理通货膨胀为目标的适度从紧的财政政策与货币政策，经过三年半时间的努力，顺利实现了国民经济运行的软着陆。在物价涨幅显著下降的同时，又保持了国民经济适度快速的增长。经济增长率由 1992 年的 14.2% 逐步平稳地回落到 1996 年的 9.7%，物价上涨率由 1994 年的 21.7% 迅速回落到 1996 年的 6.1%。然而，正当中国经济适度快速发展的时候，又爆发了严重的东南亚金融危机，从而对中国经济发展产生了很不利的影响。在此情况下，中央及时采取了以扩大内需，拉动经济增长为目标的积极的财政政策和稳健的货币政策，并且取得了很大成功。在世界经济发展普遍不景气的情况下，中国的国民经济依然保持了较高速度的增长。1998~2001 年，经济增长率分别达到 7.8%、7.1%、8.3% 和 7.3%。

经过上述宏观经济调控政策的有效实施，我们不仅积累了丰富的宏观经济调控经验，而且逐步形成了一个比较健全的以计划部门、财政部门和金融部门为主并相互协调，以财政政策和货币政策为主并与其他宏观经济政策相互配合的宏观经济调控的组织体系和政策体系。

（2）微观经济规制取得明显成效。政府经济管理职能的另一个重要方面就是对微观经济活动进行有效的规制。所谓微观经济规制，简要地说，就是政府要通过法律法规对企业的行为进行规范，使其能够在国家法律法规许可的范围内自由健康的发展。改革开放以来，对企业行为的规制一直成为各级政府进行经济管理的一项重要任务，特别是近两年来，政府在整顿和规范市场经济秩序方面采取了一系列的有力措施，并取得了显著的成效。如实行党政机关与所办经济实体和所管企业脱钩，军队、武警和政法机关所办经营性企业移交地方；实行收支两条线，加强部门预算资金管理，执行政府采购制度和建设项目的投招标制度；工商行政、质量技术监督等执法部门实行省以下垂直领导；海关建立缉私警察队伍等。所有这些，都加强了政府对微观经济活动的规制，从而从源头上、体制上解决曾经一度出现的市场经济秩序严重混乱的问题。特别是 1998 年以来开展的反走私和打击逃汇、套汇、骗取出口退税的专项斗争和联合打假行动取得了重大的进展，使得一些领域和地区市场经济秩序混乱的局面得到了遏制和扭转；清理和取缔了一批违法违规企业，查处了一批大案要案，并加强了建章立制工作，采用了一些现代科技手段，提高了市场秩序的监管水平。当然，整顿和规范市场经济秩序取得的成就还只是初步的，政府对微观经济活动规制的任务还十分繁重。如果说我们在宏观经济调控方面取得了巨大成功的话，但微观经济活动规制距市场经济健康发展的要求还相差甚远。

（3）政企分开不断深化。要建立和完善市场经济体制，就必须实行政企分开，而只有实行政企分开，也才有可能实现政府职能的根本转变。实行政企职责分开是中共十二届三中全会第一次提出来的，但直到中共十四大提出建立社会主义市场经济体制的宏伟目标之后才取得较大进展。特别是中共十五大之后，中央在实行政企分开方面采取了一些重大举措，如逐步建立健全有效的国有资产管理体系，对国有重点骨干企业先后实行稽察特派员和外派监事会制度等，有力地推动了政企分开的不断深化。从目前情况看，就绝大多数企业来说，政府对企业的微观决策和日常经营管理一般都不再干预，但对少数国有独资和国有控股企业，依然存在着国有资产出资人不到位、越位和错位等情况。

（4）政府机构改革取得突破性进展。政府机构对政府职能有着重大影响，转变政府职能，必须深化政府机构改革。中共十五大以后，我国的政府机构改革取得突破性进展。江泽民同志在十五大报告中指出：要按照社会主义市场经济的要求，转变政府职能，实现政企分开，把企业生产经营管理的权力切实交给企业；根据精简、统一、效能的原则进行机构改革，建立办事高效、运转协调、行为规范的行政管理体系。报告还提出了政府机构改革的具体措施，即综合经济部门改组为宏观调控部门，调整和减少专业经济部门，加强执法监管部门，培育和发展社会中介组织。按照上述精神和指导思想，近几年我国的政府机构改革不断深入，先是撤并一大批专业经济部门，把国务院下属的 41 个部委调整为 29 个，有的则改组为委管国家直属局，并且进行了各部委和委管局的职能界定及内设机构、职责和编制的核定。而后又把一部分委管局改组为内设司局，大大精简了机构和人员，顺利地完成了十五大提出的推进机构改革的任务。一个基本满足社会主义市场经济客观要求的行政管理体系已经初步形成，有力地推动了政府职能的转变。

三、进一步转变与完善政府职能的措施

尽管我们的政府职能转变已取得了重大进展，但距完善的社会主义市场经济体制的要求还相差甚远。进一步转变政府职能，还必须采取以下几方面的措施：

（1）要进一步准确界定政府职能。当前，在政企关系上之所以还存在着政府职能不到位、越位和政企职能错位等问题，一个很重要的原因就是对在社会主义市场经济体制下，政府在经济管理方面究竟应当行使哪些职能还缺乏比较准确的界定，特别是在很多问题上政府与企业之间还存在各种不同的认识。前面已经讲到，在社会主义市场经济体制下，政府的经济管理职能主要是进行经济调节，加强市场监管，为企业创造良好的经营环境并搞好服务等。具体地讲，它应当包括提供公共产品和劳务职能、宏观经济平衡与调控职能、维护市场经济秩序职能、进行公平分配职能、解决外部性职能和对外经济管理职能等。各级政府应当按照分级管理的原则，对上述职能进行进一步明确和合理划分。其中，能够用法律法规固定下来的，就把它用法律法规固定下来。同时，各级政府都要坚持依法行政，既要防止政府职能不到位，又要尽可能避免侵犯企业合法权益的现象发生。

（2）要进一步整顿和规范市场经济秩序。当前，政府职能不到位的一个重要表现就是对市场监管不力，甚至存在着某些严重的腐败现象。前一个阶段，虽经集中力量整顿，市场经济秩序大为好转，但在某些方面和领域依然存在着相当严重的问题。如假冒伪劣商品充斥市场；偷税、骗税、骗汇和走私活动屡禁不止；商业欺诈、逃废债务现象严重；财务失真、违反财经纪律的行为相当普遍；工程建筑领域招投标弄虚作假、工程质量低劣问题比较严重；文化市场混乱问题群众反映强烈；生产经营中的重大特大安全事故时有发生；等等。对上述种种问题，各级政府要按照国务院《关于整顿和规范市场经济秩序的决定》的要求，进一步加大工作的力度。要紧紧抓住直接关系广大人民群众切身利益、群众反映强烈、社会危害严重的突出问题，继续加大整顿和打击的力度。这主要包括：以食品、药品、农资、棉花及拼装汽车等为重点，打击制售假冒伪劣商品的行为；以查处规避招标、假招标和转包为重点，整顿和规范建筑市场；以查处偷税、骗税、非法减免税为重点，强化税收征管；以查处地区封锁和部门、行业垄断为重点，打击地方保护主义；以清理压缩音像集中经营场所，查处非法经营的网吧、游戏机房为重点，整顿文化市场等。通过集中整治，一方面能够使市场经济秩序有根本好转，另一方面使政府维护市场经济秩序的职能走上一个规范化、法制化的轨道。

（3）要进一步加强行业管理。科学的行业管理对正确行使和充分发挥政府经济管理职能具有重要意义。现代行业管理，是在现代市场经济条件下，通过政府的行业管理机构和民间的行业组织，对全社会同类生产经营活动所进行的引导、协调、监督、服务等管理活动。这种行业管理，既要充分发挥行业组织自律性的协调、服务功能，又要防止市场机制的盲目性，发挥政府行业管理机构的引导、推动和协调功能。一般来说，政府行业管理机构应把管理的重点放在行业规划、引导以及行业之间关系的协调等方面，行业组织则应把管理的重点放在行业自律及行业内部的协调、服务等方面。要通过加强和规范行业管理，处理好政府、行业组织和企业之间的关系，进一步推进政企分开，促进政府职能转变。

（4）要进一步发展和规范中介组织。发展和规范中介组织是建立和完善社会主义市场经济体制的一项重要任务，也是实现政企分开和政府职能转变的重要条件。当前，我国的中介组织，除了前面提到的从事行业管理的行业组织外，更多的则是从事经纪类业务的证券公司、期货经纪公司等具有经纪人性质的法人实体，以及从事经济鉴证类业务的律师事务所、会计和审计师事务所、资产评估和资信评估事务所、社会公证机构、税务代理机构等。这些中介组织在维护正常的经济社会秩序，保证市场竞争的公正、公平，促进政企分开和政府职能转变，加快市场经济发展等方面发挥了重要的不可替代的作用。但在其发展过程中，也存在着一些亟待解决的问题，如无序竞争问题，政社（政府职能与中介组织职能）不分问题，某些中介组织素质低下问题，政府管理的相关法规不配套问题等。对这些问题必须着力加以解决。一方面，要继续大力发展各种中介组织，以满足市场经济发展的需要；另一方面，还要不断提高中介组织的素质，规范他们的行为，特别是要对中介组织进行准确的市场定位，真正实现政社分开。同时，还要建制立规，强化监管，在保证中介组织具有必要的数量的同时，不断提高其素质和服务质量。中介组织职能的有效发挥，必将进一步促进政企分开和政府职能转变。

（5）要进一步学习和掌握世贸组织规则，提高新形势下对外经济管理工作的水平。中国加入世贸组织后，对外经济贸易进入了一个新的发展阶段。为了更好地执行对外经济管理职能，各级政府及其工作人员都必须进一步学习和掌握世贸组织规则，认真执行世贸组织规则，并学会运用世贸组织规则，保护我国和企业的合法权益，同时，通过执行和运用世贸组织规则，促进政府职能和工作方式的转变。

（6）进一步深化政府机构改革。进一步转变政府职能，必须继续深化政府机构改革。一般来说，政府机构作为行政管理体制和经济管理体制的载体，应根据行使政府职能的需要加以设置。但由于我国的市场经济是由计划经济转变而来的，并且目前仍处于经济转轨时期。因此，政府机构改革就成为一项十分重要的任务。尽管中共十五大以来，政府机构改革取得了重大进展，基本上适应了社会主义市场经济体制的需要，但仍然存在一些不完善、不适应的地方。如与发达市场经济国家相比，政府机构仍然比较庞大，各部门之间仍然存在很多不协调的地方，这些都需要根据现行政府机构的运行情况和促进生产力发展的要求，继续推进政府机构改革的深化和政府职能的不断完善。要根据市场在资源配置中发挥基础性作用的要求，进一步明确政府职能，并根据行使政府职能的要求调整和完善政府机构，以促进社会主义市场经济体制的不断完善。

（原载于《国家行政学院学报》2002 年第 12 期）

国有资产管理体制的重大改革

国务院机构改革方案经十届全国人大一次会议通过。这次机构改革方案中最引人注目的是设立国有资产监督管理委员会,因为它是国有资产管理体制的重大改革,也是中共十五届四中全会提出"积极探索国有资产管理的有效形式"后,几年来继续探索的一个结果。它对于深化国有企业改革和其他方面的改革,完成中共十六大提出的完善社会主义市场经济体制的伟大任务,具有十分重大的意义。

然而,进行机构改革只是深化国有资产管理体制改革的一个新的开端,改革究竟能否达到预期目标,还要看具体的操作,特别是要看赋予国有资产管理机构什么样的权能,以及它将如何运作。早在 1995~1999 年,笔者在内蒙古自治区呼伦贝尔市挂职担任副盟长时,就在满洲里市建立了类似的国有资产管理体制,并亲自进行了实际运作,因此体会很深。下面就根据笔者在实际工作中的体会和近年来所进行的有关研究,对深化国有资产管理体制改革谈几点意见。

一、改革开放以来国有资产管理体制改革的简要回顾

改革开放以来,国有资产管理体制改革经历了一个曲折的发展过程。实践一再证明,建立和完善社会主义市场经济体制,国有资产管理体制改革是一个绕不开的问题。

早在 1988 年 8 月,为了加强国有资产管理,国务院就成立了由财政部代管的国有资产管理局。应该说,这是国有资产管理体制的一次重要改革,但却没有取得成功,最后以国有资产管理局被撤销并入财政部而告终。分析这次改革失败的原因,大致有以下几个方面:一是国有资产管理局规格太低,

缺乏权威性，没有能力统管全国的国有资产；二是国有资产管理局的职能没有界定清楚，也没有建立起相配套的分层次的国有资产管理体系，这是这次改革没能取得成功的最重要原因；三是国有资产管理局的某些内设机构也没能很好地履行自己的职责，而是比较多地关注并谋取本部门的利益；四是其他方面的改革，还不能与其相配套，特别是还没有把建立社会主义市场经济体制作为经济体制改革的最终目标，政府机构改革和政府职能转变滞后，相关部门还不愿意放弃对企业的直接控制权。由于上述原因，这次改革不仅没能促进政企分开和国有企业改革的深化，反而进一步加强了政府对企业的直接干预，影响了企业经营自主权的落实。

1998 年，上一届政府成立以后，面对国有资产管理中存在的种种问题，如国有资产出资人缺位，其权益得不到保证，假账泛滥，造成国有资产流失等，再一次开始了改革国有资产体制的探索，这就是逐步建立和实施稽察特派员制度。所谓稽察特派员制度，就是在国有资产出资人缺位，企业造假账比较严重，监事会不能很好地发挥监督作用的情况下，通过由国家直接向国有独资独股企业派出稽察特派员的形式，对企业实施的一种监督方式。其基本内容就是检查和防止企业做假账，以确保国有资产及其权益不受侵犯。为了加强对稽察特派员的统一组织和领导，国务院还成立了稽察特派员总署和大型企业工作委员会，以便能够把管人和管资产很好地结合起来。在稽察特派员制度下，稽察特派员与企业之间应是一种监督与被监督的关系，稽察特派员所需经费，全部由国家财政拨给，并且实行回避和轮换制度。

应该说，在当时的条件下，稽察特派员制度，对加强国有资产的监督，确保国有资产出资人到位等方面是发挥了积极的作用的。当然，由于它是一种全新的制度，执行中就不可避免地会出现一些问题，除了没能够从根本上解决国有资产出资人缺位问题外，主要是稽察工作不够规范，稽察与被稽察者之间矛盾比较突出。针对这种情况，1999 年 9 月 22 日中共十五届四中全会通过的《中共中央关于国有企业改革和发展若干重大问题的决定》中决定：继续试行稽察特派员制度，同时要积极贯彻中共十五大精神，健全和规范监事会制度，过渡到从体制上、机制上加强对国有企业的监督，确保国有资产及其权益不受侵犯。

根据上述精神，国家对国有企业的监管再一次进行了较大调整，即撤销大型企业工作委员会，成立中央企业工作委员会，同时，将稽察特派员总署改组为企业监事会办公室，并在修改《中华人民共和国公司法》（以下简称《公司法》）的基础上，开始了由稽察特派员制度向国有企业监事会制度的过渡。与稽察特派员制度相比，企业监事会制度，除了监督制度更加规范，监督程序更加完善外，监督的内容和实质并未发生根本性的变化。

二、现有国有资产管理体制的弊端

随着企业监事会制度的建立和不断完善，企业造假账和国有资产权益受到侵犯的情况有了很大的好转，但就国有资产管理体制而言，它还很不完善，还存在着种种问题和弊端。

首先，没有专门的国有资产管理机构，现有的国有资产管理职能是由各级财政部门代行的。财政部门主要是行使公共财政职能，没有能力也不宜代表国家行使国有资产出资人的权能。由于机构是体制的运行载体，没有健全的机构，就不可能有健全的体制。在缺乏专门机构代表国家行使国有资产出资人权能的情况下，仅仅有一个监督体系，是很难确保国有资产出资人到位的。由于国有资产出资人权能仍然分散在不同的部门，就不可避免地出现相互掣肘，以及国有资产出资人缺位、越位和职能错位等情况，从而影响企业的改革和发展。

其次，管资产、管人和管事相分离。按照原有的政府机构设置和职能配置，国有资产的管理职能被分割在不同的部门，即国家计发委负责国有资产投资项目的审批，财政部负责国有资产收益，经贸委负责国有资产运营，中央企业工委负责企业领导人的任免。在这种情况下，就必然造成国有资产管理与运营效率低下、政企难以分开、侵犯企业经营自主权等问题。如企业转制、股票上市、资本运作等问题，往往因得不到各有关部门的统一认识和一致批准而不能进行，直接影响到企业的改革和发展。

最后，权力、义务和责任相脱节。由于管资产、管人和管事相分离，就必然造成权力、义务和责任相脱节。本应由出资人统一行使的各项权力，被分割在不同部门，不仅会造成各部门之间的矛盾，而且国有资产保值增值的责任也很难落实。

三、本次国有资产管理体制改革的基本内容

针对上述国有资产管理体制中存在的问题，中共十六大作出了进一步改革国有资产管理体制的决定。中共十六大报告提出，国家要制定法律法规，建立中央政府和地方政府分别代表国家履行出资人职责，享有所有者权益，

权利、义务和责任相统一，管资产和管人、管事相结合的国有资产管理体制。关系国民经济命脉和国家安全的大型国有企业、基础设施和重要自然资源等，由中央政府代表国家履行出资人职责。其他国有资产由地方政府代表国家履行出资人职责。中央政府和省、市（地）两级地方政府设立国有资产管理机构。继续探索有效的国有资产经营体制和方式。根据十六大精神，中共十六届二中全会提出了国务院机构改革的方案，这一方案得到了十届人大一次会议的批准。其中，设立国有资产监督管理委员会是一项最重要的内容。

本次国有资产管理体制改革的基本内容从总体上可以概括为以下几个方面：

（1）实行三级管理。即实行中央和两级地方管理的三级管理体制。每级管理都设立专门的国有资产管理机构。县级以下政府不设立国有资产管理机构，分布在县以下的国有企业或国有资产投资，其出资人职责，按照企业的管理权限，分别由中央政府、省级政府和地（市）级政府设立的国有资产管理机构行使。

（2）每级管理都包括三个层次。即国有资产监督管理委员会、国有资产投资或控股公司和被投资企业。在这三个层次中，第一个层次，即国有资产监督管理委员会是决策层次。它主要负责制定国有资产投资政策，确定投资方向和结构，并对第二个层次行使出资人职责。第二个层次，即国有资产投资或控股公司是国有资产的经营层次，主要负责国有资产对企业的投资，并按投资多少对被投资企业行使出资人职责，同时对国有资产的经营效益和保值增值负责。第三个层次，即被投资企业。它包括极少数的国有独资公司和大量的混合所有制的国有控股公司和参股公司。这些公司具有充分的经营自主权，并同其他市场主体一样，接受政府的宏观经济调控和微观规制。包括国有股东在内的各类股东依照法定程序，按照投资多少对其行使出资人职责。

（3）实行管资产、管人和管事相结合。这是本次国有资产管理体制改革的核心内容。即把以往分散在各部门的国有资产管理职能都集中在新成立的国有资产管理机构，由其代表国家统一履行国有资产出资人的职责。有的同志认为，在管资产、管人和管事中，管人最重要，只要管住了人，资产和事也就管住了。这种观点是很值得商榷的。如果管住人，就管住了一切，原有体制下也就不会产生管资产、管人和管事的相互分割了。实际上，本次国有资产管理体制改革，主要是按照市场经济的基本规则，从行使出资人职责的角度进行设计的。从这个意义上讲，管资产就显得更加重要。因为只有管住了资产，它才有权力派出出资人代表，而有了出资人代表，也才能管住他应该管的事。总之，管资产、管人和管事应当是一个有机整体，不应当相互分割。

（4）权力、义务和责任相统一。国有资产管理机构具备了管资产、管人和管事的权力，它也就应当承担国有资产管理的各种义务和责任。只有实现了权力、义务和责任相统一，才能把国有资产保值增值的责任落到实处。

四、需要进一步研究和解决的问题

建立国有资产管理的专门机构，只是本次国有资产管理体制改革的开端。要保证新体制能够有效运行，还需要进一步研究和解决以下一些问题。

（1）关于国有资产管理机构的权能。赋予国有资产管理机构什么职能，直接关系到本次国有资产管理体制改革的成败。在一个体制中，机构是非常重要的，因为机构是体制运行的载体，机构不合理，体制就很难理顺。然而，仅仅有了一定的机构，还不能构成体制，只有机构加职能，再加上各机构（上下左右）之间的权责关系，运行起来才能形成体制。

前面我们已经讲到，国有资产管理机构要代表国家行使国有资产出资人权能。那么，国有资产出资人应该具有哪些权能呢？也就是说，它究竟应该管哪些事呢？一般来说，它主要应有以下几方面的权能：一是资产收益权，即按投资多少，同其他资产一样取得平等的收益；二是参与重大决策权，即按股权多少，同其他资产一样选出出资人代表进入董事会，并按照法定程序对企业参与重大决策；三是通过董事会聘请经营者；四是转让或购买股权，这一点很重要，它是国有资产运营的重要内容，但往往被人们所忽视。通过它，可以调整国有资产投资结构，并提高国有资产运营的效益。

国有资产管理机构的权力，必须严格限定在上述范围内。如果权力太大，管事太多，就会出现越位，从而出现"老板加婆婆"的局面。可以说，本次国有资产管理体制改革的成败，在此一举。

（2）如何对国有资产管理机构进行监督。本次国有资产管理体制改革的一个重要特点，就是实现管资产、管人和管事相结合。然而，正是这种结合，又造成了一些人的担心。即国有资产管理机构权力如此之大，如果它产生了某些违法或腐败行为，又怎样对它进行监督呢？笔者认为，监督肯定是必要的。监督主要应采取外部监督和内部监督相结合的方法。外部监督主要包括党的监督和各政府职能部门的监督；内部监督主要包括上一个层次对下一个层次的监督，以及每个层次按不同情况建立起的制衡机制。如第一个层次主要靠外部监督，第二个层次和第三个层次除外部监督外，还应按照现代企业制度的要求，健全内部的监督和制衡机制。

健全监督机制，不仅是国有资产管理机构面临的问题，也是其他各方面共同面临的问题。随着经济体制改革和政治体制改革的不断深化，科学有效的监督机制必将逐步建立健全起来。

（3）必须真正实现由管企业向管资产的转变。随着国有企业改革的不断深化，国有独资企业的数量越来越少，大量的国有企业被改组为混合所有制企业。在这种情况下，就必须把传统的对国有企业的管理转变为对国有资产的管理，这也是本次国有资产体制改革所要达到的一个目标。能否实现这一目标，也直接关系到本次国有资产管理体制改革的成败。而要实现这一目标，决不是国有资产管理机构本身力所能及的，它需要多方面的改革，如财政、税收、金融、工商、技术监督等方面的改革与之相配合。只有各方面配套改革，才能进一步转变政府职能，真正创造各类市场主体平等使用生产要素的环境，从而为把对国有企业的管理转变为对国有资产的管理创造条件。实现由管理企业向管理资产的转变，有利于改变目前存在的国有独资企业出资人越位，混合所有制企业国有资产出资人缺位以及政企职责错位等状况，进一步实现政企分开；有利于把分布在不同产业、不同地区、不同企业的国有资产保值增值的责任落到实处；有利于企业的兼并重组，进一步推进国有经济布局和所有制结构的调整。

（4）关于分级管理。本次国有资产管理体制改革，实行中央政府和地方两级政府的三级管理，县级以下政府不设立国有资产管理机构，原有县级以下政府所管理的国有企业或国有资产，由地（市）级国有资产管理机构代表国家行使出资人职责。针对这种情况，有些县级政府认为，他们管理的国有资产被上级拿走了，自己吃了亏。有的甚至认为，还不如提前把它们卖掉，收入可以由本级政府支配。这里涉及到一个很重要的问题，即什么是国有资产的分级管理。分级管理决不是分级所有，如果各级政府都可以变卖国有资产，并把收入归自己所支配，同时，把国有资产的利润也归自己所支配，那就不是分级管理，而是分级所有了。早在20世纪80年代，笔者曾在《国有资产一体论》的文章中指出，既然是国有资产，不管它分布在哪个部门和地区，它都必然具备国有资产的共同特征，其中，最主要的特征就是，所有权和资产收益权必须归国家统一所有，而不是归部门和地方所有。否则，它就不是分级管理，而是分级所有了。目前，我们实行的国有资产分级管理，实际上就是分级所有，因为除中央政府管理的资产，其收益归国家所有外，其余资产的收益都为地方政府所有了。这个问题很值得研究。如果在所谓分级管理体制下，不能保证国有资产权益的整体性和统一性，那就还不如实行其他的管理体制。但不管实行什么样的管理体制，都必须名副其实，并且理论上能够说得通。

（原载于《国家行政学院学报》2003 年第 3 期）

关于国有资产管理问题的思考

　　随着国有企业改革的不断深化，有关国有资产管理问题的研究不断深入，适应社会主义市场经济体制要求的国有资产管理体制也逐步建立和不断完善。中共十六大报告指出，国家要制定法律法规，建立中央政府和地方政府分别代表国家履行出资人职责，享有所有者权益、权利、义务、责任相统一和管资产和管人、管事相结合的国有资产管理体制。按照这一精神，国务院设立了国有资产监督管理委员会，并发布实施了《企业国有资产监督管理暂行条例》（以下简称《暂行条例》）。这一重大举措，对进一步理顺国有资产监督管理体制，提高国有资产管理水平必将发挥积极而重要的作用。然而，认真学习《暂行条例》，又使笔者对国有资产管理的诸多问题产生了一些深入的思考。

一、"企业国有资产"的提法不科学

　　国有资产是一个宏观的整体性的概念，不宜把它用于微观的市场主体之中。也就是说，"企业国有资产"的提法不科学，因为它与企业的法人地位和建立现代企业制度的要求相矛盾。在市场经济体制下，企业是独立的法人，享有法人财产权。任何人（包括自然人和法人）的财产，一旦投入企业，就变成企业的法人财产。企业对自己的法人财产具有依法占有、占用和处置的权利。这就是说，在现代企业制度下，出资人的财产权与企业法人财产权是分离的。不管是什么性质的企业，企业的财产首先是企业的，这是从企业法人财产意义上说的，否则，企业就不能对它进行占有、占用和依法处置。同时，企业又是出资人的，这是从出资人财产权意义上说的。如果出资人是一个，它就是独资企业；如果出资人有多个，它就是公司制企业（合伙制企业除外），或者是有限责任公司，或者是股份有限公司。因此，企业的出资人财产权（即股权）可以是一元化的（独资企业），也可以是多元化的（非独资企业）。建立规范的现代企业制度的企业，企业的出资人财产权必须是多元化的，而企业的法人财产权则必须是一元化的，即必须是一个整体。独资企业且不说，即使是混合所有制企业，其法人财产也必须是一个整体。在一个企业中，绝不能说哪些资产是某个股东的，而只能从出资人财产权的意义上认定某个股东拥有多少股权。在计划经济体制下，由于企业不是真正意义上的独立法人，企业的出资人财产权与法人财产权是不分的，因此，说国有企业的资产是国家的（即国有资产）是符合逻辑的；而在市场经济条件下，再笼统地说国有企业的资产是国家的，就不那么科学了，因为这种提法否认了国有企业的独立法人地位。国有控股和参股的混合所有制企业且不说，即使是国有独资企业，企业的财产（即法人财产）也应当首先是企业的，只是这种企业只有国家一个出资人。

二、应当把资产与资本相区别

众所周知，资产与资本的含义是完全不同的，但在实际经济工作中，人们往往把二者混同起来。资产只是一种财产（当然也包括货币），而资本则是能够带来剩余价值的价值。资本首先表现为资产，但资产并不必然成为资本。正像商品首先必须是一种劳动产品，但劳动产品并不必然成为商品一样。对于国有资产，我们通常把它分为经营性国有资产和非经营性国有资产。实际上，经营性国有资产（即投入企业的以盈利为目标的国有资产），确切地说应称为国有资本；而非经营性资产，则只能称为国有资产，不能称为国有资本。从经济学的意义上说，资产代表的是一种物，而资本则代表着一种经济关系。按照传统的观念，资本的本质是剥削，所以，长期以来在社会主义经济中人们一直回避使用资本这个概念。改革开放以后，资本这个概念逐步被用于社会主义经济与管理中，但人们对资本仍然缺乏一个正确的认识。实际上，在社会主义市场经济条件下，国有资本代表的则是一种国家、国家投资企业和企业劳动者之间的经济关系，或者说是一种整体、局部与个人之间的经济关系。从管理学的意义上说，资本是一种价值形态，其实物形态是资产。在企业中，固定资产的价值形态是固定资本，流动资产的价值形态是流动资本。资本是企业资金的来源，资产则是企业资金的占用。其中，固定资产的价值又分为原值和净值，原值等于净值加折旧，而固定资本则不存在原值和净值问题。在企业资产负债表中，左方为资产方，表现为企业资金的占用；右方为负债和所有者权益方，表现为企业资金的来源，实际上就是资本。这种资本又分为负债资本和权益资本。资产、负债与所有者权益之间的关系是：总资产—总负债—所有者权益。负债和所有者权益都表现为出资人对企业的投资，但只有所有者权益才是出资人的净资产，即权益资本。总负债除以总资产等于资产负债率，这一指标对分析企业的资产负债结构具有非常重要的作用。可以看出，把资产与资本的概念加以严格区分，无论对宏观经济管理还是对企业管理，都具有十分重要的意义。

三、应当从国有资本的角度加强国家对企业
投资的监督与管理

《中共中央关于国有企业改革和发展若干重大问题的决定》中指出，政府对国家出资兴办和拥有股份的企业，通过出资人代表行使所有者职能，按出资额享有资产受益、重大决策和选择经营管理者等权利，对企业的债务承担有限责任，不干预企业日常经营活动。企业依法自主经营，照章纳税，对所有者的净资产承担保值增值责任，不得损害所有者权益。这里所讲的所有者净资产和所有者权益，实际上就是国家投入企业的资本和投资形成的权益，即国有资本。所谓通过出资人代表行使所有者职能，按出资额享有资产受益、重大决策和选择经营管理者等权利，实际上就是通过国有股股权的代表，按照国家股权多少，即国有资本额享有所有者权益，而不是通常所说的国有资产权益。只有从国有资本的角度加强国家对企业投资的监督与管理，才能既保证国有投资的出资人到位，同时又不越位和错位。

从国有资本的角度加强国家对企业投资的监督与管理，符合社会主义市场经济体制的客观要求。随着社会主义市场经济体制的建立和不断完善，企业的资本组织形式已经发生和正在发生着深刻的变化。除极少数特殊行业的企业采取国有独资公司的形式外，绝大多数的国有投资都将采取国有控股和国有参股的混合所有制形式。在这种情况下，只有从国有资本的角度加强国家对企业投资的监督与管理，才能使国有股和其他股权享有同等的权益。同时，在经济行政管理方面，也才能使政府管理经济的职能覆盖全社会，使各类资本组织形式的企业在国家的宏观经济管理和微观经济规制方面享受相同的待遇，从而有利于为各类市场主体创造平等使用生产要素的环境。

从国有资本的角度加强国家对企业投资的监督与管理，有利于把国家对企业的直接管理转变为间接管理，有利于把国家对企业的管理转变为对资本的管理，有利于把以实物形态为主的管理转变为以价值形态为主的管理。对

企业进行直接指挥，对企业的资产实行以实物形态为主的管理，是计划经济体制的产物。在市场经济体制下，企业要建立现代企业制度，企业的出资人财产权与法人财产必须是分离的，企业的法人财产权与经营权也必须是分离的。同时，企业的股权结构又是多元化的，如果再按照传统的国有资产的角度去管理国家对企业的投资，显然是不适宜的。

从国有资本的角度加强国家对企业投资的监督与管理，有利于国有企业的重组。企业的重组，实际上是企业出资人之间的资本重组。无论是国有企业之间的重组，还是国有企业同其他企业之间的重组，在重组之前，都必须进行清产核资和资产评估，以便准确地计算出某项资产或整个企业的价格，从而确保重组各方面的合法权益不受侵害。在国有企业重组中，由于各方面的原因，既存在着国有资产所有者权益受损，即通常所说的国有资产流失现象，也存在着国有资产本来已无所有者权益，或所有者权益已为负值，但还必须卖出多少价格，否则就是造成国有资产流失，从而影响企业重组顺利进行的现象。这是从国有资产的角度看待国家对企业投资的必然结果。在这种视角下，很容易只看到企业的资产，而看不到企业的债务；只看到国家曾对企业进行的投资，而看不到因企业亏损等原因造成的所有者权益的减少；只看到企业资产的原值，而看不到因折旧等原因造成的资产净值的减少；只看到企业资产的账面价值，而看不到或不愿意正视企业资产的实际价值。这就是在企业重组中，一些企业本已无所有者权益可言，却又被认为是国有资产流失的主要原因。尤其是对于外行人和局外人来说，很容易做出这样的判断。而这种局外人和外行人的判断，又从各个方面严重地阻碍着企业改革的深入和企业重组的进行。如果从国有资本的角度去看待和管理国家对企业的投资，国有投资的所有者权益随时都会一清二楚，这样就可以减少许多不必要的误解，从而保证企业改革和企业重组的顺利进行。

由于长期以来缺乏国有资本的观念，在以往的国有资产监督与管理中经常会出现一些诸如企业国有资产流失、企业国有资产保值增值等很不准确的概念。关于国有资产流失，前面已经讲到，不同的人有不同的理解，所以缺乏一个客观的统一标准。准确的说法，应当是国家投资的所有者权益受到侵害；关于国有资产保值增值，也缺乏一个科学的内涵。对于未使用的非经营性资产来说，它能否保值增值，主要是由资产价格的变动决定的。如果是未使用的国有资产，那就像我们买一件贵重物品放在那里一样，过多少年后，它可能保值增值，也可能贬值，但这种保值增值或贬值与我们对它的保管无关。至于投入使用的非经营性国有资产，一般来说，它只能会折旧和贬值，谈不上保值增值问题。同时，也不应该要求它保值增值。在市场经济条件下，经营性国有资产表现为国家对企业的投资，即国有资本。国有资本通过经营，取得盈利，这就是国有资本的增值，而不论这种盈利是上缴国家还是留在企业。我们不能要求企业把盈利上缴国家之后，还要实现所谓企业国有资本的增值。国有资本除通过经营取得盈利而增值外，还要通过折旧而实现固定资产的价值补偿，同时通过折旧基金的运用实现它的实物补偿，不存在所谓保值问题。如果我们从国有资本的角度去监督与管理国家对企业的投资，我们就可以通过投资回报来衡量投资的经济效益，通过企业的资产负债结构判定企业的资产状况，而不需要再要求企业对国有资产实现所谓的保值增值。

四、应当重视和加强国有资产的净值、净资产和实际价值的监督与管理

在以往的国有资产管理中，我们通常只重视对国有资产总量、原值和账面价值的管理，而忽视对国有资产的所有者权益（即净资产）、国有资产的净值（即流动资产的价值加固定资产原值减固定资产折旧）和国有资产实际价值的管理。这些都是计划经济体制下形成的某些旧的观念和旧的管理方法造成的结果，如缺乏资金的时间价值观念，习惯于以实物形态为主的直接管理，不善于以价值形态为主的间接管理等。它既不利于摸清国有资产的真正家底，也不利于国有资产投资效益的提高。如据统计，截至 2002 年底，我国国有资产总量共计 118299.2 亿元。其中，经营性资产 76937.8 亿元，占 65%，非经营性资产 41361.4 亿元，占 35%；中央占用 56594.2 亿元，占 47.8%，地方占用 61705 亿元，占 52.2%。这些都是就国有资产的总量、原值和账面价值而言的，如果把这些资产相对应的负债计算出来，从而计算出国有资产的所有者权益；把这些资产中固定资产的折旧计算出来，从而计算出国有资产的净值；把这些资产重新进行清产核资和资产评估，从而计算出国有资产的实际价值，就会给人们一个完全不同的概念，而这正是市场经济体制下加强国有资产监督与管理所必需的。需要指出的是，过去我们并不是不能或者没有做这方面的工作，而是没有或缺乏这种看问题的视角和观念。例如，在笔者曾经挂职担任领导职务的某地区，1994~1995 年清产核资时，整个地区国有经济的总资产与总负债基本相等，如果除去资产项目下应收款中的一些呆账、坏账，所有者权益将近负 10 亿元。像这种情况，如果我们只看到国有资产的总量，而看不到它相对应的负债，我们就不可能对形势作出正确的判断，从而也就不可能对国有企业改革和发展作出正确决策。而这种情况，在实际工作中，可以说处处皆是。例如，有一个企业，由于长期亏损早已资不抵债，资产负债

率已达到200%之多。这种企业是很难被送出去的，但当一家外地企业由于看上本地的资源，决定无偿兼并这个企业的时候，却被很多人认为是造成国有资产的大量流失。再如，有一个企业，10年前花了500多万元买了一台设备，由于某种原因，这台设备一直未能安装使用，10年后，由于技术进步和劳动生产率的提高，这台设备已经不值什么钱，但当企业为了盘活资产，决定按50万元的价格把它卖出去时，结果也被很多人认为是造成国有资产的大量流失。如果我们不改变某些陈旧的观念和管理方法，还按照计划经济的某些做法行事，看起来我们是在辛辛苦苦地保卫国有资产的权益，而实际上却是在损害国有资产的权益。

五、应当进一步明确国有资产监督管理机构 如何行使国有资产收益权

按照《暂行条例》的规定，各级国有资产监督管理机构，都是代表本级政府履行出资人职责的直属特设机构；国有资产监督管理机构不行使政府的社会公共管理职能，政府其他机构、部门不履行国有资产出资人职责。这也就是说，国有资产监督管理机构必须完整地行使国有资产出资人职责，同时不行使政府的其他任何社会管理职能。这正是本次国有资产管理体制改革的核心内容。

在市场经济体制下，按照建立现代企业制度的要求和企业出资人财产权与企业法人财产权相分离、企业法人财产权与企业经营权相分离的原则，国有资产出资人主要应享有以下几方面的职责和权能：一是资产收益权，即按投资多少，同其他资产一样取得平等的收益；二是参与重大决策权，即按股权多少，同其他资产一样选出出资人代表进入董事会，并按照法定程序参与企业的重大决策；三是通过董事会聘请经营者；四是转让或购买股权。《暂行条例》对国有资产监督管理机构如何行使上述职责大都作出了比较具体的规定，但对国有资产收益权的行使则只作了一个很原则的规定，即国有资产监督管理机构对其所出资企业的国有资产收益依法履行出资人职责。实际上，国有资产收益权是国有资产出资人的一项最重要的权能，必须对它作出更加明确而具体的规定，才能确保国有资产的出资人到位。

所谓国有资产收益权，主要就是取得国有投资盈利的权利。为了确保国有资产监督管理机构对其所出资企业的国有投资的收益权，国有资产监督管理机构应当设立国有资产收益专户，并建立健全国有资本预算体系，以监督

管理国有资产收益的收缴、分配和使用。在国有资产收益的收缴方面，对国有独资企业和国有独资公司，应根据企业的盈利水平、发展需要合理确定企业盈利上缴与留在企业作为发展基金的比例；对国有控股和参股公司等混合所有制企业，应按照企业董事会和股东大会确定的分配方案，同其他股权一样平等地参与股利分配。此外，国有股权转让取得的收入，也应纳入国有投资收益。凡是企业应上缴的国有资产投资收益，要及时足额地上缴国有资产收益专户，并纳入国家的国有资本预算。至于国有资产收益的分配、使用，则应按照建立公共财政的需要，一般应用于特定行业和企业的再投资，包括国有独资企业、独资公司的追加投资；国有控股公司的扩股、配股；购买其他企业股权；进行新的投资项目等。这些国有资产投资收益的再投资，要符合国民经济发展的整体要求。其中，重大项目应纳入国家发展规划，同时，还要注重提高资源配置效率和经济效益。只有当国有资产监督管理机构对所出资企业的国有投资收益，真正履行了出资人职责，才能确保国有资产出资人职责的整体性、统一性，从而有利于实行政府的社会公共管理职能与国有资产出资人职能分开。也只有在政资分开的基础上，才能真正实行政企分开和所有权与经营权的分离，从而既保证国有资产出资人到位，又不越位。

六、应当处理好分级履行出资人职责与加强
统一管理的关系

长期以来，我国对国有资产实行的是统一所有、分级管理的管理体制。《中共中央关于国有企业改革和发展若干重大问题的决定》中指出，要按照国家所有、分级管理、授权经营、分工监督的原则，逐步建立国有资产管理、监督、营运体系和机制，建立与健全严格的责任制度。国务院代表国家统一行使国有资产所有权，中央和地方政府分级管理国有资产，授权大型企业、企业集团和控股公司经营国有资产，要确保出资人到位。这是对国有资产实行国家统一所有、分级管理体制的最完整的描述。但是，在这种所谓国务院代表国家统一行使国有资产所有权的体制下，国有资产的所有者权益并没有完全集中在中央政府，而是分散在各级政府。笔者在 20 世纪 80 年代，曾写过一篇《国有资产一体论》的文章指出，既然是国有资产，不管它分布在哪个部门和地区，它都必然具备国有资产的共同特征。其中，最主要的特征是，所有权和资产收益权必须归国家统一所有，而不是归部门和地方所有。否则，它就不是分级管理，而是分级所有了。实际上，以往所实行的国有资产管理

体制，由于国有资产出资人的权能和监督管理权都分散在从中央政府到县级政府的各级政府，因此，形式上虽是国家统一所有，实质上却是各级政府分级所有。

针对上述实际情况，中共十六大提出，关系国民经济命脉和国家安全的大型国有企业、基础设施和重要自然资源等，由中央政府代表国家履行出资人职责。其他国有资产由地方政府代表国家履行出资人职责。中央政府和省、市（地）两级地方政府设立国有资产管理机构。《暂行条例》则进一步规定，国务院国有资产监督管理机构是代表国务院履行出资人职责、负责监督管理企业国有资产的直属特设机构。省、自治区、直辖市人民政府是国有资产监督管理机构，设区的市、自治州级人民政府国有资产监督管理机构是代表本级政府履行出资人职责、负责监督管理企业国有资产的直属特设机构。应该说，这种管理体制是符合我国国有资产管理的实际的。既然各级国有资产监督管理机构都是代表本级政府履行出资人职责的话，那么，国有资产的出资人也就是各级政府。这种三级政府（中央政府和两级地方政府）分别作为国有资产出资人的管理体制，与以往的所谓统一所有、分级管理的体制是有本质区别的。

在由各级政府分级履行国有资产出资人职责的管理体制下，为了确保国家对全部国有资产的最终所有权，必须加强中央政府对国有资产的统一管理。但这种统一管理只应限定在法律和政策层面，而不是具体的经营管理。如制定国有资产管理法，制定统一的国有资产监督管理条例，制定统一的国有资产经营政策等。同时还要加强上级对下级的法律、政策监督。正如《暂行条例》指出的，上级政府国有资产监督管理机构依法对下级政府的国有资产管理工作进行指导和监督。从这个意义上讲，新的国有资产管理体制似乎可以概括为统一管理、分级履行出资人职责。可以肯定，只要我们按照我国国情和社会主义市场经济体制的客观要求，不断完善我国的国有资产管理体制，提高国有资产的管理水平，我国的国有经济必将进一步充满生机与活力，更好地发挥它在国民经济中的基础和主导作用。

参考文献

[1] 中共中央关于国有企业改革和发展若干重大问题的决定 [M]. 北京：人民出版社，1999.

[2] 全面建设小康社会，开创中国特色社会主义事业新局面 [M]. 北京：人民出版社，2002.

[3] 企业国有资产监督管理暂行条例 [J]. 经济日报，2003-06-05.

[4] 周绍朋. 国有资产管理体制的重大改革 [J]. 国家行政学院学报，2002.

（原载于《经济研究参考资料》2003 年第 10 期）

准确界定与全面履行政府职能

一、政府职能的界定

中共十六大报告中明确指出，要在更大程度上发挥市场在资源配置中的基础性作用，创造各类市场主体平等使用生产要素的环境，促进商品和生产要素在全国市场自由流动。中国是一个很特殊的社会主义市场经济国家，也是一个发展中大国，它既不同于成熟市场经济的发达国家，也不同于尚在经历市场经济转型的独联体和东欧国家，更不同于一般的发展中小国。但是，社会主义市场经济作为市场经济的一种表现形态，尽管具有自己的独特之处，也同样应具备市场经济所具有的共同特征。因此，在界定我国现阶段政府职能的范围时，既不能沿用计划经济条件下的思维模式，也不能简单照搬发达市场经济国家的政府职能。

我国是在社会主义市场经济体制下全面建设小康社会的。从共性看，市场经济条件下的政府职能主要是弥补"市场失灵"：提供市场机制所不能提供的公共产品，消除市场中的外部性问题，维护市场竞争秩序，调节收入分配，稳定宏观经济环境，等等。但同时也必须看到我国的特殊国情。一方面，我国正从计划经济体制向社会主义市场经济体制转轨，市场发育还很不完善，因此，为建成完善的社会主义市场经济体制提供基础性的制度条件，应成为政府的重要职能之一；另一方面，我国作为一个发展中国家，经济发展中的结构性矛盾还很突出，为了充分发挥后发优势和比较优势，顺利实现全面建设小康社会的奋斗目标，政府在结构调整方面也应发挥更大的作用。所以，在确立新的政府理念的前提下，政府职能应界定在以下几个方面，这就是"经济调节、市场监管、社会管理、公共服务"。

（一）经济调节职能

1. 维持经济总量平衡

市场经济条件下，政府的经济调节职能主要是解决宏观经济方面的问题。世界各国经济发展中所经历的经济危机与经济周期表明，市场经济自身不会长期地平衡发展，"看不见的手"不可能自动地调节供求在总量和结构上的均衡。实践证明，政府在解决社会总供求的失衡、稳定宏观经济方面能发挥无法替代的作用。因此，在开放的市场经济条件下保持宏观经济总量平衡，特别是经济增长率、通胀率、失业率和国际收支的内在平衡是政府经济调节的基本目标，也是政府管理经济的重要职能。

2. 进行经济结构调整

我国社会主义市场经济下的宏观调控目标除了对经济总量平衡和经济增长进行调节外，还包括对经济结构进行全局性、战略性调整，但这种调整应按市场经济规律办事。经济结构包含的范围很广，那些属于微观层面的、适应性的、竞争性领域的短期结构调整，应当交给市场和企业来完成，由市场发挥基础性作用。现阶段我国政府进行经济结构调整的主要任务可归纳为三个方面：第一，为了建立充满生机和活力的市场经济体制，进一步调整所有制结构，同时，大力发展股份制经济，继续鼓励发展个体和私营经济；第二，为了应对我国加入世贸组织所带来的机遇和挑战，围绕产业升级而促进产业结构调整；第三，为了落实国家西部大开发和振兴东北老工业基地的战略，要以城市化为中心，促进区域经济结构调整和经济发展，以此逐步缩小东、中、西部地区之间的相对差距。同时，政府还可以通过制定和实施各种中长期计划、财税政策、金融政策、贸易政策等来履行经济结构调整职能，体现国家的发展战略，以保证国民经济各产业、各部门、各地区协调发展和稳定增长。

3. 公平收入分配

市场经济在实现效率的同时，必然导致收入差别的产生和扩大，因为市场效率是以能力差别为前提的，是以包括个人技能、知识、资本和其他各种经济资源在内的资源多寡为条件的，能力和资源占有的差异决定收入差别的大小。可见，市场本身不能解决公平问题。然而从长期角度观察，收入分配不公可能对效率造成破坏性影响。收入分配不合理对生产规模的大小有重大影响，已经成为阻碍许多发展中国家工业化进程的重要因素。随着我国经济告别短缺并迅速走向较严重的相对过剩，消费需求不足正在严重制约我国发展战略目标的实现。经济增长正期待收入分配能为之提供更大的市场，分配不公通过总需求来影响效率的机制在于边际消费倾向递减规律。如果收入分配过于向高收入阶层倾斜，就会使整个社会的积累过多，而总消费需求不足，最终必然导致社会总需求小于总供给的生产过剩局面。因此，政府应积极发挥调节收入分配职能，既可以直接运用工资政策来调节，也可通过税收、社会保障和其他政府救助的办法来调节社会成员之间的收入差别，以达到实现相对公平的目的。

（二）市场监管职能

建成完善的社会主义市场经济体制，是发展生产力的强大动力和全面建设小康社会的体制保证，它离不开政府对市场的有效监管。具体地说，政府作为制度的供给者，应通过制定和执行相关法律法规，履行其在市场监管方面的主要职能。归纳起来主要包括以下几方面：

1. 维护市场秩序

在社会主义市场经济条件下，实现国民经济利益总体上最大化的首要前提是有一个运行有序的市场体系。政府作为公共利益的代表者，要制定和执行市场经济运行的"游戏规则"，因此，在建立和健全市场制度的基础上，通过立法和司法以及各种行之有效的政策保证市场有序运行，是社会主义市场经济条件下政府的基本经济职能之一。

大力整顿和规范经济秩序，创造良好的发展环境，首先要健全市场法规，严格执法，规范市场主体行为和市场秩序。其次要完善市场监督和管理机制，积极运用现代科技手段，加强监管。具体表现为严厉打击制售假冒伪劣产品、破坏金融秩序、诈骗、走私贩私、偷逃税款和侵犯知识产权等破坏市场经济秩序的行为；加大对阻碍执法、暴力抗法和国家公职人员利用职务之便干扰执法等行为的打击力度，确保执法工作顺利进行；严肃财经纪律，加强重大建设项目的稽察工作。

2. 限制垄断

垄断是市场经济的产物，市场机制解决不了垄断问题。垄断存在的实质是收入由垄断产品的消费者手中不合理地转移到垄断企业手中，其直接后果是资源的不合理配置。为了提高整个社会经济资源配置的效率，政府必须以法律的和行政的手段对垄断行为予以限制，建立和完善统一、竞争、有序的市场体系，打破部门、行业垄断和地区封锁，纠正行业不正之风。

例如，政府要维护价格秩序，运用市场法规参与部分垄断品价格的决定。除了参与、组织垄断品定价外，政府还应当监管各类行业的定价行为，防止不正当价格竞争，特别是防止外国商品对我国市场的低价倾销，维护社会主义市场经济的价格秩序。

3. 解决"外部性"问题

所谓外部性，是一个市场主体的行为对旁观者福利的影响。如果对旁观者的影响是不利的，就称为负外部性，如果这种影响是有利的，就称为正外部性。外部性总是带来市场的无效率，市场失灵就属于外部性的范畴之内。在市场经济条件下，无论是追求利润最大化的生产行为，还是追求效用最大化的消费行为，都有可能带来外部性问题，而市场本身是无力解决外部性问题的。尽管外部性问题有时可以用道德规范、社会约束和私人市场等方法来解决，但由于交易成本的存在常常导致协议失效。政府的规制仍然是解决外部性的主要方式。政府应鼓励和保护正的外部性，防止和制止负的外部性。政府针对外部性的公共政策包括两类：一类是以命令与控制政策直接管制；另一类是以市场为基础的激励政策，如补贴。这两类政策中后者往往更加有效率，因此政府在行使该职能时要选择恰当的方法。另外，即便采用私人市场的方法来解决外部性问题，也需要政府制定法律、法规，从而界定和保护各类产权。中共十六届三中全会提出建立现代产权制度，就为解决外部性问题创造了制度条件。

4. 培育和保护市场

由于我国仍处于市场经济的初始建立阶段，市场体系不完整、市场发育不健全、市场行为不规范是我国市场经济的一大特征，这样的现实决定了我国市场经济的建立过程实质上是一个政府职能的转换过程，即政府逐步从那些过去受政府控制而现在按照建立市场经济的要求应由市场进入的领域退出来，同时政府除了要弥补市场缺陷外，还负有保护已形成的市场，培育尚未形成而又需要建立的市场的责任。

我国的社会主义市场经济发展到现阶段，商品市场已初步建立起来并步入正轨，但要素市场还十分不完善。如资本市场、土地与房地产市场、信息市场和技术市场都尚在建设中，严重缺少市场约束机制，具有高风险、高投机的共性，政府要加强管理和规范。而劳动力市场更是一个薄弱环节，亟待政府的大力推动。劳动力市场的建设与完善主要是三个方面：①有较高学历的人才市场的完善，以更有效的市场方式和更透明的政策，推动人才就业市场的发展，解决人才市场的结构性矛盾；②以多种途径解决城市下岗职工再就业问题，为他们提供更多的职业培训和上岗就业的机会；③更加关注农民工在城市的务工和就业问题，调整一些明显的歧视性政策，关注农民工的工资拖欠和劳动保护等问题，维护其合法权益。总之，我国政府应该积极培育和保护市场，特别是通过整合要素市场，发挥经济调控职能，从而实现全社会的稳定、协调发展，这是我国向市场经济转变中政府职能的特点。

（三）社会管理职能

社会管理职能主要包括政府承担的管理和规范社会组织、协调社会矛盾、保证社会公正、维护社会秩序和稳定、保障人民群众生命财产安全等方面的职能。在我国的政府职能中，由于过去片面强调发展公有制经济，政府及其部门将自己的大部分精力都放在国有资产与国有企业的经营管理上，从而使其社会管理职能落到了从属地位。全面建设小康社会目标的实现要求经济与社会协调发展，这就决定了社会管理职能应成为政府职能中十分重要的组成部分。政府要通过对社会的管理，保障公民享有宪法规定的经济、政治和文化权利，维护社会安全秩序，包括依法惩处各种犯罪活动，妥善处理突发性、群体性事件，解决好各种利益矛盾和纠纷，在安全生产方面实行严格的监督管理，做好防灾减灾工作；等等。温家宝总理在最近的一次省部级干部专题研究班上强调，"为了迅速有效地应对各种自然灾害和突发事件，保证人民群众的安全和社会的正常秩序，各级政府要加快建立健全各种应急机制，提高应对突发事件的能力。这是加强社会管理职能的一项紧迫任务。"同时，社会治安问题在我国还非常严峻，妨碍社会稳定的各种要素都还存在，政府不仅要打击各种违法犯罪活动，而且要改进管理方式，提高行政效率，努力形成行为规范、运转协调、公正透明、廉洁高效的行政管理体制。

然而需要指出，在社会主义市场经济条件下，政府部门的社会管理是对社会事务的宏观管理。政府职能是通过制度来确立的，要实现政府的社会管理职能，必须确立一种与社会主义初级阶段基本国情相适应的比较成熟、比较定型的制度，进而"使生产关系适应生产力的发展，使上层建筑适应经济基础的发展，使中国特色社会主义充满生机和活力"。有效的政府管理制度，可以使政府部门在制度的约束之下办事，从而使政府的管理职能得到较好的发挥。总之，政府部门管理职能和各项管理制度的确立与运行，都要以坚持立党为公、执政为民为根本出发点。

（四）公共服务职能

经济增长是政府宏观调控追求的目标之一，但它并不是最终目的，而只是实现社会进步和人的全面发展的手段。在全面建设小康社会中，应更加重视政府的公共服务职能。无论从道义上还是从经济上讲，政府应当是公共产品和社会服务的提供主体。政府提供公共产品和服务，是补偿这方面市场机制的失灵。同时政府可以通过强制性的税收及发行公债等，使公共产品与服务的供给成本得到补偿。因此，政府提供公共产品和服务责无旁贷。现阶段应把重点放在以下几个方面：

1. 提供公共品

政府提供公共品可以从两方面来实现：一是提供生产性公共基础设施，包括全国性交通、水利建设和生态环境的保护等；二是提供人本性公共基础设施，主要是指提供各种有利于维系国民生存的社会福利等。生产性基础设施的效应是弥补私人投资需求的不足，直接增加总有效需求，解除"瓶颈"效应，降低失业率，提高国民购买和消费水平，为可持续增长打下基础。而人本性基础设施的目的是保障国民的基本生存，实现人的生存价值。中国是人口大国，整体教育水平和文化素质较低，人口老龄化趋势愈益明显，人们对教育、医疗、养老保健、公共文化消费等方面的需求在迅速增加，而目前满足这种需求的供给仍然处于短缺之中，尤其是公共福利的短缺程度很高。因此，政府应增加福利开支，实施有效的教育、养老等公共工程计划，大办学校、医院、养老院、博物馆等人本性基础设施，全面发挥公共服务职能。

2. 社会保障

建立健全同经济发展水平相适应的社会保障体系，是社会稳定和国家长治久安的重要保证，也是政府的一项重要职责。我国的社会保障体系刚刚建立，社会主义市场经济的发展和企业经营机制的转换、人口老龄化周期的到来和家庭规模小型化的发展趋势，以及"入世"后开放进程的进一步加快都要求完善我国的社会保障制度。完善我国社会保障体系的总目标是，建立独立于企业事业单位之外、资金来源多元化、保障制度规范化、管理服务社会化的社会保障体系。目前，制约我国社会保障制度发展的一个主要方面是社会保障资金的筹集方式。现行的缴费方式存在着诸如覆盖面小、保障项目统筹层次低、征收力度不够、基金管理制度不健全、政策不统一等一些问题，目前难以保证筹集社会保障收入的需要。目前，理论界的主要观点是开征社会保障税以代替现行缴费方式，以更具有法律强制力的税收形式筹集社会保障资金，摆脱当前缴费率偏低的困境。因而，政府应进一步研究社会保障税的可行性、具体设置方式及开征后的基金管理方式等问题，从而使社会保障制度更好地为经济发展和社会稳定服务。

3. 信息服务

随着信息化在全球迅猛发展，信息已经成为现代社会发展的一项重要资源，特别是对于企业，全面、准确、快捷的信息是企业赢得市场的关键。因而政府应努力创造包括政策信息、企业信息、就业信息在内的广阔、畅通的信息渠道，以降低整个社会发展的交易成本，提高我国企业在国际市场上的竞争力。从总体上看，我国的信息市场仍处于初始阶段，存在着重复建设、技术标准不统一、开发应用领域窄、信息资源共享程度低、网络安全保障体系不健全等问题，还不能适应形势发展的需求。政府推进信息市场发展，提供信息服务，要坚持统筹规划、资源共享的原则。各地区、各部门要按照统一的标准和规范协同建设，从信息化的全局出发，打破条块分割，使报刊、电视、广播、信息互联网络和各社会化服务体系相互支持，形成合力，提高信息服务的水平。同时还要面向公众，以公众服务为中心，这样才能使百姓享受到更广泛、更便捷的信息服务。当前正在兴起的电子政务正是利用信息技术提高政府公共服务的质量和水平，是带动国民经济发展和社会信息化的一项重要战略措施。

二、政府职能的履行

我国在落实政府职能转变上尽管已经取得了重大进展，但距完善的社会主义市场经济体制的要求还相差甚远，许多问题亟待解决。为了实现政府职能的彻底转变，还应重点关注以下几方面，进一步改革与完善。

（一）中央政府和地方政府的职能划分

发展中大国的"二元结构"特征对中国政府职能转变提出了更高要求。中国发展极不均衡，东部与西部、城市与农村、现代产业部门与传统农业部门差距很大。这一特殊的国情，对中国政府职能提出了比一般发展中国家政府更高的要求。中国政府职能的转变，既要兼顾不同地区、不同部门的发展要求，又要兼顾参与国际经济分工和建设国内统一大市场的要求。为了充分发挥不同地区的特点和比较优势，就不能只强调中央政府的积极性，而应当按照分工原则，合理划分中央和地方政府的职能，建立一个既有中央权威，又能发挥地方积极性的政府纵向管理系统，科学界定各级政府在不同层次的工作职责和权力范围。

在经济调控方面，国民经济的总量调控权由中央政府掌握。中央政府制定国民经济发展战略和中长期规划与目标，制定和实施国家产业政策，实行统一的对外经济战略和管理。地方政府在经济调控方面的权力，主要表现为通过调节属于地方负责的税率影响本地的投资和消费水平及结构，提供地区性公共基础设施和公用事业服务。

在市场监管方面，中央负责有关全国统一市场的立法、执法和必要的行政规章，反对垄断，提高市场运行效率。地方根据中央确立的法律和行政规章，制定一些适应本地特殊情况的执行细则，在维护全国统一市场秩序的前提下维护本地市场的竞争秩序。

在社会管理方面，中央政府通过制定统一的法律保障公民、法人等的合法权利，协调各地区之间的经济、社会关系。地方政府由于更加了解当地风土民情，可以在遵守国家统一法律的基础上制定地方性法规，因地制宜，进行有特色的管理，从而体现以人为本的政府建设目标。

在提供公共服务方面，国防建设、社会保障、邮政、铁路以及其他省际性基础设施和公共服务，由中央政府统一负责。城市公用事业服务（公交、水电气供应等）、市县镇公共基础设施和公共服务，由各级地方政府负责。水利、生态环境、公立性文体卫教事业以及其他介于前面两者之间的公共基础设施和公共服务，由中央和地方政府共同负责。

（二）推动公共服务市场化

在我国，公共服务领域里的低效率是一种普遍现象，事实上，这种低效率不是源于政府服务本身，而是政府提供服务的垄断性。我国的公共服务几乎全部由国家提供、国家投资、直接任命管理人员，国家进行直接或间接的管理，邮政、电讯、自来水等莫不如此。为了打破垄断，政府在履行公共服务职能时，要建立提供公共产品和生产公共产品相分离的政府管理理念，实行公共服务市场化。

从发达资本主义国家来看，公共服务只能由政府直接提供的传统观念已经打破，公共服务不再是政府一家的事了，而更多地依赖于政府与社会、政府与市场间的相互补充与合作。政府执行"供应者"职能时，由"直接建设者和提供者"变为"管理者和发包人"，将执行权能全部或部分地转移给私人部门，而保有并进一步加强自己的计划和监督职能，致力于规则制定和政策引导。这也就是《重塑政府》中所说的政府应该"掌舵而不是划桨"，政府改变做事的方式，从直接提供公共服务转变为间接提供，将有助于政府减少对社会和企业的直接干预，能促进政府机构精简并抑制政府规模的扩张。而且通过规则的约束，可以对公共产品的供给方面产生有效的竞争，通过市场运行还有利于民意直接上传下达。但是必须承认，由于我国的市场化程度不高，完备的市场运行机制尚未建立，在这种情况下，推进公共服务的市场化必须做好充分准备，并且仍然需要政府作为后盾。

（三）改革行政审批制度

深化行政审批制度改革是中共十六大提出的一项重要任务。现行的审批制度，审批范围广，审批环节多，既贻误时机，又往往造成市县乡镇各级部门之间争权扯皮，滋生腐败和不正之风。改革行政审批制度是推进政府职能转变的突破口，一定要从原来的搞审批、分指标转变为加强宏观管理，做好服务，以此实现职能转变。要把属于企业的生产经营权和投资决策权真正交给企业，把可以由社会自我调节和管理的职能交给社会中介组织，把群众自治范围内的事情交给群众自己依法办理。要引入竞争机制，从根本上打破行业性垄断。

目前的行政审批制度改革首先是依法对审批项目进行清理，然后从公共利益出发来对行政审批项目进行审查。但是，如果行政审批制度赖以成立的基础不改变，经过一段时间后，又会有一批项目被提出。因此，行政审批制度的改革要与贯彻《中华人民共和国行政许可法》和创建服务型政府联系起来，通过行政审批制度改革为建立服务型政府提供操作层面的支持。这是一次根本性的视角转变，它要求这项改革从服务的理念和原则出发来对审批项目进行审查，凡是属于管制性的审批项目，一律废止；对于管理型的审批项目，包括涉及经济安全、关系整体格局、影响资源环境和政府投资的项目等，则应进行修改，减少环节，提高效率，使其符合政府服务的需要。

（四）全面履行政府职能

四项政府职能中，目前我国在经济调节职能和市场监管职能上已给予了较高重视，并发挥了积极作用；但对于社会管理职能和公共服务职能却一直忽视，而这两项职能正是政府在退出竞争领域之后应该大力完善的。因此，政府必须尽快加强这两项职能的建设，才能真正实现全面推行政府职能。

在我国逐步向高度社会化迈进的过程中，尤其需要社会管理职能，以保障国民经济和社会协调稳定地向前发展。在这里要重点强调妥善处理突发性、群体性事件的能力。2003 年 SARS 的肆虐对我国政府的应急机制是一次严峻的考验，实践证明我国政府成功地解除了这场危机，但同时也暴露出在应对突发事件中的一些薄弱环节。所以，我国各级政府要时刻保持对自然灾害和突发事件的高度警惕，加快建立健全各种应急机制，保证人民群众的安全和社会的正常秩序。

在公共服务的提供上，我国仍存在着越位供应挤占稀缺公共资源的现象，使得社会急需的公共产品和服务供给不足或无力供应。例如基础教育，从世界来看，教育投入是各国公共支出中最重要的项目之一；基础教育资金基本由财政承担。随着"知识经济时代"的到来，政府对国民教育的职责将得到不断强化。而我国的基础教育工作较为滞后，财政投入不能满足教育支出，个人不得不承担相当大的比例，特别是农村义务教育，很多农村儿童由于无力负担而不能获得改善其生活水平所必需的教育而被排斥在现代化进程之外。2002 年我国文盲人口占总人口的 9.2%，小学、初中文化程度人口占 68%，远远落后于发达国家的平均教育水平。因此加大基础教育投入，让更广泛的人群享受到教育服务，是当前政府推行公共服务职能的一项迫切任务。

参考文献

［1］周绍朋.进一步转变政府职能，完善社会主义市场经济体制［J］.国家行政学院学报，2002年专刊.

［2］N.Gregory Mankiw.经济学原理［M］.北京：北京大学出版社，1999.

［3］熊俊.正确认识政府职能［N］.人民日报，2003-12-09.

［4］于素军，黄大千.市场经济中的政府角色定位［J］.经济学原理，2003（2）.

［5］张爱龙.社会主义市场经济下政府职能的合理定位问题研究［J］.山西统计，2002（6）.

（原载于《成都行政学院学报》2005年第1期，与吴山合作）

中国经济体制改革的基本经验

经过 20 多年的艰苦努力，中国的经济体制改革取得了巨大成功。总结中国经济体制改革的基本经验，主要有以下几个方面。

（1）解放思想，实事求是。中国的经济体制改革始终坚持了解放思想、实事求是的思想路线。可以说，理论上的每一次突破，实践上的每一个进展，都是解放思想、实事求是的结果。传统理论认为，社会主义必须实行计划经济，而计划经济又必须建立在单一的公有制基础之上；市场经济是资本主义的，只有在私有制基础上才能实行市场经济。中国既坚持社会主义公有制，又坚持市场取向的改革，把建立社会主义市场经济体制作为经济改革的最终目标，这在理论上是一个重大突破，在实践上是一个重大创新。如果没有足够的理论勇气，不坚持解放思想、实事求是的思想路线，这种突破和创新是不可能实现的。

（2）以企业改革为中心环节。企业是社会生产活动的基本单位，是构成国民经济的细胞。在不同的经济体制下，企业的性质及其在国民经济中的地位是不同的。同时，企业的性质与地位（即企业是市场主体还是政府机构的附属物），又决定着经济管理体制的基本模式。为了实现从计划经济体制向社会主义市场经济体制的转变，中国始终把企业改革作为整个经济体制改革的中心环节。在改革的整个过程中，企业改革由扩大企业经营自主权到实行经济责任制，再由经济责任制到利改税、承包经营，最后到建立现代企业制度，始终处于中心环节。这是中国经济体制改革取得成功的一条极为重要的经验。

（3）一切经过试点。中国的经济体制改革，是一项伟大的前所未有的事业，世界上没有现成的经验可以借鉴，再加上中国是一个大国，各地的经济发展很不平衡，情况十分复杂，这就决定了中国所采取的许多改革措施，都必须经过试点，取得经验，然后再全面展开。邓小平同志把这种试点形象地比喻为"摸着石头过河"。正是这种"摸着石头过河"，使中国的经济体制改革不断取得经验，并不断推向前进。

（4）循序渐进。与其他一些国家的经济改革所采取的"休克疗法"相反，中国的经济体制改革则采取了循序渐进的方法。这种循序渐进的方法，从表面上看，改革进展的速度似乎慢了些，但从实际效果上看，它却取得了更高的效率。邓小平同志早在1979年就提出，社会主义也可以搞市场经济，但我们还是在经历了十几年的摸索之后，才在1992年10月的中共十四大上正式提出中国经济体制改革的目标是建立社会主义市场经济体制。邓小平同志还一再强调，发展是硬道理，并把是否有利于社会主义生产力的提高，是否有利于人民生活的改善和社会主义国家综合国力的增强，作为检验改革成败的标准。"三个有利于"为正确处理改革、发展和稳定的关系指明了方向。这一关系的正确处理保证了中国经济体制改革稳步健康的进行。

（5）尊重群众的首创精神。走群众路线，从群众中来，到群众中去，尊重群众的首创精神，是中国共产党的一贯工作作风和工作方法。毛泽东同志曾经指出，群众是真正的英雄，而我们自己则往往是幼稚可笑的。在中国的经济体制改革中，党和政府的各级组织和领导人员也始终坚持了走群众路线，尊重群众的首创精神。中国经济体制改革的许多重大改革政策和措施，都是在广大群众的发明创造的基础上，经过认真总结经验之后制订出来的。由于各项改革的政策措施都来自广大人民群众，改革的结果就必然使广大人民群众受益。这样，改革就会受到最多数人民群众的拥护和支持，从而使改革具有广泛而坚实的群众基础，保证改革的顺利进行。这是中国经济体制改革取得成功的又一重要经验。

（6）加强党和政府对经济体制改革的领导。中国的经济体制改革始终是在党和政府的直接领导下有计划、有步骤地进行的。改革开放以来，中国共产党的每次全国代表大会和多次中央全会都把经济体制改革作为会议的重要内容进行讨论，并对有关经济改革和经济发展的重大理论和实践问题做出决定。同时，在日常工作中，各级党组织和各级政府始终把领导经济改革和经济发展作为中心工作来抓，通过制订规划，组织试点，总结经验，发布政策等，指导经济体制改革步步走向深入。特别是每当改革处在关键时期，党和政府总是站在改革的前列，带领广大干部群众克服各种艰难险阻，使改革不断走向新的胜利。

（2005年接待乌克兰访华代表团的谈话，未发表文章）

建立国有资产出资人与国有资本
预算制度

大多数经济转型国家都面临着国有资产管理体制的变革问题。而在国有资产管理体制变革中，建立国有资产出资人与国有资本预算制度是一个极其重要的问题。本文拟根据中国的情况就此问题谈一些个人的意见。

一、经济转型引起国有资产地位的变化

经济转型国家建立国有资产出资人制度和实行国有资本预算的必要性，源自经济转型引起的国有资产地位的变化。就中国而言，这种变化主要表现在两方面：一是由单一国有制（公有制）经济向公有制为主体、多种所有制经济共同发展的变化；二是由国有独资企业向混合所有制企业的变化。

在计划经济体制下，中国的所有制结构比较单一，即只存在两种形式的公有制：一是国家所有制；二是集体所有制。同时，对集体所有制也是按照管理国有制经济的办法进行管理的。在这种情况下，一方面，包括国有资产和集体资产在内的公有资产都是由企业直接管理的，就国有资产而言，还有各个工业部和财政部通过企业进行的直接行政管理，政府和企业、政府和投资是不分的。另一方面，由于企业的生产经营活动都是由国家通过行政手段直接进行指挥，企业之间不存在竞争，因而就不需要建立国有资产出资人制度。同时，计划经济体制下的企业，投资结构也很单一，都是由国家和集体投资的独资企业，国家只要管着企业，也就管着全部资产，这也不需要建立国有资产出资人制度。此外，计划经济的财政是国家财政，而不是公共财政，国家财政体制下的经营性国有资产投资和公共支出是不分的，也就不需要建立单独的国有资本预算。

但随着计划经济体制向市场经济体制的转变，社会投资结构发生了重大

变化，由单一的国家（集体）投资变为包括国家、集体、私有和外资等多种所有制经济的投资；对企业的投资也由独资变为主体多元化的投资。在这种情况下，建立国有资产出资人制度和国有资本预算也就势在必行了。因为在多种所有制经济共同发展中，如果其他所有制投资都有明确的出资人，而国有资产投资没有自己的出资人代表，其权益就不能得到保证。同时，如果不建立国有资本预算，不仅国有资本投资形成的利润无法进行合理的分配，而且公共财政也很难建立起来。

二、建立国有资产出资人制度

所谓出资人，就是向企业投入资本的人，即企业资本的拥有者。任何人（包括自然人和法人）的财产（资本）一旦投入企业，就变成企业的法人财产，投资者只享有出资人的权利。这些权利主要包括资产受益、按照法定程序参与企业的重大决策和聘请经营者、转让股权等。在市场经济条件下，企业不应当有所隶属的行政上级，但必须有明确的出资人。国有资产投入企业，代表全体人民的国家就成为企业的出资人，但国家不能直接行使国有资产所有权，必须将其委托给政府代理。政府又是由各个部门组成的，不可能都作为国有资产出资人代表，因而必须成立专门的国有资产出资机构代表政府（国家）行使国有资产出资人的权利。上述问题都需要通过建立健全国有资产出资人制度加以解决。

建立国有资产出资人制度，是发展社会主义市场经济的客观要求。在以公有制为主体，多种所有制经济共同发展的基本经济制度下，国有资产必须同其他所有制资产一样，具有明确的出资人代表，才能保证国有资产权益不受侵犯。

建立国有资产出资人制度，涉及国有资产管理体制的重大变革。改革开放以来，中国对建立适应社会主义市场经济发展的国有资产管理体制进行了长时间的探索。早在1988年8月，国务院就设立了国有资产管理局，但由于当时还没有提出建立社会主义市场经济体制，国有资产出资人制度也就不可能建立起来。1998年，国务院决定对国有大型骨干企业实行稽查特派员制度，以解决国有资产权益不能得到保证的问题。但由于稽查特派员及其管理机构只是像监事会一样对企业进行监督，而不是作为国有资产出资人的代表，因此国有资产投资主体缺位的问题依然没有解决。直到中共十六大之后，国务院国有资产监督管理委员会和省市两级地方政府国有资产监督管理委员会相继成立，国有资产出资人制度才初步建立起来。当然，这一制度目前仍然存在一些问题，还需通过进一步的改革加以解决。

对中国现行的国有资产管理体制可作如下简要概括：国家统一管理，分级履行出资人职责，直接派出出资人代表。所谓国家统一管理，主要是指在有关国有资产管理的法律法规和重大政策方面，必须由国家统一制定、发布，并严格执行。分级履行出资人职责，则是按照权责对称的原则，分别由中央政府和地方政府履行国有资产出资人的权利和责任。目前实行的是三级出资人制度，即中央政府为一级，省（直辖市、自治区）级政府为一级，地（市、州）级政府为一级，县级以下政府不设立国有资产出资人机构。也就是说，县及县级以下的政府不再进行经营性的国有资产投资。它们的主要职责是，进行应该属于他们进行的公共设施建设和提供必要的公共产品与服务，并搞好投资环境建设，提供良好服务，以吸引来自各个方面的投资，促进本区域的经济发展。直接派出出资人代表，就是各级出资机构要按照出资多少直接向他们所出资的企业派出出资人代表，即董事会人员，然后再由董事会按照法定程序聘请总经理等高层经营管理人员。

建立国有资产出资人制度，关键是要实行国有资产出资人职能与政府公共管理职能分开。也就是说，各级政府不再直接行使国有资产出资人的各项职能，而各级出资机构也不再行使政府的各项公共管理职能，以真正实现政企和政资分开。然而，国有资产出资人职能能否与政府公共管理职能彻底分开，目前无论在理论上还是在实践方面，都还存在较大的分歧。

建立国有资产出资人制度，必须改变国家对国有投资企业的管理方式，即由过去的主管企业的专业经济部门对企业的直接行政管理，变为出资机构按出资多少对企业的股权管理，即由管企业变为管投资。在这种情况下，出资机构还要对有国有投资的企业实行分类管理，即按照国有独资企业、国有控股企业和国有参股企业，以出资人的身份在公司治理中发挥不同的作用，以实现在市场经济条件下，企业不能有行政的隶属上级，但必须有明确的出资人的目标。同时还要对分布在不同领域里的国有投资实行分类管理，如对分布在提供公共产品和服务的公共企业里的国有投资、对分布在自然垄断企业里的国有投资和竞争企业里的国有投资，分别确定不同的投资目标和不同的考核指标体系，并实施不同的管理。

建立健全国有资产出资人制度之后，各级政府的各项公共管理职能，包括经济调节、市场监管、社会管理和公共服务都要覆盖到全社会，即覆盖到所有的市场主体，同时所有市场主体在接受政府管理方面都要享受"国民待遇"，以实现各级政府为各类市场主体提供平等的使用各种生产要素的公平环境和竞争格局。

三、建立国有资本预算制度

随着国有资产出资人制度的建立和不断完善，为了实现各类企业的公平竞争，国有资产投资也必须向出资人即国家上缴利润，并进行合理的分配和使用，这就需要相应地建立国有资本预算制度。

所谓国有资本预算制度，就是国有资产投资利润的上缴、分配和使用的制度。这种制度的建立，除了有利于企业的公平竞争之外，还有利于建立和完善公共财政。

在计划经济体制下，国有企业的利税是不分的。因为企业的利税都要上缴国家，实行利税分开也就没有必要了。在市场经济条件下，由于多种所有制经济的共同发展，企业的利税必须分开。然而，如果只有企业利税的分开，而没有国家财政上的利税分开，公共财政就很难建立和完善起来。实现国家财政上的利税分开，就必须把公共财政和国有资本预算分开。在我国社会主义市场经济条件下，国家投资在整个社会投资的范围和比重比一般市场经济国家要大得多。如果不实行国家财政上的利税分开，就很容易造成一方面公共产品和公共服务提供不足，另一方面又将大量的资金用于经营性的国有资产投资的状况。

建立国有资本预算制度，首先要建立国有资本投资的利润收缴制度。凡是盈利性的国有资产投资，都必须向国家上缴利润。对于有国家投资的混合所有制企业来说，国家要像其他股东一样平等地参与利润分配；对于国有独资企业来说，则要根据企业发展的需要，将企业的利润在国家和企业之间进行合理分配。

建立国有资本预算制度，还要建立国有资本投资的利润分配和使用制度。国有资本投资的利润，除了用于国有资本经营所需的各项费用外，应根据国家的产业政策和发挥国有经济控制力的需要，进行国有资本的再投资，可以用于新建项目的投资，也可以用于增加现有企业的国有股份。所谓国有资本经营所需的各项费用，主要包括出资机构的办公费用和出资机构派到企业中的出资人代表的工资费用等。

建立国有资本预算制度，关键是要处理好国有资本预算与公共财政的关系。在这个问题上，目前理论界还存在不同的认识。主要有两种意见：一是把国有资本预算作为公共财政的组成部分；二是把国有资本预算与公共财政分开，使二者平行起来，统一纳入国家的总预算。笔者主张第二种做法。因为如果把国有资本预算作为公共财政的组成部分，就很难避免经营性国有资本投资挤占本应用于提供公共产品和服务的支出的情况。

在国有资本预算与公共财政分开的情况下，各种所有制企业的税收都要按照国家税法的规定分别交给各级政府，以形成各级政府的公共财政收入；国有资本投资产生的利润，则上缴国有资本预算，形成国有资本预算收入，其他投资产生的利润，则归各个投资者所有。国有资本预算应当与国有资产出资人制度相对应，即实行有几级国有资产出资人制度，就建立几级国有资本预算。

实行国有资本预算与公共财政分开，一般情况下，公共财政支出只只用于提供公共产品和服务，以及对准公共产品和服务进行补贴；国有资本预算支出则主要用于经营性国有资产的再投资。如果二者的余额产生太大的赤字或结余，经各级人民代表大会批准，可在余额中进行调节。

对于建立国有资本预算，目前理论界争论的一个焦点是把国有资本预算建在哪里，是建在财政部门，还是建在国有资产出资机构。建在财政部门有利于加强资金的统一管理，而建在国有资产出资机构则有利于国有资产出资机构完整履行出资人职责。笔者认为，建在哪里并不重要，关键是要由各级政府统一制定国有资本预算支出的范围和标准，并经各级人民代表大会批准。

可以肯定，国有资产出资人制度和国有资本预算制度的建立，必将进一步促进社会主义市场经济体制的完善和科学发展观的落实。然而，这又是一个极其复杂的问题，它的建立还需要一个过程。为了少走弯路，我们不仅需要在实践中进行大胆的试验，更需要在理论上进行积极的探索。

（原载于《光明日报》2006 年 12 月 25 日）

论深化垄断行业改革

反垄断问题一直是我国经济体制改革和经济社会发展中的一个热点问题。由于我国目前还处在经济转型时期，垄断问题就显得更加复杂，反垄断的难度也就更大。笔者认为，除加快立法外，解决垄断问题的根本出路还在于深化改革。

一、正确认识经济转轨时期垄断的基本特征

深化垄断行业改革直接关系到我国社会主义市场经济体制的完善和资源配置效率的提高。要使这项改革能够顺利进行，首先必须正确认识我国经济转轨时期垄断的基本特征。

在我国现阶段，垄断是一个极其复杂的问题。一方面，我国仍处于计划经济体制向市场经济体制的转型期，经济社会发展的各个方面都具有转型经济的基本特征。就垄断问题而言，从一定意义上讲，计划经济本身就是一个庞大的垄断经济，它既是国家的垄断，也是公有制经济的垄断。随着社会主义市场经济体制的逐步建立，这种垄断已经或正在被打破。但我国的垄断问题又是与旧体制共同存在的，旧体制不彻底根除，垄断问题也就不可能彻底解决；同时，垄断又是市场经济存在激烈竞争的产物，市场本身是无法解决垄断问题的，它必须通过政府职能加以解决。另一方面，我国现阶段的垄断，除自然垄断外，主要是行政垄断，真正意义上的经济垄断还很少。所谓行政垄断，实际上就是政府运用行政力量（包括行政法规与政策）造成的垄断，并且这种垄断又与各级政府自身的权力和利益密切相关，要让政府各有关部门自己制订有关政策和法规去打破这种垄断实在是一种痛苦和困难的事，这大概就是我国的反垄断法迟迟不能出台的一个主要原因。同时，作为法律应当是相对稳定的，而转轨时期与垄断相关的很多情况却是不断变化的，某些

垄断暂时又是不可避免的，甚至是必要的，这也增加了制定反垄断法的难度。

上述情况决定了我国现阶段的垄断，既有垄断的一般特性，又有转轨经济决定的特殊特征。

这些特殊特征主要表现在：①体制性。即很多垄断问题都是与旧体制紧密联系在一起的，在旧体制的影响彻底根除之前，垄断问题是不可能完全解决的。②行政性。这里所说的行政性，是指除了某些行政性垄断是由国家的法规和政策造成的外，其他的垄断也都或多或少地与政府的行政手段有关。③复杂性。由于各种垄断现象相互交织在一起，也就造成了垄断的复杂性。④过渡性。转轨经济的过渡性，决定了某些垄断的过渡性和解决垄断问题的长期性。总之，在我国，要真正解决垄断问题，仅仅靠制定一部反垄断法是远远不行的。反对垄断，需要做好包括加快立法等在内的各项工作，但根本出路还在于深化垄断行业的改革和整个经济体制的改革。

二、垄断行业的改革必须分类进行

垄断是竞争的对立物，竞争促进进步，垄断保护落后。从这个意义上讲，任何垄断都是应当被反对和打破的。然而，在经济转型期，对不同类型的垄断其反对和打破的时机、方法和手段又应有所不同。这就需要对垄断行业进行分类改革。

就由于竞争（包括经济和技术的竞争）而形成的经济垄断而言，在任何情况下都是需要打破的，而打破经济垄断的最有力的手段就是制定反垄断法。即通过反垄断法对市场结构加以限制，规定一个企业的某种产品在市场上的份额不得超过一定的比例，以保护市场的充分竞争。

就由于政府通过行政力量而形成的行政垄断来说，问题就没有那么简单了。现阶段，我国的行政垄断主要表现为行业垄断和所有制垄断，而这些垄断又往往和经济体制、国家的经济安全和国防安全紧密联系在一起。总的来说，这些垄断都是应当加以反对和打破的，但打破这种垄断则有一个时机选择问题，这大概也是反垄断法制定过程中一个比较棘手的问题。笔者认为，这类垄断应根据我国改革开放的进程以及国家经济安全和国防安全的需要逐步加以打破。

就由于企业和产品的生产技术特点决定的自然垄断来说，情况就更加复杂了。自然垄断行业的主要特点是：企业的建设和产品的生产需要花费巨额资金建设一个庞大的有形的网络，一般情况下，这种有形网络是不应重复建设的，否则，就会造成社会资源的巨大浪费；同时，这些企业的产品一般都是不能存储的，只能边生产边消费。按照上述生产技术特点，属于自然垄断行业的大致有电力、电信、铁路、天然气、自来水等。然而，需要指出的是，并不是这些行业的各个领域和各个环节都是自然垄断的。如铁路，只有铁路运输才属于自然垄断，与其相关的机车制造等则不属于自然垄断的内容；再如电力，只有电网才属于自然垄断，与其相关的发电等则不属于自然垄断的内容；等等。总之，只有与网络直接相关的环节，才属于自然垄断的内容。换句话说，自然垄断实际上就是网络垄断。既然自然垄断行业的网络是不宜重复建设的，那么自然垄断行业的竞争就必然受到客观条件的限制。也就是说，自然垄断是不能随意被打破的。或者说，是不能通过一般的竞争的办法去打破的。否则，就会造成极大的社会浪费。很难设想，我们能够允许在很近的距离内，由多家投资主体建立多条平行的铁路去进行竞争。特别是在我们国家，自然垄断都是国家垄断的，人为地去把某些自然垄断企业拆分掉，从而造成他们之间的竞争，效果肯定是不好的。在这个问题上，我们应该说已经有了很深刻的教训。

毫无疑问，凡是垄断，不管它的类型和形成的原因如何，其后果都是相同的，那就是阻碍进步，保护落后，侵犯消费者权益。正是从这个意义上讲，一切垄断都是应当坚决反对和打破的。然而，反对和打破垄断是需要付出成本的，如果付出的成本比打破垄断取得的收益还要大，这种垄断就不能轻易打破。上述自然垄断在一定情况下就是如此。

解决垄断问题和消除垄断产生的弊端有两种方法：一是引进竞争机制；二是加强政府微观规制。凡是能够通过引进竞争机制解决的垄断问题，就应当坚决地引进竞争机制，凡是不能通过竞争手段解决的垄断问题，必须通过政府的微观规制加以解决。如政府可以对这些行业的技术标准、产品质量、服务水平、产品和服务价格等做出严格规定，并加强日常监管，凡有违反，就要坚决予以查处。在这个问题上，政府决不能站在垄断行业的立场上对付消费者，而应当站在消费者的立场上加强对垄断行业的监管。这是政府的基本责任。同时，政府也决不能因为某些监管不力而出现了问题，就把它们拆分掉，采取竞争的办法去解决自然垄断问题。实践证明，这是无法达到目的的。

三、解决垄断问题的根本出路在于深化行政
体制和产权制度改革

由于中国现阶段的垄断具有转轨经济的基本特征，因此，单靠一部反垄断法是解决不了中国的垄断问题的。除了前面已经讲到的要对垄断行业分类进行改革外，解决垄断问题的根本出路还在于深化行政体制和产权制度改革。

就解决垄断问题而言，深化行政体制改革其核心是准确界定和全面履行政府职能。在社会主义市场经济条件下，政府的职能主要包括经济调节、市场监管、社会管理、公共服务。

所谓经济调解，主要是宏观经济调控，即通过经济手段、法律手段和必要的行政手段（其中主要是经济手段）解决宏观经济发展的不平衡问题。在宏观经济调控面前，所有的市场主体都应该是平等的，政府不能运用行政手段去保护或打击某些行业或企业，特别是不能以宏观调控的名义运用一些行政手段去保护和加强某些垄断行业或企业。特别需要指出的是，宏观调控的权力只掌握在中央政府手中，各级地方政府没有宏观经济调控的权力，因为只有中央政府才有权制定有关宏观调控的政策（如财政政策和货币政策等）与法规。各级地方政府必须无条件地执行这些政策和法规，而不能另搞一套。那种层层搞宏观经济调控的做法，实际上是由于某些地方政府不愿意放弃计划经济时期形成的资源配置的权力的结果。

所谓市场监管，主要是制定并监督执行各种市场规则，包括市场准入规则、市场交易规则、市场竞争规则和市场退出规则等。这些规则的制定和执行，必须有利于打破垄断，保护竞争。特别是在对自然垄断行业的监管上，必须到位，以便把自然垄断限制在特定的合理范围内，并采取措施切实保护消费者权益。

所谓社会管理，简短地说，就是维护社会秩序，保卫社会安定，调节社会关系，构建和谐社会。

所谓公共服务，就是根据国家的经济发展水平和财力，尽可能充足地提供公共产品和公共服务。

可以说，上述政府职能的准确界定和有效履行，都有利于从根本上解决垄断问题。

深化产权制度改革，对于从根本上解决垄断问题意义重大。我国现阶段的垄断，包括经济垄断、行政垄断和自然垄断几乎都与产权制度有着紧密的

联系。前面已经谈到，从一定意义上讲，计划经济实际上就是国有垄断经济。随着改革开放的不断深入，特别是随着公有制为主体、多种所有制经济共同发展的基本经济制度的逐步形成，国有经济垄断一切的局面已经彻底被打破，但它对各种垄断造成的影响却仍然根深蒂固地存在。如经济垄断，往往是国有企业的垄断，非国有企业现阶段还很难形成垄断；一些行政垄断和某些与自然垄断相关联的垄断，更是建立在国有产权制度基础上的。只有按照社会主义市场体制的客观要求，不断地深化产权制度改革，才有可能从根本上解决垄断问题。

就解决垄断问题而言，深化产权制度改革，主要是深化企业股权结构改革，即要采取多种形式，进一步实现企业股权结构的多元化、分散化和合理化。对竞争性行业来说，一般不要建立国有独资企业，同时要尽可能消除非国有经济准入的障碍，以确保能够充分竞争，防止经济垄断的形成；对于由于竞争形成的经济垄断，则要按照反垄断法的规定进行处理；对于部分基础设施和自然垄断行业，在避免重复建设和无序竞争的前提下，应当允许非公有投资者以参股形式进行投资，并尽可能发挥市场机制的作用；对市场机制不能发挥作用的领域和环节，则要从各方面加强政府监管，以防止历史上曾经出现的"铁老大"、"电老虎"现象的发生；对于一些公益性的行业，要鼓励社会资本积极参与投资，同时要加强政府规制，既要保证投资者能够取得合理的收益，又要防止造成垄断，从而损害社会和消费者利益。

总之，我国现阶段的垄断带有转轨经济的基本特征，企图通过某种单一的手段（如法律的）去解决垄断问题是不可能的，只有综合运用经济的、法律的、行政的和改革的手段，才能逐步解决我国的垄断问题。

（原载于《中国经济时报》2006 年 12 月 25 日）

加快非公有资本对垄断行业的进入

在当前扩内需、保增长、保民生、保稳定的形势下，能否加快非公有资本对垄断行业的进入，成为多方关注的焦点。而深化垄断行业改革，本身是完善社会主义市场经济体制的重要环节。非公有资本，特别是民间资本进入垄断行业，则是深化垄断行业改革最重要的方面。

一、不同垄断进入路径有别

近年来，我国为非公有资本进入垄断行业提供了多重法律和政策保障。党的十七大报告指出，要深化垄断行业改革，引入竞争机制，加强政府监管和社会监督。《国务院关于鼓励支持和引导个体私营等非公有制经济发展的若干意见》提出，要放宽非公有制经济市场准入，贯彻平等准入、公平待遇原则。要允许非公有资本进入垄断行业和领域，进入公用事业和基础设施领域、社会事业领域、金融服务业、国防科技工业建设领域；鼓励非公有制经济参与国有经济结构调整和国有企业重组；鼓励、支持非公有制经济参与西部大开发、东北地区等老工业基地振兴和中部地区崛起。《中华人民共和国反垄断法》则对预防和制止垄断行为作出了明确的法律规定。

然而，从当前的实际情况看，非公有资本进入垄断行业仍存在着一些体制上的障碍。进一步破除这些障碍，直接关系到非公有制经济的健康发展和社会主义市场经济体制的进一步完善。

众所周知，按照产生的原因划分，垄断可分为经济垄断、行政垄断和自然垄断三种。所谓经济垄断，就是由于竞争形成的垄断；行政垄断，则是政府运用行政力量（包括行政法规与政策）造成的垄断；而自然垄断却是由行业和企业的生产技术特点决定的垄断。如果说前两类垄断是人的主观行为造成的话，那么，后一种垄断则是一种自然的客观现象。

不过，这种划分只是一种理论上的抽象划分，在现实经济生活中，由于各种垄断是交织在一起的，问题要复杂得多。特别是我国正处于转型时期，这就进一步增加了垄断的复杂性。

（1）我国仍处于计划经济体制向市场经济体制的转型期，经济社会发展的各个方面都具有转型经济的基本特征。就垄断问题而言，从一定意义上讲，计划经济本身就是一个庞大的垄断经济，它既是国家的垄断，也是公有制经济的垄断。随着社会主义市场经济体制的逐步建立，这种垄断已经或正在被打破。但我国的垄断问题又是与旧体制共同存在的，旧体制不彻底根除，垄断问题也就不可能彻底解决。

（2）垄断又是市场经济存在激烈竞争的产物，市场本身是无法解决垄断问题的，它必须通过政府职能加以解决。然而，我国现阶段的垄断，除自然垄断（包括电力、电信、铁路运输等行业）外，主要是行政垄断（包括金融、军工等行业），真正意义上的经济垄断还很少。这就是说，在我国，解决垄断问题是同深化改革、完善社会主义市场经济体制紧密联系在一起的。同时，不同性质的垄断其解决的方式、方法也应有所不同，这就决定了非公有资本进入垄断行业的路径和方式也不同。

由于经济垄断是企业之间竞争的结果，实际上它主要发生在竞争领域，与通常所说的垄断行业完全不是一回事。同时，反垄断法又对这种垄断行为进行了更加严格的限制，因此，非公有资本能不能进入某些竞争领域，主要看这种领域进入门槛（主要是技术、资金等门槛）的高低和企业实力的大小，不存在允许不允许进入的问题。

二、进一步扩大对行政垄断的进入

长期以来，人们对行政垄断（往往和自然垄断交织在一起）的意见最大。一方面是由于它是政府的一种主观行为，另一方面它又涉及方方面面的切身利益。

从一般意义上讲，垄断作为竞争的对立物，任何垄断都是应当被反对和打破的，因为竞争促进进步，垄断保护落后。那么，政府为什么还对某些行业实行行政垄断呢？除了某些认识上的原因外，实行行政垄断的初衷是为了保证国家的经济安全和国防安全。可以看出，比较典型的行政垄断行业都是与国家的经济安全和国防安全紧密联系在一起的。比如，金融是市场经济的核心，它涉及国家的经济安全；某些国防工业和高科技产业涉及国家的机密，直接关系到国家的国防安全等。但需要特别指出的是，行政垄断的范围和程度是根据维护国家安全的需要确定的，是随着国家发展的阶段和形势的发展变化而变化的。一般来说，国家的经济实力和国防实力越强大，行政垄断的范围和程度就越小和越低。

实际上，随着改革开放的不断深入，我国行政垄断的范围已经大大缩小了。就连金融和某些军工企业也允许非公有资本，甚至外国资本进入了。现在的主要问题是，在不危及国家经济安全和国防安全的前提下，如何进一步扩大这种开放。还要指出的是，非公有资本进入这些行业是可以有多种不同形式的，独立地开办企业只是其中的一种，利用现代产权形式（包括公司制、股份制等）参与国有企业的改组、改造也是重要的形式。

比如，我国的四大商业银行有 3 家已经上市，还有 1 家也在积极筹备和准备上市。很显然，非公有资本早已进入金融领域了。至于独立地开办金融机构，可以说也早已经开始了。国外的大银行不是也早已进入我国了吗？现在要解决的问题是，我国的民间资本能不能独立地开设金融机构以及如何开办的问题。温家宝总理在政府工作报告中指出，要"推进金融体制改革，深化国有金融机构改革。逐步发展多种所有制中小金融企业和新型农村金融机构。积极引导民间融资健康发展"。很显然，民间资本独立地开设金融机构从政策上讲，也不再是什么问题。问题的关键是，各有关主管部门要认真贯彻执行中央的决策和有关法律、法规与政策，积极帮助民间投资者独立地或合伙开办中小金融企业和新型农村金融机构。

再比如军事工业，它是比较典型的行政垄断行业，因为它直接关系到国家的国防安全。就是这样重要的部门其行政垄断也已经被打破了。2007 年 5 月 17 日，国防科工委、发展改革委、国资委联合下发《关于推进军工企业股份制改造的指导意见》，对军工企业如何实施股份制改造也作了全面部署。明确指出，对从事战略武器装备生产、关系国家战略安全和涉及国家核心机密的少数核心重点保军企业，应继续保持国有独资，在禁止其核心保军资产和技术进入股份制企业的前提下，允许对其通用设备设施和辅业资产进行重组改制。对从事关键武器装备总体设计、总装集成以及关键分系统、特殊配套件生产的重点保军企业在保持国家绝对控股的前提下可以实施股份制改造。鼓励境内资本（指内资资本）参与企业股份制改造，允许企业在行业内部或跨行业实施以市场为主导的重组、联合或者兼并，允许企业非核心资产在改制过程中租赁、转让或拍卖。对从事重要武器装备生产的其他重点保军企业，根据承制武器装备的重要程度，可实行国有绝对控股、相对控股、参股等多种形式的股份制改造，鼓励引入境内资本和有条件地允许外资参与企业股份制改造，鼓励符合条件的企业通过资本市场进行融资；鼓励和支持以民为主，从事军民两用产品、一般武器装备及配套产品生产的军工企业引入各类社会资本实施股份制改造，具备条件的军工企业可以在国内外资本市场上融资。

上述这些规定，对非公有资本，特别是民间资本进入军工行业也提供了法规和政策保障。当然，非公有资本进入军工行业主要是参与军工企业的股份制改造，而不是独立地开办企业。

三、有限进入自然垄断

自然垄断行业的主要特点是，企业的建设和产品的生产需要花费巨额资金建设一个庞大的有形的网络。一般情况下，这种有形网络是不应重复建设的，否则，就会造成社会资源的巨大浪费。同时，这些企业的产品一般都是不能存储的，只能边生产边消费。按照上述生产技术特点，属于自然垄断行业的大致有电力、电信、铁路、天然气、自来水等。

需要指出的是，并不是这些行业的各个领域和各个环节都是自然垄断的。如铁路，只有铁路运输才属于自然垄断；与其相关的机车制造等则不属于自然垄断的内容；再如电力，只有电网才属于自然垄断，与其相关的发电等则不属于自然垄断的内容；等等。综观之，只有与网络直接相关的环节，才属于自然垄断的内容。换句话说，自然垄断实际上就是网络垄断。既然自然垄断行业的网络是不宜重复建设的，那么这些行业的竞争就必然受到客观条件的限制。也就是说，自然垄断是不能通过一般的竞争的办法去打破的。否则，就会造成极大的社会浪费。很难设想，我们能够允许在很近的距离内，由多家投资主体建立多条平行的铁路去竞争。

显然，自然垄断行业的特点给非公有资本，特别是民间资本的进入增加了困难，至少进入的方式受到了很大限制。

在同一个区域范围内，在垄断行业的垄断环节，即使是在国有资本内部也是不能竞争的。因为市场竞争虽然能够产生效率，但市场效率又是有边界的。当竞争带来的效益小于打破垄断支付的成本时，这种垄断显然是不宜被打破的。因此，非公有资本进入自然垄断行业，主要是进入非自然垄断的环节。在这些环节，不仅可以以股份的形式进入，也可以独立地开办企业。但一般说来，这些行业的进入门槛（资金的或技术的）是比较高的，能否进入，还要看企业的实力。

对于那些自然垄断行业的网络垄断环节，非公有资本，特别是民间资本的进入，则只能采取入股的形式。非公有资本及其非公有制企业的企业家，要善于运用股份制这种现代产权形式参与垄断行业的投资和改革。实践证明，这种形式的投资，往往比独立开办企业还能取得更好的经济收益，而且它还有利于促进公有制经济与非公有制经济的融合发展，加快社会主义市场经济体制的完善。

（原载于《瞭望》2009 年第 14 期）

论国有资本经营预算制度的
建立与完善

温家宝同志在 2010 年的《政府工作报告》中提出，要完善国有资本经营预算制度。建立和完善国有资本经营预算制度，对建立和完善公共财政体系，增强政府宏观调控能力，推进国有经济布局和结构调整，建立与社会主义市场经济相适应的国有企业收入分配制度具有重要意义。

有利于政府财政体制改革和公共财政体系的建立与完善。长期以来，我国对国有资本经营收支没有单独编列预算和管理，而是与经常性预算收支混在一起。在当前政府财政体制改革以建立公共财政体系为目标的背景下，政府作为国有资产所有者，必须建立起独立于公共预算之外的国有资本预算，全面掌握经营性国有资本的收入、支出、资产和负债，以确保国有资本保值增值和再投资的有计划进行，促进政府职能转换与政企分开和政资分开。

有利于深化国有资产管理体制改革。自中共十四届三中全会明确提出要加强企业中的国有资产管理以来，我国国有资产管理体制改革经历了从"国家所有、分级管理"到"国家所有、分级行使出资人职责"的演变，并初步构建了权利、义务和责任相统一，管资产和管人、管事相结合的国有资产管理体制。在此基础上，为进一步完善国有资产管理体制和制度，切实实现国有资产监督管理机构履行国有资产出资人职责，中共十七大特别强调要加快建设国有资本经营预算制度。

有利于国有资产出资人制度的建立和完善。我国的国有企业最初实行"统收统支"，这造成了"政企不分"、"政资不分"。而国有企业的出资人职能由不同部门分割行使，没有形成真正的国有资产出资人制度，造成出资人不到位。名义上相关部门都负责，实际上没有责任主体，形不成"问责"制度，使政企不分现象难以解决。

有利于维护国有资产所有者权益。随着我国经济体制改革的不断深入与政府职能的转变，国家逐渐将国有资产经营权交由企业行使，但由于统一的监督约束机制尚未完全建立，在一些企业中出现了"所有者缺位"现象。为了正确、全面体现依据国有资产所有权而形成的政府分配活动，保证国有资本所有者权益不受侵蚀，有必要通过建立国有资本经营预算，对资产收益和产权变动等经营活动进行规范。

有利于加快调整国有经济布局与结构。国有资本存量结构不合理一直是搞活国有经济的症结所在。国有经济比重过大，国有资产布局分散、战线过长在很大程度上造成了国有企业竞争力不高、经济效益低下、专业化水平低等状况。国有经济的战略性调整需要借助于国有资本经营预算，对现有国有经济按照产业结构高度化和企业规模经济化的要求进行统筹规划，保证重点。

有利于保证国有资本再投资的资金来源。建立国有资本经营预算，集中管理国有资本运营和国有资本收益，有助于从预算制度方面，将国家作为国有资本所有者所拥有的权力与作为社会管理者所拥有的行政权力相分离，促进政府职能转换与政企分开。同时，公共财政预算与国有资本预算分开，还有利于政府对公共产品和公共服务的提供。

总的来看，中央和地方在探索建立国有资本经营预算制度过程中，取得了一些经验和进展，但也存在不少问题，主要表现在预算编报主体、利润收缴（范围、比例）、分配、使用和监督等方面。

（1）关于国有资本经营预算相关部门的协调。在《国务院关于试行国有资本经营预算的意见》出台前，有的地方是财政部门将国有资本经营预算作为公共预算的一部分来编制，有的地方则由国资部门单独编制。将国有资本经营预算作为公共预算的一部分由财政部门来编制是沿袭过去的做法，很容易引起两种预算的混淆，从而引起政府公共管理职能和国有出资人职能的混淆，地方政府为追求经济高速增长，往往会挪用公共预算资金弥补地方国有资本经营预算赤字，这就助长了目前普遍存在的地方政府不重视提供公共产品，而将更多资金用于经营性国有资产投资的现象。由国资委单独编制国有资本经营预算，虽能避免上述问题，但又会出现监督等方面的问题。因此，如何确定预算编报主体，在一段时间内曾成为有关建立国有资本经营预算制度争论最激烈的一个问题。

《国务院关于试行国有资本经营预算的意见》和《中华人民共和国企业国有资产法》强调了财政部门在编制预算方面的主导地位，但又为国资委独立编制国有资本经营预算留有余地。国资委草拟的《中央企业国有资本经营预算管理暂行办法》和《中央企业国有资本经营预算执行监督检查暂行规定》，表明了国资委方面对编制、管理国有资本经营预算的基本意见。可以说，如何协调好国有资本经营预算相关部门之间的关系，设计出一套较为完善的国有资本经营预算管理制度，仍是亟待解决的根本问题。

（2）国有资本经营预算的范围。我国的经营性国有资产分布范围广泛，但目前国有资本经营预算试行范围仅限于国资委管理的中央企业和地方国资委管理的地方国有企业中，金融类国有企业、事业单位的经营性国有资产尚未纳入试行范围。因此，有必要进一步拓宽国有资本经营预算管理范围。此外，《中华人民共和国企业国有资产法》中规定，国有资本经营预算的收入范围包括国家出资企业分得的利润、国有资产转让收入、从国家出资企业取得的清算收入和其他国有资本收入。从各地试行实践看，在法律出台前，地方国有资本经营预算收入的主要来源是国有资产或国有股权转让收入，真正由国家出资分得上缴利润很少，而国家出资企业清算时，由于要支付很高的清算成本，也根本不会有清算利润。因此亟须解决资本经营预算的收入来源问题。

（3）利润的收缴。关于利润收缴方式和比例目前存在一些不同意见。从地方实践看，各地对本地国有企业的利润收缴方式和比例各不相同。根据《收益收取办法》，中央企业利润收缴采取了分类"一刀切"的方式。这种方式虽考虑了行业间的差距，但仍无法根据企业实际情况确定利润上缴和留存比例。实际上，按照公司财务理论，公司股利政策应由公司董事会来确定。因此，无视公司未来发展战略的实际需要而对利润上缴和留存比例做出硬性规定，将对国有企业持续健康发展造成不利影响。

（4）收入的分配和使用。当前关于国有资本经营预算收入的分配和使用也存在一定争议，主要是关于国有资本经营预算收入，是在国有资本经营预算范围内循环使用还是在更为广泛的政府预算（包括公共预算、国有资本经营预算和社会保障预算）范围内分配和使用的问题。《中华人民共和国企业国有资产法》规定国有资本经营预算支出包括资本性支出（也就是形成再投资）、费用性支出（主要用于支付改革成本）和其他支出，必要时可部分用于社会保障等项支出。也就是说，该法律支持将国有资本经营预算收入主要用于国有资本经营的范围内使用。只有在必要时才对社会保障预算缺口进行调剂，而对是否能用于公共预算缺口的调剂并未做出规定。

（5）预算的执行和监管。目前，人们对于国有资本经营预算的执行和监督问题还存在某种程度的疑问，主要问题在于国有企业执行国有资本经营预算的力度、由谁来履行监督职能以及是否能够切实履行好监督职能。国资委已草拟了《中央企业国有资本经营预算执行监督检查暂行规定》，希望对国有资本经营预算的监管负起责任。国有企业在执行国有资本经营预算方面，确实可能会出现软约束问题，如何对国有资本经营预算的执行进行有效监管，是国资委等相关部门必须面对的一个问题。

完善国有资本预算制度，需要处理好国有资本经营预算与公共预算的关系，进一步完善国有资本经营预算管理体系，完善国有资产出资人制度，改善国有资本经营预算制度环境。

（1）处理好国有资本经营预算与公共预算的关系。理论界目前主要有两种意见：一是把国有资本经营预算作为公共预算的组成部分；二是把国有资本经营预算与公共预算分开，使二者平行起来，统一纳入政府总预算。笔者主张第二种做法，因为如果把国有资本经营预算作为公共预算的组成部分，就难以区分政府作为社会公共管理职能和国有资产出资人职能之间的界限，也很难避免经营性国有资本投资挤占本应用于提供公共产品和服务的公共财政支出的情况。

（2）完善国有资本经营预算管理体系。首先是完善国有资本经营预算制度体系。当前，我国虽初步建立了国有资本经营预算制度，但还没有构建出完善的国有资本经营预算管理制度和流程体系。建议人大尽快完成对《预算法》的修订，明确财政部、国资委等相关部门在管理国有资本经营预算过程中的权责，形成财政部主管并汇总编制政府总预算、国资委独立编制和执行国有资本经营预算、人大常委会对国有资本经营预算进行监督的制度架构。其次是建立与完善国有资本投资的利润收缴制度。凡是盈利性的国有资产投资都必须向国家上缴利润；有国家投资的混合所有制企业，国家要像其他股东一样平等参与利润分配；国有独资企业则要根据企业发展需要，将利润在国家和企业之间进行合理分配。最后是健全国有资本投资利润的分配和使用制度。该利润除用于国有资本经营所需的各项费用，应根据国家产业政策和发挥国有经济控制力的需要进行再投资。

（3）完善国有资产出资人制度。一是处理好分级履行出资人职责与加强统一管理的关系。在由各级政府分级履行国有资产出资人职责的管理体制下，为确保国家对全部国有资产的最终所有权，必须加强中央政府对国有资产的统一管理。但这只应限定在法律和政策层面，而不是具体的经营管理。二是从根本上改变国家对国有投资企业的管理方式。将过去直接管企业经营转变为管投资、管股权。出资机构要对有国有投资企业实行分类管理，即按照国有独资企业、国有控股企业和国有参股企业，以出资人的身份在公司治理中发挥不同的作用，同时要对分布在不同领域里的国有投资实行分类管理。三是建立一整套国有企业业绩评价指标体系。应尽量完善国有资产委托代理关系的契约，建立一套科学、便于操作的委托代理指标体系，以减少"道德风险"和"逆向选择"。四是建立国有资产经营代理人和国有企业经营状况的考核体系。五是建立完善的监督激励体系，克服委托代理关系中的非效率现象。

（4）改善国有资本经营预算制度环境。首先要加快推进国有企业股份制改革，优化股权结构。这有利于国有出资人根据股利政策、按照国有股比例获得相应红利，也就不会产生一些人担心的因分红比例一事一议或一对一谈判造成的效率低下等问题。其次要规范国有资产经营管理公司运作。国资委可以设立若干个国有资产经营管理公司，并使这些经营管理公司成为真正的投资主体。通过建立资产经营管理公司，构成国有资产出资机构——国有资产经营管理公司——被投资企业的三层次国有资产监管体系。最后要实现国有经济与非公有制经济的融合发展。当前，国有经济和非公有制经济正从各自独立发展转向优势互补和统一协调发展，这将是我国基本经济制度向更高层次的发展与飞跃。

（原载于《光明日报》2010 年 5 月 18 日，与郭凯合作）

以管资本为主加强国有资产监管

　　《中共中央关于全面深化改革若干重大问题的决定》（以下简称《决定》）指出：国有资本、集体资本、非公有资本等交叉持股、相互融合的混合所有制经济，是基本经济制度的重要实现形式，有利于国有资本放大功能、保值增值、提高竞争力，有利于各种所有制资本取长补短、相互促进、共同发展。为了使国有资产监管适应混合所有制经济发展，《决定》还指出，以管资本为主加强国有资产监管，改革国有资本授权经营体制，组建若干国有资本运营公司，支持有条件的国有企业改组为国有资本投资公司。这就对新形势下的国有资产监管提出了新的要求。所谓以管资本为主加强国有资产监管，实际上就是对经营性的国有资产，国家要按照管股权和资本经营的原则进行监管，这对于深化经济体制改革，完善社会主义市场经济体制；优化国有经济布局，推进国有（国家出资）企业战略重组；强化国有资本经营，提高国有资产运营效率都具有重要意义。

一、以管资本为主加强国有资产监管是深化经济体制改革的必然要求

　　经济体制的核心是资源配置方式，有什么样的资源配置方式，就必然会形成什么样的经济体制。反之，要建立什么样的经济体制，就必须采取什么样的资源配置方式。我国经济体制改革的目标是建立社会主义市场经济体制，深化经济体制改革，就必然要使市场在资源配置中起决定性作用。正像《决定》指出的，经济体制改革是全面深化改革的重点，要紧紧围绕使市场在资源配置中起决定性作用深化经济体制改革。

　　传统的计划经济体制是建立在单一公有制基础上，由各级政府通过行政手段，采取指令性计划形式配置资源，在这种经济体制下，国家对国民经济

的各个环节都实行计划管理。其中，对投入生产过程的各种生产资料（一般都被称为国有资产）采取以实物形态为主的管理方式；而社会主义市场经济是高度发达的商品经济，它必须建立在以公有制为主体、多种所有制经济共同发展的基础之上。同时，各种所有制经济在发展中必然会相互竞争、相互融合，从而形成混合所有制经济。在混合所有制经济形态下，国家对于投入社会生产过程的各种生产资料，就无法采取传统的以实物形态为主的国有资产管理方式了。

众所周知，资本与资产是有着本质区别的，资本经营与资产管理也有着本质的区别。除了前面已经提到的，资产一般采取以实物形式为主进行管理，而且资产是不一定投入生产经营的，如国家机关、事业单位的资产，一般就不进行生产经营活动，即通常所说的非经营性国有资产，只有当资产被投入生产经营活动之后，它才能成为资本，这就像马克思所分析的货币转化为资本一样。也就是说，资产不一定是资本，但资本必然首先是资产。

从管理和经营的目标看，资产管理的目标是保证资产的完整无损，提高资产的使用效率；而资本经营的目标是获取盈利，即通常所说的保值增值，因为资本的定义本来就是能够带来剩余价值的价值。很显然，随着社会主义市场经济体制的建立和不断完善，传统的国有资产监管方式早已不适应经济发展的要求了。例如，《中华人民共和国企业国有资产法》就很不适应深化改革的要求。无论是在这个法律颁布之前，还是在这个法律颁布之后，我都在有关会议上和文章中指出，国有资产是一个宏观性的概念，不能称之为"企业国有资产"。称"企业国有资产"，实际上是否定了企业的独立法人财产权的地位，进而否定了企业独立的法人地位。我认为，不管是什么性质的企业，从企业法人财产权的角度讲，企业的财产首先是企业的，企业才能有权对它进行经营和处分。然后从出资人的财产权角度讲，企业是出资人的。出资人是国家，就是国有企业或国家出资企业；出资人是其他方面，就是非国有或非国家出资企业。企业法人财产权必须是一元化的，即必须是一个整体；而出资人财产权则可以是一元化的，也可以是多元化的。在一元化的情况下，就构成独资企业。如果出资人是国家，就是国有独资企业，如果出资人是私人，就是个人独资企业；在出资人财产权是多元化的情况下，就是股份制企业，包括有限责任公司和上市公司等。企业的出资人可以是法人，也可以是自然人，可以是国家，也可以是私人。对于有国家出资的混合所有制企业来说，用《企业国有资产法》调整就更不合适了，因为在这些企业中，除了国有投资外，还有非国有投资，但在企业内部是无法把资产划分为国有资产和非国有资产的，所能区分的只能是国有股权和其他股权。同时，在混合所有制企业中，国有资产的产权需要保护，非国有资产的产权也需要保护。《决定》

指出，公有制经济和非公有制经济都是社会主义市场经济的重要组成部分，都是我国经济社会发展的重要基础。公有制经济财产权不可侵犯，非公有制经济财产权同样不可侵犯。很显然，我们不可能再制定一部"中华人民共和国企业非国有资产法"，来对企业中的非国有投资的有关问题做出规定。按照《决定》中提出的以管资本为主加强国有资产监管的要求，笔者认为，把《中华人民共和国企业国有资产法》改名为"中华人民共和国国有资本法"比较科学。

总之，随着改革的不断深入，我们的许多管理理念、管理思想、管理方法、管理手段，甚至管理制度和管理法规，都变得越来越不适应起来。就深化经济体制改革，完善社会主义市场经济体制来说，首先必须坚持和完善基本经济制度，发挥市场在资源配置中的决定性作用。在坚持公有制为主体，多种所有制经济共同发展的同时，还必须大力发展混合所有制经济。而在混合所有制经济情况下，改变传统的国有资产管理方式，以管资本为主加强国有资产监管，强化国有资本经营也就是必然的了。

二、以管资本为主加强国有资产监管的重大意义

以管资本为主加强国有资产监管不仅是深化经济体制改革、进一步完善社会主义市场经济体制的客观要求，而且对优化国有经济布局、增强国有经济控制力、推进国有（国家出资）企业战略重组、做大做强国有（国家控股）企业、强化国有资本经营、提高国有资产运营效率具有重要意义。

（1）有利于优化国有经济布局，增强国有经济控制力。国有资产是国有经济的物质基础，在以公有制为主体，多种所有制经济共同发展的基本经济制度下，国有经济要不断增强活力、控制力和影响力，更好地对国民经济发挥基础作用、支撑作用和主导作用，就必须对国有经济进行科学定位，坚持有所为有所不为的方针，不断优化国有经济布局。多年来，我们在调整国有经济布局方面进行了大量的工作，也取得了很大的成效，但国有经济布局不合理的问题并没有得到根本解决，特别是某些国有经济领域的市场化程度还不高，资源配置效率还比较低。《决定》指出，国有资本投资运营要服务于国家战略目标，更多投向关系国家安全、国民经济命脉的重要行业和关键领域，重点提供公共服务、发展重要前瞻性战略性产业、保护生态环境、支持科技进步、保障国家安全。

优化国有经济布局，必须对国有资产的分布进行调整，不仅要调整投资结构，实现增量资产结构的优化，而且还要大力调整存量结构，实现存量资

产的优化。从一定意义上说，存量结构调整比增量结构调整难度更大。优化国有经济布局，特别是调整存量国有资产，涉及的问题很多。如果按照传统的国有资产管理方式进行调整，不仅会带来很大的破坏和浪费，而且有些方面的调整几乎是不可能的。只有以管资本为主加强国有资产监管，存量国有资产的结构调整才能进退自如，而且还能最大限度地减少调整带来的破坏和浪费。因为这种调整只涉及国有资本的进入和退出，而不涉及对实体经济的损坏。某些不适合国有经济发展的领域，国有经济去占领就搞不好，但国有经济一经退出，就有可能搞活了。改革开放以来，这样的事例是屡见不鲜的。当前，结合解决一些领域的产能过剩问题，应加大国有经济布局，特别是存量国有资本调整的力度，以推动国有经济的优化升级。当然，增量国有资产结构调整对优化国有经济布局的作用也很大。按照《决定》的要求，其投入和运营必须服务于国家战略目标。

（2）有利于推进国有（国家出资）企业战略重组，做大做强国有（国家控股）企业。对国有（国家出资）企业实施战略性重组，是优化国有经济布局、增强国有经济控制力的重要手段，也是做大做强国有（国家控股）企业、提高它们的核心竞争力的有效措施。但在传统的国有资产管理方式下，这种战略性重组往往会遇到各种障碍和阻力。在国家和政府层面，出资机构通常采取行政手段对企业进行合并或整体购并（实际上也是合并），以达到完成所谓重组任务的目的。其结果是合并后的企业往往是貌合神离，达不到战略性重组的目的；在企业层面，母公司（总公司）对子公司（分公司）采取的是行政手段加资产管理的办法，名义上实施的是包括战略管控、财务管控和经营管控在内的综合管控，但由于这种管控没能以资本（股权）为基本依据，实际上采取的还是行政管控为主。在这种情况下，企业内部的重组也会遇到各种困难和阻力，特别是在现行管理办法下，企业的规模越大，往往级别越高，重组就会只做加法，不做减法，从而不能实现归核化，形成核心竞争力。特别是一些中央企业，重组中还会遇到地方政府由于利益调整带来的阻力。按照以管资本为主加强国有资产监管的原则，无论是在国家（政府）层面，还是在企业层面，企业重组都可以发挥市场在资源配置中的决定性作用，按照市场机制，通过产权交易的办法进行，这不仅可以消除重组中的各种困难和阻力，而且可以大大提高重组的效率和效益。

（3）有利于强化国有资本经营，提高国有资产运营效率。在现行国有资产监管体制和企业组织架构下，按照传统的国有资产管理方式，由于出资机构和企业之间以及国有（国家出资）大型企业和企业集团母子公司之间，存在着严重的权责不对称和行政化管理倾向，大大影响了国有资产运营效率。尽管出资机构对企业，以及企业内部都在进行着严格的经营业绩考核，但考核却缺乏市场化和资本化的评判标准。如考核的一项重要内容是国有资产的保值增值，但具体什么是保值增值并没有完全搞清楚。在企业经营过程中，流动资产能不能保值呢？固定资产又怎样实现保值呢？考虑不考虑物价和固定资产折旧因素呢？上缴的利润算不算增值呢？等等。尽管保值增值的计算公式搞得很复杂，但上述各种因素却很难都考虑进去。在以管资本为主加强国有资产监管的情况下，所谓保值增值就简单多了，对竞争性的行业，只要按照行业考核资本利润率就行了。特别是在市场在资源配置中发挥决定性作用的情况下，竞争和资本跨行业流动将进一步加剧，不同行业的资本利润率也将可以进行比较，这样考核就更加简单了。我国老一代著名经济学家孙冶方同志说过，在经济管理和企业管理中，利润是牛鼻子，抓住利润就抓住了一切。可以肯定，以管资本为主加强国有资产监管，必将极大地提高国有资产的运营效率和效益。

三、以管资本为主加强国有资产监管需要解决的几个问题

实现以管资本为主加强国有资产监管，除了要增强资本经营的各种观念，如资本的竞争与流动观念，价值和盈利观念等，还需要解决以下几方面的问题。

（1）实现监管和运营分开。国有资产监管是政府职能，国有资本运营是企业职能，必须实现监管和运营分开。现行的国有资产管理体制还是党的十六大之后确立的，这一管理体制的历史性进步，就是设立了专门的国有资产管理机构，建立并逐步完善了国有资产出资人制度。但这种体制也还存在某些弊端。首先是监管机构的职能定位不够清晰，它既不是政府，也不是企业，更不是中介机构，而是专司国有资产监督管理职能的特设机构。这种模糊的职能定位既不利于实现监管与运营分开，也不利于政企分开。按照以管资本为主加强国有资产监管的要求，国资监管机构应回到政府序列，专司国有资产监督职能，负责有关国有资产监管法律、法规和制度的起草与制定工作，并按照这些法律法规和制度对国有资产的运营进行监管，代表政府对国有资本投资和运营公司的主要领导人进行任命和调整；国有资本投资和运营公司则负责国有资本的运作，对被投资企业行使股东的权利。这样就形成了国有资产监管和运营的三个层次，即国有资产监管机构—国有资本投资和运营公司—被投资企业。各层次之间职责分明、权责清晰，有利于提高国有资产的

运营效率和效益，有利于国有资产与其他资产进行混合投资，发展混合所有制经济。

（2）组建若干国有资产投资运营公司。组建若干国有资产投资运营公司，是实现以管资本为主加强国有资产监管的重要条件。国有资产投资运营公司可以以三种方式建立：一是由各级政府运用国有资本预算收入，根据国有资产投资的需要进行新建；二是把现有国有（国家出资）企业中的国有股权集中起来，组成专门的国有资产投资和运营公司；三是按照《决定》的要求，把有条件的国有企业改组为国有资本投资公司。这第三种主要是指那些大型国有（国家出资）企业的母公司和总公司。关于这一点，笔者在2009年2月12日上报中央有关领导的一份《送阅件》中曾提出，除少量需要采取国有独资形式的特殊企业外，对其他母公司采取独资形式的集团公司，可实行以下改革改组措施：一是把母公司改造为投资主体多元化的股份公司或上市公司，即所谓整体改制或整体上市。其国有股份由国有资产投资公司直接持有并行使出资人权能。二是把母公司改组为纯粹的控股公司或投资公司，作为股东公司持有子公司的股份。同时，做大做强已有的上市子公司，使其成为新的集团公司的母公司。各投资公司和被改造的集团公司母公司还可以根据情况进行跨行业投资，以减少投资风险，提高投资收益。上述第二种改组措施，实际上就是把有条件的国有企业改组为国有资本投资公司。不论通过哪种途径建立的国有资本投资公司，都要接受政府国有资产监管部门的监管，都要注重提高国有资本运营效率和效益。

（3）对国有资本投资和运营公司要实行分类管理。为了对国有资本投资和运营公司的经营业绩进行科学评价，必须对国有资本投资和运营公司实行分类管理。我在上述《送阅件》中还提出了对国有大型骨干企业进行分类改革与管理的问题。提出要把国有（国家出资）企业分为关系国家经济安全和国防安全的企业，如重要的军工企业、战略物资储备企业，以及某些由生产技术特点决定的自然垄断企业和重要的基础设施企业、提供公共产品和劳务的公共企业等。按照对国有资本投资运营公司经营业绩考核的需要，并根据《决定》提出的国有资本应重点投入的领域，首先应把国有资本投资公司分为投资公益性和盈利性行业两类，然后再把投入盈利性行业分为垄断性行业和竞争性行业两类。在此基础上，再按照他们应履行的职能对其经营业绩进行评价。当然，不同的国有资产投资公司也可以在国家法规和政策允许的范围内，根据公司发展战略的需要进行跨领域投资与经营。

（4）对国有资本投资与运营公司进行严格监管与考核。实现以管资本为主加强国有资产监管，必须对国有资本投资与运营公司进行严格监管与考核。由于国有资本投资与运营公司是企业，一方面，它要接受来自政府国有资产监管部门的行业监管；另一方面，它还要同其他企业一样，接受来自政府其他有关部门的管理，如市场监管等。政府国有资产监管部门对国有资本投资与运营公司监管的一项重要内容，就是对他们的经营绩效进行考核。要按照国有资本投资与运营公司投入的领域不同，分类制定不同的考核办法。对主要投资于公益性（包括公共产品和服务）企业的国有资本投资与运营公司，在考核指标体系中主要应设立履行公益性职能的指标；而对主要投资盈利性企业的国有资本投资与运营公司，则要以盈利指标为中心进行考核。其中，对投资垄断行业和竞争行业的，盈利指标所占的权重也应有所不同。在实现以管资本为主加强国有资产监管的情况下，还要进一步完善国有资本预算体系。要按照上述国有资本投资与运营公司的不同种类，分别核定不同的利润上缴水平，但从总体上要不断提高上缴份额，按照《决定》的要求，到 2020 年要提高到 30%，然后逐步提高比例，最后过渡到收支两条线制度，即国有资本形成的利润全部上缴国有资本预算，而企业需要的国有资本投资，再由国有资本预算，根据国家实现战略目标的要求进行投入。这样，就会从总体上提高国有资产的配置效率，推动我国经济的转型升级。

参考文献

［1］中共中央关于全面深化改革若干重大问题的决定 ［N］. 光明日报，2013-11-16.

［2］习近平. 关于《中共中央关于全面深化改革若干重大问题的决定》的说明 ［N］. 光明日报，2013-11-16.

［3］周绍朋. 推进国有大型集团企业母公司层面股份制改革 ［N］. 中国经济时报，2010-03-10.

（原连载于《中国经济时报》2013 年 12 月 16 日、19 日）

"市场在资源配置中的决定性作用"
与政府职能转变

　　《中共中央关于全面深化改革若干重大问题的决定》（以下简称《决定》）指出，紧紧围绕使市场在资源配置中起决定性作用深化经济体制改革，坚持和完善基本经济制度，加快完善现代市场体系、宏观调控体系、开放型经济体系，加快转变经济发展方式，加快建设创新型国家，推动经济更有效率、更加公平、更可持续发展。这就为全面深化改革，特别是深化经济体制改革指明了方向、重点和基本要求。习近平同志在《关于〈中共中央关于全面深化改革若干重大问题的决定〉的说明》中指出，使市场在资源配置中起决定性作用和更好发挥政府作用，这是这次全会提出的一个重大理论观点。这是因为，经济体制改革仍然是全面深化改革的重点，经济体制改革的核心问题仍然是处理好政府和市场的关系。同时，他还指出，对这个问题从理论上作出新的表述条件已经成熟，应该把市场在资源配置中的"基础性作用"改为"决定性作用"。从"基础性作用"到"决定性作用"，只有两字之差，但却从根本上对政府和市场的关系进行了全新的定位。那么，如何理解使市场在资源配置中起决定性作用，以及怎样才能使市场在资源配置中起决定性作用呢？本文拟就这个问题谈一点粗浅的学习体会。

一、"决定性作用"与"基础性作用"的本质区别

　　经济体制的核心是资源配置方式。有什么样的资源配置方式，就必然形成什么样的经济体制，或者说要建立什么样的经济体制，就必须采取什么样的资源配置方式。中共十四大提出我国经济体制改革的目标是建立社会主义市场经济体制，同时也就提出了使市场在国家宏观调控下对资源配置起基础性作用的重大理论观点。从中共十五大到十八大，每次党的代表大会都对这

一重大理论观点进行了深化，但"基础性作用"的基本定位却没有改变。正是在这一重大理论观点指引下，我国的经济体制改革不断深化，取得了社会主义市场经济体制初步建立的伟大成就。当前，我国的改革已进入深水区和攻坚阶段，亟待在理论上取得新的突破，以更好地指导我国的改革实践。正是在这种情况下，党中央以巨大的理论勇气和智慧，将"基础性作用"改为"决定性作用"。习近平同志在《关于〈中共中央关于全面深化改革若干重大问题的决定〉的说明》中指出，市场决定资源配置是市场经济的一般规律，市场经济本质上就是市场决定资源配置的经济。健全社会主义市场经济体制必须遵循这条规律，着力解决市场经济体系不完善、政府干预过多和监管不到位问题。作出"使市场在资源配置中起决定性作用"的定位，有利于在全党全社会树立关于政府和市场关系的正确观念，有利于转变经济发展方式，有利于转变政府职能，有利于抑制消极腐败现象。

那么"决定性作用"与"基础性作用"的本质区别是什么呢？所谓"决定性作用"是指某事物成为另一事物的先决条件，起主导作用。如存在决定意识等；而"基础性作用"，则是起根基作用，是指事物发展的根本或起点。如农业是国民经济的基础等。很显然，决定性作用与基础性作用，在本质上是有着不同含义的。决定性作用决定事物的本质，而基础性作用则决定事物的起点。就经济体制而言，对资源配置起决定作用的，决定着经济体制本身的形态，而对资源配置起基础性作用的，则决定着经济体制建立什么基础之上。

资源配置方式决定经济体制的性质。过去我们实行的计划经济，实际上就是建立在单一的公有制基础上的由各级政府运用行政手段，采取指令性计划配置资源的一种经济体制，而社会主义市场经济，则是建立在以公有制为主体、多种所有制共同发展基础上的由市场配置资源的经济体制。实践证明，市场配置资源比用行政手段配置资源更具有效率，这正是几十年来我们始终不渝地坚持市场趋向改革的根本原因，也是改革取得成功的根本原因。

不同的资源配置方式，决定着人们采用不同的手段解决人类社会发展，以及经济学要解决和回答的几个根本问题，即社会生产什么，生产多少和为谁生产的问题；使市场在资源配置中起决定性作用，就是主要由市场本身来决定社会生产什么，生产多少和为谁生产；而使市场在资源配置中发挥基础性作用，则是从市场的要求出发，由多方面共同决定社会生产什么，生产多少和为谁生产。很显然，在发挥"基础性作用"和发挥"决定性作用"情况下，资源配置的主体和范围是不完全相同的。笔者认为，也正是从这个意义上，中共十八大提出了深化经济体制改革的核心问题仍然是正确处理政府和市场的关系问题。中共十八届三中全会提出使市场在资源配置中起决定性作用和更好发挥政府作用，则为正确处理二者关系指出了方向，并提出了基本目标。

二、能否使市场在资源配置中起决定性作用
关键在于政府发挥什么样的作用

　　市场能够在资源配置中发挥什么的作用，首先取决于政府发挥什么作用，这实际上就是要正确处理好"两只手"的关系问题。正是由于这一点，《决定》才在提出使市场在资源配置中起决定性作用的同时，还提出了更好发挥政府作用的问题。使市场在资源配置中起决定性作用和更好发挥政府作用是辩证统一的，而不是矛盾的。为了能够使市场在资源配置中起决定性作用，《决定》用了大量篇幅，对坚持和完善基本经济制度、加快完善现代市场体系、加快转变政府职能、深化财税体制改革、健全城乡发展一体化体制机制和构建开放型经济体制等进行了详细的论述和规定。其中，加快转变政府职能对于使市场在资源配置中起决定性作用意义重大。在以往党的重要文献里，通常把政府职能概括为经济调节、市场监管、社会管理、公共服务。笔者在以往的文章中曾多次指出过：经济调节主要是指宏观经济调控，其权力主要掌握在中央政府手里；市场监管，主要是微观规制，是各级政府共同的一项重要职责。这次的《决定》指出，政府要加强发展战略、规划、政策、标准等制定和实施，加强市场活动监管，加强各类公共服务提供。加强中央政府宏观调控职责和能力，加强地方政府公共服务、市场监管、社会管理、环境保护等职责。可以看出，《决定》对政府职能的概括，除了过去的经济调节、市场监管、社会管理、公共服务外，又增加了一项环境保护。并且强调中央政府要加强宏观调控职责和能力；地方政府则要加强其他四项职责。这不仅明确了政府职责的范围，而且明确了各级政府职责的重点。同时，《决定》还指出，要全面正确履行政府职能，进一步简政放权，深化行政审批制度改革，最大限度减少中央政府对微观事务的管理，一律取消审批，对保留的行政审批事项要规范管理、提高效率，直接面向基层、量大面广、由地方管理更方便有效的经济社会事项，一律下放地方和基层管理。这就把政府的职能限定在了弥补市场失灵的这个大框架内，从而为使市场在资源配置中起决定性作用创造了前提条件。

三、能否使市场在资源配置中起决定性作用还取决于政府如何发挥作用

能否真正使市场在资源配置中起决定性作用，除了取决于政府发挥什么样的作用外，还取决于政府如何发挥作用。政府各方面的职能，特别是经济管理职能如何发挥，都对市场在资源配置中的作用产生重要影响。

宏观经济调控是中央政府的一项重要经济管理职能。宏观调控的主要任务是保持经济总量平衡，促进重大经济结构协调和生产力布局优化，减缓经济周期波动影响，防范区域性、系统性风险，稳定市场预期，实现经济持续健康发展。毫无疑问，宏观经济调控对资源配置会产生重大影响。然而，宏观调控的主体又是政府，如果宏观调控的方向、力度、重点，以及方式、方法、手段、工具把握和运用得不好，就会直接影响市场在资源配置中的决定性作用的发挥。为了使宏观经济调控与发挥市场在资源配置中的决定性作用相一致，首先必须建立健全科学高效的宏观调控体系。正如《决定》指出的，要健全以国家发展战略和规划为导向、以财政政策和货币政策为主要手段的宏观调控体系，推进宏观调控目标制定和政策手段运用机制化，加强财政政策、货币政策与产业、价格等政策手段协调配合，提高相机抉择水平，增强宏观调控前瞻性、针对性、协同性。形成参与国际宏观经济政策协调的机制，推动国际经济治理结构完善。这里需要特别强调的是，宏观经济调控可以运用经济手段和法律手段，也可以运用像行政审批那样的行政手段，但笔者认为在非市场失灵的领域，一般只能运用经济手段和法律手段，而慎用行政手段。否则，就会影响市场配置资源的决定性作用的有效发挥。

为了使宏观经济调控与发挥市场在资源配置中的决定性作用相一致，还要特别注意防止宏观经济调控中的政府失灵。在市场经济条件下，政府的一项重要功能就是弥补市场失灵。然而，政府也不是万能的，在弥补市场失灵的同时，政府自身也会失灵。就宏观经济调控而言，这种失灵主要表现在：首先是宏观经济调控的结果不能实现预期目标。在实际工作中，这种情况是经常发生的。它不仅包括经济的实际运行没能达到调控目标，也包括经济的实际运行超过调控目标太多，从而为以后的发展留下了后遗症。其次是宏观经济调控虽然达到预期目标，但效率较低，代价较大，导致资源未得到有效配置。不容回避，这种情况在应对世界金融危机的某些时段也曾出现过。还有就是宏观经济调控能达到目标，同时也比较有效率，但却损害了市场效率

或社会公平目标的实现等。以上只是宏观经济调控中政府失灵的几种主要表现。实际上，宏观经济调控中政府失灵的现象是随处可见的，只不过有些失灵是局部的，没有引起人们的足够注意罢了。宏观经济调控中政府失灵的主要原因是：首先是政府行为目标与社会公共目标存在一定差异。如对住房价格的调控，就明显存在这个问题。其次是宏观经济调控政策存在滞后效应。在宏观经济调控中，这个问题往往被忽视，从而使调控急于求成，造成严重后果。最后是政府干预过度。正是为了解决这方面的问题，《决定》对宏观经济调控的主要任务进一步做出了明确规定，此外还有微观经济主体对宏观经济政策反应不敏感或不接受调控等。这主要是由于改革还不到位，市场机制还不完善，从而使得运用经济手段的调控不能发挥应有的作用。为了有效解决宏观经济调控中的政府失灵问题，必须切实做到以下几点：正确确定宏观经济调控目标；把握好宏观调控的重点和力度；搞好各项宏观政策的协调配合；宏观经济政策要积极稳健；慎用行政手段，防止政府越位等。可以说，这些问题在《决定》中都有具体体现。

市场监管是政府的另一项重要经济管理职能。市场监管也与资源配置密切相关，如果监管不力，也会直接影响资源配置的方向、结构和效率。市场监管属于政府对经济活动的微观规制，其主体当然也是政府。微观规制的范围既包括市场能够发挥作用的领域，也包括市场失灵的领域。在市场能够发挥作用的领域，规制应主要运用经济手段和法律手段，而在市场失灵的领域，则应主要运用法律手段和行政手段。

进行有效的市场监管，首先要制定市场规则，如市场准入规则、交易规则、竞争规则和市场退出规则等。这些都直接或间接地影响着市场对资源的配置。在建立健全了各项规则之后，各级政府就要按照规则对市场主体和市场行为进行监管，谁违反了规则，谁就要受到相应的处罚，既包括经济处罚和法律处罚，也包括行政处罚。处罚本身也必须有客观的依据和标准。

进行有效的市场监管，还必须建立健全各种法律、法规、制度和标准。如技术、质量、安全和知识产权等各方面的法律、法规、制度和标准。有了这些法律、法规、制度和标准，各级政府就要履行好市场监管的责任。对各种违反法律、法规、制度和标准的行为，要给予相应的处罚；对监管不力和违反监管规定的政府部门和有关人员，也应给予相应的处罚。在以往的市场监管中，执法力度不够是监管不到位的一个重要表现。

对那些自然垄断行业的产品质量、技术标准、服务水平和产品定价等应由政府制定专门的规定进行监管。自然垄断是由行业和企业的生产技术特点决定的，政府对他们承担着更多的市场监管责任。那些竞争行业可以通过竞争解决的问题，如服务水平和产品价格等问题，对自然垄断行业，也必须通过政府的规制加以解决。

社会管理主要是维护社会运行秩序的，它基本不影响资源的配置，但社会管理本身则需要使用一定的资源，这些资源的配置需要根据社会管理的需要加以决定，其中关键的问题是要提高它们的使用效率。

公共服务，特别是公共物品的提供，基本上是属于市场失灵的领域。在这个领域里，政府要充分发挥自己独特的作用。其中纯粹的公共物品和公共服务，要由政府无偿向社会提供；准公共产品和服务，则应由政府和市场共同提供。但无论是纯粹的公共产品和服务，还是准公共产品和服务，都必须注意提高资源的配置效率，既要尽可能满足社会需要，又要注意节约资源，降低服务成本。为了提高公共服务和公共物品配置效率，必须深化这些领域的改革。如教育体制改革、医疗体制改革、社会保障管理体制改革等。公共物品和公共服务，有些可以由政府直接提供，但更多地则应由其他公共组织、社会组织和市场主体提供。其中，有偿提供的准公共产品，不能以盈利为目的。为了保证那些提供公共产品（服务）和准公共产品（服务）机构的正常运行，政府可给予必要的经济补贴。对这个领域的资源配置，主要应采取行政手段和法律手段。

环境保护也是政府，特别是地方政府的一项极为重要的职能。从一定意义上说，环境保护主要是解决经济运行中的外部性问题。对于经济运行中产生的有利于环境保护的正外部性，政府要给予鼓励、支持。必要时，还可以给予一定的经济奖励；对那些对环境保护不利的负外部性，如各种污染，要运用经济手段、法律手段和行政手段进行治理。对那些社会无法承受和容忍的负外部性，如严重的土地污染、空气污染和水污染等，必须通过法律手段和行政手段加以限制和禁止，而对于那些社会能够承受而又无法避免的负外部性，则要通过经济手段使其降低到最低限度，并由外部性的造成者缴纳必要的费用，以便进行环境修复和补偿。

可以肯定，如果各级政府都能够在自己的职责范围内更好地发挥了作用，就一定能够使市场在资源配置中真正起到决定性作用，从而使我们经济体制更完善，资源配置更有效率、经济更发展、环境更友好、社会更稳定、人民更幸福。

参考文献

[1] 中共中央关于全面深化改革若干重大问题的决定 [N]. 光明日报，2013-11-16.

[2] 习近平. 关于《中共中央关于全面深化改革若干重大问题的决定》的说明 [N]. 光明日报，2013-11-16.

[3] 周绍朋. 论宏观经济调控中的政府失灵 [J]. 国家行政学院学报，2005 (4).

（原载于《光明日报》2014 年 4 月 9 日，题目为《市场能否在资源配置中起决定性作用取决于政府如何发挥作用》）

第三部分

经济发展与宏观经济管理

消费基金同消费资料的增长要相适应

我国经济建设的实践表明，要使国民经济顺利发展，必须保持积累与消费的合理比例。国民收入中用于消费基金的比重，不仅取决于国家的财政状况，而且还要受消费资料生产发展情况的制约。

一、目的是要保持平衡

在社会生产过程中，生产与消费是对立的统一。要使社会再生产顺利进行，必须保持生产与消费的平衡。生产与消费的平衡，不仅取决于二者的增长是否相适应，而且还取决于二者的基础是否相适应，取决于消费资料的生产是否符合人民生活的需要。平衡的方法也可有所不同，一种是由生产定消费，另一种是由消费（需求）定生产。在进行生产与消费的平衡时，我们不仅应充分认识到生产对消费的决定作用，注意按照生产情况来安排消费，而且还应看到消费对生产的反作用，在生产条件允许的情况下，尽可能按消费（需求）来安排生产。严格说来，消费基金的增长必须同消费资料的增长相适应的提法是不科学的，因为它没有全面考虑到上述情况。

过去，我们不仅往往只从消费基金的增长同消费资料的增长是否相适应来看待生产与消费的平衡，而且认为消费基金的增长同消费资料的增长相适应，就是消费基金的增长必须以一定的比例低于消费资料的增长，结果使得人民本来很低的消费水平提高很慢。由于消费水平低，消费资料的发展也就不可能很快，而消费资料发展缓慢，又必然限制消费水平的提高，这样就形成了恶性循环，结果导致了积累率过高和农、轻、重比例失调。党的十一届三中全会以后，我们进一步明确了社会主义的生产目的，重视了人民消费水平的提高，在不断发展生产的基础上，较快地提高了人民的收入水平。这不仅没有使消费资料的供应更加紧张，反而促进了消费资料生产的发展，消费品市场出现了新中国成立以来少有的好形势。这就充分证明了生产决定消费，消费又反过来影响生产这一原理的正确性。

二、平衡只是相对的

任何平衡都是相对的，特别是在商品经济条件下，生产与消费（需求）的矛盾更是不可避免的。在一定时期，生产和消费（需求）可能处于相对平衡状态。这时，消费资料生产比较正常，市场供应比较丰富，人民的支付能力和购买的能力能够得到较好实现，商品价格和库存比较稳定。但这并不表示人民的消费水平一定很高。过了一个时期，由于生产的发展，人民收入水平的提高，生产和消费（需求）就有可能出现某种不平衡。当生产大于消费（需求）时，就可能出现消费资料"生产过剩"，但这也并不表示人民的需求已经得到充分满足，很可能是由于消费基金增长太慢、人民有支付能力的购买力不足造成的；当消费（需求）大于生产时，就可能出现消费资料生产不足，但这也并不表示人民的实际消费水平很低或有所下降，很可能是消费基金增长过快，生产一时还没有跟上的表现。长期以来，我国人民的消费水平较低，生活欠账较多，在经济改革中，往往会出现后一种情况。特别是当前我们又进行了价格调整，某些消费资料的价格可能有所上升，供应一时也许有些紧张，这是正常现象。通过这种不平衡，恰恰能够促进消费资料的生产，从而达到一种新的平衡，使人民的消费水平提高一步。当然，在这种情况下，除了努力发展消费资料的生产之外，对消费基金的增长进行一定的控制也是完全有必要的。

三、平衡必须从多方面入手

过去，由于经济体制上的原因，在进行生产与消费的平衡时，我们总习惯于单纯采取控制消费基金增长、减少生产总量的办法。在实行新的经济体制以后，我们必须从多方面来实现生产与消费的平衡。

（1）努力增加消费资料的生产。消费基金增长较快，消费资料供应比较紧张时，除了适当控制消费基金的增长速度外，更重要的是努力扩大消费资料的生产，以生产来满足消费。特别是对那些紧俏商品，应采取多种办法促进它的生产。

（2）不断提高人民的收入水平。当消费资料的发展较快，以致出现某些消费资料的"生产过剩"时，除了有计划地安排生产外，更重要的是提高人民的收入水平，增加人民的消费总量，以消费促进生产。特别是对那些积压较多的商品，可采取多种途径刺激人们的消费。

（3）充分利用价格杠杆。当某些产品供不应求，某些产品滞销积压时，我们可以通过调整产品价格来缓和供需之间的矛盾，价格不仅可以调节生产，而且也可以调节消费。

（4）不断调整消费资料的生产结构。随着人民生活水平的提高和消费结构的改变，消费资料的生产结构也必须不断改变。生产与消费（需求）之间的矛盾往往表现为一部分消费资料"生产过剩"，而另一部分消费资料生产不足。这就需要消费资料生产部门加强市场预测，根据社会需求的变化不断调整产品结构，通过合理安排生产来实现生产与消费（需求）的平衡。

总之，实现生产与消费的平衡可以有多种途径。我们必须正确理解消费基金增长同消费资料增长相适应的问题，根据具体情况，把多种不同的办法结合起来运用。只有这样，才能有利于生产的发展和人民消费水平的提高。

（原载于《光明日报》1985 年 7 月 13 日）

价格改革：目标、困难和对策

《中共中央关于经济体制改革的决定》指出：价格体系的改革是整个经济体制改革成败的关键。经济体制改革十年来的实践证明，价格改革确实是一个避不开、绕不过的关键问题。

从 1978 年开始，价格改革大体经历了两个阶段：1985 年以前主要是调整计划价格；1985 年以后则实行调放结合，并以放开价格、转换价格机制为基本内容。经过这两个阶段的改革，农产品和某些能源、原材料等初级产品价格偏低的状况有所改善，许多产品的价格开始由国家制定转向市场形成，价格对生产、流通和消费的调节作用日益增强。价格改革所取得的成绩是十分显著的。但是，随着价格改革的深入发展，也出现了一些新的矛盾和问题。这主要表现在：价格总水平上涨过快，给企业和人民生活带来了较大压力；企业在价格方面仍然缺乏平等竞争的条件；价格管理体制不健全，价格僵化和宏观管理失控的现象同时存在等。为了保证价格改革的顺利进行，必须进一步明确改革的目标，认清改革中存在的主要困难和问题，并采取相应的对策和措施。

一、价格改革的目标

价格改革的根本目的在于：通过产品价格的调整和价格机制的转换，使价格的形成和变化同市场紧密联系起来，既能反映产品的价值，又能反映供求关系，以发挥价格对生产、流通和消费的调节作用；同时使企业的经济效益能够得到客观的反映和评价，为企业自主经营、自负盈亏创造必要的条件。要实现这一目的，就必须制定相应的改革目标。

关于价格改革的目标，曾经有着几种不同的设想。一种设想是，通过对不合理产品价格的调整和高度集中的价格管理体制的某些松动，建立起一个以计划价格为主，同时辅以浮动价格和自由价格的价格体系。另一种设想是，通过产品价格的调整和价格形成机制的一定转换，逐步形成一个以浮动价格为主，以计划价格和自由价格为辅的价格体系。还有一种设想是，在价格调整的基础上，彻底改变价格形成机制，逐步建立起一个少数重要商品和劳务的价格由国家制定、其他大多数商品和劳务的价格由市场调节的价格管理体系。三种目标模式的选择，主要看哪一种能够达到改革的目的。

第一种目标，它是建立在基本不改变价格形成机制，产品价格仍然或主要由国家制定的基础上的。严格地讲，它只是价格的一种调整，而不是价格体系和价格管理制度的改革。产品价格的合理化，仅仅依靠价格调整是无法实现的。一方面，各种产品的合理比价是很难通过行政手段确定和调整的；另一方面，即使一时确定和调整得比较合理，而随着劳动生产率和市场供求关系的不断变化，很快又会出现新的不合理。劳动因生产率和市场供求关系随时都在变化，而计划价格不可能随时调整。很显然，这一目标不能达到改革的目的，因而在实践中被首先放弃。

第二种目标的核心是实行浮动价格。浮动价格的特点是价格的形成不再完全由国家决定，而是由国家和市场共同决定，在国家规定的浮动范围内，价格可以随着市场的变化而变化。从理论上讲，浮动价格既体现了价格的计划性，又在一定程度上反映了市场的要求，是一种比较理想的价格模式。然而在实践上，真正的浮动价格是不能实现的。所谓浮动价格，无非是要确定价格的基准线，同时确定价格上下浮动的幅度。在企业的经济利益同企业的经济效益挂钩的情况下，规定价格浮动的下限是没有意义的。至于价格浮动的上限，对供过于求和滞销的产品来说，也没有什么实际意义。这样，浮动价格实际上就变成了对那些供不应求和畅销产品的最高限价。同时，由于供求关系的作用，凡是紧缺的商品，不论质量高低，都是可以达到最高限价，于是，最高限价最终又变成了统一定价。近年来某些产品实行浮动价格的实践充分证明了这一点。由此可以看出，这种目标同前一种目标并没有本质上的区别，因而它也不能达到改革的目的。

第三种目标的基本特点是，最大限度地放开产品价格，变国家定价为市场定价，即通过价格形成机制的根本转换，来实现产品价格的合理化。毫无疑问，在绝大多数产品都实行市场定价的情况下，价格就可以充分地发挥对生产、流通和消费的调节作用。同时，由于企业的经济效益不再受人们主观定价因素的影响，就可以加强对企业的经济约束，实现企业的自主经营、自负盈亏。因此，只有这一目标才能达到改革的真正目的。当前，改革也正是按照这一目标进行的，这显然是正确的。我们必须坚定实现这一目标的信心和决心，积极创造各种条件，把改革进行到底。

二、实现目标的困难

实现价格改革目标的困难主要表现为放开价格与放开价格的条件之间的矛盾。也就是说，实现价格改革的目标要求最大限度地放开价格，而当前甚至在相当长的一个时期内，还不具备全面放开价格的条件。制约放开价格的主要因素是：

（一）通货膨胀

当前，我国的通货膨胀已经达到了相当严重的程度。据统计，1977~1987年的 10 年间，市场货币流通量增长了 644.4%，约为国民收入增长速度的 6 倍；同期，剔除物价上涨因素，零售商品货源只增长 299.4%，而社会商品购买力却增长了 376%。[①] 通货膨胀主要是由于货币的过量发行造成的，一般情况下，它是要通过物价的上涨表现出来的。然而，在物价不是完全放开或基本放开，而是部分放开的情况下，通货膨胀又不能完全通过物价上涨表现出来。没有表现出来的那一部分，就形成了所谓"隐蔽性通货膨胀"。

近年来，随着部分产品和劳务价格的放开，过去积累下来的"隐蔽性通货膨胀"已经得到一些释放。但是，由于货币继续超量发行，以及国家为了控制物价总水平，对某些产品继续实行管制政策，并采取了一系列严格的限价措施，这就又形成了新的"隐蔽性通货膨胀"。

尽管还存在"隐蔽性通货膨胀"，物价总水平的上涨已经相当迅速，如1985 年、1986 年、1987 年，零售商品价格总指数分别比上年上涨了 8.8%、6%和 7.3%。在这种情况下，如果全面放开物价，"隐蔽性通货膨胀"一下释放出来，物价上涨的速度将会达到更高的水平，这就会给人民生活和企业生产经营活动带来进一步的压力。

有的同志认为，经过多年来的改革，人民的收入水平有了大幅度增长，企业也已经有了相当的活力，对物价上涨有了较大的承受能力，全面放开物价的时机已经成熟。笔者认为，人民收入的增长和企业活力的增强都是事实，但它们的消化和承受能力还不高也是事实，认为全面放开物价的时机已经成熟是不符合实际情况的。

从人民的收入水平看，虽然有了较大提高，但其中有相当一部分带有

① 王梦奎. 关于物价问题的若干思考［J］. 中国工业经济研究，1988（5）.

"还账"性质，并且其增长速度，同某些生活消费品，如蔬菜、肉类、鱼类和蛋类等价格的上涨速度相比还是很不适应的，而这些消费品在人民生活费用中占有很大的比重。特别是在人民的收入中，工资以外的收入占了相当大的部分，而这部分收入又是很不均衡的，具有较大承受能力的还只是少数人，绝大多数职工的承受能力还很低。退一步讲，即使所有的人都具有了较大的承受能力，要将人民已经得到的好处，再通过物价的上涨拿回去，也不是一件容易的事。

从企业的生产经营活动来看，由于能源、原材料等价格的大幅度上涨，能够实现税利与生产同步增长的还是极少数。很多企业反映，在目前情况下，所谓消化能力，只是损失的相互转嫁和盈利水平的降低。从严格意义上讲，企业的消化能力应当表现为，原材料价格的上涨应当通过原材料消耗的降低来补偿；工资的增长应当通过劳动生产率的提高来补偿；从而使单位产品的成本不致升高或有所下降，使企业的利润率不致降低或有所提高。出于在我国的产品成本中，原材料等物化劳动费用所占比重很大，工资等活劳动费用所占比重甚小，在现有的技术水平下，降低原材料等消耗的潜力已经很小，提高劳动生产率对产品成本的影响又甚微，企图通过降低消耗和提高劳动生产率来抵偿价格上涨所引起的成本上升，是极其困难的。从现实的情况看，几乎没有企业能做到这一点。

在人民生活和企业生产经营活动都不具备相应承受能力的情况下，全面放开物价所引起价格大幅度上升，就会影响职工的生产积极性和企业生产经营活动的正常进行，有相当数量的企业就会破产，整个国民经济的发展速度和经济效益就要降低。这样，价格改革的最有利条件——经济发展保持一定的速度和财政收入保持一定的增长，就有可能丧失。

当然，在放开物价的同时，国家将大幅度地调整职工工资。然而，在任何时候，工资都不可能全面放开。可以断言，在物价放开、工资不放开，同时又存在通货膨胀的情况下，工资的增长总是赶不上物价的上涨。国家为了不降低劳动者的实际生活水平，还得从财政上给予大量补贴，这就会使已经不堪负担的财政补贴包袱更加沉重。同时，由于企业生产经营活动的困难和经济效益的降低，国家不仅要减少财政收入，而且还必须给企业增加贷款，以保证绝大多数企业的生产经营活动能够正常进行。这些都会进一步加剧财政收支的矛盾和信贷不平衡，从而被迫继续扩大货币发行，造成新的通货膨胀。

（二）供求总量失衡

长期以来，我国的经济属于一种短缺型经济，总需求大于总供给的矛盾非常突出。经济体制改革中出现的投资饥渴、消费膨胀等倾向又进一步推动着总需求相对于总供给的超前增长，使二者的关系更加紧张。在总需求大大超过总供给，同时又存在通货膨胀的情况下，要实现价格体系的合理化是十分困难的。由于我国的不合理价格体系是长期以来逐步形成的，人们已经习惯于这种不合理的比价关系，因而改革初期所进行的价格调整主要是通过行政手段的强制来实现的。在进行价格调整的同时，如果能够逐步实现总供给和总需求的大体平衡，同时又能够有效地遏制通货膨胀，当价格放开以后，这种行政上的强制就会转化为经济上的制约，从而使价格体系逐步合理起来。然而，事实上我们并没有做到这一点，供求总量失衡和通货膨胀不仅继续存在，而且还有很大发展。在这种情况下全面放开价格，而行政上的强制和经济上的制约都不存在，就必然会出现价格的轮番上涨和比价复归。实际上，农业和某些原材料工业在改革初期由调价得到的好处，已经在随着价格总水平的上涨而重新失去，它们的发展又遇到了新的困难。

当然，价格放开以后重新出现的不合理比价和原有的不合理比价是有本质区别的，由于价格形成机制的根本改变，通过价值规律的作用和生产要素的自由转移，价格总是会走向合理的。然而，这需要相当长的时间，同时要付出极大的代价。

（三）产品结构不合理

产品结构不合理主要是由于生产结构不合理。我国的生产结构是在高度集中的基本建设体制下逐步形成的，一直存在着农业和工业、重工业和轻工业、原材料工业和加工工业比例严重失调的情况，虽然经过改革初期的一些调整，但生产结构并没有得到根本改变。一般情况下，生产结构总是伴随着需求结构的改变而改变的，需求结构变化在前，生产结构变化在后，并存在较大的时滞。特别是我国正处在一个由低收入水平转向中等收入水平的发展阶段，需求结构变化超前和生产结构变化滞后的情况就更为突出，这就必然存在着长线产品和短线产品的矛盾，从而给价格体系的合理化带来严重困难。既然各种产品的供求状况不一，其盈利水平就不可能一致。当前，许多短线产品的盈利水平已经大大超过长线产品的盈利水平，如钢铁工业企业的销售收入盈利率一般都在机械工业企业销售收入盈利率的 2 倍以上。在这种情况下全面放开价格，短线产品的价格将继续大幅度上升，而长线产品的价格则要继续下降，这就会使某些产品价格更加背离价值或生产价格，从而形成新的价格扭曲。

有的同志认为，放开价格的目的，就是要通过价值规律的调节作用，使短线变长，长线变短，从而达到各种产品供求关系的基本一致。但是，价值规律的作用也不是万能的，有些产品由于受资源等条件的限制，无论怎样调节也无法达到供求关系的平衡。在当前，全面放开生产资料价格，首先会造成大量加工企业的破产，这对于解决加工工业和原材料工业比例失调的矛盾无疑是一个很大的促进，然而，这些加工企业并不是一放开价格就能破产的，在破产之前，它们总要做一番努力。这个过程将是这些企业财产遭到损失的过程，会造成巨大的浪费。同时，在社会保险等问题没有很好解决以前，大量的失业工人还会带来严重的社会问题。笔者认为，与其用放开价格的办法来调整由行政手段造成的不合理生产结构，还不如下决心先通过行政手段对生产结构重新进行一些调整，再放开价格。这样做可能需要的时间更短些，效果也会更好些。

（四）　生产要素不能自由转移

放开价格的根本目的，在于实现价格体系的合理化。所谓价格体系的合理化，就是各种商品的价格都能大体反映商品的价值和供求关系。在社会化大生产条件下，合理的价格体系只能通过生产价格的形成来实现。然而，生产价格的形成又必须以资本和劳动力的自由流动为前提条件。当前，我国无论在资金还是劳动力的转移方面都还存在着一系列的障碍。在这种条件下全面放开价格，价值规律就不能对社会生产的全过程发挥调节作用，即只能调节需求，而不能调节社会劳动的分配。这就会使价格完全取决于一种被强制的生产结构，从而造成价格体系的畸形。

三、战胜困难的对策

价格改革势在必行，改革目标不能动摇，而改革中的困难也是客观存在的。为了保证改革的顺利进行，避免停顿，少走弯路，必须把握存在的困难和问题，制定相应的对策和措施。

（一）　制止通货膨胀

通货膨胀是深入进行价格改革的严重障碍。通货膨胀不除，价格改革难以取得成功。价格改革的最大失败，莫过于价格总水平上去了，而价格关系不能理顺，甚至出现新的扭曲。在通货膨胀条件下放开价格，所带来的结果正是如此。

造成通货膨胀最主要、最直接的原因是货币的超量发行，因此，要制止通货膨胀，首先必须严格控制货币发行量，使其与经济发展相适应。

控制货币发行量，似乎比较容易，其实却是一件极困难的事。说容易，是因为票子是由人印出来的，下决心停止印刷就是了；说它是一件极困难的事，是因为多发票子并不是出于人们的自愿，而是不得已而为之。这不能仅仅归结于货币发行制度中缺乏制约机制，而是由于近年大量的财政赤字和银行信贷失控。在1979~1987年9年间，除1985年外，财政均有赤字，累计达590多亿元，尚不包括内外债务在内；同时，银行贷款总额也逐年大量增加，如1984年银行信贷总额比上年增长28.8%，其中12月比1983年同期增长了48.4%。在这种情况下，无论货币发行权掌握在谁手里，都不能避免货币的超量发行，因为不扩大货币发行，就无法过日子。

由此可以看出，要严格控制货币发行量，除了改革货币发行制度、制定银行法和货币发行法、建立货币发行的制衡机制外，还必须采取各种措施，实现财政收支和银行信贷平衡。在这二者之中，后者比前者更为重要，也更难做到。

（二）控制需求膨胀

需求膨胀是同通货膨胀紧密联系在一起的，是造成通货膨胀的总根源。在需求膨胀，社会总需求大大超过总供给的情况下，价格关系难以理顺。

需求膨胀包括投资膨胀和消费膨胀。投资膨胀主要表现为固定资产投资增长速度过快，超过了国民经济发展的承受能力。如1979~1986年，全民所有制单位固定资产投资额平均每年增长14.5%，远远超过同期国民收入和财政收入平均每年分别增长8.7%和8.9%的速度。在社会固定资产总投资中，全民所有制单位的投资还只是一部分，如1986年占66.5%，如果加上其他方面的投资，投资的增长更要大大超过国民收入和财政收入的增长。消费膨胀主要表现为消费基金的增长超过了劳动生产率的增长速度，如1986年全民所有制职工工资总额比1980年增长了96.6%，而同期全民所有制独立核算企业的全员劳动生产率只增长27.9%。

需求膨胀直接推动着物价总水平的上升，而物价总水平的上升又给企业和居民造成压力，形成对生产资料和生活消费品的抢购，进一步推动物价的上涨。要打破"物价上涨—抢购—物价再上涨"这个循环，必须从控制需求膨胀入手。

控制需求膨胀，关键是压缩固定资产投资规模，但压缩固定资产投资规模，必须着眼于全社会的全部固定资产投资，而不能只局限于全民所有制单位，也不能只看到基本建设，更不能只控制预算内那一块。在社会固定资产总投资中，全民所有制单位预算内基本建设投资只占很少一部分。如1986年全社会固定资产投资总额为3019.62亿元，其中全民所有制预算内基本建设投资447.42亿元，只占14.82%。很显然，只管着这部分固定资产投资，是不能解决固定资产投资膨胀问题的。对于大量的全民所有制单位以外的投资和全民所有制单位中非基本建设投资及预算外投资，也必须通过行政的和经济的手段加以有效的控制，才能达到压缩固定资产投资规模的目的。

控制需求膨胀，还必须控制消费基金的过快增长，但控制消费基金的过快增长，也不能只控制全民所有制职工消费基金的增长。在全国10亿人口中，全民所有制单位职工只有9000多万人，还不到1/10。1986年，全民所有制职工工资总额为1234.3亿元，只占国民收入全部消费额5432亿元的22.7%，还有近80%的消费是其他方面的消费和社会消费。因此，控制消费膨胀也必须从全社会入手。

(三) 调整生产结构

调整生产结构，使之不断合理化，是进行价格改革的重要条件。如果说供给不足和需求膨胀会引起价格总水平上涨的话，那么，生产结构和需求结构失衡则必然会造成价格扭曲。对于理顺价格关系来说，保证供求结构的相对平衡比保证供求总量的平衡更重要。

我国原有的生产结构很不合理，农、轻、重等部门结构严重失调，各种主要消费品（包括生产消费和生活消费）都实行计划供给。经济体制改革以来，我国的消费结构，特别是生活消费结构发生了巨大变化，但生产结构却没有相应改变。以轻工业和重工业总产值结构比例为例，1980年为47.2∶52.8，1986年为46.7∶53.3，轻工业所占的比重还稍有下降。情况比较好的是1981年和1982年，轻重工业总产值之比分别为51.5∶48.5和50.2∶49.8，它促成了1983年部分商品买方市场的出现。但由于后来重新出现的经济过热等问题，又造成了新的比例失调，买方市场也随之消失。

改革的实践一再证明，调整是改革的基础和前提，没有必要的调整，改革就不能顺利进行。如果改革初期能够把调整搞得再彻底一些，成果再巩固一些，如今的改革可能会更快一些。

调整生产结构，可以采取行政手段，也可以采取经济手段。如果只采取行政手段，调整可能很快见效，但成果不易巩固；如果只采取经济手段，需要的时间就会很长，同时还会造成巨大的社会浪费。只有把二者很好结合起来，才能取得较好的效果。

调整生产结构，除要继续调整农、轻、重、的比例外，要重点调整原材料工业和加工工业的比例。为此，要根据各种资源和原材料的供应情况，确定相应的加工工业的能力。在调整中，既要鼓励企业之间的竞争和相互兼并，又要实行必要的关停并转。20世纪60年代初期经济调整的经验证明，关停并转是一条行之有效的措施。经过调整，市场供求情况就会发生变化，价格改革就可以加快进行。

（四）增加供给，提高效益

要实现供求关系的基本平衡，除了控制需求膨胀、调整生产结构外，还必须努力发展生产，增加供给。我们不同意那种只片面强调控制需求而忽视增加供给的观点。如果只控制需求，而不增加供给，国民经济就会发生萎缩，改革更加难以进行。当然，增加供给会受到资源等条件的制约，在这方面，既要看到我们是个资源约束型的经济，又要看到资源开发和利用方面的巨大潜力。其关键在于，要充分利用资源，合理配置生产要素，提高经济效益。

提高经济效益是改革取得成功的根本出路。如果没有经济效益的提高，财政状况就不能根本好转，通货膨胀就难以制止，需求膨胀就无法控制，物价就会继续上升，企业就会更加困难，人民生活就不能得到改善，改革也就很难深入进行。如果说改革必须付出重大代价和牺牲的话，那么只有提高经济效益，才能减少这种代价和牺牲。今后，必须根本改变长时期以来一直存在的只在流通和分配领域兜圈子的状况，把企业的注意力和工作重点彻底转到加强管理、提高经济效益上来。当然，提高经济效益又必须以一定的改革做保证，在价格改革不能取得关键性进展的情况下，以增强企业活力为中心的其他改革必须加紧进行。

（五）价格改革要渐行

当前，在如何实现价格改革目标的问题上还存在各种不同意见。其中主要的意见有两种：一是主张快行；二是主张缓行。所谓"一步到位"就是一种快行。笔者认为，快行显然是不具备条件的，而缓行似乎又有消极之嫌，正确的办法应当是渐行。

所谓渐行，就是要把握各种产品的具体情况，有区别地逐步进行价格改革。凡是已经具备放开价格条件的产品，其价格要坚决放开。凡是还不具备放开价格条件的产品，其价格就不要放开。不论是农产品还是工业品，也不论是生产资料还是生活资料，条件成熟一个，就放开一个。价格放开的基本条件，是产品供大于求或供求基本平衡。当前，价格改革的重点应当是取消价格双轨制。对实行价格双轨制的产品，要对其供求情况逐一进行调查分析，已经具备或基本具备放开价格条件的就完全放开，还不具备放开价格条件的就暂时恢复统一的计划价格，随着上述几项措施的实行和各种条件的不断成熟，再逐步放开。

由于暂时实行计划价格的产品，一般都是紧俏商品，而紧俏商品的价格受到限制又会影响这些产品的生产，这是一个矛盾。为了克服这个矛盾，刺激短缺产品的生产，其价格制定，必须保证它们能够取得社会平均利润和一定的超额利润。如果价格定得太低，就会扩大供求矛盾，给进一步改革带来困难。同时，即使对实行计划价格的产品，其价格也不能同过去一样，一定就是几年，甚至长期不变。必须根据市场供求情况和劳动生产率的变化，不断加以适当调整，以便为放开它们的价格创造条件。

按照上述办法进行价格改革，可能会显得改革的过程很长，但价格改革本来就是一个较长的历史过程。欲速则不达，还是稳妥一些为好。

此外，在实行上述几项措施的同时，还应当加快劳动人事管理制度、固定资产投资制度和企业财产管理制度等方面的改革，促进劳动力的自由流动和资金的自由转移；以便在价格基本放开以后，能够尽快地形成生产价格。

（原载于《中国工业经济研究》1989 年 1 月）

应当重视产业结构的调整

在我国的价格改革中，出现了价格总水平上涨过快和比价复归两大问题。如果说价格改革必然会引起价格总水平上涨的话，那么，比价复归则是一种很不正常的现象。价格上涨过快主要是由于需求膨胀或货币发行过多，比价复归和新的价格扭曲则主要是由于产业结构不合理。要理顺价格关系，必须重视产业结构的调整。

一、价格结构与产业结构的关系

在实行国家统一定价的情况下，价格结构与供求关系相脱节，从而与产业结构也就不相联系。随着经济体制改革的深入发展和价格的逐步放开，价格结构与产业结构的关系越来越密切。

首先，价格结构决定于产业结构。当某一产业的发展越过了社会对其产品的需要的时候，其产品价格就会下降；反之，当某一产业的发展不能满足社会对其产品的需要量的时候，其产品价格就会上升。其次，价格结构反过来又影响和调节产业结构。当某一产品的价格能够使该产品获得超额利润时，资金和劳动力就投入或流向该产业；反之，当某一产品的价格不能使该产品取得平均利润甚至发生亏损时，资金和劳动力就从该产业流出。这就是价值规律对生产和流通的调节作用。

目前，我国正处在新旧经济体制的转换时期，商品经济还很不发达，价值规律还不能充分发挥作用，价格结构与产业结构的关系就变得十分复杂。一方面，由于部分产品价格的放开，产业结构就会通过供求关系对这些产品的价格产生巨大的影响作用；另一方面，又由于相当一部分产品的价格还没有放开，而这部分产品又大多是短线产品，产业结构就不能通过供求关系对这些产品的价格产生影响。既然产品价格还不能完全由市场决定，加之资金和劳动力的转移还存在相当大的困难，价格结构对产业结构的调节作用也就几乎不存在了。特别是实行价格双轨制，使价格结构与产业结构的关系就更加紊乱和模糊不清了。然而，需要指出的是，在价格结构与产业结构的关系中，产业结构是起决定作用的，只有产业结构合理了，使得各种产品的供求关系基本一致，才能为全面放开价格提供条件，从而实现价格结构的合理化。

二、比价复归与产业结构变革

当前，我国的价格结构受到产业结构和价格管制两方面的影响和制约，而价格管制主要是对短线产品价格的管制，这归根结底也是一个产业结构问题。因此，价格改革中出现的比价复归与产业结构的变革有着直接的关系。

我国的产业结构是在高度集中的基本建设体制下逐步形成的，一直存在着农业和工业、重工业和轻工业、原材料工业和加工工业比例严重失调的情况，虽然经过改革初期的一些调整，但产业结构不合理的状况并没有得到根本改变。与此同时，我国的需求结构却发生了巨大的变化。一般来说，产业结构总是伴随着需求结构的变化而变化的，需求结构变化在前，产业结构变化在后，并且二者存在一个较大的时间差。特别是我国正处在一个由低收入水平转向中等收入水平的发展阶段，需求结构变化超前和产业结构变化滞后的情况就更为突出，这就必然会出现长线产品和短线产品问题。

在供求结构存在尖锐矛盾的情况下，价格的调整就十分困难。如果根据供求关系来调整价格，就会使价格同价值发生严重背离；如果根据价值来调整价格，又会使价格脱离供求关系。实际上，改革初期所进行的价格调整正是在这种背景下进行的。它不可能符合经济运行的客观要求，而只能是行政手段的强制。如果在进行价格调整的同时，能够加快产业结构的调整，不仅能实现供求总量和供求结构的大体平衡，而且也会使价格结构逐步合理化。然而，事实上我们并没有做到这一点。不仅供求结构矛盾没有解决，供求总量失衡也越来越严重。在这种情况下，价格的松动必然会造成比价复归和产生新的价格扭曲。要解决这个矛盾，就必须从保证供求总量和供求结构平衡上下功夫。对理顺价格关系来说，保证供求结构的相对平衡比保证供求总量的平衡更重要。要保证供求结构的平衡，关键是要调整产业结构。

三、调整产业结构的基本思路

调整产业结构，可以采取行政手段，也可以采取经济手段。如果只采取行政手段，调整可能见效较快，但成果不易巩固；如果只采取经济手段，需要的时间就会很长，而且会造成巨大的社会浪费。只有把二者很好结合起来，才能取得较好的效果。

调整产业结构，除要继续调整农、轻、重的比例关系外，应重点调整原材料工业和加工工业的比例。为此，就要根据各种资源和原材料的供应情况，确定相应的加工工业的生产能力。在调整中，既要运用各种经济杠杆，促进企业之间的竞争和相互兼并，允许一部分企业破产，又要运用必要的行政手段，实行关停并转。20世纪60年代初期经济调整的经验证明，关停并转是一条行之有效的措施，近期内应把它作为一种主要的调整手段。

从长远观点看，要保证产业结构的合理化，还必须制定正确的产业政策。国家对近期和远期内发展什么，如何发展，都应有一个明确的方向和目标。同时，要对提倡发展和不提倡发展的行业，分别采取具体的鼓励和限制措施。只有在正确的产业政策的引导下，加之灵活运用各种经济杠杆，产业结构才能逐步走向合理化。

（原载于《光明日报》1989年1月21日）

坚持总量紧缩，进行结构调整

当前，我国的经济生活正面临严重困难。造成这种困难局面的原因是多方面的，但其中主要还是多年积累下来的总量失衡和结构不合理问题。随着紧缩政策的执行，总量失衡的矛盾已有所缓解，但结构不合理的问题暴露得更加突出。在这种情况下，是放弃紧缩还是在坚持紧缩的同时进行结构调整，是我们面临的重要抉择。

一、放弃紧缩，后果严重

经济体制改革以来，包括这次紧缩在内，我们已经进行过两次比较大的紧缩。上次紧缩是在 1985 年。由于那次紧缩坚持的时间较短，基建规模压缩不力，所遇到的主要是企业流动资金紧张、相互拖欠问题，而深层的矛盾并没有充分暴露出来。目前这次紧缩，虽然开始也碰到了企业流动资金紧张、相互拖欠的困难，但我们并没有因此而退却，而是在继续坚持紧缩的前提下，有重点地解决了一些大型骨干企业的流动资金紧张和相互拖欠问题。然而，问题到此并没有完结，更大的困难还在后头，这就是目前所遇到的市场疲软、生产下降、效益滑坡、隐性失业增加等问题。面对这种情况，有的同志又对继续执行紧缩政策产生了怀疑，甚至认为紧缩已经过头了，或紧缩的任务已经完成了，又提出了放弃紧缩的问题。笔者认为，这种认识是不切合实际的。

不可否认，一年多来，紧缩政策已经取得了显著成效。这主要表现在：过高的工业速度明显回落。社会总需求与总供给差率缩小，货币投放得到控制，物价涨势逐渐减弱等。这些都是紧缩的直接效应，属于表层的问题基本得到解决。至于一些深层的问题，如结构不合理等问题，虽然已经暴露出来，但并没有解决，或基本上没有解决。

我国经济发展中的问题，决不是一个简单的总量失衡问题，总量失衡只是属于表层的问题，而深层次的矛盾还在于结构失衡。对待这样的问题，就不能简单地采取紧缩或扩张的政策。根据两次紧缩的经验，要从根本上解决我国当前经济发展中的矛盾，可能必须经过一个膨胀—紧缩—结构调整—稳定协调发展的过程。同时，在紧缩过程中，又会出现一个由资金紧张到市场疲软的过程（资金紧张先于市场疲软，是紧缩先影响生产、后影响流通的必然结果）。当然，这里所说的市场疲软，并不是供普遍大于求的结果，而是供求结构不合理造成的，也只有在这种情况下，才能促进或强制进行结构调整。否则，一碰到市场疲软就放弃紧缩政策，同一碰到资金紧张就放弃紧缩政策一样（当然，市场疲软比资金紧张对生产的影响更大），都跳不出膨胀—紧缩—再膨胀—再紧缩的恶性循环。由于这次紧缩比上次紧缩大大前进了一步，如果就此止步，不仅同样会前功尽弃，而且会带来更加严重的后果。

（1）放弃紧缩，新的一轮通货膨胀很快就会到来，而且这种膨胀将发生在原有膨胀还没有根本消除的基础之上。从 1989 年的情况看，社会供求差率虽已大大缩小，但仍为 8% 左右；零售物价总水平涨幅虽有所降低，但仍达 17.8%。如果再来一个新的膨胀，对社会经济生活的影响将更为严重。在这种情况下，国民经济的稳定、协调发展和深化改革，都将成为一句空话。

（2）经过 1 年多的紧缩，从基建到生产，从流通到消费，都受到了严格的控制和制约，但产业结构和生产力配置并没有发生根本改变。当前，一些不愿意牺牲局部利益的部门和单位仍在持观望态度，总希望有朝一日东山再起。如果放弃紧缩政策，他们将以更大的"反弹力"进行新的扩张，其后果是不堪设想的。

（3）过去的通货膨胀是在人民从改革中得到巨大收益的情况下发生的，尽管物价总水平增长过快，人民实际生活水平仍有很大提高。然而，最近两年的情况则不同。就全民职工而言，其收入水平仍有所提高，但扣除物价因素的影响，部分职工的实际生活水平却是下降的。如果发生新的更严重的通货膨胀，居民生活的承受能力如何，是必须认真考虑的问题。

（4）放弃紧缩，就等于说我们在五年中实行了两次紧缩政策，但都没有取得成功。这在人们思想上产生的消极作用是很大的，它将为今后再执行紧缩政策带来严重的心理障碍。

二、结构调整，必须付出代价

从以上的分析可以看出，解决我国当前经济困难的正确途径不是放弃紧缩，而是在坚持紧缩的同时进行结构调整。所谓在坚持紧缩的同时进行结构调整，就是说结构调整要以紧缩为条件。如果不执行紧缩政策，盲目建设、重复生产等问题就无法解决，结构调整也就不可能实现。然而，结构调整远比抽紧一下银根要困难得多。它不仅要进行大量艰苦细致的工作，而且还要付出必要的代价。

（1）生产要下降，效益要滑坡。调整结构必然要引起生产下降，效益滑坡，这是不以人们的主观意志为转移的。调整结构，最好的办法是以长补短。但产业结构和生产力配置上的以长补短决不是一件容易的事，有些需要一个转移过程，有些则根本不可能。其次是发展短线，砍掉或挤掉长线中多余的部分。但发展短线不仅同样需要一个过程，而且还要受到资金等方面的制约，如果不考虑其他因素，砍掉或挤掉长线中多余的部分是比较容易做到的，也是当前唯一能够尽快实现的，而这又必然会造成生产的下降。同时，在经济发展实现由速度型转向效益型之前，经济效益的滑坡也是不可避免的。然而，我们的一些同志却不愿意正视这种不愉快的现实，一遇到生产下降、效益滑坡，就惊天呼地，要求放弃紧缩，这实际上是一种叶公好龙的表现。既然如此，还谈得上什么结构调整呢？当初又何必实行紧缩政策呢？

（2）人民生活的提高要受到限制。在生产暂时下降，效益相应滑坡的情况下，人民生活的提高就不能像生产稳定增长、效益不断提高时那样快，有时甚至还会出现暂时的下降，这也是一个不容回避的现实。中央之所以提出要过几年紧日子，原因正在于此。当然，过紧日子，决不是要重新回到改革前那样的状态上去，而是生活的提高要慢一些，或暂时维持原有水平。在调整时期，人民收入的增长，可维持与物价同步增长或略高于物价增长的水平，即使是这样，消费基金的来源也仍然会存在缺口，这只能通过增产节约和继续压缩基本建设规模加以弥补。

（3）就业压力将进一步增大。在社会生产规模不能尽快扩大的情况下，不仅新增社会劳动力的安置会产生困难，而且还将有大量的被调整下来的职工需要安排，这也是进行结构调整的难点所在。对这部分劳动力，只能分别不同情况，采取不同的途径加以解决。有的可由劳动部门统一安排到需要扩大生产的行业或企业中去，有的则可由他们自谋出路，对实在没有出路和生活来源的，则只能通过社会保险予以解决。

（4）某些浪费是不可避免的。这主要是指那些被砍掉或挤垮的企业，其生产资料有的可以被重新利用，有的则只能报废。即使是可以重新利用的，价值也会受到一定影响。既然要进行调整，损失和浪费总是难免的，唯一的办法，就是尽可能做好工作，使损失和浪费减少到最小程度。

三、调整结构的主要途径

结构调整，最根本的是产业结构调整。而产业结构调整，无外乎采取两种方式：一是靠资产增量的调整；二是靠资产存量的调整。执行紧缩政策期间，仅靠资产增量调整来调整产业结构，是解决不了问题的，主要的还要依靠资产存量的调整。但是，从长远观点看，投资结构的正确确定对实现产业结构的合理化具有十分重要的作用。这就需要深入研究和制定正确的产业政策，把握好投资方向，同时要运用各种经济杠杆，引导和调节投资行为。在当前产业政策还不完善、经济杠杆运用还不得力的情况下，则应更多地运用行政手段调整投资结构。一方面要大力压缩非生产性投资，另一方面还要把生产性投资的重点放在能源、原材料、交通运输等短线行业和短线产品上。

对现有资产存量的调整，主要是调整基础工业和加工业的比例。在当前我国的资金和劳动力还很难自由转移，价格结构还很不合理的情况下，必须依靠强有力的行政手段，实行关停并转，同时也要提倡企业之间的竞争，促进企业兼并和产权转让，允许一些因经营管理不善而长期亏损的企业倒闭、破产。

企业兼并和产权转让是对资产存量进行调整的一种有效途径。它不仅可以避免企业破产所造成的那种损失浪费，而且还可以较快地增加有效供给。特别是通过大型骨干企业对那些达不到经济规模的小企业的兼并，就能够在优化企业规模结构的同时实现产业结构的调整。因此，当前应把企业兼并和产权转让作为结构调整的重要内容。对企业兼并和产权转让中存在的种种问题，如企业产权明朗化问题，建立企业市场问题等，都应采取相应措施予以解决。

产业结构的调整是一个较长期的过程。在进行产业结构调整的同时，抓紧产品结构的调整，具有更加重要的意义。它可以在现有生产条件和对现有生产条件稍作技术改造的情况下，通过老产品的更新换代和新产品开发，生产出适销对路、人民生活急需和出口换汇的产品。对企业生产这些产品，国家应在资金、原材料供应等方面给予优惠。而对耗能高、效益低、销路不畅的产品，则应严格限制生产，甚至不准生产。产品结构调整与产业结构调整虽然有较大区别，但又有密切联系。如果很多企业都通过产品结构调整逐步改变了产品方向，产业结构也就相应得到了调整。问题的关键在于必须正确把握产品结构调整的方向。

（原载于《企业活力》1990 年第 9 期）

放则乱，收则死——怪圈何时探底析

——析中国经济如何走出"一放就乱，一收就死"的圈子

一、问题一："一收就死，一放就乱"是运用行政手段管理经济的必然结果

很多人把"一收就死，一放就乱"称作一个怪圈。实际上，它既是一个怪圈，又不是一个怪圈。说它是一个怪圈，是因为长期以来它成了一个总也打不破的恶性循环；说它不是一个怪圈，是因为它是单纯用行政手段管理经济的必然结果，具有一定的规律性。

众所周知，国民经济的运行必须是有序的，它才可能健康地向前发展。企业是构成国民经济的细胞，只有企业的经济运行是有序的，整个国民经济的运行才能是有序的。从经济管理的角度看，保证经济有序运行的手段无非有三种：一是行政手段，二是经济手段，三是法律手段。这几种手段各自都具有不同的功能，是不能相互代替的。但是，在市场经济条件下，与行政手段相比，经济手段和法律手段应当是用得更加普遍和更加重要的手段。

对规范企业行为，保证其生产经营活动和整个国民经济有序运行来说，行政手段所形成的只是一种外在的约束力，而经济手段所形成的则是一种内在的约束力，并且它在对企业形成约束力的同时，还会产生巨大的内在动力。至于法律手段，从本质上看，它也是一种行政手段，一种特殊的行政手段，对于规范企业的行为，它所形成的主要也是一种外在的约束力，只是这种外在的约束力具有更大的强制性。当然，在法律手段中，往往也会渗透着经济手段，在这种情况下，它也会产生一定的内在约束力。

既然行政手段对企业的约束只是一种外在的约束，单纯用行政手段管理经济，就不可避免地会出现企业被管死或失去控制的现象，从而形成"一收

就死，一放就乱"的圈子。尽管"收"与"放"也可以是经济手段的"收"与"放"，如提高银行利率，收紧银根等，就是一种经济手段的"收"，但我们通常采取的"收"与"放"，更多的还是行政手段方面的。特别是在我们还不善于运用经济手段时，某些经济手段也带有明显的行政化特征。

在单纯用行政手段管理经济的情况下，不仅从长远看整个国民经济会陷入"一收就死，一放就乱"的恶性循环之中，而且在国民经济管理的各个具体方面，随时都存在着"收则死，放则乱"的现象。例如，在缺乏市场约束机制的情况下，放松了投资控制，企业就会乱上项目，从而导致盲目建设，重复建设；取消或减少了指令性的产品，企业就会不生产某些社会和人民需要的产品，或乱生产某些产品；取消了价格管制，企业就会乱涨价，如此等等。反过来，加强了各方面的控制，各种"乱"的现象就会得到治理，但随着乱的消除，"死"也就伴随而来了。这主要是因为，在各种"乱"的现象中，也包含有许多合理的因素，采用行政手段治"乱"，往往把一些合理的东西也治理掉了。因此，在这次整顿金融秩序、加强宏观调控过程中，有的同志提出了"切一刀，不一刀切"的口号，就是为了避免把合理的东西也切掉了，从而避免把经济活动搞死，这无疑是正确的。但如果不加强经济手段和法律手段的运用，又是很难做到的。

为了把经济搞活，必须采取"放"的方针。经济体制改革，其本质就是放，放开计划，放开价格，给企业放权让利，放弃对企业的一切不必要的行政干预，等等。放则活，收则死。但在放活的同时，又不能乱，这就是改革要达到的目的。活而不乱之日，就是改革成功之时。然而，如何才能实现活而不乱呢？

前面讲到，在单纯用行政手段管理经济的情况下，"一收就死，一放就乱"是不可避免的。因此，要走出"收则死，放则乱"的圈子，从而做到活而不乱，就必须在尽可能放开，或者说在适当运用行政手段的同时，加强运用经济手段和法律手段。只有放开行政手段才能把经济搞活，而只有加强经济手段和法律手段，才能够使企业建立健全内外约束机制，做到活而不乱。

二、问题二：经济手段和法律手段为什么也不那么灵

如果说经济体制改革前，我们在经济管理工作中只单纯运用行政手段，而没有或很少运用经济手段和法律手段，这是人人都会同意的；但如果说经

济体制改革以来，特别是最近几年，我们在经济管理工作中仍然是单纯运用行政手段恐怕就很少有人同意了。因为经济体制改革以来，我们不仅随时都在运用一些经济手段，如利率、税收、价格等对企业的行为进行调节和引导，而且还不断建立健全了一系列经济法令和法规，加强了经济司法工作。现在的问题是，为什么这些经济手段和法律手段往往也不那么灵，或至少没有能够发挥它们应有的作用，以致使得一些问题最终仍不得不采取行政手段加以解决，从而总也走不出"一收就死，一放就乱"的圈子。

为了回答这个问题，需要首先分析一下发挥经济手段和法律手段作用的前提条件。就经济手段而言，要充分发挥其作用，必须具备两个前提条件：一是要运用得正确，这是个技术性问题，暂且不去讨论；二是企业对经济手段的调节和引导必须有灵敏的反应，这是个机制问题，需要认真加以研究。如果企业对政府采取的各种经济调节手段麻木不仁，甚至反其道而行之，无论经济手段运用的多么有水平，却不会起到应有的作用。经济体制改革以来，我们似乎经常处在这样一种状态之中：对国有企业来说，你实行拨改贷，他无所谓，贷款仍然是越多越好；你提高贷款利息，他毫不在乎，照样扩大投资；你提高原材料价格，他照样抢购，亏损也要扩大生产；你提高折旧率，以便使企业能够增强设备更新和自我改造的能力，有的企业却少提，甚至不提折旧；一些产品的生产能力已经过剩，他照样建新厂；某些产品已经大量积压，他照样生产；某些企业亏损不断增加，他照样提工资、发奖金；如此等等。形成这种状况的原因很清楚，那就是企业及其经营者们对自己的行为和经营成果不承担最终的经济责任。一些实行经营承包的企业，虽然必须完成利润上缴任务，但却不对国有资产的保值、增值负责，至少目前对这个问题还没有解决手段。这样，企业就可以通过减少资产存量的实际价值的办法（如少提或不提折旧）来实现利润的虚增，以达到完成承包任务，多发工资、奖金的目的。所谓国有资产的空壳化就是这样造成的。这说明国有企业的利益机制和风险机制还没有真正建立起来。在这方面，三资企业、集体企业和个体企业的情况就大不一样。由于这些企业要对自己的经营成果（包括资产的保值、增值）承担最终责任，因而对政府所采取的一些经济手段反应要灵敏得多。例如，提高银行贷款利率时，主动减少贷款和缩小投资的主要是这些企业。如果广大国有企业也能做到这一点，那么，对于更好地运用经济手段管理经济，从而走出"一收就死，一放就乱"的圈子将具有决定性的意义。

至于法律手段，要充分发挥其作用，也有两个前提条件：一是要建立健全各种经济法令法规，并使这些法令、法规制定得正确合理；二是要加强司法工作，严格执法。当前，在这两方面都还存在不少问题。特别是执法、司法工作非常薄弱，有法不依的现象十分严重。不能令人容忍的是，一些执法机构和人员，也在那里从事非法活动。如据报载，有的地区的看守所，为了增加"劳改收入"，可以把在押犯人放掉；有的公证机构见利忘义，出卖良心，帮助违法分子进行不公正的"公证"；有的单位被允许打着技术监督部门的旗号，进行变相的质量评优活动，当其向某企业收取钱财而遭拒绝后，竟在公布合格产品时，采取不正当的手法，把一个好端端的企业几乎搞垮，如此等等。在这样的状况下，又怎么能谈得上充分发挥法律手段的作用呢？

三、对策：出路在于深化改革

为了加强经济手段和法律手段在经济管理中的作用，以便使我国的经济生活走出"大收大放"和"收则死，放则乱"的圈子，其根本出路还在于深化改革。

改革是一项系统工程，需要进行各方面的工作，但就充分发挥经济手段和法律手段，特别是充分发挥经济手段的作用来说，必须搞好下述几方面的工作：

（1）建立健全企业法人产权制度，使企业成为市场的主体，成为经济利益和承担经营风险的主体，实现自主经营，自负盈亏，以便对国家运用经济手段所进行的调节和引导能够作出灵敏的反应。

建立健全企业法人产权制度，就是要在分别处理国家对国有企业的所有权关系和行政管理关系的基础上，把国有企业的财产所有权划分为国家终极所有权和企业法人所有权，使企业不仅拥有充分的经营自主权，而且拥有法人所有权。

企业的法人所有权确立之后，就可以形成下述一种产权关系：企业的财产是企业的，企业是投资者的。如果投资者只有国家，就是纯国有企业；如果投资者是多元的，就成为股份制企业。这样，企业的盈亏责任就可以完全由企业自己承担，从而真正成为经济利益主体和承担经营风险的主体。当企业盈利时，对纯国有企业来说，其税后利润一部分要上缴国家（应由国有资产投资公司代表国家），用于社会扩大再生产；另一部分要留给企业，用于企业生产发展和职工福利等。对于股份制企业来说，其实现的利润，除一部分留在企业用于生产发展外，其余部分按股分红，其中国家股的红利必须足额上缴国家。当企业亏损时，不论是纯国有企业，还是有国有资产的股份制企业，都要冲减企业的法人财产。如果长期亏损，资不抵债，就要依照《破产法》的规定，实行破产。企业破产，不仅最终所有者要受到损失，企业的经营者和全体职工都要受到失业等各方面的损失。

当前，有许多国有企业连年发生亏损，虽然国家不再给予财政补贴，但由于企业法人产权制度还没有建立起来，其亏损一般都采取了挂账的办法，有的实际上是通过增加贷款的办法来弥补亏损。这种从表面上看企业对其经营成果承担了责任，但实际上并没有承担亏损责任的做法，是造成企业缺乏经济约束机制、国家的一些宏观调控措施失灵的根本原因，必须尽快予以改变。

（2）建立健全市场体系，充分发挥市场对企业的引导作用，使企业能够自觉地、有利可图地按照国民经济发展的总体要求进行生产经营活动。

中共第十三次代表大会提出的"国家调节市场，市场引导企业"的改革思路，其实质就是要充分发挥市场机制的作用，从根本上改变国家对企业的管理方式，即变以直接管理为主为以间接管理为主，变以行政手段为主为以经济手段为主，使企业由政府附属物的地位变为独立的商品生产者和经营者，既有动力，又有自我约束力，自觉地、有利可图地把自己的经营发展纳入国民经济发展的总体规划之中。为此，就必须建立健全市场体系。如果没有市场，企业生产经营所需要的各种生产要素都要由国家调拨和分配，就谈不上运用经济手段管理经济，从而也就无法走出"收则死，放则乱"的圈子。

建立健全市场体系，不仅要建立健全商品市场，而且还要建立健全各种要素市场，如金融市场、技术市场、劳动力市场等。特别是建立健全金融市场，这对运用经济手段管理经济具有极其重要的作用。当前，国家正采取措施，整顿金融秩序，这是完全必要的。但是，在这个过程中，必须注意尽可能多地运用经济手段和法律手段，少用或慎用行政手段，以防止把资金市场搞死，从而把国民经济搞死。同时，还要按照发展社会主义市场经济的客观要求，把这项工作长期坚持下去，不要一阵风过后再出现混乱的局面。

（3）建立健全宏观调控体系，正确调节国民经济发展中的各种重要比例关系，调节市场和企业行为，使国民经济稳定、协调、持续发展，防止大起大落。

长期以来，在我国伴随着"收则死，放则乱"的循环而来的是国民经济发展的大起大落，这是旧体制造成的，也与这种体制下的宏观调控不力有关。因此，要走出圈子，防止国民经济发展的大起大落，在不断深化体制改革的同时，还必须进一步建立健全宏观调控体系，提高宏观调控的能力和水平。

建立健全宏观调控体系，一方面要充分发挥计划、财政、信贷、价格、税收等对国民经济发展的调节功能，另一方面还要用好法律手段和必要的行政手段。同时，还应建立一些衡量国民经济发展正常与否的重要指标，如经济发展速度、积累与消费比例、基本建设投资增长速度、物价总水平等，以便在国民经济发展出现不正常的苗头时，及时加以调节。特别需要指出的是，在国民经济发展速度问题上，我们一定要有一个科学的态度，要量力而行，稳步前进，不要形势稍微一好，就头脑发热，就要追求高速度。如果在这个基本问题上缺乏理性，什么样的调控体系都不能发挥有效的作用，其结果只能是越调越糟。

（4）建立健全社会保障制度，为企业成为市场主体，特别是成为利益主体和承担风险的主体创造必要条件。前面已经讲到，在我国国民经济管理中，一些经济手段和法律手段之所以不灵，主要是由于企业还没有成为真正的利益主体和承担风险的主体。那么，为什么企业不能成为真正利益的主体和承担风险的主体呢？归根结底是由于社会保障体系还不健全，还承受不了企业倒闭和职工失业等问题。这个问题是改革中的一个难点问题，也是由计划经济向市场经济过渡的一个关键问题。这个问题不解决，许多改革措施就不能贯彻到底。因此，要更好地利用经济手段和法律手段管理国民经济，从而摆脱"收则死，放则乱"的圈子，还必须建立健全社会保障体系。

建立健全社会保障体系，主要是建立健全失业保障制度、养老保险制度和医疗保险制度。其总的目标是改变以往的劳动者就业和各种福利由国家、企事业单位全部包下来的办法，建立起国家、企事业单位和劳动者个人共同负担，全社会统筹管理，各项保险费用由保险机构统一发放的保障制度。有了这样的社会保险体系，企业就可以随时精减不需要的人员，提高劳动效率，并在经营不善、资不抵债时宣告破产。这样，就可以让企业对自己的行为和经营成果承担最终经济责任，从而成为真正的利益主体和承担风险的主体，使优胜劣汰机制和各种经济手段的作用得到充分发挥。

（原载于《投资和合作》1993 年第 9 期）

略论经济增长方式的转变

中共十四届五中全会强调，今后我国经济增长方式要实现由粗放型向集约型转变。这是一个关系到实现我国"九五"和2010年经济社会发展目标的带有全局性的大问题。本文试就这个问题谈一些看法。

一、经济增长方式转变的实质

所谓经济增长方式由粗放型向集约型转变，就是要把经济增长从主要依靠增加生产要素数量投入、铺新摊子，转到主要依靠科技进步和劳动者素质的提高上来。这与以往所提出的经济工作要以提高经济效益为中心，社会扩大再生产要以外延为主转为以内涵为主，走企业技术改造的道路，以及提高经济增长的效益和质量的基本精神是完全一致的。其实质就是要提高经济增长的效率，即要从经济增长中得到更多的真正的实惠，而不是靠高投入、低产出来实现生产总量的扩大和经济发展速度的提高。从产品价值的角度讲，就是要在经济增长中，改变社会总产品的价值构成，即降低生产资料转移价值的比重，提高新创造价值的比重。换句话说，就是要以一定的资源和价值量的转移，实现尽可能高的经济增长速度，或实现一定的经济增长速度，消耗尽可能少的资源和转移尽可能少的价值量。

二、经济增长方式转变的客观必然性

转变经济增长方式，是党中央提出的实现"九五"和2010年经济社会发展目标的一项重大战略措施，但它绝不仅仅是一种主观的设计和规划，而是有着充分的客观必然性。这种客观必然性在于：

（1）资源对经济增长的制约。我国虽然是一个资源大国，但相对来说，人均资源拥有量却较少，要实现经济长期的可持续增长（这种增长是我国经济发展水平赶上和超过发达国家所必需的），没有经济增长方式由粗放型向集约型的转变是不可能的。

（2）国民经济的发展具有了强大的基础和比较完整的体系。经过几十年的建设，特别是改革开放以来的快速发展，我国的国民经济已经拥有了强大的物质基础和比较完整的体系。今后国民经济的发展，虽然不排除在某些重要的方面还要依靠一定的外延扩大再生产，但在更多的领域，已经具备了主要依靠内涵扩大再生产进行发展的充分条件。这就是说，我国国民经济发展到现阶段，经济增长方式的转变已经有了可能性。

（3）从现有企业的情况来看，对经济增长的约束主要不是来自企业生产能力的不足，而是来自很多产品不能满足市场需求。现阶段我国经济发展，特别是工业经济发展中的一个比较突出的矛盾是部分企业经济效益低下，亏损严重，还有一些企业甚至处于停产半停产状态。造成这种状况的主要原因并不是这些企业的生产能力不足，而是设备陈旧、技术落后、管理水平低，致使产品不能满足市场需求，或者由于产业结构和产品结构不合理，使得产品不能适销对路等。这也迫切要求实现经济增长方式的转变。要通过加强技术改造，开发新产品，提高经营管理水平等，使上述企业重新焕发活力，从而为我国的经济发展、社会稳定做出自己的贡献。

（4）国内外市场竞争加剧。随着国民经济的持续发展和对外开放的不断扩大，我国许多产品都面临着国内国外两方面市场竞争的强大压力，而且这种竞争压力还将进一步加强。在国内市场上，正常情况下不仅一些质次价高的产品已经很少有销路，而且很多相当不错的产品，在销售方面也面临种种困难，这一点轻工产品表现得尤为突出；在国际市场上，与经济发达国家相比，我国的产品不仅品种较少，而且在许多产品中所占的份额也还很小，其产品价格也远远低于经济发达国家的同类产品。特别是，我们还将有计划地降低一些产品的进口关税，这就意味着国外的某些产品将要更多地进入我国市场，这些产品的市场空间将进一步缩小，市场竞争将进一步加剧。在这种情况下，如果不尽快实现经济增长方式的转变，我国经济的发展就会遇到许多新的困难。

三、实现经济增长方式转变的措施

转变经济增长方式，需要从多方面进行努力，但起决定性作用的是经济体制转变、科技进步和提高经济管理水平。

（一）经济体制转变

经济体制由传统的计划经济体制转变为社会主义市场经济体制，是实现经济增长方式由粗放型向集约型转变的前提条件。关于转变经济增长方式的基本精神，实际上党和政府早就提出来了，只是"五中"全会作了进一步强调。然而，直到目前为止，这方面的工作进展还不够大，其原因虽然是多方面的，但经济体制尚未实现由计划经济体制向社会主义市场经济体制的根本转变是一个最重要的原因。

在计划经济体制下，经济增长方式必然是粗放型的，其原因是：①在计划经济体制下，国民经济管理是以实物形式为主的，经济发展所追求的主要目标是社会总产品在数量上的增加，而产品的技术水平、质量等级和新增价值往往不易受到重视。②计划经济体制的一个重要特征是政企不分，各级政府都是企业生产经营活动的直接参与者和指挥者，而考核他们政绩的最主要经济指标是经济发展速度，这就决定了各级地方政府都把经济增长速度作为自己的第一目标，至于这种增长的质量和效益如何，则往往不能引起注意。③在计划经济体制下，很多产品都是短缺的，不仅生产计划的下达者要追求产品数量的增加，而且企业也要千方百计完成产品产量任务，以缓解很多产品的供求矛盾。在经济体制改革进展到今天的情况下，这种现象虽然已经基本不存在了，但市场需求在某些方面也还未对经济增长产生真正的约束，高速度、高通胀、高积压、高亏损同时存在就是一个有力的证明。④计划经济体制的投资主体不明确，投资效益无人负责，不能以投资回报率来约束资金投向，银行利率对投资规模起不到调节作用，这是造成投资膨胀、扩大再生产靠外延为主、经济增长粗放的最根本原因。在由计划经济体制向市场经济体制转变的过程中，上述情况虽然有了很大改善，但问题并未得到根本解决。因此，要尽快实现经济增长方式的转变，首先必须加快经济体制的转变。

（二）科学技术进步

科学技术进步是实现经济增长方式转变的主要手段。要实现集约型经济增长方式，就必须提高产品中的技术含量，多生产那些高附加值的产品，这就要求加快科学技术进步的步伐。科学技术进步包含的范围很广。就其对现实生产力的作用来说，它包括生产力各要素技术水平的提高，这涉及科技管理体制和其他一系列问题。其中，主要解决好三个方面的问题：一是增加科技进步的投入，特别是增加现有企业技术改造、产品开发和职工培训方面的投入；二是促进科技成果的商品化，形成一种促进科技进步的利益机制；三是采取多种措施加快科技成果向现实生产力的转化。

（三）提高经济管理水平

提高全社会的经济管理水平，是实现经济增长方式转变的基础，只有通过管理才能把生产力各要素合理组织起来，从而发挥出现实的生产力的水平，这不仅取决于生产力各要素的基础素质和技术水平，而且还取决于经济管理的素质和水平。就转变经济增长方式来说，经济管理与科技进步是同等重要的。在宏观经济管理方面，要通过发挥市场机制的作用和加强宏观调控，保证国民经济有一个合理的增长速度。同时要根据我国资源状况和技术发展水平等，调整好产业结构，并且在产业结构调整中，处理好资产存量调整和资产增量调整的关系，把握好投资重点，特别要使投资收益和市场需求对固定资产投资和企业生产产生真正的约束。在微观经济管理方面，要加快现代企业制度的建立和企业经营机制的转换，同时，要强化企业内部管理。提高企业经营管理水平，使企业的生产经营活动真正以市场为导向，以经济效益为中心，为此必须在搞好企业的基础管理和专业管理的同时，不断加强企业的综合管理，以适应市场经济体制的客观要求。只有这样，才能使经济增长方式的转变建立在坚实的微观基础之上。

（原载于《企业活力》1996 年第 1 期）

宏观经济与微观经济的辩证统一

1995 年以来的经济形势，从宏观上看，货币发行量得到有效控制，物价涨幅大幅度回落，经济发展速度在回落中保持了稳定增长，宏观经济调控目标基本实现；而从微观上看，停产半停产企业增加，亏损严重，不少企业经济效益下滑。对宏观经济形势与微观经济形势出现的这种反差，各方面存在着很不一致的看法。有的同志认为，宏观经济与微观经济在目标的追求上存在着差异，二者出现反差是完全正常的；有的同志则认为，微观经济是宏观经济的基础，宏观经济是微观经济的综合，二者出现反差是不正常的。笔者认为，宏观经济形势与微观经济形势出现反差是一种复杂的经济现象，很难简单地说是正常的还是不正常的，必须进行深入分析。

一、宏观经济与微观经济的一致性与矛盾性

宏观经济与微观经济具有一致性，主要是由于两个方面的原因：其一，宏观经济是由微观经济组成的，如果微观经济的运行是正常的，绝大多数企业和其他经济单位的管理、经济效益都是好的，那么，宏观经济的运行也应该是正常的，效益是好的。反之，如果绝大多数企业和其他经济单位的经济运行都不正常，产品没有市场，经济效益下降等，宏观经济的运行状况就不可能是好的。其二，微观经济运行正常，可以为宏观经济的正常运行奠定基础，而宏观经济运行正常，又可以为微观经济正常运行创造良好的外部环境。

宏观经济与微观经济具有矛盾性，也是由两方面的原因决定的。其一，宏观经济与微观经济所追求的目标有所不同。宏观经济追求整个国民经济的长期稳定协调发展，当经济发展过热时，就需要采取适度从紧的财政、货币政策，以控制固定资产投资规模，抑制通货膨胀，降低经济发展速度；而微观经济则追求每个经济个体（企业等）的利润最大化。当国家加强宏观经济

调控，实行适度从紧的财政、货币政策时，必然引起部分企业的市场萎缩，资金困难，效益下降。其二，宏观经济与微观经济看问题的角度不同。宏观经济是从总体的角度看问题的，它要求国民经济的总体指标符合宏观调控目标；而微观经济是从个体的角度看问题的，每个经济个体都希望能够取得较好的经济效益。

二、要善于从不同角度看问题

在弄清楚宏观经济与微观经济的一致性与矛盾性以后，对宏观经济形势与微观经济形势出现的反差就可以有一个比较正确的认识了。如果从宏观经济与微观经济的一致性看，宏观经济形势与微观经济形势出现反差就显得是不正常的，但在这种不正常中又存在着正常因素；而如果从宏观经济与微观经济的矛盾性看，宏观经济形势与微观经济形势出现反差就又是正常的了，而在这种正常中又存在着不正常因素。一般说来，宏观经济形势与微观经济形势出现较大矛盾或明显反差是在下述两种情况下：一是出现经济过热。这时微观经济形势表现为很好，如企业生产增长，市场销售旺盛，盈利水平提高等，但宏观经济形势却表现出严重的问题，如经济超高速发展，固定资产投资和消费膨胀，物价大幅度上涨，通货膨胀严重等。二是对经济过热进行遏制。这时由于采取适度从紧的财政、货币政策，宏观经济形势向好的方面发展，如经济增长速度放慢且保持稳定增长，固定资产投资和消费膨胀得到有效控制，物价涨幅回落，通货膨胀率明显下降等（这主要还不是经济运行中内在力量发挥作用的结果而是外在力量，特别是行政力量强制的结果），但微观经济形势却表现出严重的问题，如企业资金短缺，三角债严重，亏损增加，有些企业甚至停产半停产。在上述两种情况下，国民经济的运行可以说都不是处在正常状态。经济过热存在的问题是明显的，而遏制经济过热只有通过宏观经济调控，力图使国民经济运行转向正常状态，但尚未达到正常状态。达到正常状态往往需要一个较长的过程，其中面临的难点是结构调整问题。在国民经济运行处在非正常状态下，宏观经济与微观经济矛盾突出，宏观经济形势与微观经济形势出现反差就是正常的了。然而，这种正常又是对那些不正常因素的认可。如经济过热出现的各种膨胀以及被掩盖着的企业生产经营中的种种问题，遏制经济过热暴露出的企业生产经营中的问题以及宏观经济形势虽向好的方面转变但结构尚未得到有效调整等，显然又都是不正常的因素。

三、既要注重总量调整，又要重视结构调整

通过上述分析可以看出，宏观经济形势与微观经济形势出现明显反差是宏观经济与微观经济矛盾性的反映，是国民经济非正常运行或尚未达到正常运行状态的结果，因而从本质上讲，它是不正常的。实行宏观调控的目的，就是要使国民经济保持或转向正常运行状态。而在国民经济处于正常运行状态下，如总量基本平衡，结构合理，速度适当等，宏观经济形势与微观经济形势应当是一致的，即都表现为较好的形势。当前，宏观经济形势与微观经济形势出现的明显反差，是国民经济由非正常运行状态向正常运行状态转换出现的一种必然现象。而要实现这种转换，就必须在实行总量控制的前提下加快完成结构调整。

与实行总量控制相比，结构调整要艰难得多。实行总量控制，国家只要实行从紧的财政、货币政策，严格控制货币发行量，控制信贷规模，控制财政赤字，控制固定资产投资总量等，就能很快收到明显成效。而进行结构调整，则涉及众多企业各方面的变动，这需要一个较长的甚至痛苦的过程。

结构调整，归根结底是一个资源优化配置问题。资源的优化配置，既涉及资产增量的合理分配，又涉及资产存量的调整。就我国目前的情况来说，资产存量的调整是重点、是关键。在市场经济条件下，资产存量的调整主要是通过优胜劣汰的机制来实现的。然而，当前我国的优胜劣汰机制还远远没有形成。企业，特别是国有企业，只能生不能死的现象还十分严重，致使我国的企业数量迅猛增加，而其中一些企业的素质是比较差的。特别是每当经济过热时，总会有一批不大符合产业政策、各方面素质又比较低的企业产生，这些企业在国家实行适度从紧的财政、货币政策时，各方面的问题就会暴露出来，从而处于十分困难的境地。按照市场经济体制的要求，这些企业应主动接受国家宏观经济调控，自觉地进行自我调整，或者调整产品方向，并努力提高技术水平和管理水平，或者实行兼并破产。但实际上并非如此，一些企业，特别是国有企业，既不面向市场努力求得生存，也不进行兼并或破产（当然这并非某个企业自身所能为），而是在那里等待国家财政、货币政策的松动。这也正是当前宏观经济形势与微观经济形势出现明显反差的一个重要原因。一旦出现经济过热，不仅这些企业会重新活跃起来，而且又会产生一批类似的企业。到一定时候，国家又不得不进行调整，如此反复交替，恶性循环。在改革进行到今天，市场配置资源的作用不断增强，宏观经济调控，

特别是总量控制取得显著成效的情况下，是下决心运用优胜劣汰机制实现结构调整的时候了。

结构调整，包括产业结构调整、技术结构调整、产品结构调整和企业规模结构调整等，它们是紧密联系在一起的，因为它们最终都要落实到企业的调整上来。在进行企业调整过程中，注意把企业改革、改组、改造结合起来，既要企业改革中注意加强企业的改组和改造，同时又要用改革的方法实现企业的改组，在企业改组的同时实现企业的改造，以加快调整的步伐，提高调整的质量，并减少调整给经济社会带来的震荡。

（原载于《经济日报》1996 年 6 月 10 日）

软着陆：宏观政策协调的成功

一、宏观调控目标的协调

协调的宏观调控目标确定了宏观调控的方向和力度。这次宏观调控较好地处理了相互联系、相互制约的各项宏观政策目标之间的关系，特别是较好地协调了经济增长、稳定物价和扩大就业三大目标。

1993年，在协调经济增长、稳定物价和就业三个目标时，各方面有不同的看法。从理论和实践来看，通货膨胀与失业有无替代关系取决于货币量增长率和通货膨胀率之间的关系。如果货币量增长率低于通货膨胀率，那么，经济中的实际需求减少，对劳动力的需求也下降。此时，通货膨胀与失业没有替代关系，反而有正相关性，会出现失业与通货膨胀并存。只有当货币量的增长率高于通货膨胀率，货币的增长能够引起实际需求的增长，对劳动力的需求才会增加，通货膨胀与失业有替代关系。在高通胀时期，要利用失业与通胀的替代关系，就需要过多地发行货币，这会给经济带来更多的隐患，导致高通货膨胀与高失业并存的滞胀现象。在实际操作中，中央政府抓住影响宏观经济运行的主要矛盾，果断决策，将抑制通货膨胀作为宏观调控的首要目标，作为正确处理改革、发展和稳定三者关系的关键，在稳定物价的前提下保持了经济稳定快速增长，在经济增长的过程中逐步扩大就业机会。

二、宏观经济政策的协调

（一）控制总需求政策措施的协调

控制总需求，首先是从控制固定资产投资规模入手，对固定资产投资采取严格控制的措施。这些措施包括计划、财政和金融政策措施的协调。

（1）发挥投资计划控制投资规模的轴心作用，抑制总需求。本次宏观调控的投资计划措施有：通过调节和指导具体的调控机制，使财政调控机制、金融调控机制、监督调控机制等充分反映投资计划的要求，即向各类投资主体展示国民经济发展走势、方向和国家长期发展战略，以权威性信息引导微观投资主体的投资流向；运用现有计划体制的指标控制和项目审批制度，压缩在建规模、控制新开工项目。

（2）协调金融政策措施与投资计划措施，控制投资需求。银行配合投资计划加强对投资资金源头控制。具体措施为：中央银行控制货币发行量，在加强贷款限额管理的同时，加强对基础货币控制；对资金总量指标实行指令性计划，严格管理银行投资贷款、国外贷款，控制债券和股票发行的总规模，严格控制银行信贷资金的发放和使用，以控制资金总量；明令禁止乱拆借、乱集资、绕规模贷款，清收违章拆借资金，严禁用信贷资金充作建设项目的自筹资金和自有资金，严禁将流动资金用于固定资产投资；加强中央银行的再贷款回收；强化专项贷款的管理；中央银行通过调整利率、再贷款规模等货币政策工具，灵活地调节货币流通量和信贷资金量，强化金融对投资的间接调控作用。这些措施从资金源头上有效地抑制了投资需求。

（3）财政政策与计划、金融政策相互配合，调控投资需求及总需求。其措施为：完善税制改革，严格依法治税，增加税收收入，防止税收流失，通过增税抑制社会总需求，也给企业创造平等竞争的外部环境：利用税收杠杆调整投资流向，优化投资结构；统筹预算内和预算外建设资金，由综合经济部门统一协调预算外资金的使用，引导预算外资金流向国家重点发展的产业部门；加强对财政信贷资金的管理；通过税种、税目、税率、减免税等实现投资调控目标，如资源税可以促进资源的合理开发和利用，建筑税可以控制投资规模等；通过国家预算收支总规模的变动来调节投资的总量，削减国家预算内投资，有效地减少投资规模，控制投资需求。

(二)优化结构、增加供给政策措施的协调

加强宏观调控，消除经济过热，首先必须从控制总量开始，这是毫无疑问的。但只有总量控制，而没有相应的结构调整，宏观调控的目标也不可能实现。针对这一情况，在这次宏观调控中，一方面总量控制严格而适度，另一方面从一开始就注重和加强了结构调整。这次调整结构，较好地处理了三方面的关系：一是兼顾投资与经济发展之间的相互促进、相互制约的关系；二是正确处理各产业和各行业之间的关系，重视基础产业、农业、支柱产业的发展；三是发挥地区优势，协调区际经济结构，注意处理好东、中、西部的关系，实现地区均衡发展。实现产业结构优化、增加供给的主要措施为：

(1)优化投资结构的政策措施。这些措施以产业政策为中心，注重在抑制投资即期需求效应的同时发挥其长期供给效应，既优化产业结构又提高未来的生产能力，保持经济的适度增长。具体措施为：一是确定经济发展的重点，加强以农业、能源、交通和通信为重点的基本建设，并向商业银行推荐建设项目；二是依据投资计划，按照保重点、保收尾、保竣工的原则，集中资金完成竣工投产和收尾项目，早日形成新的生产能力；三是理顺价格关系，对价格水平较低的基础工业和基础设施的新建项目，实行逐步还本付息或微利，以调动企业和地方等各类投资主体对这些产业投资的积极性；四是对国家重点建设项目，在资金安排、征地拆迁、物资供应、交通运输、外部配套等方面予以保证；五是实行专项基金制度；六是在投资项目安排上，适当向落后地区倾斜，对不发达地区实行"同等优先"原则，尽量多安排一些项目，对从事的国家重点项目建设，提高政策性贷款比重或给予优惠利率的贷款，并对重要的基础性、公益性甚至竞争性项目给予补助，以降低筹资成本、提高竞争力，国家还鼓励经济发达地区到不发达地区投资，引导和鼓励外商到落后地区投资。

(2)适度从紧的财政政策与优化结构政策的协调。财政部门在增收减支、控制债务规模的同时，还采取了以下的措施配合经济调整和增加有效供给：一是通过财政信贷集中更多的社会资金用于国家急需的基础产业建设；二是根据国家的产业政策、科技政策适当增加科技三项费用、技术改造拨款、贴息和新产品技术开发费，加速折旧投资抵免，以支持投资结构调整；三是采取财政贴息和专项资金等措施支持农业和农村经济发展；四是发挥投资方向调节税对投资的导向作用；五是对银行的保值储蓄实行贴息，支持银行实行适度紧缩的货币政策；六是支持企业优化资本结构，对国有企业"拨改贷"资金本息余额分别情况转为国家资本金，将优化资本结构试点城市国有企业上缴所得税的一部分拨给企业，用于补充流动资金，对国有企业兼并破产中

银行的损失，在总量控制的条件下，实行呆账、坏账准备金冲销等一系列措施。

（3）适度从紧的货币政策措施与其他政策措施的协调。这些货币政策措施包括：一是适度控制货币发行量。中央银行根据宏观经济发展目标确定货币发行量，由于投资规模得到控制，投资过大对货币发行的倒逼机制弱化，货币发行量的增长基本上与经济增长的速变相适应。二是调整利率和再贴现率。中央银行根据物价水平的高低及时灵活地调整银行存贷款利率和中央银行对商业银行的再贷款利率，在通胀率较高时调高利率和再贴现率，在通胀率下降后及时下调利率和再贴现率。使物价和存款利率、存款利率和贷款利率、贷款利率和债券利率保持合理水平，以减轻财政负担，降低企业融资成本，促进经济增长。三是在信贷方面，实行"总量控制，重点调整结构"，对国家重点项目和重点企业实行"点贷"。四是在用贷款规模和再贷款规模等方法调整社会货币供给量的同时，逐步压缩信用放款，适当扩大中央银行的再贴现范围和数量，从资金源头上调节流入经济领域的信贷资金量。

（原载于《经济日报》1998 年 1 月 26 日，与王健、汪海波合作）

宏观调控政策协调在经济"软着陆"中的作用①

我国从 1993 年下半年开始，针对经济领域中出现的过热现象，实施了以治理通货膨胀为首要任务的宏观调控。经过 3 年多的努力，国民经济成功地实现了"软着陆"。国家综合运用多种宏观调控政策在这次经济"软着陆"中发挥了重要的作用。

一、经济"软着陆"的实现

改革以来，国民经济四次出现过热，政府四次进行宏观调控。只是在第四次宏观调控中才成功地实现了"软着陆"。考察我国改革以来宏观调控的经验和教训，能给人有益的启示。

第一次宏观调控始于 1979 年。针对当时"洋跃进"导致的国民经济比例严重失调，政府决定实行以调整为重点的"调整、改革、整顿、提高"的八字方针，开始全面的国民经济调整工作。但 1979 年、1980 年两年的调整工作并未真正落实。以致这两年经济速度虽有下降，但仍然很高。与此相联系，财政赤字急剧扩大。这两年国内生产总值分别增长 7.6% 和 7.9%，财政赤字分别为 17016 亿元和 12715 亿元。只是到 1981 年，调整工作才真正得到落实。这年国内生产总值增长率下降到 4.5%，财政赤字缩小到 2515 亿元。但 1982 年、1983 年两年经济回升过快。这两年国内生产总值年增长率分别为 8.5% 和 10.2%；财政赤字分别为 2913 亿元和 4315 亿元。尤其是 1984 年，为了提前实现翻番目标，全国各地普遍增温加压，相互攀比增长速度，加工业过快发展，能源供应和交通运输日趋紧张，固定资产投资和消费基金猛增。1984 年

---

① 在本文写作过程中，参加讨论的还有：贾履让、吕福新、丁德章、石磊、马小方。

国内生产总值比上年增长 14.5%，财政赤字进一步扩大到 4415 亿元。财政赤字扩大，社会总供给小于总需求，经济过热的浪潮又起。

第二次宏观调控是从 1985 年开始的。政府针对基建规模过大、物价上涨较快、银行货币投放过多等经济过热的现象，提出了"软着陆"的方针，对经济进行宏观调控。这次宏观调控当年即见成效。1986 年继续加强宏观调控，国民经济主要比例关系明显改善，经济增长速度与经济结构渐趋合理，物价涨幅下降。1985 年国内生产总值增长率下降到 12.9%，1986 年又下降到 8.5%。全国零售物价指数也由 1985 年的 8.8%下降到 6%。但当时认为"软着陆"已成功，从而放松了总量控制，其结果是，国民收入持续超分配，投资和消费的再度扩张导致通货膨胀严重，使得当时国力支撑不了严重膨胀的建设规模和社会消费需求，农业不能支撑过大的生产规模，能源、原材料、交通和基础设施不能满足加工业的需要，1987 年、1988 年两年国内生产总值分别比上年增长 11.1%和 11.3%。由于社会总需求远远超过总供给，全国零售物价指数也由 1987 年的 7.3%上升为 1988 年的 18.5%，达到 80 年代最高点。这样，经济没实现"软着陆"，就又起飞了。

第三次宏观调控是从 1988 年底开始的。进入 1988 年后，国民经济加速发展，国民经济失调问题随之加速积累，严重的通货膨胀引发了抢购风潮，政府决定对经济进行治理整顿，再度进行宏观调控。政府采取严厉措施，清理、压缩固定资产在建项目，集中部分投资审批权以控制新开工项目，严格控制银行固定资产贷款，投资规模逐步收缩。同时，采取财政和金融双紧的政策，货币超经济发行的状况全面扭转，财政收支状况有所改善。国民经济在紧缩条件下运行，物价涨幅回落。国内生产总值年增长率 1989 年、1990 年两年分别下降到 4.3%和 3.9%。物价涨幅由 1989 年的 17.8%，下降为 1990年、1991 年的 2.1%、2.9%。但这次调整力度过大，经济增长率下降过猛，并一度导致市场疲软，实际上是一次"硬着陆"。从 1991 年起，我国经济步入迅速升温阶段。1991 年、1992 年、1993 年三年的国内生产总值分别增长 9.2%、14.2%、13.5%。1993 年物价涨幅上升到 13.3%，能源、交通和重要原料供应十分紧张。随着房地产热、集资热和开发区热的出现，乱集资、乱拆借、乱设金融机构现象日益加剧，金融秩序混乱，信贷收支、财政收支和国际收支出现了明显的不平衡。

针对总量失控、结构失调、通货膨胀率过高、经济秩序混乱、国际收支平衡压力加大的局面，从 1993 年下半年开始，第四次加强宏观调控。中央决定先后实行了一系列重要政策，深化金融、财税、外贸和外汇改革，整顿金融秩序、加强金融管理、加强农业基础，控制需求过快增长，增加有效供给，最终成功地实现了"软着陆"。其主要标志是在保持经济以较快速度持续增长的同时有效地控制了通货膨胀，1994~1996 年，国内生产总值分别增长 12.5%、10.5%、9.6%；物价涨幅则由 21.17%下降到 6.1%。

这次宏观调控成功的经验很多，其中，综合协调宏观经济政策、扬长避短、发挥合力是成功实现经济"软着陆"的基本经验之一。

二、经济"软着陆"中的宏观调控政策协调

（一）宏观调控目标的协调

这次宏观调控较好地处理了相互联系、相互制约的各项宏观政策目标之间的关系，特别是较好地协调了经济增长、稳定物价和扩大就业三大目标。

1993 年，在协调经济增长、稳定物价和就业三个目标时，各方面有不同的看法：有些人士认为，通货膨胀与失业相比，失业更可怕，中国每年有数千万新增劳动力，因此，应该利用通货膨胀与就业之间的替代关系，以高通胀、高就业来促进经济发展；另一些人士认为，通货膨胀对经济的危害很大，不仅造成经济秩序混乱，而且影响社会安定。他们还指出，失业与通货膨胀既有替代关系也有并存关系，两者可能相互替代也可能共生共存，实行通货膨胀不一定能消除失业，经济可能出现高失业与高通胀并存的滞胀状态，影响经济稳定增长。

从理论和实践来看，通货膨胀与失业有无替代关系取决于货币量增长率和通货膨胀率之间的关系。如果货币量增长率低于通货膨胀率，那么，经济中的实际需求减少，对劳动力的引致需求也下降。此时，通货膨胀与失业没有替代关系，反而有正相关性，会出现失业与通货膨胀并存。只有当货币量的增长率高于通货膨胀率，货币的增长能够引起实际需求的增长，对劳动力的引致需求才会增加，失业率下降，通货膨胀与失业有替代关系。在高通胀时期，要利用失业与通胀的替代关系，就需要过多地发行货币，这会给经济带来更多的隐患，导致高通货膨胀与高失业并存的滞胀现象。所以，在通货膨胀率太高时，不能运用以通胀换取失业的办法。因此，中央政府抓住影响宏观经济运行的主要矛盾，果断决策，将抑制通货膨胀作为宏观调控的首要目标，作为正确处理改革、发展和稳定三者关系的关键，在稳定物价前提下保持经济稳定快速增长，在经济增长的过程中扩大就业机会。

(二) 宏观政策措施的协调

1. 控制总需求政策措施的协调

总量平衡是宏观经济稳定的基本条件。1993年经济过热的突出表现是总需求大于总供给的差率超过正常水平10个百分点。需求膨胀又主要是由于固定资产投资规模过度膨胀引起的。控制总需求，首先是从控制固定资产投资规模入手，对固定资产投资采取严格控制的措施。这些措施包括计划、财政和金融政策措施的协调。

（1）发挥投资计划控制投资规模的轴心作用，抑制总需求。本次宏观调控的投资计划措施有：通过调节和指导具体的调控机制，使财政调控机制、金融调控机制、监督调控机制等充分反映投资计划的要求；向各类投资主体展示国民经济发展走势、方向和国家长期发展战略，以权威性信息引导微观投资主体的投资流向；运用现有计划体制的指标控制和项目审批制度，压缩在建规模、控制新开工项目。如计划部门对已批准的可行性报告和项目建议书的项目进行重新审议，注销不符合国家产业政策、市场前景不明、建设资金不落实的项目；严格控制高档房地产开发项目；大幅度压缩一般性建设项目和不适宜的开发区及相关项目。

（2）协调金融政策措施与投资计划措施，控制投资需求。银行配合投资计划加强对投资资金源头的控制。具体措施为：中央银行控制货币发行量，在加强贷款限额管理的同时，加强对基础货币控制；对资金总量指标实行指令性计划，严格管理银行投资贷款、国外贷款，控制债券和股票发行的总规模，严格控制银行信贷资金的发放和使用，以控制资金总量；明令禁止乱拆借、乱集资、超规模贷款，清收违章拆借资金，严禁用信贷资金充作建设项目的自筹资金和自有资金，严禁将流动资金用于固定资产投资；加强中央银行的再贷款回收；强化专项贷款的管理，如商业银行的房地产贷款被严格限制于中央银行下达的规模内，不得突破等；加强对社会集资的管理，控制社会集资的规模、投向和数量，严禁各类非法集资、以证券回购业务之名行筹集投资资金之实等行为；规范非金融机构在资金市场中的行为；开拓和发展金融市场，鼓励企业从金融市场直接融资，这样既拓展了融资渠道、扩大了投资资金来源，也有利于企业强化自我约束，还有利于中央银行加强对投资资金总量的调控；中央银行通过调整利率、再贷款规模等货币政策工具，灵活地调节货币流通量和信贷资金量，强化金融对投资的间接调控作用。这些措施从资金源头上有效地抑制了投资需求。由于财政不再向中央银行透支，通过国债弥补财政赤字，同时，投资规模得到控制，投资过大对货币发行的倒逼机制弱化，从而有利于中央银行较独立地执行货币政策，较好地控制货币供给量的增长幅度，有效地抑制了需求。

（3）财政政策与计划、金融政策相互配合，调控投资需求及总需求。其措施为：完善税制改革，严格依法治税，增加税收收入，防止税收流失，通过增税抑制社会总需求，也给企业创造平等竞争的外部环境；利用税收杠杆调整投资流向，优化投资结构；统筹预算内和预算外建设资金，由综合经济部门统一协调预算外资金的使用，引导预算外资金流向国家重点发展的产业部门；加强对财政信贷资金的管理；通过税种、税目、税率、减免税等实现投资调控目标，如资源税可以促进资源的合理开发和利用，建筑税可以控制投资规模等；通过国家预算收支总规模的变动来调节投资的总量，削减国家预算内投资，有效地减少投资规模，控制投资需求。

2. 优化结构、增加供给政策措施的协调

这次宏观调控与以往不同之处是重视国民经济结构优化、增加有效供给，采取适度从紧的宏观经济政策。一般来说，通货膨胀，经济过热，都是总量失控与结构失衡共同作用的结果。因此，加强宏观调控，消除经济过热，首先必须从控制总量开始，这是毫无疑问的。但只有总量控制，而没有相应的结构调整，宏观调控的目标就不可能实现。因为它不仅很容易造成经济滑坡，而且控制也不可能持久。一旦放松控制，扩张就会卷土重来，这方面过去是有深刻教训的。我国国民经济运行中的一个突出矛盾，就是总量与结构之间的矛盾。如果总量受到控制，结构问题就暴露出来；如果迁就现有的结构，总量就无法控制。针对这一情况，在这次宏观调控中，一方面总量控制严格而适度，另一方面从一开始就注重和加强了结构调整。这次调整结构，较好地处理了三方面的关系：一是兼顾投资与经济发展之间的相互促进、相互制约的关系；二是正确处理各产业和各行业之间的关系，重视基础产业、农业、支柱产业的发展；三是发挥地区优势，协调区际经济结构，注意处理好东、中、西部的关系，实现地区均衡发展。实现产业结构优化、增加供给的主要措施为：

（1）优化投资结构的政策措施。这些措施以产业政策为中心，注重在抑制投资即期需求效应的同时发挥其长期供给效应，既优化产业结构又提高未来的生产能力，保持经济的适度增长。具体措施为：一是通过计划，确定经济发展的重点，加强以农业、能源、交通和通信为重点的基本建设，并向商业银行推荐建设项目；二是依据投资计划，按照保重点、保收尾、保竣工的原则，集中资金完成竣工投产和收尾项目，早日形成新的生产能力；三是理顺价格关系，对价格水平较低的基础工业和基础设施的新建项目，实行逐步还本付息或微利，以调动企业和地方等各类投资主体对这些产业投资的积极性；四是对国家重点建设项目，在资金安排、征地拆迁、物资供应、交通运输、外部配套等方面予以保证；五是实行专项基金制度；六是在投资项目的安排上，适度向落后地区倾斜，对不发达地区实行同等优先原则，尽量多安排一些项目。对经济不发达地区从事国家重点项目建设要提高政策性贷款比重或给予优惠利率的贷款，并对重要的基础性、公益性甚至竞争性项目给予补助，以降低筹资成本、提高竞争力。国家还鼓励经济发达地区到不发达地区投资，引导和鼓励外商到落后地区投资。

（2）适度从紧的财政政策与优化结构政策的协调。财政部门在增收减支、控制债务规模的同时，还采取了以下的措施配合经济调整和增加有效供给：一是通过财政信贷集中更多的社会资金用于国家急需的基础产业建设；二是根据国家的产业政策、科技政策适当增加科技费用、技术改造拨款、贴息和新产品技术开发费，加速折旧投资抵免，以支持投资结构调整；三是采取财政贴息和专项资金等措施支持农业和农村经济发展；四是发挥投资方向调节税对投资的导向作用；五是对银行的保值储蓄实行贴息，支持银行实行适度紧缩的货币政策；六是支持企业优化资本结构，对国有企业"拨改贷"资金本息余额分别情况转为国家资本金，将优化资本结构试点城市国有企业上缴所得税的一部分拨给企业，用于补充流动资金，对国有企业兼并破产中银行的损失，在实行总量控制的条件下，由呆账坏账准备金冲销等一系列措施。

（3）适度从紧的货币政策措施与其他政策措施的协调。这些货币政策措施包括：一是适度控制货币发行量，中央银行根据宏观经济发展目标确定货币发行量，由于投资规模得到控制，投资过大对货币发行的倒逼机制弱化，货币发行量的增长基本上与经济增长的速度相适应。二是调整利率和再贴现率，中央银行根据物价水平的高低及时灵活地调整银行存贷款利率和中央银行对商业银行的再贷款利率，在通胀率较高时调高利率和再贴现率，在通胀率下降后及时下调利率和再贴现率。使物价和存款利率、存款利率和贷款利率、贷款利率和债券利率之间保持合理水平，以减轻财政负担，降低企业融资成本，促进经济增长。三是在信贷方面，实行"总量控制，重点调整结构"，对国家重点项目和重点企业实行"点贷"。四是在用贷款规模和再贷款规模等措施调整社会货币供给量的同时，逐步压缩信用放款，适当扩大中央银行的再贴现范围和数量，从资金源头上调节流入经济领域的信贷资金量。五是改进金融调控方式，运用公开市场业务等新的间接调控工具。国债规模的扩大为公开市场业务创造了条件。1996年开办中央银行国债公开市场业务，以更灵活的方式微调货币供给量。

3. 物价调控措施的协调

与上述调节总供求的政策措施相配合的抑制物价的措施有：

（1）实行物价调控目标责任制。按照全国物价调控的目标确定分省、自治区、直辖市的物价调控目标。各级政府主要领导负责，组织各部门齐抓共管，综合治理通货膨胀。

（2）对重要农副产品生产实行首长负责制。针对物价上涨中50%多是受粮食副食品价格上涨的影响，国家实行"米袋子"省长负责制和"菜篮子"市长负责制，并采取了多渠道增加农业投入、改善农业生产条件、提高抗御自然灾害的能力，大幅度提高粮食定购价格，强化科教兴农，扶持支农工业。适度运用进出口和粮食储备增加市场供给，抑制粮食、饲料价格上涨。

（3）加强和改善物价监管，建立价格调控机制。大中城市初步建立了居民基本生活必需品和服务项目及重要生产资料成交价格监测网络，国家逐月公布各地物价指数，加强对物价的社会监督。各地物价部门对生活必需品价格和化肥农药等价格进行专项检查，大力整顿流通秩序，加强市场建设和管理。粮食部门实行政策性业务和商业性经营两条线运行，对化肥市场进行了整顿和规范，普遍推行蔬菜直销。国有、合作商业在稳定市场物价中发挥了重要作用。建立重要商品储备制度、价格调节基金制度等新的价格调节机制。

（三）宏观调控政策与深化改革政策的协调

以往加强宏观调控，特别是消除经济过热，经常会影响到改革措施的贯彻和执行。也就是说，在强调宏观调控时，改革的步伐可能要放慢一些，某些改革措施的力度也可能会小一些。然而，这次宏观经济调控，由于环境的改善，各方面的措施配合较好，特别是正确地处理了改革、稳定与发展的关系，不仅没有影响到改革进展，反而促进了改革的深化。如1994年以来，在宏观经济体制改革方面推出了包括统一税率，实行中央与地方分税制；改革金融管理体制，实行中央银行、政策性银行和商业银行职能分开；进一步放开主要工业品的价格和实行汇率并轨等在内的一系列重大改革措施。在企业改革方面，则围绕着建立现代企业制度，进行了抓大放小，资本优化组合，企业改革、改组、改造相结合等，从而大大强化了市场机制的作用，使市场在约束经济扩张方面发挥了重要的作用。也就是说，随着宏观经济调控措施的实施和企业作为市场主体与经济利益主体地位的确立，那些没有销路的产品和经济效益较差的投资和生产，自然就会受到市场力量的约束；而那些产品有市场、有效益的投资和生产，发展速度就快一些，对增加有效供给、控制通货膨胀和保持较高的经济增长率都是有益的。协调宏观调控政策与深化改革政策，使市场机制在宏观调控中发挥作用，也是这次"软着陆"成功的一个重要原因。

三、宏观调控政策的协调和完善

由于市场发育水平比较低、企业经营机制不完善、国家宏观调控实力不足等原因，本次宏观调控还存在结构调整进展缓慢、企业经济效益不高等问题，宏观经济政策需要进一步协调和完善。为此，要着力解决以下几方面的问题：

（一）理顺宏观调控部门关系，协调宏观经济政策

1. 理顺宏观经济调控部门间的相互关系

我国实行宏观经济调控的三大部门是计委、财政部和中国人民银行。理顺三部门之间的关系，应正确发挥各自的作用，相互协调，相互制约，形成合力。计委要加强宏观经济运行的监测、预测，提高制订计划的科学性，恰当把握宏观调控的力度，在确定宏观经济调控目标的同时，提出需要配套实施的经济政策；财政部则运用预算和税收手段，调节经济结构和收入分配；中央银行以稳定币值为首要目标，合理调节货币供应量，保持国际收支平衡。财政与银行联手规范财政资金的信贷使用，解决信用资金财政化和财政资金信贷化问题。

2. 加强协调宏观经济政策的措施

在政策目标确定后，主要是政策措施的协调。政策措施比较多，各有特点，用于宏观调控各有其优越性和局限性，协调经济政策手段、适时操作、力度适当，才能充分发挥其互补的功能，有效地调控经济、修正市场失灵、提高资源配置效率。如在通货膨胀率和失业率都比较高时，要实现降低通货膨胀率和减少失业率，就需要适度的紧缩货币政策措施和扩张的财政政策措施相配合。可以考虑减少再贷款、在公开业务市场上卖出债券、提高贴现率或存款准备金率；政府增加直接投资、减少税收、扩大财政支出；同时，对产品价格实行严格的管制。在政策手段的时间安排上，可以考虑先扩大财政支出、减少再贷款、严格控制价格，然后，增加政府直接投资、提高贴现率，如收效不明显，再考虑采用改变存款准备金率和减税等手段。

（二）完善金融调控

在本次宏观调控中，中国人民银行和各大国有商业银行发挥了重要的作用。然而，由于金融体制不够完善，影响了货币政策的效果。金融调控中比

较突出的问题是信贷配给和社会游资及金融风险增大问题。这些问题需要很好地加以解决。

1. 正确运用信贷配给

信贷配给是指，当信贷市场需求大于供给时，银行在低于市场利率的利率水平上鼓励一部分企业贷款，限制另一部分企业贷款，不以高利率满足市场对信贷的需求。宏观调控中运用"点贷"措施就是明显的信贷配给现象。

信贷配给对宏观调控政策有两方面的影响：一方面，强化了紧缩政策的效应。当政府实行紧缩货币政策时，银行贷款利用配给机制，高风险企业和经济效益低下的企业几乎得不到贷款，从而控制了社会投资需求，增强了紧缩政策的效果。另一方面，抑制了扩张政策的效应。当政府放松银根时，银行信贷配给仍然起着抑制需求的作用，从而削弱了扩张政策的效应。

信贷配给是不完全市场中银行的理性行为，是市场失灵的表现。改善信贷质量的根本出路在于系统地进行配套改革，培育具有自我约束机制的市场主体，加速国有企业改革的进程；同时深化银行体制改革，加快实现经营集约化，管理规范化，深化内部改革，建立起符合市场经济要求的商业银行管理体系和运作机制，消除信贷配给对宏观经济政策的逆向调节作用。

2. 加强对社会游资的引导

现在社会游资越来越多，支撑了泡沫经济，对宏观经济的影响越来越大，影响了政策的协调效应。非银行金融机构的资金、社会保险和商业保险的结余资金、企业股份制改造中发行股票的资金、各种信托投资公司的资金、一部分预算外资金以及国有商业银行贷给国有企业的部分款项，都成为社会游资。据估计，我国现有游资1万多亿元。在我国资金市场发育不完善、调节机能不健全的情况下，对游资的调控往往失灵，这就影响宏观调控政策的协调效应。

银行和财政要携手管理和引导游资投向国有大中型企业和国家重点工程。中国人民银行要加强对金融市场的管理，规范金融市场秩序，对游资要进行清理和整顿，从资金源头进行控制。财政要强化预算外资金管理，集中掌握一部分资金用于国有企业的技术改造和社会基础设施建设及组建大型企业集团。

3. 金融风险防范

随着金融业市场化进程加快，金融风险增大，必须有切实和有效的防范措施。防范金融风险，完善金融宏观调控，必须按照建立社会主义市场经济体制的要求，深化改革、规范金融秩序、加强监管、强化法治，建立和完善现代金融体系和金融制度。要加强人民银行的中央银行职能，加快国有商业银行的商业化步伐，健全多层次、多类型的金融机构体系。把一切金融活动纳入规范化、法制化轨道，大力整章建制，依法治理金融，规范和维护金融秩序。要提高金融业经营和监管水平，有效防范和化解金融风险。

（三）改善财政调控

进一步完善财政宏观调控的措施为：

（1）完善分税制。进一步科学地划分中央与地方的事权范围，完善增值税。

（2）切实加强财政管理，推进法制建设。

（3）完善一般性转移支付制度。简化转移支付形式，加大过渡时期转移支付力度。

（4）强化预算外资金管理。从源头上控制预算外资金的增长，财政账户必须由综合部门集中统一开设和管理，坚持收支两条线管理制度，加快"费改税"的进程。

（5）加强税收征管，进一步加强增值税发票管理，强化稽核手段。

（6）协调国税局和地税局的关系。就目前的状况而言，因地制宜的办法是：一是经济发达地区在减少税种交叉的基础上，国税、地税仍然分设，能够充分发挥竞争机制的作用，有利于加强税收征管；二是经济欠发达地区，国税地税征管机构宜合一，这样可以降低征收成本。

（7）培植财源，振兴财政。财政部门促进经济发展的措施有：一是支持国有企业深化改革和企业技术进步，提高财政投资效益；二是根据国家产业政策，调整财政投资结构，增加对农业的投入和高新技术产业投入，加强农业基础地位，培植开发新财源；三是协调区域经济发展，逐步增加对中西部地区和老工业基地的财力支持，促进这些地区的资源优势转化为经济优势，增强其财政实力。

（原载于《经济研究》1998 第 2 期，与王健、汪海波合作）

拉动经济增长需要处理好的几个关系

从 1997 年第四季度开始，由于受东南亚金融危机的影响，我国的国民经济运行出现了通货紧缩的趋势，其主要表现为物价总水平的全面持续下降和经济增长速度的下滑。1998 年，中央采取了一系列扩大内需、拉动经济增长的措施，取得了非常明显的效果。实践证明，中央的决策是正确的。但从 1999 年的情况看，我们仍然面临着外贸出口下降、顺差减少、消费需求不振、固定资产投资增长放慢等问题。所以继续采取有效措施，拉动经济增长，仍然是当前经济工作中面临的首要问题。总结两年来的经验，笔者认为拉动经济增长必须处理好以下几个关系。

一、扩大内需与增加出口的关系

投资、消费和外贸出口是拉动经济增长的三大要素。在外贸出口受到限制、增幅下滑甚至下降的情况下，采取扩大内需的办法促进经济增长无疑是正确的。然而，随着世界经济一体化、全球化、自由化进程的加快和我国对外开放的不断扩大，我国的对外经济贸易发展迅速，经济增长对外贸出口的依赖程度不断提高。当世界经济出现较大震荡的时候，我国的经济发展必然要受到一定影响。如 1997 年我国的国内生产总值增长了 8.8%，投资、消费、外贸出口三者的贡献率分别为 39.6%、33.4% 和 27.1%。也就是说，在 8.8 个百分点的经济增长中，外贸出口的贡献占了 2.4 个百分点。而 1998 年，由于东南亚金融危机的影响，我国的外贸出口只增长了 0.5%，在国内生产总值 7.8% 的增长中，其贡献率几乎等于零。再加上特大洪水对经济增长的负面影响，其增长率约为 0.4 个百分点，如果不采取特殊措施，按 1997 年同样的经济增长速度计算，将有 2.8 个百分点的缺口：1998 年我国的经济增长实际为 7.8%，其中有 1.8 个百分点是扩大内需拉动的。换句话说，如果中央不采取扩大内需的措施，1998 年的经济增长只能达到 6%。这一方面说明中央所采取的扩大内需的措施是完全正确的，另一方面也说明东南亚金融危机对我国经济发展的影响也是很大的，而要完全消除这种影响，以保持经济的快速增长，仅仅依靠扩大内需又是不够的。这就要求我们必须处理好扩大内需与增加出口的关系，在努力扩大内需的同时，千方百计地增加对外出口。

二、扩大投资需求与增加消费需求的关系

扩大投资需求与增加消费需求对拉动经济增长都具有重要意义。就运用积极的财政政策而言，扩大投资需求比启动消费需求作用更直接，效果更明显。政府利用直接投资拉动经济增长有这些特点：①不需要经过更多的中间环节，但通过增加居民收入启动消费需求，则会遇到收入分配、支出预期和消费心理等一系列问题。从这个意义上讲，通过投资拉动经济增长比通过消费拉动经济增长要容易得多。然而，对经济增长最终起决定性作用的却是消费。从我国现阶段的情况看，消费需求占社会总需求的比重较高，一般在60%以上。如消费方面的有效需求不足，必然会对经济增长产生较大的影响。②消费需求是最终需求，它对经济增长拉动的力度较大。一般说来，如果不考虑价格因素，在维持社会库存商品量不变的情况下，消费增长多少，生产就应当增长多少。然而，投资作为一种生产性消费，它是一种需求，但它作为一种生产能力的建设，又将产生新的供给，在非短缺经济的情况下，这种新的供给通常又会影响到对原有供给的需求。也就是说，当投资行为完成以前，投资作为一种纯消费行为，它对经济增长的拉动作用较大；但当投资行为完成之后，往往它又会产生新的供给，只有当这种新的供给能够产生新的需求的时候，才能推动经济的增长。否则，只会加剧有关商品供大于求的程度，而不利于经济增长。低水平重复建设所造成的后果就是这种情况。③消费需求的增长能够拉动投资需求的增长。当消费增长较快的时候，不仅能够促进现有生产能力的充分发挥，促进经济增长，而且当现有生产能力生产的产品不足以满足消费的时候，它又会产生新的投资需求，从而从投资和消费两个方面拉动经济增长。总之，消费需求对拉动经济增长具有决定性的作用。在扩大内需时，我们必须处理好投资需求与消费需求的关系，既要采取措施扩大投资需求，也要注重启动和增加消费需求。

三、增加国有投资与带动非国有投资的关系

在社会主义市场经济中，通过增加国有投资拉动经济增长无疑是十分重要的。然而，增加国有投资，一方面要受到国家财力的限制，另一方面，在那些并非关系到国家安全的行业、非自然垄断行业和并非提供重要公共产品和服务的行业，也没有必要全部由国家投资。因此，扩大投资需求，必须处理好国有投资和非国有投资的关系。要通过增加国有投资，去带动和促进非国有投资的增长，才能更加有效地拉动经济的持续增长。

所谓非国有投资，除外商直接投资外，主要包括集体和个体投资。目前，这方面的投资持续低迷，使投资需求对经济增长的拉动作用大大减弱，直接影响了生产的增长。采取有效措施，促进非国有投资的不断增加，已经成为一个十分重要的问题。

增加非国有投资，资金应该是不成问题的。截至1999年6月底，我国城乡居民的储蓄存款余额已达6.9万多亿元。这些储蓄存款，如果有1/10用于生产性投资，对经济增长的拉动作用将是很可观的。当前阻碍非国有投资增长的原因，除了市场的制约外，主要是体制和政策问题，如在信贷、土地使用权和进出口等方面的"所有制歧视"就是阻碍非国有投资的重要因素，必须采取积极措施，尽快解决这些问题，才有可能促进非国有投资和非国有经济的增长与发展。促进非国有投资的增加，不仅能够从扩大投资需求方面拉动经济增长，而且还能从增加就业、扩大消费方面拉动经济增长，同时，它还有利于调整经济布局，完善所有制结构和对国有企业实施战略改组，从而有利于健全和完善市场机制，促进经济的发展。

四、增加总量与调整结构的关系

无论是扩大内需，还是增加出口，也无论是扩大投资，还是增加消费，它们对经济增长的任何拉动都意味着经济总量的增加。为了保证经济总量的不断增加，即保证经济的不断增长，除了要通过宏观经济调控，保持经济总量，特别是保证总供给与总需求的基本平衡外，还必须保证供给结构与需求结构相适应。任何总量都是建立在一定结构基础上的总量，而任何结构又都

是在一定总量条件下的结构。因此，没有结构的适应，就没有总量的真正平衡。当前，从总量上看，我国几乎所有的商品都是供大于求或供求基本平衡，存在着严重的有效需求不足问题，这也是我们采取扩大内需政策的基本依据。然而，从结构上看，又有不少产品在某些品种上存在着供给不足问题，如钢材、机床等产品，一方面存在着大量的积压，另一方面又有许多品种需要从国际市场上进口。因此，扩大内需，拉动经济增长，还必须处理好增加总量与调整结构的关系，要通过产业结构和产品结构调整，使供给结构与需求结构相适应，以加大需求对经济增长拉动的力度，同时不断增加有效供给，促进需求的持续增长除加快产业结构和产品结构的调整以便更好地满足现有需求外，还需加强技术创新、创造和满足新的需求问题，这一点在科技进步不断加快的今天，显得尤为重要。从宏观上讲，它关系到有效需求的不断扩大，从而保证国民经济的持续发展问题；从微观上看，它关系到企业的生存发展和竞争力的不断增强问题，必须引起每个企业的高度重视。

（原载于《中国工业经济》2000 年第 1 期）

论新时期的经济结构调整

2000 年我国国内生产总值 89442 亿元，首次突破 1 万亿美元大关，2002 年国内生产总值跃上 10 万亿元的新台阶，达到 102398 亿元。就经济总量而言，我国已跨入世界经济大国的行列。但是，我国还不是一个经济强国，就经济结构来说，仍然属于一个发展中国家。经济结构与经济总量从不同的侧面反映一个国家的经济实力和经济发展水平。我国经济发展中的突出问题是经济结构不合理，经济结构调整的任务还很重。

一、经济结构调整与经济发展的关系

经济发展包括经济总量增长和经济结构优化。经济增长带动结构优化，结构优化促进经济增长，二者相互推动，共同促进经济的发展。20 世纪 60 年代以前，传统的经济增长与发展理论侧重于对生产要素及其组合的分析，侧重于对经济增长的研究，而对于经济结构及其变化对经济增长与发展的影响重视不够。20 世纪 60 年代开始，罗斯托、钱纳里、库兹涅茨等经济学家在分析许多国家统计数字的基础上，深入地揭示了经济结构调整与经济增长的关系及其对经济发展的影响。结构调整是推动经济发展的基本因素之一。从一定意义上说，经济发展是通过结构的规律性调整和转换而实现的。经济结构优化主要从三个方面促进经济增长：一是通过调整分配结构，提高农民和城镇贫困居民等低收入阶层的收入水平，从而改善需求结构，增加有效需求，促进经济增长；二是通过调整生产结构，从而改善供给结构，增加有效供给，促进经济增长；三是通过产业结构转换，培育、产生新的主导产业，形成新的经济增长点，为经济增长带来新的驱动力。

经济结构调整是经济发展的永恒主题，它贯穿于经济发展的全过程，经济发展就是在经济结构的不断调整中实现的。同时，经济结构调整又具有显著的阶段性特征，一次大的结构调整，往往推动一个新的增长阶段的形成。当经济总量较小时，迅速扩大经济总量是经济发展的主要矛盾；而当经济总量达到一定水平时，经济结构调整则成为经济发展的主要矛盾。现代经济发展的规律表明，在人均 800~1500 美元时期是经济结构转型的重要时期。在这一时期，经济增长除了依靠资本、劳动和其他要素的投入外，更重要的是要依靠经济结构变动及其对经济增长的贡献。伴随结构调整而引发的生产要素从生产率较低的部门向生产率较高的部门流动，这将会在更大范围和更高层次上实现资源的优化配置。

二、经济结构调整的重要性与紧迫性

我国从 20 世纪 80 年代提出结构调整问题，但一直未能取得实质性进展，结构调整对于经济增长的贡献率比较低，经济生活中沉淀多年的结构性矛盾正在成为 21 世纪制约经济发展的主要矛盾。2002 年 11 月中共十六大报告将"推动经济结构战略性调整"作为 21 世纪头 20 年经济建设和改革的主要任务之一，提出前 10 年全面完成"十五"计划和 2010 年的奋斗目标，为后 10 年的更大发展打好基础。在国民经济发展的第二步战略目标提前实现、经济已经走出短缺、经济全球化步伐进一步加快的大背景下，经济结构调整就显得尤其重要和紧迫。

（1）经济结构调整是经济全球化的客观要求。当今世界经济发展的一大趋势是全球化、一体化。一方面，经济全球化是世界各国实行开放经济的结果；另一方面，经济全球化又要求各个国家进一步开放自己的经济。经济全球化意味着要在全球范围内进行资源配置，它不仅要求商品贸易的自由化，也要求包括资本、技术、劳动力在内的各生产要素流动的自由化。同时，资源配置范围的全球化又带来了宏观经济调控的国际因素影响。各国在制订宏观经济政策和经济改革方案时，都不能不充分考虑各种国际因素。由于一个国家的经济结构是该国经济技术长期发展的结果，并受到政治、历史、地理等各种因素的制约，经济全球化和对外开放步伐越快，对经济结构调整的要求越紧迫，这是世界各国都在加紧经济结构调整的一个重要原因。就我国而言，由于长期实行计划经济的影响，加之实行对外开放的时间还较短，经济结构调整就显得更加紧迫，任务也更重。

（2）经济结构调整是高新技术快速发展的客观要求。当前，以信息技术为先导的第三次技术革命正在迅猛发展。在信息技术带动下，各种新兴技术如生物技术、新材料技术、先进制造技术、航空航天技术等不断涌现，极大地改变着人们的生产、生活方式，从而改变着社会生产的需求结构和供给结构。高新技术的快速发展，一方面有力地带动了经济结构的大调整，另一方面又使得经济结构不断地处于落后状况。只有坚持不懈地加快经济结构调整，才能使我国的经济发展适应高新技术迅速发展的要求，使之融入世界经济的主流之中。

（3）经济结构调整是深化经济体制改革的客观要求。我国的经济结构是在长期计划经济体制下形成的。计划经济体制的基本特征是所有制形式单一，由政府通过行政手段，采取指令性计划形式配置资源。改革开放以来，随着市场在资源配置中基础性作用的不断增强，我国的经济结构也在不断地进行着调整。然而，按照建立和完善社会主义市场经济体制的客观要求，无论是所有制结构，还是市场结构和分配改革结构，都还需要进一步的调整，特别是所有制结构调整得如何，直接决定着其他经济结构的调整和社会主义市场经济体制的完善程度。

（4）经济结构调整是提高国民经济整体素质的客观要求。提高国民的整体素质，首先必须提高国民经济中各生产要素的素质，包括劳动力的素质、劳动手段以及劳动对象的素质等。而提高劳动力的整体素质，一方面要提高单个劳动者的素质，包括健康素质、工作态度和技术水平等；另一方面还要大力调整劳动力的结构。提高劳动手段和劳动对象的整体素质，一个很重要的方面则是要对存量资产的结构进行调整。提高国民经济的整体素质，还必须提高国民经济的效益和抗御风险的能力，包括企业的盈利能力、政府的财政收支能力、劳动就业能力和国际收支平衡能力等。提高这些能力，除不断提高国民经济的总量外，还必须不断实现经济结构的优化，这也需要加快经济结构的调整。

三、经济结构调整的基本目标和主要任务

经济结构调整贯穿于经济发展的全过程，发展不止，调整不息。不同的经济发展阶段，需要有不同的经济结构与之相适应。因此，经济结构调整不可能有最终的目标。根据我国经济发展的阶段，经济结构调整的基本目标和主要任务包括以下几个方面。

（1）进一步优化所有制结构，使之与市场经济体制和经济全球化的要求相适应。市场经济体制的核心是市场在资源配置中发挥基础性作用，市场配置

资源的程度反映经济市场化的水平，而市场配置资源的程度又与所有制结构密切相关。实践表明，在单一的公有制特别是单一的国有制情况下，市场配置资源的作用很难得到很好的发挥。经济全球化，要求在世界范围内配置资源，而世界范围内的资源配置必然是主要运用市场手段，而不可能是主要运用行政手段，特别是在我国已经加入世贸组织的状况下，行政手段配置资源的空间越来越小。行政手段配置资源的基础是国家所有制，既然市场经济体制和经济全球化要求主要运用市场手段配置资源，那么，就必须大力调整与市场手段配置资源不相适应的所有制结构。通过对所有制结构的调整，一方面更好地发挥国有经济的主导作用，另一方面，不断提高各类非国有制经济的比重，使之适应市场经济体制和经济全球化的要求，以促进扩大就业，增加有效供给，提高经济效率，保持社会产品的公平分配。

（2）优化产业结构，全面提高农业、工业、服务业的水平和效益，促进国民经济快速健康发展。优化产业结构，一方面要调整各产业之间的比例关系，特别是要大力发展高新技术产业，提高高新技术产业在整个产业中的比重；另一方面，要用高新技术产业改造传统产业，提高各产业的技术水平，实现产业结构升级。调整各产业之间的比例关系，要在努力发展高新技术产业的同时，巩固和稳步发展第一产业、加快发展第二产业、大力发展第三产业。在三次产业中，第一产业是基础，第二产业是重点，第三产业是第一、第二产业发展的必然结果。要通过第二产业的快速发展，拉动第一产业，推动第三产业。用高新技术改造传统产业，就是要把电子信息技术、生物工程技术、机电一体化技术和新材料、新能源、新工艺等运用到传统产业中去，使这些产业的工艺装备、产品技术和产品质量都达到一个新水平，使之与当代世界科技发展的总水平相适应。

（3）调整区域经济结构，使国民经济布局在空间上有一个大的改善。改善国民经济布局，首先要克服区域经济结构雷同的状况，根据各地区的经济发展优势，逐步形成各具特色的区域经济。同时，要加快中西部地区和农村经济的发展，逐步缩小和消除东中西部和城乡之间经济发展的差距。区域经济结构调整的重点是要实施西部大开发战略和城镇化战略。通过实施西部大开放战略，实现东中西部经济的协调发展；通过实施城镇化战略，实现城乡经济的协调发展。

（4）调整企业规模结构，提高我国企业的国际竞争力。我国企业规模结构不合理，主要表现为具有核心竞争力的大型企业、特大型企业和企业集团少，中小型企业多，这与加入世界贸易组织后形成的激烈的国际竞争的形势很不适应，改变这种状况，除要以市场需求为导向，以深化改革，扩大开发和技术创新为动力，以采用高新技术为突破口，实施一批重点项目外，还必须通过兼并、联合，对现有的企业规模结构进行战略性改组。

新一轮经济结构调整应当设定两个基本目标：一是通过产业升级、技术升级培育出一批新的高增长产业，充分发挥我国的比较优势，从整体上提高我国经济的国际竞争力，使我国经济获得在较长一个时期保持较高发展速度的动力；二是通过在调整中加快体制转轨和制度建设，建立起能够基于企业和市场的技术创新与应用、对结构矛盾做出积极反应和自行调整的新机制，既重视结构调整本身，更重视机制的形成。

四、经济结构调整的内容和重点

在我国经济结构系统的诸多结构矛盾中，产业结构矛盾、地区结构矛盾和城乡结构矛盾是三个基本矛盾，它们之间以及它们与整个经济结构系统其他结构矛盾之间形成错综复杂的联系，所谓"牵一发而动全身"。三次产业之间的矛盾，不仅在于产出或产值结构中的第二产业比重过高、第三产业比重过低，重要的在于就业结构中第一产业的比重过高，近一半的劳动力停留在农业领域，这是城乡结构矛盾的表现，深层的根源在于城市化进程落后于工业化进程。地区之间的矛盾，表现为东南沿海地区和中西部地区发展差距持续扩大，省区内发展严重不平衡，行业和区域间存在着产品与生产要素市场分割现象。需求结构与供给结构的矛盾，表现为"前不着村，后不着店"，在城市市场只是一般商品过剩，城镇居民一般吃、穿、用的需求基本满足，在向以住、行和提高生活质量的服务性消费为重点的需求结构升级中遇到了体制和政策障碍；而广大的农村市场购买力严重不足，很多需求难以实现。在国际市场上高技术产品的竞争力还很低，市场供求结构呈严重畸形状态。产品和生产能力结构的矛盾，是低技术含量、低附加价值产品的生产能力过剩，高技术含量、高附加价值产品的生产能力不足，过剩与供给不足并存。产业组织结构中，主要是生产能力低水平过度重复、分散，大多数达不到规模经济要求，专业化分工、社会化协作水平较低，尚未形成合理的企业群体结构。金融结构的矛盾是金融机构和金融工具不适应多种所有制经济发展的要求，国有银行为主渠道的金融结构主要服务于传统的国有企业，特别是其中的大企业，而在经济中发挥越来越重要作用的非国有企业、中小企业和一些高成长的高新技术企业，则难以获得有效的金融服务。所有制结构矛盾主要是国有经济战线依然过长，有效动员社会力量投资的机制尚未形成，企业财产组织形式有待规范和提高。这些结构性矛盾错综复杂地纠缠在一起，大大增加了结构调整的难度。城乡结构矛盾是最核心的问题，表现在产业和地区层面上，是三次产业结构矛盾和地区结构矛盾，农村人口向非农产业转移速度缓慢，城市产业结构升级受阻，特别是在产业升级中具有重要意义的第三产业发展缓慢。城市产业结构升级受阻，则是因为城市居民消费结构升级遇到困难，行政性过度重复建设，以及低效率配置的资源（企业及生产要素）的退出障碍，这些问题又与现有的金融结构和所有制结构矛盾密切相关。

从解决消费结构升级、过度行政性资源配置和城乡壁垒入手，推动城市产业结构升级，进而带动农村人口向非农产业和城市转移，加快城市化进程，将构成新一轮结构调整的基本内容。产业升级和城市化是新时期结构调整的一条主线。

五、推进经济结构调整的战略措施

我国现在进行的结构调整是经济发展史上前所未有的结构变动。这次结构调整是在供求新格局下的主动的战略性调整，是包括产业结构、地区结构、城乡结构以及体制结构和对外开放结构等在内的系统性调整，是以科技进步为导向的"升级式"调整，是在政府主导下以市场机制为基础的调整，是在国际化大背景下的开放性调整。

从国际经验与时代要求来看，后发展国家在人均国民生产总值800~1500美元这个结构调整的重要时期，采取的主要措施包括：第一，通过加强基础研究和应用研究，促进科技进步和科研成果的产业化，推动高新技术产业的发展，建立自己的国家科技创新体系；第二，用高新技术和先进适用技术改造传统产业，防止高新技术产业与传统产业"脱节"形成新的"二元结构"；第三，从在国际分工中占据有利位置的战略高度铺陈本国的产业布局，把扩大国内需求和开拓国际市场有机地结合起来；第四，推动企业之间的兼并和重组，促进产业组织的优化，实现由"以要素投入为主"向"以生产率增长为主"的结构转型；第五，着眼于新时代的社会需求，大力发展金融、信息等现代服务业，形成以服务经济为内容的新经济支撑点，为过渡到以知识社会和服务经济为主导的新经济结构准备条件。

从我国的具体情况看，经济结构调整的措施可以区分为制度和政策两个层面。

首先是制度层面上的调整，要集中解决制约经济运行和发展的深层体制问题，目标是塑造政府与市场各司其职的机制，确立市场发挥作用的基础，并发挥政府的导向作用，为结构调整提供制度保证。我们正处在市场机制与政府机制"双重缺陷"并存的改革过程中。市场机制的缺陷表现为"市场不足"，政府机制的缺陷表现为缺位、越位、错位三者并存。机制塑造，矛盾的主要方面是调整政府配置资源的机制，政府从越位的地方撤出，递补到缺位的地方去，规范干预市场的行为。政府在结构调整中的主要职责是制定法律法规、提供政策信息等，通过制度规范和政策引导表达政府意志，创造对结构调整至关重要、企业又无能为力的体制、法制和市场环境；使企业真正作为经济活动的主体，根据自身状况、所处行业、竞争形势做出决策，从而主要依托市场力量实现经济结构调整。政府投资应主要集中于提供重要公共产品和服务的部门。这里首要的、关键的问题是加快国有企业改革的步伐。

国有企业改革从经济结构调整的角度看就是有进有退，进退有序，按产业结构的特性找准自己的定位，实现所有制结构与产业结构的耦合。国有经济保持在军工企业中的绝对控制地位；在重要公共品和自然垄断行业占据支配地位；在石化、汽车、机械装备、信息产业和高科技产业等体现综合国力的行业由少数大型国企继续占有支配地位，同时鼓励多种经济成分共同发展；在高科技的关键和核心领域，国有资本要发挥带动作用；在一般竞争性领域，要运用市场机制提高国有资本的运营效率和整体素质，国家控股的金融性资产公司和国有投资公司，要按照效益原则在竞争性领域进行投资，优化国有资本的投资结构，同时通过"改组、联合、兼并、租赁、承包经营和股份合作制、出售"等形式，加快放开搞活国有中小企业的步伐，在国有经济有进有退的过程中实现所有制结构的调整。

其次，从政策的层面看，经济结构调整应该盯住产业结构、地区结构和城乡结构这三个节点，并把它们有机地结合起来。产业结构问题，在市场中表现为市场结构矛盾和产品结构矛盾；在城镇化水平上的表现是城乡二元结构问题；在地区层面上表现为东南沿海地区发达的产业化和城市化，能够吸收大量的劳动力就业，生产力水平高，而西部则有巨大差距。结构调整应该统筹安排提升三次产业的素质与东中西部工业化、城市化问题，不能顾此失彼。

（1）疏通城乡隔离的通道，统筹城乡发展。统筹城乡发展，关键是按照比较优势原则进行城乡分工，促进传统农民向现代市民的转换。政府应将农业资金的投入重点，放在改善生态环境和提高农业生产力水平上来。从历史的、发展的角度看，推动农民离开土地、离开农村，进入城市，这是城镇化和农业生产方式改造改革的动力，是经济结构战略性调整的经济基础。解决农民收入问题不能再走就地提高的老路，而是要走异地提高的新路。城镇化是一个梯度推移的进程：农村—城镇—小城市—中等城市—大城市—特大城市。

为此，必须尽快在根本上打破城乡分割体制，改革城镇户籍制度，引导农村富余劳动力在城乡、地区间有序流动。政府为农村剩余劳动力转移提供通道，支持劳动力市场的发展，为农村人口提供就业信息、技术培训、咨询、中介和合法权益保护的服务网，创造有利于农村劳动力就业和城乡就业协调的机制和环境。

要做到农民向市民的转换，一个重要措施是加速中小城市扩容，加大中小城市的基础设施建设，为农民进城提供城市空间。特大城市量的扩张动力已经开始减弱，质的提升逐步加强，吸纳高素质劳动力的要求日益强烈，而且具备自我提升的能力，政府没有必要给予特别关注；而农区型小城镇积聚规模小，可提供的就业岗位少。从全局上看，一端是特大城市积压越来越多的相对中、低档人才和无适当投向的相对剩余资金；另一端小城镇对这些人才和资金又没有吸引力，而中小城市可以把农村和大、特大城市这两端"剩余的"要素重新组合起来。城乡两种要素在中小城市易地结合，产生新的生产力，将成为国民经济发展的巨大动力。

（2）调整三次产业结构，基础是提高各次产业的素质，并为在此过程中转移出来的劳动力提供新的就业岗位。

1）在支持和提升农业结构、推进农业产业化时统筹考虑农业产业化、农村基础设施建设与城镇化三个目标。政府支持农业产业化的措施主要是：加大对农业科研、技术培训、推广体系的投入，扶持农产品基地建设，发展有竞争力的优势农产品；加大对农村社会化服务体系建设的投入，提高农业气象水平，增强自然灾害的预测和防范能力；加大对农业产品信息网络和营销组织建设的投入，健全农产品营销组织体系，促进农产品生产、加工、销售的顺利运转。需要注意的是，政府对于农村的基础设施建设要区别对待。对于水利、生态环境等需要普遍铺开，而对于公路、电网、自来水、电话、电视和邮政等设施是不是需要"村村通"是值得斟酌的，村以下的基础设施建设需要考虑投入产出的成本、未来的继续发展与迁移的比较成本，更需要考虑聚集经济与城镇化的方向问题。在很多不适于生存的环境或不具有规模效应的地方，硬要搞基础设施，既破坏自然生态，又是反城镇化的，不利于推动农民进入城镇。政府应该考虑把基础设施建设在具有城镇化发展潜力的地方，拉动分散在自然村落的居民迁入、聚集，让这些分散的自然村落"自然"消失，让出地方归于自然生态或用于农业的更大规模经营，这样既保护了生态，又提高了农业的素质，也实现了城镇化，乃一箭多雕之举。

2）发展高技术产业与支持工业战略性改组、优化与升级，努力提高工业的整体素质和竞争力。各国经济结构调整的方式、重点各有不同，但是，发展高技术产业却是共同的。发展高技术产业的关键是建立和完善基本制度和机制，技术可以突破，制度无法超越。一般产业发展面临的体制性问题，高技术产业也同样存在。一般产业发展难以适应的商业环境，高技术产业更难以适应。高技术产业化的过程是一个系统工程，从科研开发、成果转化到知识产权保护、发展要素市场、规范中介服务、形成产业规模等，需要一整套的产业扶持政策。政府的职责是提供一个充分的、合理的法律法规基础，重要的是提高法规质量和政策的透明度。高技术产业与传统产业的最大区别在于它是建立在知识的基础上，在生产诸要素中，人力资本扮演着最为关键的角色，创业人才的作用特别突出。因此，要科学而规范地确认人力资本的价值，激发科技人员的创新和创业精神，创造出"收益与风险相匹配"的政策环境。

传统工业的升级改造主要是增加技术改造的投入。政府除了投资和持续支持功能性产业化的发展之外，主要是通过财政贴息、税收、银行信贷等手段带动企业增加科研投入，提高企业科技转化为生产力的能力；政府要明确财政改革支持企业科技创新的政策，增强企业科技创新的动力，积极拓展R&D融资渠道，支持中小企业技术创新，重要的就是完善风险投资机制。要由财政出资并支持建立健全创新基金，促进企业特别是中小企业高科技成果的产业化。增加投入的关键，主要的不是政府的直接投入，而是要充分利用资本市场，开辟融资渠道，分担投资风险。

3) 全方位地发展服务行业，补齐服务业这个中间性产业发育不良的短板。服务业是产业结构调整过程中生产要素重新组合的重要凝聚点，吸收剩余劳动力的潜力和弹性最大。结构调整不仅仅是技术进步问题，更重要的是市场需求问题。三次产业结构调整的核心不是产值结构，而是就业结构。产业结构调整的效应是，不但农业会提供越来越多的剩余劳动力，工业制造业随着资本有机构成的提高也将提供越来越多的剩余劳动力，这就要靠发展服务业、建筑业这些中间产业来解决劳动力转移问题。因此值得注意的是，发展服务业不只是发展新兴服务业，而是包括传统服务业在内的全面发展。长期以来存在一个很深的误区是，一讲发展服务业就是新兴服务业，似乎传统服务业已经发育成熟甚至过时了。事实上，在我国恰恰是传统服务业发育不足。一方面许多人没事做，另一方面许多事没人做。居民生活消费领域需要大量的服务，服务费用高，人们感到很不方便，社区服务业又很滞后。第一、二产业技术构成越高，劳动力素质越高，需要的服务就越多。新兴服务业的发展更离不开传统服务业的支撑。可以说，传统服务业是产业结构调整中解决就业问题的最后出路。政府促进服务业发展的核心措施是支持服务业扩大总量、优化结构、拓宽服务领域，包括增加投入，加快第三产业基础设施建设，特别注意运用高新信息技术改造和提升传统的第三产业，为第三产业发展提供一个良好的环境；通过财政贴息、税收优惠等政策引导私营部门、外国企业参与基础设施投资建设，引导形成以企业为主，全社会、多渠道的科技投入新体系；等等。

（3）协调与促进区域经济结构合理和均衡发展的重点是西部大开发，西部大开发不是一朝一夕即能完成的短期工程，而是一个需要几代人努力的事业。不能一般地讲提高中央财政资金用于西部地区的比例，加大资金投入力度、加快基础设施建设。必须考虑到市场机制的塑造、因地制宜地培育每个地区的主导产业、城市化的梯度推移、生态建设和全国的可持续发展、义务教育与提高人文素质的统筹安排。财政投资要能够带动和拓展融资空间和融资渠道，特别是开放、规范资本市场，引导民间资金和外资的进入；基础设施建设必须考虑到它的经济聚集效应、带动效应，不能遍地开花，很多不适于生存的地方不能盲目地搞基础设施；天然林保护、退耕还林还草以及防沙治沙、草原保护等生态工程的建设，重在恢复生态的自生能力；东、中部对西部的支持不能再搞"拉郎配"，行政命令对口支持多少资金，而是要通过市场机制吸引东、中部资金的进入；政府尤其是中央政府要无条件地负起九年义务教育的责任，让西部地区的孩子与东部地区的孩子一样能够享受均等化的公共教育服务，特别是要注意义务教育的聚集效应和迁移效应，"人往高处走"，中学毕业能够在城镇以上的区域就业，这是逐步减少农村人口的最好途径，以此推动西部地区人口素质的提高和人力资源的优化配置。

（4）调整市场结构，分别培育三个市场，弥补市场的结构性缺陷。我国经济中存在着三个结构不同的商品市场，即农村商品市场、城市商品市场和国际商品市场。农村商品市场的问题是购买力十分低下，很多地方、很多人基本消费问题还没有解决；城市商品市场的问题是消费升级，基本的消费已经饱和，升级消费的供给不足；国际市场的问题是产品竞争力低，出口商品以初级产品为主，高技术产品、高附加值产品的比例小。产业结构升级需要三个市场统筹考虑，农村市场着眼点是培育购买力，城市市场的着眼点是适应市场需求结构的变化收缩基本消费品、增加高档消费品的供给，国际市场的着眼点是提高产品的竞争力。产业结构升级不是一夜之间就能完成的，产业结构升级的目的也不是单为升级而升级，而是为了适应人的需求。因此，在城市传统产业退出的过程中，要同时将农村的购买力培育起来，递补到农村的基本消费品市场上来；或者城市扩大吸纳农村剩余劳动力的容量，用于这一部分人的基本消费。形象地说就是"工业品下乡，农民进城"，有退有进，避免单纯的"淘汰主义"，造成资源的浪费。

（5）政府为结构调整必须提供两个最基本的公共产品——社会保障与义务教育市场。经济发展要求政府提供全社会统一的社会保障制度。统一的社会保障作为公共产品是结构调整的实现条件。但目前的社会保障体制保障度极低，在这样的社会保障体制下没有办法支持结构调整的完成。占总人口 70% 的农村人口没有社会保障，城镇居民中在企业就业的职工也基本上没有社会保障，严格地说，只有在政府机关和事业单位就业吃皇粮的人才能够真正地享受到社会保障。按照公开的数字，28 个人养 1 个吃皇粮的，这部分人还不到 3.6%。社会保障这个公共产品的供给主体是政府，社会保障资金应该纳入财政预算，没有必要建立个人账号和积累基金。对财政来说，实报实销，预算确定需要多少社会保障资金，就组织多少社会保障税。对保障对象来说，他必须是一无所有的劳动者，个人有资产、有购买力的不是社会保障对象。社会保障资金是按需分配的，政府提供的只是个人支付能力和生存必需费用的差额，差多少补多少。

义务教育作为公共产品是经济结构调整、提高经济素质的持久动力，政府应该为经济结构调整提供义务教育支持。九年义务教育本应该是政府提供的公共产品，凡是应该接受义务教育年龄的人，都应享有义务教育的权利，提供均等化的义务教育是政府的义务。但我国当前教育体制的主要问题是义务教育市场化，政府对城乡义务教育投入差距很大，大部分财政教育拨款都集中在城市，农村很多孩子上不起学。"百年大计，教育为本。"这个口号很响亮，实际做的却差之甚远。同时，非义务教育市场化不够，特别是大学教育，国家投资绝对量不大，但比重过大，没有把它当一个产业来对待，社会投资进入不多。大学教育与义务教育双重短缺。在国民经济发展的任何历史阶段，高、中、低各级人才都是相对的，缺一不可，关键是要有一个合理的结构。现在从整体上看，高科技人才的数量和质量都和我们这个大国不相称，不是多了，而是少了，但和现实的资源配置状况相比却是多了，否则不会有那么多人才外流。同时，农业剩余劳动力、企业分离出来的劳动力素质又过低，这些低素质的劳动力和高科技人才都很难结合为现实生产力。这种高不成、低不就的局面只有靠普及大学教育来解决。我们应该下大决心对目前的教育结构尽快做出根本性的调整，并和经济结构战略性调整有机地结合起来——义务教育阶段使每个学生都享受同等的国民待遇，政府真正履行提供普及九年义务教育的义务，非义务教育阶段放开，靠市场机制普及大学教育，这是刻不容缓的任务。

从目前经济中的资金流量来看，大量储蓄存款的沉淀也为实施上述措施提供了条件和要求。2002 年底城乡居民人民币储蓄存款余额近 8.7 万亿元，从这笔储蓄存款的存款动机看，千家万户把失业、大病、子女上学等当作未来的支出预期来应对，抑制了当前消费。居民储蓄积存与内需不足、市场疲软并存，政府应该为之疏通出路。其次是少数人占有大量存款，而真正需要保障的大部分人却存款很少。实际上，居民存款 8.7 万亿元的社会保障作用，不如政府作为公共产品提供的社会保障 3000 亿元可靠（2001 年我国中央政府社会保障支出还不足 1000 亿元，2002 年有大幅度增长，为 1362 亿元，占GDP 比重为 1.3%，而下中等收入国家 1990~1995 年该指标的平均水平为3.1%，如果达到这个水平，我国中央财政的社会保障支出应为 3200 亿元，现在还有近 2000 亿元的缺口）。政府 1 年花上 3000 亿元的社会保障支出，解除了群众后顾之忧，居民 1 年就有可能少向银行存款 3000 亿元，同时还会从银行提出存款 3000 亿元。居民这一部分开销的消费倾向接近 1，具有很大的乘数作用，如消费倾向按 0.8 计，乘数就是 5，再加上政府转移支付的乘数作用，这样，3000 亿元将直接扩大内需 15000 亿元还多。如果开放了大学教育市场，由教育消费释放银行存款，拉动经济增长的力量不可低估，不仅扩大需求，而且会使消费结构升级上一个台阶。

（原载于《改革》2003 年第 5 期，与焦建国合作）

论市场主体监管与市场行为监管相结合

最近两年，经过大力整顿和规范市场经济秩序，我国的市场秩序和企业经营环境有了明显改善。据悉，国家工商总局最近将推出市场监管的三项制度性改革措施，即商品流通监管前延，企业监管后延和企业诚信绿色工程。这对进一步完善我国市场秩序具有重大意义。市场经济秩序中的诸多问题，归根结底，都是由于某些市场主体的违规行为造成的。因此，加强市场监管，规范市场经济秩序，必须把市场主体监管与市场行为监管很好地结合起来，才能达到标本兼治的效果。

一、抓住市场主体监管这个根本

企业作为市场交易的主体，它既要向市场提供商品和劳务，同时又要向市场购买商品和劳务。企业在商品生产和市场交换中的行为如何，直接决定着市场秩序的好坏。因此，进行市场监管，整顿和规范市场经济秩序，必须抓住市场主体监管，即企业监管这个根本。

在市场经济中，企业是独立的法人，它拥有法人财产权和依法自主经营的权利，并以自己的法人财产对自己的经营行为和债务承担责任。同时，企业又是一个利益主体，是一种营利性的经济组织，它要在向社会提供产品和劳务的同时，实现自己的盈利目标。企业作为市场主体，在生产经营活动中，能否依法行使自己的权利，承担自己的责任，并取得合法的经济收入，就成为市场秩序好坏的关键。

我国市场秩序混乱的一个主要原因是市场主体混乱。这种市场主体的混乱主要表现在以下几个方面：一是存在大量的无责任能力的市场主体。如有的企业从一成立就缺乏必要的资本金，完全靠负债进行生产经营活动，还有的企业虽然有一定的资本金，但由于长期经营不善，亏损严重，也只能靠负债维持生存。这些企业在与其他企业的经济往来中，必然会出现逃债废债等现象。二是存在大量非法的市场主体，即地下工厂。这些所谓企业，根本没有经过工商登记，没有合法的从业资格。不少假冒伪劣商品都是这些"企业"所为。为了逃避工商检查，它们经常采用游击战术，从事非法的生产经营活动，从而造成市场秩序的极大混乱。三是存在一些不应进入市场的市场主体。这些企业虽然经过合法的工商登记，但按照市场经济的规则，它们本不应具备进入市场的资格。这就是一段时期内党政机关、军队、武警等单位开办的企业。这些企业在生产经营活动中往往运用行政权力，同其他企业进行不平等的竞争。经过整顿，这些企业虽已与原主办单位脱钩，但所造成的消极影响依然或多或少地存在。

加强对市场主体的监管，必然加强市场主体从进入市场到退出市场的全过程监管。首先，要加强和完善市场准入制度。市场准入不仅要对市场主体资格和经营资格，包括注册资本、经营场所、法定代表人、经营范围、责任形式等进行严格审查，而且还要根据经济发展的需要制定鼓励投资的政策，为投资者提供优质高效的服务。当前，企业登记注册中存在的主要问题有，注册资本不足、不实，有的甚至借资注册后又将资本撤走；经营场所不足或无经营场所；法定代表人与企业无投资和经营关系；经营范围与实际经营活动不符；责任形式不符合法律规定等，这些都会造成市场秩序的混乱。同时，也存在着对投资限制过多、服务不到位等不利于经济发展的现象。这些问题都必须认真加以解决。其次，要加强企业经营活动的监管。企业的产品生产、销售、价格和交易与竞争行为都必须符合国家法律、法规的政策规定，并与企业的登记注册相吻合。最后，还要加强企业退出市场的监管。凡是丧失责任能力的企业，要及时依法进行破产清算。企业注销或被吊销时，必须按照有关法律法规的规定，严格执行债权债务清算制度，并向有关方面提交债权债务清偿报告或负责清偿的组织证明，避免逃废银行和其他债务，切实保护债权人利益，防止假破产、假注销，改头换面后重新经营的现象发生。只有抓住了对市场主体从进入市场到退出市场的全过程监管，才能从源头上解决市场秩序混乱问题。

二、实现市场主体监管与市场行为监管互动

规范市场主体的目的是为了规范市场行为，而规范市场行为又能够更好

地提高市场主体的素质，从而进一步规范市场主体。因此，加强市场监管，必须实现市场主体监管与市场行为监管的互动。

市场行为主要是市场主体行为。抓好市场主体监管，是市场监管的主要方面。市场主体素质的提高，是规范市场行为的基本保证。然而，市场经济活动又是十分复杂的，任何市场主体，由于经济利益的驱动和其他各种复杂的原因，都会产生不规范的甚至违法的市场行为。因此，市场监管不能代表市场行为监管。

市场行为监管，必须紧紧围绕着市场主体向社会提供的产品和劳务这个中心，着力抓好以下几个环节。

（1）要建立健全商品进入市场的准入制度，防止假冒伪劣商品进入市场。为此，必须建立健全索票、索证和流通企业与生产企业挂钩制度。流通企业要依法建立和认真执行进货检查验收制度，在进货时要验明供货单位的营业执照、产品的注册商标和合格证等有关证件，严防"三无"（无生产厂家、无生产地、无品牌）产品进入市场。同时，对进入市场的产品，要进行产品质量等方面的检查或抽查。特别是对于同人民群众生活、生产密切相关的商品，应采取检查和检测相结合的办法，确保流通领域商品质量监管职能到位。通过检查和检测，一旦发现问题，不仅要对有问题的产品依法进行处理，而且还应对商品的来源和生产厂家进行追查和处理，以加强对市场主体的监管。

（2）要加强市场主体交易行为的监管。在市场经济条件下，各市场主体之间的交易，要遵循自由、平等、互利的原则。各种交易行为，都要符合国家法律、法规和政策的规定和要求。市场监管部门，要对交易行为进行全过程监管。从经济合同的签订执行，到商品的验收和货款支付，都要符合国家的有关政策规定。如果出现纠纷，先由交易双方进行协商解决，解决不了的，要由市场监管部门依法进行裁定。对市场交易中的违法行为，除要对行为本身进行纠正外，还应对交易主体进行相应处罚。为了确保市场监管有效到位，一方面要协调好市场监管部门各方面、各环节的关系；另一方面还要协调好市场监管部门与其他经济管理部门的关系。

（3）要加强市场主体竞争行为的监管。市场经济是竞争经济，市场主体之间的竞争是一个客观规律。但是，竞争必须有规则，否则，就会造成市场混乱。竞争规则必须保证竞争的公平、公正、公开，因而应由政府统一制定。竞争应保证价格合理，质量合格，打破垄断。所谓价格合理，主要是严禁价格欺诈和倾销产品；质量合格主要是产品质量必须符合国家规定的质量标准；打破垄断主要是市场结构要合理，同时要破除地区分割，建立有利于商品、资金、技术、劳动力合理流动的全国统一的市场体系。

（4）建立健全不合格商品退出市场制度。对在检查、抽查中发现有严重质量问题的商品，除对被抽查者依法进行处罚外，对涉嫌进入市场的同一批次的所有商品，都应依法查处，责令经营者限期下架，退出市场。同时，还应查明该产品的生产者，并依法进行处罚。这项制度与前述市场准入制度，已在全国逐步实行，这是全国工商系统近年来在整顿和规范市场经济秩序中不断探索的结果，是建立良好的商品市场秩序的重要措施，对加强市场行为监管已经起到并将继续发挥积极作用，今后应该进一步完善这些制度。

三、建立健全市场主体行为档案

实现市场主体兼管与市场行为监管相结合，还必须建立健全市场主体行为档案，以便通过市场主体控制市场行为，并通过市场行为监督市场主体。市场主体行为是多种多样的，但这些行为集中表现为企业的信用或诚信。因此，建立健全市场主体行为档案，主要是建立健全企业的诚信档案。

各级政府管理部门，特别是工商行政管理机关，在对市场主体的日常监管过程中，可以掌握大量的企业投融资和开展经营活动的信息，将这些信息加以收集、整理、分析、综合，就可以形成企业的信用档案，通过企业的信用档案，就可以对企业的信用情况做出评价。同时，利用现代信息技术，将各有关部门取得的信息联网，以提供给社会查询，这样就能够充分发挥全社会对企业行为的监督作用。

按照国家工商总局所推出的三项制度改革的要求，全国工商行政管理机关在企业信用监督方面将采取以下措施：一是以企业登记管理。企业经营行为监管、企业合同管理等档案数据为基础，逐步建立健全企业基本信息数据库，建立和完善企业的"经济户口"制度；二是建立企业市场信用评价体系，实行企业的分类管理；三是根据企业的经营行为，实施企业诚信守法提醒制、警示制、公示制。在此基础上，进一步实施"企业诚信绿色工程"，即将企业信用等级用绿、蓝、黄、紫四种颜色表示，分别代表企业诚信良好、提醒揭示、警示警告、严重失信四种状态。这是一项整顿和规范市场经济秩序的治本措施。如果贯彻实施得好，必将对建立良好的市场经济秩序、营造平等竞争的企业经营环境发挥极为重要的作用。

四、按照市场经济要求，调整和协调政府各部门职能

随着社会主义市场经济体制的建立和不断完善，我国的政府机构进行了多次改革，政府职能有了根本性的转变，基本上实现了政企分开。在政企分开的同时，调整和协调好政府各部门之间的职能，这是当前加强市场监管中面临的一项重要任务。就上述工商管理部门推出的各种改革而言，就涉及工商管理部门与技术质量监督部门、国有资产监督管理部门等方面的关系。如果这些关系不能很好协调，各部门的职能就不能很好界定，改革就很难深入下去。

如果只有政府职能转变，而没有政府各部门之间的相互配合与协调，政府就不能很好履行自己的职能。就市场监管而言，仅有工商管理部门的努力是远远不够的，还必须有其他有关部门的紧密配合。而要从根本上解决这一问题，就必须对政府各部门的职能进行调整和协调。工商管理部门推出的各项改革措施要取得成功，首先必须处理和协调好政府部门之间的关系。

（原载于《中国盐业》2003 年第 6 期）

全面建设小康社会与走新型工业化道路

中共十六大提出了全面建设小康社会的奋斗目标。为了实现这一宏伟目标，必须加快经济、政治、文化建设等方面体制改革，但最根本的还是要以经济建设为中心，不断解放和发展社会生产力。为此，中共十六大提出了走新型工业化道路，大力实施科教兴国战略和可持续发展战略等八个方面的任务。本文拟围绕全面建设小康社会的奋斗目标，谈谈走新型工业化问题。

一、小康社会的初步实现与全面建设小康社会的提出

经过全党和全国各族人民 20 多年的共同努力，我们胜利实现了现代化建设"三步走"战略的第一步、第二步目标，人民生活总体上达到小康水平。在此基础上，中共十六大又提出了全面建设小康社会的奋斗目标。

众所周知，最早提出建设小康社会目标的是邓小平同志。早在 1979 年 12 月 6 日，邓小平同志在会见日本首相大平正芳时就指出，我们要实现的四个现代化，是中国式的四个现代化。我们的四个现代化的概念，不是像你们那样的现代化的概念，而是"小康之家"。邓小平同志还对 20 世纪末的中国经济发展作了一个基本估计。他说，中国到那时也是一个小康的状态。1984 年 10 月 6 日，邓小平同志在会见参加中外经济合作问题讨论会全体中外代表时，对建设小康社会问题作了进一步说明。他说，我们确定了一个政治目标：发展经济，到 20 世纪末翻两番，国民生产总值按人口平均达到 800 美元，人民生活达到小康水平。这个目标对发达国家来说是微不足道的，但对中国来说却是一个雄心壮志，是一个宏伟的目标。更为重要的是，在这个基础上发展 30~50 年，力争接近世界发达国家的水平。

从以上可以看出，邓小平同志提出的建设小康社会的目标，是他为中国经济社会发展所设计的长达 70 年的分"三步走"战略的重要组成部分，也是中国现代化建设的重要组成部分，同时，也是对以往提出的经济发展战略和现代化进程的重要调整。

按照上述邓小平同志提出的关于建设小康社会的设想，经过中共十一届三中全会以来 20 多年的改革和发展，中国的经济社会面貌发生了深刻的历史性的变化，人民生活实现了由贫困到温饱、由温饱到小康的两大历史性跨越。根据这一情况，中共十五届五中全会作出了"人民生活总体上达到了小康水平"的判断。系统的统计资料充分地说明了这一点。1979~2000 年，中国经济年均增长 9.5%，是全世界最快的。按可比价格计算，2000 年国内生产总值是 1980 年的 6 倍以上，大大超过原定 20 年翻两番的目标。按人口平均计算，2000 年，人均国内生产总值达到 7062.8 元，折合 850 多美元，超额实现了小平同志人均 800 美元的设想。这是总体上达到小康水平的最基本的依据。

所谓总体上达到小康水平，一方面是指就全国平均水平而言，已经达到了小康水平；另一方面是指这种小康还是低水平的、不全面的、发展很不平衡的。

正是基于上述情况，同时考虑到"三步走"战略的第二步目标已经实现，中共十六大进一步提出了在 21 世纪头 20 年，集中力量全面建设惠及十几亿人口的更高水平的小康社会的奋斗目标。这一目标包含了经济发展水平，即国内生产总值到 2020 年力争比 2000 年翻两番，以及民主、法制、科教、文化、人民生活等社会进步的各个方面。它把邓小平同志提出的"三步走"战略的第三步与第二步很好地衔接了起来，形成了新的"三步走"战略，成为全党全国人民在新世纪的奋斗纲领。

需要特别指出的是，无论是过去为初步实现小康社会而奋斗的 20 多年，还是今后全面建设小康社会的 20 年，工业的快速发展都对中国经济社会的发展起着决定性的作用。

二、全面建设小康社会必须走新型工业化道路

加快工业发展，提高工业化水平是实现全面建设小康社会目标的必经之路，而在我国，要实现工业化，就必须走新型工业化道路。

（一）新型工业化道路的内涵

中共十六大报告指出，实现工业化仍然是我国现代化进程中艰巨的历史性任务。信息化是我国加快实现工业化和现代化的必然选择。坚持以信息化带动工业化，以工业化促进信息化，走出一条科技含量高、经济效益好、资源消耗低、环境污染少、人力资源优势得到充分发挥的新型工业化路子。

可以看出，新型工业化道路内涵极其丰富。所谓科技含量高，就是要不断提高我国产品的科技含量和附加值，使生产一定规模的社会总产品，能够创造出更多的价值和效益，这也是节省资源消耗，提高经济效益的重要途径。为此，就必须加快科技进步，促进科技成果的转化与推广应用，提高科学技术对经济增长的贡献率，从而把经济发展建立在科技进步的基础上。特别是要广泛采用信息技术，大力推进国民经济和社会信息化，并以信息化带动工业化，使工业化在高技术的起点上迅速发展，加快我国工业化的进程。

经济效益好，就是要根据市场经济的客观要求，适应国际国内市场的变化，充分利用市场机制，优化资源配置，不断提高产品的质量和技术水平，降低产品的成本，增强企业的核心竞争力，提高企业的盈利水平和资金的使用效果。

资源消耗低，就是通过采用先进技术和先进工艺，提高能源和原材料利用效率，最大限度地节约能源和原材料消耗，减少各种资源的占用与消耗，以对资源最少的占有和消耗创造同样多的国内生产总值。

环境污染少，则是在工业生产过程中要尽量减少对环境的污染，包括空气污染、水污染等。要大力推行清洁生产、文明生产，发展绿色产业和环保产业，特别是要通过法律手段和经济手段，解决企业生产中的外部性问题，以加快环境保护和生态建设，使经济建设与生态建设相协调。

人力资源优势得到充分发挥，就是一方面要看到我国人口多，就业压力大，人均资源拥有量少等不利的一面，另一方面还要把人力作为一种最重要的资源，以充分利用我国劳动力资源丰富，劳动力成本低廉的有利条件，并不断提高劳动者素质，增强我国工业和整个国民经济的国际竞争力。

走新型工业化道路，是在总结国内外工业化经验教训的基础上，顺应世界科技经济发展大趋势，并充分考虑我国基本国情而提出的。它涉及科教兴国战略与可持续发展战略，是转变经济增长方式的进一步发展和具体化。

需要指出的是，新型工业化道路也是一条十分艰巨的道路，需要处理和解决好加快经济发展与节约资源、提高经济效益与减少环境污染、加强科技进步，提高劳动生产率与扩大就业等一系列重要关系和矛盾。

（二）走新型工业化道路的重大意义

实现工业化是实现现代化的前提，加快工业化的进程是实现全面建设小康社会目标的必经之路。目前我国尚处在工业化的中期，完成工业化还需要走很长的路。就一些主要经济社会发展指标来说，距离工业化的要求还有很大距离。如按工业化的要求，农业就业人数占社会就业总人数的比例要在20%以下，而我国的这一指标还高达近50%。按照20%的要求，还需要从农业就业人数中转移出2亿多人到其他产业就业，这是一项十分艰巨的任务；城镇人口占总人口的比例要在60%以上，而我国还不到40%，城镇化的任务也十分繁重。如果没有工业化程度的提高及其最终实现，全面建设小康社会和现代化的目标，是不可能实现的。

在过去的几十年中，特别是改革开放以来，我国一直在探索如何走出一条符合我国国情的工业化道路，并且积累了不少有益的经验。但是，由于受历史条件、社会环境、经济体制和经济技术发展水平的制约，在推进工业化进程中，仍然出现了破坏资源、浪费资源和破坏生态环境等问题，有的问题还相当严重。如有些地区，为了加快经济发展，开办了一些破坏和浪费资源、技术落后、质量低劣、污染严重的小煤炭、小炼油、小水泥、小玻璃、小火电五小企业，尽管国家三令五申要对这些企业实行破产、关闭，但进展一直很缓慢，有的甚至关闭后，一遇风吹草动，又死灰复燃。即使一些大型骨干企业在生产中也存在着能源原材料消耗高和资源浪费严重等现象。某些沿海地区，经济发展和工业化进程确实很快，人民的生活水平提高也很快，但由于经济发展中不注意环境和生态保护，造成了严重污染，致使各种疾病，特别是一些疑难杂症发病率很高，人们的身体健康受到了严重威胁。

走新型工业化道路，是由我国的国情决定的。我国最基本的国情是人口数量大、人均资源不足、劳动力供大于求，就业问题突出。在这种情况下，如果采用传统的工业化模式，实现工业化几乎是不可能的。除了前面已经提到环境污染问题外，能源就远远不能满足要求。以石油为例，我国已经由一个石油输出国变成一个石油净进口国，而且进口的数量越来越大。2002年，我国的石油产量达到1.67亿吨，而实际消耗将近2.5亿吨，进口8000万吨。其中，通过对外投资取得2000万吨，购买6000万吨。如果按照我国全面建设小康的规划和当前的消耗水平，到2005年，我国的石油进口将达到1亿吨，2010年将达到1.5亿吨，2020年，则将超过3亿吨。我国的经济发展要达到发达国家水平，石油的需求量更是惊人的。如果没有新的能源革命，石油供给将是我国实现工业化的最大制约因素。可见，走新型工业化道路，对我国的现代化建设是何等的重要。

(三) 按照走新型工业化道路的要求，做好工业经济工作

走新型工业化道路，除了国家要制定有关法规和经济政策外，最重要的是要按照新型工业化道路的要求做好工业经济工作。由于企业是走新型工业化道路的主体，因此，企业能否全力推进信息化建设和科技进步、降低资源消耗、减少环境污染、发挥人力资源优势、提高经济效益就成为能否走新型工业化道路的关键。原国家经贸委主任李荣融在 2002 年底召开的全国经贸工作会议上指出，当前及今后一个时期，根据大力推进新型工业化的要求，在坚持行之有效的方针政策和做法，做好各项经贸工作的同时，还必须进一步做好以下几方面的工作：一是更加注重运用高新技术和先进适用技术改造提升传统产业；二是更加注重依靠技术创新提高企业的竞争力；三是更加注重资源节约综合利用和环境保护；四是更加注重流通业对工业发展的促进作用；五是更加注重发挥人力资源的优势；六是更加注重经济增长的质量和效益。以上六个方面都是走新型工业道路的重要内容，都必须努力做好，但如何才能保证做到这些，关键还是深化经济体制改革，建立健全确保走新型工业化道路的体制和机制。

三、走新型工业化道路必须进一步深化经济 体制改革

经济体制改革是我国经济发展的重大动力，也是走新型工业化道路的重大动力。前 20 多年我们坚持不懈地进行了市场取向的改革，使社会主义市场经济体制初步建立起来，保证了小康社会的初步实现。今后，我们要坚持走新型工业化道路，从而保证全面建设小康社会目标的实现，就必须进一步完善社会主义市场经济体制。

完善社会主义市场经济体制，需要从宏观和微观两个方面深化改革。其核心是要进一步提高市场配置资源的程度，并创造各类市场主体平等使用生产要素的环境。就推进走新型工业化道路来说，最重要的还是深化三个方面的改革：一是政府改革；二是企业改革；三是国有资产管理体制改革。

深化政府改革，主要是继续推进政府机构改革和政府职能转变。其关键是要正确界定市场经济条件下的政府职能，只有这种职能界定清楚了，才能按照履行政府职能的要求，改革和设置政府机构，并废除或转变那些不适合市场经济要求的职能。

社会主义市场经济体制下的政府职能，就其经济管理职能来说，按照市场作为资源配置的主要方式的要求，主要是宏观经济调控和微观经济规制。通过这种调控和规制，为企业创造良好的发展环境，并提供各种服务。换句话说，也就是要进行经济调节，加强市场监管，创造良好环境，提供优质服务。中共十六大报告指出，要完善政府的经济调节、市场监管、社会管理和公共服务的职能，这是社会主义市场经济体制下政府管理的基本职能，凡是不属于这些职能的，都应予以废弃和转变。同时，由于政府机构是经济体制的运行载体，它的设置必须满足履行政府职能的需要，因此，要实现政府职能的根本转变，还必须按照精简、统一、效能的原则和决策、执行、监督相协调的要求，继续深化政府机构改革。

需要指出的是，中共十四大以来，我们根据国民经济运行的不同情况，采取了一系列积极有效的宏观经济调控措施，先是采取了以治理通货膨胀为目标的适度从紧的财政政策与货币政策，而后又采取了以扩大内需，拉动经济增长为目标的积极的财政政策和稳健的货币政策，并且都取得了极大的成功，保证了宏观经济的健康运行。而在微观经济规制方面，显然也采取了一系列重要措施，并且逐步建立健全了有关法律法规，但存在的问题还较多。如走私、贩私、制假售假、偷逃税款、逃汇套汇等违法犯罪现象，虽然经过前一阶段的整顿和规范市场经济秩序工作，从总体上得到了有效遏制，但有的问题仍比较严重。特别是破坏和浪费资源，污染环境的问题还很突出，这些都是与走新型工业化道路相悖的，必须通过行政手段、法律手段和经济手段，很好地加以解决。

深化企业改革，主要是规范现代企业制度建设。具体地说，就是要进行两个方面的规范：一是继续进行规范的公司制改革；二是进行规范的公司治理。只有进行规范的公司制改革，才有可能进行规范的公司治理。

继续进行规范的公司制改革，要做好两个方面的工作：一是对尚未进行转制的少数国有企业，或不宜采取国有独资公司形式的国有企业，要根据企业的具体情况，按照《公司法》的规定，进行规范的公司制改革；二是对已经转制但股权结构不合理的企业，要进一步实现企业股权结构的多元化、分散化、合理化。目前我国的公司制企业（包括上市公司），在股权结构上存在两种倾向：一是股权过于集中，严重地存在着内部人控制下的国有股一股独大；二是股权过于分散，特别是那些实行职工内部持股的企业，几乎采取了平均持股的办法，严重地存在着平均主义现象。这两种倾向都不利于健全公司法人治理结构，进行规范的公司治理。经验表明，只有当股权适度集中，既存在若干较大股权，同时又相对分散时，才能在治理结构中建立起有效的制衡机制，避免内部人控制和"搭便车"等现象的发生。

进行规范的公司治理，首先要在建立合理的股权结构的基础上，建立规范的各负其责、协调运转、有效制衡的公司法人治理结构。要严格按《公司法》的规定确立股东会、董事会、监事会和经理层的职责，建立健全决策、执行决策和监督体系，确保股东能够充分行使自己的权利。同时，要通过健全激励约束机制，发挥各个方面的积极性，提高企业的经济效益，以确保全体股东的利益。

进行规范的公司治理，对上市公司来说，还要特别注重加强信息披露制度。所有上市公司，都必须严格按照法律、法规和公司章程的规定，真实、准确、完整、及时地进行包括公司治理信息和股东权益信息等在内的各种信息的披露，特别是公司的关联交易要公正、合法，重大关联交易要经过独立董事认可，并进行信息披露，加强股东、社会和政府对公司的监督。当前，深化企业改革另一项重要而艰巨的任务，是推进存续企业的改革。很多国有大中型企业，在上市前都对辅助生产系统和生活服务系统进行了剥离，形成了一批存续企业。这批存续企业，对上市公司的生产经营作出重要贡献，但相对来说，它们在生产经营中存在的困难也比较大，特别是它们几乎没有进行什么实质性的改革，经营机制没有发生太大的变化。尤其是有的存续企业，还以集团的名义存在，并作为上市公司的最大股东，直接影响着上市公司的生存和发展。这些存续企业的改革已势在必行。其改革的方向，就是走向市场。具体途径大致有三：一是创造条件，争取上市，或进行其他形式的公司制改革；二是与国内外其他企业进行兼并重组；三是实施破产，退出市场。尽管这一改革的难度较大，可以说它是企业改革的最后堡垒，但在已有改革的基础上，再经过各方面的协同努力，改革是完全可以取得成功的。

改革和完善国有资产管理体制，就是要在已往的由稽察特派员制度向企业监事会制度过渡的基础上，进一步建立健全中央政府和地方政府分别代表国家履行出资人职责，享有所有者权益，权利、义务和责任相统一，管资产和管人、管事相结合的国有资产管理体制。

所谓权利、义务和责任相统一，管资产和管人、管事相结合，就是谁对国有资产的保值增值负责，谁就应当拥有对国有资产经营的决策权；谁对国有资产进行经营决策，谁就应当拥有对所投资企业派出出资人代表的权利。为此，就要通过专门的国有资产管理机构，并根据调整国有经济布局的需要，实行中央政府和省市（地）两级地方政府分级管理。每级管理都应建立健全由决策层、经营层和被投资企业等三个层次组成的国有资产管理体系。其中，决策层为各级国有资产管理委员会；经营层为下属的国有资产投资或经营公司；被投资企业则包括所有有国有资产投资的一般企业，包括独资公司、控股公司和参股公司等。

　　各级国有资产管理机构应当逐步把一般性经营企业中的国有股和国有独资法人股的股权划归国有资产投资或经营公司直接管理，由它们代表国家行使国有资产出资人的权利，以减少国有资产的管理层次，并切实保证上市公司的独立性，保证国有资产的权益不受侵犯，保证小股东同大股东享有同样的权益。也只有这样，才能实行规范的公司治理。

　　通过进一步完善社会主义市场经济体制的各项改革，必将进一步提高资源的配置效率，促进企业走新型工业化道路，从而确保全面建设小康社会和工业化目标的实现。

（原载于《国家行政学院学报》2004 年第 1 期）

树立和落实科学发展观，实现中国经济社会的可持续发展

资源和环境约束是世界各国人民共同面临的课题，面对这种状况，世界各国都在力图实现可持续发展战略。中国虽然资源丰富，但是由于人口众多，人均资源占有量严重不足，因此，实施可持续发展战略对于中国尤其重要。

为了实现可持续发展，中国政府提出了科学发展观。科学发展观是针对当前存在的社会经济发展不协调的突出问题（即经济高速发展，社会和人的全面发展相对滞后）而提出的。科学发展观的核心是以人为本，即经济社会发展要依靠人，要依靠人的力量和智慧来促进经济社会的协调发展，经济社会发展是为了人，经济社会发展的最终目的是为了实现人的全面、协调发展；科学发展观的主要内涵是促进和实现经济社会的全面、协调、可持续发展和人的全面发展；科学发展观的根本要求是统筹城乡发展、统筹区域发展、统筹经济社会发展、统筹人与自然和谐发展、统筹国内发展和对外开放。

科学发展观是相对于传统的发展观而言的，传统的发展观具有以下主要特点：一是以高消耗资源能源，粗放经营，追求高产值、高速度为特征，结果是投入多、产出少、经济效益差；二是片面考虑经济发展，而忽视与人口、资源、环境的协调发展，只顾经济效益，不顾其他，实际上经济效益也上不去；三是由政府和经济部门单一决策，缺乏广泛的民主性和科学性，以致造成决策失误和损失，甚至带来不可挽回的后果；四是注重近期和当代的眼前利益，表现的特征是短期行为，"吃祖宗的饭，断子孙的路"。

科学发展观作为与传统发展观迥然不同的一种发展模式，具有如下主要特点：一是坚持以人为本。即要以实现人的全面发展为目标，从人民群众的根本利益出发谋发展、促发展，不断满足人民群众日益增长的物质文化需要，切实保障人民群众的经济、政治和文化权益，让发展的成果惠及全体人民。二是全面发展。即要以经济建设为中心，全面推进经济、政治、文化建设，实现经济发展和社会全面进步。三是协调发展。即要统筹城乡发展、统筹区域发展、统筹经济社会发展、统筹人与自然和谐发展、统筹国内发展和对外

开放，推进生产力和生产关系、经济基础和上层建筑相协调，推进经济、政治、文化建设的各个环节、各个方面相协调。四是可持续发展。即要促进人与自然的和谐，实现经济发展和人口、资源、环境相协调，坚持走生产发展、生活富裕、生态良好的文明发展道路，保证一代接一代地永续发展。因此，科学发展观要求既要有量的增长，又要有质的提高，有结构的优化。既是物质的发展，又是精神的发展，既满足基本需要，也追求高级需要。科学发展观不仅讲求经济发展，而且还追求社会的全面进步和人的全面发展，只有以这种发展观为指导，经济和社会的发展才能更为合理、更为均衡，才是可持续的。

为了落实科学发展观，中国政府提出了实现五个统筹。即统筹城乡发展、统筹区域发展、统筹经济社会发展、统筹人与自然和谐发展、统筹国内发展和对外开放。五个统筹的精髓在于强调经济的均衡发展。就中国经济而论，过去20多年来，由于在城乡、地区、行业等领域采取倾斜性政策、优惠政策和扶植政策，加之原有基础的不同差异，使国民经济的不均衡性日益突出，并引发了许多新问题。诸如，城乡差距、东西差距的扩大，生态环境的破坏和污染，社会公用事业严重滞后等。针对这些新情况和新问题，中国政府及时果断地提出五个统筹，强调国民经济要均衡发展。

下面我们就按照五个统筹要求，详细谈谈中国社会发展战略以及中日两国经济合作问题。

一、统筹城乡发展

统筹城乡发展，是相对于"城乡二元经济结构"和"三农"问题而言的。城乡二元经济结构，是指发展中国家广泛存在的城乡生产和组织的不对称性，也就是落后的传统农业部门和先进的现代经济部门并存、差距明显的一种社会经济状态。这是发展中国家经济不发达的标志，也反映着城乡之间的制度差异。"三农"问题是指农业、农村和农民。统筹城乡发展要求把农村发展纳入整个国民经济与社会发展全局之中进行通盘筹划，综合考虑，以城乡一体化发展为最终目标，统筹城乡物质文明、政治文明、精神文明和生态环境建设，统筹解决城市和农村经济社会发展中出现的各种问题，打破城乡界限，优化资源配置，实现共同繁荣。统筹城乡发展的实质是给城乡居民平等的发展机会，通过城乡布局规划、政策调整、国民收入分配等手段，促进城乡各种资源要素的合理流动和优化配置，不断增强城市对农村的带动作用和农村对城市的促进作用，缩小城乡差距、工农差距，使城乡实现均衡、持续、协调发展，促进"城乡二元经济结构"向城乡一体化转变，并最终解决"三农"问题。

进入 21 世纪，中国市场化、国际化、工业化、城市化和信息化进程明显加快，城乡差别和矛盾在某些方面有所缓和，但从总体上说，城乡差别还很大，矛盾还很多，城乡之间还存在严重的不平衡，农村远远落后于城市。农业增效难、农民增收难、农村社会进步慢的问题未能得到有效地解决，城乡差距、工农差距扩大趋势尚未扭转，其深层次原因在于城乡二元结构没有完全突破，城镇化严重滞后，城乡分割的政策、制度还没有得到根本性纠正，城乡经济社会发展缺乏内在的有机联系，致使工业发展与城市建设对农村经济社会发展带动力不强，过多的劳动力滞留在农业，过多的人口滞留在农村。这种城乡分割的体制性障碍和发展失衡状态，造成了"三农"问题的现实困难，农村小康成为全面建设小康社会最大的难点。中国农业发展滞后，农民收入增长缓慢，这已成为制约经济增长的重要问题。据统计，1997~2003 年 7 年间，全国农民人均纯收入只增加 695.9 元，不到城镇居民收入增量的 1/5；年均增长速度不到城镇居民的一半。城乡居民收入差距持续扩大，由 20 世纪 80 年代中期的 1.8：1、90 年代中后期的 2.5：1，扩大到 2003 年的 3.2：1。因此，在全面建设小康社会的新阶段，应该把"三农"问题摆到更加突出的位置，打破城乡分割的传统体制，以城带乡，以工促农，以工业化和城市化带动农业农村现代化，形成城乡互补共促、共同发展的格局，推动农村全面小康建设。

统筹城乡发展的具体措施如下：

1. 统筹城乡发展思路

统筹城乡发展，首先要转变发展战略和发展思路，从城乡分割、差别发展转向城乡互通、协调发展，把工业化、城市化与农业农村现代化紧密结合起来，走生产发展、生活富裕、生态良好的文明发展道路。树立以民生为本的科学发展观、政绩观和人才观，把改善民生作为发展的第一要义，把增加城乡居民收入、提高生活质量和健康水平、改善生态环境作为最重要的政绩，把增进最广大群众的物质利益、政治利益和文化利益作为经济发展的根本出发点和落脚点。

2. 统筹城乡产业结构调整

统筹搞好产业发展规划，以工业化支撑城市化，以城市化提升工业化，加快工业化和城市化进程，促进农村劳动力向二三产业转移，农村人口向城镇集聚。中国现在城乡就业人数 7 亿以上，比整个发达国家就业人口多 2 亿以上，每年新增劳动力 1000 多万人；加之处在经济体制改革和经济结构调整的双重转变时期，隐性失业显性化，资本有机构成呈明显提高趋势，GDP 每增长 1 个百分点对就业增长的拉动由 20 世纪 80 年代的 0.32 个百分点下降到 0.1 个百分点以下，我们将长时期面临沉重的就业压力。农民增收难和城市贫困问题，在很大程度上是就业问题。因此，从扩大就业要求出发，在产业类型上，注重发展劳动密集型产业；在企业规模上，注重扶持中小企业；在经济类型上，注重发展非公有制经济；在就业方式上，注重采取灵活多样的形式。建立以城带乡、以工促农的发展机制，加快现代农业和现代农村建设，促进农村工业向城镇工业园区集中，促进农村人口向城镇集中，促进土地向规模农户集中，促进城市基础设施向农村延伸，促进城市社会服务事业向农村覆盖，促进城市文明向农村辐射，提升农村经济社会发展的水平。

3. 统筹城乡规划建设

把城乡作为一个整体，搞好城乡布局规划和建设规划，着力形成中心城市、中心镇、中心村一体化规划体系。充分发挥城镇的集聚、带动和辐射作用，加强城镇建设，整合各种资源，推行城乡一体化协调发展。加强农村基础设施建设，促进城镇基础设施向农村延伸，着力改变农村建设滞后于城镇的状况。建立政府主导、市场运作的多元化投资机制，优先发展社会共享型基础设施，扩大基础设施的服务范围、服务领域和受益对象，让农民也能分享城市基础设施。

4. 统筹城乡配套改革

突破城乡二元经济结构，纠正体制上和政策上的城市偏向，消除计划经济体制的残留影响，保护农民利益，建立城乡一体的劳动力就业制度、户籍管理制度、教育制度、土地征用制度、社会保障制度等；给农村居民平等的发展机会、完整的财产权利和自由的发展空间，遵循市场经济规律和社会发展规律，促进城乡要素自由流动和资源优化配置。

5. 统筹国民收入分配

根据经济社会发展阶段的变化，调整国民收入分配结构，改变国民收入分配中的城市偏向，进一步完善农村税费改革，创造条件逐步取消农业税，加大对"三农"的财政支持力度，加快农村公益事业建设，建立城乡一体的财政支出体制，将农村交通、环保、生态等公益性基础设施建设都列入政府财政支出范围。

特别需要强调的是要深化农村税费体制改革，继续减免农业税，逐步向城乡一体化的税制过渡。从 2000 年 3 月开始，旨在减轻农民负担的农村税费改革先在安徽省试点，此后试点范围扩大到全国 30 个省市区，各地的改革实践已经证明，我国农村税费改革是富有成效的，农村税费改革可使农民负担减轻 30%~60%。2004 年，中共中央一号文件规定取消农业特产税，将农业税税率降低一个百分点，有些经济发达的省市还宣布对农业实行零税率政策。2004 年的政府工作报告中温家宝总理又提出今后五年取消农业税。由于降低农业税税率、取消农业特产税，今年全国农民税收负担又将减轻 118 亿元。但是，从城乡统筹的角度看，现行的农业、农村的税收制度是计划经济体制时期延续下来的，带有明显的城乡二元结构特征，不管是税费改革前还是改革后，对农民征税都缺乏公平性，是一种带有歧视性的政策。从长远看，中国农村税费制度改革应和城市的税制改革统筹考虑，消除城乡二元税制结构，实行城乡统一的税收制度。

6. 统筹行政管理体制

从实践情况看，地级市除了对本级地区和郊区外，对其他所辖县、市的领导作用不大。因此，应深化行政管理体制改革，在政府职能转变的情况下，中国最好是实行中央、省（市）、县（市）三级政府，由省直管县（市）、乡镇改作派出机构。当然，在深化行政管理体制改革过程中可以采取以下具体措施：一是面积过大的省在适当时机分省。分省后幅员仍偏大的，在县（市）以上设虚派出机构。二是从现在起，地级单位未改市和实行"市管县"体制的，一律停批。三是县级市按宪法规定由省直管，不委托地级单位代管。四是地级市的"市管县"财政体制改为省直管。五是结合行政审批制度改革和政府职能转变，逐步弱化地级市权力，直至地级市只管本级城区和郊区。六是乡镇改作派出机构，也先在部分地方试点。

二、统筹区域发展

"统筹区域发展"的实质，是实现地区共同发展。"统筹区域发展"要求加强对区域发展的协调和指导，积极推进西部大开发，有效发挥中部地区综合优势，支持中西部地区加快改革发展，振兴东北地区等老工业基地，鼓励东部有条件地区率先基本实现现代化。鼓励东部地区继续加快发展、进一步推进西部大开发战略、振兴东北地区等老工业基地、带动中部地区发展这四大战略，构成中国统筹区域发展的整体战略布局。

中国东部地区掌握着较先进的技术，有着较强的经济实力；西部地区技术力量薄弱、经济发展相对滞后，但资源比较丰富；中部地区落后于东部地区但比西部地区先进。这种梯度差异是客观存在的事实。正是基于这种客观事实，改革开放以后，中国在区域经济发展方面采取了由东到西的梯度发展战略，经济发展从东部地区向中西部地区逐步推进。这种梯度发展是适合当时中国国情的，也是符合区域经济发展规律的。今天，中国已经进入了全面建设小康社会、加快推进社会主义现代化的新的发展阶段，不断扩大的地区差距既不适合现阶段生产力的发展要求，也不符合以人为本的科学发展观的要求。新形势新任务要求必须走区域经济协调发展之路。

统筹区域发展的具体措施如下：

1. 鼓励东部地区继续加快发展

由于自然地理条件不同，我国的工业生产布局历史上就集中在东部沿海地区。20 世纪 80 年代国家投资重点向东部倾斜，高强度的投资促进了东部地区经济高速增长。导致中西部地区与东部地区差距进一步扩大。东部地区市场发育程度也远远高于中西部地区。这种地区不科学发展观与统筹区域协调发展平衡发展问题是中国工业化过程中必然出现的问题，也将随着工业化的进一步发展而逐渐得到解决。在工业化的地域展开方面，国家投资重点东移，沿海地区投资比重大幅度提高，"三线"建设投资比重相应下降。

改革开放以来，中国东部地区的经济取得了长足的发展，东部地区已经有能力支持其他地区的发展。在这种情况下，应该继续鼓励东部地区加快发展，使其起到更好的示范作用，增强其为其他地区输血的能力。

2. 进一步推进西部大开发战略

"西部大开发"战略提出以来，取得了不错的效果，有了一个良好的开端。一是一批重大项目相继开工，青藏铁路、西气东输、西电东送、水利枢纽、交通干线等事关西部地区全局发展的重大项目已经全面开工；二是退耕还林工程进展顺利，生态环境保护和建设显著加强；三是调整了产业结构，发展了一批有特色的优势产业；四是科技教育和卫生文化等社会事业加快发展，人才开发工作取得了初步的成效；五是西部地区发展环境开始改善，对外开放及与东中部地区的经济合作逐步加强。

在进一步推进"西部大开发"战略时，还应该注意以下问题：

（1）制定相关的政策、规划，加强对西部大开发的宏观指导。自从中共中央、国务院提出"西部大开发"的战略，国务院先后出台了一系列政策和规划来促进"西部大开发"。国务院提出当前和今后一段时期，实施西部大开发的重点任务是：加快基础设施建设；加强生态环境保护和建设；巩固农业基础地位，调整工业结构，发展特色旅游业；发展科技教育和文化卫生事业。力争用 5~10 年时间，使西部地区基础设施和生态环境建设取得突破性进展。

（2）加大对西部开发的资金投入力度，加快西部地区经济和社会事业发展。2000~2002 年，中央财政性建设资金用于西部地区约 2700 亿元。其中基础设施投资 2000 多亿元，生态环境投资 500 多亿元，社会事业投资 100 多亿元。长期建设国债资金 1/3 以上用于西部开发，达 1800 亿元。水利、交通、铁道、民航等部门建设资金向西部地区倾斜。中央财政加大了对西部地区转移支付的力度，三年累计约 3000 亿元。西部地区各类金融机构各项贷款余额增加 6000 多亿元。2003 年 1~9 月，西部地区固定资产投资共完成 5649 亿元，同比增长 39.4%。在国家投资的带动下，社会资金投入有了增加，西部地区经济和社会事业出现了加快发展的好势头。2000 年、2001 年和 2002 年西部地区国内生产总值年增长率分别为 8.5%、8.7% 和 9.9%，比 1999 年的 7.2% 明显加快。2003 年 1~9 月，西部地区实现国内生产总值 15276 亿元，同比增长 10.8%，这是西部开发以来经济增长最快的时期。

3. 实施东北地区等老工业基地振兴战略

改革开放 25 年来，由于东北地区等老工业基地国有经济比重偏高、市场化程度低、产业结构调整缓慢、企业设备和技术老化，适应不了走新型工业化道路的要求。鉴于东北地区等老工业基地具有重要的战略地位，中共中央作出支持东北地区等老工业基地加快调整、改造，实行东西互动，带动中部，促进区域经济协调发展的重大战略决策，把老工业基地调整、改造和振兴摆到更加突出的位置，要求用新思路、新体制、新机制、新方式，走出加快老工业基地振兴的新路子。

4. 带动中部地区发展

（1）中国在实施西部大开发战略时，已经体现了对中部地区的带动作用。仅从国家投资角度来看，西部开发重点工程项目中，对于西部地区连通中、东部地区的铁路干线，如宁西线西安至合肥段，渝怀铁路湖南境内段，西气东输管道工程经过的山西、河南、安徽等中部省区，这些都享受西部开发政策。作为西部开发重点之一的退耕还林，实际上包括了中部全部地区。

（2）东部地区对中部地区的带动主要表现在按照市场经济规则行事。尽管西部大开发战略改善了西部地区与中部、东部地区的交通、通信网络等基础设施条件，但是，东部地区企业要到西部地区投资，也必须考虑地理空间距离对运输成本的影响，有可能选择中部地区的市场，以降低市场交易成本。东部地区相对成熟的产业，如纺织、制鞋、家电、食品、日化、流通、旅游等企业，到西部地区投资时，也有可能优先选择中部地区。

（3）实施东北地区等老工业基地振兴战略。当振兴东北地区等老工业基地的政策出台后，除了直接包括了中部地区两个省外，条件成熟时，中部地区的一些老工业城市有可能得到东北老工业基地的有关政策。

5. 正确发挥政府作用与充分利用市场机制促进区域经济协调发展

对于实施西部大开发战略、振兴东北地区等老工业基地，在发挥中央政府的主导作用、调动地方政府积极性的同时，要逐步加大利用市场机制，实现战略目标。对于鼓励东部有条件地区率先基本实现现代化，主要是在充分调动地方政府积极性的前提下，最大限度地利用市场机制，实现战略目标。对于带动中部地区发展，主要是在充分调动地方政府积极性的前提下，尽可能地利用市场机制，实现战略目标。

三、统筹经济社会发展

"统筹经济社会发展"就是要求我们对社会发展与经济发展兼顾并重，使之共同发展。改革开放以来，中国坚持以经济建设为中心，"发展是硬道理"，这对中国经济发展、国力增强起了巨大作用；后来进一步强调经济增长质量，强调生活质量，强调新的多元化的生活方式，强调生态和环境美。经过二十多年的发展，经济和社会发展中的不协调和矛盾越来越突出，集中表现为社会事业发展落后于经济产业的发展水平。因此，中国政府提出要关心公共管理、关心社会保障、关心健康事业、教育和文化等。

经济增长，特别是物质产品的增长并不等同于社会发展。人的生存和发展除了对物质产品的需求外，还要有对服务产品和精神产品的需求，对安全、稳定、社会公正的追求。没有后面这些东西，或者提供得不充分，社会全面进步、人的全面发展是不可能实现的。在国际上，也存在着"有增长无发展"的问题。因此，经济发展无疑是重要的，但不是唯一的，离开了相应的社会发展，经济发展也不具有可持续性。

中国经济社会发展不协调主要表现为：一是社会结构没有随着经济发展和经济结构调整相应地调整过来；二是教育、科技、文化、医疗卫生、环境保护等社会事业发展严重滞后于经济发展；三是社会管理相对落后，各类事故频发，造成人、财、物的莫大损失；四是社会事业的管理体制落后；五是经济增长与就业增长不协调。

统筹经济社会发展的具体措施如下：

1. 国家和地方政府都要扩大对社会发展方面的投入

要靠国家和地方政府扩大对社会发展方面的投入，改变目前政府投资偏重于经济建设而对社会事业偏少的格局。积极向科技、教育、卫生等社会事业领域倾斜，向生态环境保护倾斜。

2. 充分发挥国家这只"有形的手"的作用

从加强税收等方面的"二次调节"，解决地区之间和个人之间的收入差距拉大问题。培育合理的现代社会阶层结构成为今后社会制度安排和政策选择的核心。历史经验表明，在社会中，阶层规模大的社会，其社会资源的配置一般都比较合理，分配差距比较小，社会各阶层之间的利益矛盾和冲突一般都不会很大，这样的社会最稳定、最可持续发展。中国正处在经济社会转型之中，社会阶层结构也在不断地变迁。目前还有近60%的农村人口，有50%的劳动力以务农为主。与此同时，我国社会中间阶层规模较小。能够纳入中间阶层的就业人口所占比例仅为18%左右，与西方国家的40%还有不小的距离。

3. 建立合理配置公共资源的制度设置

从近期看，社会政策创新的可操作方向是合理地配置公共资源。而其中最为有效的操作平台，是建立公正配置公共教育资源的制度，制定提高普通社会成员尤其是困难群体的竞争能力和技能教育的培训政策。教育是促进经济增长、矫正各种不公平的基本条件，是保证社会的机会相对公平的最重要的制度设置。

4. 提高社会管理水平

为维护社会稳定，保证经济和社会协调发展，还要注意全面构建现代化的社会管理体系，积极构建"中国社会稳定预警系统"。社会稳定预警系统，就是要科学、定量、实时地诊断、监测并预警社会稳定的总体态势。目前，美国、日本等一些发达国家已经建立了相应系统，监测全球或区域的稳定状况和动乱热点，分别为其战略决策、安全体系、外交政策、经济发展、政策后效评估、危机综合对策等提供全方位服务。作为一个世界大国，中国社会稳定预警系统的研制和运行十分必要。

5. 实施积极的就业政策，减轻就业压力

据中国社科院"中国社会形势分析与预测"课题组的测算，20世纪90年代中期以来，城镇登记失业率逐年上升，1995年为2.9%，1999年为3.2%，2001年为3.6%，2002年为4%，2003年很可能达到4.5%，登记失业人数将超过700万人。国有企业下岗职工继续增加，2003年6月底，下岗职工达464万人，而再就业率则逐年下降，1998年为50%，1999年为42%，2000年为35%，2001年为31%。农村剩余劳动力继续增加，2002年进城镇务工经商农民达9460万，现在还呈增加的趋势。就业是民生之本，经济和社会要协调发展，必须高度重视就业问题。真正化解就业问题，除了实施积极的就业政策，还须进一步改善就业环境和采取适当的政策支持：一是深化劳动管理、户籍制度和社保体制改革，建立全国统一、开放、竞争、有序的劳动力市场，加强对劳动力市场收费，拖欠农民工工资等专项检查；二是把增加就业作为考核干部政绩的重要指标之一；三是采取减少国有房屋租金或给予适当的房租补贴及降低其他有关税费等办法，鼓励个人和家庭从事小商品、饮食业、市场中介服务业；四是鼓励非政府非营利的社会服务机构的发展，重点发展教育培训、公共信息服务和公共管理；五是引导和鼓励社会各类服务机构为中小企业提供服务，进一步放宽国内民间资本的市场准入限制，在投资、税收、土地使用和对外贸易等方面给予支持，促进非公有制经济发展，拓宽社会就业渠道。

四、统筹人与自然和谐发展

统筹人与自然和谐发展的实质是人口适度增长、资源的永续利用和保持良好的生态环境。"统筹人与自然和谐发展"要求正确认识和运用自然规律，通过相互依赖、互惠互补，与自然界和谐相处、协调发展，最终达到发展经济和环境保护并举、经济效益和生态效益兼顾、生产力发展与自然和谐"双赢"的目标，为全面建设小康社会提供物质技术基础和生态环境双重保障，全面长远地为人类创造良好的生存条件，逐步提高生活质量，推动整个社会走上生产发展、生活富裕、生态良好的文明发展道路，创立一个完全新式的人类文明，一个可以永续发展的文明社会。"统筹人与自然和谐发展"充分体现了保护环境、保护生态，以人为本的现代思潮，是人类对自己行为的深刻反思的重大成果，具有为子孙万代造福的远大目光。

人与自然的关系有个历史演变过程。在原始发展时期，人类崇拜依附于自然，匍匐在大自然的脚下；在农业文明时期，人类利用、改造自然，对自然进行初步开发；在工业文明时期，人类控制、支配自然，以自然的"征服者"自居。尤其是到了近代，人类开始直观地认识到人的生存和发展主要不是依赖自然的给予，而是依赖自己对自然的改造。为了有效地"改造自然"，人们不惜把对自然规律的"正确认识"看得轻而易举，并加以夸大和绝对化。随着对自然控制与支配能力的急剧增强，以及自我意识的极度膨胀，人类开始一味地对自然强取豪夺，从而激化了与自然的矛盾，加剧了与自然的对立，人类也不得不面对人口剧增、能源短缺、臭氧层破坏、全球变暖、大气污染、水资源缺乏、森林锐减、土地沙化、水土流失、物种灭绝等生态危机的种种现实。我国是人均资源比较少的国家，资源约束是伴随工业化、现代化全过程的大问题，工业化和城市化道路的选择和发展模式、发展战略、技术政策的选择，乃至社会生活方式的选择，都必须考虑资源约束和环境承载能力。

中国的发展尤其要加强对自然资源的合理开发利用，保护生态环境、促进人与自然的和谐发展。原因如下：一是中国生态环境的先天脆弱性，其脆弱性，明显超出全球平均状况：国土面积的65%是山地或丘陵、70%每年受季风影响、33%是干旱或荒漠地区，55%的国土面积不适宜人类生活和生产。

二是中国人口多、资源相对不足日益成为制约发展的突出矛盾。我国人均水资源拥有量仅为世界平均水平的1/4，600多个城市中有400多个缺水，其中110个严重缺水。我国人均耕地拥有量不到世界平均水平的40%。石油、天然气、铜和铝等重要矿产资源的人均储量分别只占世界人均水平的8.3%、4.1%、25.5%、9.7%。三是我国近20年来经济快速发展，能源浪费大、环境破坏严重等问题日益凸显，人与自然的矛盾从未像今天这样突出。

因此，为了防止无序、无度的消耗，保持中国经济社会的持续发展，应采取如下具体措施：

1. 严格控制人口骤增与资源锐减

在人口方面，要制定与自然承载能力相适应的人口发展规划和政策，提高全社会的计划生育意识，确保控制人口数量，确保提高人口质量；在资源方面，在鼓励使用可再生资源的同时，控制可再生资源的利用率不能超过其再生和自然增长的限度，提倡少用或不用不可再生资源；在环境保护方面，要加强环境综合治理，大力实施退耕还林还草和植树造林工程，研究开发无公害生产技术，并把环境、资源价值纳入国民经济核算体系。

2. 努力促进经济增长方式的转变

既要充分发挥我国资源总量巨大、品类齐全的优势，自然、有序、适度地开发利用，又要在提高资源利用效率和节约资源上狠下功夫，科学地采用资源节约型的发展模式，建立一个包括以节地、节水为中心的资源节约型农业生产体系，以节能、节材为中心的资源节约型工业生产体系，以节省运力为中心的资源节约型综合运输体系，以适度消费、勤俭节约为中心的资源节约型生活服务体系。

3. 努力走新型工业化道路

研究、开发和推广新能源、新材料，广泛采用符合域情的污染治理技术和生态破坏恢复技术，包括投资少、效益高的废水处理技术、城市大气污染综合治理技术、固体废物的无害处理技术等，全力推行清洁生产，坚持以信息化带动工业化，以工业化促进信息化，走出一条科技含量高、经济效益好、资源消耗低、环境污染少、人力资源优势得到充分发挥的新型工业化道路。

4. 大力发展先进生产力

实行经济结构的战略性调整，淘汰落后的工艺设备，关闭、取缔污染严重的企业；变传统工业"资源—生产—污染排放"的发展方式为"资源—生产—再生资源"的循环发展方式，促进以清洁生产、生态经济为特征的绿色生产力的快速发展，使其成为先进生产力的重要组成部分和保护环境的最佳"结合点"；发展绿色经济，促进结构优化升级，推动绿色消费；支持"三农"进行产品质量管理体系、生产环境管理体系以及职业安全卫生管理体系等绿色认证，促进无公害农业、绿色农业、有机农业的梯度发展。

5. 积极培植绿色环保产业

目前，环保产业正在成为国际经济竞争中最有市场、最具创新能力、最有希望的朝阳产业，现代科技已经为环保产业提供了强力支持和发展空间的机会，通过工业化和经营化农业、细化和品牌化加工业、多样化和清洁化能源业、网络化和联营化交通运输业以及数字化和全球化信息业等重要运作方式，大力发展环境资源和绿色环保产业，在投资、价格、税收等方面予以倾斜，使之成为我国经济增长和生产力发展新的增长点。

五、统筹国内发展和对外开放

统筹国内发展和对外开放的实质是更好地利用国内外两种资源、两个市场，顺利实现中国经济的振兴。

在各国经济发展历程中，有的对本国经济实行严格保护，结果保护了落后，延缓了发展；有的盲目扩大开放，过度倚重出口，依赖外债，结果丧失自主权，导致债务危机、金融危机和经济危机，造成经济停顿甚至倒退。这些经验教训告诉我们，在经济全球化的趋势下，要正确认识本国国情，充分发挥比较优势和竞争优势，把握开放节奏，在积极参与国际竞争与合作中求得国内经济的健康发展。中国的国际经济地位正在发生根本性的变化。我们现在面临着和改革开放初期甚至和十年前完全不同的外部环境。资料显示，目前我国90%以上的一次能源、80%以上的工业原材料和30%以上的生产生活用水来自矿产资源，这种状况在今后相当长的时期内不会有大的改变。随着我国经济强劲增长，资源约束日渐明显，最突出的是石油资源。尽管我国是世界石油生产大国之一，但石油消耗增长过快，产量远远赶不上用量。现在我国每年要从国外进口原油数千万吨以上，今后依赖程度还会继续加大。我国能源短缺的现实表明，统筹利用好国内外两种资源意义非凡。但与此同时，我们必须要认识到以我为主，趋利避害，这是我国参与经济全球化必须把握的重要原则。我们要在更多分享经济全球化带来的利益的同时，最大限度地避免它产生的消极影响。

在统筹国内发展和对外开放过程中，我们应努力推进六个"更加注重"：一是要更加注重统筹利用好两个市场，扩大国内外需求；二是要更加注重统筹利用好两种资源，缓解国内短缺资源的约束，加快制定实施境外资源利用战略，建立多元、稳定、可靠的境外资源供应基地；三是要更加注重人力资源能力建设，充分发挥我国自身比较优势，加强能力建设，把我国劳动力优势转化为国际竞争优势，提高吸纳新一轮产业转移能力，优化创业环境，处理好利用内资与外资的关系；四是要更加注重以市场换技术，推动国内科技进步和产业升级；五是要更加注重推进区域经济合作和东中西部经济协调发展；六是要更加注重在开放中节约资源和保护生态环境。

下面我们就统筹国内发展和对外开放，重点谈谈中日经济合作问题。

中日两国是"一衣带水"的近邻，又是经济上互补性和互利性最强的两个国家。自 1972 年中日恢复邦交正常化，尤其是中国实施改革开放以来，双方合作取得了飞速发展。合作由流通领域不断向生产领域深化，两国在贸易、直接投资、政府开发援助资金等方面的合作取得了显著绩效，对带动中国经济发展和就业增长、调整和提升产业结构、扩大产品出口、同国际市场接轨发挥了巨大作用。1972 年两国贸易额仅为 10.38 亿美元，1997 年增至 640 亿美元，约为 1972 年的 62 倍，占 1997 年中国对外贸易总额的近 20%，日本连续 5 年成为中国最大的贸易伙伴，中国成为日本仅次于美国的第二大贸易伙伴。日本对华投资在 20 世纪 90 年代以来发展迅速，1996 年日本成为中国第二大投资国，项目达 14394 项，金额达 245.51 亿日元。1996 年较 1991 年，投资项目剧增 20 余倍，投资额增 30 倍。但是，双方合作也存在着以下诸多问题：一是双边贸易发展不平衡问题较为突出。从 80 年代起中日贸易不平衡就日趋加剧。1985 年中国对日本贸易逆差达 19.95 亿美元，而到 1993 年，中国对日本贸易出现顺差，顺差额达 32.8 亿美元。无论中日贸易是顺差或是逆差，中日贸易不平衡问题一直没有解决。中日贸易不平衡主要是由中日贸易的垂直分工结构引起的。二是合作中资金合作多，技术合作少。在中日经济合作的发展中，资金合作占据绝大部分，技术合作相对滞后，主要体现在日本大中型企业对华技术出口尤其是高技术转让态度不积极。日本对华技术贸易规模小、技术含量低。三是资金合作中投资规模与潜力相比极不相称。日本对外投资规模巨大，是世界第一大债权国。但是日本对华投资存量的比重很低，与两国的经济规模、贸易规模极不协调。

为了进一步发展中日经济合作，需要着重研究以下问题：

1. 中日经济的互补性是两国经济合作的基础

日本是世界第二经济大国和亚洲唯一的发达国家，中国是亚洲最大的发展中国家，两国经济发展阶段的巨大差异使两国在资源、资金、技术和市场方面具有较强的互补性，为两国开展互利性经济合作奠定了良好的基础。中国劳动力资源丰富、产业结构层次较低，在高技术领域与日本有较大的差距，在实现工业化过程中所需要的资金、技术、设备，以及经济运营、经营管理等方面的经验，恰恰是日本的优势所在。日本在国内经济结构和体制调整过程中，将重新寻找并建立经济增长的新支点和发展空间，同样也需要中国的资源、投资场所、信息产品与服务的市场。

2. 中日经济合作将向较高层次的水平型分工为主的新阶段迈进

国际间的分工主要取决于科技和生产力的发展水平及自然条件的状况，目前受两国经济条件尤其是我国较低经济发展水平的制约，中日两国间的国际分工总体上是以垂直分工为主。随着日本经济调整的成功，以及中国经济实力的不断增强，中日经济合作将向水平分工为主转变。这是因为，日本在发展知识经济的过程中，必然进行产业结构的重大调整，在国内重点发展高技术产业，而将传统产业乃至一些技术密集型产业转移到包括中国在内的发展中国家，推动日本同这些国家国际分工的高级化，为在国内发展高新技术、信息产业创造更为广阔的发展空间和有利条件。中国经济现代化进程的加快及日本对华投资结构不断升级条件下的产业国际转移，会产生双重的市场效应。一方面，它将使中国有效吸纳日本高新技术产品以及信息技术、服务的能力不断增强，从而为日本新兴产业提供了不断扩大的新市场；另一方面，它又使中国向日本出口质优价廉的多种工业品和部分高新技术产品的能力不断增强，从而也使日本成为中国日益重要和不断扩大的工业品市场。这种互惠互利的双重市场效应，必将推动两国国际分工向更高层次迈进。

3. 合作领域更加广泛，侧重于高技术领域的合作将增多

随着日本企业适应经济全球化和信息化进行的战略调整，日本企业对华投资将更趋理性，它们看重的不仅仅是中国丰富的资源、低廉的劳动力，更看重的是中国的大市场，企业追求利润最大化的动机使两国不仅可以在能源、粮食和交通运输方面展开合作，也可以在高科技、环保、基础设施建设、信息和中西部地区开发等领域寻求新的合作点。以往日本对华投资领域多集中于一般的加工业和部分第三产业，对中国急需发展的大型化工、钢铁、汽车、造船、电子计算机等资本和技术密集型产业投资很少。随着日本对华战略的转变，特别是1995年以后，日本企业在半导体、个人电脑、通信、汽车等技术含量比较高的产业的投资明显增加。今后，如能充分利用日本在新技术方面的专业人才优势，中国某些科技和人才优势，将有利于提高两国信息技术和生物工程等高新技术的水平和相关产品的竞争力。随着中国对外开放战略的调整，中国中西部地区的资源开发和基础设施建设急需大量外资。日本应当调整对华投资的区位结构，扩大对中西部地区的投资，在不断提高与中国东部地区的产业关联度的基础上，积极拓展与中西部地区以资源开发为龙头，以资源深加工为核心的产业分工与合作。

4. 中日经济合作的新增长点

（1）在全球经济体系的形成和亚洲的持续发展方面加强合作。中日两国

应积极参加和筹划世界贸易、国际货币等国际体系的运营；在技术条件、规格标准的通用化等全球标准的形成方面相互合作；为强化亚洲地区的发展基础，共同努力健全信息网、航空网、铁路网、天然气管道网以及电力基础设施等；努力率先实现 APEC 的贸易和资本自由化目标，健全稳定亚洲地区货币体系的合作体制；率先提出解决地区环境和能源等全球性问题的课题和对策。

（2）促进技术革新，在尖端技术领域加强两国的共同研究开发。21 世纪的企业将面临超越国界的技术竞争，中日两国应在这方面加强合作。合作的领域包括：一是通信技术，特别是数字处理技术以及电脑的高性能化和小型化；二是生物技术，如揭示神经机能、运动机能、代谢机能等，将这方面的技术用于产业领域，有可能从根本上改变以往的化学技术，带来医学技术的飞跃进步，改变农业技术体系，从而有助于解决粮食不足问题；三是新材料领域，如精密陶瓷、新金属材料、超导材料、再生塑料等的开发，将会推动产业结构发生重大转变，并将有助于提高能源利用效率和保护环境；四是微量空间技术，这一领域的技术类似于解析分子或解析原子，通过这方面的技术开发，可望把握零辐射技术，从而有助于根本解决环境问题，并可望在治疗血管疾病方面发挥作用。

（3）促进环保技术的开发与交流，解决环境问题。除在有关全球环境对策问题上努力统一意见外，还应在具体项目的实施上加强合作，如进一步发挥中日友好环境保护中心的作用；在培养有关人才的同时，努力更新企业领导人的观念，强化环保意识；建立防治公害检测体系；促进资源回收和废水的循环利用；通过开发电动汽车、实行集中供冷供热、普及太阳能住宅来减轻城市大气污染，建设环境样板城市；优先在环保领域实现技术和设备的现代化。

（4）共同开发节能技术和新能源。亚洲经济的持续发展将会遇到能源不足的制约。预计到 2010 年，中国的石油消费量将超过日本。在解决亚洲能源不足问题上，需要中日两国发挥主导作用。在这方面，中日双方有巨大的合作潜力，如进一步促进节能技术的开发与交流；加强中国以及海外石油资源的勘探和开采，充实石油储备，铺设天然气管道网；开发新能源，促进能源结构向多样化发展；等等。中日双方今后应该在开发原子能的安全利用技术、开发太阳能、风能等新能源上积极合作。

随着科学发展观的落实和"五个统筹"的实施，中国经济一定能保持稳定、健康的发展态势。我们完全有理由相信，中国一定能够在今后 20 年内实现"全面小康"。

（2004 年 7 月 27~28 日，日本鸟取大学《东北亚区域经济国际会议》论文，摘要发表于鸟取大学《地域学论集》2005 年 3 月第一卷第 3 号）

2004 年宏观经济调控及 2005 年宏观经济政策取向分析

2003 年以来，我国宏观经济运行处于经济周期的上升阶段。但是，随着经济增长速度的提高，也出现了一些不稳定、不健康的因素，特别是某些部门的盲目投资、低水平重复建设问题严重，引发了宏观经济局部出现过热现象。针对这一情况，为了保持宏观经济的持续快速健康发展，中央实施了以"管住土地，管紧信贷"为主要手段的宏观调控措施。此次宏观调控取得了重要的阶段性成果，宏观经济保持平稳运行，继续向着宏观调控的预定目标发展，国民经济总体形势良好。如何把目前较好的经济发展势头保持下去，为"十一五"计划的制定和实施奠定良好的基础，还需要继续努力。

一、2004 年宏观经济运行情况的简要回顾

（一）国民经济平稳较快增长

2004 年 GDP 完成 136515 亿元，增长率为 9.5%，比 2003 年提高 0.2 个百分点，是 1997 年以来的最高位，四个季度的增长率分别为 9.8%、9.6%、9.1%和 9.5%，第四季度比第三季度高出 0.4 个百分点，出现高位反弹迹象。

（二）市场物价涨幅有所提高

2004 年居民消费价格增长 3.9%，涨幅比 2003 年提高 2.7 个百分点，1~12 月分别为：3.2%、2.1%、3%、3.8%、4.4%、5%、5.3%、5.3%、5.2%、4.3%、2.8%、2.4%；商品零售价格增长 2.8%，比 2003 年提高 2.9 个百分点，1~12 月分别为：1.7%、0.9%、1.2%、2.6%、3.3%、4.1%、4.4%、4.4%、4.3%、3.4%、1.9%、1.9%。

(三) 失业率有所降低

2004 年失业率为 4.2%，比 2003 年降低 0.1 个百分点，为 13 年以来的首次下降。这主要是由于中央加大了对就业和再就业的支持力度，全年新增 980 万个就业岗位，再就业人数增加 510 万。

(四) 对外贸易再创新高

2004 年我国对外贸易额高达 11547.4 亿美元，比 2003 年增长 35.7%，净增 3037 亿美元，相当于加入世贸组织之前的 2001 年全年贸易规模的 2.3 倍。其中出口 5933.6 亿美元，增长 35.4%；进口 5613.8 亿美元，增长 36%，全年实现贸易顺差 319.8 亿美元，比 2003 年增加 65 亿美元，是 1999 年以来的年度最大顺差额。外汇储备为 6099 亿美元，比 2003 年增长 2066 亿美元。全年实际使用外商直接投资 606 亿美元，增长 13.3%。我国已成为世界第三大贸易国。

(五) 固定资产投资增速回落

固定资产投资增长速度有所回落。2004 年全社会固定资产投资达到 70073 亿元，比 2003 年增长 25.8%，增速比 2003 年回落 1.9 个百分点。其中，第一季度增长 43%，上半年增长 28.6%，到前三季度增长 27.7%。

(六) 消费市场稳中趋活

2004 年社会消费品零售总额 53950 亿元，比 2003 年增长 13.3%。扣除价格因素，实际增长 10.2%，比 2003 年加快 1 个百分点，其中，城市消费品零售总额增长 14.7%，县及县以下消费品零售总额增长 10.7%。尽管消费和投资的结构不合理在短期内仍难以有重大改观，但受农民收入提高等系列因素的影响，第四季度消费增速实现了稳步提高，农村消费增速提高幅度高于城市。

(七) 货币供给增长明显放慢

2004 年全年广义货币 M2 余额同比增长 14.6%，比 2003 年降低了 5 个百分点，狭义货币 M1 余额同比增长 13.6%，比 2003 年降低 5.1 个百分点。全部金融机构增加贷款 22600 亿元，比 2003 年减少 7400 亿元。

(八) 农业生产，特别是粮食生产出现重要转机

2004 年，中央连续出台了一系列更直接、更有力、更有效的支持农业特别是粮食增产和农民增收的重大政策措施，极大地调动了广大农民的生产积

极性，粮食生产扭转连续 4 年减产的状况获得大丰收，全年全国粮食总产量 4695 亿公斤，比原先预计的 4550 亿公斤高出 145 亿公斤，比 2003 年增产 360 亿公斤，增长 9.0%，扭转了 1999 年以来连续 5 年下降的局面，粮食播种面积恢复到 15.2 亿亩。

二、2004 年宏观经济调控的成效与基本经验

（一）2004 年宏观经济调控取得的显著成效

2004 年的宏观经济调控是在粮食供求趋紧、投资过热和煤电油运紧张的背景①下实行的。在"有保有压"的结构性宏观调控政策作用下，成功地避免了因投资过热而可能引起的大起大落，经济增长中的一些不健康、不稳定的因素得到了有效遏制，同时保持了经济的平稳较快增长。具体表现在经济快速增长、经济结构调整、产业结构升级和经济效益提高等各个方面。

（1）在保持经济快速增长的同时，经济结构调整取得重大进展，传统产业特别是新兴产业加快发展，有力地拉动了能源、交通等产业发展，工业生产保持稳定较快增长，成为支撑经济较快增长的一个重要因素。第一产业增长 6.3%，为 14 年来最快。农业结构调整继续推进，优势农产品产业带建设得到加强，优质粮食和蔬菜水果品种比重上升，棉花获得较大丰收，畜牧业、水产业发展加快。能源建设得到加强，交通基础设施进一步完善。

（2）产业结构升级顺利。传统产业升级加快，高技术产业快速增长。纺织行业差别化纤维用量比重达到 28%，比 2003 年提高 3 个百分点。新型干法水泥产量比重达到 32.5%，提高 7.5 个百分点。钢材板带比达到 33.7%，提高 1.6 个百分点。规模以上高技术企业完成增加值增长 23.1%，高出规模以上工业增幅 6.4 个百分点，生物、集成电路、软件等一批对经济发展有重大带动作用的高技术产业正在形成。在地区结构方面，西部大开发和振兴东北老工业基地成效明显。

（3）经济效益提高。2004 年全国财政收入为 26356 亿元，比 2003 年增长 21.4%，增长额为 4000 亿元以上，加上退税额达 5000 亿元，超过 1993 年。

---

① 2003 年以来出现的煤电油运的全面紧张，是由于钢铁、水泥、电解铝及房地产等行业的畸高增长造成的，但更重要的是以往的调控政策长期不到位所遗留的后遗症。以前的调控政策存在以下缺陷：一是经济紧缩时投入不足；二是垄断经营；三是管制措施不当。

规模以上工业企业实现利润 11342 亿元，比 2003 年增长 38.1%。其中，国有企业及国有控股企业实现利润 5312 亿元，增长 42.5%。在充分肯定宏观调控取得积极成效的同时，应看到这些成效还只是初步的、阶段性的。宏观调控仍处于关键时期，宏观经济运行中的突出矛盾虽有缓解，但是投资增长过快和影响经济持续稳定健康发展的结构性问题和深层次矛盾，还没有得到有效解决。

（二）2004 年宏观经济调控的基本经验

2004 年，在"管住土地，管紧信贷"为主要手段的宏观调控措施下，我国经济取得了平稳快速发展。

（1）有预见的主动调控。2003 年第一季度中国经济出现了过热的迹象，党中央和国务院及时、主动采取调控措施。逐步采取了如下五个方面的政策，很好地遏制了经济过热的势头。第一，在货币政策方面，两次提高商业银行的存款准备金率；实行差别存款准备金率制度；扩大贷款浮息幅度。第二，在土地政策方面，国土资源部实行土地管理部门的省以下垂直领导，严格土地保护制度；加强土地和环境保护法的执法力度；对部分行业和城市实行了农用地转用停止审批半年的措施。第三，在行政措施方面，中国人民银行对金融机构实行窗口指导，限制对钢铁、电解铝、水泥等过热行业的贷款；银监会严查过热行业和地区的贷款，全面清理金融机构对在建、拟建项目已发放或已承诺的固定资产贷款的使用；国家发改委发布关于控制钢铁、电解铝、水泥三行业投资的意见；严肃处理"铁本"事件。第四，在供给政策方面，国家推出了各种促进农业生产发展的政策措施，增加粮食播种面积，提高保护收购价格；积极增加煤电油运的供给能力。第五，在财政政策方面，控制财政支出；调减国债发行量；调整国债资金使用结构。实践证明，党中央和国务院关于加强宏观调控的决策是必要的、及时的，所采取的政策措施是主动的、正确的和有效的。

（2）区别对待，有保有压的调控。此次宏观调控以"管住土地，管紧信贷"为主要手段，充分体现区别对待、有保有压的原则。不仅在企业和项目上体现了该原则，而且在促进区域经济协调发展、扶持农业发展、支持产业升级等方面也体现了该原则。具体表现为：在土地政策方面，从 2004 年 4 月开始，半年内暂停用地审批，但对重点工程用地继续审批；在资金安排方面，在紧缩资金的同时，加大对扶持农业发展的资金安排，并且力度大，速度快；在"两减免三补贴"方面，中央拿出 450 亿元，并且拿出 2100 多亿元用于扶持农林产业发展；在产业政策方面，支持一些产业的升级，重点支持 134 个高科技项目；最后，即使是对过度投资的领域也不搞"一刀切"。

（3）以经济手段、法律手段为主，综合运用多种手段。2003 年由于"非典"影响，上半年主要担心经济出现下滑，经济增长中的一些问题在下半年开始显现后，主要使用经济手段（例如，调整存款准备金率，加大公开市场操作力度）进行较为温和的调控。载至 2004 年第一季度，经济增长中的问题进一步发展了，全社会固定资产投资增幅由上年的 26.7% 骤然提高到 43%；金融机构人民币贷款余额同比增长率超过了 23%，货币供给量增幅也大大超过了年初预定的控制目标；部分过热行业继续升温，粮食生产也面临低温多雨等困难的考验。这些情况迫使中央政府加大了调控力度，在进一步加大经济手段调控的同时（两次提高商业银行存款准备金率，并实行差别准备金率制度）开始动用必要的行政手段（冻结土地审批半年，要求地方与中央保持一致，对国有商业银行贷款进行直接审查，对投资项目进行全面清查等）。通过经济和行政手段控制辅以对部分行业投资的直接管理，有效控制了土地和资金等关键要素的供给，以及地方政府的经济扩张冲动，同时也一定程度约束了企业、居民的自主投资，从而减缓了低成本条件下的结构变化烈度，缓解了信贷、投资增长过猛，土地开发和城市发展对部分居民利益侵害较多，资源浪费和环境污染比较严重等问题。如上所述，我们综合采取了经济、法律和行政手段。在信贷方面，发行价值 3484 亿元的票据；实行严格的房地产信贷管理控制；提高银行准备金率；提高存贷款利率。在投资方面，出台了一系列的产业政策；提高资本金率。在价格方面，规定粮食最低收购价；对电价进行调整，实行差别电价，峰谷电价差到 4.5 倍之多。在税率方面，降低退税率。在法律方面，严格要求依法行政。

（4）标本兼治，深化改革。首先，深化粮食流通体制和农村税费改革，充分发挥市场的调节作用，有效增加粮农收入，切实减轻农民负担。采取了主产区购价，收购渠道放开，价格随行就市等措施。其次，中共十六届三中全会提出了深化投资体制改革的决定，国务院在 2004 年 7 月颁布实施了《国务院关于投资体制改革的决定》（以下简称《决定》），《决定》指出要转变政府管理职能，确立企业的投资主体地位。核心内容是：要改革项目审批制度，落实企业投资自主权；规范政府核准制；健全备案制；扩大大型企业集团的投资决策权；鼓励社会投资；进一步拓宽企业投资项目的融资渠道；规范企业投资行为。通过深化改革和扩大开放，最终建立起市场引导投资、企业自主决策、银行独立审贷、融资方式多样、中介服务规范、宏观调控有效的新型投资体制。此外，在深化财税体制、金融体制、国有企业改革、社会保障体制和行政审批制度改革方面都取得了一定进展。

三、2005 年宏观经济走势与宏观经济政策取向

（一）2005 年宏观经济走势预测

（1）GDP 增长率略低于 2004 年，大约在 8.5%~9%。中国经济在 2005 年将延续自 2003 年以来较快的增长速度，原因如下：一是投资惯性。前几年政府为了拉动经济增长，进行了大量投资，很多项目已经在建设中，需要继续投资。二是当前中国正处于消费升级阶段，人们提出如住房、汽车、通信、教育、休闲等各方面更高的要求。三是目前民营企业和外商投资已经占相当大的部分，而民营企业和外商的投资增长率很高。四是中国目前正处于固定资产大规模更新的前期。同时，受宏观调控将继续加强和完善、固定资产投资增速将放缓、出口将有所回落、"瓶颈"行业和资源行业短缺对粗放式经济增长模式可持续性的制约等一系列因素的影响，我们预计 2005 年中国经济增长速度将会比 2004 年低一些。

（2）CPI（全国居民消费价格总水平）增速将比 2004 年略有增加，预计在4%左右。尽管市场化改革会在长期内通过增加供给来减轻通胀压力，但在短期内会使"缺煤""限电""油荒"等隐蔽性通胀显化，使资源和要素的价格进一步上涨，增加短期通胀压力。从市场反馈的信息来看，沿海地区劳动力价格上涨 10%~20%，某些城市的土地价格上涨 30%左右，民间借贷利率平均上涨到 7%~12%，石油和煤炭的价格涨幅也都在 20%以上，水、电、燃料等居住价格上涨 9%以上，且势头不减。但考虑到市场化改革措施都由中央政府掌控，会通过限定提价等措施来控制物价过快上涨，使改革的力度和社会承受程度统一起来。因此，2005 年的 CPI 涨幅将在 4%以内的温和通胀区间内波动，同时还会伴随着一定程度的隐蔽性通胀。

（3）固定资产投资增速将有所回落，大约在 18%~22%。宏观调控政策转型效应、外需拉动作用减弱等将对投资增长不利。但在建项目较多带来的投资惯性、地方政府和利益集团的投资冲动、企业效益总体水平持续提高、物价保持在较高水平等有利因素仍将使固定投资保持在一个较高的水平。

（4）消费稳定增长，社会消费品零售总额预计增长 12%~14%，与 2004 年大体持平。由于政府发展经济的指导思想有利于消费增长、农民收入大幅增长使 2005 年农民消费增长具有较大空间、城市居民消费结构升级仍将继续等利好因素，2005 年消费需求仍将延续 2004 年后期快速增长的势头。

（5）进出口增速将有所回落，预计在 25%~30%左右。由于国内经济仍处于新一轮增长周期的上升期，国外直接投资将保持稳定增长等有利因素，将使进出口增速维持在较高水平，但受国际初级产品价格持续在高位徘徊、针对我国的贸易摩擦增加、地方分担超基数出口退税压力增大等不利因素的影响，2005 年进出口增速将有所回落。

（6）失业率不会有太大变化。2005 年就业状况将比 2004 年更加严峻，主要表现在：第一，长期性就业压力依然过大。目前我国仍处于劳动力资源增长的高峰期，城镇新增就业群体、累积的下岗失业人员和农民进城务工人员等要求就业的总规模每年在 2500 万人左右，而新增就业机会不足 1000 万人。第二，2005 年经济增长率的回落，将对就业形成短期压力。第三，高校毕业生大规模集中释放将继续加大就业供需矛盾。2004 年高校毕业生达到 280 万人，到 6 月底平均签约率为 60%，再加上 2005 年毕业无法就业的学生，累积的就业矛盾越来越大。

（二）2005 年宏观经济政策取向分析

2005 年是我国经济发展和改革的关键一年，虽然面临诸多困难和挑战，但形势总体有利。为了巩固宏观调控成果，促进经济平稳健康发展及针对此轮经济过热的特殊性，中央经济工作会议确定 2005 年宏观经济政策采取"双稳健"的取向，即由前期实施的"积极的财政政策和稳健的货币政策"转变为"稳健的财政政策和货币政策"，在具体的政策操作中重点体现结构调整导向。因此，可以说今后一段时间内的宏观经济政策将是"结构导向的宏观调控政策"，将继续体现有保有压和有紧有松的原则，在方式上仍然是采取灵活"微调"的方式，在手段上将更加注重运用法律和经济手段。

（1）财政政策由积极转向稳健。为配合宏观调控，2005 年的财政政策取向将由积极的扩张性财政政策转向稳健的财政政策。主要表现为减少国债发行和财政赤字。

（2）货币政策取向将是稳健为主，适度松紧。中央经济工作会议已经确定了 2005 年的货币政策将是稳健的取向。基于对 2005 年宏观经济整体走势及物价形势等各方面的初步判断，预计 2005 年的货币政策取向将是稳健为主略偏紧，不会再像 2004 年那样密集出台紧缩性货币政策措施。如果投资再度趋热或者 CPI 持续处于一个比较高的水平，例如，超过 3%，预计央行可能会推出一些略偏紧缩性的措施，包括加息。

（3）投资政策取向仍将是区别对待，有保有压。2005 年国家对投资的控制仍然较严格，主要是因为当前投资规模仍然偏大，投资增长仍然偏快，投资增长的"软着陆"目标还未达到。因此，要继续采取经济、法律手段和必要的行政手段，加强和完善对投资增长的宏观调控。2005 年的投资调控政策要采取更为灵活的措施，一方面，要抑制、防止房地产和城市建设投资继续过快增长；另一方面，又要防止投资增长下滑过多，主要是为民营投资创造更为宽松的环境，推进投资的市场化。这要求投资体制或结构尽快实现"两大转变"：第一个转变是使投资增长真正由政府主导型转变为企业主导型；第二个转变是政府对投资的监管方式由"硬干预"转变为"软干预"。

（4）金融和土地调控政策取向将依然严格。国家将继续加强和完善土地调控和信贷调控的杠杆作用，继续从严控制土地和信贷。

（5）就业、消费政策将更为积极，税制改革将进一步加快。宏观经济政策总取向将由"扩张型"转为"稳健型"。但由于受结构性和体制性因素影响，近几年来就业增长和消费增长仍然偏慢，因此，我们预计，政府在增加就业和扩大消费上将会采取更为积极的政策。2005 年将会加快酝酿税收体制改革的方案，并出台一些税改措施：一是增值税转型将在东北地区全面实行；二是燃油税政策有可能出台；三是农业税将继续减免；四是酝酿征收房地产税和遗产税方案，促进收入的有效再分配。

（6）有小幅加息的可能。从经济运行趋势来看，升息的因素在进一步增加，具体表现在三个方面：一是银行存款实际利率已为负值。二是全球进入升息周期。三是在后续调控中，央行会更多地运用利率政策，一方面矫正已经严重扭曲的资金价格，另一方面将调控重点转为需求管理，通过调控利率敏感型的消费需求（尤其是房地产需求）预防投资的再度过热。但从 2004 年 9 月以来温家宝总理和周小川行长的言论来看，似乎管理层短期内并没有升息的倾向，暂时避开升息问题可能也是为了避免对金融市场造成新的冲击。预计在 2005 年的某个时候还有一次小幅加息的可能性。

（7）人民币汇率将保持基本稳定。人民币汇率问题已经是一个牵涉海内外各方利益和因素的、决策难度较大的、既有经济判断又有政治考虑的较为复杂的问题，以及支持在过去 10 年的长期内一直未调整汇率的若干重大因素暂未发生重大改变，尽管人民币汇率不断面临升值的压力，但预计 2005 年人民币汇率调整的可能性不大，至少在上半年人民币汇率调整的可能性很小。

（三）继续加强宏观经济调控，保持经济平稳、快速发展

（1）继续采取措施解决"三农"问题。一是扩大财政对农民种粮的直接补贴和农村教育的支出力度。近几年国家财政收入连续大幅增长，为国家增加对农村的财政转移支付创造了条件，2005 年可考虑新增国家财政 300 亿元，支持农民增收和减轻农民负担。其中，100 亿元用于扩大农民种粮的直补支出，100 亿元用于减免中西部贫困和低收入农民家庭的学杂费支出，100 亿元

用于中西部地区农业税减免。二是继续降低农业税税率，国家财政补贴100亿元给中西部省区，其他缺口由各省级政府支付。

（2）继续加强和完善土地调控和信贷调控的杠杆作用。继续从严控制非农业用地的供给，抑制房地产和城市建设过度扩张，从源头上继续遏制投资过快增长。继续冻结豪宅和高档娱乐设施、形象工程建设和钢铁等过热行业的土地供应；通过清理整顿、合理规划等调整存量的办法增加必需的土地供应量。信贷供给要体现结构优化导向，从两个层面做到"有保有压"。一是对过热行业如房地产、钢铁等行业继续保持现有的紧缩措施，房地产过热如果继续发展，可采取结构性升息措施，即提高个人住房贷款利率和房地产企业贷款利率，而对非过热行业特别是弱势产业和中小企业要采取较为宽松的信贷政策。二是对宏观调控的重点行业要区别对待，也要体现"有保有压"，对过热行业中有利于内部结构优化的土地和信贷供给均要适当放松，如对中低档住房建设的土地供给和资金需求要尽可能满足。与此同时，对违规投资的企业既要依法从严查处和整顿，又要引导其规范发展，最大限度地减少负面影响。

（3）做好"十一五"产业和区域规划，加快经济结构调整和经济增长方式转变。"十一五"是我国提高综合国力最关键的时期，"十一五"规划要体现三大战略重点：一是确定重化工业阶段的产业重点。二是培育新的区域增长点。对汽车工业、石化工业和电子工业等战略性产业要制订国家中长期的规划，在政策上予以促进和引导。中部地区是我国下一阶段的区域发展重点，它对逐步解决"三农"问题、从根本上缓解"二元经济结构矛盾"、扩大国内市场需求等均具有十分重要的战略作用。因此，在"十一五"经济发展中可采取"发挥东部优势、积极支持中部、稳定发展西部"的区域发展策略。三是树立和落实科学发展观，实现经济增长方式的彻底转变。

（4）搞好煤电油运的价格控制与协调衔接。一要加强对煤电油运和重要原材料的供需衔接，实施煤电价格联动，防止上游产品价格上涨过快，理顺煤电价格关系，保持煤电价格基本稳定。二要贯彻有保有限原则，落实有序供电、合理用电方案。实施峰谷分时电价和差别电价政策，促进节约用电。三要加强协调调度。搞好产运需衔接和应急调节保障，优先安排煤炭、石油、粮食、化肥等重点和急需物资的运输。四要要求有关部门加大对薄弱环节的投入，提高供给能力，借以保证重点地区、重点行业、重点企业的需求。五要限制落后淘汰产业的发展，减少对煤电油运的不合理需求亦是缓解煤电油运供应紧张的措施之一。六要充分利用国内国际两个市场，发挥好市场机制与宏观调控两种手段的作用，满足重要商品的国内供应，保持价格基本稳定。从长期来看，为了从根本上解决能源紧张问题，还要采取如下措施：一是更新发展理念，贯彻落实科学发展观。二是采取综合措施，确保经济平稳运行。

三是坚持标本兼治，着力提高经济运行质量。

（5）增加就业，扩大消费。采取积极的促进就业政策：扩大投资要与扩大就业相结合，对就业促进很小的投资项目需严格控制土地、税收、金融等优惠政策，相反，对就业促进大的投资项目采取更优惠的政策；进一步降低农民进城务工的门槛，促进农村剩余劳动力转移；抑制大城市住房价格的上涨，同时改善其他条件，促进服务业发展；鼓励东部地区劳动密集型产业向中部地区转移。促进消费增长可采取以下措施：一是采取更加有力的措施，促进消费结构升级。在严格房地产的投机"炒作"的同时，支持和满足住宅大众消费增长；采取降低汽车消费税费率、规范和促进汽车消费信贷发展、鼓励经济型轿车消费等措施，促进汽车大众消费快速稳定增长。二是继续加大整治食品、建筑和房地产市场秩序，加强信用体系建设。

（6）积极推进各项改革，为经济社会发展增添新的动力。围绕解决影响全局的深层次矛盾和问题，加快推进经济市场化改革进程，力争在一些重点领域和关键环节取得新的突破。一是进一步推进国有大型企业股份制改革，健全公司法人治理结构，转换企业经营机制。积极培育和发展具有国际竞争力的大企业集团。推进企业分离办社会，继续做好国有企业政策性关闭破产工作。规范国有企业改制和产权转让，促进国有资产有序流动，防止国有资产流失，维护职工合法权益。二是抓紧健全国有资产监督管理体制，建立和完善激励、约束机制，在中央企业全面实行年度经营业绩责任制和任期经营业绩考核责任制，加快建立国有资本经营预算制度。三是完善电信、电力、民航等行业改革措施，适时出台邮政体制改革方案，研究提出铁路体制改革方案，推进供水、供气、污水和垃圾处理等市政公用事业的市场化进程。四是认真贯彻落实《国务院关于鼓励支持和引导个体私营等非公有制经济发展的若干意见》，抓紧研究制定相关配套措施，鼓励非公有制经济参与国有企业改组改造，进入基础设施、公用事业及其他行业和领域。五是积极推进财税体制改革。完善省以下财政体制，加大转移支付力度。在总结东北地区试点经验的基础上，研究在全国推开增值税转型的方案。六是继续抓好国有商业银行股份制改革，加快建立健全商业银行风险管理的长效机制。推进股份制商业银行、政策性银行改革。着力解决农村信用社改革中的产权制度和管理体制问题，规范中小金融机构发展。稳步推进利率市场化改革，完善人民币汇率形成机制，保持人民币汇率在合理、均衡水平上基本稳定。继续推进资本市场改革开放和稳定发展。扩大企业债券发行规模。拓宽中小企业融资渠道。七是认真落实投资体制改革决定，尽快制定和完善各项配套措施，规范企业投资项目的核准制和备案制，真正落实企业投资自主权。规范政府投资范围和行为，提高政府投资决策的科学化、民主化水平。实行政府投资项目公示制度，尽快建立政府投资责任追究制度。完善适应新形势的投资宏观调控体系，建立健全投资监管体系。及时研究解决改革过程中出现的新情况、新问题。八是积极发展资本、土地、技术和劳动力市场，规范发展产权交易市场，大力推进社会信用体系建设。九是继续深化价格改革，完善水、电、服务等价格形成机制。严格实施成本监审，完善政府价格决策听证制度，提高政府定价的科学性。

（原载于《天津行政学院学报》2005 年第 2 期，与郭全中合作）

论宏观经济调控中的政府失灵

我国 2004 年的宏观经济调控取得了巨大成功，但以往的宏观经济调控也存在着某些政府失灵现象。如何避免这些失灵现象是当前各级政府面临的一个重大理论和现实问题。

一、宏观经济调控中政府失灵的主要表现

实行宏观经济调控是发展市场经济的客观要求，它存在于市场经济发展的全过程。现实经济中，为了加强和改善宏观经济调控，人们经常会对宏观经济调控取得的成效和经验进行总结，这是非常必要的，但往往忽视了对宏观经济调控中政府失灵的分析。而恰恰这种分析，才更有助于总结经验，进一步加强和改善宏观调控。应该说，改革开放以来我国所进行的历次宏观经济调控，绝大多数都取得了很大的成功，特别是 2004 年的宏观经济调控所取得的成效和经验更是前所未有的，它是贯彻和落实科学发展观的一次伟大实践。但我们也应该看到，在以往的有些时段的宏观经济调控中，也还存在某些问题。如 1985~1992 年的宏观经济调控就出现了很大的反复与曲折，从而造成了经济的反复过热和通货膨胀。即使是在那些取得重大成功的宏观经济调控中，也存在某些政府失灵现象。宏观经济调控中的政府失灵表现在：

（1）宏观经济调控的结果不能实现预期目标。这是宏观经济调控中政府失灵的一种最重要的表现。宏观经济调控目标一般可分为基本目标和具体目标。前者包括效率、增长、稳定、经济福利和分配公正等；后者包括经济增长、充分就业、物价稳定、国际收支平衡、收入公平分配、人口总量和结构调控等，其中前四项是主要目标。现实经济生活中，宏观经济调控目标需要根据一定的经济发展阶段及其面临的主要问题而有所不同。也就是说，必须正确

把握调控的方向、重点和力度，增强调控的针对性和有效性。如果调控的预期目标不能实现或不能完全实现或实现后不能巩固，就是宏观经济调控中的政府失灵。当然，目标的实现程度不同，又反映出政府失灵的程度不同。如前面已经提到的 1985~1992 年的宏观调控所出现的反复与曲折，就在一定程度上反映了政府失灵问题。1985 年开始的改革开放后的第二次宏观调控，在开始阶段，由于采取了紧缩投资、财政和货币政策的有效措施，见效很快，到 1986 年经济增长速度和物价涨幅水平就趋于合理。但到 1987 年和 1988 年，又再次出现经济过热和产生严重通货膨胀，不得不从 1988 年底开始进行新一轮宏观调控。此后，经过三个阶段的治理整顿，基本完成了任务，物价涨幅又回落到较低的水平。但到 1992 年，经济又开始迅速过热，政府又不得不采取紧急措施，即从 1993 年下半年又开始了长达三年半的以治理通货膨胀为主要目标的宏观调控。

（2）宏观经济调控虽然达到预期目标，但效率较低，代价较大，导致资源未得到有效配置。宏观经济调控的主要任务，归根结底是为了提高资源配置效率，最大限度地增加社会福利。如果为了达到预期的调控目标，采取了不适当的调控手段，就会付出昂贵的代价，从而降低资源配置效率，这也是宏观调控中政府失灵的一种重要表现。在以往的某些宏观经济发展与改革经济调控，特别是在计划经济的宏观经济管理中，我们在这方面是有着深刻教训的。2004 年的宏观经济调控之所以能够取得重大成功，一条重要的经验就是采取了有抑有扬、有保有压、区别对待的正确方针，从而在有效解决经济发展中一些不健康、不稳定因素的同时，保证了经济的稳定增长，避免了经济发展的大起大落。当然，既然是宏观经济调整，而且遇到的问题和矛盾比较突出，总是要付出一定代价的，关键是要看付出的成本高还是取得的收益大。2004 年宏观经济调控所取得的成效是巨大的，经验是十分宝贵的，但这并不意味着不存在值得改进的地方。如对受到社会和经济学界普遍关注的"铁本事件"，就存在一些不同的看法。应当说，对这一事件的处理，对有效解决某些行业的投资膨胀和低水平重复建设问题是发挥了重要作用的，但也不可否认，从局部看，所造成的损失也是很大的。是否能够有更好的办法来解决这一问题呢？笔者认为至少是值得研究的。如果从政府经济管理的角度看，存在不存在政府失灵，特别是地方政府在这个事件的发生和处理过程中是不是失灵呢？

（3）宏观经济调控能达到目标，同时也比较有效率，但却损害了市场效率或社会公平目标的实现。现阶段，我们还处在经济体制转轨过程中，摆在我们面前的改革任务还很重。特别是改革、稳定和发展之间往往会存在一定矛盾，必须很好地处理它们的关系。宏观经济调控是解决发展中的问题的，改革是为了促进发展的，但如果宏观调控所采取的措施不当，往往会影响改革的进程，甚至会使改革的某些成果丧失。在这方面，我们过去也是有着一些教训的。例如，要尽快解决经济发展中的一些突出矛盾，往往需要采取一些行政手段，但如果行政手段运用不当，就会破坏市场机制，从而损害市场效率。2004 年宏观经济调控的另一条重要经验，就是深化改革、标本兼治。在解决经济发展中存在的某些突出矛盾的同时，不仅改革没有停下来，而且进一步加大了国有企业和国有资产管理体制改革、金融体制和商业银行股份制改革、粮食流通体制和农村税费改革等方面的力度，这不仅促进了宏观经济调控目标的实现，而且有利于巩固宏观调控的成果。

以上是宏观经济调控中政府失灵的几种主要表现。实际上，宏观经济调控中政府失灵的现象是随处可见的，只不过有些失灵是局部的，没有引起人们的足够注意罢了。例如，当前政府正采取各种措施抑制房价的过快增长，但从已经出台的一些措施看，效果并不那么理想。无论是提高银行住房贷款利率也好，还是提高首付款比例也好，不仅没能把过快上涨的房价控制住，反而使人们对住房价格的预期进一步看涨，从而起到了推波助澜的作用。在市场经济条件下，一切投机的根源都来自于短缺，房地产市场当然也不例外。因此，控制房价仅从控制需求方面采取措施是不够的，还必须从扩大有效供给方面采取相应措施。居者有其屋，这是实现全面建设小康社会目标的基本条件。因此，在抑制房价过快上涨方面，增加有效供给恐怕比控制合理需求显得更加重要。可以说，在这个问题上，各级政府都面临着考验。如果弄得不好，就会出现严重的政府失灵现象。

二、宏观经济调控中政府失灵的主要原因

（1）政府行为目标与社会公共目标存在一定差异。进行宏观经济调控，是实现社会公共目标的客观要求。政府是社会公众的代表，因此，只有政府才能担当起宏观经济调控的重任。但是，政府也有着自己的行为目标，这种行为目标，往往同社会公共目标存在差异。政府不是抽象的，它是由各级政府和不同的部门组成的。同时，各级政府和部门又是由具体的工作人员组成的。从理论上讲，既然政府是社会公众的代表，它就不应有自身的利益。然而，从公共经济学的观点看，政府官员也是经济人，在执行公务活动中，往往也要追求自身利益；政府机构，特别是各级地方政府的组成部门，在一定程度上也是一个利益组织，它们在执行中央政府的政策时，也往往会从本地区、

本部门的利益出发。这就造成了社会公共利益部门化、部门利益个人化等现象。由于宏观经济的调控政策是由中央政府从全局利益制定的，它必然会影响到一些地方和部门的局部利益，因此，在执行过程中，就会遇到某些地方和部门的抵制，从而出现有令不行、有禁不止等问题。这是宏观经济调控中出现政府失灵现象的一个很重要的原因。在西方国家中，政府往往还会为一些有影响的特殊利益集团所左右，这就会使政府行为目标与社会公共目标产生更大的差距，从而影响社会公共目标的实现。

（2）政策滞后效应。宏观经济调控政策的制定和实施需要时间，各项政策对经济的运行发生作用也需要时间，这就会出现政策的滞后效应。这种滞后效应，有时会使政策措施的结果与预期的宏观调控目标相距甚远，从而导致宏观经济调控中的政府失灵。政策的滞后性可分为内在滞后和外在滞后两大类。前者是指制定和执行政策所需要的时间，这种滞后往往会使决策迟缓，从而贻误宏观调控的有利时机，致使宏观调控处于比较被动的地位；后者是指政策实施后对经济运行发生作用所需要的时间。这种滞后会给调控力度和调控时间的把握带来极大的困难。如果调控力度和调控时间不足，就会达不到调控目标，或达到目标后很快出现反弹，就像1985~1992年的宏观调控那样；如果调控力度过大，坚持时间过长，就有可能使经济运行走向宏观调控前的反面，即把过热调为过冷，把过冷调为过热。在这方面，我们也是有一些经验教训的。有些问题尽管大家的认识还很不一致，但都是值得研究的。如1993年下半年开始的以治理通货膨胀为主要目标的宏观经济调控，经过3年多的努力，到1996年顺利实现了国民经济运行的"软着陆"。这次宏观调控取得的成就是不容否认的，但对这次宏观调控力度和调控时间的把握在理论界是存在争议的。因为从1997年开始就出现了经济增长增幅的连续多年的下滑，以至于又不得不立即采取扩张的政策，以拉动经济的增长。当然，有些问题可以归结为东南亚金融危机的影响，但如果不发生东南亚金融危机，情况又会是怎样的呢？那种认为紧缩过了头的观点是否有一定道理呢？就此后开始的拉动内需，促进经济增长而言，所取得的成绩也是有目共睹的，不容否定的。但当2003年上半年我们刚刚（或者说尚未）走出通货紧缩的阴影时，紧接着又出现了新一轮的局部经济过热，幸亏党中央审时度势，及时采取果断措施，实施了主动的有预见的宏观经济调控，才避免了经济过热的进一步发展。总结1992~2002年（2003年由于受非典影响，是一个极为特殊的年份）宏观经济调控的经验，是否也存在着由于政策的滞后效应而引起的政府失灵呢？

可以说，当前的宏观经济调控又到了一个关键阶段，现有的政策是继续坚持下去，还是停下来，理论界又有不同的看法。如果停下来，会不会出现反弹；如果坚持下去，调控的力度和时间如何把握，会不会出现调控过头的情况，这些都是很值得研究的。对于这一点，我们坚信党中央会做出正确的判断和决策。但宏观经济调控中，政策滞后的效应是客观存在的，由此引起的政府失灵现象也是很难避免的，我们只能尽可能地减少这种政府失灵现象。

（3）政府干预过度。政府实行宏观调控的目的，主要是解决市场调节所不能解决的宏观经济平衡问题。在这个过程中，政府应主要运用经济手段和法律手段，以维护市场经济运行的正常秩序，解决经济运行中存在的突出问题，从而达到预期的调控目标。但在现实经济生活中，政府干预经济的范围和力度往往过大，超出校正市场失灵和维护市场机制顺畅运行的合理界限。这种现象在经济体制转轨时期尤其严重，这也是造成宏观经济调控中政府失灵的一个重要原因。

（4）微观经济主体对宏观经济政策反应不敏感或不接受调控。宏观经济调控要达到预期目标，除了要把握好调控的方向、重点和力度外，一个极为重要的条件就是调控的对象，即微观经济主体必须接受宏观经济政策的调控。如果微观经济主体对宏观经济政策反应不灵敏，或根本不予理睬，无论多么有力的政策，都将无济于事。当微观经济主体，其中主要是企业的改革不到位，就不能形成真正的市场主体和利益主体，从而不能对自己的经济行为承担最终经济责任时，就会出现这种情况。这种由于微观经济主体不配合致使宏观经济政策不能发挥应有作用的现象，也是宏观经济调控中政府失灵的一种表现。解决这个问题的唯一途径，就是加大微观经济主体改革的力度，重塑宏观经济调控的微观基础，使之与社会主义市场经济体制的要求相适应，与市场在资源配置中发挥基础性作用的机制相适应。

除上述原因外，由于缺乏竞争和追求利润的动机，以及缺乏有效的监督导致的政府机构效率低下；由于受到不完全信息的影响导致的经济政策的局限性；由于寻租活动造成的社会资源的浪费等，都会引起宏观经济调控中的政府失灵。

三、防止宏观经济调控中政府失灵的主要对策

宏观经济调控中的政府失灵是客观存在的，某些政府失灵是不可避免的。但通过政府宏观经济管理工作的改善，有些失灵还是可以防止和减少的。

（1）正确确定宏观经济调控目标。宏观经济调控不能实现预期目标的原因

包括两个方面：一是调控政策和调控措施的制定和执行存在问题；二是调控目标脱离实际。针对经济运行中存在的主要问题和主要矛盾，确定正确的调控目标是保证宏观经济调控取得成功的前提。特别是宏观调控的前四项主要具体目标，必须符合经济运行的客观实际需要。例如，经济增长率指标既不能定得太高，也不能定得太低。太高了，就会出现经济过热或不能实现；太低了，就会引发失业等一系列其他矛盾。同时，在确定宏观调控目标时，还要充分考虑到各种目标之间存在的互补和交替关系，使它们之间能够相互协调，通过调控后，能够全面得到改善。总之，正确确定调控目标，是防止宏观经济调控中政府失灵的首要措施。

（2）把握好宏观调控的重点和力度。正确确定目标之后，把握好调控的重点和力度，就成为保证宏观调控达到预期目标的重要条件。如果宏观调控的主要目标是治理通货膨胀，那么，在制定宏观调控政策时，就要根据引起通货膨胀的主要原因采取重点措施。一方面，要实行适度从紧的货币政策，控制货币供应量；另一方面，还要分析导致物价总水平上涨的主要原因，从而有针对性地采取措施；如果宏观调控的主要目标是拉动经济增长，那么，首先就要弄清经济增长缓慢的主要原因是什么，是投资不旺，还是消费低迷，还是出口出了问题。在弄清基本原因之后，再有针对性制定有关政策措施。特别是调控的力度，由于政策的滞后效应，是一个很难把握的问题，既要防止调控不到位，出现反弹和反复，又要防止调控过度，把热调成冷，或者把冷调成热。

（3）搞好各项宏观政策的协调配合。宏观经济调控可以运用经济手段、法律手段和行政手段，但主要应运用经济手段和法律手段。就经济手段而言，主要是运用三大经济政策，即投资政策、财政政策和货币政策。搞好三大政策的协调配合是实现宏观调控目标的重要前提。在我国，三大政策都是由中央统一决策的，这为它们之间的协调配合创造了最有利的条件。但是，三大政策又各具独立性，要使它们发挥合力，就必须搞好它们之间的协调配合。例如，在治理通货膨胀，抑制经济过热时，必须控制好固定资产投资规模，在充分发挥货币政策的同时，财政政策要积极予以配合；在治理通货紧缩，拉动经济增长时，必须扩大固定资产投资规模，并刺激消费，增加出口，在有效发挥财政政策的同时，货币政策要积极予以配合。各项宏观经济政策的协调配合，是防止宏观调控中政府失灵的主要措施之一。

（4）宏观经济政策要积极稳健，防止操之过急。从经济学的观点讲，财政政策和货币政策共分为三种：紧缩的、扩张的和中性的。至于积极的和稳健的财政政策或货币政策，是我们在特定的经济发展阶段和特定的情况下提出的，它被赋予了特定的含义。积极的一般被认为是适度扩张的，而稳健的一般又被认为是中性适度从松或适度从紧的。上面所说的宏观经济政策要积极稳健，则是另一种含义。即无论是紧缩还是扩张，都要积极而又稳妥。在治理通货膨胀和抑制经济过热时，要防止力度过大，造成"硬着陆"，并使经济运行走向反面。同样，在治理通货紧缩，拉动经济增长时，也要防止用力过猛，以免为新的通货膨胀埋下祸根。总之，积极稳健就是既要防止调控不到位，又要防止调控过度。而要做到这一点，除了政策要积极稳健，防止操之过急外，最重要的就是要充分注意到政策的滞后效应。

（5）要慎用行政手段。宏观调控的三大手段即经济手段、法律手段和行政手段要综合运用。在不同的情况下，各种手段运用的力度及其配合会有所不同。但一般情况下，要慎用行政手段。凡是能够通过经济手段和法律手段解决的问题，就不要轻易运用行政手段。必须要适用行政手段时，一定要适度，否则就会破坏市场机制的运行，造成各种经济信号，特别是价格信号的扭曲。行政手段的最大优点，是不需要经过太多的传导机制，见效较快，但它又会给以后的长期的经济运行带来隐患。特别是在经济体制转轨时期，运用行政手段进行宏观调控时，更要注意这一点。2004年我国宏观经济调控取得成功的一条重要经验，就是主要运用了经济手段和法律手段。这应成为今后宏观经济调控的基本准则。

（6）在日常经济社会管理中，要防止政府越位。当前改革中存在的主要问题，仍然是邓小平同志在改革开放初期时就指出的，我们的政府管了许多不该管、管不了、也管不好的事情。就经济管理而言，政府介入经济活动仍然过深，超出了维护市场机制正常运行的合理需要。在市场经济条件下，政府职能主要是经济调节，市场监管，社会管理和公共服务。但在实际工作中，各级政府往往更注重经济调节和市场监管职能，而忽视社会管理和公共服务功能。因此，温家宝总理多次强调，政府一定要全面履行自己的职能，特别是要更加注重社会管理和公共服务职能。就经济调节职能而言，主要就是实现宏观经济调控。宏观经济调控所运用的经济手段，主要是财政政策和货币政策，而这两大政策的制定权都掌握在中央政府手里。因此，宏观经济调控的权力也只能掌握在中央政府手里，各级地方政府没有宏观经济调控的权力，他们只能无条件地执行中央政府的宏观经济调控政策。但现实经济生活中，各级政府都在那里进行所谓宏观经济调控，这是一个很大的误区。说到底，就是一些政府部门不愿意放弃在计划经济时期所形成的某些配置资源的权力。由于各级政府介入经济活动太深，就造成经济运行的过热或过冷不是市场机制作用的结果，而是政府行为的结果。如2003年下半年开始出现的这次经济过热，实际上就是地方政府主导型的投资过热。在这种情况下，宏观经济调控似乎不是对市场失灵的纠正，而是对政府自身行为的调整。而这又是在日常经济社会管理中，政府介入经济活动太深的必然结果。因此，要从根本上防止宏观经济调控中的政府失灵，最重要还是要实行政企、政社、政事和政资的彻底分开。

（原载于《国家行政学院学报》2005 年第 4 期）

关键在于进一步转变经济增长方式

中共十六届五中全会提出了我国"十一五"时期经济社会发展的主要目标，其中有两项最重要的定量指标，即在优化结构、提高效益和降低消耗的基础上，实现2010年人均国内生产总值比2000年翻一番；资源利用效率显著提高，单位国内生产总值能源消耗比"十五"期末降低20%左右。实现这两项指标，对于实现总体目标具有极为重要的意义。而实现这两项指标的关键在于进一步转变经济增长方式。

进一步转变经济增长方式，需要做大量艰苦细致的工作，但最重要的是要有体制保证和技术支撑。这就需要进一步完善促进经济增长方式转变的体制和机制，并不断增强技术自主创新能力。

进一步完善促进转变经济增长方式的体制和机制，主要是进一步转变政府经济管理职能，充分发挥市场在资源配置中的基础性作用，使企业具备走集约型经济增长与发展的条件与动力，同时，进一步加强宏观经济调控和微观经济规制，完善价格机制，引导企业走循环经济和节约型发展的模式。

增强技术自主创新能力，除了要增强国家层面的技术自主创新能力外，主要是增强企业层面的技术自主创新能力，因为企业是转变经济增长方式的主体和基础。

增强企业的技术自主创新能力，就是要增强企业按照社会技术进步和发展的方向，自主地进行科学研究和开发新产品、新技术的能力。这些能力，是企业提高产品的技术水平和质量、增加产品的技术含量和附加值、降低各种消耗、提高经济效益、走集约型经济增长和发展模式的最重要的条件。

增强企业的技术自主创新能力，首先必须处理好科学研究与新产品、新技术开发的关系。企业不同于一般的科研单位，企业进行科学研究的目的，是为了开发新产品、新技术。因此，企业进行科学研究，不仅需要很好地把握科学技术发展的方向，而且还应把重点放在应用科学和应用技术的研究上，并把它与本企业的新产品、新技术开发紧密结合起来。同时，新产品、新技术开发又必须以市场为导向，尊重市场的选择。只有这样，才能把企业的技术创新与市场化运作很好结合起来，从而不断提高技术创新的经济技术效果。

增强企业的技术自主创新能力，必须不断加大企业对技术创新的资金投入。经验表明，凡是技术水平在本行业处于领先地位的企业，都非常重视技术创新，对技术创新进行资金投入的力度较大。对于经济实力不是特别雄厚的企业，加大技术创新的资金投入往往会影响企业的现金流量。因此，企业在增加对技术创新的资金投入时，一方面，要充分考虑企业的资金承受能力，采取不断递增的办法；另一方面，要能够使技术创新的成果，尽快转化为市场上需求的产品，从而尽快取得较好的经济效益。只有这样，才能使企业的技术创新进入"投入—技术效果—经济效益—再投入"的良性循环过程。

总之，只有通过不断的技术创新，使企业逐步拥有一批具有自主知识产权的、在本领域内处于世界领先地位的核心技术和专利技术，才能为企业转变经济增长模式，从而为转变整个国民经济的增长方式提供强有力的技术支撑。

（原载于《国家行政学院学报》2005 年第 6 期）

把握经济社会发展全局　坚定不移地贯彻落实科学发展观

中共十六届三中全会提出，坚持以人为本，树立全面、协调、可持续的发展观，促进经济社会和人的全面发展。中共十六届五中全会进一步强调，要全面贯彻落实科学发展观，坚持以科学发展观统领经济社会发展全局。我们必须不断深化对科学发展观基本内涵和精神实质的认识，积极推进改革和科技进步，坚定不移地把科学发展观贯彻落实到经济社会发展的各个环节和各个方面。

一、科学发展观是指导发展的世界观和方法论的集中体现

改革开放以来，我们党领导全国人民在社会主义建设中取得了举世瞩目的伟大成就。坚持以经济建设为中心，坚持用发展和改革的办法解决前进中的问题，已成为全党和全国人民的共识。然而，在一些地区和部门，还存在着片面追求高速度的倾向，致使经济社会发展中仍然存在着不全面、不协调和不可持续等问题。科学发展观正是我们党在深刻总结长期以来经济建设中的经验教训，吸收人类现代文明进步新成果的基础上提出来的，是对社会主义现代化建设指导思想的重大发展，是指导发展的世界观和方法论的集中体现。

（1）科学发展观进一步解决了发展的目的问题，是指导发展的世界观的集中体现。世界观是人们对世界的总的根本的看法，表现在发展问题上，主要是人们对发展目的的认识。发展目的的问题，既是发展的核心问题，也是发展的动力所在。科学发展观提出，经济社会的发展要坚持以人为本，这就进一步明确了发展的目的。所谓以人为本，最重要的就是经济发展的根本目的是

为了人，为了满足人们物质文化生活的需要，不断提高人们的物质文化生活水平。为此，就必须以经济发展促进社会全面进步，以社会全面进步促进人的全面发展。以经济发展促进社会全面进步，就必须在经济发展的基础上，大力发展各项社会事业，一方面，必须建立健全公共财政体系，不断加大对科教文卫等各项社会事业的投入；另一方面，还必须不断加强对各项社会事业的管理。当前，在一些社会事业的管理中，还存在着一些不容忽视的问题，如义务教育问题、医疗保障问题，这些都需要在贯彻落实科学发展观中，通过加大投入、深化改革和加强管理加以解决。以社会全面进步促进人的全面发展，就是在各项社会事业全面发展的基础上，实现人的自身的全面发展。科学发展观正确解决了经济发展与社会进步的关系、社会进步与人的自身发展的关系等问题，是指导发展的世界观的集中体现。

（2）科学发展观进一步解决了如何发展的问题，是指导发展的方法论的集中体现。方法论是指认识世界、改造世界的根本方法。方法论与世界观紧密联系，一方面，世界观决定方法论；另一方面，方法论又是世界观的具体体现。科学发展观的实质，是实现又快又好地发展，即实现全面、协调、可持续发展。所谓全面发展，就是不仅要实现经济的发展，而且要实现社会的发展和人的自身发展；所谓协调发展，就是要实现产业之间的协调发展、城乡和区域之间的协调发展、经济社会之间的协调发展、人与自然之间的协调发展、国内发展与对外开放的协调发展等；所谓可持续发展，就是要处理好经济发展与人口、资源和环境之间的关系，使人口增长与经济发展相适应，实现资源的永续利用和人与自然的和谐相处。科学发展观对上述经济社会发展中的各种错综复杂的关系都做出了科学的界定，是指导发展的方法论的集中体现。

（3）科学发展观进一步明确了现阶段经济社会发展的重点，指明了今后一个时期经济社会发展的方向。科学发展观提出的"五个统筹"实际上是指出了我国现阶段经济社会发展中的五大矛盾和这些矛盾的主要方面。统筹城乡发展，主要是在进一步发展城市的同时，更加注重农村的发展，以解决城乡之间发展的不平衡问题；统筹区域发展，主要是在进一步发展东部地区的同时，更加注重中西部地区的发展，以解决区域之间发展的不平衡问题；统筹经济社会发展，主要是在进一步发展经济的同时，更加注重各项社会事业的发展，以解决经济社会之间发展的不平衡问题；统筹人与自然和谐发展，主要是在处理人与自然的关系方面，更加注重对自然和生态环境的保护，以解决经济社会发展中的环境约束问题；统筹国内发展和对外开放，主要是在处理国内发展与对外开放的关系上，要立足国内发展，以国内发展促进对外开放，以对外开放带动国内发展，以解决好利用两种资源、两种市场的关系问题。"五个统筹"明确了现阶段经济社会发展的重点，指明了今后一个时期我国经济社会发展的方向。

二、贯彻落实科学发展观是我国现阶段经济社会发展的客观要求

科学发展观并不是凭空产生的，它既是我们党在深刻总结长期以来经济建设中的经验教训，吸收人类现代文明进步新成果的基础上提出来的，也是我国现阶段经济社会发展的客观要求。

（1）贯彻落实科学发展观是我国经济社会发展进入新阶段的客观要求。经过 20 多年的改革开放，我们已经顺利实现了邓小平同志所设计的我国经济社会发展分三步走的伟大战略目标的前两步目标。社会主义市场经济体制初步建立，公有制为主体、多种所有制经济共同发展的基本经济制度已经确立，全方位、宽领域、多层次的对外开放格局基本形成。综合国力大大增强，人民生活水平总体上达到小康水平，使我们必须而且有条件改变原有的发展思路，树立新的发展观念和发展理念，实现"五个统筹"的发展方略。科学发展观的提出，并不意味着我们过去的发展是不科学的。很难设想，在我们还没有解决温饱问题的时候，能够实现"五个统筹"的发展。总之，科学发展观的提出，是与我国经济社会发展的新阶段密切联系的。

（2）贯彻落实科学发展观是我国实现全面建设小康社会宏伟目标的客观要求。党的十六大提出了全面建设小康社会的宏伟目标，即在 21 世纪头 20 年，集中力量，全面建设惠及十几亿人口的更高水平的小康社会，使经济更加发展、民主更加健全、科教更加进步、文化更加繁荣、社会更加和谐、人民生活更加殷实。这一目标，是基于我们已经达到的小康还是低水平的、不全面的、发展很不平衡时而提出的。而要实现这一宏伟目标，就必须在加快经济建设的同时，更加注重政治建设、文化建设和社会建设等，这些都是科学发展观所要求的。

（3）贯彻落实科学发展观是解决现阶段我国经济社会发展中诸多矛盾的客观要求。我国的经济社会发展虽然已经取得了巨大的成就，但由于我国现在仍处于并将长期处于社会主义初期阶段，经济社会发展中仍存在着诸多深层次矛盾。如经济结构不合理，经济增长方式粗放，城乡区域发展不平衡，分配中的矛盾突出，资源、环境和就业压力加大等。这些矛盾都需要通过贯彻和落实科学发展观逐步加以解决。

三、贯彻落实科学发展观亟待解决的问题

中共十六届三中全会提出树立和落实科学发展观以来，发展必须是科学发展的理念已经深入人心，并在实现又快又好的发展方面已经取得了巨大进步。但是，我们也必须清醒地看到，科学发展观的贯彻和落实还刚开始，距离实现全面、协调、可持续发展和"五个统筹"的要求还相差甚远。特别是我们还面临着诸多思想、体制、机制、技术等方面的障碍，从而大大增加了贯彻和落实科学发展观的难度。在思想认识上，一些同志，特别是一些地方上的领导同志，重经济轻社会、重速度轻效益、重城市轻农村、重工业轻农业等思想还相当严重，在实际工作中自觉不自觉地把工作的重点放在搞开发区、搞项目、搞工业上。如在谈到搞开发区的问题时，有的同志说，我不搞开发区、不搞项目、不搞工业，我这个地区什么时候才能富起来。但对搞开发区、搞项目、搞工业能否取得好的经济效益，以及是否会大量占用耕地，造成资源浪费和环境污染，则考虑得很不够。这些认识上的问题不解决，科学发展观就很难落到实处。在体制和机制方面，我们的社会主义市场体制还很不完善，特别是在资源配置中发挥重要作用的价格机制还不够合理，这必然给科学发展观的落实带来巨大障碍。如我们要转变经济增长方式，走新型工业化道路，但如果我们的体制、机制仍然对搞粗放经营和走传统工业化道路的企业和地区有利，那么，转变经济增长方式，走新型工业化道路就有可能成为空话。再如，我们要建设节约型社会，这种节约既包括生产领域里的节约，也包括生活领域里的节约。但在生产领域里，如果我们的体制、机制，仍然对乱开滥采，浪费资源的企业有利；在生活领域里，如果没有全民消费观念的根本转变，对浪费现象没有必要的抑制措施，那么，建设节约型社会也会成为一句空话。应该说，在这方面，我们同日本、韩国等国家的差距还很大。在技术方面，我们还缺乏对贯彻和落实科学发展观的有力支撑。如我们要发展循环经济，实行清洁生产，除了需要必要的资金投入外，还必须有相应的技术支持。当然，采用先进技术，进行技术改造，本来就离不开资金，但有了资金，却不一定必然有先进技术。目前，我们的技术创新，特别是自主创新的能力还不够强，这也是进一步贯彻和落实科学发展观的一大障碍。

四、把科学发展观进一步落到实处

我们必须按照党中央的战略部署，统一思想，提高认识，把握经济社会发展全局，采取有力措施，坚定不移地把科学发展观进一步落到实处。提高认识，不仅要提高广大领导干部对贯彻和落实科学发展观重大意义的认识，而且要提高全党和全国人民的认识；不仅要提高思想认识，而且要通过相应的体制、机制、政策和措施，把这种思想认识落实到实际工作当中去。把握全局，就是要充分认识我国现阶段经济社会发展的主要矛盾，从实际出发，突出工作重点，搞好各方面的统筹。要把当前能够做到的事情首先做好，暂时不能做到的事情，也要做好规划，有计划、分步骤地逐步加以实现，而不能提出一些过高的脱离实际的目标。采取有力措施，主要是进一步深化改革，加快技术创新和技术进步，为贯彻和落实科学发展观提供强有力的体制保证和技术支撑。

进一步深化改革，完善社会主义市场经济体制，是贯彻和落实科学发展观的强大动力。重点是要深化行政体制改革、金融体制改革、财税体制改革和国有大型骨干企业改革。通过深化行政体制改革，按照市场在资源配置中发挥基础性作用的要求，准确界定和全面履行政府职能，进一步实现政企、政资、政事、政社和政府与中介机构分开，充分发挥企业在贯彻和落实科学发展观中的主观能动作用。通过深化金融、财税体制改革，并制定正确的财政货币政策，一方面确保经济平稳较快发展，另一方面使市场配置资源的有效作用得到充分发挥。特别是通过建立和完善公共财政体系，确保"五统筹"的顺利进行；通过深化国有大型骨干企业改革，使其真正成为符合市场经济要求的市场主体和利益主体，自觉地、有利可图地走上新型工业化和循环经济、清洁生产的道路。

需要特别指出的是，发挥市场机制配置资源的积极有效作用，关键是发挥价格机制的积极有效作用。这就涉及到价格体系的改革和完善问题。就目前而言，我国绝大多数商品和劳务的价格已经完全由市场决定，但由市场决定的价格并不一定都是合理的。目前我国的价格体系还存在着严重的扭曲现象，各种商品的比价还很不合理，特别是农产品的价格总体上还偏低。目前，在价格问题上，可以说，我们遇到了一个两难的选择，即完全由市场定价，价格并不完全合理，而要加大政府对价格的管制力度，不仅与市场趋向的改革相背离，而且，如果弄得不好，还有可能造成新的价格扭曲。这是一个很值得认真研究的问题。

　　增强自主创新能力，加快科学技术进步，对贯彻和落实科学发展观意义重大。而增强自主创新能力，加快科学技术进步，除了要加大科技方面的投入外，也需要有体制和机制的保证。提高自主创新能力，必须着力抓好以下几点：一要加快建立以企业为主体、以市场为导向、产学研相结合的技术创新体系；二要改善技术创新的市场环境，加快发展创业风险投资，加强技术咨询、技术转让等中介服务；三要实行支持自主创新的财税、金融和政府采购等政策，完善自主创新的激励机制；四要利用好全球科技资源，继续引进国外先进技术，积极参与国际科技交流与合作；五要加强知识产权保护，这是需要特别强调的问题。

　　自主创新，包括国家层面的自主创新和企业层面的自主创新，企业是自主创新的主体。一些重大的原始创新，应由国家集中必要的人力、物力和财力，统一组织实施，就像"神五"、"神六"那样。当然，也可以由那些经济技术实力比较雄厚的企业组织实施，国家给予必要的人力、财力和技术支持，其创新成果作为企业的知识产权，以体现国家对自主创新的鼓励。同时，有条件的企业，也可以独立地进行某些自主创新。对于集成创新和引进消化吸收再创新，则主要由企业通过产学研相结合的形式组织实施，以充分发挥企业作为自主创新主体的作用，不断增强企业的技术创新能力。

　　企业要不断增强技术创新能力，就必须按照社会技术进步和发展的方向，大力进行科学研究和新产品、新技术开发，并注意处理好科学研究和新产品、新技术开发的关系。与一般的科研单位不同，企业进行科学研究的目的，是为了开发新产品、新技术，因此，企业不仅需要很好地把握科学技术发展的方向，而且还应该把重点放在应用技术的研究上，并把它与企业的新产品、新技术开发紧密结合起来。以市场为导向，尊重市场的选择。

　　企业增强技术创新能力，必须不断加大对技术创新的资金投入。经验表明，凡是技术水平在本行业处于领先地位的企业，都非常重视技术创新，对技术创新进行资金投入的力度较大。对于经济实力不是特别雄厚的企业，在增加技术创新的资金投入时，一方面，要充分考虑企业的资金承受能力，采取不断递增的办法；另一方面，还要能够使技术创新的成果，尽快转化为市场上需求的产品，从而尽快取得较好的经济效益。只有这样，才能使企业的技术创新进入"投入—技术效果—经济效益—再投入"的良性循环过程。

（原载于《光明日报》2006 年 2 月 21 日）

节能"减排"必须多管齐下

2006 年是我国实施第十一个五年规划的开局之年，也是实现"十一五"规划目标的关键之年。回顾过去的一年，我们欣喜地看到，我国的经济社会发展取得了令世人瞩目的成就，宏观经济运行出现了增长较快、效益较好、物价水平较低的大好局面，为"十一五"规划的完成奠定了良好的基础。从"十五"和 2006 年全国的整体情况看，完成"十一五"规划中规定的能源消耗和主要污染物排放指标，是一项比较艰巨的任务。一年来的实践证明，要完成这一任务，仅靠某些方面的一般性措施显然是不够的，必须进一步加大力度，并多管齐下。

一、以结构调整为中心，多种途径相结合

我国的"十一五"规划是在科学发展观的统领下制订的，发展目标包括九个方面，内含重要的定量指标 4 大类 22 项。其中，预期性定量指标 14 项，约束性定量指标 8 项。在这些重要的定量指标中，有两个方面的最重要指标，即在优化结构、提高效益和降低消耗的基础上，实现 2010 年人均国内生产总值比 2000 年翻一番（年均增长 7.5%，预期性指标）；资源利用效率显著提高，单位国内生产总值能源消耗比"十五"期末降低 20%（约束性指标），主要污染物排放总量减少 10%（约束性指标）。在上述两方面的定量指标中，我们可以断定，完成第一方面的指标不仅毫无问题，而且肯定会大大超额。困难在于如何才能完成第二方面的指标。

在节能"减排"方面，可以采取多种途径，概括起来无非是两方面：一是履行节约，降低消耗；二是调整产品和产业结构，加快经济增长方式转变。这两个方面，在现有产业结构和产品结构基础上的节约降耗固然是很重要的，但要完成"十一五"规划提出的节能"减排"目标，根本出路还在于加大经

济结构调整的力度和加快经济增长方式转变的步伐，改变 GDP 的构成。对于这一点，各级政府和企业都必须有清醒的认识。在制订节能"减排"计划和落实相应措施时，只有以调整产业结构和产品结构为中心，采取多种途径，才有可能达到规划规定的节能"减排"目标。这已被一些先进地区的实践所证明。如广东 2006 年上半年万元 GDP 能耗仅为 0.79 万吨标准煤，为全国平均水平的 65%，二氧化硫排放量在全国上升 4.2% 的情况下，下降了 2.9%，化学需氧量也下降了 1.1%。广东之所以能够在节能"减排"方面取得优异成绩，除了他们在建设资源节约型和环境友好型社会方面所做的努力，主要得益于最近几年加大了经济结构，特别是产业结构和产品结构调整的力度，促进了经济增长方式的转变。

完成节能"减排"目标，调整产业和产品结构，关键是尽可能减少高能耗、高污染产品的生产。单位 GDP 能耗在平均水平以上或处在高位水平的产品要尽可能减少生产，特别是要禁止这些产品出口。一些有替代产品的高能耗、高污染产品，要尽量使用和推广替代产品。同时，要加快技术创新和技术进步的步伐，尽可能多生产技术含量和附加值高的产品，使单位能耗能够创造出更多的 GDP。为了加强社会监督，有关部门应加强统计和核算工作，定期公布能耗水平。

强调经济结构调整和经济增长方式转变对于节能"减排"的重要性，决不意味着可以忽视在现有产业结构和产品结构基础上的能源节约。由于结构调整需要一个过程，在加快经济结构调整的同时，进一步挖潜节约就成为当务之急。

节约，包括生活和生产两个领域。但不管哪个领域，都必须有体制和机制保证。就生产领域里的节约而言，节约的主体主要是企业。所谓体制和机制保证，就是如何才能确保企业有动力和有能力进行节约，即解决企业节约的利益机制和手段问题，使企业既要有节约的迫切要求，又具备实现节约的能力。

二、以经济手段为主，多种手段相结合

节能"减排"可以运用多种手段，就建立健全节能减排的体制机制而言，主要有经济手段、法律手段和行政手段。要以经济手段为主，实行经济手段、法律手段和行政手段相结合。在外部体制机制的保证和作用下，企业内部则要通过管理手段和技术手段的有机结合，实现能源消耗的不断节约和污染物排放的不断减少。在节能"减排"中，运用经济手段，主要是在经济利益原则的作用下，充分利用价格机制，使所有能源消耗和污染排放的主体（主要是企业）都能够自觉地、有利可图地、千方百计地去降低能源消耗，减少污染排放。所谓在经济利益原则的作用下，充分利用价格机制，当前主要是通过成品油和天然气、煤炭和电力等资源能源的价格（成本）改革与合理调整，通过垃圾处理方式和垃圾处理费征收方式的改革以及对环境污染的合理补偿，使各个市场主体都能重视节能"减排"工作，并能从节能"减排"中得到实实在在的好处。

在充分运用经济手段的同时，还要运用好法律手段和必要的行政手段。在法律手段方面，主要是严格依法淘汰高能耗、高污染的设备和产品。在经济手段的作用下，企业能够主动地、自觉地淘汰高能耗、高污染的设备和产品，这是最理想的状态。但如果经济手段还不足以做到这一点，就必须采取法律手段。也就是说，在实施经济手段以后，企业使用高能耗、高污染的设备，生产高能耗、高污染的产品仍然有利可图，就必须采取法律手段。即对高能耗、高污染的设备，要坚决停止使用，并依法予以销毁；对高能耗、高污染的产品，要坚决依法禁止生产。目前，这方面的措施力度还很不够，必须予以加强。在行政手段方面，主要是建立健全节能"减排"的行政责任制，把节能"减排"指标分解落实到各级行政领导和国有企业主要领导人身上，并严格加以考核。需要指出的是，行政手段只是辅助手段，不能取代经济手段和法律手段，也不能凌驾于经济手段和法律手段之上。同时还要加强统计分析工作，以防止在行政手段力度比较大的情况下出现的各种形式的弄虚作假。

在节能"减排"的外部体制机制的保证和作用下，企业内部还必须通过管理手段和技术手段的结合，才能达到节能"减排"的目的。在管理方面，主要是通过制定、执行先进的能源消耗定额和污染排放指标，实现能源消耗的节约和污染排放的减少；在技术方面，要通过节能"减排"的各种技术改造和技术措施，为节能"减排"提供技术支撑。同时，通过管理手段和技术手段的结合，发展循环经济，实行清洁生产，为节能"减排"开辟新的空间。近几年，一些大型国有和国有控股企业，如北京燕京啤酒集团公司、云南铜业集团公司、河南天冠集团公司等在发展循环经济、实行清洁生产方面都做出了突出成就，很值得其他企业学习。

三、抓住重点行业、重点环节，实现各行业、各环节联动

节能"减排"要在努力建设资源节约型、环境友好型社会的同时，抓住

重点行业、重点环节，实现各行业、各环节联动。对高耗能（高排放）行业，如钢铁、电解铝、铜冶炼、铁合金、电石、焦炭、水泥、火力发电等，必须采取高强度的综合节能"减排"措施。

（1）要在总量控制和结构调整上狠下工夫。对产能过剩的行业，必须采取果断措施，淘汰其中的落后生产能力，并防止随时可能出现的盲目扩张；对其产品结构，除特别需要者外，要以能耗水平为依据进行调整。为使结构调整能紧紧围绕节能降耗展开，还应对各产业、各产品的能耗水平进行统计，并定期加以公布。

（2）要在节约上狠下工夫。这里所说的节约，是指在一定产业结构和产品结构条件下的节约。对上述高能耗产业，在加大总量控制和结构调整力度的同时，还要采取各种节约措施，千方百计降低单位产品的能源消耗。特别是对重点能耗企业，要采取有力措施，强化节能管理，使这些企业的能耗水平能够在短期内有明显下降。据了解，有关方面已经制定了《千家企业能源审计报告和节能规划审核指南》，拟对这些重点企业的能耗情况和节能规划进行审计和审核。这是一项很重要的工作，应当把它做好。但在开展这项工作时，一定要注意和建立市场化节能新机制结合起来，以更好地达到标本兼治的目的。所谓建立市场化节能新机制，就是要建立以经济手段为中心，使价格机制能够在节能降耗中充分发挥作用的机制。

（3）要通过抓重点行业、重点环节的节能"减排"工作，促进全社会各行业、各环节的能源节约和污染排放的减少。在这方面，除采取多种途径、多种手段相结合的综合措施外，关键是完善价格传导机制，使上游产品价格的变动能够迅速传导到下游产品，从而充分发挥价格效应在节能"减排"中的作用。当前，我国的价格体系和价格传导机制还很不完善，从而影响了市场机制在资源配置和节能"减排"中的有效作用。如一个时期以来，我国一些上游产品的价格增长很快，但绝大多数下游产品的价格却一直处于低迷状态。其主要原因，是由于这些下游产品大都是供大于求的。出现这种情况的深层原因，还在于市场主体的改革不到位。结构调整缓慢，下游产品价格偏低，这是造成单位 GDP 能源消耗居高不下的一个重要原因。因此，要实现节能"减排"目标，最根本的出路还在于要深化改革。通过改革，尽快建立起全社会节能"减排"的长效机制。

（原载于《光明日报》2007 年 4 月 17 日）

加强政府经济调节　改善宏观经济调控

　　市场经济是市场在资源配置中发挥基础性作用的一种经济形态。在市场经济条件下，市场作为资源配置的主要手段，通过市场机制，包括价格机制和竞争机制的作用，可以大大提高资源配置和使用效率。但市场配置资源又存在着市场失灵，如市场不能有效解决公共物品的供给问题，不能解决外部效应问题，不能解决宏观经济的平衡问题，等等。这就需要通过政府职能予以弥补，纠正市场失灵。在社会主义市场经济条件下，政府职能主要包括经济调节、市场监管、社会管理和公共服务等几个方面。其中，经济调节职能主要表现为宏观经济调控。本文拟就加强政府的经济调节职能与改善宏观经济调控问题进行分析和探讨。

一、政府经济调节职能的基本内容

　　为了准确而有效地履行政府经济调节职能，做到既不越位，又不缺位，同时也不错位，以实现提高资源配置效率的目标，首先必须按照充分发挥市场在资源配置中的基础作用，同时又能有效弥补市场失灵的基本原则，准确界定政府经济调节职能的基本内容。

　　（1）维持经济总量平衡。在市场经济条件下，政府的经济调节职能主要是解决宏观经济运行方面的问题。世界各国经济发展中所经历的经济危机与经济周期表明，市场经济自身不会长期地平衡发展，"看不见的手"不可能自动地调节供求在总量和结构上的均衡。实践证明，政府在解决社会总供给与总需求的失衡、稳定宏观经济方面能发挥无以替代的作用。因此，在开放的市场经济条件下，保持宏观经济总量平衡，特别是保持适当的经济增长率、通胀率、失业率和国际收支及其内在的平衡是政府经济调节的基本目标，也是政府管理经济的重要职能。

（2）进行经济结构调整。我国社会主义市场经济下的宏观调控除了对经济总量平衡和经济增长进行调节外，还包括对经济结构进行全局性、战略性调整，但这种调整必须按市场经济规律办事。经济总量与经济结构是一个问题的两个方面，任何总量都是一定结构基础上的总量，而任何结构又都是一定总量条件下的结构。从一定意义上讲，研究结构问题比研究总量问题更加重要，实现结构的合理化比保持总量平衡难度更大。实际上，没有结构上的平衡，也就不可能有真正意义上的总量平衡。经济结构包含的范围很广，那些属于微观层面的、适应性的以及竞争性领域里的短期结构调整，应当交给市场和企业来完成，由市场发挥基础性作用。现阶段，我国政府进行经济结构调整的主要任务可归纳为三个方面：第一，为建立充满生机和活力的市场经济体制，要进一步调整所有制结构。国有经济要有进有退，同时，要大力发展股份制经济，继续鼓励发展个体和私营经济。第二，为了应对我国加入世界贸易组织所带来的机遇和挑战，要围绕产业升级加快产业结构调整。第三，为落实国家西部大开发和振兴东北等老工业基地战略，要以城市化为中心，促进区域经济结构调整和经济发展，以此逐步缩小东、中、西部地区之间的差距。同时，政府还应通过制订和实施各种中长期计划、财税政策、金融政策、贸易政策等来履行经济结构调整职能，体现国家的发展战略，以保证国民经济各产业、各部门、各地区协调发展和稳定增长。

（3）公平收入分配。市场经济在实现效率的同时，必然导致收入差别的产生和扩大，因为市场效率是以能力差别为前提的，是以包括个人技能、知识、资本和其他各种经济资源在内的资源多寡为条件的，能力和资源占有的差异决定收入差别的大小。可见，市场本身不能解决公平问题。然而从长期角度观察，收入分配不公又可能对效率造成破坏性影响。收入分配不合理对生产规模的大小也有重大影响，这已经成为阻碍许多发展中国家工业化进程的重要因素。随着我国经济告别短缺并迅速走向较严重的相对过剩，消费需求不足已严重制约着我国经济社会发展战略目标的实现。经济增长正期待收入分配的合理化为之提供更大的市场。分配不公通过总需求来影响效率的机制，在于边际消费倾向递减规律。如果收入分配过于向高收入阶层倾斜，就会使整个社会的积累过多，而总消费需求不足，最终必然导致社会总需求小于总供给的生产过剩局面。因此，政府应积极发挥调节收入分配职能，既可以直接运用工资政策来调节，也可通过税收、社会保障和其他政府救助的办法来调节社会成员之间的收入差别，以达到实现相对公平的目的。

但需要特别指出的是，公平收入分配，又存在着收入分配结果的平等与收入分配制度、分配标准、分配规则和分配程序公平的差别。在社会主义条件下，政府除了要通过制定和执行合理的收入分配政策，防止收入分配结果上的差距过大外，更重要的是要确保收入分配制度、分配标准、分配规则和分配程序的公平。从提高效率的角度看，确保收入分配制度、分配标准、分配规则和分配程序的公平与保持收入分配结果上的一定差距同等重要。在市场经济条件下，政府应当努力做到的就是尽可能为每一个公民提供公平的机会，包括受教育、就业和享受社会公共服务等各方面的机会。从一定意义上讲，社会主义的本质就是政府能够从各个方面为所有的社会成员提供公平的机会。在收入分配方面，除了要确保分配制度、分配标准、分配规则和分配程序的公平外，还要通过一定的政策调节，把收入结果的不平等限制在一定的范围内。

政府要履行好上述几个方面的经济调节职能，就必须对经济增长、物价水平、进出口贸易和劳动就业等进行调节，这些都属于宏观经济调控的内容。因此，我们应进一步加强和改善我国的宏观经济调控。

二、关于宏观经济调控的几个基本问题

为了进行有效的宏观经济调控，首先必须对宏观经济调控的一些基本问题，如宏观经济调控的主体、目标、手段、对象等加以明确。所谓宏观经济调控，就是宏观经济调控主体运用调控手段，通过一定的传导机制，作用于调控对象，以达到预期的调控目标的一种管理国民经济的方法。关于宏观经济调控的主体、目标、手段、对象等问题，在实际工作中存在种种误区，应予以明确。

（1）关于宏观经济调控的主体。毫无疑问，宏观经济调控的主体是掌握宏观决策权的国家。但国家是一个比较抽象的概念，它包括国家机器和国家政权等。很显然，国家的代表是政府。因此，宏观经济调控的主体实际上就是政府。然而，政府又是由中央政府和各级地方政府组成的，那么宏观经济调控的主体是各级政府，还是只有中央政府？关于这一点，在实际工作中，并不是十分清楚。笔者认为，宏观经济调控的主体只能是中央政府。因为宏观经济调控的手段，包括经济手段、法律手段和行政手段都掌握在中央政府手里。就经济手段而言，主要是财政政策、货币政策和投资与产业政策等。很显然，这些政策的制定权也都集中在中央政府手中。各级地方政府只能无条件地执行中央政府的宏观经济政策，而不能另搞一套。那种层层进行宏观经济调控的做法显然是一个误区，其实质，就是一些地方政府不愿意放弃在计划经济体制下形成的配置资源的权力。为了确保宏观经济政策的统一性和宏观经济调控的有效性，这种状况必须改变。

（2）关于宏观经济调控的目标。宏观经济调控目标的确定，必须体现科学发展观的要求，即要以人为本，实现全面、协调、可持续发展。所谓以人为本，就是经济社会的发展，要相信人、尊重人、依靠人，充分发挥人的积极性；发展的目的则是为了人，为了满足人们不断增长的物质文化生活的需要，提高人民的物质文化生活水平，促进社会全面进步和人的全面发展。全面、协调、可持续发展，则是要实现"五个"统筹和"三个"协调，即统筹城乡发展、统筹区域发展、统筹经济社会发展、统筹人与自然和谐发展、统筹国内发展，以及对外开放和速度、质量、效益相协调，投资、消费、出口相协调，人口、资源、环境相协调。作为宏观调控的目标，在满足科学发展观基本要求的前提下，还要根据一定的经济发展阶段及其面临的问题而有所不同。但从总体上讲，就是一方面要确保国民经济的快速稳定增长，另一方面还要把通货膨胀率和失业率控制在一定的范围之内，并保持国际收支的基本平衡，实现国民经济又好又快的发展。

（3）关于宏观经济调控的手段。宏观经济调控的手段，主要包括经济手段、法律手段和行政手段。其中，经济手段主要是财政政策、货币政策和投资与产业政策等；法律手段包括各种经济法律和法规的制定与执行；行政手段则是政府为解决宏观经济运行中出现的突出矛盾而临时采取的行政措施。政府在进行宏观经济调控时，三种手段应配合运用，但要以经济手段和法律手段为主，少用或慎用行政手段。同时，经济手段要灵活，法律手段要相对稳定，行政手段要确保令行禁止。由于三种手段的性质完全不同，其传导机制也就不同，与经济手段相适应的是市场运行机制，与法律手段相适应的是经济立法和司法系统，与行政手段相适应的则是纵向隶属的行政机制。宏观调控要达到预期的成果，不仅需要建立完善的宏观调控体系，而且还需要具备相应的微观基础。

（4）关于宏观经济调控的对象。宏观调控的对象是包括居民、家庭和企业在内的各类市场主体，其中最主要的调控对象是企业。要使宏观调控切实有效，一方面必须制定切实可行的宏观调控政策，把握好调控的重点和力度；另一方面还必须使宏观调控的对象对宏观调控政策能够灵敏反应，接受调控。这就必须深化企业改革，建立健全与市场经济体制相适应的现代企业制度，使企业真正成为具有独立经济利益，能够独立核算、自主经营、自负盈亏、自我改造、自我发展的市场主体。

三、加强和改善宏观经济调控的对策建议

改革开放以来，随着我国社会主义市场经济体制的建立和不断完善，我国政府在宏观经济调控方面也积累了丰富的经验，并在历次宏观经济调控中取得了很大的成就。当前我国的宏观经济运行从总体上看是健康的，但也存在着一些不可忽视的问题，如经济增长偏快，存在着过热趋势，物价上升较快，通货膨胀压力增大等。因此，加强和改善宏观经济调控，仍然是当前政府经济管理工作中的一项重要任务。

加强和改善宏观经济调控，需要进行多方面的工作和努力，但一个最重要的问题是，政府在弥补市场不能解决宏观经济平衡发展的缺陷时，如何避免或减少自身在宏观经济调控中的失灵。如果这个问题能够得到较好的解决，宏观经济调控的水平将会大大提高。

在实际工作中，宏观经济调控的政府失灵主要有以下表现：宏观经济调控的结果不能实现预期目标；宏观经济调控虽然达到预期目标，但效率较低，代价较大，导致资源未得到有效配置；宏观经济调控能达到目标，同时也比较有效率，但却损害了市场效率或社会公平目标的实现。引起上述宏观经济调控中政府失灵的主要原因包括：政府行为目标与社会公共目标存在一定差异、政策滞后效应、政府干预过度以及微观经济主体对宏观经济政策反应不敏感或不接受调控等。除此之外，由于缺乏竞争和追求利润的动机，以及缺乏有效的监督导致的政府机构效率低下；由于受到不完全信息的影响导致的经济政策的局限性；由于寻租活动造成的社会资源的浪费等，都会引起宏观经济调控中的政府失灵。宏观经济调控中的政府失灵是客观存在的，某些政府失灵甚至是不可避免的。但通过政府宏观经济调控工作的改善，有些失灵还是可以防止和减少的。笔者认为，防止宏观经济调控中的政府失灵应当采取以下主要措施：

（1）正确确定宏观经济调控目标。宏观经济调控中政府失灵的最重要的表现，就是宏观经济调控的结果不能实现预期目标。不能实现预期目标的原因包括两个方面：一是调控政策和调控措施的制定和执行存在问题；二是调控目标脱离实际。针对经济运行中存在的主要问题和主要矛盾，确定正确的调控目标是保证宏观经济调控取得成功的前提。特别是宏观调控的具体目标，必须符合经济运行的客观实际和客观需要。如经济增长率指标既不能定得太高，也不能定得太低。太高了，就会出现经济过热或不能实现；太低了，就

会引发失业等一系列其他矛盾。同时，在确定宏观调控目标时，还要充分考虑到各种目标之间存在的互补和交替关系，使它们之间能够相互协调，通过调控能够全面得到改善。总之，正确确定宏观经济调控目标，是防止宏观经济调控中政府失灵的首要措施。在实际工作中，经常会出现宏观经济运行的结果与宏观经济调控目标存在较大差距，特别是实际运行结果大大超过调控目标的情况，这是很值得认真研究并加以解决的。

（2）把握好宏观调控的重点和力度。正确确定宏观经济调控目标之后，把握好宏观经济调控的重点和力度，就成为保证宏观调控达到预期目标的重要条件。如果宏观调控的主要目标是治理通货膨胀，那么，在制定宏观调控政策时，就要根据引起通货膨胀的主要原因采取重点措施。一方面，要实行适度从紧的财政货币政策，控制货币供应量；另一方面，还要分析导致物价总水平上涨的主要原因，从而有针对性地采取措施。如果宏观调控的主要目标是拉动经济增长，那么，首先就要弄清经济增长缓慢的主要原因是什么，是投资不旺，还是消费低迷，还是出口出了问题。在弄清基本原因之后，再有针对性地制定有关政策措施。特别是调控的力度，由于政策的滞后效应，所以它是一个很难把握的问题。既要防止调控不到位，出现反弹和反复，又要防止调控过度，把热调成冷，或者把冷调成热。

（3）搞好各项宏观政策的协调配合。财政政策、货币政策和投资与产业政策是宏观经济调控的三大政策。搞好三大政策的协调配合是实现宏观调控目标的重要前提。在我国，三大政策都是由中央统一决策的，这为它们之间的协调配合创造了最有利的条件。但是，三大政策又各具独立性，要使它们发挥合力，就必须搞好它们之间的协调配合。例如，在治理通货膨胀，抑制经济过热时，必须控制好固定资产投资规模，在充分发挥货币政策的同时，财政政策要积极予以配合；在治理通货紧缩，拉动经济增长时，必须适度扩大固定资产投资规模，并刺激消费，增加出口，在有效发挥财政政策的同时，货币政策要积极予以配合。各项宏观经济政策的协调配合，是防止宏观调控中政府失灵的主要措施之一。

（4）宏观经济政策要积极稳健，防止操之过急。从经济学的观点讲，财政政策和货币政策共分为三种：紧缩的、扩张的和中性的。至于积极的和稳健的财政政策或货币政策，是我们在特定的经济发展阶段和特定的情况下提出的，它被赋予了特定的含义。"积极的"一般被认为是适度扩张的，而"稳健的"一般又被认为是适度紧缩的。上面所说的宏观经济政策要积极稳健，则是另一种含义，即无论是紧缩还是扩张，都要积极而又稳妥。在治理通货膨胀和抑制经济过热时，要防止力度过大，造成"硬着陆"，并使经济运行走向反面。同样，在治理通货紧缩，拉动经济增长时，也要防止用力过猛，以免为新的通货膨胀埋下祸根。总之，积极稳健就是既要防止调控不到位，又要防止调控过度。而要做到这一点，除了政策要积极稳健，防止操之过急外，最重要的就是要充分注意到政策的滞后效应。

（5）慎用行政手段。宏观调控的三大手段即经济手段、法律手段和行政手段要综合运用。在不同的情况下，各种手段运用的力度及其配合会有所不同。但一般情况下，要慎用行政手段。凡是能够通过经济手段和法律手段解决的问题，就不要轻易运用行政手段。特别是行政手段的运用一定要适度，否则就会破坏市场机制的运行，造成各种经济信号，特别是价格信号的扭曲。行政手段的最大优点，是不需要经过太多的传导机制，见效较快，但它又会给以后长期的经济运行带来影响。特别是在经济体制转轨时期，运用行政手段进行宏观调控时，更要注意这一点。2004年我国宏观经济调控取得巨大成功的一条重要经验，就是主要运用了经济手段和法律手段。这应当成为今后实施宏观经济调控的基本准则。此外，还应当加快和不断深化行政体制改革，转变政府职能，防止政府在履行经济调节职能中的越位和缺位等。

（原载于《天津行政学院学报》2008年第1期）

对当前宏观经济调控的几点看法

2007 年中央经济工作会议提出了"控总量、稳物价、调结构、促平衡"的十二字方针，进一步明确了宏观经济调控的主要任务，并对宏观经济政策进行了一些调整。用一句简单的话来概括，就是"两个防止，一个从紧"，即防止经济增长由偏快转为过热，防止物价由结构性上涨转变为明显的通货膨胀；同时，把实行多年的双稳健政策，即稳健的财政政策和稳健的货币政策，调整为稳健的财政政策和从紧的货币政策。现在，2007 年的中央经济工作会议结束已经有半年多时间，会议提出的有关政策落实得怎样，其效果又如何？特别是 2008 年以来，我们又遇到了南方冰雪灾害和四川汶川大地震等重大自然灾害，这些重大自然灾害对我国宏观经济的影响如何，2007 年中央经济工作会议提出的宏观经济调控政策还要不要继续执行，如果继续执行，要不要做小的调整等等，这些都是人们非常关注的问题。本文想就这些问题谈几点不成熟的看法。

一、关于宏观经济调控的目标问题

宏观经济调控的一个重要问题是调控目标问题。研究当前的宏观经济调控必须正确确定调控目标，比如现阶段我国经济增长速度和物价指数以多高为宜，这个问题特别重要，它涉及对形势的判断以及政策的制定和调整等一系列重大问题。就当前情况而言，它关系到 2007 年中央经济工作会议提出的宏观经济调控的任务和政策是否还要继续贯彻执行。

2007 年中央经济工作会议之所以提出防经济过热、防通货膨胀，正是基于对当时宏观经济形势的判断。其主要依据是当时宏观经济的实际运行情况、调控目标和我国资源、环境，包括人力、物力、财力等对经济增长速度的承受能力等。那么，过去几年，我国宏观经济运行的实际情况是怎样的呢？就经济增长速度而言，2003~2007 年，分别为 10%、10.1%、10.4%、10.7%和 11.9%。5 年当中，每年的经济增长都在 10%以上，而且呈逐年加快的趋势。这是不是偏快了一些呢？笔者认为，快与不快是一个相对的概念，判断是快还是慢必须有一个参照，这个参照首先应该是我们的发展或调控目标。那么，这个目标又是什么呢？在制定"九五"规划时曾提出，到 2010 年国内生产总值的总量比 2000 年再翻一番，但由于进入 21 世纪后的前 5 年经济增长偏快，在制定"十一五"规划时，又把 2010 年的发展目标调整为人均生产总值比 2000 年再翻一番。如果还按总量翻番的话，"十一五"期间的年均经济增长速度只需要达到 5.7%就可以了，这显然是不行的。那么，即使按照人均生产总值翻番的要求，也只需要达到规划中确定的经济年均增长 7.5%就足够了。最近几年的中央经济工作会议都把下一年度的经济增长目标确定为 8%，这显然是非常正确的。但实际的运行却都在 10%以上，2007 年的经济增长速度甚至达到了 11.9%。这是不是偏快了一些呢？有的同志仍然认为不快，其理由是我国经济目前正处在一个高增长期，之所以每年的实际运行大大高于调控目标，不是实际运行太快，而是目标定得太低。很多经济学家认为，我国现阶段的经济潜在增长率为 8%~10%；也有研究表明，我国现阶段对经济增长的承受能力最高为 11%。如果这些判断和研究结论是正确的话，我国过去几年的经济增长速度确实是偏快了一些。就居民消费价格而言，2007 年下半年以来的上涨显然也是偏快的。2007 年居民消费价格的调控目标是控制在 3%以内，但实际则达到了 4.8%，而且呈逐月加快趋势。1~12 月的居民消费价格同比增长分别为：2.2%、2.7%、3.3%、3.0%、3.4%、4.4%、5.6%、6.5%、6.2%、6.5%、6.9%、6.5%。很显然，2007 年中央经济工作会议对我国宏观经济形势的判断及对宏观经济政策的调整是完全正确的。

笔者认为，根据历史的经验和当前我国的实际情况，现阶段我国经济增长速度和居民消费价格上涨分别控制在 8%~10%和 4%~5%为宜。

二、对当前通货膨胀的认识

对当前的通货膨胀，理论界和实际工作部门都有不同的认识。有的人认为当前的通货膨胀是属于成本推动型的，也有人认为是属于总需求拉动型的。笔者认为，当前的通货膨胀既有成本推动的因素，也有总需求拉动的因素。同时，某些需求弹性很小的商品严重短缺也是引起通货膨胀的一个很重要的原因。笔者不赞成用核心居民消费价格还比较低来判断当前的通货膨胀形势。

居民消费价格是一个比较全面、比较科学反映价格对居民生活影响情况的指标。说核心居民消费价格还比较低并不能减轻物价上涨对居民生活造成的压力，特别是对低收入人群生活造成的压力。同时，控制通货膨胀，既要注意控制总量问题，更要注重结构调整问题。

笔者还认为，解决物价上涨过快给居民生活造成的压力，不能仅就物价解决物价问题。除控制总量、调整结构之外，还必须处理好物价上涨与收入增长的关系。最近一些年，与物价上涨相比，我国城乡居民的收入增长还是很快的，但对每一个社会成员来说，这种增长又是很不均衡的。因此，解决物价上涨过快给居民生活造成的压力，主要是解决物价上涨过快对低收入人群生活造成的压力。这就需要在采取其他各种措施的同时，相应提高最低工资标准，提高最低生活保障线，提高离退休人员的养老金等。在物价问题上，笔者认为关键是要逐步建立健全与市场经济体制相适应的价格形成机制。现阶段，除了国家仍实行管制的资源性产品的价格外，对已经放开的商品价格不宜再实行所谓价格干预，因为这种价格干预不仅会破坏已经形成的市场机制，从而会造成新的价格扭曲、加剧某些商品的供求矛盾，而且一旦取消干预，就很可能出现反弹，从而推动新的价格上涨。

三、关于控制货币流动性和宏观调控的效率问题

2007 年以来，央行已经多次调高了银行存款准备金率，但总的来看，货币流动性过剩问题并没有得到很好的解决。一些同志因此对宏观调控的效率提出了质疑，笔者认为这种质疑不能说没有道理。

（1）这么频繁地调整银行准备金率（2007 年共提高了 10 次，几乎一个月一次；2008 年 6 月刚过，又调整了 5 次，目前银行准备金率已高达 17.5%），实在是少有的。这一方面说明了央行控制货币流动性的决心之大，另一方面也反映了新形势下把握宏观经济调控力度的难度。在这种情况下，作为微观市场主体的企业，其财务政策的制定和执行就很难了。

（2）一些同志认为，提高银行存款准备金率，控制的只是商业信贷的流动性，而对其他的流动性，如居民持币的流动性等，并不能发挥应有的作用。笔者完全同意这种意见。因为，对商业信贷流动性的控制，主要是控制了银行对企业的贷款，这很可能会影响企业的正常生产经营。这一点在南方一些省市的企业特别是外向型的中小企业中，已经明显地表现出来。在人民币对外升值同时国内又存在通货膨胀的情况下，外向型企业所受的打击可以说是

双重的。然而，从紧的货币政策暂时又不能放弃，这就需要我们研究其他货币政策工具的运用问题，同时要研究货币政策与财政政策如何更好配合的问题。如在实行从紧货币政策下，能否通过减税的办法来缓解从紧货币政策给企业资金供应带来的压力。过去，在财政政策和货币政策的配合上，我们一般都习惯于双紧或双松，现在能不能在实行从紧货币政策的同时，对财政政策适度松动一些呢？在抑制经济过热时，货币政策比财政政策更加有效，而在拉动经济增长时，财政政策比货币政策更能发挥作用；货币政策对总量的控制更加有效，而财政政策更能在结构调整上发挥作用。因此，在当前情况下，更加有效地实现货币政策和财政政策的相互配合，就显得更加重要。

四、关于物价与经济增长的平衡问题

寻求物价与经济增长的平衡点，是宏观经济调控的核心所在。2007 年中央经济工作会议提出的"两个防止"，实际上就是要很好地解决这个问题，以实现国民经济又好又快地发展。

物价与经济增长的平衡，集中反映在经济增长率与通货膨胀率的关系上。就这两大指标而言，它们的组合无非是四种情况，即高增长高通胀、低增长低通胀和高增长低通胀、低增长高通胀。20 世纪 90 年代以来，上述四种情况，除了低增长高通胀（滞胀）外，其他三种情况可以说我们都遇到了。实践证明，在这三种情况中，也只有高增长低通胀是我们唯一可以追求的目标。

面对 20 世纪 90 年代初的高增长高通胀，我国曾实行了以治理通货膨胀为目标的宏观经济调控政策，具体到财政和货币政策上，就是实行适度从紧的财政政策和货币政策。在国民经济实现"软着陆"之后，由于东南亚金融危机的影响，我国又出现了经济增长速度下滑过快、通货紧缩趋势明显的情况，即低增长低通胀的情况。面对这种情况，中央又采取了扩大内需、拉动经济增长的宏观经济政策。反映在财政和货币政策上，就是实行积极的财政政策和稳健的货币政策。直到 2004 年初，出现了以固定资产投资增长过快为特征的新的经济过热苗头，中央又把积极的财政政策和稳健的货币政策调整为双稳健政策，即稳健的财政政策和稳健的货币政策。但总的来说，2003~2006 年，宏观经济的运行是处在一种高增长低通胀的良好状态的。当然，这一阶段出现的偏高的经济增长速度、偏低的通货膨胀率是不可能长期持续下去的。因为在经济高速增长的情况下，有一定的通货膨胀才是正常的。上述情况的出现，可能是由于存在着经济结构不合理和价格传导机制不顺畅等问题的影响。正是由于这一点，从 2007 年下半年开始，出现了物价特别是居民消费价格增长偏快的情况。从一定意义上讲，这种物价上涨偏快的状况又是正常的，甚至是合理的，因为它是多年来经济增长偏快的必然结果。正是在这种情况下，2007 年的中央经济工作会议提出了"两防一紧"的宏观经济调控的任务和政策，从而把执行多年的双稳健政策调整为"一稳一紧"的政策。很显然，中央的决策是非常正确的。

前面已经谈到现阶段我国经济增长速度和居民消费价格上涨拟应分别控制在 8%~10% 和 4%~5% 为宜。笔者之所以做出这样的判断，是因为不管怎样，现阶段我国的经济增长速度都不能太低，当然物价上涨也不能太快，保持较高的经济增长率和较低的通货膨胀率是唯一的选择，这就是科学发展观要求的又好又快地发展。

在这里，笔者还想就积极的财政政策和稳健的财政及货币政策谈一点自己的看法，因为长期以来经济学界对这两个提法都有不同意见。从经济学的观点讲，财政政策和货币政策共分为三种：即紧缩的、扩张的和中性的。至于积极的和稳健的财政政策或货币政策，是我国在特定的经济发展阶段和特定的情况下提出的，它被赋予了特定的含义。"积极的"一般被认为是适度扩张的，而"稳健的"一般又被认为是中性适度从松或适度从紧的。当拉动经济增长时，所谓积极的财政政策和稳健的货币政策，实际上就是中性偏松的财政政策和货币政策；而当抑制经济过热时，所谓稳健的货币政策，实际上就是中性偏紧的货币政策。从另外的意义上讲，在任何时候、任何情况下，宏观经济调控的政策都应当是积极、稳妥的，即无论是紧缩还是扩张，都要积极而又稳妥。在治理通货膨胀和抑制经济过热时，要防止力度过大，造成"硬着陆"而使经济运行走向反面。同样，在治理通货紧缩、拉动经济增长时，也要防止用力过猛，以免为新的通货膨胀埋下祸根。总之，积极而又稳健就是既要防止调控不到位，又要防止调控过度。而要做到这一点，除了政策要积极、稳健，防止操之过急外，最重要的就是要充分注意到政策的滞后效应。

五、关于汶川大地震对我国宏观经济的影响问题

2008 年以来，我国遇到了南方冰雪和汶川大地震等特大自然灾害，给我国的宏观经济运行带来了一定的负面影响。从目前的情况看，南方冰雪的负面影响已经过去，而汶川大地震的负面影响还依然存在。2008 年第一季度我

国国内生产总值与 2007 年第一季度相比增长了 10.6%，增长幅度比 2007 年回落了 1.1 个百分点。这种回落既有冰雪灾害负面影响的作用，也有从紧货币政策的作用，或者是宏观经济政策效应的结果。从前面的分析看，10.6%的经济增长速度应该是合理的。

2008 年 7 月 17 日，国家统计局公布了我国上半年宏观经济运行的基本情况。上半年实现国内生产总值 130619 亿元，同比增长 10.4%，增幅比 2007 年同期回落 1.8 个百分点；全社会固定资产投资 68402 亿元，同比增长 26.3%，增幅比 2007 年同期加快 0.4 个百分点；居民消费价格总水平同比上涨 7.9%（6 月同比上涨 7.1%，增幅比上月回落 0.6 个百分点，环比下降 0.2%）。1~6月的居民消费价格分别上涨 7.1%、8.7%、8.3%、8.5%、7.7%、7.1%。

总的来看，我国的宏观经济正继续朝着宏观调控的预期方向发展。从经济增长速度看，上半年的增幅比第一季度减少 0.2 个百分点，这不仅是宏观经济政策作用的结果，而且是正常的、合理的。从居民消费价格看，4 月以来也一直呈现不断下降的趋势。但需要指出的是，无论是 6 月，还是整个上半年，物价的上涨还是偏快的。控制物价上涨过快仍然是当前宏观经济调控的首要任务。

现在汶川大地震过去了两个多月，大家比较关心的一个问题是，汶川大地震对今后宏观经济的运行到底还会产生多大影响，这在一定程度上决定着下一步宏观经济政策的走势。

汶川大地震发生后，国内外的一些机构都对它给中国宏观经济可能带来的影响进行了评估。比较一致的意见是，尽管汶川大地震使灾区民众的生命和财产遭受巨大损失，但它对宏观经济的影响非常有限。有关方面的报告称，汶川大地震使四川全省 14000 多家工业企业受灾，直接经济损失达 600 多亿元。而有些机构和专家则预测，全国的经济损失将高达数千亿元。但需要指出的是，地震造成的损失主要是直接经济损失，即存量的减少，它并不计入衡量经济增量的生产总值。加之地震受灾范围有限，对当期宏观经济的影响并不大。中银国际曾发表报告称，地震可能令 2008 年中国国内生产总值增长率下降 0.4~0.7 个百分点。此外，也有些同志担心地震会打破粮食、肉类供需平衡，推高物价上涨水平，从而加大物价控制的难度。笔者认为，这种担心不是没有道理。有资料表明，2007 年四川省生产总值占全国的 4.3%，粮食产量超过全国总产量的 6%，肉类产量约占全国总产量的 16%。从这些数字看，汶川大地震对我国宏观经济的影响是客观存在的，但由于受灾是局部的，因此不会影响全国宏观经济的基本走势。这正如国务院总理温家宝 2008 年 5 月21 日主持召开的国务院常务会议指出的，汶川地震对灾区经济造成严重影响，也对全国整体经济运行增加了一些新的不确定因素，但不会改变全国整体经济发展的基本面。温家宝总理不久前还指出，我国宏观经济运行的情况比预计的还要好。

2008 年 7 月 25 日召开的中共中央政治局会议强调，要深入贯彻落实科学发展观，把保持经济平稳较快发展、控制物价过快上涨作为宏观经济调控的首要任务，把抑制通货膨胀放在突出位置。这就是一些同志所概括的"一保一控"，这种"一保一控"与 2007 年中央经济工作会议的基本精神是完全一致的。

综上所述，笔者认为，国家不会因汶川地震而放松从紧的货币政策，改变宏观经济调控的基本目标。当然，暂时也不宜继续加大紧缩的力度，需要再继续观察一段时间，特别是要注意宏观经济政策滞后效应的作用，以防调过了头。胡锦涛同志一再指出，要把握好宏观经济调控的节奏、重点和力度，这是多年来我国宏观经济调控的基本经验。以上只是个人的一些粗浅看法，错误之处，请大家批评指正。

（原载于《市长参考》2008 年第 8 期）

关于加强和改善宏观经济调控的几点建议

　　面对全球金融危机的肆虐蔓延，为了确保我国国民经济的平稳较快增长，刚刚结束的中央经济工作会议，全面分析了当前国际国内形势，明确提出了明年经济工作的总体要求和重点任务，阐述了做好明年经济工作需要把握的原则。在明年经济工作五大重点任务中，排在第一位的是加强和改善宏观调控，实施积极的财政政策和适度宽松的货币政策。这里想就加强和改善宏观调控问题提出几点意见。

　　（1）加强世界经济格局和发展走向的跟踪研究，准确把握世界经济和主要发达国家经济运行和发展的趋势。在经济全球化和我国改革开放不断深入发展的情况下，我国的外贸依存度不断提高，世界经济和主要发达国家经济运行和发展的状况，对我国宏观经济经济运行和发展影响极大，我们只有准确把握世界经济和主要发达国家经济运行和发展的走势，才能制定出带有前瞻性的宏观经济调控政策。值得我们认真思考的是，20世纪90年代以来，我们所实行的两次较大力度的宏观经济调控，即1993年下半年开始的以治理通货膨胀为目标的宏观经济调控和2007年底开始的（实际上2007年上半年就开始了）以双防（即防经济过热、防通货膨胀）为目标的宏观经济调控，为什么都发生在世界性的金融危机之前，或者说这些危机都发生在我们的宏观调控之后。1996年我们刚刚实现了经济"软着陆"，1997年就发生了东南亚金融危机，而后我们就把适度从紧的财政政策和货币政策调整为积极的财政政策和稳健的货币政策，从而开始了长达5年之久的扩大内需，拉动经济增长的艰苦努力；这一次的变化更是始料未及的，5月我们还在继续提高银行准备金率，而7月在美国次贷危机的影响下，国际金融形势就发生了重大的变化，国内也受到了较大影响，中央又及时地做出了保增长、控通胀的决策；9月美国金融机构的破产倒闭则达到了一个新的高峰，给世界金融体系造成严重冲击，形成了前所未有的世界金融海啸。很显然，两次金融危机不可能是我们进行宏观调控带来的结果（因为我们对世界经济的发展还没有那么大的影响力），而是两次金融危机都给我国经济的发展带来了重大影响，加速了我国经济的回调。如果我们能对这两次金融危机的发生、发展有一个更加前瞻性的预测，我们这两次的宏观调控政策是不是应该有一些变化呢？紧缩的力度是否应该小一些、时间是否应该短一些呢？特别是 2007 年至 2008 年 5 月，央行连续 15 次提高银行存款准备率，是否有些紧过了头呢？为此，笔者建议在中央一级成立专门的研究机构，或由现有的研究机构，专门对世界经济格局和主要发达国家经济运行和发展走势进行长期的跟踪研究，为国家制定宏观经济调控政策进行国际经济环境评估，以便使我国的宏观经济调控更具有前瞻性。

（2）科学准确地确定宏观经济调控目标，进一步明确宏观经济政策的指向。制定正确的宏观经济调控政策，其首要问题是准确确定宏观经济调控目标。比如根据国际国内的实际情况，现阶段我国经济增长速度和物价指数到底应以多高为宜。这个问题之所以特别重要，是因为它涉及到对宏观经济形势的判断，以及政策的制定和调整等一系列重大问题。在制定"九五"规划时我们曾提出，到 2010 年我国 GDP 的总量比 2000 年再翻一番，但由于进入 21 世纪后的前五年经济增长较快，制定"十一五"规划时，又把 2010 年的发展目标调整为人均 GDP 比 2000 年再翻一番。因为如果还按照总量翻番的话，据测算，"十一五"期间的年均经济增长速度只需要达到 5.7% 就可以了，这显然是不行的。那么，即使按照人均 GDP 翻番的要求，也只需要年均增长 7.5% 的速度就足够了，这是"十一五"规划中明确规定的。前几年的中央经济工作会议，也都把下一年度的经济增长调控目标确定为 7% 或 8%，但实际运行却都在 10% 以上，以致 2007 年达到了 11.9%。面对国际金融危机的严重挑战，2008 年的中央经济工作会议把明年经济增长的调控目标仍然确定为 8%。很显然，2008 年的 8% 和前几年的 8% 的含义是不一样的。在完全不同的两种形势下，把下一年度经济增长的调控目标都确定为 8%，其目的显然是为了发挥导向作用，但它的科学性和权威性却受到了挑战。2003~2007 年，我国经济增长速度逐年加快的事实充分证明了这一点。笔者认为，在完全不同的形势下，经济增长的调控目标还是应该有所区别的，应该使它尽可能地接近宏观经济运行的实际。

（3）进一步搞好宏观经济政策协调，把握好宏观经济调控的重点和力度。胡锦涛总书记一再强调，要把握好宏观经济调控的重点和力度。在这方面，近些年我们的调控能力和水平虽然不断有所提高，但仍然有很大的改善空间。特别是在对宏观经济政策滞后效应的把握上，有关部门的能力还有待于进一步提高。比如，2008 年下半年我国经济增长速度下滑过快，虽然主要是由于国际金融危机的影响和冲击，但有没有去年以来货币政策紧缩力度太大、时间太长带来的政策滞后效应呢？把握好宏观经济调控的重点和力度，是提高宏观经济调控水平的关键。同时，搞好宏观经济政策的协调，也是一个很重要的问题。财政政策、货币政策和产业政策的协调配合，能够大大提高宏观经济调控的效率。过去，在财政政策和货币政策的配合上，我们一般都习惯于双紧或双松，能不能在实行从紧货币政策的同时，对财政政策适度松动；或在实行从紧的财政政策的同时，实行适度宽松的货币政策呢？由于在抑制经济过热时，货币政策比财政政策更加有效，而在拉动经济增长时，财政政策比货币政策更能发挥作用；货币政策对总量的控制更加有效，而财政政策更能在结构调整上发挥作用，因此，在开放经济的条件下，更加有效地实现货币政策和财政政策的相互配合，就显得更加重要。为了进一步搞好宏观经济政策的协调，把握好宏观经济调控的重点和力度，建议成立由各宏观经济调控部门和经济研究单位共同参加的国家宏观经济调控委员会，作为党中央和国务院的宏观经济调控咨询机构，定期向党中央和国务院提出宏观经济调控的咨询报告，供中央决策参考。以上意见，如有不妥，敬请批评指正。

（报送学院《送阅件》文章，2008 年 12 月 18 日）

抓住机遇，加快实现我国经济发展战略的转型

当前正在蔓延的国际金融危机给我国经济社会发展既提出了前所未有的挑战，也带来了前所未有的机遇。关于如何抓住机遇、应对挑战，中央经济工作会议都做了全面部署。这里我想就如何抓住机遇，加快实现我国经济发展战略的转型谈点自己的意见。

改革开放以来，我国国民经济实现了快速增长，1978~2007年，GDP年均增长9.8%，综合国力大大增强，人民生活水平大幅提高，这使我们有能力从容应对当前的这场历史罕见、冲击力极强、波及范围很广的国际金融危机。

2008年下半年以来，我国经济增长的速度迅速下滑。笔者认为，这种下滑既有金融危机冲击和影响的原因，也有我国经济发展自身调整的因素。2003~2007年，我国GDP的增长速度每年都在10%以上，而且呈逐年加快的趋势。在拉动经济增长的三大需求中，投资规模偏大，投资率居高不下；出口快速增长，外贸依存度逐年攀升。如2007年的投资率为55%；外贸依存度，按1美元兑换7.5元人民币的平均汇率计算，约为65.4%。在资源、环境压力不断加大的情况下，如果没有经济发展方式的根本转变，要长期保持这么高的增长速度是不可能的，这也正是我国国民经济出现周期性过热和回调的主要原因。

关于经济增长方式的转变，在制订"九五"计划的时候就提出来了，但经济发展方式转变滞后，至今仍然是我国经济发展中最突出的问题。而经济发展方式转变滞后，又主要是由于经济增长速度偏快。正是从这个意义上讲，金融危机为我国经济发展战略转型带来了前所未有的机遇。这里所说的经济发展战略转型，概括地说，就是要以加快经济发展方式转变和结构调整为重点，把以投资、出口拉动为主的快速增长模式，转变为以消费为导向、内需拉动为主，消费、投资、出口协调拉动的平稳较快增长模式。具体说，这一战略转型涉及下述三个方面的转变。

一、经济增长由快速波动型向平稳较快型转变

现阶段，我国的经济增长速度保持在一个什么水平上比较合理，各方面一直有不同的意见。但增长速度偏快，超过了潜在的经济增长率，就会出现较大的波动，这是一个客观规律，也是被我国经济发展的实践多次证明了的。如1992年，我国的经济增长率达到了14.2%，从1993年下半年则开始了历时三年半的以治理通货膨胀为目标的宏观经济调控。紧接着，由于亚洲金融危机的影响，我国的经济增长速度出现了较大幅度下滑，随后，又进行了长达5年之久的扩大内需、拉动经济增长；2007年我国的经济增长率又达到了11.9%，于是又实行了以双防（即防经济过热、防通货膨胀）为目标的宏观经济调控。这本来是一种主动的回调，但由于国际金融危机的冲击，2008年下半年以来，我国经济增长速度出现大幅度回落。可见偏快之后，即使没有国际环境的重大影响，也必然会出现回调，而不管这种回调是主动的还是被动的。如果我国的经济增长能够长期保持在一个比较合理的水平，这种较大幅度的回调就有可能被避免。那么，多高的增长速度才是比较合理的呢？笔者认为，根据历史的经验和当前我国的实际情况，现阶段我国经济增长的速度应控制在8%~10%为宜。与此相适应，居民消费价格指数则应控制在4%~5%之间。"十一五"规划确定年平均经济增长率为7.5%，以及近些年中央经济工作会议都把下一年度的调控目标确定为8%，这是完全正确的。问题的关键是如何通过宏观调控，使国民经济的实际运行更加接近和符合调控目标。

二、拉动经济增长由追求出口快速增长向以扩大
内需为主转变

在国际金融危机的冲击和影响下，我国的对外出口出现了严重的下滑。在这种情况下，我们采取的扩内需、保增长的方针，是完全正确的。由于我国的内需市场潜力巨大，相信扩内需、保增长的目标一定能够实现。现在的问题是，金融危机过后怎么办？是还回到追求粗放的出口快速增长的老路上去？还是抓住这次调整的机遇，加快外贸经济增长方式的转变，并确立以内需拉动为主的经济增长模式呢？这是一个大的战略问题。我们必须把科学发

展观真正贯彻落实到对外贸易工作中去，真正统筹好国内发展和对外开放。要把增加出口作为加快我国经济发展的手段，而不是目的。而加快我国经济发展的目的，是为了满足我国人民不断增长的物质、文化生活的需要，以实现人的全面发展，而不是通过增加出口，积累更多的外汇储备。这就决定了我国的经济增长必须主要依靠内需拉动。主要依靠扩大内需来确保我国国民经济的快速发展，这不仅是必要的，而且完全是可能的。由于长期以来我国的对外贸易一直保持顺差，加之外商直接投资不断增加，我国已经有了较多的外汇储备，短期内出口有所下滑，顺差有所减少，甚至出现一时的逆差，为并没有什么可怕，同时也不一定完全是坏事。它有利于在外部压力的作用下，形成倒逼机制，以加快我国外贸增长方式的转变。当然，为了保增长、促就业，在扩大内需的同时，出口工作也决不可放松。特别是金融危机过后，我们还是要在确保出口产品结构不断升级的前提下，尽可能扩大我国的对外出口，但不能长期把它作为拉动经济增长的主要力量。现在的当务之急，是要抓住机遇，加快实现对外出口的"两化"，即出口产品结构的优化和出口国别的多元化。同时，利用当前国际上很多战略物资价格走低，不少企业破产的有利时机，我国的国有大型骨干企业，可积极而又慎重地到国际市场上购买一些战略物资，兼并一些有发展前景的中小企业（兼并大企业的风险较大），作为自己的原料基地和制造加工基地，以便更好地利用两个市场和两种资源。在这方面，仅仅依靠企业的力量，可能有一定困难，可采取政府支持或政企联手的办法。

三、扩大内需由以扩大投资需求为主向以扩大消费需求为主，并以扩大消费需求为导向，促进投资需求转变

不断扩大消费需求，是贯彻落实科学发展观的客观要求，也是促进我国国民经济较快平稳发展的客观要求。党的十七大提出，要坚持扩大国内需求特别是消费需求的方针，促进经济增长由主要依靠投资、出口拉动向依靠消费、投资、出口协调拉动转变，由主要依靠第二产业带动向依靠第一、第二、第三产业协同带动转变，由主要依靠增加物质资源消耗向主要依靠科技进步、劳动者素质提高、管理创新转变。这是一项非常正确的重大战略决策。上述几个转变进行得如何，在很大程度上决定着我国实现全面建设小康社会宏伟目标和现代化建设的进程。

进入新世纪以来，我国的经济增长总体上保持了平稳较快增长的势头，

但投资、消费、出口之间的关系还不尽协调，主要是投资率偏高，净出口增长也较快（2008 年下半年以来除外），但消费较弱。最近两年，消费有所增强，但仍然不足。2007 年，我国消费、投资、净出口增长对 GDP 增长的贡献率分别为 39%、38% 和 23%，消费贡献率首次超过投资贡献率，这是一个很好的趋势，但还远低于发达国家的水平。今后，应把不断提高消费对经济增长的贡献率，作为贯彻落实科学发展观的一项基本要求，以促进我国经济发展战略的转变。特别是在扩内需、保增长过程中，必须处理好扩大投资需求与扩大消费需求的关系，真正按照中央经济工作会议的要求，把扩大内需作为保增长的根本途径，把加快发展方式转变和结构调整作为保增长的主攻方向，把深化重点领域和关键环节改革、提高对外开放水平作为保增长的强大动力，把改善民生作为保增长的出发点和落脚点。在扩大投资需求方面，应重点保证那些对消费和就业有较大促进作用的基础设施项目和民生项目，并防止投资率的进一步提高；防止结构复归；防止已取得的节能减排成果丧失；防止财政资金的低效率；防止信贷资金不良贷款率的升高等。在扩大消费需求方面，应采取多种途径，增加城乡居民收入，并在不断提高城乡居民收入总水平的同时，优化收入增长结构。要特别注意关注社会弱势群体，逐步提高最低工资水平和最低生活保障线，提高离退休人员的养老保险金等。笔者认为，我们的各级政府只要能够比较好地解决了城乡居民的就业、就医、就学和必要的社会保障等基本民生问题，其他任何困难我们都能战胜。

（国家行政学院《送阅件》，2008 年 12 月 30 日）

转变经济发展方式刻不容缓

一、转变经济发展方式的重要性、紧迫性和长期性

转变经济发展方式关系到经济社会的可持续发展问题，具有极端的重要性。实现经济社会的可持续发展，是人类面临的共同课题。不管世界各国在经济发展和各项事务中存在着怎样的矛盾，但在实现经济社会可持续发展这个关系到人类自身生存和发展的根本问题上，利益却是完全一致的。中国非常重视可持续发展问题，提出并致力于转变经济发展方式，向世界做出节能减排承诺，并采取一系列坚决的节能减排措施。实现经济社会的可持续发展，必须处理好经济发展与资源、环境和人口的关系。其中，处理好经济发展与资源、环境的关系，关键就是建立资源节约、环境友好型社会，加快经济发展方式的转变。只有经济发展方式转变了，单位 GDP 的能源、原材料消耗下降了，各种排放和污染减少了，经济发展与资源、环境之间的矛盾缓解或者解决了，经济发展的质量和效益提高了，经济社会的可持续发展才有可能实现。

转变经济发展方式具有十分的紧迫性，已经到了刻不容缓的地步。我国在制定"九五"规划时就已经提出转变经济增长方式问题，中共十七大又提出转变经济发展方式问题。经济发展包括经济增长、结构优化和质量效益提高。转变经济发展方式比转变经济增长方式的内涵更加丰富，要求也更高。虽然转变经济增长（发展）方式的提出已有近 20 年的时间，但经济发展方式转变滞后仍然是当前我国经济发展中的主要矛盾。特别是应对国际金融危机，在保证经济发展总量的同时，又加剧了经济结构不合理的矛盾。这就使得我国转变经济发展方式的问题更加凸显出来，转变经济发展方式已刻不容缓。

如果不从思想上和实践上真正解决总量和结构的关系问题。或者说，在总量与结构发生矛盾的时候，总是把总量增长放在优先重要的地位，经济发展方式的转变就是一句空话。关于这一点，是被我国经济发展的实践充分证明了的。

转变经济发展方式是一项长期的任务，不是一朝一夕能够完成的。转变经济发展方式虽然具有十分的紧迫性，但又具有长期性。由于转变经济发展方式涉及到经济发展的各个方面，特别是涉及经济发展中的一些深层次矛盾，如经济发展战略的转型和结构调整，体制机制的保证和技术支撑等，而这些问题又不是一朝一夕能够解决的，同时经济发展中的矛盾，如总量与结构的矛盾、速度与效益的矛盾、成本与质量的矛盾等，又总是长期存在的，原有的矛盾解决了，新的矛盾又会产生，因此，转变经济发展方式又是一项长期的任务，它将存在于我国经济发展的全过程，只是现阶段的矛盾更加突出罢了。

二、转变经济发展方式的关键是实现经济发展战略转型

长期以来，我国的经济发展方式转变滞后，主要是由于经济增长速度偏快。即使是在百年不遇的世界金融危机冲击下的最困难年份——2009 年，由于我们积极应对，采取了各种保增长的有效措施，GDP 的增长仍达到了8.7%，这当然是一件好事。但经济增长长期处在一个偏高的水平，就必然会出现和加剧结构不合理的矛盾。而经济结构不合理，又必然会造成经济发展方式的粗放。正是从这个意义上讲，转变经济发展方式的关键是实现经济发展战略转型。

这里所说的经济发展战略转型，概括地说，就是要以加快经济发展方式转变和结构调整为重点，把以投资、出口拉动为主的快速增长模式，转变为以消费为导向、内需拉动为主的消费、投资、出口协调拉动的平稳较快增长模式。具体地说，这一战略转型涉及下述三个方面的转变。

（1）经济增长由快速波动型向平稳较快型转变。现阶段，我国的经济增长速度保持在一个什么水平上比较合理，各方面一直持有不同的意见。但增长速度偏快，超过了潜在的经济增长率，就会出现较大的波动，同时加剧经济结构不合理的矛盾。这是一个客观规律，也是被我国经济发展的实践多次证明了的。多年以来，笔者一直认为，根据历史的经验和当前我国的实际情况，

现阶段我国经济增长的速度应控制在 8%~10% 为宜。与此相适应，居民消费价格则应控制在 3%~4% 之间。"十一五"规划确定年平均经济增长率为 7.5%，以及近些年中央经济工作会议都把下一年度的调控目标确定为 8%，这是完全正确的。问题的关键是如何通过宏观调控，使国民经济的实际运行更加接近和符合调控目标，这是加快经济发展方式转变的前提。

（2）拉动经济增长由片面追求出口快速增长向以扩大内需为主转变。在金融危机的冲击和影响下，我国的对外出口一度出现了严重的下滑。在这种情况下，我们采取的扩内需、保增长的方针，是完全正确的。现在的问题是，金融危机过后怎么办？是还回到追求粗放的出口快速增长的老路上去？还是抓住这次调整的机遇，加快外贸经济增长方式的转变，并确立以内需拉动为主的经济增长模式呢？这是一个大的战略问题。我们必须把科学发展观真正贯彻落实到对外贸易工作中去，真正统筹好国内发展和对外开放。主要依靠扩大内需来确保我国国民经济的平稳较快发展，这不仅是必要的，而且完全是可能的。同时，我们要在金融危机形成的外部压力的作用下，形成倒逼机制，加快我国外贸增长方式的转变。其当务之急，就是要抓住机遇，加快实现对外出口的"两化"，即出口产品结构的优化和出口国别的多元化。外贸增长方式的转变，既是转变经济增长方式的重要方面，同时，又能通过进出口产品结构的调整和升级，促进整个经济发展方式的转变。

（3）扩大内需由以扩大投资需求为主向以扩大消费需求为主，并以扩大消费需求为导向，促进投资需求转变。不断扩大消费需求，是贯彻落实科学发展观的客观要求，也是促进我国国民经济平稳较快发展，转变经济发展方式的客观要求。中共十七大提出，要坚持扩大国内需求特别是消费需求的方针，促进经济增长由主要依靠投资、出口拉动向依靠消费、投资、出口协调拉动转变，由主要依靠第二产业带动向依靠第一、第二、第三产业协同带动转变，由主要依靠增加物质资源消耗向主要依靠科技进步、劳动者素质提高、管理创新转变。这是一项非常正确的重大战略决策。上述几个转变进行得如何，不仅直接决定着经济发展方式的转变，而且在很大程度上决定着我国全面建设小康社会宏伟目标的实现和现代化建设的进程。

进入 21 世纪以来，我国的经济增长总体上保持了平稳较快增长的势头，但投资、消费、出口之间的关系还不尽协调，主要是投资率偏高，净出口增长也较快（2008 年下半年以来除外），但消费较弱。最近几年，消费有所增强，但仍然不足。"十二五"期间，应把不断提高消费对经济增长的贡献率，作为贯彻落实科学发展观的一项基本要求，以促进我国经济发展战略的转型。同时，在投资需求方面，应重点保证那些对消费和就业有较大促进作用的基础设施项目和民生项目，以消费需求为导向促进投资需求的增长和投资结构的改善，并防止投资率的进一步提高。

三、转变经济发展方式必须加快经济结构调整

经济结构不合理既是转变经济发展方式的重大障碍，也是经济发展方式落后的重要表现。转变经济发展方式必须加快经济结构调整。经济结构包括产业结构、区域结构、消费结构、供给结构、所有制结构和企业规模结构等。这些结构是否合理，都会影响到经济发展方式的转变。其中，对转变经济发展方式起决定作用的是产业结构、区域结构和所有制结构。"十二五"期间，必须围绕着经济发展方式转变，加快产业结构、区域结构和所有制结构的调整。

调整产业结构，必须大力发展第三产业（包括生产性服务业）和低碳产业，以降低单位 GDP 的能源消耗和污染物排放。同时，要认真落实重点产业调整振兴规划，搞好各产业内部的结构调整；实施技术创新战略，大力发展战略性新兴产业；推进技术改造，加快传统产业优化升级等。

调整区域结构，首先，要实施区域发展总体战略，继续深入推进西部大开发，全面振兴东北地区等老工业基地，大力促进中部地区崛起，积极支持东部地区率先发展。其次，要加强国土规划，按照优化开发区、重点开发区、限制开发区和禁止开发区四大功能主体区的划分，完善区域政策，调整经济布局。同时，要遵循市场经济规律，突破行政区划界限，形成若干带动力强、联系紧密的经济圈和经济带。最后，要建立促进城乡经济社会发展一体化的制度，加快城乡一体化发展。

调整所有制结构，关键是要继续坚持和深化市场取向改革，继续坚持和完善公有制为主体、多种所有制经济共同发展的基本经济制度，坚持国有经济有进有退、有所为有所不为的方针。要排除各种干扰，毫不动摇地巩固和发展公有制经济，毫不动摇地鼓励、支持、引导非公有制经济发展，以形成各种所有制经济平等竞争、相互促进的新格局。要以现代产权制度为基础，大力发展混合所有制经济，实现公有制经济和非公有制经济以及军事工业和民用工业的融合发展。

四、深化改革，为转变经济发展方式提供体制机制保证

进一步深化改革，完善社会主义市场经济体制，是转变经发展方式的强大动力。就为转变经济发展方式提供强有力的体制保证而言，重点是要深化行政体制改革、金融体制改革、财税体制改革和国有大型骨干企业改革。通过深化行政体制改革，按照市场在资源配置中发挥基础性作用的要求，准确界定和全面履行政府职能，进一步实现政企、政资、政事、政社和政府与中介机构分开，充分发挥企业在转变经济发展方式中的主体作用；通过深化金融、财税体制改革，并制定正确的财政货币政策，一方面确保经济平稳较快发展，另一方面使市场配置资源的有效作用得到充分发挥，以促进经济效益的不断提高；通过深化国有大型骨干企业改革，使其真正成为符合市场经济要求的市场主体和利益主体，使其能够自觉地、有利可图地走新型工业化和循环经济、清洁生产的道路。需要特别指出的是，发挥市场机制配置资源的积极有效作用，关键是发挥价格机制的积极有效作用。这就涉及价格体系的改革和完善问题。就目前而言，我国绝大多数商品和劳务的价格已经完全由市场决定，但由市场决定的价格并不一定都是合理的。可以说，目前我国的价格体系还存在着严重的扭曲现象，各种商品的比价还很不合理，特别是农产品价格和资源性产品价格总体上还偏低，这是长期实行计划经济，人们对各种商品比价的认同受到强大的习惯势力影响的结果。因此，价格体系的完善和各种商品价格的合理化，并不是简单地放开价格就能够做到的。当前，在价格问题上，可以说我们遇到一个两难的选择，即完全由市场定价，价格并不能完全合理，而要加大政府对价格的管制力度，不仅与市场趋向的改革相背离，而且如果弄得不好，还有可能造成新的价格扭曲。这是一个很值得认真研究的问题。

五、加强自主创新，为转变经济发展方式提供技术支撑

转变经济发展方式，除了需要有强有力的体制、机制保证外，还必须有

强有力的技术支撑。如果说体制、机制是解决"我要转"的问题的话，技术支撑则是解决"有能力转"的问题。因此，增强自主创新能力，加快科学技术进步，对转变经济发展方式意义重大。而增强自主创新能力，加快科学技术进步，除了要加大科技方面的投入外，也需要有体制和机制的保证。正如温家宝总理在《关于制定国民经济和社会发展第十一个五年规划建议的说明》中指出的，"提高自主创新能力，必须着力抓好以下几点：一要加快建立以企业为主体、以市场为导向、产学研相结合的技术创新体系；二要改善技术创新的市场环境，加快发展创业风险投资，加强技术咨询、技术转让等中介服务；三要实行支持自主创新的财税、金融和政府采购等政策，完善自主创新的激励机制；四要利用好全球科技资源，继续引进国外先进技术，积极参与国际科技交流与合作；五要加强知识产权保护，这是需要特别强调的问题。"

自主创新，包括国家层面的自主创新和企业层面的自主创新，但企业是自主创新的主体。一些重大的原始创新，应由国家集中必要的人力、物力和财力，统一组织实施，就像"神五"、"神六"那样。当然，也可以由那些经济技术实力比较雄厚的企业组织实施，国家给予必要的人力、财力和技术支持，其创新成果作为企业的知识产权，以体现国家对自主创新的鼓励。同时，有条件的企业，也可以独立地进行某些自主创新。对于集成创新和引进消化吸收再创新，则主要由企业通过产学研相结合的形式组织实施，以充分发挥企业作为自主创新主体的作用，不断增强企业的技术创新能力。

企业要不断增强技术创新能力，就必须按照社会技术进步和发展的方向，大力进行科学研究和新产品、新技术开发，并注意处理好科学研究和新产品、新技术开发的关系。由于企业不同于一般的科研单位，企业进行科学研究的目的，是为了开发新产品、新技术，因此，企业进行科学研究，不仅需要很好地把握科学技术发展的方向，而且还应该把重点放在应用技术的研究上，并把它与企业的新产品、新技术开发紧密结合起来。同时，新产品、新技术的开发又必须以市场为导向，尊重市场的选择。只有这样，才能把企业的技术创新与市场化运作很好地结合起来，从而不断提高技术创新的经济技术效果。最近几年，我国的不少企业，特别是国有大型骨干企业在技术创新方面都取得了重大进展和显著成就，为转变我国经济发展方式做出了自己的贡献。

企业增强技术创新能力，必须不断加大对技术创新的资金投入。经验表明，凡是技术水平在本行业处于领先地位的企业，都非常重视技术创新，对技术创新进行资金投入的力度较大。对于经济实力不是特别雄厚的企业，在开始阶段，加大技术创新的资金投入往往会影响企业的现金流量。因此，企业在增加对技术创新的资金投入时，一方面要充分考虑企业的资金承受能力，采取不断递增的办法；另一方面还要能够使技术创新的成果，尽快转化为市场上需求的产品，从而尽快取得较好的经济效益，也就是要坚持市场导向。只有这样，才能使企业的技术创新进入一个投入—技术效果—经济效益—再投入的良性循环过程，从而也才能使企业走上集约发展的道路。只有企业这个转变经济发展方式的主体真正走上了集约发展的道路，整个经济发展的方式才有可能得到根本转变。

（原载于《中国经济时报》2010 年 3 月 8 日）

应对世界金融危机的战略性思考

经过两年多世界各国共同的积极应对，金融危机对世界经济的巨大冲击和影响正在减弱和消退，整个世界经济正在逐步复苏，但复苏的基础还很不稳固。这主要表现在，以美国为代表的发达国家失业率仍居高不下，消费和投资对经济的拉动仍然乏力；引发危机的金融机构的巨额不良资产还没有完全得到处置，一些国家的高额债务和巨大赤字可能会导致新的风险。特别是各个国家、各个方面对世界经济发展的前景和趋势的判断差异很大，刺激经济的政策是否继续存在很大分歧。面对这种情况，我们必须从更深的层次上认识这场危机产生的原因及其本质，从政策和战略的结合上采取应对措施。

一、金融危机的根源和本质是全球经济的
失衡和大调整

由美国次贷危机引发的华尔街风暴，在很短的时间内就演变成全球性的金融危机。这场百年不遇的世界金融危机，从本质上看是世界经济发展出现了严重的失衡，是世界经济的一次被动调整。

（一）危机产生的根源

实体经济与虚拟经济的失衡是危机产生的产业根源。现代经济体系中，实体经济的主要支柱是以石化能源为基础的传统产业和以电子信息技术为代表的高新技术产业。当前，传统产业的发展面临越来越严峻的资源、环境约束。发达国家的传统产业由于面临各种成本压力越来越缺乏应对能力，从而层层向发展中国家转移。高新技术产业虽然具有技术上的优越性，但又缺乏有效的新商业模式支撑，创新外溢和创新风险导致产业创新动力不足。实体经济缺乏适应性和扩张力，使投资者长期信心不足，从而转向短期高风险领

域。与此同时，虚拟经济的核心——以金融业为中心的现代服务业，显示出强盛的自我增值能力，从而吸纳了庞大投资资源，并迅速扩张膨胀。然而没有实体经济的发展就没有虚拟经济的真正繁荣。一旦市场环境发生变化，虚拟经济的过度膨胀就会带来实体经济乃至整个经济体的动荡和危机。

全球经济不平衡是金融危机发生的最重要原因。全球经济不平衡，表现在发达国家与发展中国家之间的经济发展不平衡和贸易不平衡，以及金融体系特别是货币体系不平衡等多个方面。其中，美国巨额的经常项目逆差与亚洲各国及石油输出国的经常项目顺差是最突出的表现。它意味着美国消费过度而储蓄不足，而包括中国在内的大量国家则消费不足而储蓄过度。这种不平衡，归根结底是世界货币体系不合理造成的，其实质是发达国家利用本币作为国际货币的优势对发展中国家进行不平等的交易，甚至掠夺造成的。现行的国际货币体系实际上是以美元作为主要储备货币的，这样的货币体系存在着内在的缺陷。一是造成世界通货紧缩和通货膨胀压力。在经济全球化的情况下，为了应对国际贸易中的复杂局面，各国必须积累外汇储备，将出口获得的外汇用于储蓄而不用于消费，从而造成通货紧缩，而美国则可以通过发行货币，输出通货膨胀。二是带来不稳定性。作为世界主要储备货币的美元，本应保持稳定，但由于同时它又是一种国别货币，其价值受到美国经济政策的影响，如果美国大幅增加货币供应，就会引起其他国家抛售美元，导致美元贬值。三是导致不平等性。发展中国家为增加外汇储备，积累了大量美元或美国国库券，但其收益却非常低。为得到这些储备，发展中国家丧失了很多其他投资机会，从而影响了其国内发展。可以说全球收支不平衡是此次金融危机的重要原因，而国际货币体系存在着固有缺陷加剧了危机的扩大和蔓延。

（二）危机的本质是世界经济的大调整

金融危机爆发以来，发达国家经济陷入衰退，新兴市场和发展中国家经济增速放缓，这实质上是世界经济的一次大调整。

（1）虚拟经济与实体经济关系的调整。美欧等发达国家实施以重振制造业为核心的"再工业化"，回归实体经济。绿色经济、循环经济和低碳经济受到各国的空前重视。为尽快走出危机，重塑国家长期竞争优势，无论是发达国家还是发展中国家，都纷纷加大投入，培育可能引领全球经济的新能源、新材料、生物技术、信息技术等战略性新兴产业，以占领后危机时代经济发展的制高点。战略性新兴产业的发展将带动传统产业优化升级，推动形成新一轮经济增长。

（2）世界经济体系与发展格局的调整。危机发生和发展以来，虽然发达国家占据竞争优势的格局没有根本改变，但新兴市场和发展中国家的话语权进一步增强。美国等发达国家以负债为手段的消费拉动经济增长，进而带动其他国家出口的发展模式将发生改变。提高国内需求比重成为许多国家拉动经济增长的重要战略。在全球经济萎缩的情况下，投资和贸易保护主义更趋强化，国家间的贸易争端不断增加。各国对维护国际金融市场稳定、改革国际金融体系提出了新的要求。围绕承担温室气体减排责任的博弈和斗争日趋激烈，这实质上是各国争取和保持经济发展空间和经济竞争优势的较量，是发达国家和发展中国家之间限制与反限制的较量。未来的全球竞争，必然是在多元化利益格局下形成的全球化竞争合作关系，同时又丝毫不会降低竞争的对抗和激烈程度。

（三）危机所具有的特征

与以往的经济危机相比，此次金融危机具有以下特征：

（1）市场经济的核心金融出了问题。金融是货币流通和信用活动以及与之相联系的经济活动。市场经济条件下，金融已渗透到经济社会的各个领域，并占有核心地位。一旦金融领域出现了问题，就会严重影响到整个经济体的发展。此次金融危机源于房地产业的信用领域，进而扩展为虚拟经济层面的银行信用危机，从而响到实体经济。危机的产生和蔓延与经济自由化条件下的金融创新高度发展和金融监管缺失有重要联系，所造成的冲击力极大，波及范围极广。

（2）占世界经济总量最大的美国经济出现了问题。以往的危机多发生在新兴经济体或一些发展中国家，然后蔓延到其他国家。此次危机则在世界上最发达的国家美国首先爆发，进而席卷整个资本主义经济体，对世界经济的影响重大而深远。同时，美国经济通常被认为是市场经济典范，美国经济自身出现问题，对整个世界经济体系，特别是世界金融体系所造成的冲击和影响是其他国家和地区不可比拟的。

（3）在全球经济一体化过程中出现了问题。随着信息技术的发展和全球化进程的加快，各国在贸易、金融、产业分工等诸多方面更加紧密地联系在一起。此次危机不仅表现为美国国内生产与消费的严重失衡，而且在很大程度上也表现为美国的过度消费或负债消费与其他国家生产过剩、消费不足相结合的链条的中断。在这样的大背景下，危机的波及范围之广、影响程度之深前所未有就是必然的了，应对危机，各国政府联手出台救市措施的力度之大也必然是前所未有的。后危机时代，世界经济发展和经济结构面临深刻转型和调整，试图在原有经济体系和发展格局的基础上实现世界经济的全面复苏是不可能的，试图在原有经济结构和经济发展战略的基础上实现我国经济的持续高速增长同样也是不可能的。我们要从战略和政策层面进行系统思考，及时调整发展战略，以实现经济的健康发展。

二、加快实现我国经济发展战略的转型

应对世界金融危机，我国实行了积极的财政政策和适度宽松的货币政策，迅速采取了刺激经济的一揽子计划，增加投资成为拉动经济的最主要力量。温家宝总理在第十一届全国人民代表大会第三次会议上的政府工作报告中指出，2009 年国内生产总值 8.7%的增幅中，投资拉动 8 个百分点，最终消费拉动 4.6 个百分点，而净出口拉动-3.9 个百分点。受多数行业产能过剩和市场需求不足的影响，民间投资意愿不强，政府投资面临调整。随着时间的推移，政策效应将逐步减弱，而深层次的矛盾将进一步显现。一是产能过剩和重复建设问题。钢铁、水泥、电解铝等传统产业产能过剩问题日益突出，多晶硅等新兴产业也出现了重复建设倾向。二是财政金融风险积累问题。随着大规模增加财政支出和实行结构性减税，财政赤字不断扩大。货币供应和信贷投放大规模上升，2009 年末广义货币供应量（M2）余额达到 60.6 万亿元，比 2008 年末增长 27.7%，使社会产生了对资产价格泡沫的广泛担忧。在国内外环境发生重大变化的背景下，我国经济发展多年来过度依赖投资拉动和产能扩张，过度依赖物质资源和低成本生产要素投入，过度依赖外贸出口的粗放型发展模式已越来越难以为继，必须从根本上实行社会经济发展战略的转型。以加快经济发展方式转变和结构调整为重点，把以投资、出口拉动为主的快速增长模式，转变为以消费为导向、内需拉动为主的，消费、投资、出口协调拉动的平稳较快增长模式。

（一）经济增长要由快速波动型向平稳较快型转变

理论上讲，经济发展存在一个潜在的增长率。实际上，经济增长围绕这个潜在增长率，呈现周期性的经济扩张与紧缩。政府则通过宏观经济调控，熨平经济波动，避免大起大落。近年来，我国经济保持高速增长，2003 年到 2007 年的 GDP 增速分别为 10%、10.1%、10.4%、11.6%和 13%，受世界金融危机影响，2008 年、2009 年回落到 9%和 8.7%。有关研究表明，我国现阶段的适度增长区间为 8%~10%。如果经济增长太快，超过了适度增长区间，就会导致生产要素的紧张和增长质量的下降，引起经济波动。20 世纪 90 年代，经济过快增长导致了严重通货膨胀和经济波动，后来又演变并持续到 2002 年的通货紧缩，这段经历人们仍记忆犹新。

我国经济的高速增长主要得益于低劳动力成本优势、大量的物质资源投入和改革释放出的生产力等因素的支撑，但这些因素是不可能长期保持的。随着国民经济活动总量的增长和基数的扩大，与等量投入相对应的经济增长率会有所下降。随着体制转轨过程的逐渐完成，改革的边际效益也会明显回落。工业化、城镇化进程的加快将为我国的经济增长提供新的巨大空间，但产业发展与资源短缺、生态资源约束的矛盾也将进一步加剧。劳动力等生产要素综合成本的上升，人民币升值压力加大，会使传统的比较优势趋于减弱。保持国民经济的可持续发展，不仅要关注经济增长的速度，还要更加注重经济增长的质量和效益。这在客观上要求经济增长必须由快速波动型向平稳较快型转变。而要做到这一点，首先必须转变发展观念，要有勇气主动地调整经济发展速度。历史经验表明，对于中国这样的发展中大国，只有长期的平稳较快发展，才能使国民经济结构和发展质量发生根本性的改善。其次要改革体制上不利于经济健康发展的因素。要进一步确立符合科学发展观要求的政绩观和人才观，改变以 GDP 增长作为考核各级政府政绩的主要指标的做法；要强化科技创新，减小经济增长对增加土地、信贷等重要资源投入的依赖等；要更大发挥市场的力量，从根本上减少地方政府的投资冲动，使我国的经济真正走上创新驱动、内生增长的轨道。

（二）拉动经济增长由追求出口粗放快速增长向以扩大内需特别是消费需求为主

投资、消费和净出口是拉动经济增长的"三驾马车"。改革开放以来，我国出口贸易额逐年扩大，外需市场的扩大对促进我国经济快速发展发挥了重要作用，但同时也形成了较高的对外依存度。作为一个经济大国，外部需求是拉动经济增长的重要力量，但国内市场才是经济发展的根本源泉。特别是在国际经济环境发生重大变化时，扩大内需就显得尤其重要。我们必须把握好国内、国际两个大局，在转变外贸增长方式，积极开拓国际市场的同时，把扩大国内需求，特别是消费需求作为我国经济发展的长期战略指导方针。

从国内需求看，作为一个劳动力资源丰富的发展中国家，投资是决定我国经济增长的主要因素。但如果投资离开了消费导向，投资拉动的经济增长就不能带来居民主体消费需求的普遍上升，在投资高峰过去后，虽然形成了产出高峰，却没有最终的消费需求为支撑。投资与消费的比例失当，引起国内有效需求特别是消费需求不足，导致社会总供给与总需求之间循环的脱节，其现实的表现就是产能过剩，这显然不利于国民经济的协调发展。

从社会再生产意义上讲，投资需求是中间需求，消费需求是最终需求。

消费需求对经济增长起着直接和最终的决定作用，没有消费需求支撑的投资将成为无效投资。要真正克服经济发展不稳固、不平衡的问题，一方面要着力提高消费水平特别是居民消费水平，另一方面必须以消费需求引导投资需求，实现由"生产性投资"向"消费性投资"转变。以消费需求为导向，促进投资需求的不断增长，这是实现我国经济社会可持续发展的一个重大战略问题。

三、大力推进产业结构和区域经济结构调整

产业结构和区域经济结构是国民经济中的最主要结构。如果说实现经济发展战略转型是转变经济发展方式的前提的话，那么加快经济结构调整，特别是加快产业结构和区域结构调整则是转变经济发展方式的关键。

（一）优化产业结构，促进三大转型

调整产业结构，就是要促进第一、第二、第三产业健康协调发展，逐步形成以农业为基础、以高新技术产业为先导、以基础产业和制造业为支撑、以服务业全面发展的产业格局来实现可持续发展。

（1）向创新驱动型经济转型。产业结构的调整，要有利于经济发展由政策刺激的外源型向创新驱动的内生型转变。要加快调整要素投入结构，推进劳动密集型产业梯度转移，大力发展高技术，促进劳动密集型产业、资金密集型产业和技术密集型产业共同发展。要坚持改造提升现有产业与发展战略性新兴产业并举。在继续发挥传统产业比较优势基础上，培育以核心技术、知名品牌、新型商业模式等为基础的竞争优势，逐步形成具有高附加值的"高端产业链"。要大力培育战略性新兴产业，准确把握世界科技发展动态，围绕国民经济和社会发展的重大需求，加快发展信息网络、先进装备制造、航空航天、新能源、新材料、生物医药等战略性新兴产业，促进形成新的竞争优势和经济增长点。

（2）向绿色经济转型。资源和环境是经济社会可持续发展的基础。面对日益严峻的资源环境压力，要加快产业结构优化升级，研究制定有利于资源节约、环境友好、绿色增长的产业政策，形成低消耗、可循环、低排放、可持续的产业结构、运行方式和消费模式，促进经济可持续发展。要提高第三产业的比重，促进第二产业"高加工度化"，提高高消耗行业的市场准入门槛，严禁高污染行业的市场准入，大力发展再生资源产业和环保产业。通过建立

严格的计算标准、生态标准等，形成反映资源稀缺程度的价格机制，推动建立节能降耗减排的长效机制。

（3）向内需主导、消费驱动型经济转型。要统筹国际国内两个大局，坚持扩大内需与稳定外需相结合，加快市场需求结构的调整。以国内需求特别是消费需求为最终导向，通过创造新品种、提高质量、创建品牌、改善服务，引领消费、培育市场，增强消费对经济的拉动作用。特别要从加快收入分配制度改革、完善社会保障体系等方面保障和改善民生，促进经济结构优化。需要特别指出的是，调整和优化产业结构必须制定和不断完善产业政策，而这一政策的落实又必须以相应的财政税收政策和货币信贷政策为保障。

（二）调整区域经济结构，实现资源配置的空间优化

当前，我国区域经济已从个体竞争发展到群体竞争，从产业集中到产业转移扩散，从单级驱动到多元化竞争，从而进入一个重要的转折时期。区域经济结构调整已经上升到国家战略的层面。从区域经济政策上看，我国总体上将国土分为四大区域（东部10省、中部6省、西部12省、东北3省），分别实行推进西部大开发、振兴东北老工业基地、促进西部崛起、鼓励东部地区率先发展等政策。"十一五"以来，又实施了主体功能区战略，依据资源环境承受能力、经济开发密度和发展潜力，将国土分为优化开发、重点开发、限制开发和禁止开发四大类型，分别明确了不同的定位和导向。但在区域经济发展上，区域发展不平衡，基本公共服务不均等，高增长与高消耗、高排放、高污染并存，开发不足与开发过度及无序开发并存等问题仍然突出。金融危机加速了传统区域经济发展模式的终结，也促进了中国区域经济发展的转型。

实施区域发展战略转型，一要实施新型工业化战略，促进工业化与信息化融合，走科技含量高、经济效益好、资源消耗低、环境污染少、人力资源优势能充分发挥的新型工业化道路。二要实施新型城镇化战略，坚持城乡统筹的理念，确立以人为本的城市发展观，突出城市特色、注重城市效率和城市空间结构的改善。三要实施新型开发战略，实行空间管治，规范空间开发秩序，实现空间均衡，使人的自身发展与地域的经济繁荣相结合。四要实施新型社会管理战略，注重社区管理、中介组织和民众参与。在增长方式上，由粗放向集约转型；在发展重心上，由注重经济增长到关注品质提升、社会发展和民生改善转型；在产业结构上，由产业链低端向中高端转型；在城乡关系上，由城乡分割向城乡一体化转型；在动力来源上，由投入驱动向创新驱动转型；在空间结构上，从无序开发向有序开发转型。

实施区域发展战略，要处理好区域结构与产业结构的关系。要注重区域

发展的产业结构和产业发展的区域结构，注重发展各地区比较优势，按照布局合理、特色鲜明、用地集约、生态环保的原则，积极引导产业集聚和有序转移，禁止落后生产能力异地转移。要推动以产业链为基础的产业集群建设，发展以城市经济圈为中心、以主要交通干线为纽带、以工业园区为载体、与现代物流相结合的重点产业带，减少资源跨区域大规模调动，构建人口、经济和资源环境相协调的国土开发新格局。

实施区域发展战略，还要推进基本公共服务均等化。这是政府的基本责任，也是公民的基本权利，不仅涉及到改变消费结构、提高消费水平，加快城乡统筹步伐和缩小区域发展差距，更关系到社会公平和可持续发展。推进基本公共服务均等化，关键在完善公共财政体系。要明确政府间基本公共服务供给责任，健全政府间财政转移支付机制，实现地方政府提供基本公共服务的财政能力均等化。而在加速城镇化的进程中，要着力消除城乡体制分割，实现各种体制对接，着重解决迁移人口的就业、住房和社会基本公共服务等问题。

（原载于《中国行政管理》2010年第8期，与黄潇合作）

论经济发展战略转型与经济发展方式转变

经济发展战略转型与经济发展方式转变是两个既有密切联系，又有一定区别的概念。我国"十二五"时期经济社会发展的主线是加快经济发展方式转变，而要加快经济发展方式转变，首先必实现经济发展战略转型。本文试就这一问题谈一些看法。

一、关于实现经济发展战略转型

（一）"三步走"发展战略设计

中共十一届三中全会以后，以邓小平同志为核心的第二代领导集体从我国国情、世情出发，在改革开放的实践摸索中，逐步提出了我国社会主义初级阶段的"三步走"发展战略。

"三步走"战略的基本内容是：第一步，到 2000 年实现国民生产总值比 1980 年翻一番，解决人民的温饱问题。第二步，到 20 世纪末，国民生产总值再增长 1 倍，人民生活达到小康水平。第三步，到 21 世纪中叶，人均国民生产总值达到中等发达国家水平，人民生活比较富裕，基本实现现代化，然后，在这个基础上继续前进。

"三步走"战略的实施，使我国经济持续、稳定、快速发展，取得了辉煌的成就。基于当时我国的经济比较落后，特别是经济总量较小，"三步走"战略主要对总量指标提出了具体的要求。就前两步而言，这方面的目标都提前实现了。特别是经过 30 多年的改革、开放和快速发展，我国社会主义初级阶段的基本经济制度已经初步建立，以公有制为主体、多种所有制经济共同发展的格局基本形成，社会生产力快速发展，综合国力大大提升，人民生活极大改善，国际地位和影响力显著提高。在实现新的目标的进程中，推进经济发展战略转型和经济发展方式转变就是必然的了。

（二）经济发展战略转型的必然性

我国经济总量的快速提升和经济发展中出现的新问题、新矛盾，决定了我国必须进行经济发展方式转变和战略转型。同时，近年来，我国经济发展所面临的国际环境也发生了重大变化。从美国次贷危机引起的华尔街金融风暴，在很短的时间内就演变成全球性的金融危机。金融危机既给我国的经济发展带来了巨大的挑战，也带来新的发展和战略调整的机遇。我们必须适应环境变化，加快实现经济发展战略的转型。

金融危机爆发以来，发达国家经济陷入衰退，新兴市场和发展中国家经济增速放缓，世界经济面临深度调整。其中包括总量与结构的调整、实体经济与虚拟经济关系的调整、世界经济体系与发展格局的调整等。从目前看，全球经济复苏还需要经历一个漫长曲折而艰难复杂的过程。试图在原有经济体系和发展格局的基础上，实现世界经济的全面复苏是不可能的，试图在传统经济发展方式，以及原有经济结构和经济发展战略的基础上实现我国经济的持续高速增长同样也是不可能的。

这场百年不遇的世界金融危机，从本质上看，是世界经济发展出现了严重的失衡。也就是说，全球经济的不平衡是金融危机产生的重要原因。这种不平衡表现在总量与结构、实体经济与虚拟经济、世界经济体系与发展格局等多个方面。其中，美国巨额的经常项目逆差与亚洲各国及石油输出国的经常项目顺差，是造成危机的最重要原因，而国际货币体系存在的固有缺陷又加剧了危机的扩大和蔓延。虽然这种失衡对发达国家过度依赖虚拟经济的发展模式提出了挑战，但同时也必将影响世界各国的经济发展战略选择，从而给我国经济发展模式带来深刻影响。面对金融危机的巨大冲击和深远影响，要保持我国国民经济的平稳较快发展，就必须加快转变经济发展方式，实现经济发展战略转型。

（三）经济发展战略转型的基本内容

这里所说的经济发展战略转型，概括地说，就是要围绕加快经济发展方式转变，以结构调整为重点，把粗放的以投资、出口拉动为主的快速增长模式，转变为集约的以消费为导向、以内需拉动为主，以消费、投资、出口协调拉动的平稳较快增长模式。具体地说，这一战略转型涉及以下三个方面的转变：

（1）经济增长由粗放的快速波动型向集约的平稳较快型转变。现阶段，我国的经济增长速度保持在一个什么水平上比较合理，各方面一直持有不同意见。但增长速度偏快，超过了潜在的经济增长率，就会出现较大的波动，同时加剧经济结构不合理的矛盾，这是一个客观规律，也是被我国经济发展实践多次证明了的。多年来，我们一直认为，根据历史的经验和当前我国的实际情况，现阶段我国经济增长的速度应控制在 8%~10%为宜。与此相适应，居民消费价格增长则应控制在 3%~4%之间。"十一五"规划确定年平均经济增长率为 7.5%，以及前些年的中央经济工作会议都把下一年度的调控目标确定为 8%，这是完全正确的。"十二五"规划又把年平均经济增长率确定为 7.0%，去年的中央经济工作会议则把 2012 年的经济增长目标确定为 7.5%，这也是完全正确的。问题的关键是如何通过宏观调控，使国民经济的实际运行更加接近和符合调控目标，这是加快经济发展方式转变的前提。

（2）拉动经济增长由片面追求出口快速粗放增长向以扩大内需为主转变。在金融危机的冲击和影响下，我国的对外出口出现了严重的下滑。在这种情况下，我们采取的扩内需、保增长的方针，是完全正确的。现在的问题是，金融危机过后怎么办？是还回到追求粗放的出口快速增长的老路上去，还是抓住这次调整的机遇，加快外贸经济增长方式的转变？并确立以内需拉动为主的经济增长模式呢？这是一个大的战略问题。对此，《中共中央关于制定"十二五"规划的建议》已经做出了明确的决定。我们必须把科学发展观真正贯彻落实到对外贸易工作中去，真正统筹好国内发展和对外开放。主要依靠扩大内需，确保我国国民经济的平稳较快发展，这不仅是必要的，而且完全是可能的。同时，我们要在金融危机形成的外部压力的作用下，形成倒逼机制，加快我国外贸增长方式的转变。其当务之急，就是要抓住机遇，加快实现对外出口的"两化"，即出口产品结构的优化和出口国别的多元化。外贸增长方式的转变，既是转变经济增长方式的重要方面，同时，又能通过进出口产品结构的调整和升级，促进整个经济发展方式的转变。

（3）扩大内需由以扩大投资需求为主向以扩大消费需求为主，并以扩大消费需求为导向，促进投资需求增长转变。不断扩大消费需求，是贯彻落实科学发展观的客观要求，也是转变经济发展方式，促进我国国民经济平稳较快发展的客观要求。党的"十七大"提出，要坚持扩大国内需求特别是消费需求的方针，促进经济增长由主要依靠投资、出口拉动向依靠消费、投资、出口协调拉动转变，由主要依靠第二产业带动向依靠第一、第二、第三产业协同带动转变，由主要依靠增加物质资源消耗向主要依靠科技进步、劳动者素质提高、管理创新转变。这是一项非常正确的重大战略决策。上述几个转变进行得如何，不仅直接决定着经济发展方式的转变，而且在很大程度上决定着我国全面建设小康社会宏伟目标的实现和现代化建设的进程。

进入 21 世纪以来，我国的经济增长总体上保持了平稳较快增长的势头，但投资、消费、出口之间的关系还不尽协调，主要是投资率偏高，净出口增长也较快（2008 年下半年以来除外），但消费较弱。最近几年，消费虽有所增强，但仍然不足。"十二五"期间，应把不断提高消费对经济增长的贡献率，作为贯彻落实科学发展观的一项基本要求，以促进我国经济发展战略的转型。同时，在投资需求方面，应重点保证那些对消费和就业有较大促进作用的基础设施项目和民生项目，以消费需求为导向促进投资需求的增长和投资结构的改善，并防止投资率的进一步提高。

（四）经济发展战略转型中要处理好几个关系

（1）总量与结构的关系。实现经济发展战略转型，必须处理好经济发展中总量和结构的关系问题。当总量与结构发生矛盾时，必须将二者很好地统一起来，而不能片面强调以保总量为主，而忽视结构的调整和优化。

（2）速度与通胀的关系。处理好经济发展速度和通货膨胀的关系，不仅是加强和改善宏观经济调控的关键，也是实现经济发展战略转型和转变经济发展方式的重要前提。经济发展速度太快，往往会造成通货膨胀压力。只有既保持国民经济的平稳较快增长，又能把通货膨胀控制在一定的范围内，才能实现经济发展战略的成功转型和经济发展方式转变。

（3）内需与外需的关系。处理好内需和外需的关系，是经济发展战略转型的重要方面，必须将传统的过度依赖外需的经济增长转变到以内需为主上来，这样才能使我国的经济发展在国际环境发生重大变化时也能从容应对。以内需为主，并不意味着放弃外需，而要把重点放在加速外贸经济发展方式转变上，以便进一步用好"两个市场"和"两种资源"。

（4）投资与消费的关系。在扩大内需中，要将传统的以投资需求为主的经济增长方式转变到以消费需求为主上来，要逐步降低经济发展中的投资率，提高消费率。同时，还要注意以消费需求为导向，促进投资需求增长。

（5）质量、效益与经济运行成本的关系。要不断提升经济运行的质量、效益，降低经济运行的成本。不仅要从企业的角度看待经济发展的质量、效益和成本，还要注重宏观经济运行的质量、效益和成本，特别是资源和环境成本。

二、加快经济发展方式转变

（一）经济增长方式与经济发展方式

我国在制订"九五"规划时就已经提出转变经济增长方式问题，中共十七大又提出转变经济发展方式问题。转变经济发展方式比转变经济增长方式的内涵更加丰富，要求也更高。经济发展包括经济增长、结构优化和质量、效益提高。虽然转变经济增长（发展）方式的提出已有近 20 年的时间，但经济发展方式转变滞后仍然是当前我国经济发展中的主要矛盾。特别是应对国际金融危机保证经济发展总量的同时，又加剧了经济结构不合理的矛盾。这就使得我国转变经济发展方式的问题更加凸显出来，转变经济发展方式已刻不容缓。如果不从思想上和实践上真正解决总量和结构的关系问题，或者说，在总量与结构发生矛盾的时候，总是把总量增长放在优先重要的地位，那么经济发展方式的转变就是一句空话。关于这一点，是被我国经济发展的实践充分证明了的。因此，转变经济发展方式已经到了刻不容缓的地步。

（二）转变经济发展方式的重要性和长期性

转变经济发展方式关系到经济社会的可持续发展问题，具有极端的重要性。实现经济社会的可持续发展，是人类面临的共同课题。不管世界各国在经济发展和各项事务中存在着怎样的矛盾，但在实现经济社会可持续发展这个关系到人类自身生存和发展的根本问题上，利益却是完全一致的。我国非常重视可持续发展问题，提出并致力于转变经济发展方式，向世界做出节能减排承诺，并采取一系列坚决的节能减排措施。实现经济社会的可持续发展，必须处理好经济发展与资源、环境和人口的关系。其中，处理好经济发展与资源、环境的关系，关键就是建立资源节约、环境友好型社会，加快经济发展方式的转变。只有经济发展方式转变了，单位 GDP 的能源、原材料消耗下降了，各种排放和污染减少了，经济发展与资源、环境之间的矛盾缓解或者解决了，经济发展的质量和效益提高了，经济社会的可持续发展才有可能实现。

转变经济发展方式虽然具有十分的紧迫性，但又具有长期性。由于转变经济发展方式涉及经济发展的各个方面，特别是涉及经济发展中的一些深层次矛盾，如经济发展战略的转型和结构调整，体制机制的保证和技术支撑等，而这些问题又不是一朝一夕能够解决的，同时经济发展中的矛盾，如总量与结构的矛盾、速度与效益的矛盾、成本与质量的矛盾等，又总是长期存在的，原有的矛盾解决了，新的矛盾又会产生，因此，转变经济发展方式又是一项长期的任务，它将存在于我国经济发展的全过程，只是现阶段的矛盾更加突出。

（三）转变经济发展方式的主要内容

《中共中央关于制定国民经济和社会发展第十二个五年规划的建议》指出，必须坚持把经济结构战略性调整作为加快转变经济发展方式的主攻方向；坚持把科技进步和创新作为加快转变经济发展方式的重要支撑；坚持把保障和改善民生作为加快转变经济发展方式的根本出发点和落脚点；坚持把建设资源节约型、环境友好型社会作为加快转变经济发展方式的重要着力点；坚持把改革开放作为加快转变经济发展方式的强大动力。

转变经济发展方式涉及经济发展的各个方面，但其主攻方向是经济结构的战略性调整。要从调整需求结构入手，进而推动供给结构、要素投入结构的调整，并实现三者的互动，从而使拉动经济增长的动力由过度依靠外需向主要依靠内需转变、由主要依赖投资向主要依赖消费需求转变，确保国民经济平稳较快发展。

经济结构不合理既是转变经济发展方式的重大障碍，也是经济发展方式落后的重要表现。转变经济发展方式必须加快经济结构调整。经济结构包括产业结构、区域结构、消费结构、供给结构、所有制结构和企业规模结构等。这些结构是否合理，都会影响到经济发展方式的转变。其中，对转变经济发展方式起决定作用的是产业结构、区域结构和所有制结构。"十二五"期间，必须围绕着转变经济发展方式转变，加快产业结构、区域结构和所有制结构调整。

调整产业结构，必须大力发展第三产业（包括生产性服务业和生活性服务业）和低碳产业，以降低单位 GDP 的能源消耗和污染物排放。同时，要认真落实重点产业调整振兴规划，搞好各产业内部的结构调整；实施技术创新战略，大力发展战略性新兴产业；推进技术改造，加快传统产业优化升级等。在这一方面，国有经济和国有企业的作用是不可替代的。调整区域结构，首先要实施区域发展总体战略，继续深入推进西部大开发，全面振兴东北地区等老工业基地，大力促进中部地区崛起，积极支持东部地区率先发展；其次要加强国土规划，按照优化开发区、重点开发区、限制开发区和禁止开发区四大功能主体区的划分，完善区域政策，调整经济布局。同时，要遵循市场经济规律，突破行政区划界限，形成若干带动力强、联系紧密的经济圈和经济带。要建立促进城乡经济社会发展一体化的制度，加快城乡一体化发展。调整所有制结构，关键是要继续坚持和深化市场取向改革，继续坚持和完善以公有制为主体、多种所有制经济共同发展的基本经济制度，坚持国有经济有进有退、有所为有所不为的方针。要排除各种干扰，毫不动摇地巩固和发展公有制经济，毫不动摇地鼓励、支持、引导非公有制经济发展，以形成各种所有制经济平等竞争、相互促进的新格局。要以现代产权制度为基础，大力发展混合所有制经济，实现公有制经济和非公有制经济，以及军事工业和民用工业的融合发展。

三、推进技术创新与深化改革

实现经济发展战略转型和经济发展方式转变，必须以推进技术进步和技术创新为支撑，以深化改革和扩大开放为动力。

（一）加快技术进步和技术创新

1. 技术进步和技术创新与转变经济发展方式

转变经济发展方式，除了需要有强有力的体制、机制保证外，还必须有强有力的技术支撑。如果说体制、机制是解决"我要转"的问题的话，技术支持则是解决"有能力转"的问题。因此，增强自主创新能力，加快科学技术进步，对转变经济发展方式意义重大。近年来，我国实现了跨越式发展的几大行业，如航天航空、轨道交通等，都是由于加快了技术创新。而增强自主创新能力，加快科学技术进步，除了要加大科技方面的投入外，也需要有体制和机制的保证。正如温家宝在《关于制定国民经济和社会发展第十一个五年规划建议的说明》中指出的："提高自主创新能力，必须着力抓好以下几点：一要加快建立以企业为主体、市场为导向、产学研相结合的创新体系；二要改善技术创新的市场环境，加快发展创业风险投资，加强技术咨询、技术转让等中介服务；三要实行支持自主创新的财税、金融和政府采购等政策，完善自主创新的激励机制；四要利用好全球科技资源，继续引进国外先进技术，积极参与国际科技交流与合作；五要加强知识产权保护，这是需要特别强调的问题。"

技术创新是转变经济发展方式、实现我国经济转型升级的重要支撑。控制总量、兼并重组、淘汰落后、节能减排、两化融合是产业结构调整的重要举措。资源环境约束、气候变化问题的日益严峻，要求我国工业必须转变长期依靠大量消耗资源、能源的粗放发展方式，走资源节约、环境友好、绿色增长的新路子。企业技术改造、产业技术升级换代、生产过程节能减排等工作都离不开技术进步、技术创新支撑和共性技术的保障。

2. 技术创新体系与形式

技术创新体系是指推动新技术和新知识产生、流动、更新、转化的组织网络和制度框架。现阶段，我国经济的快速增长对技术创新的需求更加迫切。由于技术引进涉及国家安全、高额成本等问题，无法形成竞争优势，因此，构建适合我国经济发展的技术创新体系，实现以企业为主体、市场为导向、产学研相结合，具有重大战略意义。自主创新，包括国家层面的自主创新和企业层面的自主创新，但企业是自主创新的主体。一些重大的原始创新，应由国家集中必要的人力、物力和财力，统一组织实施。当然，也可以由那些经济技术实力比较雄厚的企业组织实施，国家给予必要的人力、财力和技术支持，其创新成果作为企业的知识产权，以体现国家对自主创新的鼓励。同时，有条件的企业，也可以独立地进行某些自主创新。对于集成创新和引进消化吸收再创新，则主要由企业通过产学研相结合的形式组织实施，以充分发挥企业作为自主创新主体的作用，不断增强企业的技术创新能力。在实现自主创新方面，国有企业和国有控股企业发挥着导向和排头兵作用。

3. 增强企业技术创新能力，企业是技术创新和技术进步的主体，也是转变经济发展方式的主体

增强企业技术创新能力对转变经济发展方式意义重大。企业要不断增强技术创新能力，就必须按照社会技术进步和发展的方向，大力进行科学研究和新产品、新技术开发，并注意处理好科学研究和新产品、新技术开发的关系。由于企业不同于一般的科研单位，企业进行科学研究的目的，是为了开发新产品、新技术，因此，企业进行科学研究，不仅需要很好地把握科学技术发展的方向，而且还应该把重点放在应用技术的研究上，并把它与企业的新产品、新技术开发紧密结合起来。同时，新产品、新技术的开发又必须以市场为导向，要尊重市场的选择。只有这样，才能把企业的技术创新与市场化运作很好地结合起来，从而不断提高技术创新的经济技术效果。最近几年，我国的不少企业，特别是国有大型骨干企业在技术创新方面都取得了重大进展和显著成就，为转变我国经济发展方式做出了自己的贡献。如大唐电信集团提出并实施的"科技成果专利化、专利标准化、标准产业化、产业市场化"和西北有色金属研究院实施的以中试为主要环节的科技成果产业化的自主创新道路，它们都取得了巨大的成功。

企业增强技术创新能力，必须不断加大对技术创新的资金投入。经验表明，凡是技术水平在本行业处于先地位的企业，都非常重视技术创新，对技

术创新的资金投入力度较大。对于经济实力不是特别雄厚的企业，在开始阶段，加大技术创新的资金投入往往会影响企业的现金流量。因此，企业在增加对技术创新的资金投入时，一方面要充分考虑企业的资金承受能力，采取不断递增的办法；另一方面，还要能够使技术创新的成果，尽快转化为市场上需求的产品，从而尽快取得较好的经济效益，也就是要坚持市场导向。只有这样，才能使企业的技术创新进入一个"投入—技术效果—经济效益—再投入"的良性循环过程，从而也才能使企业走上集约发展的道路。也只有企业这个转变经济发展方式的主体真正走上了集约发展的道路，整个经济发展的方式才有可能得到根本转变。

（二）关于深化改革

1. 深化国有企业改革

围绕转变经济发展方式，"十二五"时期和今后 10 年国有企业改革的重点是深化国有大型骨干企业改革。现阶段国有大型骨干企业存在的主要问题仍然是体制不顺，资本运营效率不高。一些深层次的问题，如国有资产出资机构的定位问题，管人、管事、管资产相结合问题，投资主体多元化与国有独资公司的治理问题，整体上市与建立国有资产经营公司问题，高管人员的薪酬问题等还有待进一步解决。只有这些问题解决了，才能为转变经济管理研究发展方式提供根本动力。

2. 深化垄断行业改革

深化垄断行业改革，是完善社会主义市场经济体制的重要环节。中共十七大政治报告中提出了"深化垄断行业改革，引入竞争机制，加强政府监督和社会监督"的任务。

按照产生的原因，垄断可分为经济垄断、行政垄断和自然垄断。由竞争形成的垄断为经济垄断；政府运用行政力量（包括行政法规与政策）造成的垄断是行政垄断；由行业和企业的生产技术特点决定的垄断称为自然垄断。不同性质的垄断，打破垄断的方式、方法也应有所不同。对垄断行业必须分类进行改革。非公有资本，特别是民间资本进入垄断行业，是深化垄断行业改革的根本途径。

现阶段，我国由竞争形成的经济垄断很少。因此，垄断行业改革的重点是行政垄断和自然垄断的改革，改革的主要途径是实现非公有资本的进入。非公有资本能否进入某些竞争领域，主要取决于这种领域进入门槛（主要是技术、资金等门槛）的高低和企业实力的大小。非公有资本能否进入垄断行业，还必须有体制和机制保证。"十二五"时期和今后 10 年，深化垄断行业改革的重点是，推进行政垄断改革和自然垄断行业中非自然垄断环节的改革。

这方面的改革对加快经济发展方式转变意义重大。

3. 深化投资体制改革

改革开放三十多年来，我国政府对投资体制的改革一直没有停止过。但投资体制中至今还存在着企业投资决策权没有完全落实、政府投资管理和投资决策不够规范、企业和银行投资机制不够完善、投资宏观调控能力有待加强等问题。《国务院关于投资体制改革的决定》明确规定，要转变政府管理职能，确立企业的投资主体地位；完善政府投资体制，规范政府投资行为；加强和改善投资的宏观调控；加强和改进投资的监督管理，最终建立起市场引导投资、企业自主决策、银行独立审贷、融资方式多样、中介服务规范、宏观调控有效的新型投资体制。

在深化投资体制改革中，首先要保持固定资产投资适度增长，这是完善市场经济体制的客观要求，也是实现国民经济平稳较快发展的客观要求。固定投资增长过快、规模过大，新上项目过多，大量消耗能源资源、污染环境就会影响可持续发展。其次要优化投资结构。企业应当自觉接受市场约束，不搞低水平的产能建设，要遵从国家的产业政策，努力发展市场空缺的产品，努力提高投资效益。宏观层面上，国家政策要积极引导社会资金更多地投向农业农村、社会事业、自主创新、资源节约、环境保护和中西部地区。最后，要完善投资决策制度和责任追究制度。投资的成败、投资项目的好坏都要经过科学地决策，对于投资失误的行为要予以追究。只有这样，才能避免重大经济损失，以确保国民经济健康发展。

4. 深化财政体制改革

财税体制改革必须要有利于转变经济发展方式。通过深化增值税转型、个人所得税等改革，改变间接税和直接税比例不协调局面，增加直接税在税收中的比重，可以减少交易的中间环节。继续推进营业税改征增值税试点，进一步健全消费税制度，扩大资源税从价计征范围，稳步推进房产税改革试点，并进一步研究制定房产保有、交易环节的税收改革方案。此外，继续深化环境保护税费改革，按照"正税清费"的原则，继续清理整合一些行政事业性收费。

在合理界定事权的基础上，按照财力与事权相匹配的要求，进一步理顺各级政府间财政分配关系。增加一般性转移支付规模和比例，加强县级政府提供基本公共服务的财力保障。完善预算编制和执行管理制度，提高预算完整性和透明度。改革和完善税收制度。扩大增值税征收范围，相应调减营业税等税收，合理调整消费税范围和税率结构，完善有利于产业结构升级和服务业发展的税收政策。逐步建立健全综合和分类相结合的个人所得税制度。继续推进费改税，全面改革资源税，开征环境保护税，研究推进房地产税改革。逐步健全地方税体系，赋予省级政府适当税政管理权限。

5. 深化金融体制改革

转变经济发展方式有赖于生产要素市场的培育和成熟。资金市场和资本市场是整个市场体系的核心，应充分发挥其作用。目前，我国的金融市场发展滞后和市场发育不成熟，企业融资渠道狭窄，无法通过证券市场直接融资，只能过分依赖银行信贷间接融资，从而减弱企业集约化经营所必需的自身积累的能力。因此，无论是从金融改革要求，还是从转变经济发展方式的需要而言，都必须通过发展证券市场，特别是资本市场，拓宽股票和企业债券的直接融资数量，有效引导居民金融资本投资于效益好、资信度高的企业和项目中去，以提高企业集约化经营的积累能力。此外，要加快促进金融市场的成熟，把企业推向金融市场进行融资，而这又有赖于深化金融机构的改革。

6. 深化价格体系改革

要发挥市场机制配置资源的积极有效作用，关键是发挥价格机制的积极有效作用。这就涉及价格体系的改革和完善问题。就目前而言，我国绝大多数商品和劳务的价格已经完全由市场决定，但由市场决定的价格并不一定都是合理的。可以说，目前我国的价格体系还存在着严重的扭曲现象，各种商品的比价还很不合理，特别是农产品价格和资源性产品价格总体上还偏低，这是长期实行计划经济，人们对各种商品比价的认同受到强大的习惯势力影响的结果。因此，价格体系的完善和各种商品价格的合理化，并不是简单地放开价格就能够做到的。当前，在价格问题上，可以说我们遇到一个两难的选择，即：完全由市场定价，价格并不能完全合理；而要加大政府对价格的管制力度，不仅与市场趋向的改革相背离，而且如果弄得不好，还有可能造成新的价格扭曲。这是一个值得认真研究的问题。

（原载于《北京经济管理干部学报》2012 年第 2 期）

作者像

周绍朋经济文选

（下 册）

周绍朋 著

经济管理出版社
ECONOMY & MANAGEMENT PUBLISHING HOUSE

图书在版编目（CIP）数据

周绍朋经济文选/周绍朋著. —北京：经济管理出版社，2015.4
ISBN 978-7-5096-3636-7

Ⅰ.①周… Ⅱ.①周… Ⅲ.①中国经济—文集 Ⅳ.①F12-53

中国版本图书馆 CIP 数据核字（2015）第 039493 号

组稿编辑：杨国强
责任编辑：杨国强　张瑞军
责任印制：黄章平
责任校对：超　凡　雨　千

出版发行：经济管理出版社
　　　　　（北京市海淀区北蜂窝 8 号中雅大厦 A 座 11 层　100038）
网　　址：www. E-mp. com. cn
电　　话：(010) 51915602
印　　刷：三河市延风印装厂
经　　销：新华书店
开　　本：720mm × 1000mm/16
印　　张：52.5
字　　数：961
版　　次：2015 年 5 月第 1 版　　2015 年 5 月第 1 次印刷
书　　号：ISBN 978-7-5096-3636-7
定　　价：198.00 元（上、下册）

目 录

上 册

下 册

第五部分　企业经营管理

|第四部分|

企业改革与发展

论全民所有制企业厂长的身份及其实现

一、厂长身份问题的提出和几种不同观点

当前，我国的经济体制改革正在深入发展，这一改革的中心环节是搞活企业，为此改革必须紧紧围绕着正确处理企业同各方面的经济关系这一问题展开。全民所有制企业（以下简称企业）厂长的身份问题正是在这种形势下被提出来的。

前一个时期，某些企业没能摆正国家、企业和职工三者的经济关系，在分配上出现了一些滥发奖金及其他侵犯国家利益的现象。这样，厂长作为企业的总负责人，其身份问题就引起了人们的普遍关注，这就是厂长究竟代表谁的利益。

在社会主义条件下，厂长身份是由经济体制决定的，而经济体制又必须符合企业生产力发展的客观要求。因此，厂长身份问题的实质，仍然是一个如何对待企业这个相对独立的商品生产者和经营者，从而建立一个什么样的经济体制的问题。

过去，我们不承认企业是相对独立的商品生产者和经营者，因而也就建立了一种高度集中的经济管理体制。这种经济管理体制的主要特征就是由国家直接经营企业，国家派出的代表就是厂长。现在，我们已经充分认识到，企业必须成为自主经营、自负盈亏的社会主义商品生产者，必须建立起一个能够适合企业生产力发展的新的经济体制。但是，新的经济体制如何建立，它的基本模式是什么，在这个问题上，我们不仅还缺乏一定的经验，而且认识也不完全统一。由于这种情况，存在着对厂长身份的不同意见也就是必然的了。

关于厂长的身份，目前社会上大致有四种意见：

（1）厂长首先是国家利益的代表。持有这种观点的同志认为，在企业只有厂长有资格担当国家利益代表的角色，其理由是：随着所有权与经营权的适当分离，企业不再是国家行政机构的附属物，而是相对独立的商品生产者，是具有一定权利和义务的法人，厂长是法人的代表。这就决定了厂长首先代表国家的利益，又必须代表企业职工的利益，集二者于一身。同时，由于厂长有了对企业的决策权和指挥权，他可以放开手脚施展自己的经营管理才能，争取获得最大的经济利益，从而最能体现国家的利益。厂长的这一地位和作用，其他人或单位是无法代替的。① 很显然，上述理由是不充分的。首先，它把经济体制发生的变化当作厂长身份不变的依据（在原有的经济体制下，厂长是国家利益的代表）；其次，它把实行厂长负责制带来的企业经营管理的改善和经济效益的提高，从而对国家有利的状况都作为厂长是国家利益的代表的理由，这也是不成立的。我们认为，如果厂长只是国家利益的代表，不仅与企业的法人地位和厂长的职责相矛盾，也容易产生厂长与职工的对立情绪，这样不利于厂长的行政指挥和调动职工的积极性。这与国家经济体制改革的方向是背道而驰的。

（2）厂长既代表国家，又代表企业。持这种观点的同志认为，对厂长身份的看法可以有不同的角度。从厂长的法律地位看，他的确只能是企业法人的代表，全权代表企业与其他企业或单位进行经济往来。但从经济关系分析，厂长却具有双重身份，即既代表国家，又代表企业。其理由是：实现厂长负责制后，厂长是国家与企业、企业与职工两个关系的联结点。尽管国家可将企业经营管理权适当下放给企业，但在利益分配上，还必须把国家利益与企业利益统一起来。这就决定了厂长在领导企业进行生产经营活动时，必须同时考虑宏观经济与微观经济发展的要求，兼顾国家利益和企业利益。② 我们认为，这种观点从大的原则上讲是对的，因为在社会主义条件下，国家、企业和职工的利益在根本上是一致的，厂长在考虑企业和职工利益的同时，还必须考虑国家的利益。但仔细分析起来，其中也有一些问题值得商榷。厂长代表谁，这是在国家、企业和职工三者根本利益一致的前提下，从它们之间可能产生的相互矛盾的角度来看问题的，在这种情况下，厂长就不能既代表这一方，又代表另一方。否则，代表谁的问题也就不存在了。把国家利益的代表和企业利益的代表都集中于厂长身上，就等于把两个彼此有矛盾的东西强行统一在一起。

（3）厂长代表企业，但不只是代表企业的利益，还代表企业应尽的义务。

---

① 也谈厂长是国家利益的代表 [J]. 新论，1985（1）.
② 王征. 大、中型企业厂长应具有双重身份 [J]. 经济管理，1985（7）.

持此观点的同志认为，厂长负责制应理解为厂长代表全体职工向国家负责，因而厂长代表企业，就不仅是代表企业的利益，还代表企业应尽的义务。其理由是：在确定生产资料的所有者是国家、经营者和企业，并确定它们各自的职责之后，厂长只能是企业全体职工的代表，全权负责企业的生产经营活动，同时代表全体职工向国家负责；权利和义务是辩证的统一，厂长代表企业向国家负责，完成国家交给的任务，向国家缴纳税金，这些是企业的义务，也是国家的利益；既然国家与企业的正确关系体现为企业义务与权利的统一，厂长代表企业就是代表职工享受国家赋予企业的权利，同时承担企业对国家的义务。我们认为，这是用辩证方法来看待国家和企业之间的权责关系的，它有助于我们加深对问题的理解。但是从权利和义务上论证，似乎仍然是代表国家与企业双方，这也有问题。

（4）厂长是企业利益的代表。持这种观点的同志认为，厂长代表企业，只能是代表企业的利益。既然实现企业自主经营、自负盈亏，企业除了上缴国家税金外，就是多盈多得，少盈少得。如果亏损，就要用职工的资金和工资弥补，不能使国家财产受到损失。这样，全体职工和国家就是甲乙双方的契约关系，而厂长就是企业利益的代表。我们认为，按照新的经济体制的要求，这种观点是比较切合实际的。但是，它还没有完全解决如何保证国家的利益问题，而这一点正是提出厂长身份问题的直接原因。这个问题，将是我们下面所要讨论的主要内容。

二、厂长是企业长远利益的代表

从上面的分析中，就可以看出我们是赞成厂长是企业利益的代表这一观点的，但还必须进一步强调，厂长是企业长远利益的代表。为了说明这一问题，我们首先对为什么厂长是企业的代表的问题作进一步回答。除了上述相同观点所陈述的理由外，还因为：

（1）既然我们承认企业是一个独立的法人，厂长又是法人的代表，那么，厂长就必须而且只能够代表法人。所谓法人，指的是享有一定权利，并承担一定义务，拥有符合法定要求的民事权利的主体。从经济利益的角度看，法人代表所代表的只能是法人的利益。

（2）厂长是企业利益的代表，与国家和整个社会的利益并不矛盾。因为企业的利益，并不完全等于职工的利益，它还包含有国家的利益。在国家、企业和职工三者利益中，企业利益处于中间环节，是国家利益和职工利益的联结点。现在的问题在于，人们对企业的利益存在着片面的理解，往往认为企业的利益就是企业的留利，甚至把企业的利益同职工的利益混为一谈。这不仅同企业的性质相违背，也不符合扩大企业自主权以来经济生活的实际。在企业整个生产经营活动中，只要符合国家法律和政策规定的要求，一切有利于企业生产发展和经济效益提高的行为或活动，都是符合企业利益的。否则，就是违背了企业利益。如果企业的利益受到其他方面的侵犯，企业就有权向法院提出控告。退一步讲，即使只把企业纯收入留在企业的部分看作企业的利益，它也不完全是职工个人的眼前利益。因为这些资金除少部分要根据按劳分配的原则分配给职工个人外，绝大部分要用于企业的生产发展，不仅由其形成的固定资产或流动资金仍然归国家所有，它所带来的经济收益也要在国家和企业之间进行分配。很显然，国家的利益是从企业的利益中获得的，并且随着企业利益的消长而消长。

（3）企业的利益，不仅包括眼前利益，也包括长远利益。企业的眼前利益，就是要在近期内，使企业的经济效益有所提高，并在完成国家税收任务的前提下，使职工收入有所增长，生活有一定改善；企业的长远利益，则是要使企业在长期内不断发展壮大，素质和经济效益不断提高，不仅为社会提供更多物美价廉的产品，也为国家和职工创造更多的经济收益。企业的这些利益，特别是企业的长远利益，都是同国家开办企业的目的完全相一致的，是符合国家根本利益的。

在弄清了什么是企业的利益之后，厂长是企业利益的代表的问题也就不难理解了。但为什么还要强调厂长是企业长远利益的代表呢？其理由是：

（1）企业的长远利益和眼前利益既是统一的，又是矛盾的。企业的职工，一般来说，总希望把眼前的收入提高一些，生活福利搞得好一些，这往往就会同企业的长远利益发生矛盾。在这种情况下，厂长作为企业生产经营活动的总负责人，就应该站得高一些，看得远一些，多从企业的长远利益着想。否则，企业就不能很好发展，经济效益就不能不断提高。这不仅会影响企业的长远利益，最终还会损害企业的眼前利益。这样，厂长就是没有尽到自己应尽的职责。

（2）在企业的眼前利益和长远利益中，企业的长远利益更符合于国家的整体利益。如果企业只考虑眼前利益，而不顾长远利益，在事实上就会损害企业的眼前利益，这不符合社会主义经济的客观要求。

（3）在现实经济生活中，确实存在着一些企业，不能正确处理眼前利益和长远利益的关系，甚至把企业的利益完全等同于职工的眼前利益，在对待职工利益上，缺乏长远的打算。其突出表现是，不把企业的留利资金用于企业的生产发展，而是滥发工资、奖金，甚至违反财经纪律，偷税漏税。这种做法，不仅损害了国家利益，同时也违背了企业和职工的根本利益。针对这种倾向，就更应该强调厂长必须是企业长远利益的代表。

三、要找到或建立一种使厂长真正能代表企业长远利益的经济机制

要使厂长能够代表企业的长远利益，仅仅依靠宣传教育和厂长的政策水平是不行的，必须找到或建立一种经济机制，使厂长能够自觉地维护企业的长远利益。我们认为，建立这种机制，关键是要解决下述问题。

（一）要明确企业有长远利益

按说，企业本来是应该有自己的长远利益的。但是，目前企业的长远利益，特别是与职工切身利益有关的长远利益并不十分明确。具体表现是，企业的盈亏和发展到底由谁负责？其盈亏和发展状况对职工的利益将产生什么样的影响？目前这些关系还很不清楚。明确这种关系的最好办法就是对企业实现自主经营、自负盈亏。

对企业实现自主经营、自负盈亏，实质上就是使企业对自己的生产经营活动（包括近期的和远期的）拥有充分的经济权利，并负有全面的经济责任。它是社会主义有计划的商品经济和企业商品生产者地位的客观要求。具体说来，对企业实行自主经营、自负盈亏，就是要使企业实行完全的独立核算，在处理同各方面的经济联系时严格按照价值规律的要求，实行等价交换，以收抵支，特别是要使企业的盈亏状况直接决定本身的兴衰存亡。列宁曾指出："我想，各个托拉斯和企业建立在经济核算制基础上，正是为了要他们自己负责，而且是完全负责，使自己的企业不亏本。如果他们做不到这一点，我认为他们就应当受到审判，全体理事都应当受到长期剥夺自由（也许在相当时期后实行假释）和没收全部财产等等惩罚。"①列宁在这里所讲的"完全负责"，事实上就是自负盈亏。但列宁只讲到，当企业亏本时，要惩罚全体理事。我们认为，在实行厂长负责制、由厂长代表全体职工向国家负责的情况下，全体职工都应受到一定的惩罚。

关于对企业实现自主经营、自负盈亏的必要性、可能性和优越性，前几年已经有不少著作和文章论及，这里我们仅从明确企业的长远利益方面简要

---

① 列宁. 列宁全集 [M]. 北京：人民出版社，1965.

地谈几点看法。

第一，对企业实现自主经营、自负盈亏，就意味着企业职工的利益完全取决于自身的发展和努力。目前存在的那种"有钱就发，没钱靠国家"的做法再也行不通了。这就可以使广大职工清楚地认识到，自己的眼前利益和长远利益都要靠企业的生产发展和经济效益的提高，他们的命运和企业的命运完全连在一起。

第二，对企业实行自主经营、自负盈亏，这样可以使企业同国家各方面的关系相对稳定下来，企业所取得的经济效益，除依法完成向国家的各项上缴任务外，其余全部归企业。企业对自己的资金有支配权，可以按规定用于企业的生产发展和职工的生活福利。可以在近期内使用，也可以留作后备，任何单位和任何个人都无权侵犯，但后果则要企业自负。

第三，对企业实行自主经营、自负盈亏后，在一般情况下，企业发展和技术改造所需要的资金，除向国家贷款外，完全要靠企业内部的积累，国家不再无偿拨给。这就进一步明确了企业的发展和技术改造完全是企业自己的事情，而这方面工作的好坏又直接决定着职工的长远利益。在这种情况下，有远见的企业领导者，必然会将绝大部分的留利资金用于企业的生产发展，而不是把它分光吃光。否则，广大职工也不答应。

（二）要使企业能够获得长远利益

明确了企业有长远利益以后，还必须采取切实措施，保证企业能够获得长远利益。当前，许多企业缺乏长远打算原因有二：一是企业对自己的经营成果只负盈不负亏。企业盈利了，可以按规定取得留利，职工也可以从中得到相应的收入。但企业亏损了，却无人承担经济责任，还得由国家财政予以弥补，不仅职工的工资不能减少，而且奖金也不少发（有些亏损企业甚至通过银行贷款发放奖金）。二是企业对自己的留利资金还没有真正的支配权。企业要使用这部分资金，还要受到种种限制。这就给企业和职工一种印象：企业的留利资金，并不属于企业，只有发到手里的才是自己的。至于用于生产发展的，或留作后备的，那仍然完全是国家的，与自己的利益完全没有关系。企业感到这些资金在事实上还不是自己的，往往没法发给职工个人。特别是实行厂长任期制之后，一些厂长认为，自己的责任，就是在自己的任期内，把企业的生产搞上去，使职工的收入增加一些，生活福利搞得好一些。如果企业能够获得长远利益，不仅厂长不会这样做，即使他要这样做，也很难行得通。以上正是出现种种问题的症结所在。

可见，要使企业获得长远利益，就必须要使企业自主经营、自负盈亏得到真正的落实。要做到这一点，除了要建立合理的计划、价格、财政、金融、税收、工资等体制，切实保证企业的经营自主权外，还要在理论上和实践上进一步研究、解决企业生产资料的所有权问题。

当前，企业所以只能负其盈而不能负其亏，与企业对生产资料没有一定程度的所有权有关。如果发生亏损，除由国家财政弥补外，别无他途。按照已有的认识，企业生产资料的所有权是属于国家的，企业只有经营权和使用权，即所谓"两权分离"。我们认为，对这种看法，还需进一步研究和探讨。从理论上讲，如果企业对生产资料没有一定的所有权，则很多问题都说不清。首先，既然我们承认企业是法人，他就应该有自己的财产，在与各方面发生经济关系时，就要以"所有者"的身份出现。如果他对财产的所有权一点也没有，那么他就不能成为权利和义务的主体，从而也就不能成为法人。其次，既然我们承认职工是企业的主人，同时也是国家的主人，那么他们对生产资料就应该拥有一定程度的所有权。如果一点所有权也没有，职工的主人翁地位就得不到真正的体现。当然，国家所有也是代表全体人民，人民也是企业的主人，但相对来说，在由企业的经营成果决定企业和职工利益的情况下，他们与自己所占有的生产资料利害关系最大。从实践上看，企业对它的生产资料，在事实上也拥有一定的所有权。首先，企业所生产的产品，无论是消费资料还是生产资料，它们都是商品。在对它们进行销售时，都要遵循等价交换的原则，并发生所有权的转移。如果企业对它的财产（产品属于流动资产）一点所有权也没有，它怎么能够出卖自己的产品呢？其次，按照现行政策规定，企业可以对外出租和有价调拨（实际上是出卖）自己未使用和不需用的固定资产，这说明企业不仅对自己的流动资产拥有一定程度的所有权，而且对自己的固定资产也拥有一定程度的所有权。过去，我们不承认生产资料是商品，企业固定资产在企业之间的转移只能实行无偿调拨，其产品尽管可以交换，但也只是一种形式。在这种情况下，不承认企业对生产资料拥有一定程度的所有权，在理论上还可以自圆其说，但现在承认了生产资料是商品，如果再认为企业对生产资料一点所有权也没有，这就很难说得通了。

根据上述分析，是否可以认为，不仅国有企业生产资料的所有权和经营权是可以适当分离的，而且生产资料所有权也具有双重性质，既是属于国家的，又有属于企业的因素。当然，企业的所有权必须隶属于国家的所有权之下，即在肯定国家所有权的前提下来实现自己的所有权。或者说，国家拥有绝对的所有权，企业拥有相对的所有权。[1]

承认生产资料所有权具有双重性质，使企业对生产资料拥有一定程度的所有权，不仅可以进一步完善社会主义商品经济的理论，而且有利于企业自

---

① 杨志华. 绝对所有权与相对所有权 [J]. 法学研究，1983(2).

主经营、自负盈亏。当企业发生亏损或负债时，还可以变卖自己的财产予以补偿或偿还，从而缩小生产规模或宣告破产。但这时不仅企业全体职工都要承担经济责任，企业的厂长和其他领导人还可能要受到一定的法律制裁。这样就可以使厂长和全体职工把企业真正看成是自己的，从而关心企业的发展，注重企业的长远利益，与企业同生死共命运。

（三）要加强经济立法和经济司法

法律是保证经济秩序的重要工具。当前，经济改革中出现的许多问题都与法制不健全有关。或是无法可依，或是有法不依。所以会出现这样的情况，关键还在于我们没有把经济关系真正搞清楚。经济关系不清，要么法无从立起，要么立起的法不能得到贯彻。我们认为，围绕着对企业实行自主经营、自负盈亏的讨论，近期内应尽快把"企业法"、"破产法"、"劳动法"、"保险法"、"资源法"和各种"税法"等搞出来。同时，有了各种法以后，还要加强司法工作，即要坚决执法，以维护法律的严肃性。我们深信，只要搞清了企业同各方面的经济关系，同时又加强了法制建设，企业的厂长就一定能够自觉地代表企业的长远利益，从而更好地兼顾国家、企业和职工的利益。

（原载于《中国工业经济学报》1985 年第 4 期）

大企业划小核算单位必须慎之又慎

本文对大企业划小核算单位问题，谈了自己的看法，发表出来，供讨论参考。

——编者

在当前经济体制改革中，一些大型企业为了把生产经营搞活，采取了或正准备采取划小核算单位的办法。笔者认为，这个问题相当复杂，既涉及许多实践问题，又牵涉一些理论问题，如果弄得不好，就会给改革的深入发展带来困难。对此，我们必须持慎之又慎的态度。

所谓大企业划小核算单位，笔者理解有两层意思：一是对大企业的分厂（车间）或更小的单位单独核算经济效果，自员盈亏，以实现责权利的层层结合；二是给上述单位以生产经营自主权，使其在完成总厂（厂部）或上级单位下达任务的前提下，有一定直接对外开展经济业务的权力，并可根据实现的经济效果取得相应的经济利益。就第一层意思而言，它事实上是企业内部经济责任制的落实问题，并没有什么新内容，但就第二层意思来说，却有许多问题需要回答和解决。为了叙述的方便，我们仅以将核算单位划小到分厂（车间）为例，对有关问题做一些简要的分析。

（1）企业的法人地位问题。将大企业的分厂（车间）作为相对独立的经济核算单位，赋予直接对外开展经营业务的权力，首先就有一个是否要改变大企业的法人地位、使分厂（车间）也成为法人的问题。如果分厂（车间）不具有法人的资格，那它们以什么身份对外开展经营活动呢？所发生的责权关系又将如何处理，即由谁享受权利并承担责任呢？如果赋予分厂（车间）以法人的地位，大企业的法人地位是否还存在呢？假如还存在的话，总厂和分厂（车间）之间，又是什么关系呢？是否具有平等的地位呢？各分厂（车间）构成的整体是一个联合企业还是企业的联合呢？也许有的同志会讲，大企业划小核算单位，并不是要改变大企业的法人地位，而是要使各分厂（车间）在总厂的集中统一领导下具有一定的经营自主权，它们在对外开展经济活动时只是总厂的代表。那么，这些分厂（车间）是否能够代表总厂呢？上述问题如不能回答和解决，在实际工作中必然会产生一系列的具体问题和困难。

（2）扩大企业自主权的理论根据问题。当前所进行的经济体制改革是以扩大企业自主权为开端、以增强企业活力为中心环节的。扩大企业自主权的理论依据是企业是相对独立的商品生产者，必须具有相对独立的经济权益和自我发展、自我改造的能力。但如果对不能构成相对独立商品生产者的企业下属生产单位也可以层层扩权，赋予直接对外开展经济业务的权力，也就直接否定了上述扩大企业自主权的理论依据。就等于说，扩权不是由于企业是一个相对独立的商品生产者，而是由于它是一个生产单位。既然作为一个生产单位就可以具有相对独立的经营自主权，那么，作为相对独立的商品生产者就应该具有更大的自主权，而且班组、个人都应有自主权。这样，扩权也就失去了一个客观的依据。在当前企业究竟应该具有多大程度的经营自主权还没有完全弄清楚的情况下，又加进一个扩权究竟应该扩到哪一级的问题，事情就更加复杂化了。

（3）企业的统一指挥问题。社会化大生产客观上要求企业的生产经营活动必须有高度的统一指挥，但大企业划小核算单位，给予分厂（车间）一定的生产经营自主权，必须在一定程度上削弱企业的统一指挥，这与社会化大生产的要求相矛盾。所谓统一指挥，从广义讲，应该包括统一经营决策、统一经营计划和统一指挥调度。如果不能保证这几方面的统一，企业的整体发展和经营目标的实现就会受到严重影响。资本主义的企业内部尚具有严格的计划性和统一性，社会主义企业就更不应该削弱这种计划性和统一性。可能有的同志会讲，大企业划小核算单位，可以不下放企业的经营决策权、经营计划权和指挥调度权，以保证企业的计划性和统一性。但如果是这样，分厂（车间）的经营自主权也就是一句空话，提出划小核算单位就没有什么新的意义，不如提出落实经济责任制更为科学。

（4）产品质量问题。大企业划小核算单位以后，分厂（车间）有了一定的经营自主权，他们就必然要对外出售一定的产品或半成品。特别是那些信誉较好而又紧缺的产品或半成品加大生产。在这种情况下，一些分厂（车间）就很可能从本单位的经济利益出发，为扩大生产多销产品而放松对质量的要求，这样不仅会给大厂的声誉带来不好的影响，也会给用户造成损失。

（5）拼设备拼体力问题。大企业的分厂（车间）有了对外销售产品的权力，就会出现一方面要完成总厂生产计划，另一方面还要尽可能增加自销产品或半成品生产的情况，这样就加大了工作量，从而产生拼体力拼设备的问题，长此以往，就必然影响总厂生产任务的完成。

（6）企业内部的"苦乐不均"问题。所谓划小核算单位，归根结底还是一个经济利益问题。由于企业内部各个环节的生产能力不一定平衡，加之所生产的产品或半成品有些能够直接对外销售，有些不能直接对外销售，这样，那些生产能力有潜力并且能够直接对外销售产品或半成品的分厂（车间），就可以增加总厂计划外的生产，从而得到更多的经济利益，而那些生产任务比较饱满或不能直接对外销售产品或半成品的分厂（车间）就无法做到这一点。再加上企业的计划价格不一定合理等因素，就势必造成企业内部的"苦乐不均"。

以上我们简要地分析了大企业划小核算单位理论上存在的矛盾和实践中可能出现的问题，但作为一种改革的形式，并不排除可以进行某些尝试。通过试点，一方面可以解决实践中遇到的问题，另一方面还可以在理论上进一步的概括。最近几年，我们先后对一些大中型企业的经营管理情况进行了比较系统的考察。在经济核算体制上，有些采取的是高度集中的做法，有些采取的则是相对分散的办法，与划小核算单位有些相似。从后一种情况看，虽然也取得了比较明显的效果，但也遇到了不少类似上面所提到的那些问题，并且有些问题一直没有得到很好解决。总之，对这个问题我们必须持慎重的态度，一方面要掌握分寸，另一方面要具体情况具体对待，绝不可采取一哄而起和"一刀切"的办法。在企业内部分权问题上，有些企业出现的权力过于分散，影响工作效率的情况必须引起我们的高度注意。

（原载于《经济学周报》1985 年 9 月 22 日）

试论搞活大中型企业

一、进一步认识搞活大中型企业的意义

现在人们已经比较关心搞活大中型企业的问题了。不仅各级政府部门提出了许多搞活大中型企业的措施，而且理论界对此也进行了热烈的讨论，去年一年全国报刊发表的有关文章不是以百计而是以千计。那么是不是大家对这个问题都有了足够的认识了呢？看来还不能这样说。正是由于认识不够（当然还有其他原因），中央提出的许多搞活大中型企业的政策、措施才未能很好落实，搞活企业的步履才十分艰难。据统计，目前全国大中型企业搞得活的只占 15%；有所变化，但活力还很不够的占 65%；基本无活力的占 20%。这种情况的形成不能说没有认识上的原因。

从讨论的情况看，有些同志对搞活大中型企业的必要性和重要性，尤其是对搞活大中型企业同改革经济管理体制的关系还缺乏深刻的认识。改革经济管理体制的目的就是要使建立在产品经济理论基础上的传统经济体制转变为建立在社会主义商品经济理论基础上的新的经济体制，也就是要使社会主义产品经济转变为社会主义有计划的商品经济。社会主义必须实行有计划的商品经济，是总结我国和其他社会主义国家几十年经济建设经验得出的科学结论。而如果不搞活大中型企业，社会主义经济就不可能真正成为有计划的商品经济。

首先，不搞活大中型企业，一大批企业（而且它们是国民经济中的骨干企业）就不能成其为商品生产者和经营者。其次，不搞活大中型企业，就不能建立和完善社会主义市场体系。最后，不搞活大中型企业，就不能建立比较合理的价格体系。合理的价格体系是社会主义商品经济健康发展的必要条件。而只有把企业搞活，尤其是把大中型企业搞活，才有可能建立合理的价

格体系。那种认为不搞活大中型企业也能建立合理的价格体系的想法和做法，看来是不正确的。从另一个角度看，改革价格体系必须同改革过分集中的价格管理体制结合起来，逐步缩小国家统一定价的范围，扩大浮动价格和自由价格的范围。

还要看到，不搞活大中型企业，社会主义经济就不会有充沛的生机和活力。企业是组成国民经济的细胞，社会主义经济的生机和活力首先来源于企业细胞的生机和活力。全民所有制大中型企业是社会主义经济的主体，不把它们搞活，使它们具有自我改造、自我发展的能力，社会主义经济又怎么能够成为有计划的商品经济，从而具有充沛的生机和活力呢？

搞活大中型企业还关系到能否实现"翻两番"和"四个现代化"的宏伟目标的问题。当前我国共有大中型工业企业 6300 多个，占全部工业企业总数的 1.45%，但其拥有的固定资产和上缴国家的税利却占 65 ％以上。我们要实现"翻两番"和"四个现代化"，大中型企业必须做出应有的贡献，如果不把它们搞活，中共十二大提出的宏伟目标是难以顺利实现的。

为了下决心搞活大中型企业，还要充分认识这个问题的复杂性和艰巨性。现在大中型企业没有搞活，是同存在着一系列客观困难有关的，和搞活小企业相比，搞活大中型企业有以下一些特殊困难：

（1）要搞活企业，就必须减少指令性计划，而指令性计划又只能逐步减少，大中型企业又是指令性计划的主要承担者。指令性计划是传统经济体制的主要特征，而实行指令性计划是限制企业主动性的。搞活企业必须减少指令性指标。我们改革经济管理体制的一个重要内容就是改革计划管理体制，减少指令性计划的范围和数量。有的人主张一下子取消指令性计划，从我国国情和其他国家的经验看，这是不现实的，即使名义上取消了，实际上也取消不了国家对企业的直接的微观调节。由于大中型企业是指令性计划的主要承担者，减少大中型企业的指令性计划会遇到更多客观上的困难和主观上的阻力，往往只能先减少小企业的指令性计划，先把小企业搞活。小企业先活，然后大中企业才活，这可能是一种规律性现象。

（2）价格体系的改革要有一个过程，在价格体系改革完成之前，要用税收等杠杆来调节企业的收入差别，这也会增加搞活大中型企业的困难。现在我国价格体系还很不合理，这就使得国家难以主要依靠运用经济政策、经济杠杆进行宏观经济管理，而要较多地利用行政手段，这些行政手段首先落在大中型企业上，不利于把它们搞活。由于价格体系的合理化需要一个过程，在这个过程中不能不用税收调节企业收入，这又增加了新的矛盾。我们在实行第一步利改税后实行第二步利改税，本来是想通过征收产品税，使价格不合理造成的矛盾得到进一步缓解，使其他税种、税率尽可能保持一致，以解决

"苦乐不均"和"鞭打快牛"等问题：但由于产品税不能解决有些问题，不得不求助于调节税，而调节税税率的确定也有很多困难，这又产生了新的问题，例如使很多大中型企业得不到应有的留利，不能增加自我发展自我改造的能力，并产生了新的"鞭打快牛"等现象。总之，在价格体系、价格制度、税收制度等合理化以前，搞活大中企业会遇到一些特殊的困难。

（3）大中型企业在经营管理方面存在的问题也很多，而且解决这些问题的难度更大，这也是搞活的一个困难。搞活企业，特别是搞活大中型企业，除了需要有一个良好的外部环境外，也要依靠企业自己改进经营管理。大中型企业的经营管理水平一般虽比小型企业高，但是总的来说也还比较低，不仅综合管理有许多企业还没有形成，专业管理也比较落后。提高企业经营管理水平，既要求经营思想有根本转变，也要求管理组织、管理手段、管理方法有较大改善和提高。这些都需要一个过程，并需要做出较大的努力。

（4）搞活大中企业还会遇到主观认识上的种种困难。扩大企业自主权是一种权力和利益的调整，必然会遇到阻力。有的上级部门不愿意向企业放权，或者放了又以种种方式收回来，就说明了这一点。曾经有同志错误地认为，大企业资金有机构成高，机械化、自动化程度高，人的主观因素在生产中起的作用小，因此认为对大企业不必扩大自主权。还有同志把"大的管住，小的放活"的方针片面地又理解为"大企业要管住，小企业要放活"。有些同志担心搞活大中型企业会把国民经济搞乱。这种担心也不是完全没有道理。因为，对小型企业做到活而不乱固然不易，对大中企业做到活而不乱是更为困难的。这样，彻底解决人们对于搞活大中型企业的思想疑虑，就非常困难和十分重要了。

综上所述，搞活大中型企业确实有一个进一步提高思想认识的问题，提高了认识，才能认真落实中央已经确定的一系列政策措施，把搞活大中型企业的工作推向前进。

二、不能说搞活大中型企业的外部条件已经解决了

认识了搞活大中型企业的重要意义，还要研究为搞活大中型企业创造外部条件的问题。现在有一种意见，认为搞活大中型企业主要靠大中型企业自己。例如有的文章中说："大企业的文章主要靠大企业自己做"，"面向自己是大企业增强活力的关键"，等等。我们认为，这些说法在一定意义上是正确的。因为，大中型企业增强活力是离不开自己的努力的。尤其经过这几年的

改革，企业的外部条件一般都有了一定程度的改善，而那些外部条件有了明显的改善的企业，确实主要要依靠自己来增强活力了。但是也必须看到，现在很多大中型企业就外部条件来说还没有明显改善，有的处境还相当困难。对于这些企业，增强活力确实仍需要创造外部条件。其实，在一定意义上讲，改革就是为搞活企业创造外部条件，包括给企业必要的自主权，明确企业的责任，建立和健全市场体系，使价格体系合理化，等等。现在处于改革初级阶段，这些任务当然不可能全部解决。

最近，我们就大中型企业面临的困难进行了一次调查。很多企业反映存在种种问题妨碍企业搞活，概括起来有以下困难：

（1）自主权不落实，改革难。近几年，虽然国务院制定了一系列扩大、落实企业自主权的政策、措施，但这些权力至今尚未完全落实。例如：①生产计划权不落实。除指令性计划任务过重外，很多企业在制订生产经营计划时仍受到多方面的干预。②产品销售权不落实。由于企业指令性计划任务较重，有些企业能够自销的产品很少，有些企业虽有一部分超产产品或计划外产品可以自销，但因各方面都向企业伸手，最后也所剩无几。还存在这样的现象，当企业的产品滞销时，有关部门就让企业自销，而当企业的产品畅销时，又不准企业自销。自销实际上变成了"销滞"，使企业的生产经营十分被动。③人事权不落实。主要表现在企业没有根据生产需要择优招收职工的权力。④财权不落实。由于企业的留利水平较低，可供支配的财力很有限；留利分配的比例往往也控制得很死，企业没有多少自由选择的余地。

（2）原材料涨价，消化难。原材料、燃料供应紧张，价格上涨，给加工企业造成很大困难。很多企业的指令性计划产品和原材料只能保证计划供应70%左右，其余都要靠议价材料解决。议价材料不仅价高，而且品种规格不对路。根据企业目前的技术装备情况，很难完全消化能源、原材料价格大幅度的上涨。原材料大幅度涨价给企业的经营管理也带来困难，由于原材料价格变幻莫测，企业很难对成本进行控制，也就难以实行目标管理。

（3）流动资金短缺，周转难。流动资金短缺，相互拖欠严重，周转困难，这也是当前影响大中型企业搞活的一个重要因素。据有关部门统计，1986年6月底，全国相互拖欠款达300亿元以上，人欠我，我欠人，这样的连锁反应，使不少企业的生产发生困难。造成企业流动资金紧张有企业本身的原因，也有企业外部的原因。现在国家已经采取了一些措施，使矛盾有所缓解，但问题还未完全解决。

（4）留利水平低，技术改造难。1985年，全国全民所有制独立核算工业企业平均名义留利占实现利税总额的17.48%，占利润总额的31.78%。其中，大型企业留利占利税总额和利润总额分别为15.39%和27.72%；中型企业留利占利税总额和利润总额分别为 16.81% 和 33.44%；小型企业留利占利税总额和利润总额分别为 22.48% 和 37.42%。企业留利除了要缴纳能源交通税、奖金税和认购国库券外，还要负担各种社会摊派，实际留利不到名义留利的 60%。很多企业的人均实际留利只有三四百元，除用于职工奖金和福利外，已没有能力进行自我改造，自我发展了。

（5）社会摊派多，应付难。如何应付各种社会摊派是大中型企业的一大难题。这个问题虽经各方多次呼吁，党中央国务院也明确规定企业有权拒绝各种不合理的摊派，但问题并未解决。究其原因，是因为摊派者都或多或少地掌握着权力，如果企业不服从摊派，有可能遭到各种各样或明或暗的报复。问题还在于，尽管中央一再强调企业可以拒绝不合理的摊派，而有些部门却下"红头文件"进行摊派，使摊派"合理化"，这就更使企业难以拒绝。

（6）监督、检查多，接待难。应付和接待各种监督、检查，也是大中型企业的一大困难。对企业的监督、检查来自各个方面，这种监督、检查有些是必要的，但很多是不必要的，而且起着干扰企业生产经营的消极作用。

（7）矛盾集中在厂长经理身上，当厂长经理难。上述种种矛盾最终都集中到厂长经理身上，使得当厂长经理很难。厂长经理对企业各方面的工作都负有重大责任，但却没有相应的权力。他们在工作中遇到的困难往往无人帮助解决，而自己又无力或无权解决。厂长经理处于这样的困境，又怎么不影响企业的生产经营活动呢？

上述种种困难（还有其他困难），基本上都是属于企业的外部条件问题。这说明，很多大中型企业确实还不具备或不完全具备搞活的外部条件，还必须为搞活大中型企业创造必要的外部条件。我们认为，当前主要做好以下几方面的工作：

第一，认真落实国务院的有关规定。国务院根据需要和可能，已经为搞活大中型企业制定了一系列正确政策。正如不少同志所说，当前不需要再作出更多的新规定，只要把国家已有的规定真正落实，就能够为搞活大中型企业创造有利的条件。所以，必须采取切实措施，检查和落实国务院的规定。

第二，适当减少指令性指标，给大中型企业必要的生产经营自主权。近两年，国家虽然已经缩小了指令性计划产品的范围，但具体到大中型企业，指令性计划任务仍然过重。辽宁全省大中型水泥厂承担的指令性计划任务约占这些企业全部生产任务的 92%，个别部门下达的计划任务甚至超过企业的生产能力。如大连化工厂纯碱的正常生产能力为 65 万吨，国家安排的计划任务却在 69 万吨以上。为了使大中型企业在生产经营方面有一定的自主权，必须适当减少指令性计划任务。同时，还要解决指令性计划产品所需能源和原材料的供应问题。

第三，减免调节税，改进税收制度。在这方面，我们已经进行了一些工作，但还需继续进行。

第四，帮助大中型企业加快技术改造的步伐。当前，大中型企业设备陈旧、技术老化的现象十分严重，而很多企业又缺少技术改造所必要的资金。据老工业基地一些大中型企业的调查，固定资产折旧已近原值的50%，设备的陈旧已经到了生产难以为继的地步。对于这些企业的技术改造，国家必须给予帮助，例如可以适当提高企业的留利水平，有条件地提高固定资产折旧率，在信贷和税收等方面给予优惠。技术改造也要走出一条新路来。过去是国家把企业的利润和固定资产折旧都收上来，企业技术改造再由国家审批拨款。这种做法不利于调动企业进行技术改造的积极性主动性，也不利于提高投资效果。今后，除了特别重大的技术改造项目由国家审批拨款外，一般的、经常性的技术改造应由企业依靠自己的积累，自主地进行。这样才能达到投资少、周期短、见效快、效益高的要求。

第五，减轻大中型企业的社会负担，废除苛捐杂税。要加强经济立法和经济司法工作，保障企业的自主权和经济利益。

第六，给部分大中型企业以必要的对外贸易权，鼓励它们进入国际市场。我们实行对外开放政策，不仅是为了让外国商品、外国技术、外国资金等进入我国市场，而且是为了促进我国企业进入国际市场，提高竞争能力。从当前的情况看，我们也应当允许一些具备条件的大中型企业，在国家统一计划和政策的指导下，积极开展对外经营活动。这些企业应拥有必要的谈判权、签约权和履约权，有权按规定使用留成的外汇，以便于开展业务，增加活力。

三、搞活大中型企业也要依靠企业自己

搞活大中型企业，除了要使企业具有有利的外部条件，还需要依靠企业全体职工的努力。企业作为一个开放系统，外部环境无疑是影响它的行为的。但是企业作为一个系统，它是否有活力又取决于自己。在任何制度下，企业都有一个适应外部环境的问题，而适应得好还是适应不好，则决定于企业本身的素质和经营管理。在任何环境下，都是一部分企业有活力或比较有活力，而一部分企业不那么有活力或完全没有活力。我国扩权以来，在各个阶段，大中企业也是有的搞得活一点，有的搞得不那么活或没有搞活，除了它们外部条件不同，也是同它们自身的状况有内在联系的。这一点也是不可否认的事实。事实上，现在大中型企业的经营管理也存在很多问题，这也是很多企业没有搞活的一个重要原因。随着外部条件的改善，相应地改善经营管理就更加重要和迫切了。

为了增强活力，大中型企业自己应该如何努力呢？这个问题也要认真调查研究，尤其要认真总结那些已经搞得比较活的大中型企业的经验。从当前存在的问题看，我们认为要着重在以下这些方面努力：

（1）提高企业领导班子的素质。企业领导班子素质如何，对搞活企业关系极大。经过几次调整之后，现在大中型企业的领导班子大都年富力强，有干劲，有专业知识，有进取精神，这是搞活企业的有利条件。但是我们的企业领导班子经营管理水平总的来说还比较低，有些同志刚走上领导岗位，还缺乏实践经验，有些同志从长期从事技术工作变为从事企业领导工作，这些也是不利因素。因此，提高企业领导班子的水平仍是极其重要的任务。我们要培养一大批社会主义企业家，他们将成为搞活大中型企业的带头人。

（2）完善厂长负责制，把厂长负责制和厂长任期目标责任制结合起来。过去实行的党委领导下的厂长负责制是不能适应发展社会主义商品经济的要求的，应该推广和完善厂长负责制。实行厂长负责制也会出现一些矛盾，要总结经验，妥善解决这些矛盾，尤其要重视处理好党委、厂长、职代会三者的关系。厂长不仅要懂专业、懂技术、懂经营管理，而且还要有实际才干、开拓精神和较高的政治素质。从一些企业的经验看，实行厂长任期目标责任制是有利于增强企业活力的。因此，实行厂长负责制可以同实行厂长任期目标责任制结合起来。现在有些企业存在着偏重短期利益忽视长期利益、偏重职工消费忽视企业积累、偏重单位利益忽视全局利益的倾向。这些问题要在实行厂长任期目标责任制中注意解决。

（3）改革企业内部的经营管理体制。有些大中型企业内部的经营管理权也过于集中，分厂或车间规模很大而权力很小，限制了职工积极性的充分发挥。这些企业在内部也要适当放权，实行"统一领导、分级管理、独立核算、自负盈亏"的经营管理体制。对有的大型企业，如果条件具备，也可以采取划小核算单位的办法。但实行这种办法，一定要以实际情况出发，经过慎重细致的研究，同时要注意防止可能产生的消极作用，如防止有碍于企业统一指挥不利于发挥大企业优越性的现象发生。

（4）落实和完善企业内部的经济责任制，正确贯彻按劳分配原则。在企业内部实行责权利紧密结合的经济责任制、搞好工资制度的改革是调动职工积极性、搞活企业的重要措施。首都钢铁公司之所以能够连续多年实现生产和经济效益的大幅度增长，一条基本经验就是落实了经济责任制和改进了分配制度。现在有些企业的经济责任制还停留在厂部和车间，尚未落实到班组和职工，应该尽快落实下去。有的则因这次工资套改受到削弱，也应积极采取补救措施。落实企业内部经济责任制的基本问题是做到责权利紧密结合，因此必须坚决贯彻按劳分配原则。要研究和解决怎样使工资奖金和经济效益挂钩，使职工的劳动报酬和劳动成果结合得更好，充分调动全体职工的积极性和创造性。

（5）确立"转轨变型"的指导思想。适应发展有计划商品经济的要求，企业要由过去的单纯生产型转向生产经营型和经营开拓型。现在大中型企业没有小企业搞得活，主要就表现在"转轨变型"没有小型企业快。这当然有外界条件制约的问题，但是有些大中型企业的指导思想没有真正转变，没有把企业的经营活动转到有计划的商品经济的轨道上来，也是一个原因。这些企业仍然习惯于任务靠国家下达，原材料靠国家调拨，产品靠国家包销的老办法，有的甚至在新形势下，感到束手无策，望"活"兴叹。这些企业要实现"转轨变型"，首先要在指导思想上有一个根本转变。

（6）加强企业管理。企业管理包括基础管理、专业管理和综合管理。经过整顿，现在企业管理基础工作有了加强，当然还要进一步加强。问题是专业管理仍然比较薄弱，综合管理还没有真正建立起来。在专业管理方面，不少企业缺乏管理人员，管理方法比较落后。机构设置也不尽合理，有关科室对企业的生产经营活动只限于事后核算报告，一般还做不出科学的预测，不能为领导决策及时提供有价值的资料。在综合管理方面，很多企业还没有建立起"一长三师"的管理体制，没有形成一个科学的管理工作体系。适应"转轨变型"的要求，大中型企业必须在进一步加强基础管理的基础上搞好专业管理和综合管理。这也是增强企业活力的重要条件。

（7）努力提高产品质量，降低产品成本。从我国当前情况看，加强企业管理的重点必须放在提高产品质量，降低产品成本上。随着商品经济的发展，企业之间的竞争将会越来越激烈。竞争主要表现在两个方面：一是产品质量的竞争，二是产品价格（成本）的竞争。企业要在竞争中取胜，就必须努力提高产品质量，降低产品成本。提高产品质量，要从两方面着手：一要加强质量管理，严格按照产品的技术标准组织生产；二要提高技术水平，加速产品的更新换代。降低产品成本，除了要提高劳动生产率，降低单位产品成本中的工资费用外，还要注意降低物化劳动消耗。我国产品成本中工资费用所占比重一般比较低，而物化劳动消耗则比较高，其中燃料、原材料两项合计一般占成本的70%左右。企业要降低产品成本，必须在节约物资消耗上狠下功夫。

（8）企业进行技术改造要以提高经济效益为目标。技术进步是企业活力的物质基础。不论是提高产品质量，还是降低产品成本，都要依靠技术进步。大中型企业更不能忽视技术改造和技术进步。前面说过，有些大中型企业进行技术改造缺少资金等条件，需要国家帮助。但从根本上说，技术改造要靠企业自己努力。现在有些企业领导人，对技术改造和技术进步不加重视，甚至把生产资金和技术改造资金用来发放奖金和搞其他福利。这种缺乏远见的行为是极其错误的。企业进行技术改造一定要重视投资效益，要把提高经济效益作为技术改造的目标。

（9）开展多种经营，发展经济联合。实践证明，实行"一业为主、多种经营"各种形式的经济联合，是发挥大中型企业优势的有效途径。在这方面，有些大中型企业已积累了不少经验，总结和推广这些经验，将有利于把更多的企业搞活。实行多种经营要从实际情况出发，注意市场需要，发挥本企业的优势。发展经济联合要坚持自愿、平等、互利的原则，采取恰当的形式。可以在技术、生产、资金、销售等某一方面进行联合，也可以在几个方面进行联合，使联合真正起到取长补短、提高经济效益、促进生产力发展的作用。

（10）重视人才培养和使用。企业的各项管理工作都是要由人去做的。增强企业活力必须十分重视人才的培养和使用。一些搞得比较活的大中型企业，都十分重视发挥技术人才和管理人才的作用，把人才开发放在比产品开发、技术开发更重要的地位上。它们的经验，一是合理使用现有人才，二是抓紧人才的培养。如第二汽车制造厂专门成立了人才开发中心，这个中心与科研中心和技术改造中心是三足鼎立的。上海机床厂一方面充分发挥现有人才的作用，另一方面采用多种形式培养人才。这些企业的实践表明，只有重视人才问题，企业才能不断增强活力。

（《新华文摘》1987 年第 4 期，摘自《管理世界》1987 年第 1 期，与周叔莲合作）

全民企业的经营方式与企业活力

　　企业的经营方式是涉及企业性质和能否搞活企业的一个重要问题，我们要搞活企业，就必须按照社会主义商品经济的客观要求，在不同的企业中实行不同的经营方式。本文试就全民所有制企业的经营方式问题进行一些探讨。

一、企业的经营方式与增强企业活力

　　目前，一些全民所有制大中型企业之所以没有搞活，其根本原因和关键问题在于它们的经营方式不符合一个商品生产者和经营者的客观要求。笔者认为经营方式不只是一个谁经营的问题，更重要的是如何经营。所谓如何经营，就是企业的盈亏由谁来负，是由国家统负盈亏呢，还是由企业自负盈亏。

　　关于全民所有制企业的自负盈亏问题，经济理论界曾进行过广泛的讨论。有的同志认为，全民所有制企业是无法实行自负盈亏的。因为企业盈利了，可取得相应的经济收入，而企业亏损了，甚至倒闭了，最后还得由国家弥补或包下来。笔者认为这种观点是值得商榷的。首先，企业亏损了，要由国家弥补，这是在企业没有独立的经济利益和自我发展能力条件下的情况，一旦企业有了独立的经济利益和自我发展的能力，企业的亏损就应该而且能够由企业负责。其次，如果企业长期经营不善，以致最后倒闭、破产，企业的职工还得由国家包下来。这种情况是存在的，但是，一方面，由于我们有国家统一计划的指导，这样的企业毕竟只是少数；另一方面，如果发生这种情况，它已经不再属于企业能否自负盈亏的问题，而是一个社会保险或劳动力的重新安排问题。总之，全民所有制企业不仅能够而且必须实行自负盈亏。否则，企业的商品生产者和经营者的地位不能实现，发展社会主义商品经济也就是一句空话。

　　实行企业自负盈亏，这个"自"字无疑指的是企业。然而，企业又是一个抽象的概念。中共十二届三中全会制定了发展多种经济形式和多种经营方式的方针，并且确立了所有权同经营权可以适当分开的原则。根据这些方针、原则，不仅不同所有制的企业，可以有不同的经营者，而且同一种所有制的企业，也可以有不同的经营者。那么，企业的盈亏到底应该由谁来负呢？是所有者还是经营者呢？笔者认为，按照责权一致的原则，经营成果理应由经营者负责，即由谁经营由谁负责。当然，对那些经营者和所有者相统一的企业，承担盈亏责任的既是经营者又是所有者。然而，即使在这样的场合，企业承担盈亏责任的仍然是以其经营者的身份，而不是所有者的身份。

因此，对企业的经营方式进行根本变革，是深化企业改革，搞活企业的关键。假如我们能够对不同类型的全民所有制企业确定不同的经营者，并且使这些经营者对企业的盈亏真正负起责任，那么，许多大中型企业都一定会像那些已经搞活的企业一样尽快活起来。一句话，实行灵活多样的经营方式，是按照社会主义原则搞活全民所有制企业的根本途径。

二、企业的经营方式与企业的行为机制

在商品经济条件下，企业作为商品生产者和经营者，它的行为机制首先是由商品经济的客观规律——价值规律决定的。

除了价值规律的决定外，企业的行为机制还受到经营方式的影响。由于不同经营方式的企业，其经营者和承担盈亏责任的主体不同，它也就必然产生不同的行为。假如是国家经营、国负盈亏，企业就必须无条件地代表和服从国家利益；而如果是企业集体经营或个人经营，由全体职工或包、租者个人承担盈亏责任，它就必然要从集体或个人的利益出发去支配和调整企业的行为。确切地讲，企业的行为实际上是企业经营者的行为。现在，有的同志往往用旧体制下对企业的要求来看待新体制下的企业行为，或者用同一个标准去衡量不同经营方式的企业的行为是否合理，那就不能不得出错误的结论。

经济体制改革以来，关于"企业行为不端"的种种议论此起彼伏，似乎改革中出现的一切问题，都是由于企业的行为不端造成的。笔者认为，对这些问题应当做具体分析。其中有些做法，作为企业来说本来是端正的，或者说是改革所期望达到的；有些做法则是由于宏观管理没有搞好造成的。

以"利大大干、利小小干、无利不干"来说，既然我们一再强调企业要以提高经济效益为中心，而且还要企业对自己的经营成果负责，为什么还要让企业去干那些盈利水平很低或者根本无利可图的经营项目呢？有的同志认为，有些产品，虽然盈利水平很低，或者根本没有盈利甚至亏损，但由于社会和人民生活需要，企业也应当生产。这实际上是斯大林曾提出的"高级盈利"的观点，这种观点是建立在国家对企业的经营成果统负盈亏的基础上的，是同企业作为商品生产者和经营者的地位相矛盾的。我们要问：既然这些产品是社会和人民生活需要的，有些甚至是十分紧缺的，为什么不能从改革产品价格入手，使企业生产这些产品有利可图，从而自觉地、积极地扩大这些产品的生产呢？为什么偏偏要违背价值规律，采用行政手段强迫企业去亏本生产呢？企业对产品价格敏感，不愿意生产那些无利可图的产品，这本来是一种好现象，有利于我们对宏观经济的控制与调节。否则，企业对价格、盈利等都麻木不仁，那又怎么谈得上利用经济杠杆呢？从这个意义上讲，指责企业追求盈利，是与改革的总意图相悖的。

再如对国家、集体和个人经济利益的协调问题，这本来是宏观管理的任务，靠一定的经济机制协调，不能作为代表局部利益的企业的职责。很难设想，如果国家没有正确的分配政策，不运用经济杠杆，不健全经济法规，仅仅依靠厂长和职工的觉悟，或者依靠对企业的指责，就能处理好国家、企业和职工个人三者的经济利益关系？否则，进行经济体制改革就失去意义。

在改革中，企业要求多留一些盈利，用于企业的自我改造和自我发展，这本来是合理的。在留利很少的情况下，企业将较多的留利用在职工奖金和集体福利方面，以克服物价上涨给职工生活带来的困难，解决长期欠账造成的住房问题，调动职工的生产积极性，这也是无可非议的。至于个别企业留利确实很多，而且又没有用于生产发展和技术改造方面，而是过多地发放了奖金，这只能从分配制度上找原因，或者从整个经济机制或分配政策上找原因，当然，有些企业无视国家分配制度，偷税漏税，多留多分，那就另当别论了。

当前，造成一些企业缺乏长期行为的一个重要原因是分配政策多变，企业和职工的长远利益没有同企业的长远发展紧密联系起来。要改变这种状况，根本的出路是要改革企业的经营方式。要针对不同的企业，确定不同的经营者，并实现经营者的自主经营、自负盈亏。只有这样，才能使经营者真正认识到，自己的眼前利益和长远利益都是同企业的生产经营和长远发展情况息息相关的，从而重视自己的长期行为。

总之，在实行多种经济形式和多种经营方式的情况下，要保证企业的行为内能够符合宏观经济发展的要求，是一种只能通过经济政策的引导、经济杠杆的调节和经济法规的保证，而不能采取行政手段强制和改变企业的合法行为。在谁经营谁负盈亏的情况下，只要法律健全，经济杠杆运用恰当，其他方面大可不必为企业的行为担忧和进行过多地指责。

三、全民所有制企业的几种主要经营方式

以上我们简要讨论了企业的经营方式与增强企业活力和企业行为机制的关系问题，那么全民所有制企业究竟可以实行哪几种经营方式呢？笔者认为主要有以下几种：

（1）全民所有，国家经营。对极少数特殊部门，如铁路、邮电、国防工业等，可实行这种经营方式。这类企业的所有权和经营权都掌握在国家手中。同时，既然是国家经营，其盈亏也应由国家来负。此外，诸如企业的投资、产品方向的确定、厂长的委派、职工的招收、能源及主要原材料的供应、产品的销售等也都应由国家直接负责。在分配方面，这些企业基本上不存在企业内部的分配问题，主要是国家对企业和职工直接分配。总的来说，国家对这些企业的管理与旧体制下对全民所有制企业的管理基本相同。所不同的是，国家也要根据企业的经营好坏对企业的领导人和职工进行一定的奖励和惩罚，以促进他们改善管理，不断提高经济效益。

（2）全民所有，个人承包或承租经营。对少数从事服务、饮食、修理等行业的小型企业可以实行这种经营方式。这些企业应由承包或承租人担任厂长，其经营权也应掌握在他们个人手中。企业经营什么以及怎样经营，都应由承包或承租者个人在合同规定的范围内自由决定。同时，企业的盈亏也要由他们完全负责，国家则只享受合同规定的权利，并承担相应的义务。国家同这些企业之间的分配要严格按照承包或承租合同进行。

（3）全民所有，集体经营。除上述两类少数企业外，绝大多数大中型企业都可以实行这种经营方式。所谓全民所有、集体经营，就是企业所有者是代表全民的国家，企业的经营者是企业全体劳动者。这类企业应由全体职工承担盈亏责任，并且经营权也应交给全体职工。这种经营权，不仅包括对企业重大经营活动的决策权，而且还包括对厂长和其他企业领导人的选举和决定权。

在分配方面，如果实行的是集体承包或承租，国家和企业之间的分配也要按照合同规定的内容进行，但在企业内部，对包括厂长在内的全体职工都必须实行按劳分配。如果采取的不是承包或承租办法，而是国家征税或其他形式，那么，具体的分配办法应比目前的利改税有所改进。正确的分配办法是：企业的总产品在补偿消耗掉的生产资料之后，首先要在国家和企业之间分配，企业创造的净产值，在向国家缴纳各项税款后，剩余部分应完全由企

业自主支配。企业应有权选择自己的工资和奖励形式。至于企业的改造和发展，在经营者的经济利益同企业的长远发展紧密结合在一起的情况下，广大职工是比任何人都更关心的。在这个方面首钢就是一个典型的例子，如果它不把大量的留成资金用于企业的技术改造和发展，又怎么能够连续多年以20%多的速度实现盈利的增长呢？职工的收入和集体福利又怎么能够较快地增加呢？

还有一种是经营权应该交给企业，但不是交给企业的全体职工，而是交给厂长（经理）或几个人。这样，集体经营也就变成了一个人或少数几个人经营。有的同志一提到经营者，就是指厂长（经理）或少数几个人，但讲到自负盈亏，却又指的是全体职工，这显然是悖谬的。对全民所有、集体经营的正确理解应当是，全民所有者代表国家授权企业全体劳动者承担经营者的权利和义务，构成法人集体，厂长或经理是法人的代表。只有这样，才能在企业内部实行民主集中制，并在民主的基础上建立高度集中的厂长负责制。

实行全民所有、集体经营的经营方式，把经营权交给全体职工，使他们享有对生产资料的支配权，这样不仅能够体现劳动者同生产资料的直接结合，增强职工的主人翁责任感，而且有利于企业经营决策的民主化和科学化。同时还能使全体职工共享经营成果，共担经营风险。否则，企业因经营不善造成亏损或破产，就没有理由要劳动者共同承担亏损以至破产的责任，也就无法实现企业的自负盈亏。

总之，全民所有、集体经营是适合于绝大多数大中型企业的一种经营方式，应当积极创造条件，尽快实行。只有这样，才有可能把全民所有制大中型企业搞活。

四、简要的结论

通过以上分析，我们可以得出以下几点简要的结论：

（1）增强企业活力是城市经济体制改革的中心环节。我们要在坚持社会主义基本原则的前提下搞活企业，就必须把改革的重点放在改革企业的经营方式上。

（2）目前一些全民所有制大中型企业还没有搞活，既不因为它们是全民所有制企业，也不因为它们是大中型企业，而是因为这些企业的经营方式还比较单一、死板，特别是还没有真正实现企业自主经营、自负盈亏。我们应当认真总结、推广那些已经被实践证明了的搞活企业的有效办法，而不应当去寻求那些无法实现甚至是很危险的所谓途径。提出新的改革思路，采取新的改革措施是完全必要的，但却不能脱离我国的国情。

（3）在商品经济条件下，企业的行为机制是由商品经济的客观规律决定的，不同所有制和不同经营方式的企业，其行为机制必然不同。不能用旧体制下对企业行为的要求来看待新体制下的企业行为，也不能用同一个标准去衡量不同经济形式和不同经营方式的企业的行为是否合理，否则，就不可能得出正确的结论。

（4）在实行多种经济形式和多种经营方式的情况下，要保证企业的行为符合宏观经济发展的要求，只能通过经济政策的引导、经济杠杆的调节和经济法规的保证，而不能采取行政手段强制和改变企业的合法行为，也不能依靠厂长和职工的思想觉悟，更不能依靠对企业行为的指责。

（5）全民所有制企业可以实行多种经营方式。实行不同经营方式的企业，其投资、经营决策、分配关系等方面的内容和做法都有所不同。绝大多数大中型企业都应实行全民所有、集体经营的经营方式。

（原载于《中国工业经济研究》1987 年第 3 期）

试论企业横向经济联合

在城市经济体制改革中，我国企业横向经济联合正在蓬勃兴起。这种横向经济联合，有力地冲击着旧经济体制对企业的种种僵化限制，使企业有了一定的生机和活力，促进了社会主义商品经济的发展。但是，由于当前还正处在新旧经济体制的转换时期，企业横向经济联合还存在不少困难和阻力。本文试就发展企业横向经济联合问题谈一些意见。

一、企业横向经济联合的兴起及其客观必然性

企业横向经济联合在我国真正走向经济舞台，是从中央提出"对内搞活经济，对外实行开放"的总方针以后的事。它的兴起和发展是同经济体制改革紧密联系在一起的。所谓企业横向经济联合，简要地讲，就是企业法人在社会经济活动中为实现某一目的，按照自愿、平等、互利原则，并以一定的组织形式所进行的联系和结合。它包括技术联合、生产联合、供销联合，以及工交联合、工贸联合、军工和民用联合，等等。这些联合本来是现代企业从事生产经营活动所必需的，但由于在旧经济体制下，企业的生产与流通都是由国家通过部门和地区以指令性计划形式进行组织的，供和需的衔接要经过层层自上而下、自下而上的众多环节才能实现，企业之间必然存在着的横向经济联系被人为地切断了，经济联合也就不可能产生和发展。经济体制改革以来，企业有了一定的生产经营自主权和独立的经济利益，在完成国家计划任务的前提下可以自由地从事其他一些生产经营活动，横向经济联合也就应运而生了。例如，有些企业要开发新产品，但自己的技术力量又不够，就可以同其他企业进行技术联合；有些企业生产的名优产品供不应求，但增加生产又受到生产能力的限制，而有些企业生产的产品因质次价高销售不出去，他们就可以联合起来扩大名优产品的生产；有些生产企业由于销售力量不足

造成产品积压，他们就可以同商业企业联合进行销售等等。目前，除一般的生产、技术和销售联合外，还出现了资金和投资联合，这种联合必将促进所有制形式的改革。

企业横向经济联合既不同于一般的经济协作，也不同于按专业化协作原则和联合化原则建立的工业公司、总厂和其他联合企业。一般的经济协作没有一定的组织形式，往往带有临时性和短期性，而横向经济联合则有着相应的组织形式，具有相对的稳定性和长期性。按专业化协作原则和联合化原则建立的工业公司、总厂等一般都是一些供应、生产、销售和核算等完全统一的企业，它们过去都是由国家投资或按管理系统组建的，而横向经济联合则是在平等、互利的基础上由企业自愿结成的，它可以在某一方面进行联合，也可以在几个方面进行联合，其形式更加灵活多样。企业横向经济联合可以是紧密的联合、半紧密的联合，也可以是松散的联合。但不管是哪种联合，参加联合者一般都还保持自己独立的法人地位，一旦这种法人地位不再存在，它就不再是企业的联合，而是联合企业。

前面讲到，企业横向经济联合在我国的产生和发展是同经济体制改革紧密联系在一起的，但这决不意味着它是人们主观意志的结果，而是有着客观的必然性。

首先，它是生产日益社会化的必然趋势。企业横向经济联合是生产社会化发展到一定程度产生的一种社会生产组织形式。有史以来的人类生产活动都是程度不同的社会化劳动。由于生产力发展的水平不同，社会生产的组织形式也不同。从原始社会到封建社会，社会生产力虽有很大发展，社会生产的组织形式也几经变革，但由于劳动基本上都是以手工为基础的，生产的社会化程度很低，自给自足的自然经济始终占主导地位。在这种生产方式下，各生产单位内部虽然也有着紧密的联系，但生产单位之间则很少发生关系。只有"随着商品生产的高度发展和现代机器的采用，出现了资本主义的生产方式，社会生产的组织形式才发生了根本的变革：社会生产的基本单位不再是狭小的家庭或作坊，而是资本家雇用大批工人，使用现代化的生产设备，组织高度社会化劳动的现代企业。"[1] 在以现代企业为主体的社会化大生产条件下，社会分工精细，专业化程度很高，任何一种产品都不可能由一个人或一个企业单独生产出来。不仅企业内部的经济活动要建立在严格的分工协作基础之上，企业之间也必然要发生广泛的经济联系。然而，在初期阶段，这种经济联系还仅仅是一种分工协作和等价交换关系，还没有采取某种固定的组织形式。随着资本的聚积、集中和联合，企业的规模和企业之间的组织形式

---

[1] 蒋一苇. 企业本位论 [J]. 中国社会科学，1980（1）.

也不断发展，从而就形成了各种各样的横向经济联合。在社会主义条件下，由于实行了生产资料公有制，横向经济联合就有了更加广阔的前途。

其次，它是商品经济的客观要求。在商品经济条件下，每个企业都是商品生产者和经营者。企业要进行生产和再生产，就要按照等价原则交换自己的产品，这就必然要发生企业之间的横向经济联系。同时，既然企业是商品生产者和经营者，它就必然有独立的生产经营自主权和经济利益。企业为了提高劳动生产率，取得更多的经济收益，也需要进行各种形式的经济协作和经济联合。马克思在谈到简单协作时曾指出："这里的问题不仅是通过协作提高了个人生产力，而且是创造了一种生产力，这种生产力本身必然是集体力。"① 同样，企业之间的协作以及在协作基础上进行的经济联合也必然能够提高生产力，并创造出新的生产力。此外，由于商品经济的存在，企业之间不可避免地要进行竞争。在竞争中，大型企业和企业集团有着更多的优势。为了适应竞争的需要，以求得更好的生存和发展，企业也必须进行横向经济联合。总之，企业横向经济联合是商品经济的一个重要特征，而经济体制改革则确立了企业商品生产者和经营者的地位，使国民经济由产品经济模式变成了有计划的商品经济模式，横向经济联合也就是必然的了。

二、企业横向经济联合在我国经济社会发展中的作用

企业横向经济联合在我国产生和发展的时间虽然还不长，但已经取得了显著的成果。据不完全统计，"六五"期间各地区、各部门、城市与城市、企业与企业之间签订的经济技术联合项目近 7 万项，物资协作金额达 340 亿元。这些都对国民经济的发展起了巨大的推动作用。随着横向经济联合的进一步加强，它在整个经济社会发展中的作用将越来越明显。

（1）它将根本改变我国工业部门结构和地区结构不合理的状况，使国民经济得到平衡发展。长期以来，由于多方面的原因，我国国民经济的部门结构很不合理，不仅部门之间发展很不平衡，各部门内部的比例也不尽协调。同时，由于历史的原因，国民经济的地区结构也很不合理，工业多集中于沿海地区，而少数民族地区的工业则十分落后，要改变这种状况，仅仅依靠行政手段是难以奏效的。只有通过各部门、各地区和各企业的横向经济联合，才

① 马克思. 资本论（第 1 卷）[M]. 北京：人民出版社，1975.

能使那些落后部门和地区充分发挥自己的资源、环境等优势,从先进部门和地区引进技术、资金和人才,逐步改变自己的落后面貌。这样就可以使我国的生产力布局日趋合理,从而使整个国民经济得到平衡发展。

(2)它将彻底打破"部门所有制"和"地区所有制"的限制,促进以中心城市为依托的经济区域和以大型骨干企业为中心的企业集团的形成。我国旧经济体制的最大特点是条块分割,自成体系,它根本违反了商品经济的客观要求,严重地阻碍着社会生产力的发展。通过横向经济联合,就可以彻底打破"部门所有制"和"地区所有制"的限制,形成一些大的企业集团和经济区域。目前,这种大的企业集团和经济区域已经开始出现。如东风汽车联营公司就是一个以第二汽车制造厂为核心,横跨23个省、市、自治区,由163家企业组成的企业集团。武汉市通过企业之间的联合,已与全国各地在生产经营、交通运输、销售贸易等方面建立了广泛的联系。截至1985年底,已签订各种联合协作项目1916项,建立经济联合体、协作体648个,该市还提出了建立五个层次的经济技术协作网络的战略设想。分别是:联合本市所属的3个郊区、4个县,加快城乡经济一体化的发展,建立江汉平原经济技术协作区网络,与沪、宁、渝等长江沿线大中城市联合开发长江流域,积极发展与华中以及西北、西南的协作联合,服务全国,连通港澳,吸引国外。一些大的企业集团和经济协作区的形成,必将迅速改变经济发展中各部门、各地区自我封闭、相互分割的状况,使整个国民经济的发展出现一个新的格局。

(3)它将促进技术进步,改善产品质量,提高经济效益。横向经济联合本身就包括技术联合,而技术联合必将加强各地区、各企业之间的技术交流,从而促进技术进步,提高产品质量。同时,横向经济联合能够把现有企业更好地组织起来,实行更加合理的分工与协作,从而有利于消除"大而全"、"小而全"的现象,改变生产和建设上的分散重复、规模过小、技术落后等不合理状况,克服资金、技术、原材料、燃料、动力供给和产品销售等方面的困难,大大提高经济效益。

三、企业横向经济联合的条件

发展社会主义企业横向经济联合是需要一定条件的,这个条件从宏观讲就是实行有计划的商品经济,从微观讲就是真正确立企业商品生产者和经营者的地位,即要实现企业的自主经营、自负盈亏。根据我国的情况,要具备上述企业横向经济联合的条件,就必须深入进行经济体制改革。但是,经济体制改革是一个比较长期的过程，横向经济联合又不能消极等待，等体制改革完全搞好了再进行。在已有的条件下积极开展横向经济联合，能促进经济体制改革的深入发展。我国的经济体制改革是以扩大企业自主权为开端，以增强企业活力为中心环节的。几年来，国家制定了一系列扩大企业自主权与增强企业活力的政策、措施。但就目前情况看，有些政策、措施落实了，有些还没有落实；有些企业活起来了，有些企业，特别是大中型企业还没有活起来。究其原因，就是改革不配套。然而，要实现经济体制的配套改革，仅仅立足于增强单个企业的活力又是很困难的。如果没有企业的横向经济联合，各项专业经济体制的改革就不显得那么十分迫切。如计划体制的改革，充其量也就是指令性计划多一些或少一些的问题，财政体制的改革，最多也就是给企业的留利多一点或少一点的问题，等等。这样，各项管理制度和管理体系也就很难进行根本地变革。当前，改革中还存在不少矛盾，只有加强横向经济联合，才能促进这些矛盾的解决，加速新老经济体制的转换过程。从这个意义上讲，横向经济联合与经济体制改革又是互为条件的，只有把二者很好结合起来，才能取得显著成效。

尽管横向经济联合能够促进经济管理体制的配套改革，但经济联合毕竟又受到经济体制的制约。在二者的关系中，经济体制的配套改革是矛盾的主要方面。从发展横向经济联合对体制改革的要求看，必须搞好以下几方面的改革：

（一）搞好计划体制改革

我国旧计划管理体制的主要特征是以条条为主，条块分割。在这种计划管理体制下，固定资产的投资、企业生产任务的下达、外汇额度的分配和控制、物资供应等都是按条块进行的，冲破部门和地区限制的企业联合体在计划中没有相应的资金和物资供应渠道，也就难以形成和发展。因此，要发展横向经济联合，首先必须根本改革旧的计划管理体制，使企业真正有生产经营计划权。

近几年，我国的计划管理工作有了一些改善，但条块分割的计划管理体制并没有改变。国家虽然在计划上放了一些权，缩小了指令性计划产品的范围和数量，但部门和地方又层层加码，具体到企业，特别是大中型企业，指令性计划任务仍然过重。据了解，很多大中型企业的指令性计划任务占整个生产任务的比重都在90%以上。这种状况与发展横向经济联合的要求是很不相适应的。

我国的计划管理体制是多年来形成的，要一下改变也有困难，改革应根据横向经济联合发展的趋势和程度，分步进行。

第一步，在现行计划体制尚不能根本改革的情况下，要通过改进计划管理工作，促进横向经济联合的发展。具体可从以下几方面入手：一是继续减少指令性计划，使企业在生产计划方面具有更大的自主权，以便在完成国家指令性计划的前提下有能力进行各种形式的联合。二是在计划安排上要留出一块，用于发展企业横向经济联合。各级计划部门在分配投资、资金和物资供应指标时，应留出一定比例的机动，以保证那些较大的经济效益突出的经济联合体对资金和物资的需要。同时，对于一些经过可行性研究证明投资效益较好的联合投资项目，在计划安排上应给予优先。三是把横向经济联合体的经济活动纳入国家计划，实行计划单列。对少数大型跨部门、跨地区的经济联合体，可在国家计委单独开户，其他中、小型联合体则在各级地方计委单独开户，分别实行计划单列，但这只是一种过渡。

第二步，在减少指令性计划，实行部分企业和经济联合体计划单列的基础上，改革以条块为基础的计划体制，实行企业直接对国家的计划管理体制。发展横向经济联合，关键是要打破计划工作上的条块分割，使企业能够不受部门和地区的限制，自主发展，自由联合。为此，就必须取消部门和地方计划，实行企业直接对国家的计划管理体制。实行这种计划管理体制，首先必须改变现行计划管理机构，即要按照经济区域对各级地方计委进行整顿、调整，作为国家计委的派出机构，直属国家计委领导，不再隶属各级地方政府。然后，把所有企业和经济联合体分类排队，按照它们的规模大小和在国民经济中的地位，有的直接由国家计委实行计划管理，有的由国家计委的派出机构实行计划管理，有的则不实行计划管理，完全由市场进行调节。由国家计委及其派出机构实行计划管理的企业，也要尽可能减少指令性计划，给企业以更大的生产经营自主权。但不管是哪一类企业，都必须按照规定的程序向国家工商管理部门登记注册。实行上述计划管理体制，国家该集中的集中起来，该下放的下放下去，这样不仅有利于企业横向经济联合，而且能够使政企职能进一步分开，有利于加强和改善宏观管理。

第三步，改革计划管理方法，变指令性计划为国家订货。实行上述计划管理体制后，国家对企业的计划管理除一部分企业和产品采取指令性计划外，绝大部分企业和产品采取指导性计划和市场调节。在此基础上，就可以进一步改进计划管理方法，变指令性计划为国家订货，即通过物资和商业部门同企业订货的办法来保证国家所必需的主要产品的生产。其他的一般产品，则通过企业之间的直接订货和市场来解决。实行国家订货办法，国家不仅有权向企业订购产品，而且有义务向企业提供必要的生产条件，企业不仅有义务优先安排国家订货，而且有权力在产品品种、规格和价格等方面同国家进行协调。如果有些企业不愿意承担国家订货，国家可以根据情况，或者改变供货单位，或者运用经济手段进行调节。这样，不仅能够实现权责的进一步统一，而且能够促进国家运用各种经济杠杆，达到国民经济发展的总体目标。在实行国家订货情况下，企业就会有更大的经营自主权，并相互展开激烈竞争，这就必然促进横向经济联合的进一步发展。

（二）搞好财政、信贷体制改革

目前，我国财政实行的是以税代利，利税合一，信贷则实行存贷挂钩，多存多贷。这些都限制了资金的横向融通，阻碍了横向经济联合的发展。由于财政实行以税代利，企业税后留利很少，只有资金没有自我增值的能力，也就不可能向其他企业投资或进行联合投资。即使某些企业有能力投资，在信贷实行存贷挂钩，多存多贷的情况下，银行为了掌握更多存贷款指标，也要阻止企业将资金投向外地，并且对外地投资企业和跨地区联合企业也不会给予贷款支持。总之，现行的财政、信贷体制不改革，企业横向经济联合就很难得到进一步发展。

改革财政体制，关键是要理顺国家、地方和企业的分配关系。不仅使企业有能力进行横向经济联合，而且使其他方面也都关心、支持横向经济联合的发展。为此，就必须实行利税分开：①国家要向所有的企业征税，以建立公共财政。国家对企业的税收，要不以企业所在地及是否承担国家订货而异，实行国税面前人人平等。企业除向国家纳税外，还要向所在地的地方政府缴纳地方税。地方税的税率也要由国家统一规定。地方政府能够取得多少税收，则取决于本地区分布的企业数量、规模和经营状况。如果地方税收收入不能满足地方政府公共财政支出的需要，或者提高地方税率，或者通过国家行政拨款解决。采取这种办法，企业和经济联合体向国家纳税，交给哪里的财政机构都可以，与地方的经济利益无关。但地方税必须交当地政府。对于那些跨地区的大型经济联合体，地方税可按企业生产经营活动的分布情况进行合理分割。这样，就可以冲破地方对横向经济联合的阻挠和干预。各地区要取得较多的财政收入，唯一的办法就是创造较好的环境和条件，吸引国家和其他地区在本地投资办厂。②国家应成立投资公司，负责对国有财产的管理，并以所有者的身份向企业取得合理的利润，用于对现有企业和基本建设的再投资。企业向国家缴纳利税以后的留利，应作为企业的自有资金。这些资金除少量用于职工的集体福利和奖励外，绝大多数应用于企业的技术改造或对其他企业的投资。企业用自有资金进行的投资要同国家投资取得同等的利润，并将这些利润的绝大部分用于企业的发展和对其他企业的再投资。这样就从资金方面保证了企业进行横向经济联合的能力。

改革信贷体制，与发展横向经济联合最密切的是实现资金在全国范围内的横向融通。为此，就必须改变现行按块块发放贷款的制度，要提倡信贷自由。不仅各银行能够在自己的信贷指标范围内自由地发放贷款，而且各企业和经济联合体也能在任何一个银行取得贷款。银行决定是否对企业贷款，主要应看它的经营状况和偿还能力，而不是看它属于哪个地区。企业用自有资金向外地投资，银行应给予支持，提供方便。为了防止通货膨胀，货币发行和贷款指标的确定等，都应由中央银行统一进行。各银行吸收的存款，也应由中央银行统一调配使用。只有这样，才能在加强宏观控制的同时，使货币按照客观规律自由流通，从而为横向经济联合提供资金条件。

（三）搞好价格、税收体制改革

发展横向经济联合，必须有内在动力。这个内在动力就是企业作为商品生产者和经营者的切身经济利益，而价格和税收正是调节企业经济利益的重要杠杆。过去，我国的价格体制高度集中，企业没有定价权，价格体系不合理，既不反映商品的价值，也不反映供求关系。初步改革后，又实行了生产资料价格双轨制，即对同一种生产资料实行计划和市场两种价格，这仍不符合价值规律的客观要求；在税制方面，税种单一，税率长期不变，不能发挥税收的调节作用。实行利改税后，税收的作用有所加强，但又设置了调节税，对先进企业极为不利，在这种情况下，企业进行横向联合，发展名优产品，得不到应有的好处，因而也就缺乏积极性。要使企业有发展横向经济联合的内在动力，必须对价格体制和税收体制继续进行改革。

改革价格体制，除要下放产品定价权限，给企业一定的定价权外，关键是建立一个统一的能够灵敏反应市场供求变化的浮动价格体系。实行浮动价格体系，国家对价格的管理职能通过适时地确定和调整价格的基准线和浮动幅度加以实现，企业则在国家规定的浮动范围内根据市场情况制订自己的产品价格。这样才能贯彻优质优价的原则，促进以扩散名优产品，提高产品质量，扩大生产能力，增加适销对路产品生产为目的的企业横向经济联合的发展。建立统一的浮动价格体系，可在目前生产资料价格双轨制的基础上，首先对计划外产品的价格适当加以控制，规定一个较大的浮动范围，然后对计划内产品的价格也允许一定浮动，最后再随着生产资料市场的建立和完善，逐步实现二者的统一。

改革税收体制，不仅要从税种上划分国家和地方收入，正确处理国家和地方的分配关系，而且要恰当地确定税种、税率，使企业负担合理化。为此，必须在利改税的基础上，逐步减免以致最后取消调节税。如果通过税制改革，能够对同类企业或同类产品实行同税种、同税率，那么，就可以使企业从联合中真正得到好处，从而从物质利益上关心和积极参加横向联合。同时，由于国家成立了投资公司，财政不再负担生产性投资的任务，各种税率必须大大降低，以保证投资公司的利润收入，并使企业的收入在生产发展的基础上逐步有所增加，具有自我改造、自我发展的能力。

（四）建立和完善市场体系

发展横向经济联合，最终还要靠有一个完善的市场体系，如果没有市场或市场体系不完善，则企业的生产要素全部或大部依赖于国家分配调拨和计划供应，不管这种调拨和供应通过什么渠道，采取什么方式，都很难使企业摆脱那些不必要的行政干预，横向经济联合也就很难得到大的发展。健全市场体系，不仅要建立生产资料市场，而且还要建立技术市场、资金市场等，但当前最迫切的是健全生产资料市场。健全生产资料市场就要逐步缩小国家计划调拨产品的范围和数量，扩大市场调节产品的范围和数量。待条件成熟后，全部放开物资管理。如果实行了统一的浮动价格，对企业来说，计划产品和市场调节产品就没有太大的区别。特别是实行国家订货以后，订货对企业同样是市场，是用户。在建立健全了生产资料市场和其他市场之后，企业就可以从根本上冲破各种限制，自由地进行各种形式的经济联合。

四、发展横向经济联合应注意的几个问题

企业横向经济联合属于企业之间的组织形式，它是经济体制和企业模式的中间环节，既涉及宏观管理问题，又涉及微观管理问题。发展企业横向经济联合，除了要创造良好的外部条件外，还应注意解决以下几个问题：

（1）要尊重企业开展经济联合的自主权。经济体制改革的中心环节是增强企业活力。而要增强企业活力，就必须扩大和落实企业的自主权。企业横向经济联合同经济体制改革是相互促进和推动的关系，发展横向经济联合也必须尊重企业的自主权。我国实行以生产资料公有制为主体的有计划商品经济，这一方面为企业横向经济联合开辟了广阔的道路，但另一方面又容易产生强迫命令、侵犯企业自主权的倾向。在这方面，不仅过去有深刻的教训，当前也存在一些不恰当的做法。据了解，有些部门和地区已经提出了在多长时间内组建多少企业群体的要求，这是很值得注意的。

尊重企业开展横向经济联合的自主权，就要按照客观经济规律办事，在联合中坚持自愿、平等、互利的原则，做到任何企业都有按规定参加某一联合的自由，同时也有退出联合的自由。各级政府和企业主管部门，要为企业

联合"穿针引线",当好"红娘",但却不能横加干涉,包办代替,更不能采取"装口袋"、"梳辫子"的办法,强迫企业联合。实践证明,如果采取行政手段强行组织联合,在一段时间内可能会搞得轰轰烈烈,但因缺乏共同的基础,结果必然是貌合神离,效果很差,甚至过一个时期后,又不得不退回去。只有积极创造条件,使企业真正感到联合的必要性、迫切性,做到"我要联合"而不是"要我联合",联合才能取得成功。

(2)要加强引导,使企业横向联合符合国民经济整体发展的需要。发展企业横向经济联合,必须坚持自愿、平等、互利原则,但这并不意味着国家可以置之不理,让其放任自流。由于企业的经济活动总要受到一定空间和时间的限制,看问题往往不一定很全面。国家的宏观调节和积极引导就特别重要。这种调节和引导主要包括:制定科学的产业政策和行业、地区发展规划,使企业明确国民经济发展的总体目标和国家的指导意图,发布各种经济信息,使企业了解国民经济和各种主要产品发展的现状;运用各种经济杠杆,调节企业行为,使企业的经济利益和整个国民经济发展的要求一致起来;加强经济立法和经济司法,保护企业的经济权益,维护正常的经济秩序。只有做到了这几点,才能避免盲目发展和重复建设等不利于提高企业经济效益和社会经济效益的情况,使横向联合沿着正确的道路健康发展。

(3)发展横向经济联合要以提高经济效益为中心。发展横向经济联合的最终目的,是要在较大的范围内合理组织生产力,并创造出新的生产力,从而提高企业和社会的经济效益。因此,发展横向经济联合必须以提高经济效益为中心。作为国家,要采取各种优惠措施,着重鼓励通过联合开发落后地区的经济,发展能源、交通和短缺的原材料工业,发展出口产品和市场紧俏产品等,逐步改变我国国民经济部门结构和地区结构不合理的状况,使国民经济协调发展;作为企业,通过联合要能取得更多的经济收入,不仅为国家创造更多的积累,为企业和职工也要提供更多的经济效益。企业在向外投资和进行其他形式的联合时,必须弄清对方的信誉和经济实力,防止盲目性,特别要考虑资金盈利率和资金回收期,避免没有效益或效益很差的联合。现在有些企业对外进行投资时,由于投资目的和方向不明确,对被投资单位的实力和信誉了解不够,致使资金收益率很低,回收缓慢,有些投资甚至连本金也丢掉了。这样的联合,显然是失败的。

(4)既要发展联合,又要保护竞争。联合和竞争都是商品经济发展的客观要求。竞争必然促进联合,联合又要有利于竞争,才能推动商品经济的发展。为了防止联合中出现垄断,国家应制定有关反对垄断、保护竞争的规定或条例。特别是联合的形式要多样,联合的规模要适当,避免"一刀切"或规模过大,形成一统天下。现在有些所谓工业公司或联合公司规模搞得很大,有的甚至把整个行业都统一了起来，并且又采取行政手段进行管理，这就和以往的工业部门没有什么区别，失去了横向经济联合的意义。总之，只有在竞争中促进联合，联合才能稳定发展，同时只有在联合中提倡和保护竞争，社会主义商品经济才能充满生机和活力。

（原载于《工业经济管理丛刊》1987 年第 7 期）

企业改革的难点与对策

为了分析企业改革的难点所在，以便采取相应的对策，首先对企业改革做一些简要回顾是必要的。经济体制改革 10 年来，企业改革走了艰难曲折的历程，大体经历了扩权、利改税和承包经营等几个阶段。由于改革是一个循序渐进、连续不断的过程，因而几个阶段在时间上有一些交叉和重叠。

一、扩权阶段（1978~1983 年）

扩权是 1978 年 10 月从四川省开始的。它首先打破了完全统收统支的财政体制，使企业有了一定独立的经济利益，继而又有力地冲击了计划、物资、价格、税收、劳动人事等项管理体制，使企业有了一定的生产经营自主权。然而，正当改革深入进行之际，我国的财政发生了严重困难，一时间放慢还权让利的步子曾成为主要倾向。在改革稍作收缩并受到相应惩罚之后，又以实行经营责任制的形式继续进行。这个阶段的贡献在于，它为改革奠定了基础，形成了全面改革的态势。

二、利改税阶段（1983~1986 年）

随着改革的深入发展，企业的利益不断扩大，企业之间分配上的"苦乐不均"和"鞭打快牛"问题就逐步暴露和突出起来，利改税就是在这样的背景下出台的。

1983 年和 1984 年实施的两步利改税的基本指导思想是想为企业创造平等的竞争环境，并使国家与企业的分配关系规范化。然而，就第一步利改税来说，除把一部分利润变为所得税外，税后利润仍实行各种不同的上缴和留存办法，这同利润留成和利润包干并没有本质区别。第二步利改税曾设想通过产品税、资源税和固定资金占用税来缓解价格不合理带来的矛盾，调节企业客观生产条件优劣造成的利润差异，以实现企业的平等竞争。但在方案测算过程中，遇到了不同企业同类产品利润率相差悬殊的矛盾。如果产品税税率定得太高，很多企业都将承受不起；定得太低，既不能发挥应有的调节作用，又会影响国家财政收入。其结果只得放弃固定资金占用税，并开征一户一率的收入调节税。这就与原有的指导思想发生了根本背离，因而也就不能达到应有的目的。

利改税第二步不仅没有解决"苦乐不均"和"鞭打快牛"问题，而且还造成了一些大中型企业留利水平的降低，随之而来的便是一片"企业困难，厂长（经理）难当"的呼喊声。

三、承包经营阶段（1986年、1988年）

承包经营是在利改税受挫的情况下推出的，它是对利改税的修正，是利改税和利润包干的折中与混合。

承包经营作为一种经营方式，是想通过企业所有权和经营权的分离来实现企业的自主经营、自负盈亏的。但在经营环境和经济约束机制根本改善和健全之前，无论实行什么样的经营方式，都难以真正实现企业的自主经营、自负盈亏。同时，由于承包经营是对企业现有经营环境的一种妥协，它必然不断受到环境变化的冲击。

这一阶段除实行承包经营外，还进行了企业兼并、产权转让和股份制试点。在上述几个阶段中，国家与企业之间的分配曾采取多种形式，其中主要有：利润留成、盈亏包干、利改税和经营承包等。撇开利润留成不说，从盈亏包干到利改税，再从利改税到经营承包，虽然两次包干的内容和形式有所不同，但其实质并没有改变。不可否认，它是在经历了一个较大的曲折之后，又回到了原有的路子上，说明企业改革的难点始终没有突破。

从以上简要回顾中可以看出，企业改革是围绕着国家与企业的分配关系问题展开的，其基本目标就是要通过这一问题的正确解决实现企业的自主经营、自负盈亏。

关于全民所有制企业能否实行自负盈亏的问题，至今还存在着不同认识。有的同志认为，所谓企业的自负盈亏，只能是企业所有者的自负盈亏，全民所有制企业的财产是属于国家的，因而无法实行自负盈亏。笔者认为，这里有一个对企业法人和法人财产的认识问题。全民所有制企业是一个法人，这一点是毫无疑问的。所谓企业法人，是在法律上把企业整体作为一个承担民事责任的"人"来看待。按照民法规定，"全民所有制企业法人以国家授予它经营管理的财产承担民事责任"。这就是说，国家是财产的所有者，但它把财产授予企业法人成为企业法人财产，企业以它拥有的法人财产进行生产经营，并承担民事责任。如果经营失败、破产，企业就以其法人财产清偿债务。由此可见，在实现所有权和经营权分离之后，全民所有制企业也是可以实行自负盈亏的。

问题的关键在于，要使全民所有制企业自负盈亏，就必须赋予它充分的经营自主权。如果没有充分的经营自主权，企业的经营好坏不取决于或不完全取决于自己，它也就无法自负盈亏。同时，要使企业自负盈亏，还必须使企业的经济效益能够得到客观反映和评价，并处理好企业同国家的分配关系。

经济体制改革以来，在处理企业同国家的分配关系问题上，所遇到的最大困难是：如果实行利润留成和利润包干，由于留成比例和包干基数都是按照企业以往的实际盈利水平确定的，这就难以消除"鞭打快牛"和"平均主义"，从而也就达不到改革的目的；如果实行统一税种、税率的利改税，由于产品价格不合理和企业客观生产条件的差异，不仅会造成严重的"苦乐不均"，而且很多企业都承受不起。

因此，企业改革的难点就在于：要实现企业的自负盈亏，就必须为企业创造自由平等的竞争环境，而创造这种环境，又需要一个相当长的艰苦过程。

有的同志认为，公有制企业的不平等是由国家与企业的特定关系决定的，带有很大程度的先天性，企图通过企业外部环境的调整来实现企业的平等竞争是不可能的，必须从财产关系入手，解决企业的重新构造问题。

毫无疑问，企业重新构造是深化企业改革的一个重要方面，但它并不能解决或代替企业的平等竞争问题。首先，企业再造也有一个既定的客观条件问题，只要这种条件不平等，再造出来的企业仍然是不平等的；其次，在公有制尚为主体的情况下，不论企业的构造如何，要实现企业的自主经营、自负盈亏，都需要有一个大体平等的竞争环境。

针对企业改革的难点所在，要深化企业改革，必须采取以下对策：

（1）治理企业环境。企业没有良好的平等的竞争环境，是阻碍企业改革深入进行的主要因素。因而，要深化企业改革，首先必须治理企业环境。治理企业环境，需要进行多方面的工作，其中主要是进一步实行政企分开、健全市场体系和进行价格改革。

实行政企分开，关键是要明确政府的职能。政府除对所有企业进行统一的行政管理、税收管理和对国有企业的财产进行管理外，对企业的生产经营活动一律不予干预，以实现企业的自主经营。

健全市场体系，不仅要健全生产资料市场，而且还要健全其他要素市场。只有健全了市场体系，企业在取得生产要素和销售产品时才能有真正平等的地位。

进行价格改革，就是要通过价格的调整和价格形成机制的转换，实现产品价格的合理化，使企业的经济效益得到正确反映和客观评价，以促进企业的自负盈亏。

（2）实行股份制。实行股份制的意义不在于为企业创造平等的竞争环境，也不在于代替或回避企业的平等竞争问题，而在于明确企业的财产关系，使国家、企业和职工都关心企业经济的发展和经济效益的提高，形成企业的自我约束机制。

股份制是商品经济和社会化大生产发展的产物，在实行过程中，必须按照商品经济的客观要求，由企业根据生产发展和市场竞争的需要自觉进行，而不能采取行政命令的办法。

（3）正确确立企业同国家的分配关系。当前实行的承包经营只是一种过渡，在治理企业环境和部分企业实行股份制的基础上，就要重新正确确立企业同国家的分配关系。为此，就必须实行税利分离。在税收方面，要做到同类企业同税种、同税率，实行国税面前人人平等，以实现企业的公平竞争。税后利润的分配，不同企业要采取不同办法。凡是股份制企业，要按股分红；凡是单一的全民所有制企业，首先要向国家缴纳固定资产和流动资金占用费，然后再实行包干或按比例分配；凡是集体和个体企业，则全部由企业支配。

（原载于《学习与研究》1989 年第 1 期）

深化改革　强化管理　增强国有大中型企业活力

增强企业活力，特别是增强国有大中型企业活力，是我国经济体制改革的中心环节。它对于搞活整个国民经济，发挥社会主义优越性具有重要意义。因此，"八五"期间，乃至整个 90 年代，继续增强国有大中型企业活力，仍然是一项艰巨的战略任务。

一、总结经验教训，弄清国有大中型企业缺乏活力的主要原因

改革开放以来，国家在增强国有大中型企业活力方面采取了一系列措施，企业被捆得很死的状况，比在高度集中的经济体制下有了较大改变，但总的来看，国有大中型企业活力不足的问题一直没有很好解决，特别是最近两年，国有大中型企业资金紧张、市场疲软、生产速度下降、经济效益滑坡，处境更加困难。

早在改革初期，搞活国有大中型企业的问题就被提出来了，为什么这个问题一直得不到解决呢？我们分析原因主要有以下几个方面：

（1）国有大中型企业的改革没有取得实质性的进展。这主要表现为政企还没有分开，国有大中型企业作为商品生产者和经营者的地位还没有真正被确立，其自主经营、自负盈亏、自我改造、自我发展、自我约束的经营机制还没有形成。在这种情况下，企业就必然缺乏增强活力的动力、压力和条件。

国有大中型企业改革进程缓慢，除某些改革措施不够得力外，其改革具有特殊困难也是重要原因，如国有大中型企业是国家指令性计划的主要承担者，指令性计划太多就会造成政企不分，而减少指令性计划又需要一个过程。国有大中型企业是国家财政收入的主要承担者，扩大大中型企业的财权，在

某种程度上会同一直比较紧张的财政状况发生矛盾，国有大中型企业在国民经济中的重要地位，决定了国家更关心这些企业的稳定，从而影响到某些改革措施的出台，特别是当改革出现某些挫折或经济活动中出现某些混乱的时候，由于间接的宏观调控体系还没有建立健全起来，国有大中型企业首先会成为强化实施行政手段的对象，等等。

（2）国有大中型企业自主权不落实。在改革过程中，国有大中型企业，不仅不能在国家政策规定上享有与其他类型企业同等的自主权，而且在国家政策和法律规定的范围内，国有大中型企业的自主权也没有落实或完全落实。据有关材料分析，人财物、供产销等决策权真正落实到企业的还不到40%，60%的权利或被地方行政部门截留，或因改革不配套企业不能真正享受到。

（3）在治理整顿中必要的改革没有跟上。最近两年，国有大中型企业遇到的某些困难，如流动资金紧张、市场疲软等，与执行财政、金融双紧政策以及国民经济中长期积累的深层矛盾的暴露有一定关系。但是，如果在实行紧缩政策的同时，相应的改革措施能够跟上的话，有些困难本来是可以克服的。然而，由于种种复杂的原因，不仅改革没有取得新的进展，而且某些已有的改革也停顿下来甚至退缩回去。如在治理整顿中，宏观管理上的行政化倾向十分强烈，以致造成了某些企业自主权被侵犯、被回收的情况。在这种宏观上紧缩、微观上搞死的局面下，国有大中型企业陷入困境之中也就是必然的了。

（4）国有大中型企业在经营管理上也存在不少问题。从总体上看，国有大中型企业的经营管理水平要高于小型企业和乡镇企业等，但很多企业在经营管理上也存在这样那样的问题。如有的企业领导关系不顺，不能形成统一的指挥中心；有的企业经营决策连连失误，造成大幅度亏损；有的企业基础工作薄弱，成本管理混乱，以包代管和吃老本现象严重；有的企业至今缺乏经营观念和经营能力，面对市场疲软束手无策，无所作为；等等。这也是造成某些国有大中型企业活力不足的重要原因。

二、统一认识，确立正确的搞活国有大中型企业的指导思想

我国的国有大中型企业很多，分布在不同的行业和部门，他们的生产技术特点及其在国民经济和人民生活中的地位与作用都有所不同，对它们必须实行分类管理。如在企业的经营方式上，绝大多数国有大中型企业都应实行

国家所有——集体经营或股份共有——集体经营，而少数特殊部门的企业，如铁路、邮电、国防和城市公用事业等仍应实行国家所有——国家经营。实行国家所有——集体经营或股份共有——集体经营的大中型企业，要以提高企业经济效益为主要经营目标。它们要同其他类型的企业一样进入市场，进行公平竞争，并实行自主经营、自负盈亏。实行国家所有——国家经营的大中型企业，要以提高社会经济效益为主要经营目标。它们的主要决策和经营活动，如企业的投资、产品方向的确定、厂长的委派、职工的招收、能源及主要原材料的供应、产品的销售和价格制定等都要由国家直接负责，其盈亏也由国家来负责。因此，除少数实行国家所有——国家经营的大中型企业外，绝大多数国有大中型企业在深化改革和强化管理中都应坚持以下几点：

（1）要坚持市场取向的改革，使国有大中型企业也成为真正的商品生产者和经营者。为了实现这一点，在宏观上，要逐步建立计划经济与市场调节相结合的运行机制；在微观上，要在明确产权关系的基础上，使企业自主经营、自我发展、自负盈亏。这虽然是改革的方向和最终目标，但各项现实的方针、政策都必须有利于朝着这一方向和目标前进，而不应背离这个方向和目标。在一段时间内，人们似乎对这一改革的方向和目标产生了动摇，因而在某些方面出现了强化旧体制的倾向，这是不利于增强国有大中型企业活力的。

（2）要把扩权让利与转换企业经营机制结合起来。在企业改革中，扩权让利与转换企业经营机制是互为联系、相辅相成的。如果没有扩权让利，就无法冲破高度集中的旧体制，也就不可能建立起新的企业经营机制，而在扩权让利的同时，如果不注意逐步建立起符合有计划商品经济要求的企业经营机制，企业的自主权就不可能巩固，就会出现扩权、收权的摇摆现象，达不到企业改革的最终目标。在以往的企业改革中，就存在着只重视扩权让利，而忽视企业经营机制转换的倾向，这是造成国有大中型企业至今活力不足的主要原因。在今后的企业改革中，必须把扩权让利与转换企业经营机制很好结合起来，并注重在转换机制上采取措施，如注意理顺产权关系，实行股份制等。

（3）要着力为国有大中型企业创造与其他类型企业平等的市场竞争条件。最近几年，国家对国有大中型企业实行了某些倾斜政策，如在原材料、能源、资金供应方面给予重点照顾等，这对于帮助大中型企业克服眼前困难是有利的，但却不符合平等竞争的原则。因为它不是赋予大中型企业与其他类型企业相同的经营自主权，而是强化了国家对国有大中型企业在财、物方面的行政性保护。从实行的结果看，国有大中型企业并未因此而活力增强，相反却更依赖于国家。问题很清楚，其他类型的企业之所以比国有大中型企业更具有活力，主要是因为他们有更大的经营自主权，而不是受到了更多的行政性保护。因此，今后在企业的经营环境上，国家应着力为国有大中型企业创造与其他类型企业平等的市场竞争条件，其政策重心应放在培养国有大中型企业独立发展的制度环境，而不是产生条件的行政性保护和各项政策的倾斜，应当有利于产业结构和产品结构的优化，而不应当以企业的所有制性质和规模大小为依据。

（4）要把深化改革与加强企业管理结合起来。国有大中型企业活力不足，既有外部条件问题，也有内部管理问题。增强企业活力，既需要深化改革，为企业创造良好的外部环境；又需要强化管理，提高企业的应变能力。就近阶段来说，由于新的企业经营机制还没有建立起来，所以深化改革显得更加重要。但是，在任何体制下，企业都有一个适应外部环境的问题，而适应得好坏，则决定于企业本身的素质和经营管理水平。这就要求我们在深化改革的同时，还要注意企业管理工作的加强。

（5）要从实际出发，分阶段推进。增强国有大中型企业活力，是一项十分复杂而又艰巨的工作，必须从实际出发，分阶段推进。特别是在深化改革方面，要在坚持正确的改革方向的前提下，把实现近期目标和远期目标结合起来。在继续执行治理整顿期间，虽然某些方面的改革，步子不可能迈得很快，但必须积极为下一步的改革创造条件，而不能为下一步的改革设置新的障碍。在"八五"前期，主要应在改善企业内外部条件，把企业推向市场方面多下功夫；在"八五"后期和"九五"期间，主要应在实行股份制，转变企业经营机制方面多下功夫。

三、改善企业内外部条件，逐步把更多的 国有大中型企业推向市场

为了把更多的国有大中型企业推向市场，需要改善企业内、外部两方面的条件。就改善企业内部条件来说，"八五"前期主要应做好以下各方面的工作：

（一）完善经营承包制

近两三年内，增强国有大中型企业活力，必须围绕着完善经营承包制来进行。完善经营承包制，关键是要合理确定承包基数。对已经签订了第二轮承包合同的企业，应坚持按承包合同执行。对尚未签订第二轮承包合同的企业，则应根据企业在第一轮承包中完成任务的情况，并参照本行业的平均资

金利润率，正确确定承包基数，使承包真正起到鼓励先进、鞭策落后的作用，以充分发挥企业和职工的积极性。

完善经营承包制，还要克服以包代管的现象，把实行经营承包与加强经营管理结合起来。在实行经营承包过程中，一些企业出现了以包代管的现象，如忽视了科学管理方法的运用，放松了上级对下级必要的指导、控制和监督；某些合理的规章制度遭到冲击，一些必要的资料整理和报表编制无人负责等。这些都是不符合管理社会化大生产的客观要求的，必须对它们加以改变。

把实行承包经营与加强经营管理结合起来，主要是在实行企业内部承包中，要处理好职能管理部门和生产单位之间的关系，加强专业管理，要把各级承包纳入计划管理的轨道，保证企业生产经营任务的全面完成；要使承包制与企业其他规章制度相配合，有利于其他规章制度的贯彻执行。

（二）改革和完善企业的工资与奖金分配制度

企业活力的源泉，在于脑力劳动者和体力劳动者的积极性、智慧和创造力。要使劳动者的积极性、智慧和创造力充分发挥出来，必须在加强思想政治工作的同时，改革和完善企业的工资与奖金分配制度，使企业和职工的劳动贡献与自身的物质利益紧密联系起来。

当前，改革和完善企业的工资与奖金分配制度，主要应从两方面入手：一是完善企业的工资总额与经济效益挂钩制度；二是改革和完善企业内部的工资与奖金分配制度。企业的工资总额与经济效益挂钩制度，实际上也是经营承包制的一项内容。大中型企业实行"工效"挂钩体现了经济利益与经济效益的结合，有利于贯彻按劳分配原则，发挥企业和职工的生产积极性。但这种制度在具体执行过程中，也存在一些问题，需要进一步完善。这些问题主要是：①由于价格关系还没有理顺，企业经济效益受价格因素的影响还比较大，因产品价格不合理而影响企业工资总额的现象还相当普遍；②企业经济效益和工资总额基数不合理，造成挂钩的结果往往不合理；③企业的工资总额只能随企业经济效益的增长而上浮，而很难随企业经济效益的下降而下浮；④挂钩制度只在部分经济效益较好的大中型企业实行，而对于实行挂钩企业的工资增长又缺乏有效控制，因而出现了某些经济效益好的挂钩企业，其工资总额的增长速度，反而低于某些经济效益不好的非挂钩企业的不正常现象。对这种问题，必须采取相应措施予以解决。如加快价格体系改革的步伐，使企业的经济效益能够得到客观的反映和评价，把工资总额与经济效益增长挂钩变为全额挂钩，以解决企业经济效益和工资总额基数不合理带来的矛盾，处理好分配制度改革与保持社会稳定的关系，使企业的工资总额既能随企业经济效益的增长而增长，又能随企业经济效益的下降而下降，扩大实行"工效"挂钩的范围，使其作为一种分配机制对所有的企业都能发挥激励和制约作用。

当前大中型企业已经有了自主选择工资制度和奖金形式的权力，这是搞活企业内部分配制度，增强企业活力的有利条件。但是，在企业内部分配上也还存在不少问题，除少数企业存在高低悬殊现象外，主要倾向仍然是差距太小，平均主义严重。一些企业的实践证明，结构工资制是一种较好的工资制度，它既可以克服平均主义，又能够避免不合理的高低悬殊，应当成为大中型企业进行内部分配制度改革的方向。但是具体到每个企业，究竟应实行哪种工资制度，以及在实行结构工资制中应设立哪些工资单元，其标准如何，则应根据其生产技术特点和工作性质加以确定。

企业内部分配制度中的另一个突出问题是福利化和实物化倾向越来越严重，这不仅助长了平均主义，而且不能正确反映企业的分配情况，不利于国家从宏观上对企业的分配进行调控和监督。造成这种情况的原因之一是企业不愿意缴纳工资调节税和奖金税。为了解决这一问题，可在完善个人所得税的基础上，逐步降低工资调节税和奖金税的税率，并在适当的时候，取消这两个税种。

（三）坚持和完善厂长负责制

《中华人民共和国全民所有制工业企业法》规定，企业实行厂长（经理）负责制；厂长依法行使职权，受法律保护；厂长是企业的法定代表人，在企业中处于中心地位，对企业的物质文明建设和精神文明建设负有全面责任；厂长有决定企业行政机构的设置，提请政府主管部门任免或者聘任、解聘副厂级行政领导干部，任免或者聘任、解聘企业中层行政领导干部等权力。这些规定本来是正确的，它保证了厂长对企业生产经营活动的统一指挥，有利于提高企业的生产经营效率和经济效益。但是，自从"核心"问题提出来之后，厂长负责制受到了一定冲击。在一些地区，甚至对是否继续实行厂长负责制也产生了怀疑，给企业的领导工作造成了混乱。现代化大生产只能建立一个指挥中心，而不能有多中心，否则，就会出现无人负责现象，贻误决策。目前，不少企业由于"中心"、"核心"的困扰，厂长不敢大胆决策，怕说不尊重党的领导，党委不敢大胆监督，怕影响厂长中心地位。一个不到位，一个怕越位，致使企业领导工作出现了某些空白。大家都说要"两心合一心"，但不少企业是两心分离。国此，必须按照《企业法》的规定，继续坚持和完善厂长负责制，保证厂长依法行使各项职权，真正处于中心地位，发挥中心作用；企业基层党委则应切实负起对思想政治工作的领导责任，并对生产行政工作进行保证和监督。

为了减少党政之间不必要的摩擦，有条件的大中型企业，在实行厂长负责制时，可采取厂长和党委书记一人兼的办法。一些企业的实践证明，这是一条协调党政关系的有效办法。对没有条件或不宜于实行厂长和党委书记一人兼的企业，党委书记最好由主管过行政工作的领导同志担任，以便使其更好地理解和支持厂长的工作，使党政共同为了"一个中心"而开展工作。

(四) 加强职工民主管理

坚持和完善厂长负责制，与加强职工民主管理并不是矛盾的，而是相辅相成的。只有在加强职工民主管理的基础上实行厂长负责制，才能真正保证厂长对企业生产经营活动的集中指挥。

实行职工民主管理，关键是要处理好决策和执行决策、参与管理和接受管理之间的关系。企业的重大经营决策，都应由职工大会或职工代表大会讨论决定，企业的重大经营决策和指挥，则应由厂长和以厂长为首的行政指挥系统来执行。决策过程要充分发扬民主，执行过程要坚决服从。每个职工既是企业的主人和管理者，都要参与管理，参与决策，又是企业的雇员和被管理者，都要接受管理，执行决策。

(五) 加强企业管理的基础工作

改革以来，我国企业管理的基础工作有了很大加强，但总的来看，还比较薄弱和落后。如在定额工作方面，定额种类不全、水平落后的现象还相当普遍；在计量工作方面，不少企业还没有建立健全相应的管理机构，专业管理人员缺乏，计量器具不全、不足、老化和失修的现象相当严重，在信息工作方面，很多企业还没有建立健全信息的收集、处理、传递和储存系统。不仅外部信息闭塞，不能及时了解企业经营环境的变化情况，经济、技术和社会发展的趋势，市场供求状况和用户意见等，而且内部信息渠道也很不畅通；作为记录、传递、汇集企业内部信息主要手段的原始记录和统计工作既缺乏全面、系统性，又缺乏准确、及时性；在标准化管理方面，一些企业的技术标准和管理标准落后，一些企业甚至没有标准化方面的管理；在规章制度方面，虽然所有企业都建立了一些规章制度，但真正完全执行的企业并不多。特别是在企业内部经济责任制和其他制度的落实方面，近两年又有所放松，等等。

加强企业管理的基础工作，必须全面规划，统筹安排。既要有近期要求，又要有长远目标；既要突出重点，又要搞好各项工作之间的协调和配合。要实行专业管理和群众管理相结合；集中力量整顿和常抓不懈相结合；行政管理和贯彻物质利益原则相结合。并要从实际出发，讲求实效，反对各种形式主义。

(六) 强化企业成本管理

最近几年，工业企业的可比产品成本连续大幅度上升。如1989年全民所有制独立核算工业企业的可比产品成本比上年上升了22.17%。从行业看，全部都是上升的。上升幅度最大的是石油和天然气开采业，为37.33%，上升幅度最小的是电子及通信设备制造业，为10.17%。从地区看，也全部都是上升的。上升幅度最大的是海南省，为29.09%；上升幅度最小的是西藏自治区，为9.70%。这虽然主要是由于物价上涨造成的，但与企业成本管理薄弱和混乱也有很大关系。

(七) 大力发展企业集团

以大中型企业为骨干组建和发展企业集团，是调整企业组织结构，优化资源配置，提高企业规模经济效益，增强大中型企业活力的重要途径。根据以往企业集团发展中的经验和问题，今后发展企业集团主要应从以下两个方面作出努力：首先是要充分发挥市场的作用，其次是要打破"三不变"的原则。充分发挥市场的作用，并不是不要运用行政手段，而是要正确运用行政手段。由于企业集团的建立与发展，涉及到企业的产权关系、管理关系、行政隶属关系和分配关系等各方面的变化，行政力量的作用，应当与市场力量的作用方向基本一致，即应当尊重企业的自主权，尊重市场规律。各级政府应当主要通过产业政策、投资政策及其他经济政策和法律手段，并通过发挥市场机制的作用，去引导企业走联合之路，而不应强迫企业进行联合。打破"三不变"的原则，用公有股份制的形式来改造和发展企业集团，增强企业集团的凝聚力，使生产要素实现优化组合，充分发挥企业集团在提高社会生产力方面的作用。

改善企业外部条件，关键是进行经济管理体制的配套改革，"八五"前期，主要应做好下述几方面的工作：

(1) 认真落实企业经营自主权。改革以来，为了增强企业活力，国家曾多次明文规定了企业在各方面的经营自主权，如1984年5月10日《国务院关于进一步扩大国营工业企业自主权的暂行规定》就规定了企业在生产经营计划、产品销售、产品价格、物资选购、资金使用、资产处置、机构设置、人事劳动管理、工资奖金、联合经营等10个方面的权力。此后，国务院又在1988年9月11日批转《国家经委、国家体改委关于增强大中型国营工业企业活力若干问题的暂行规定》和1986年12月5日《关于深化企业改革增强企业活力的若干规定》中，对国有企业和国有大中型企业在某些方面应享有的权利做了明确规定。但由于种种原因，这些权力很多至今还没有落实，有的前些年落实了，近两年又被回收了。

（2）减轻企业负担。当前，大中型企业的负担很重，绝大多数企业的纯收入在缴纳各种税、费、利息和摊派等之后所剩无几，根本谈不上自我改造、自我发展问题。如鞍钢近两年由于税收增加，原材料涨价等，减利20亿元，累计欠交利税已达16亿元，1990年企业留利为零。在这种情况下，企业是不可能有活力的。必须采取多种措施：如取消调节税；取消按折旧15%提取的能源交通基金和按10%提取的预算调节基金；制止对企业的各种摊派；减少不必要的检查评比活动等，大大减轻企业负担，增强企业自我改造和自我发展的能力。

（3）扩大企业投资的自主权。在大中型企业自我改造和自我发展问题上，一个突出问题是企业没有投资权。有少数大中型企业，虽然自有资金较多，但因没有投资权，也大大影响了企业的自我改造和自我发展。如首钢每年的投资能力已有10多亿元，而投资自主权只有5万元，这是很不利于企业的进一步发展和增强活力的。

企业的投资权问题，实际上是企业是否应当具有扩大再生产的权力以及这个权力应当有多大的问题。既然是自主经营、自负盈亏的商品生产者和经营者，就应当享有企业充分的扩大再生产的自主权，成为投资的主体。企业只要不欠交国家的税收、利润，在符合国家产业政策要求的前提下，应当可以用自有资金进行任何项目的建设。

（4）扩大企业对外经营权，使其能够直接进入国际市场。目前，我国绝大多数企业还不具备对外经营的自主权，缺乏开拓国际市场的外部条件和内在动力，这在很大程度上限制了企业经营活动的空间，影响了企业活力的增强。必须有计划、有步骤地扩大部分大型企业的对外经营权，使他们能够直接进入国际市场，参与国际竞争。

扩大部分大型企业的对外经营权，主要是给这些企业以自营出口权和必要的进口权。凡年出口创汇达到一定程度，且在自营出口后能完成原经济效益承包指标的大型企业，就应给予自营出口权及相应的人员出国免批权等。同时，为了使这些企业以进养出，进一步扩大产品出口，还应给予它们一定的进口权，如有权进口本企业出口产品所需要的原材料和配件；产品开发必需的样机和检测仪器；为扩大产品出口而需要进口的国外先进设备和关键技术等。

对拥有自营出口权的工业企业，在政策上应与外贸专营公司同等享受鼓励外贸企业出口的全部优惠政策。

（5）建立健全劳动保险和社会保险制度。这主要是为劳动用工制度的改革创造条件。劳动用工制度的改革是经济体制改革的一个难点。当前，由于经济的、政治的和社会的原因，国有大中型企业还没有根据生产经营活动的需要，自由地招收和辞退职工的权力。即使国家已经赋予企业的人事劳动权，由于劳动保险和社会保险制度不健全及其他一些原因，该制度也还没有完全落实。为了根本改革旧的由国家和企业包下来的劳动用工制度，使企业拥有充分的人事劳动权，就必须建立健全劳动保险和社会保险制度。

建立健全劳动保险和社会保险制度的主要困难是资金问题，这个问题需要国家、企业和劳动者个人三个方面共同解决。最近几年，国家和各地区已经在这方面做了大量的工作，并取得了一定成效。今后，应在总结经验的基础上，继续把这项工作做好。特别是各企业应积极支持这一工作，要按国家规定及时为职工缴纳保险金。有关部门则要加强保险金的征收、管理和使用工作，以加快保险制度建设的步伐。

（6）加快价格改革，完善税收制度。价格体系的改革是整个经济体制改革成败的关键，也是搞活大中型企业的关键，因为价格体系不合理，不仅企业的生产经营成果无法得到客观的反映和评价，严重妨碍按劳分配原则的贯彻执行，影响企业和职工的生产积极性，而且也无法使企业对自己的经营成果负责，这些都直接影响到企业活力的增强。同时，在价格体系不合理的情况下，许多有利于搞活大中型企业的其他改革措施（如实行同类企业同税种、同税率的税利分流，税后还贷）也难以出台，有些措施即使出台了，也会发生扭曲和变形。

改革价格体系，最根本的是要改变所有产品价格都统一由国家制定的价格形成机制。当前，在价格方面，影响大中型企业活力的主要问题是价格双轨制。价格双轨制的本质特征是一物二价，这是根本违背价值规律的。在价格双轨制下，各类企业在价格上处于很不平等的地位。不仅大中型企业与小企业和乡镇企业不平等，而且大中型企业之间也不平等。因此，价格双轨制是妨碍企业之间开展平等竞争，影响大中型企业增强活力的一个重要因素，必须尽快予以改变。解决价格双轨制问题，决不能回到实行单一的计划价格的老路上去，因为这样必然使整个经济体制改革发生倒退。唯一正确的途径是：把绝大多数产品（少数重要商品和劳务除外）的双轨价格逐步并为单一的市场价格。只有这样，才能把大中型企业也推向市场的海洋，使它们在市场的海洋里开展公平竞争，从而千方百计地增强自己的活力，并为自己的经营成果完全负责。

把绝大多数产品的双轨价格并为单一的市场价格需要一个过程，但当前应抓住市场疲软的有利时机，加快这方面的工作。对那些已经具备或基本具备放开价格条件的产品，应尽快把价格全部放开，对暂时还不具备完全放开价格条件的产品，应在现行双轨制的基础上，对其市场价格严格执行最高限价，同时适当调高其计划价格，使二者逐步趋向一致。当前，加快价格改革的客观条件是具备的，问题在于要提高人们的认识，消除人们思想上的种种疑虑。如有的同志担心，放开价格又会造成物价的大幅度上涨，再次掀起抢购风。实际上，只要继续执行"双紧"政策，管住货币，管好财政和信贷，这种情况是不会重新出现的。总之，当前是加快价格改革、为大中型企业增强活力创造良好的外部环境的极好机会，我们要抓住这个机会，敢于迈开步子。

在加快价格改革的同时，还应进一步完善税收制度。当前，税收中的主要问题是税负不合理，国有大中型企业税负过重。如全民所有制工业企业的所得税税率为55%，有的企业还要缴纳调节税，国有小型企业实行八级超额累进所得税，税率最高为55%，最低为10%，没有调节税；而生产同类产品的在经济特区、开放城市、开发区的中外合资企业，其所得税税率为15%（有的为13%），一般城市的中外合资企业为33%，这很不利于国有大中型企业同其他类型的企业展开平等竞争。但是，完善税收制度，要一次性统一税种、税率也有很大困难。近期内可根据具体情况，从多方面采取措施（如降低国有大中型企业的所得税，全部取消调节税等），尽可能缩小各类企业在税种、税率方面的差距，以便使企业的税负合理一些，并为今后实行同类企业同税种、同税率的分税制创造条件。

除做好上述各项工作外，还应抓紧税利分流和股份制的试点工作，以便为下一步的改革打下良好的基础。

（原载于《企业管理研究》1991年第3期）

搞活大中型企业的中长期对策

"八五"前期：改善条件，把企业推向市场
"八五"后期和"九五"期间：实现经营机制转变
——《增强国营大中型企业活力面临的困难与对策研讨》之三

一、"八五"前期搞活大中型企业的重点是改善企业内外部条件，逐步把更多的大中型企业推向市场

在改善企业内部条件方面，主要做好以下工作：

（1）完善经营承包制。首先是合理确定承包基数，使承包真正起到鼓励先进、鞭策落后的作用。其次是克服以包代管现象，把实行经营承包与加强经营管理结合起来。在企业内部承包中，处理好职能管理部门和生产车间的关系，加强专业管理；把各级承包纳入计划管理的轨道，保证企业全面完成生产经营任务；承包制要与企业其他规章制度相配合，以利于其他规章制度的贯彻执行。

（2）改革和完善企业的工资与奖金分配制度。一是完善企业的工资总额与经济效益挂钩制度。二是改革和完善企业内部的工资与奖金分配制度。当前企业内部分配制度中福利化和实物化倾向严重，原因是企业不愿缴纳工资调节税和奖金税。可在完善个人所得税的基础上，逐步降低工资调节税和奖金税税率，并在适当时候取消这两个税种。

（3）坚持和完善厂长负责制。为了减少党政之间的摩擦，可采取厂长和党委书记一人兼的办法。对没有条件或不宜一人兼的企业，党委书记最好由主管过行政工作的领导同志担任，以使其更好地理解和支持厂长的工作，使党政共同为了"一个中心"而开展工作。

（4）加强职工民主管理。

（5）加强企业管理的基础工作。我国企业管理的基础工作比较薄弱。加强企业管理基础工作必须全面规划，统筹安排。要实行专业管理和群众管理相结合；集中力量整顿和常抓不懈相结合；行政管理和贯彻物质利益原则相结合；并要从实际出发，讲求实效，反对各种形式主义。

（6）强化企业成本管理。在加强成本核算的基础上，进一步搞好成本预测、成本计划和成本分析等工作。

（7）大力发展企业集团。首先是充分发挥市场的作用。各级政府应主要通过产业政策、投资政策及其他经济政策和法律手段，并通过发挥市场机制的作用，引导企业走联合之路，而不应强迫企业进行联合。其次是打破"所有制不变，行政隶属关系不变，财政解缴渠道不变"的旧格局，用公有股份制的形式来改造和发展企业集团，增强企业集团的凝聚力，促使生产要素实现优化组合，充分发挥企业集团在提高社会生产力水平方面的作用。

改善企业外部条件的关键是进行经济管理体制的配套改革。"八五"前期，主要应做好以下工作：

（1）认真落实国家已经明文规定的企业经营自主权。建议有关部门组织力量对中央和国务院关于搞活大中型企业的规定的执行情况做一次全面检查，对尚未落实的政策采取措施逐条落实。

（2）减轻企业负担，使企业具有自我改造和自我发展的能力。取消调节税；取消按折旧15%提取的能源交通基金和按10%提取的预算调节基金；制止对企业的各种摊派；减少不必要的检查评比活动。

（3）扩大企业的投资自主权。企业只要不欠交国家的税收、利润，在符合国家产业政策要求的前提下，应当可以用自有资金进行任何项目的建设。

（4）扩大企业对外经营权。凡年出口创汇达一定程度，且在自营出口后能完成原经济效益承包指标的大型企业，应给予自营出口权及相应的人员出国免批权等。为使这些企业以进养出，进一步扩大产品出口，还应给予一定的进口权。对拥有自营出口权的工业企业，在政策上应享受鼓励外贸企业出口的全部优惠政策。

（5）建立健全劳动保险和社会保险制度。资金问题需国家、企业和劳动者个人三方面共同解决。企业要按国家规定及时为职工缴纳保险金。有关部门要加强保险金的征收、管理和使用工作，加快保险制度建设步伐。

（6）加快价格改革，完善税收制度。在价格方面影响企业活力的主要问题是价格双轨制。解决办法是把绝大多数产品（少数重要商品和劳务除外）双轨价格逐步并为单一市场价格。对已经具备或基本具备放开价格条件的产品，尽快把价格完全放开；对暂时不具备完全放开价格条件的产品，在现行双轨制基础上，对其市场价严格执行最高限价，同时适当调高其计划价格，使二者逐步趋向一致。

税收中的主要问题是税负不合理，大中型企业税负过重。近期可根据具体情况，从多方面采取措施（如降低大中型企业的所得税税率，全部取消调节税等），尽可能缩小各类企业在税种、税率方面的差距，为今后实行同类企业同税种、同税率的分税制创造条件。同时应抓紧税利分流和股份制的试点工作，为下一步改革打下良好基础。

二、"八五"后期和"九五"期间，搞活企业的重点放在理顺企业产权关系，推行股份制，进一步建立健全市场体系和宏观调控体系，实现企业经营机制的根本转变

（1）实行股份制。把国有大中型企业变为股份制企业，一般可设立国家股、社会法人股和个人股。其中国家股由国家投资形成，持有者为国有投资公司。原有企业的国家股可通过资产评估折合而成，新建企业的国家股由国有投资公司投资而成。社会法人股由本企业以外的企业单位、社会团体及其他法人组织投资所形成，持有者为社会法人。个人股由个人（包括企业职工）购置的股票所形成，持有者为自然人。同时，承包经营中的个人风险抵押金、企业的部分奖励基金和职工个人购买的债券等也可转化为个人股，但具体到某个企业，可根据需要和具体情况设立。现有国有企业可以通过发行股票、横向联合、企业兼并和实行"分账制"等多种形式转化为股份制企业；有些企业可以通过引进外资进行技术改造的办法转化为合资企业；某些新建企业一开始就可以采用股份制形式。股份制的发展还需要有股票市场和其他证券交易机构等条件。

大中型企业实行股份制后，在领导制度上可以按照所有权和经营权相分离的原则，实行董事会领导下的经理负责制。在分配制度上，实行按劳分配和按资分配相结合的办法。企业的纯收入在向国家缴纳各项税款后，先要留出一部分作为企业的积累基金，剩余的再作为股息和红利进行分配。劳动收入按职工对企业提供的劳动量分配给劳动者个人，资金收入按企业规定的办法分配给投资者。这样就可以逐步形成自主经营、自负盈亏的企业经营机制，从而促进企业活力的不断增强。

（2）实行税利分流。关键是搞好税种、税率的设计。要从税、利总量上既保证国家必要的财政收入，又保证企业有一定的税后利润，以发挥投资者和

企业职工的积极性；同时还要在深化价格改革，基本放开物价的基础上，对同类企业实行同税种、同税率，实现国税面前人人平等，以保证企业之间的公平竞争。具体的税种、税率，可根据第二步利改税确定的税种、税率进行调整。其中最重要的是取消调节税和降低所得税税率，其次是搞好税后利润的分配。股份制企业要按股分配；单一的全民所有制企业首先要向国家缴纳固定资产和流动资金占用费，然后再按一定比例或承包办法在国家和企业之间进行分配；集体和个体企业则全部由企业自己支配。

在实行税利分流的同时，要实行中央和地方分税制。国有资产的收益和再投资则交由国有资产投资公司负责。各级地方政府的一个重要任务是搞好基础设施和市政建设，创造良好的投资环境，以吸引更多的投资。

（3）健全市场体系。为实现企业经营机制的根本转变和为增强大中型企业活力提供良好的市场条件。

（4）改革计划管理体制。要继续减少指令性计划，消除计划管理上的条块分割，保证企业在生产经营计划方面的自主权。在对大中型企业的计划管理方法上，可采取国家订货方式，即通过物资和商业部门同企业订货的办法来保证国家所必需的重要产品的生产。对于其他一般产品，则通过企业之间的直接订货和市场调节来解决。这样就可以克服长期以来存在的国家计划只计划生产而不计划流通的不合理现象，以保证企业生产经营活动的顺利进行。

（5）改革劳动用工制度。逐步做到：①赋予企业自主选择和调整劳动力要素的权利。企业有权根据自身发展需要自行组织招工、录用、培训及辞退职工。②赋予企业自主选择劳动用工制度的权利。国家可明确四种用工形式——固定工、长期合同工、短期合同工和临时工。企业自主选择用工形式，国家不作统一规定。③打破职工固定身份。根据职工的表现情况和工作需要，随时改变其身份。④对那些暂时待业或失业的劳动者，由社会劳动部门负责组织培训，并向有关用人单位推荐。

（6）改革企业固定资产折旧制度。一是在适当提高折旧率的同时，对大中型企业实行弹性折旧率。即国家按行业和固定资产类别规定折旧率的最低和最高界限，企业根据承受能力在保证上缴国家税税额不减少的情况下，选择适当的折旧率。二是对通货膨胀的影响采取一定补救措施。具体办法是，在按平均年限法提取折旧的基础上，再按物价指数的变化，追加提取一部分折旧基金。这部分追加提取的折旧基金也要进入产品成本，并形成企业的专用基金——更新改造基金，用于企业的设备更新和技术改造。

（原载于《中国社会科学院要报》1991 年第 21 期）

贯彻落实《企业法》，深化企业改革

　　《中华人民共和国全民所有制工业企业法》（以下简称《企业法》）已经实施3年多了。《企业法》的实施，结束了我国全民所有制企业长期以来法律地位不明确的状况，对理顺企业同各方面的经济关系、规范企业行为、保护企业合法权益、加强企业管理、深化企业改革、增强企业活力都发挥了积极作用。但是，总的看来，《企业法》的很多内容和条款至今还没有落实或基本没有落实，使得这部关系国民经济全局的重要法律远远没有发挥它应有的作用。当前，有关方面都在研究增强国有大中型企业活力问题，提出了很多好的建议，这是必要的，但实际上，只要《企业法》真正落实了，就可以把企业改革向前推进一步，从而使国有大中型企业的活力大大增强。

　　《企业法》没有很好落实的原因很多，从客观上看主要是《企业法》颁布时存在着经济过热、宏观失控问题。1988年8月底，国务院决定实行财政紧缩和信贷紧缩的双紧方针，对国民经济进行治理整顿，在治理整顿期间，一些地区和部门特别是宏观经济管理部门纷纷向企业收权，使《企业法》的贯彻实施进一步受到冲击。从主观上看主要是，有些同志还存在糊涂认识，甚至对《企业法》的指导思想和基本内容的正确性还有怀疑。为了进一步贯彻落实《企业法》，必须首先对《企业法》的正确性有明确的认识。

一、《企业法》的指导思想和基本内容都是正确的

　　《企业法》以法律形式确立了全民所有制企业商品生产者和经营者的地位，有利于增强企业活力。增强企业活力，特别是增强全民所有制大中型企业活力，是我国经济体制改革的中心环节。而要增强企业活力，就必须按照有计划商品经济的客观要求，使企业成为自主经营、自负盈亏的商品生产者和经营者，并建立健全宏观经济调控体系。《企业法》第二条规定，"全民所有制工

业企业（以下简称企业）是依法自主经营、自负盈亏、独立核算的社会主义商品生产和经营单位”，并明确规定，要“依照所有权和经营权分离的原则”，使“企业对国家授予其经营管理的财产享有占有、使用和依法处分的权利”。这就以法律形式确立了全民所有制企业商品生产者和经营者的地位，使企业活力的增强有了法律保证。它既是对企业改革经验的深刻总结，也是进一步深化企业改革的指南。

实现企业的自主经营、自负盈亏，虽然是企业改革的方向和最终目标，但各项现实的方针、政策都必须有利于朝着这个方向和目标前进，而不应背离这个方向和目标。在一段时间内，一些同志对《企业法》的指导思想和基本内容的正确性产生了怀疑，实际上就是对企业改革的方向和目标发生了动摇，这是不利于增强全民所有制大中型企业活力的。

《企业法》规定企业实行厂长（经理）负责制，符合社会化大生产的客观要求。社会主义企业的生产是社会化大生产，社会化大生产分工精细，协作关系广泛，必须实行集中领导，统一指挥。《企业法》明确规定，企业要实行厂长（经理）负责制，并对厂长的产生、在企业中的地位，以及责任都作了具体规定，这体现了民主集中制的原则，符合社会化大生产的客观要求。

《企业法》在规定企业实行厂长（经理）负责制的同时，还对中国共产党在企业中的基层组织的地位、任务和职工的主人翁地位作了明确规定，这有利于加强党对企业的领导，落实职工当家做主的权利，保证企业沿着社会主义方向前进。

在一段时间内，一些同志对《企业法》关于“企业实行厂长（经理）负责制”和“厂长在企业中处于中心地位”的规定产生了怀疑，认为这与加强党对企业的领导相矛盾。实际上，这是一种误解。《企业法》中所规定的“厂长在企业中处于中心地位”，是指厂长是企业的法定代表人，对企业的生产经营活动具有统一的行政指挥权而言的，而不是要用厂长的领导来代替党委对企业思想政治工作的领导。

企业领导系统应包含由党委领导的思想政治工作系统和以厂长（经理）为首的行政指挥系统。这两个系统既有区别，又相互交叉渗透。从加强以厂长为首的行政指挥系统的角度看，党的领导要有利于厂长对企业生产经营活动的统一指挥，并从不同的角度开展工作，以支持和保证这种统一指挥的顺利进行；从加强党的领导的角度看，以厂长为首的行政指挥系统，必须贯彻执行党的路线和各项方针政策，并且厂长也要协同党委做好职工的思想政治工作。

在实现党对企业的领导方面，企业党组织负有全面的责任，处于政治核心地位。但是，企业党组织对企业的领导又不同于行政领导，它不是对企业生产经营活动的直接指挥，而是通过加强党的组织建设和思想建设、开展强有力的思想政治工作、保证监督党的路线和各项方针政策的执行等来实现的。因此，实行厂长（经理）负责制与加强党对企业的领导并不是矛盾的，而是统一的。

《企业法》对企业的权利和义务、企业同政府的关系作了明确规定，有利于理顺企业同各方面的经济关系，保证企业经营自主权的落实。《企业法》规定了企业在生产计划、产品销售、物资供应、机构设置、人员编制、劳动工资等方面的权利，以及企业在完成指令性计划、保障固定资产的正常维修、保证提高产品质量、提高劳动生产率、加强安全保卫工作等方面的义务，都是一个社会主义企业作为商品生产者和经营者应当具有的权利和应尽的义务。同时《企业法》中关于企业和政府关系的规定，如政府有关部门要为企业提供服务，并根据各自的职责，依照有关法律、法规的规定，对企业实行管理和监督，任何机关和单位不得侵犯企业依法享有的经营管理自主权，不得向企业摊派人力、物力、财力，不得要求企业设置机构或者规定机构的编制人数等，也是对企业和国家责权关系的划分。这些规定都有利于企业经营自主权的落实，促进企业自主经营、自负盈亏的实现。

从《企业法》上述规定中不难看出，其指导思想和基本内容是要使企业成为依法自主经营、自负盈亏、独立核算的社会主义商品生产者和经营者，这符合企业改革的方向，有利于增强国有大中型企业活力。

二、《企业法》没有得到很好贯彻落实的主要原因

为什么几年来《企业法》一直未能得到很好贯彻落实呢？这除了《企业法》出台之时所遇到的"双紧"政策的影响及后来发生的动乱的冲击外，还有以下主要原因：

一些同志对贯彻执行《企业法》不够重视。众所周知，法律具有权威性、强制性，凡是法律规定的东西，都应坚决贯彻执行。但是，长期以来我国的法制建设很不健全，人们的法制观念比较淡薄。经济体制改革以来，我国逐步建立健全了各方面的法律，其中主要经济法律有《企业法》、《破产法》、《合同法》、《中外合资经营企业法》和《外资企业法》等等。在这些经济法律中，除涉外经济法律外，很多都没有得到贯彻执行。就贯彻落实《企业法》而言，一些同志并不积极。他们对《企业法》中某些不妥的提法，不是在贯彻《企业法》的实践中，不断地调整、完善它，而是坐等其修改，这不仅不利于搞好国有

大中型企业，而且不利于维护法律的尊严，是缺乏法制观念的表现。

没有制定出相应的实施细则。《企业法》作为企业的根本大法，在很多方面都只能作一些原则规定，不可能把各种具体事情都规定得很详细。这就需要制定出一个与之相配套的实施细则，才能保证《企业法》规定的有关法律效力得到发挥和实施。然而，直到现在，这样的实施细则还没有制定出来。《企业法》在规定企业权利和厂长职责的有关条款中，多次提到"依照国务院规定去办"或"国务院另有规定的除外"等，在没有实施细则的情况下，这些提法容易混淆执法与不执法的界限。例如，《企业法》虽然规定了企业在各方面的权利，但对于某些部门或个人侵犯企业权利的行为却几乎没有什么规定给予约束，致使《企业法》实施3年多来，违反《企业法》侵犯企业权利的行为到处可见。

没有具体机构负责监督《企业法》的实施。一部法律要贯彻实施，必须有具体机构负责监督。《企业法》实施3年多来，至今还没有一个机构来负责监督实施，对违反《企业法》的行为，甚至连受害企业也没有利用法律寻求保护，这是《企业法》得不到很好贯彻落实的又一个重要原因。此外，《企业法》的实施除要有具体机构监督外，还必须发动广大群众进行监督。当前，广大群众，包括企业职工、经济管理部门工作人员等，有很多同志对《企业法》还很不熟悉，有的甚至还不知道有一个《企业法》。一些违反《企业法》侵害了企业权益的部门和个人，往往并不知道自己违反了法律，这样，也就谈不上群众对《企业法》实施的监督。

存在由于权力和利益调整引发的阻力。由于《企业法》的贯彻实施涉及权力和利益的再分配问题，必然会遇到来自各方面的阻力。如要落实企业的经营自主权，上级有关部门的权力就要相对缩小，要制止"三乱"，使那些依靠"三乱"取得收入的部门和个人，财源被切断，等等。这些，都会遇到人为的阻力和干扰。如果这些阻力和干扰来自一些权力部门和领导部门，就更增加了消除阻力排除干扰的困难。

某些法规政策与《企业法》不统一。《企业法》是企业的根本大法，有关企业的其他一些法规、条例、政策都不应违背《企业法》的各项规定。但是，在实际工作中，由于政出多门，政出多级，一些部门、地区制定的许多条例、规定、办法等，其有些内容往往与《企业法》相矛盾，因而影响了《企业法》的贯彻落实。同时，从企业的心态上看，在现实经济生活中，企业一方面抱怨婆婆太多，干预太多。另一方面又希望有个管事的婆婆，能够帮助企业解决一些问题和困难。这反映了全民所有制企业在实行政企分开，而一下子又很难分开的过程中，所处的两难境地。这也严重地影响了《企业法》的贯彻落实。

企业改革还存在不少困难。《企业法》是企业改革的产物，也是继续深化企业改革的纲领性文件。目前，企业改革还存在不少困难，这也必然影响到《企业法》的贯彻落实。例如，市场体系还很不健全，《企业法》所规定的企业在原材料供应和产品销售方面的权力就很难得到落实，劳动保险和社会保险制度还很不完善，《企业法》赋予厂长的某些权力，如辞退职工等，还难以充分行使，等等。

三、如何进一步贯彻落实《企业法》

既然《企业法》的指导思想和基本内容是正确的，符合企业改革的方向和目标，就应当坚决予以贯彻落实。即使它还存在着某些需要完善的地方，也不能坐等它的修改，而只能在贯彻落实中不断总结经验，以便在适当时候通过正常的法律程序进行修改。那么，如何进一步贯彻落实《企业法》呢？针对《企业法》在贯彻落实中存在的问题，我们认为，应采取以下主要措施：

深刻认识贯彻落实《企业法》的重要性。贯彻落实《企业法》，首先要提高人们的思想认识，要使广大群众，特别是广大经济管理干部、企业职工和其他有关方面的人员深刻认识到，《企业法》作为一部由全国人大通过颁布、实施的重要法律，绝不是可有可无的，它的各项条款都必须或应当得到贯彻落实。同时，还要使他们认识到，《企业法》的颁布、实施是极其慎重的，决不是随意确定的。自 1978 年邓小平同志提出要制定《工厂法》，到 1985 年 1 月国务院提请第六届全国人大常委会审议《企业法》（草案），再到 1988 年 9 月 13 日第七届全国人大第一次会议审议通过，其间经历了 10 年，两届全国人大。特别是《企业法》（草案）提出来以后，曾经过全国人大常委会共 5 次会议的审议，并公开登报征求全国人民的意见，真可谓慎之又慎。因此，说《企业法》是我国企业改革经验的深刻总结和继续深化企业改革的指南是一点也不过分的。

加快制定《企业法》的配套法规和实施细则。《企业法》是一部综合性的法律，它涉及的范围十分广泛，要使《企业法》得到全面落实，就必须制定有关配套法规，建立健全经济法规体系。在"八五"期间，应抓紧制定"计划法"、"预算法"、"银行法"、"价格法"、"投资法"、"公司法"、"劳动法"、"工资法"、"审计法"等一系列基本经济法律、法规。通过这些法律、法规和已经颁布实施的经济法律、法规，一方面规范和约束企业的行为，使企业在处理同各方面的关系时有法可依；另一方面把宏观调控制度化、法制化，使政府在调控企业的经济活动中有法可依，避免侵犯企业合法权益的现象发生。在加快制定上述法律、法规的同时，还应制定《企业法》实施细则。《企业法》中规定的一些原则，有些可以在有关配套法律、法规中具体体现出来，有些则必须通过《企业法》实施细则才能具体化、明确化。特别是对《企业法》中"依照国务院规定"办和"国务院另有规定的除外"的有关条款，都必须在实施细则中做出具体规定，这样才能确保《企业法》的贯彻落实。

深化改革，为贯彻落实《企业法》创造充分条件。深化改革与贯彻落实《企业法》是相辅相成的，贯彻落实《企业法》可以促进改革的深化，而深化改革又可以为贯彻落实《企业法》创造充分的条件。在贯彻落实《企业法》中所遇到的一些客观上的困难，只有通过深化改革才能解决。如企业经营自主权的落实，涉及到建立健全市场体系和社会保险制度，涉及到价格体系和税收制度改革等一系列问题，只有这些方面的改革向前推进了，《企业法》所规定的企业的权力才能得到实现。

把贯彻落实《企业法》与贯彻落实国务院搞好大中型企业的有关规定结合起来。国务院搞好大中型企业的有关规定，虽然是根据当前的状况提出来的，但它的基本精神与《企业法》是完全一致的，有些规定正是《企业法》的具体化。因此，只有把贯彻落实《企业法》与贯彻落实国务院搞好大中型企业的规定结合起来，才能取得较好的效果。

要大力培训干部。贯彻落实《企业法》的工作，归根结底是要人去做。同搞其他一些重要的工作一样，贯彻落实《企业法》，也必须培训出一大批干部。通过培训，要使这些干部熟悉《企业法》，掌握《企业法》，并能大力宣传和坚决执行《企业法》。同时，结合干部培训，还要对广大群众进行《企业法》的普及教育工作，把普及《企业法》列入第二个五年普法规划，以动员社会各界都来认真学习和贯彻落实《企业法》。

贯彻落实《企业法》要采取的措施很多，诸如明确执法部门、加强群众监督等等，这里不一一赘述。但有一点还须说明，《企业法》不仅规定了企业的合法权益，而且规定了企业的义务和违反有关规定的法律责任。企业必须带头执行《企业法》，把企业的全部生产经营活动和深化改革的进程都纳入法制的轨道。要用《企业法》指导和规范自己的行为，使国家、企业和职工的合法权益都得到保证，要按照《企业法》的精神建立健全企业内部的各项规章制度，既要加强管理，又要切实保证职工在企业中的主人翁地位。同时，还要敢于向违反《企业法》的行为作坚决的斗争。只有这样，才能确保《企业法》的贯彻落实。

（原载于《学习与研究》1992 年第 2 期）

建立富有生机与活力的国有企业经营机制

经过 10 多年的企业改革，我国的国有企业机制已经发生了很大变化。尽管当前在理论和实践上还存在一些不同认识和问题，但国有企业改革的最终目标，即除少数特殊行业（如军工、铁路、航空等）的企业外，绝大多数国有企业都要建立起自主经营、自负盈亏，自我积累、自我约束，自我改造、自我发展的机制，这已越来越清晰地显现出来。随着这一目标的实现，我国国有企业将充满生机与活力。

一、国有企业的自主经营、自负盈亏

企业自主经营、自负盈亏是指企业在社会经济活动中要具有法人地位，在国家政策、法令规定的范围内，对自己的生产经营活动享有充分的自主权，并对自己的经营成果承担盈亏责任，它是企业作为商品生产者和经营者的最基本的经济特征。

企业的自主经营和自负盈亏是一个问题的两个方面，二者相辅相成，紧密联系。只有实现了企业的自主经营，才有可能实现企业的自负盈亏，同时只有企业能够自负盈亏，自主经营才有意义。如果不实行企业自主经营，企业自负盈亏既是不可能的，也是不合理的；如果只实行企业自主经营，而不实行企业自负盈亏，那将比原有的国家统一经营、统负盈亏的体制更加糟糕。当前，在一些地区就出现了少数企业经营自主权很大，但却不能对自己的盈亏和资产的保值、增值负责，这是一种十分危险的倾向，必须引起高度注意。

经济体制改革以来，人们在国有企业应当扩大经营自主权，逐步实现自主经营问题上的认识基本是一致的，国家在这方面也采取了一系列措施，取得了显著的成效。但在国有企业能否实现自负盈亏，以及如何实现自负盈亏问题上却一直存在着不同认识。

有的同志认为，国有企业是无法自负盈亏的。其主要原因是，自负盈亏是针对所有者而言的，国有企业的财产是属于国家的，企业不可能自负盈亏，盈亏只能由国家来负，在企业取得盈利时，其利润除留给企业一少部分外，绝大部分都要上缴国家。同时，企业的留利，除用于职工个人消费的部分外，其余部分包括形成的固定资产和补充的流动资金都属于国家所有，当企业亏损时，除职工的工资、奖金和福利待遇要受到一定影响外，大量的亏损还是要由国家承担，即由国家弥补或减少国家在企业的财产。所谓亏本，亏的是所有者的本，经营者是无本可亏的。

也有的同志认为，国有企业是能够自负盈亏的，关键是要给予企业较大的独立的经济利益，使企业具有负亏的能力。当企业盈利时，要给予企业较多的留利，除用于企业生产发展、职工集体福利和奖金外，还要建立后备基金，一旦企业发生亏损，就可以用后备基金和其他自有资金弥补。同时，为了增强企业的负亏能力，还可以采取分账制的办法，把企业留利形成的固定资产和用留利补充的流动资金划归企业所有，并参与企业的盈利分配。

上述两种观点，都有一定道理，但也都值得进一步研究，它们都忽视了《企业法》所规定的"企业依法取得法人资格，以国家授予其经营管理的财产承担民事责任"这样一个极为重要的问题。同时，前者还混淆了国家授予企业经营管理的财产同国家其他财产的界限，把国家用其他财产弥补企业的亏损和企业用自己占用的国家财产承担亏损都认为是由国家负亏，显然是不正确的，因为这实际上否认了国有企业的法人地位；后者把企业取得足够多的留利资金，以及把企业占用的国有资产同其增值割裂开来作为国有企业自负盈亏的条件也是不正确的。因为它把企业的自负盈亏，立足于企业首先取得盈利，并且把这些盈利较多地留给企业作为企业的财产这个基础之上，显然不是真正的企业自负盈亏。一方面，对于长期亏损的企业，或者在一定时期内亏损大于盈利或企业留利的企业，仍然解决不了负亏问题；另一方面，对于长期盈利且留利水平较高的企业，又会逐步改变国有企业的性质，使其演变为集体企业或以集体财产为主的企业。

实现国有企业的自负盈亏，是企业改革中的一个难点问题，但这个问题不解决，企业就不会有真正的动力和压力，而企业缺乏动力和压力，企业的自我积累、自我约束、自我改造、自我发展等就很难实现。这样，企业也就不会充满活力。

要实现国有企业的自负盈亏，关键是要理顺国有企业的产权关系，使企业能够以自己占用的法人财产承担盈亏责任。

理顺国有企业的产权关系，必须在实现"两权"分离的同时，确立企业的法人所有权。而要实现"两权"分离，首先需要对企业财产的所有权和经营权作出正确界定。国有企业的财产是由国家投资及其增值形成的，其所有权属于国家是毫无疑问的。但是，国家对这种已经投入企业的财产的所有权只能是一种最终所有权，这种最终所有权只能享有转让权和收益权，既不能任意抽回，也不能占用、使用和进行其他处分。国家的财产一旦投入企业，企业就对它拥有了经营权，同时，由于这些财产已成为企业的法人财产，企业也就对它拥有了经营权。同时，由于这些财产已成为企业的法人财产，企业也就对它拥有了法人所有权，这种法人所有权不仅享有占用、使用和不改变最终所有权的处分权，而且还可以用来偿还债务和承担盈亏责任。

企业的法人所有权确立以后，就可以形成下述一种产权关系：企业的财产是企业的，企业是投资者的。如果投资者只有国家，就是纯国有企业，如果投资者是多元的，企业就变成了股份制企业，当企业盈利时，对纯国有企业来说，其实现利润一部分要上缴国家，一部分要留给企业，用于企业的生产发展和职工福利；对有国有资产的股份制企业来说，其实现的利润，则按股分红，使用权由各所有者自己掌握。当企业发生亏损时，不论是纯国有企业，还是有国有资产的股份制企业，都要冲减企业的法人财产。如果企业长期亏损，资不抵债就要依照《破产法》的规定，对企业实行破产。企业破产，不仅其最终所有者要遭受财产损失，企业的全体职工也都要遭受经济和其他方面的损失。

需要指出的是，实行企业法人所有权，建立企业破产机制以后，总会有一些企业破产。但是，一方面，在社会主义条件下，破产的企业毕竟只是极少数；另一方面，实行破产制度的目的，恰恰是为了促使企业努力改善经营，加强管理，防止破产。由于破产企业的职工要暂时失业，遭受经济和其他方面的损失，当企业的经营发生困难时，企业就会千方百计去克服困难，采取一切措施提高企业经济效益，必要时，甚至会主动降低职工工资和福利水平，以便使企业能够尽快渡过难关。只有这样，才能使国有企业的经营管理机制从根本上得到转变，即由国家要企业加强经营管理，提高经济效益转变到企业自己要加强经营管理，提高经济效益上来。

为了实现企业的自负盈亏，在确立企业法人所有权的同时，还必须落实和保证企业的经营自主权，企业法人所有权的确立，有助于企业经营自主权的正确界定。最近颁布实施的《全民所有制工业企业转换经营制条例》明确规定了企业的十四项经营权。这为企业进一步深化改革确定了行为准则和法律保障。

二、国有企业的自我积累、自我约束

国有企业的自我积累、自我约束是与国有企业的自主经营、自负盈亏紧密联系的。自主经营、自负盈亏是自我积累、自我约束的前提条件。没有企业的自主经营、自负盈亏，企业就不可能实现真正的自我积累、自我约束；而有了企业的自主经营、自负盈亏，企业就必然要进行自我积累、自我约束。

所谓企业的自我积累，简要地说，就是把企业的纯收入留给企业一部分，由企业自主进行扩大再生产。企业作为自主经营、自负盈亏的商品生产者和经营者，只有具备一定的自我积累能力，才能更好地生存和发展。

在社会主义有计划商品经济条件下，实现国有企业的自我积累，既是必要的，也是可能的。之所以是必要的，是因为只有实现了国有企业的自我积累，国有企业才能进行自我改造、自我发展，从而才能促使国民经济的发展走上以内涵为主的扩大再生产的道路，不断提高企业和社会经济效益；之所以是可能的是因为把国有企业的纯收入留给企业一部分，使企业具有一定的自我积累能力，不仅不会影响国家的财政收入，而且随着企业活力的增强和经济效益的提高，还能为国家提供更多的积累。

经济体制改革以来，国有企业的纯收入留给企业的部分不断有所增加，企业的自我积累能力从无到有、从小到大，不断增强，但与实现企业自我改造、自我发展的要求还相差很远。据统计，1990 年全民所有制独立核算工业企业留利为 224.16 亿元，只占其实现利税总额 1503.14 亿元的 14.9%。从总体上看，企业进行技术改造和扩大再生产的能力还很薄弱。在企业纯收入在国家与企业之间的分配形式上，先后进行了利润留成、利润包干、利改税和经营承包等，这些分配形式概括起来，不外乎两种：一种是按比例，即在企业的纯收入中，国家得到一定比例，企业得到一定比例，国家和企业所得都随着企业实现纯收入的增减而增减；另一种是按绝对额分配，即对企业创造的纯收入，首先核定国家所得的绝对额，企业在缴足国家应得的数额之后，其余都是企业的。利润留成和利改税基本上属于前一种，利润包干和经营承包则属于后一种。两种分配办法各有优缺点，前一种能够较好地协调国家与企业的利益关系，但对企业的激励作用较小；后一种对企业的激励作用较大，但容易把国家与企业的利益关系对立起来。

在国家与企业的分配关系上，除了企业留利水平低，企业之间因留成比例、包干基数、税种、税率的确定不合理而存在"鞭打快牛"外，一个重要的问题是因企业产权关系不顺而造成的税利不分。经济体制改革以前，我国的工业企业一般只向国家缴纳少量的工商税，其余的纯收入都以利润形式上缴国家。在统收统支的财政体制下，利税的划分并没有太大的意义。经济体制改革中，国家对国有企业实行了利改税，这对于充分发挥税收的作用和正确处理国家与企业的分配关系发挥了积极作用。然而，由于政企不分、政资不分的问题没有得到解决，政府对国有企业的所有者职能和行政职能仍然混杂在一起，因而，利改税又改过了头，又从另一个方面造成了利税不分。为了正确处理国家与企业的分配关系，就必须在理顺企业产权关系的基础上实行税利分流，并对企业税后利润进行合理分割。从多数国家的情况来看，政府通过各种税收参与企业纯收入分配的比例以不超过40%为宜；其余60%的企业纯收入则形成企业税后利润，一般情况下，企业税后利润的2/3应留在企业进行扩大再生产，其余1/3由企业财产所有者作为资产收益进行分配。

在按照上述分配办法处理国家与企业的分配关系之后，企业的自我积累能力就会大大增强。而当企业有了较强的自我积累能力之后，还必须加强企业的自我约束，搞好企业留利的分配，以便把企业留利的绝大部分用于企业的生产发展。经济体制改革以来，企业一般都用留利资金建立了生产发展基金、职工福利基金和职工奖励基金等。企业留利在几项专用基金之间的分配比例，有些地区和企业是由企业主管部门或财政部门确定，有些地区和企业则由企业职工代表大会讨论决定。这两种做法都存在一定问题。前者不能照顾各种企业的不同情况，容易把企业的手脚捆死，后者在企业的约束机制尚未健全的情况下，又容易产生多发奖金、不顾生产发展的倾向。当然，在实行企业自主经营、自负盈亏的情况下，就应当采取第二种办法。实际上，在理顺了国家与企业之间的产权关系和分配关系之后，企业职工的工资奖金、津贴等一般都应当进入产品成本，企业的留利则主要用于生产发展和职工集体福利，上述矛盾也就基本上不存在了。至于企业职工工资、奖金、津贴总额和职工平均收入，则可以通过与企业经济效益和全员劳动生产率挂钩的办法加以控制。

当然，企业的自我约束，还不仅仅是企业对留利分配和使用的自我约束与控制，它还表现在企业在遵守国家法令、法规，执行国家方针政策，正确处理短期经济效益与长远经济效益的关系等各方面的自我约束和控制。为了加强企业在各方面的自我约束，就必须建立企业的长期利益机制，把企业和职工的长期经济利益同企业的长远发展紧密结合起来；坚持和完善厂长负责制，明确规定厂长的职责和权力，使厂长对企业的生产经营活动和经济发展切实负起责任；加强思想政治工作，使广大职工自觉处理好局部利益和整体利益、近期利益和长远利益的关系；建立健全企业的规章制度，使企业和广大职工的行为规范化。除此之外，还必须处理好企业自我约束与环境约束的关系，把自我约束建立在环境约束的基础之上。所谓企业的环境约束，是指外界环境对企业行为的限制。这种约束是一种硬约束，是企业必须遵守的。它主要包括计划约束、政策约束、经济约束和法律约束等。计划约束主要是指令性计划的约束。凡是纳入国家指令性计划的生产任务，企业必须坚决完成。由于指令性计划太多就会限制企业的主动性，从而影响企业的活力。因此，随着企业自主经营、自负盈亏的逐步实行，指令性计划将被限制在很小的范围之内。政策约束主要是经济政策的约束。党和国家制定的各项经济政策，如产业政策、财政政策、价格政策、金融政策、分配政策等，企业都必须认真执行。为了加强经济政策对企业的约束力，在制定和执行经济政策时，不仅要保证政策的科学性和正确性，而且要保持政策的稳定性和连续性；不仅要使政策明确、具体，便于掌握和实施，而且要对政策的执行情况进行严格的监督和检查。经济约束主要是使企业对自己的经营成果负责。最根本的经济约束是实行企业的自主经营、自负盈亏。在企业还不能完全自主经营、自负盈亏的情况下，必须建立和完善各种形式的盈亏责任制，强化对企业的经济约束。法律约束主要是经济法令、法规的约束。国家颁布的各项法令法规，企业必须严格遵守。如有违反，就要受到惩处。只有建立健全了上述企业的环境约束机制，企业的自我约束才能不断加强和完善。

三、国有企业的自我改造、自我发展

国有企业有了较强的自我积累能力，并且加强了自我约束之后，就必然要进行自我改造和自我发展，实现以内涵为主的扩大再生产。

经济体制改革以前，我国国民经济的发展走的是一条以外延为主的扩大再生产的道路。这种道路在一定时间内和一定条件下是必要的。如在"一五"时期，我国的工业基础还比较薄弱，工业部门还不齐全，企业数量还很少，走以外延为主的扩大再生产的道路，对于尽快建立健全我国的工业发展体系、增强国民经济发展的实力，具有特别重要的意义。然而，当国家的工业发展已经有了相当的基础、企业也有了较多的数量以后，就应当走以内涵为主的扩大再生产的道路，以便更加有效地利用人力、物力和财力资源，不断提高企业和整个国民经济的经济效益。

经济体制改革以来，党和国家非常重视对现有企业的技术改造，一再强调要走以内涵为主的扩大再生产的道路，但由于经济体制尚未根本转换等原因，这个问题一直没有得到很好解决，一方面，现有企业，特别是国有大型骨干企业技术改造所需要的资金、机器设备和原材料等十分缺乏；另一方面，基本建设规模却时有膨胀。这样下去，不仅一大批老企业正在陷入和将要陷入设备陈旧、生产难以为继的困境，一些较新的企业也将迅速老化，从而丧失在国内外市场上的竞争能力。这个问题必须下决心予以解决。

在确定了国民经济的发展必须把改造现有企业摆在重要位置、走以内涵为主的扩大再生产的道路以后，还必须解决好企业的技术改造如何进行的问题。在这个问题上，长期以来也存在着两种不同的意见，一种主张把企业创造的纯收入基本上都收上来，企业技术改造再由国家审批和拨款；另一种主张除了特别重大的企业技术改造项目由国家拨款投资外，一般的经常性的技术改造应由企业依靠自己的积累，自主进行。实践证明，后一种办法投资少，周期短，效益高，能够迅速提高企业的应变能力和竞争能力。而要采取这种办法进行企业的技术改造，就必须大大提高企业的留利水平，使企业具有自我改造、自我发展的条件。

实现企业的自我改造、自我发展，除了要在理顺企业产权关系的基础上，较大幅度地提高企业的留利水平外，还应允许企业通过国家规定的各种形式（如银行贷款，发行各种债券、股票等）进行集资，以扩大企业进行技术改造和经济发展的资金来源，同时还应给予企业以较大的投资自主权，使企业能够根据自己的能力和社会需求自主确定投资项目。当前，有少数大型骨干企业自我积累能力虽已经较强，但投资自主权很小，这也影响了企业自我改造和自我发展。

企业有了较强的积累能力、集资能力和较大的投资自主权以后，为了使企业的自我改造、自我发展沿着健康的道路前进，国家还必须通过制定正确的经济政策，运用各种经济杠杆，发布有关经济信息等，调节和引导企业的投资行为，以便使企业能够自觉地、有利可图地把资金投在那些关系国计民生的重要产品、社会及人民生活急需的产品和出口创汇的产品等项目上。同时，企业也应做好和注意以下几方面的工作和问题：

首先，要搞好可行性研究。企业进行任何一个较大的技术改造项目和基本建设项目，都应进行周密细致的可行性研究，以便使建设项目在技术上是先进的，经济上是合理的，既能满足社会需要，又能提高企业经济效益。

其次，要优先保证企业的技术改造。企业有了较多的投资资金和较大的投资自主权以后，为了扩大生产和提高经济效益，既可以进行技术改造，也可以进行基本建设，但企业应坚持走内涵扩大再生产的道路，优先保证技术改造项目对资金的需要，防止把社会上的基本建设和外延扩大再生产搬到企业内部去进行，以造成新的重复建设和盲目建设。

再次，要注意节约使用资金。企业在进行各种投资项目时，不仅要对项目进行周密细致的可行性研究，保证项目建成投产后能够取得较好的经济效益，而且在项目建设过程中，也要特别注意节约使用资金，以尽可能减少项目的投资，降低工程造价。在这方面，企业的计划部门和基本建设部门要加强对项目的计划管理和施工管理，财务部门则要加强财务监督，并保证按计划进度供应资金。

最后，要遵守国家的经济政策和财经纪律。企业投资自主权的扩大，并不意味着企业在进行各种项目建设时，可以不执行国家的经济政策，不遵守国家的财经纪律。在任何时候，国家都要制定一系列的经济政策和财经纪律，企业的经营自主权越大，这些政策和纪律的严格执行显得越重要。如国家在产业政策中要规定提倡和支持发展什么，限制和禁止发展什么；在财经纪律中要规定哪些费用可以开支，哪些费用不可以开支，以及各项费用应该在什么项目中开支等。这些政策和规定，企业都应坚决遵守和执行。

在实现了国有企业的自主经营、自负盈亏，自我积累、自我约束，自我改造、自我发展之后，只要企业的决策正确，并且加强了日常的经营管理，提高了管理水平，企业就会走上良性循环的道路，企业的生产经营活动和经济发展就会充满生机与活力。

（原载于《企业管理研究》1992年第4期）

艰难跨越："要我增强活力"到"我要增强活力"

增强企业活力，特别是增强国有大中型企业活力，是我国经济体制改革的中心环节。改革十多年来，国家在增强国有大中型企业活力方面虽然采取了一系列措施，但总的来看，国有大中型企业活力不足的问题一直还没有得到很好解决。造成这种状况的原因是多方面的，但其中一个重要的方面就是国有大中型企业还没有成为自身活力的主体。从"要我增强活力"到"我要增强活力"这是一个艰难的转变，但唯有此才能真正增强国有大中型企业的活力。

一、国有大中型企业还没有成为自身活力的主体

企业活力就是企业生存和发展的能力，它是企业管理水平、应变能力、经济效益和发展后劲等多方面的综合表现。

当前，国有大中型企业还没有成为自身活力的主体，主要表现在它们在增强活力，包括提高管理水平和经济效益、增强应变能力和发展后劲等方面还处于十分消极、被动的地位。

（一）国有大中型企业活力的强弱主要还不取决于自己

在企业应变能力方面，企业要适应市场的发展变化，就必须不断地开发新产品，而当前国有大中型企业开发新产品，除要受到资金和技术力量的制约外，有时还要受到上级有关部门的行政干预，同时在原材料等的采购和供应方面，也会受到种种非经济力量的限制。

在企业经济效益方面，企业经济效益的高低也不完全取决于企业的主观努力。有的企业得到的优惠政策多一些，原材料计划供应的比重大一些，紧俏产品的自销份额高一些等，企业的经济效益就高一些；反之，就低一些。

特别是在产品价格和税收都不尽合理的情况下，企业的经济效益本来就得不到客观反映。

在企业发展后劲方面，由于实行经营承包，有些企业被核定的税利上缴任务较小，留利水平较高，就可以投入较多的资金进行新产品开发和技术改造等，从而使后劲增强；有的企业税利上缴任务较大，或者完不成上缴任务，或者完成上缴任务后，留利很少或完全没有留利；有的企业为完成税利上缴任务，甚至不提或少提固定资产折旧，这些企业就不可能有发展后劲；等等。

（二）国有大中型企业还缺乏强烈的增强活力的内在要求

经济体制改革以来，国家为了增强国有大中型企业的活力，除采取了一系列改革措施外，还开展了不少旨在增强企业活力的其他工作和活动，如企业整顿、推行企业内部经济责任制、提高企业素质、优化劳动组合、企业升级和"质量品种效益年"等。这些活动虽然取得了很大成绩，对增强国有大中型企业的活力发挥了重要作用，但对这些活动比较积极的是企业的主管部门和其他有关上级单位，不少企业并不那么积极或根本没有兴趣，有的甚至完全处于应付上级检查评比的状态。

这除了有些活动存在着形式主义，对增强企业活力缺乏内在要求也是一个重要原因。这就是通常所说的"要我做"，而不是"我要做"；"要我增强活力"，而不是"我要增强活力"。在这种情况下，企业的活力就不可能很快得到增强。

二、不平等的竞争环境与不合理的分配机制是主因

国有大中型企业还没有成为自身活力的主体的原因是多方面的，但概括起来主要有以下两个方面：

（1）企业之间还没有形成一个平等竞争的环境。这一方面使企业的经济效益得不到客观反映，另一方面给深化企业改革也带来了严重困难。

扩大企业自主权一开始，由于客观条件造成企业之间利润水平的悬殊，在利润留成上就不得不采取一户一率的办法。此后的利润包干、利改税和承包经营等，也都没有跳出一户一个包干基数、一户一个税率（调节税）的圈子。同时，无论是利润留成比例、包干基数，还是调节税税率，都是按照企业以往已经实现的经济效益和既得利益核定的。这种在国家与企业分配关系上所采取的"鞭打快牛"的政策，严重地挫伤了先进企业的积极性，使企业

在增强活力方面处于十分被动的地位。

（2）企业和职工的经济利益还没有同企业的经济效益密切挂钩。无论是企业留利的多少，还是职工工资和奖金的高低，主要的还不是取决于企业经济效益的好坏。有些经济效益较好的企业，其留利水平及其职工的工资和奖金并不一定比经济效益差的企业高，有的甚至还要低一些。

在职工的奖金方面，一般来说，凡是实行缴纳奖金税的企业，不论其经济效益多差，有的甚至发生严重亏损，国家规定的免税奖金额都要发足；有些经济效益较好、奖励基金较多的企业，由于不愿缴纳奖金税，职工奖金也被控制在免税的限额以内。企业之间实际上仍然存在着严重的平均主义。

一些国有大中型企业虽然实行了工资总额与经济效益挂钩制度，但二者的挂钩只是其增长额挂钩，而不是全额挂钩。由于很多企业的工资总额基数和经济效益基数本来就不合理，挂钩的结果当然也不会合理。这样，职工的积极性就很难得到充分发挥，企业也就缺乏增强活力的内在动力，就会形成"要我增强活力"而不是"我要增强活力"的局面。

三、倾斜的目的不是增加而是减少企业对国家的依赖

根据国有大中型企业还没有成为自身活力的主体的主要表现和原因，要使国有大中型企业成为自身活力的主体，必须做好以下两方面的工作：

（1）建立健全宏观经济调控体系，为企业创造平等的竞争环境。要使国有大中型企业增强活力，主要取决于自己的努力，这就需要建立健全宏观经济调控体系，为企业创造平等的竞争环境。

最近两年，国家为了增强国有大中型企业的活力，对国有大中型企业实行了一些倾斜政策，如在原材料、能源、资金供应等方面给予重点照顾，这对于帮助大中型企业克服眼前困难是有利的，但却不符合平等竞争的原则，不利于国有大中型企业通过主观努力来增强自己的活力。因为它不是赋予国有大中型企业与其他类型企业相同的经营自主权，而是企图通过对国有大中型企业在生产条件方面的行政性保护，来达到增强国有大中型企业活力的目的。实际上，国有大中型企业的活力并未因此而增强，相反却更依赖于国家，处于更加被动的地位。

问题很清楚，其他类型的企业之所以比国有大中型企业更具有活力，主要是因为它们拥有更大的经营自主权，而不是在财、物等方面受到了更多的

行政性保护。例如，有些乡镇企业比较有活力，就是因为它们拥有充分的经营自主权，并且积极参与了激烈的市场竞争，受到了优胜劣汰的考验。一些企业活力的增强，是以另一些企业的破产为代价的。当前，国有大中型企业恰恰还缺乏这种竞争机制。

因此，在增强国有大中型企业活力方面，今后国家工作的重点应当放在建立健全宏观经济调控体系、为企业创造平等的竞争环境上，而不是在某些方面对国有大中型企业进行行政性保护或在一些具体工作上对企业进行指挥和号召。只有这样，国有大中型企业才能减少对国家的依赖，逐步成为自身活力的主体。

建立健全宏观经济调控体系，为企业创造平等的竞争环境，首先要建立健全市场体系，使企业在生产要素的供应和产品的销售方面能够处于平等的地位。这就需要进一步搞好计划经济与市场调节相结合，使指令性计划、指导性计划和市场调节有一个合理的比例。其次要搞好价格体系改革，转变价格形成机制。除少数重要商品和劳务的价格由国家制定外，其他大多数商品和劳务的价格都应由市场调节，从而使价格既能反映价值，又能反映供求关系。最后是搞好税制改革，使国有大中型企业的税收负担合理化。为此，必须逐步实行同类企业同税种、同税率的税收制度，以实现国税面前人人平等，为企业之间大体上的公平竞争创造条件。

（2）建立健全合理的企业分配机制，使企业具有增强活力的内在动力。首先，在企业与国家的分配关系上，必须坚决消除当前存在的"鞭打快牛"的现象。为此，在对同类企业实行同税种、同税率的同时，还应实行利税分流和分税制。企业在依法向国家和地方缴纳各种税款后，税后利润全部由企业支配，可以用于企业的扩大再生产，也可以用于职工的集体福利和奖金等。同时，在完善个人收入调节税的基础上，应逐步降低企业奖金税税率，并在条件成熟时，完全取消这个税种，以克服企业之间在奖金分配上的平均主义。

在企业内部，要进一步落实经济责任制，严格贯彻按劳分配原则，实行多劳多得、少劳少得、不劳不得。这样，企业和职工的经济利益就可以同企业的经济效益和每个职工的劳动成果紧密结合起来，从而使企业和职工具有增强企业活力、提高经济效益的内在动力。

在做好了上述两方面的工作、国有大中型企业成为自身活力的主体以后，企业如何提高管理水平和经济效益，如何增强应变能力和发展后劲等，企业都会千方百计去做好，而不需要在其他方面进行过多的号召和干预，很多不必要的检查、评比活动就会被取消，久禁而未止的"三乱"想必也会不打自灭了。

（原载于《现代企业导刊》1992 年第 4 期，与朱桂芳合作）

改革分配制度，转换企业经营体制

转换企业经营机制，需要进行各方面的配套改革。其中，分配制度改革是极为重要的一环。本文试就深化分配制度改革、促进企业经营机制转换问题谈一些意见。

一、转换企业经营机制，必须深化分配制度改革

企业经营机制，是指企业在一定经营环境下生存和发展的内在机能及其运行方式。具体地说，它主要包括动力机制、竞争机制、积累机制、约束机制和淘汰机制等。这些机制相互联系、相互制约、相互促进，共同构成商品经济条件下企业作为商品生产者和经营者的整体机制。然而，在过去的高度集中的经济管理体制下，企业的生产经营活动是国家直接管理和指挥的，企业既没有生产经营自主权，也没有独立的经济利益，对自己的生产经营活动也不承担经济责任。在这种体制下，企业的生产经营活动和经济发展必然缺乏生机与活力。因此，转换企业经营机制就是要变国家统一经营、统负盈亏为企业自主经营、自负盈亏。要实现这种转换，就必须深入进行包括职工劳动报酬、企业纯收入分配、企业留利分配在内的整个分配制度的改革。

（1）要形成企业的动力机制，就必须保证企业具有一定独立的经济利益，这涉及到企业纯收入在国家与企业之间的分配。同时，企业的动力，又主要来自于职工的动力，而要使企业职工具有经济动力，就必须使他们的经济收入与企业的经济效益和自己的劳动贡献结合起来，这又涉及到职工劳动报酬的分配。

（2）要形成企业的竞争机制，就必须保证企业具有独立的经济利益。经济利益是产生竞争的根源，企业没有独立的经济利益，就不会有企业之间的竞争。同时，企业内部也有个竞争问题，这种竞争也与不同单位、部门和职工

的经济利益有关。这些都涉及到企业的分配制度问题。

（3）要形成企业的积累机制，就必须将企业的纯收入留给企业一部分，否则，也就谈不上企业的自我积累问题。而这个问题，本身就是企业分配制度的一项内容。

（4）要形成企业的约束机制，除了要建立健全企业的环境约束机制外，还要建立健全企业的自我约束机制。企业自我约束的一项重要内容，就是要正确处理积累与消费、近期利益与长远利益、局部利益与整体利益的关系，消除短期行为，把企业的留利较多地用于企业的生产发展。这也涉及到企业的分配制度，特别是企业的留利分配制度问题。

（5）要形成企业的淘汰机制，就必须允许企业倒闭、破产。而企业倒闭、破产的主要原因就是决策失误、经营不善、效益低下、资不抵债。它是以企业具有独立的经济利益为前提的，如果企业没有独立的经济利益，也就不存在企业的倒闭、破产问题。这也涉及到企业的分配制度问题。

二、当前企业分配制度中存在的主要问题

经过十几年的改革，企业的分配制度已经发生了很大的变化，为企业经营机制的转换创造了一定的条件。但是，到目前为止，企业分配制度中仍然存在不少问题，直接影响着企业经营机制的转换。

（1）企业工资总额与经济效益挂钩中两个基数的核定还很不合理，不利于调动企业的积极性。一般来说，我国企业的工资总额都是在原有工资制度的基础上逐步演变而来的，企业间本来就很不合理，企业某一年度或某一时期实际上缴的税利，也存在着很多偶然的和不合理的因素。在两个基数都不尽合理的情况下，二者挂钩浮动的结果也必然不合理。此外，再加上企业的工资总额往往只能随经济效益的增长而上浮，很少能够随着经济效益的降低而下浮；企业的实发工资总额增加到一定比例，又要缴纳工资调节税等问题，企业之间在工资分配上不仅仍然存在着严重的平均主义，而且还出现了苦乐不均现象，这很不利于调动企业的积极性。

（2）税利不分，税收体系不合理。经济体制改革以前，我国的工业企业一般只向国家缴纳少量的工商税，其余的纯收入基本上都以利润形式上缴国家。经济体制改革中，国家对国有企业实行了利改税，这对于充分发挥税收作用，保证国家的财政收入发挥了积极作用。但是，由于政企不分、政资不分的问题没有得到解决，又从另一个方面造成了税利不分，从而使国家从企业取得

纯收入的依据以及以不同方式取得纯收入的比例等模糊不清。因此，在实际工作中人们对企业留利水平的高低往往表现出截然不同的看法，有的说高，有的说低；有的是指占税后利润的比例，有的是指占税利总额的比例。此外，税收体系也很不合理。这主要表现在两个方面：一是国有大中型企业税负过重，不利于同其他类型的企业展开平等竞争；二是税收结构不合理，不利于正确处理国家与企业之间的分配关系。如 1990 年我国企业上缴税款的结构是：在占企业纯收入 85% 的总税收中有 55.3% 是以流转税形式上缴的，其余 44.7% 是以所得税或其他形式上缴的。而世界各国通过流转税取得的收入占整个税收收入的比例，20 世纪 80 年代平均为 20.4%，其中发达国家为 17.2%，发展中国家为 30.6%。我国企业的流转税水平，不仅大大高于发达国家，而且也大大高于发展中国家，严重制约了企业的发展。

（3）企业留利水平低，缺乏自我积累能力。改革以来，企业留利水平有所提高，自我积累能力有了一些增强，但与企业作为自主经营、自负盈亏、自我改造、自我发展的商品生产者和经营者的客观要求还相差甚远。根据有关统计资料分析计算，全民所有制独立核算企业留利占实现利润和上缴税金的比例，1981 年为 7.55%；1983 年为 11.9%；1990 年为 14.9%。1983~1990 年的 7 年中只提高了 3 个百分点。当然，这个比例只是一个平均水平，不同行业和企业又有所不同，经营管理水平不同的企业也有所不同，但总的来说，企业留利水平是比较低的。这么低的留利水平，扣除职工福利基金和职工奖励基金，以及应付各种社会摊派之后，能够用于企业生产发展的很少。

（4）企业之间在留利上，存在着"鞭打快牛"现象。扩大企业自主权以来，企业纯收入在国家与企业之间的分配先后采取了利润留成、利润包干、利改税和经营承包等多种分配形式，但不管哪种形式，都存在"鞭打快牛"现象。如实行利润留成、利润包干和经营承包，在确定留利比例、包干或承包基数时，都是以企业上年或前几年实际实现的利润为基础进行计算的，企业上年或前几年实际实现的利润水平越高，核定的留成比例越低，包干或承包基数越高；反之，核定的留成比例越高，包干或承包基数则越低。实行第一步利改税和第二步利改税都曾设想通过合理设计税种、税率消除企业之间在分配上的"苦乐不均"和"鞭打快牛"的现象，但是，实践结果不仅没有解决"鞭打快牛"的矛盾，反而使矛盾更加表面化。随后实行的承包经营责任制，使问题又回到了承包基数的确定上，"鞭打快牛"问题仍然存在。这个问题严重地影响了企业，特别是先进企业提高经济效益的积极性。

除上述几个主要问题外，企业内部分配还存在着严重的平均主义、福利化、实物化倾向等问题。

三、进一步改革企业分配制度的设想

为了促进企业经营机制的转换，必须围绕建立健全符合有计划商品经济客观要求的经济管理体制，对企业分配制度进行深入改革。

（1）理顺企业产权关系。企业的产权关系，决定着企业的分配关系。在高度集中的经济管理体制下形成的我国国有企业的产权关系存在着两大问题：一是国家对国有企业的产权职能和行政管理职能交织在一起，都由政府直接行使；二是国有企业的所有权和经营权不分，都直接掌握在国家手中。前者造成政企不分、税利不分；后者造成企业缺乏经营自主权，盈亏都由国家统一负责。理顺企业的产权关系，首先必须把国家对国有企业的产权职能和行政管理职能分开，其次还要把国有企业的所有权和经营权、最终所有权和法人所有权分开。国有企业的最终所有权应由专门的国有资产投资公司代表国家来行使，而国家对各类企业的行政管理职能，则由各级政府来行使。国有资产投资公司不应隶属于任何行政机构，有关国有资产的一些重大问题，可在全国人民代表大会下设立国有资产委员会进行决定和处理。国有企业的法人所有权和经营权由企业自己来行使。《企业法》明文规定，国有企业要"以国家授予其经营管理者的财产承担民事责任"，也就是说，国家的财产一旦投入企业，就成为企业的法人财产，企业也就对它拥有了法人所有权。这种法人所有权不仅享有占用、使用和不改变最终所有权的处分权，而且还可以用来偿还债务和承担盈亏责任。只有这样，再给予企业各项经营自主权，才有可能按照社会主义商品经济的原则，建立起企业同各方面的经济关系，从而为建立合理的企业分配制度创造必要的条件。

（2）实行税利分流。实行税利分流，一方面，国有企业要同其他类型的企业一样，向政府缴纳各种税款，以形成国家的财政收入，用于非生产性建设和各种费用开支；另一方面，国有企业的税后利润，一部分要上缴国有资产投资公司，用于对现有企业的再投资或投资开办新的企业，一部分要留给企业，用于企业的自我积累、自我改造和自我发展。当企业发生亏损时，不论是纯国有企业，还是有国有资产的股份制企业，都要以亏损额冲减企业的法人财产。如果企业长期亏损，资不抵债，就要依照《破产法》的规定，对企业实行破产。此外，为了正确处理中央和地方的经济关系，在实行税利分流的同时，还应实行中央和地方分税制。各级地方政府的一个重要任务，就是要搞好市政建设，创造良好的投资环境，从而吸引更多的投资，以繁荣本地区的经济，取得较多的财政收入。

（3）提高企业留利水平。国有企业的最终所有权由国有资产投资公司代表行使以后，企业的税后利润留给企业多少，一般要由国有资产投资公司决定。国有资产投资公司给企业留利多少的一个重要依据将是企业的资金利润率。如果企业的资金利润率较高，国有资产投资公司为了进一步提高自己的投资效益，就会把企业的税后利润较多地留给企业；反之，就会少留甚至不留。对有国有资产的股份制企业来说，企业留利的多少，则由所有者各方共同决定，其主要依据，也是企业的资金利润率。当然，决定企业留利多少除企业的资金利润率外，还有企业的资金有机构成和企业扩大再生产的需要等因素。为了增强企业的自我积累、自我改造、自我发展能力，使我国的经济发展真正走上以内涵为主的扩大再生产的道路，不论是国有制企业，还是有国有资产的股份制企业，除少数特殊情况外，其留利水平都应大大提高。从多数国家的情况看，政府通过各种税收形式参与企业纯收入分配的比例以不超过40%为宜。企业的税后利润，1/3 作为资产收益缴给所有者或由所有者各方按投资比例进行分配，2/3 则应留给企业用于发展生产。

（4）完善企业工资总额与经济效益挂钩制度。实行工资总额与经济效益挂钩制度，必须针对存在的问题加以改进和完善。工效挂钩在实行中存在的主要问题，除工资总额基数和经济效益基数的确定不合理外，还有就是这种制度只在少数经济效益较好的大中型企业实行，而国家对不实行工效挂钩企业的工资增长又缺乏有效控制，因而出现了某些经济效益较好的挂钩企业，其工资总额的增长速度反而低于某些经济效益不好的不挂钩企业的不正常现象。因此，完善工效挂钩制度，首先应变工资总额与经济效益增长挂钩为工资总额和经济效益全额挂钩，即在企业实现的全部经济效益（销售净产值）中确定一个合理的比例和份额，作为企业的工资总额。其次要确定挂钩的合理比例。实行工资总额与经济效益（销售净产值）全额挂钩，关键是合理确定企业工资总额占销售净产值的比例。为了消除产品价格不完全合理等因素对企业销售净产值从而对企业工资总额的影响，在确定挂钩比例时，既不能对所有的企业都采取相同的比例，也不能一个企业实行一个比例。比较可行的办法是，先由国家根据消费与积累的需要，确定一个适当的平均比例，然后再按照不同行业的劳动强度和产品价格水平确定不同的系数。每个企业根据国家确定的平均比例、本行业系数和本企业实现的销售净产值，就可以计算出本企业的工资总额。最后要扩大实行工效挂钩的范围。工效挂钩作为企业工资总额的形成机制，应当对所有的企业实行。当前，考虑到产品价格不合理等客观条件的限制，可首先在营利企业中普遍实行。随着价格关系的逐步理顺，再不断扩大实行范围，直至全部实行。只有在普遍实行这种制度的情况下，它才能作为一种机制促进企业之间展开竞争，从而达到改进管理，降低消耗，提高经济效益的目的。

（5）建立健全企业合理分配和使用留利资金的机制。为了使企业克服短期行为，合理分配和使用留利资金。除要号召企业加强自我约束或做出一些政策规定外，更重要的是要建立一种机制，使企业能够从长远利益出发安排留利资金的使用。在此基础上，还应加强经济立法和经济司法，保障企业的合法权益。要使企业的留利资金真正归企业使用，严禁任何形式的摊派和平调；同时，要运用各种经济杠杆，促使企业正确使用留利资金。此外，还应通过完善和普遍实行工效挂钩制度，把企业的工资和奖金全部纳入产品成本，以切实保证企业把留利资金主要用于生产发展。

深化企业分配制度改革，还要在改革、完善税制与改进、完善企业内部工资、奖金分配制度等方面下功夫。总之，不对统收统支的、平均主义的企业分配制度进行深入改革，转换企业经营机制就将是一句空话。

（原载于《学习与研究》1992 年第 7 期，与周叔莲合作）

评我国现行企业劳动制度

　　就国有企业来说，现行劳动制度可概括为"老人老办法，新人新办法"，即在对原有职工实行固定工制度的同时，从 1986 年 10 月 1 日开始，对新招收工人全部实行劳动合同制。随着老工人的不断退休，劳动合同制工人的比重逐年增长，直至最后完全取代固定工制度。为了加快固定工制度向劳动合同制的过渡，最近两年不少企业对原有的固定工也实行了合同化管理，即实行了全员劳动合同制。很显然，劳动合同制已成为国有企业现行劳动制度的主要内容。

　　我国原有固定工制度的弊端是十分明显的。它除了社会劳动者的就业问题全部由国家包下来，从而给国家造成越来越大的压力外，主要是企业的职工只能进不能出，造成人员过多，劳动生产率低下；职工一般不能流动，不利于充分发挥每个劳动者的专长，激发他们的工作兴趣和劳动热情；分配上采取平均主义办法，抑制了职工的生产积极性等。对于这种情况，国家、企业和广大职工都是不满意的。改革开放以来，劳动制度的改革就成了一个势在必行和引人注目的问题。

　　但是，改革的方向是什么，究竟实行什么样的企业劳动制度，才能既符合社会主义的基本原则，又符合现代企业管理的一般原理，人们的认识还很不一致。在实践中，劳动合同制虽然取得了一些效果，但存在的问题也不少。特别是一些地区和企业在实行优化劳动组合和全员劳动合同制中，遇到的矛盾很多，有时甚至搞得很激化，以致造成了企业劳动制度不得不改，但又很难改下去的两难局面。这就要求我们必须对企业劳动制度改革的方向重新进行思考。

一、关于劳动制度的几个理论问题

(一) 关于劳动者的地位问题

劳动者在企业中处于什么地位，体现着劳动制度的性质，而劳动制度的性质又是由生产资料所有制决定的。马克思主义认为，在资本主义企业里，人格化的资本是主体，劳动者是被雇佣者，处于客体地位。生产资料成为统治者，形成了物统治人的反常现象。实行生产资料公有制，就是要剥夺剥夺者，使劳动者占有生产资料，把物统治人的关系颠倒过来，变成人统治物，从而使劳动者在生产中处于主体地位。只有这样，才能充分发挥劳动者的积极性和创造性，促进生产力的发展，这是社会主义制度最根本的优越性。

在社会主义初级阶段，我们不仅要大力发展公有制经济，而且还要发展公有制以外的其他成分的经济，实行多种经济成分并存。这就意味着允许一定的私有经济成分的存在，包括引进外资的企业和少量的私有制企业等。

这样，劳动者既可能在社会主义公有制企业里劳动，也可能在私有制企业里劳动，因此，劳动者的地位，并不都是一样的。在私有制企业里，劳动者就不是处于主体地位，而是处于雇用劳动者的客体地位。既然是雇工，就必然有剥削。问题在于，在社会主义初级阶段，是否应允许少量的剥削存在。我们认为，既然允许包括私有制经济在内的多种经济成分并存，实际上也就是允许少量的剥削存在。需要指出的是，在社会主义初级阶段，大量的劳动者是在公有制企业里，这些劳动者不是雇用劳动者，而是企业的主人。

(二) 关于劳动力是不是商品的问题

到目前为止，人们对这个问题的认识仍然很不一致。有的同志认为，社会主义初级阶段实行以公有制为主体的所有制结构，劳动力不再是商品，如果劳动力是商品，就同资本主义没有什么区别了；有的同志则认为，社会主义要实行市场经济，劳动力必然要属于劳动者个人所有，并且必然要形成一定价格，通过市场进行流动，因而社会主义初级阶段的劳动力仍然是商品。我们认为，不能笼统地说劳动力是不是商品，这要看劳动者在什么所有制企业里劳动。如果在社会主义公有制企业里劳动，他的劳动力就不是商品，如果在私有制企业里劳动，他的劳动力就肯定是商品。只有这样区别对待，才便于分析问题。

在社会主义初级阶段，劳动力仍然属于劳动者个人所有。但不能由此推论，劳动者必须要把自己的劳动力作为商品与别人交换。现阶段属于个人的东西，不仅有劳动力，而且还有许多其他东西，但属于个人的东西并不一定都要作为商品去交换，二者没有必然的联系。看劳动力是不是商品，主要应看两点：一要看劳动者与企业之间的关系；二要看劳动者的收入是如何形成的。在资本主义企业中，资本家是企业的主人，处于主体地位，劳动者则被资本家雇用，处于客体地位。劳动者必须出卖自己的劳动力，才能取得收入，才能生存下去。同时，劳动者的劳动收入，即劳动力的价格，又是由劳动力生产所需要的社会必要劳动时间和劳动力市场供求状况等因素决定的，因此，资本主义企业中劳动者的劳动力就成为商品。在社会主义初级阶段中的私有制企业中，劳动者的劳动力也是商品，在社会主义公有制企业中，劳动者成为生产资料的主人和生产的主人，他们用自己的生产资料和劳动力为自己进行劳动，劳动力就不是商品。只是过去由于经济管理体制上存在的问题，使得国有企业中劳动者的主人翁地位还没有充分体现出来。真正的典型的集体所有制企业就不存在这个问题。集体所有制企业是大家集资，然后又一起参加劳动，每个劳动者既是企业的所有者，又是企业的生产者和经营者，劳动者的主人翁地位很明确，劳动力当然不是商品。这是出现所谓"集体企业职工的生产积极性比国有企业高，个体企业职工的生产积极性比集体企业高"的反常现象的一个重要原因。经济体制改革的一项最根本的任务，就是要使国有企业的劳动者也真正成为企业的主人，以充分发挥他们的生产积极性和创造性，以促进生产力的发展。

（三）关于劳动力的流动和劳动力市场问题

在社会主义初级阶段，劳动力归劳动者个人所有，劳动者有选择职业的自由，因此，劳动力必然要进行流动。为了便于劳动力进行合理而有秩序的流动，建立一些集中进行劳动力交流的场所是完全有必要的。

有的同志认为，所谓建立劳动力交流的场所，实际上就是建立劳动力市场，而市场又是进行商品交换、流通的场所，这就等于承认劳动力是商品。我们认为，这话有一定道理，但又不完全正确。固然市场是交换、流通的场所，但交换并不一定都必须是价值的交换。在资本主义商品经济中，交换必然实行等价原则。但从交换的本质看，它的基础和前提都是使用价值的交换。在社会主义条件下，使用价值的交换一般也都要同时计算价值，但有时也不一定。例如换房市场，换房者对住房只有使用权，并没有所有权，因此谈不上价值的交换。有的人为了上班方便一些，宁可以大换小，以优换劣，即使价值不等也要交换。

劳动力要求流动的原因很多，有的是要找收入高的职业，这和价值交换有关，但有许多是因专业不对口，工作无兴趣，上班路途远，人际关系紧张等而要选择新的职业。为了解决上述矛盾，宁可工资待遇低一些也愿意流动，这些就和价值交换无关。由此可见，劳动力的交流不能简单地和一般商品交换画等号。私营企业在劳动力交流的场所招雇员工，肯定是劳动力的买卖关系。劳动力交流的场所可以有少量劳动力作为商品进行交换和流通，但它并不是建立劳动力交流场所的必要条件。

（四）关于劳动者之间的竞争与协作问题

在社会主义市场经济条件下，劳动者作为企业生产要素的一个最重要的要素，他们之间存在着一定的竞争是必然的。但是，劳动者之间的竞争主要表现在企业外部，如大家都希望到条件比较好的企业去工作，企业也要择优录取职工等，这里就存在着竞争。特别是当企业招考职工时，如果招收的数量较少，而报考者较多，竞争就比较激烈。此外，企业之间的竞争，归根结底是人才的竞争，而人才的竞争，一方面表现为企业之间争夺人才和培养人才的竞争，另一方面还表现为企业之间的职工在生产经营方面的竞争。至于在企业内部，劳动者之间虽然也存在着一定的竞争，如调换较好工作岗位和晋升职务等，但主要还是相互协作关系。一些企业在优化劳动组合中，采取了竞争上岗的做法，这是由于在旧体制下企业长期积累的冗员太多的结果（这样解决冗员问题并不是好办法）。如果企业有了充分的劳动人事权，需要什么样的人就招收什么样的人，需要多少人就招收多少人，少数不符合要求或表现不好的可以随时离开企业，上述问题也就不存在了。当然，在任何时候，职工之间都有一个工作表现好坏和贡献大小的问题，并且企业要根据每个职工的工作情况和贡献大小付给相应的劳动报酬，同时当企业的生产经营状况发生重大变化，使得现有职工太多或不符合需要时，也可能将一部分职工提交劳动部门另行安排工作，或由劳动者自己寻求新的工作岗位，但这些都不属于竞争问题，而是按劳分配和社会劳动力的合理流动问题。实践证明，在企业内部过分强调劳动者之间的竞争，把什么都同竞争联系起来，并不利于增强企业的凝聚力，发挥全体职工的生产积极性。

二、现行企业劳动制度存在的问题

现行的企业劳动制度是固定工和合同制工人同时存在，但不少企业已试行了全员劳动合同制，总的发展方向被认为是全社会都要实行劳动合同制。原有的固定工制度存在很多弊端。必须进行深入改革，但全部实行劳动合同制是否就是一种很理想、很合理的劳动制度呢？我们认为，全部实行劳动合同制，虽然能够消除原有固定工制度的某些弊端，但它又会产生一些新的问题。

（1）它不符合企业的社会主义性质。社会主义与资本主义的根本区别就在于生产资料所有制及其所决定的劳动者的地位不同。社会主义实行生产资料公有制，决定了劳动人民是生产资料的主人，从而也是社会的主人、国家的主人，这是充分发挥广大劳动人民社会主义生产积极性的基础。如果不能在劳动者的生产实践中、在他们日常参与的生产单位里，有当家做主的权利，社会主义公有制就不能得到具体体现。因此，社会主义在使劳动者成为社会和国家的主人的同时，还必须使其成为他们所在生产单位的真正主人。对企业来说，就是成为企业的主人。然而，在普遍实行劳动合同制的情况下，全体职工必然都成为合同中的乙方，这就首先在形式上否定了劳动者作为生产资料主人的地位，它不符合企业的社会主义性质。

（2）它不利于发挥职工的主人翁精神。普遍实行劳动合同制，全体职工都成为合同中的乙方，那么，甲方是谁呢？有的人可能会说，甲方是企业。但企业的代表又是谁呢？只能是厂长（经理）。这就使职工无法摆脱传统的雇用观念。如果说厂长（经理）是代表国家的，甲方实质上是国家，那么，职工与国家之间就形成了类似的雇用关系。职工成为国家的雇工，也是不合理的。在职工受雇于厂长（经理）或国家的情况下，又怎么能使他们发挥主人翁精神呢？实际上，不少企业在试行全员劳动合同制中都遇到了种种矛盾。例如，全体职工都向厂长（经理）签合同，厂长（经理）作为职工的一员，又向谁签合同呢？总不能自己同自己签。有的企业是与企业的公章签（在合同的甲方只加盖企业的公章），但向公章签的合同又表示什么呢？甲方的权利、义务又由谁来执行呢？不仅如此，有的企业还遇到了更加棘手的问题。如有些企业不与之签合同的人不愿离开企业，而有些企业希望留下的技术骨干又不愿签合同等。对于前一种情况，只好由企业继续养起来，并且还会不停地出现摩擦；对于后一种情况，有的是不辞而别，有的是软磨硬泡。有些企业出于无奈，甚至对这些技术骨干采取了所谓"技术时效处理"（调离技术岗位，几年内不准离厂）的办法，从而大大激化了矛盾。

（3）它不符合现代企业管理的一般原理。现代企业管理是强调以人为本的管理。即在管理中重视人的因素，通过尊重人、关心人、改善人际关系等办法，调动人的积极性，从而达到提高劳动效率和管理效率的目的。为此，一些资本主义国家采取了吸收工人参与管理，实行终身雇用制等办法来缓和劳资矛盾，增加职工的安全感和企业的凝聚力。而我们实行的全员劳动合同制，据说一个重要目的，就是要通过增加职工"危机感"来激发职工的生产积极性。这真是与现代企业管理的一般原理背道而驰，它是不可能真正激发职工的积极性的。即使有一定的积极性，也只能是一种被迫的立足于个人主义的积极性，不会形成具有强大生命力的集体主义的积极性。而要形成这种集体主义的积极性，归根结底，还是要从劳动制度上确立职工群众在企业中的主人翁地位。在这一点上，社会主义的企业管理从本质上是与现代管理的一般管理相一致的。可能有的同志会讲，实行全员劳动合同制，还有一个很重要的目的，那就是实现企业和劳动者的双向选择，促进劳动力的合理流动。我们认为，实现企业和劳动者的双向选择，以及劳动力的合理流动，都是完全正确的，但它不一定采取劳动合同制的办法。通过符合社会主义基本原则和现代管理一般原理的其他办法，也完全能够达到这一目的。

三、企业劳动制度改革的方向

我们认为，企业劳动制度改革的方向可以用以下两点来概括：

（1）用"职工公约"代替劳动合同。实行劳动合同制，劳动合同制的内容除了规定合同期外，无非是把职工对企业的权利与义务，用契约形式加以规定。如果说这种契约有它一定的积极意义，不采取合同形式，而采取公约形式，可以取得同样的效果，而性质则完全不同。

通常我们说职工群众是企业的主人，这个主人是指整个职工集体。职工个人加入某个集体应当是自愿的，但加入之后就必须遵守集体的各项规定。可以由劳动者集体制定一个"职工公约"，对职工的权利和义务作出规定。所有愿意参加这个集体的劳动者，都在公约上签字。最初的劳动集体可以由劳动部门出面组织，新加入的职工应以承认公约为条件。同时，劳动部门还可以在调查研究的基础上提出标准的劳动公约，供各企业民主制定本企业"职工公约"时参考。为了使劳动力能够合理流动，关于职工加入和退出企业的条件、办法，都应在公约中做出明确规定。至于对公约执行情况的检查、监督和修订等工作，可由民主选举的劳动委员会担任。有关重大问题的决定，还应通过全体职工讨论通过。"职工公约"也是一种契约，但它是民主决定的，是职工集体的意志，是集体利益（也包括国家、社会利益）的体现。职工个人在公约上签字，体现了个人与集体的关系，是个人服从集体的表现，而不是受雇于某个人。这样，每个企业的职工集体，就成了马克思所说的自由平等的生产者联合体，全社会则是这些联合体的大联盟。

（2）实行正式工、合同工和临时工相结合。正式工、合同工和临时工是企业劳动者参加劳动的三种不同形式。它们的区别在于对企业承担不同程度的责任，同时享有不同的权利。这实际上是三个不同层次的联合劳动，实行这种劳动制度，既符合社会主义初级阶段生产力发展水平的客观要求，同时也有利于劳动力的合理流动。

一个企业，必须要有一大批正式工作为企业的主体。正式工也是可以流动的，因而不能称之为固定工。正式工也应当有契约，但不是向谁签订用工合同，而是前面所说的民主制定的"职工公约"。正式工是企业责权利的主要承担者，他们行使民主管理企业的权利，同时承担企业生产经营好坏的责任。因此，正式工有权选举和被选举为职工代表大会的正式代表，参与企业的民主决策和民主管理。他们的个人利益除了和个人劳动贡献相联系外，还要和企业经营成果好坏挂钩。厂长是职工一员，也要遵守"职工公约"并在"公约"上签字，他必须是一名正式工。

企业还可以吸收一些合同工，作为正式工的后备力量。新招收的职工，都应首先成为合同工。合同工除了必须承认"职工公约"外，还应实行合同制，但这种合同是职工个人与劳动集体之间的合同，而不是职工与厂长（经理）之间的合同。合同工有一定的合同期，合同期间内的职工是一种"预备工"的性质。合同期满，经过劳动集体与职工个人双方的同意，应当转为正式工，成为劳动集体的正式成员。合同工是企业责权利的部分承担者，他们也可以参加企业的民主管理，但只有发言权、建议权、批评权，而没有表决权、选举权和被选举权。与此相适应，他们对企业的经营好坏也只承担部分责任。例如，在企业亏损时，正式工除扣发奖金外，还要减发工资，合同工则只能扣发奖金，不能减发基本工资。

企业根据需要招收的少量临时工，既不是企业主体的正式成员，也不是企业主体的预备成员。他们对企业的责权利完全不承担责任，只是做一天工，拿一天的劳动报酬。但是，临时工中表现优秀的可以吸收为合同工，还可以从合同工进一步转为正式工。

当然，正式工如果表现不好，一再违反"职工公约"，经过企业劳动委员会决定，也可以解除公约令其离开企业；当然如果本人同意，也可以转为合同工，作为一种照顾。同样，合同工表现不好，也可以解除合同令其离开企业；在本人同意的情况下，也可以转为临时工；临时工表现不好的，可以随时令其离开企业。那些由正式工转为合同工，由合同工转为临时工的职工，如果改正了错误，还可以同其他合同工、临时工一样，再转为正式工、合同工。这样，既可以维护企业的组织纪律，又给少数违纪职工以改正错误的机会。

在企业里实行上述三种工并存，就会形成两种机制：企业办得好，临时工都可以争取被招收为合同工，合同工则争取合同期满转为正式工，这就形成一种向心力和凝聚力，不但符合社会主义原则，而且符合现代企业管理的行为科学原理。

（原载于《经济日报》1992 年 11 月 10 日，与蒋一苇老师合作）

企业破产应坚持的几条原则

一、依法破产，保护债权人利益的原则

在企业破产中，一项最重要的工作就是对企业的破产财产进行清算、分配，以保护债权人的利益。对国有企业来说，债权人主要是国有单位，如银行、财政、其他国有企业等。在前一个时期的企业转机建制中，确实存在着少数企业逃债废债的情况。逃债废债的一个重要手段就是把濒临破产企业的有效资产转移、分立出去，而把债务全部或大部分留在企业，然后宣告企业破产。这显然是违反法律规定的，是侵害债权人利益的。为了保护债权人的利益，实行破产的企业，其一切财产都必须纳入清算和计入破产财产。对在转制过程中为分块搞活而分出去的财产，应同其他财产一样纳入清算，计入破产财产。为不影响这些已经搞活的部分的正常运行，可以根据具体情况，通过清算、分配，把它们整体分配给某一个或几个债权人，或把它们作为破产企业的债权处理。

二、保护企业生产力，充分利用企业有效生产能力的原则

企业破产，从整体上看，企业的生产力可能要受到一定损害，但在实施破产过程中，一定要充分注意保护企业生产力，使那些有效的生产能力继续得到利用。为了保护破产企业的生产力，首先应根据拟破产企业的不同情况，采取不同的破产方式。对那些因历史原因造成严重资不抵债，而产品还有较

好的市场和效益，或局部生产能力可以继续维持生产，并能取得一定效益的企业，应采取"不关门破产"的方式。所谓不关门破产，即在对企业按照法律程序实施破产的同时，保持企业的生产或局部生产的正常进行，而这种生产或局部生产的进行又不影响企业的清算和破产财产的分配。这既保护了债权人的利益，又保证了社会的稳定和生产力的发展。对那些严重资不抵债、产品又没有市场和效益，且短时间内又无法转产的企业，则可采取"关门破产"的形式。

无论采取"不关门破产"，还是"关门破产"的形式，在对企业的破产财产进行分配时，都应尽可能保持企业有效生产能力的完整和局部有效生产能力的相对完整，而绝不能把这些生产能力肢解。为了做到这一点，最好的办法是将破产企业整体拍卖或局部拍卖。拍卖不出去的，可以根据债权人的债权多少，把那些有效的、相对完整的生产能力（如分厂、车间等）分配给某一个或某几个债权人。其中，分配给某一个债权人的，由这个债权人作为所有者，并由其采取一定的经营方式继续进行生产经营；分配给多个债权人的，可以采取股份制的办法继续进行生产经营。

三、安置好职工，保证社会稳定的原则

安置好职工是国有企业破产能够顺利进行的前提条件。上述提出的"不关门破产"的办法可以安置相当一部分职工。安置破产企业的职工，也要根据企业和各类职工的不同情况，采取不同的方式。

首先，对于破产企业离退休职工的离退休费和医疗费的支付，凡是企业参加了养老保险、医疗保险基金社会统筹的，可由当地社会养老、医疗保险机构分别从养老保险、医疗保险基金社会统筹中支付；没有参加养老保险、医疗保险基金社会统筹或养老保险、医疗保险基金社会统筹不足的，可从企业土地使用权出让所得中支付和处置其他破产所得中拨付。企业土地使用权出让不出去而其他破产财产也不能变现时，可结合上述企业生产力的重组，采取新组建的企业免缴或少缴土地使用费，或无偿占有一定数量的为离退休职工划拨的破产财产的办法，使其担负起离退休职工的养老工资和医疗费。当然，这需要经过各方面的充分协商，取得一致意见。

其次，对于在职职工，能安置在企业破产后新组建的企业中去的，就安置在这些企业中去，而不管这些新组建的企业经破产财产的分配后其最终所有权属于谁；能由政府另行安置的，就由政府另行安置；暂时安置不了的，可依照《国有企业职工待业保险规定》享受失业保险待遇。失业保险期满后，不能重新就业的，符合社会救济条件的，可由当地民政部门按照规定发给社会救济金。同时，政府应大力鼓励破产企业职工自谋职业。对自谋职业的职工，可以由政府根据当地的实际情况，按照一定标准发放一次性安置费，不再保留其国有企业职工身份。

（原载于《经济日报》1992 年 12 月 13 日）

关于我国企业制度改革的研究

增强企业的活力是我国经济体制改革的中心环节。十几年来，我国国有企业的改革，经历了由放权让利到转换企业经营机制两个大的阶段。从放权让利到改革企业经营机制，无论在理论上还是实践上都是一个很大的突破，具有重要的意义。但一个时期以来，转换企业经营机制的改革措施，一直是围绕着以承包经营责任制为主的经营方式展开的。实践证明，这种思路有它的局限性。转换企业经营机制并不仅仅是经营方式的问题，它涉及的范围极广，特别是涉及产权制度的问题。我们认为，要真正转换企业经营机制，必须拓宽企业改革的思路，从企业制度的总体上进行研究，更广泛地探索企业改革的措施。

一、企业制度改革的意义和任务

（一）企业制度的概念

所谓制度，包含两层含义：一是指在一定历史条件下形成的社会政治、经济、文化等方面的基本制度；二是指要求大家共同遵守的办事规程或行动准则。以上两层含义并不是截然分开的，它们之间是基本制度与一般制度的关系，前者比较抽象，后者比较具体。

由于企业是营利性的经济组织，因而企业制度属于经济方面的制度。从上述第一层含义理解，它是基本经济制度的一个重要方面，是在一定历史条件下所形成的企业经济关系；从上述第二层含义理解，企业制度还包括企业经济运行和发展中的一些重要规定、规程或行动准则。这些规定、规程或行动准则属于经济方面的一般制度，从本质上看，它们所反映的也是经济关系。既然企业制度属于经济关系的范畴，那么，社会主义的企业制度就必须体现出社会主义经济的基本特征，即实行生产资料公有制，对职工的生活消费品实行按劳分配，劳动者创造的剩余产品为社会或劳动集体共同占有等。当前我国还处在社会主义初级阶段，其企业制度也必然具有社会主义初级阶段的特征。如企业的所有制结构，必然是以公有制为主体，多种经济成分并存；企业的经营方式，必然是建立在不同所有制基础上的、灵活多样的；企业的分配制度，必然是以按劳分配为主体，多种分配形式并存；等等。

企业制度不仅体现着社会经济制度的基本特征，同时还要受到经济管理体制的重大影响，在不同的经济管理体制下所形成的企业制度也必然不同。企业制度中包含有许多企业管理的内容，而企业管理又具有双重性，既要组织生产力，又要处理生产关系。因此，企业制度中的某些具体制度，特别是在生产力组织方面的某些制度，社会主义与资本主义会有很多共同之处，甚至是完全相同的。这就要求我们在研究企业制度时，既要坚持社会主义的基本原则，坚持向社会主义市场经济体制转换的改革目标，同时还要敢于和善于从资本主义企业制度中吸收人类所创造的一切科学和文明成果，建立和完善社会主义企业制度、加强企业管理服务、促进社会主义社会生产力的发展。

（二）企业制度的内容

从上述企业制度的概念可以看出，企业制度包含的内容十分广泛，它既包括企业同外部各方面，特别是同国家的关系，也包括企业内部的各种关系；既包括一些与社会制度和经济制度相联系的基本制度，也包括企业运行中的一些具体制度。但是，这些内容概括起来无非属于两类，一是企业形态，二是企业管理制度。

企业形态是世界各国用得比较广泛的概念，但在用法上差别很大，有时把它的内容设定得很宽，有时却又很窄。实际上，企业形态有广义和狭义之分。从广义上理解的企业形态，就是从各种不同角度，如行业、规模、技术特征、经济性质、组织形式等对企业所进行的类别划分；从狭义上理解的企业形态，则随研究问题的特定要求不同而不同。最窄的理解，是指企业的所有制关系和反映这种经济内容的法律表现，前者属于经济基础，后者属于上层建筑。本文在研究企业制度时所涉及的企业形态，基本上属于狭义的企业形态，它主要包括企业的经济形态、经营形态和法律形态等方面的内容。除此之外，再加上前述企业管理制度方面的内容，就是我们所说的企业制度的内容。

1. 企业的经济形态

企业的经济形态是以出资的主体来划分的，其核心是产权问题，实际上也就是我们通常所说的所有制形态。

企业的经济形态是企业制度的最基本的内容，它对于企业制度的其他方面具有决定作用。马克思主义认为，任何生产过程都是劳动者与生产资料相结合的过程。占有生产资料是人们进行生产的前提，生产资料归谁所有是社会生产的决定性问题。因此，研究企业制度，首先应当研究企业的经济形态问题。

从资本主义企业制度发展的过程看，资本主义企业制度之所以成为资本主义企业制度，就是因为它是建立在生产资料私有制基础上的。而资本主义企业制度之所以又能划分为若干类型或发展阶段，又是由生产资料私有制的具体表现形式不同所决定的。

最初的资本主义企业是通过资本的原始积累形成的，它以独资的形式构成了个人业主制及在此基础上的个人经营制。这种企业制度带有很深的封建烙印，在这种企业制度下，企业的规模和积累能力都受到很大限制。

随着社会生产力的不断发展，资本主义的财产关系发生了深刻变化，即由个体化走向集团化。由于这一变化，资本主义企业出现了合伙制，即企业的资本是合伙的，经营也是合伙的。在上述两个阶段，企业制度的共同点是谁所有谁经营，还没有发生所有权和经营权相分离的问题。

随着社会生产规模继续扩大和产业结构日趋复杂，客观上要求社会资本的存量和增量都要在更大的范围内进行配置和调整，这就促使资本主义的财产关系再次发生深刻变化，即由集团化走向社会化，从而形成了股份制企业。股份制企业，一方面使企业的所有权相对分散，增强了资本承担风险的能力；另一方面还通过企业产权的外部化和股票市场，使资本的所有权与经营权发生分离，从而形成了有效配置资本的经济机制。

从以上可以看出，资本主义企业制度的演变是与生产的社会化和商品经济的发展紧密联系在一起的，归根结底，是社会生产力发展的必然结果。由于社会生产力发展的渐进性和不平衡性，资本主义企业制度演变的结果则是生产资料私有制基础上的个人业主、人合集团、资合集团并存。与此同时，还有一部分公营企业和合营企业。这种企业制度在一定程度上缓和了资本主义的矛盾，促进了资本主义经济的发展。

社会主义由于实行生产资料公有制，它必然产生与资本主义企业制度完全不同的企业制度。这种不同主要表现为生产资料所有制的主体不同。然而，由于社会主义生产也是社会化大生产，也要实行市场经济，因此，社会主义企业制度在经济形态方面必然是以生产资料公有制为主体，实行多种经济成分以及这些经济成分的多种组合并存。改革以来的实践证明，企业的这种所有制格局有利于促进社会主义社会生产力的发展。

2. 企业的经营形态

企业的经营形态通常被称为企业的经营方式，它与企业的经济形态密不可分，也是企业制度的一项重要内容。在谈到企业经营方式时，人们强调的往往只是企业由谁来经营的问题。实际上，企业的经营方式不只是企业由谁来经营的问题，更重要的是如何界定企业经营责任的问题。所谓企业由谁来经营，就是企业由所有者直接经营，还是实行所有权与经营权分离，由经营者经营；所谓如何界定经营责任，主要是指企业的盈亏责任由谁来承担。就国有企业来讲，其经营方式是指企业由国家直接经营、统负盈亏，还是由企业自主经营、自负盈亏。

由于社会主义企业制度在经济形态方面是以生产资料公有制为主体，实行多种经济成分及其各种组合并存的，而每种经济成分及其各种组合又可以实行不同的经营方式，因此，社会主义企业制度在经营方式方面必然是灵活多样的。如国家所有、国家经营；国家所有、集体经营；国家所有、个体经营；集体所有、集体或个体经营；个体所有、个体经营；混合所有、集体或个体经营；等等。上述各种各样的经营方式，又必然会有灵活多样的责、权、利的实现方式与其相对应。

3. 企业的法律形态

企业要健康地发展，必须有法律的保护和约束。因此，企业的法律形态是企业制度中不可缺少的内容。由于法律形态是对经济事实的追认和规制，因此，企业有了一定的经济形态，才能有而且应当有相应的法律形态。企业的法律形态必须与企业经济形态的发展相适应。从世界各国的情况看，各种形态的企业都有专门立法，都有相应的法律对企业进行规制。如日本的企业，包括有限公司、无限公司、两合公司和股份有限公司等，都有自己的法律依据。美国、德国等也都是如此。这说明，在经济高度发达的现代社会中，为了保证国民经济有序、高效运转，对每种企业都必须进行相应的立法，形成不同的法律形态分类。然而，经济体制改革以前，我国只建立了一些经济行政法规，很少有企业方面的法律，这是当时主要以行政手段管理经济的必然结果。经济体制改革以来，我国逐步建立健全了一些企业方面的经济法令、法规，但还有不少法律至今还没有建立起来，经济司法工作也还比较薄弱。今后，必须继续建立健全企业经济法令、法规，特别是对不同形态的企业进行相应的立法，确立和完善企业法律形态。同时，进一步搞好经济司法工作，以适应社会主义市场经济发展的需要。

4. 企业的管理制度

本文所说的企业管理制度，主要是指企业内部的管理制度。如企业的领导制度、劳动人事制度、分配制度等。企业管理制度除上述一些基本内容外，还包括一些更加具体的制度，如计划管理制度、财务管理制度、成本管理制度、技术管理制度、设备管理制度、定额管理制度、人员培训制度，等等。这些制度是否科学合理，都直接影响到企业管理水平和经济效益的提高。

(三) 企业制度改革的基本任务

如上所述，企业制度是由社会制度和经济制度决定的，但它与社会制度和经济制度又不属于同一层次的问题，在相同的社会制度和经济制度下，也可以有着完全不同的企业制度。正是由于这一点，我们才有可能在坚持社会主义制度的前提下深入进行企业制度的改革。

我国原有的企业制度是在高度集中的经济体制下逐步形成的，其主要特点是所有制形态和经营方式单一、法律形态不健全和内部管理制度混乱。在所有制形态方面，虽然从表面上看存在着全民所有制和集体所有制两种形式，但实际上绝大多数集体企业都是由各级地方政府投资兴办的，真正意义上的集体企业很少，而且对这些所谓集体所有制企业也是按照管理全民所有制企业的办法进行管理的；在经营方式方面，不仅国有企业是由国家直接经营的，而且集体企业也是按照国家指令性计划进行生产经营活动的；在法律形态方面，正如前面已经讲到的，几乎没有建立什么企业方面的法律；在内部管理方面，由于不断受到政治运动的冲击，因而常常处于混乱状态，直到中共十一届三中全会之后，这种状况才逐步得到改善。

在上述企业制度下，企业既没有经营自主权，也没有独立的经济利益，完全丧失了商品生产者和经营者的经济地位，失去了其作为营利性经济组织的本来含义，因而也就不承担经济责任和经营风险。既然没有独立的经济利益，企业内部就不会有激励机制所产生的经济动力；既然不承担经济责任和经营风险，企业外部就不会有竞争机制所产生的经济压力。而没有经济动力和压力，企业就不可能有生存与发展的活力。这样，在国民经济发展中，就必然会产生资源配置和利用不合理、技术进步缓慢、产品质量低、交易成本高、经济效益差等一系列问题。为了改变这种状况，就必须对传统的企业制度进行深入改革。

企业制度改革的基本任务，就是要解决企业的所有制形态和经营方式单一、法律形态不健全、内部管理混乱等问题，建立起新型的社会主义企业制度。

经济体制改革以来，我国的企业制度已经发生了很大变化，如发展了多种经济成分、实行了多种经营方式、加强了法制建设、改善了企业管理等。从当前的情况看，个体、集体、三资企业的发展方兴未艾，并且这些企业都实行了比较灵活的经营方式，其管理也是按照市场经济的要求进行的。总的来看，这些企业都比较具有生气和活力。与其相对照，国有企业就不那么具有生气和活力，特别是国有企业负担重、效益差的问题相当突出。其根本原因是，国有企业在制度上还不适应市场经济的客观要求。因此，建立新型的社会主义企业制度，问题的焦点仍然集中在对国有企业的改造上。

针对上述状况，今后必须继续大力发展多种经济成分，并在此基础上实行灵活多样的企业经营方式。同时，更要着力于对国有企业进行深入改造，使之成为社会主义市场经济条件下的自主经营、自负盈亏、自我发展、自我约束的商品生产和经营单位，成为独立享有民事权利和承担民事义务的企业法人。除此之外，还要相应地加强法制建设，不断提高企业管理水平。只有这样，才能形成健全、完善的社会主义企业制度，增强企业活力，使社会主义的优越性得到充分发挥。

对国有企业进行改造，关键是要按照社会主义市场经济的客观要求，正确处理国家与企业的关系和企业内部的关系。经济体制改革以来，国有企业的改革先后经历了扩大企业自主权、利改税和承包经营等几个阶段，当前又在扩大股份制的试点。这些都涉及正确处理国家与企业的关系以及企业内部关系的问题。在解决上述两个关系问题的过程中，不论在理论上还是实践上，我们都不断遇到一些问题和困难，又不断加以克服和解决，从而使改革不断深入向前发展。但是，也有一些深层次的问题和矛盾长时期未得到很好的解决，从而影响了改革的进程和改革目标的实现。针对这一情况，本文下面将着重研究处理国家与国有企业关系的难点、对策以及反映企业内部关系的几种主要管理制度的改革与完善问题。

二、处理国家与国有企业关系的难点与对策

（一）国有企业改革的目标

为了正确处理国家与国有企业的关系，首先需要确定国有企业改革的目标。在传统的高度集中的经济管理体制下，国家与国有企业关系的基本特点是企业由国家直接经营，盈亏由国家统一负责，企业没有任何经营自主权，只是作为国家行政管理机构的附属物而存在，这是企业缺乏活力的根本原因，因而必须对其进行深入改革。

根据建立社会主义市场经济体制、增强企业活力的客观要求，国有企业改革的目标应当是除少数特殊行业（如军工、社会公益事业等）的企业外，

绝大多数国有企业都应在国家宏观经济政策的调控下，建立起自主经营、自负盈亏的机制。这实际上就是使国有企业也成为真正意义上的企业。对于企业的一般含义，由于时代不同，以及观察和研究问题的角度不同，有着不同的表述，或者说有着不同的企业观，归纳起来主要有：

（1）建立在企业目的基础上的企业观。这包括：企业是以盈利为目的经济组织；企业是以社会责任为己任的经济组织；企业是为减少交易成本而产生的一种经济组织等。

（2）建立在企业在国民经济中的地位基础上的企业观。这包括：企业是社会经济的"细胞"或"基本粒子"。它不仅是经济活动的基础，而且是社会制度的缩影；企业是经济成长、扩展和变革的一种特殊器官，是经济进步的承担者等。

（3）建立在系统论基础上的企业观。这包括：企业是以组织为核心，通过物质系统、社会系统（市场系统）、人的系统构成的复合整体；企业是个动态的有机整体，是管理者介入其中，由相互联系的各部分和程序组成的系统；企业是为实现某种目标而组成的人和技术的系统等。

（4）建立在企业机能基础上的企业观。这包括：企业是具有创造性并分配财富和提供服务这类经济机能的组织；企业是计划周密的、有组织的经济单位；企业是从事生产、流通等经济活动，为满足社会需要并获取盈利，进行自主经营，实行独立核算，具有法人资格的基本经济单位；企业是以某种生产资料所有制为基础，应用现代生产技术，从事生产、流通的自主经营、自负盈亏、自我发展、自我约束的商品生产者和经营者，是具有一定权利和义务的法人等。

（5）建立在双重存在基础上的企业观。所谓双重存在的企业观是指企业既是一个独立自主的个体，又是经济社会的一环。企业作为个体存在，要处理好内部员工群体之间的关系，自主进行生产经营活动，实现企业的经济目的。企业作为经济社会的一环，要处理好同国家和其他社会集团的关系，承担某些社会责任。

上述各种有关企业的描述，虽然角度和重点有所不同，但它们有一个最本质的共同点，那就是企业是一个自主经营、自负盈亏的经济实体，或者说是一个营利性的经济组织。因此，使国有企业成为真正意义上的企业，也就是要把国有企业从传统经济体制下的政府机构的附属物变成社会主义市场经济体制下的自主经营、自负盈亏的商品生产者和经营者。

（二）处理国家与国有企业关系的难点

从国有企业改革的历史和当前的情况看，按照前述企业改革目标的要求处理国家与国有企业的关系所遇到和存在的一些主要难点问题是：

（1）"两权"的正确划分及其代表的确定。迄今为止，我国国有企业的改革基本上是沿着"两权"分离的思路进行的。围绕着这一思路的贯彻实施，国家采取了一系列扩大和落实企业经营自主权的措施，使国有企业的活力有了很大增强。但是，实现"两权"分离存在着许多难以解决的问题。如所有权和经营权究竟如何划分，所有权包括哪些具体权力，经营权包括哪些具体权力，二者能否完全分离；所有权应当由谁行使，经营权应当由谁行使，如何才能保证企业经营自主权的落实等。这些问题，无论在理论上，还是在实际操作上，至今都还没有得到很好解决。这样，改革就必然会出现摇摆、反复，以及所有权与经营权相互侵占，特别是所有权侵占经营权等问题，从而影响国家与国有企业关系的正确处理，影响企业自主经营、自负盈亏的实现。

（2）国家所有权与企业自负盈亏。所谓自负盈亏，总是针对所有者而言的。当企业盈利时，其盈利不论是作为资本收益由所有者拿走，还是留在企业进行企业的自我改造、自我发展，其所有权都是属于所有者的；当企业亏损时，其亏损也只能由所有者承担。所谓亏本，亏的只能是所有者的本，经营者是无本可亏的。对于国有企业来说，既要切实保证国家的所有权，又要使企业真正能够自负盈亏，这不能不说是一个矛盾和难点所在。

（3）国家对经济的管理职能与政企分开。我国是社会主义国家，国民经济以国有经济为主导，以公有制经济为主体。国家对所有经济成分都具有行政管理职能，特别是对国有制经济，不仅具有一般的行政管理职能，而且还具有产权管理职能。在这种情况下，如何真正实现政企分开，也是一个比较困难的问题。而这个问题不解决，企业就不可能实现自主经营、自负盈亏。

（4）企业之间需要平等竞争与现实的不平等竞争环境。处理好国家与国有企业的关系，实现企业的自主经营、自负盈亏，客观上要求企业之间必须展开平等竞争，而要使企业之间平等竞争，必须具有平等的竞争环境。然而，长期以来形成的我国企业之间的环境是非常不平等的，如价格、税收不合理，生产条件不公平等，这是推行各项改革措施与实现企业自主经营、自负盈亏的巨大障碍。如在实行利润留成和利润包干时，不得不实行一户一个比率或一户一个基数，从而造成了"鞭打快牛"；在实行利改税时，不得不征收一户一率的收入调节税，从而使"鞭打快牛"的矛盾更加突出。目前所进行的企业经营机制转换，仍然受到企业之间不平等竞争环境的很大制约，从而不能很快使绝大多数国有企业都进入市场等。特别是要为企业之间创造平等的竞争环境，就必须推行一系列的改革措施，而企业之间不平等的竞争环境，又直接阻碍着某些改革措施的推行，更使这个问题成为正确处理国家与国有企业关系的一个难点所在。

(三) 正确处理国家与国有企业关系的措施

针对上述国有企业改革中的各种难点问题，要处理好国家与国有企业的关系，实现企业的自主经营、自负盈亏，根本问题在于政企分开，为此必须采取以下对策和措施：

1. 国家与国有企业的所有权关系和行政管理关系要分别处理

要真正实现政企分开，首先必须实现政资分开，即把国家与国有企业的所有权关系和行政管理关系分别处理。

国有企业的财产所有权应由专门的国家资产投资公司代表国家来行使，国有资产投资公司对资产经营效果要承担经济责任。国家的行政管理和宏观调控职能，则由各级政府来行使。有关国有资产的一些重大问题的立法和监督实施，可在全国人民代表大会之下设立国有资产委员会负责提出方案和处理意见，以体现全国人民是国有企业生产资料的最终主人，并有利于实现政企分开。在此基础上，就可以对国有企业实行真正的税利分流。一方面，国有企业要同其他类型的企业一样，向政府缴纳各种税款；另一方面，国有企业的税后利润，一部分要上缴国有资产投资公司，用于对现有企业的再投资或投资开办新的企业，另一部分要留给企业，用于企业的自我积累、自我改造和自我发展。此外，为了正确处理中央和地方的经济关系，在实行税利分流的同时，还应实行中央和地方分税制。

在政资和税利分开以后，政府对国有企业的管理可以由直接管理转为间接管理，其重点是建立健全宏观调控体系，包括制定经济政策、运用经济杠杆、发布经济信息、培育各种市场、健全经济行政法规、加强经济行政管理等，以实现企业的自主经营。同时，政府还应对国有资产投资公司的业绩进行严格的考核、评价和监督，并把它与投资公司职工的利益紧密结合起来，以确保投资公司投资效益的提高。

2. 国有企业的所有权要划分为国家的终极所有权和企业的法人所有权

实现政资分开以后，在处理国家与国有企业所有权关系问题上，必须在保证国家终极所有权的同时，确立企业的法人所有权。

一个时期以来，主张确立企业法人产权的议论甚多，但如何界定国家的最终所有权和企业法人所有权，则说法各异，例如，有的说国家拥有最终所有权，企业拥有法人产权；有的说企业拥有的法人产权也就是法人所有权，不过国家的最终所有权是完整的所有权，企业的法人所有权是不完整的所有权；还有的说企业法人所有权实际上就是完整的经营权；等等。其实，这些说法都没有把国家和企业产权关系界定清楚。我们认为，若想确立企业法人产权制度，必须把所有权进行分解，国家的最终所有权和企业法人所有权，都不是本来意义上的完整的所有权，而是经过分解的所有权。国家对已经投入企业的财产的最终所有权，只能享有收益权和转让权，既不能任意抽回，也不能占用和进行其他处分。国家的财产一旦投入企业，就成为企业的法人财产，企业也就对它拥有了法人所有权。这种法人所有权不仅享有占用和不改变最终所有权的处分权，而且还可以用来偿还债务和承担盈亏责任。至于所有权和经营权的关系，我们认为，也不宜于一般地讲两权分离，而应该是：企业经营权同国家最终所有权相分离，同企业法人所有权相统一。

企业的法人所有权确立以后，就可以形成下述一种产权关系：企业的财产是企业的，企业是投资者的（指其最终所有权）。如果投资者只有国家，就是纯国有企业；如果投资者是多元的，企业就成为股份制企业。当企业盈利时，对纯国有企业来说，其实现利润一部分要上缴国有资产投资公司，用于社会扩大再生产，另一部分要留给企业，用于企业的生产发展和职工集体福利等；对有国有资产的股份制企业来说，其实现的利润，除留一部分用于企业的生产发展外，其余部分则按股分红，国有股的红利上缴国有资产投资公司；国有企业作为法人股东持有其他企业股份时，收得的红利作为本企业的营业外收入，计入企业利润，统一按规定比例上缴国有资产投资公司。至于留多少用于企业的生产发展，以及按股分红的具体办法，则由所有者各方共同商定。当企业发生亏损时，不论是纯国有企业，还是有国有资产的股份制企业，都要冲减企业的法人财产。如果企业长期亏损，资不抵债，就要依照《破产法》的规定，对企业实行破产。只有这样，才能真正为实现企业的自负盈亏从产权关系上奠定基础。

3. 实现政府职能的根本转变

实现政资分开以后，在处理国家与国有企业行政管理关系问题上，还必须从根本上转变政府职能。既要发挥政府对经济的宏观调控和间接管理职能，又不干预企业的微观经济活动，这是国有企业实现自主经营、自负盈亏的一个前提条件。转变政府职能，关键是简政放权，搞好服务。各级政府，一方面要消除对企业的一切不必要的行政干预，把企业的经营自主权全部还给企业；另一方面还要搞好市政建设和基础设施建设等，为企业的经济发展提供良好的服务。也就是说，政府必须按照市场经济发展的客观要求，把该管的事管起来，把不该管的事放下去。

转变政府职能，首先必须转变企业主管部门这一政府派出机构的职能。这是因为，我国的政企不分，主要表现为企业主管部门的职能与企业的职能不分。据调查，现行企业主管部门的职能主要包括三个方面：一是代替了企业的某些职能，如为企业解决资金、原材料和生产经营方面的困难等；二是代替了综合管理部门的某些职能，即所谓"漏斗职能"，如财政、税收、工商行政管理和公安保卫等部门向企业开展有关业务工作，一般都要通过企业主管部门统一进行；三是本部门应有的职能，即行业管理职能，如进行行业内部和行业之间的协调、沟通，以及加强企业与政府之间的联系等。为了转变企业主管部门的职能，进而转变整个政府的职能，对上述三个方面的职能应当进行分解。属于企业的职能，要转移到企业中去；属于综合管理部门的职能，要转移到综合管理部门中去；属于本部门应有的职能，要进一步完善和加强。在此基础上，对各综合经济管理部门的职能也要进行适当调整，并加强其队伍建设和人才培训，提高他们的业务素质和政策水平，对企业主管部门和综合经济管理部门以外的其他行政管理部门，则主要是改善服务态度，提高服务质量和办事效率。

转变政府职能，还必须对政府机构进行符合市场经济要求的改革，如果机构不改革，有关的人员还在，职能转变就很难实现。改革的实践证明，"先断香火后拆庙"的设想是行不通的。政府机构改革，绝不能走过去"越改革机构越庞大，人员越多"的老路，而必须对现行机构进行大的调整、合并和精简。如企业主管部门可以变为行业协会，其机构和人员都应大大裁减；某些综合经济管理部门，由于企业经营自主权的落实，业务量也将大大减少，其机构和人员也应进行调整和精减。精减下来的人员，有的可以提前退休，自己投入社会大市场发挥自己的专长；有的可以到企业中去施展自己的才能；有的经过培训，可以充实到国有资产投资公司、财政、税收、工商行政管理等部门中去，以提高宏观经济调控和管理的能力与水平。

政府职能转变和机构精简的困难，还不仅仅是被精减人员的安置问题，更主要的还在于权利调整和来自旧的观念与习惯势力的阻力，这些都需要通过深化改革，加强思想政治工作和宣传教育工作等，逐步加以解决。需要进一步指出的是，目前机构改革中出现了一些不良倾向，如有些部门和地区，在机构减并之前，突击提干，突击晋升职称，滥发钱物；有些企业主管部门在机构和职能都未改变的情况下，把牌子一翻变成所谓公司或集团，采取以"企"代政的形式，对所属企业进行更加严格的行政控制；还有一些具有明显官商结合性质的机关办公司则利用手中的权力和老关系到企业要紧缺物资，把本来属于国家的利益转化为集体或个人的利益；等等。这些都必须立即采取有力措施加以制止。

4. 加快国有企业股份制改造的进程

推行股份制是理顺产权关系、实现政企分开的一项极为重要的措施。根据改革深入发展的需要，应在总结经验、逐步实现规范化的基础上抓紧股份制的试点工作。特别是应把以企业法人相互持股为主的股份制改造同股票上市、发展股票市场的问题分开考虑，前者属于企业改组范畴的问题，步子可以更快一些，这样既有助于促进企业经营机制的转换，又有利于产业结构和企业规模结构调整。根据其他一些国家的经验，大力发展以法人相互持股为主的股份制以便于形成稳定的股东，从而有利于在企业之间形成稳定的协作关系。同时，在企业法人相互持股的情况下，作为持股企业即股东的法人代表实际上并非最终是所有者，而是经营者，于是所有者的代表就转化成了一个经营者集团，其结果是最终所有者被"架空"，从而由经营者集团主宰企业。例如日本的情况就是这样。在日本的股份制企业中，法人持股的比重极高（据统计，上市公司的股票 70%以上是由法人股东持有的），许多大公司的前几位大股东都是法人股东，这些法人大股东的代表就形成了以股东身份出现的经营者集团，因此，在这些公司中对经营起决定作用的，归根结底是经营者而不是真正的所有者。在我国，对国有企业进行以法人持股为主的股份制改造，可以利用上述法人相互持股的"架空机制"，强化经营者集团的作用，淡化行政主管部门对企业的直接干预，促进企业经营机制的转换。

对国有企业进行股份制改造，可以采取多种形式和途径。有的可以实行国家控股形式，有的则不一定实行国家控股形式；有的企业可以根据经济发展的需要将存量资产折为国家股，吸收新股作为增量资产；有的企业则可以把存量资产部分或全部以股份的形式出售后收回部分国家资金，投入到国家急需发展或经济效益更高的部门中去。后者既能解决建设资金不足问题，又能实现存量国有资产结构的调整和优化。

当前，在国有企业股份制改造中还存在着国有资产产权代表不明确、所得税税率偏高、审批手续繁杂、企业内部领导体制不适应等一系列问题。国家应尽快制定相应政策，采取有关措施加以解决，以促进股份制改革的健康发展。

5. 健全和完善市场体系

实现企业的自主经营、自负盈亏，必须健全和完善市场体系，使企业成为市场竞争的主体。没有市场，企业生产经营活动所需要的各种生产要素都要由国家调拨和分配，这就无法实现企业的自主经营，从而也就不可能实现企业的自负盈亏。健全市场体系，不仅需要建立健全商品市场，而且还要建立健全各种要素市场，如金融市场、技术市场和劳动力市场等。

（1）建立健全商品市场，一方面需要尽可能缩小指令性计划产品的范围和数量，允许企业将尽可能多的产品投向市场；另一方面，还需要尽可能放开产品价格，转换价格形成机制。除少数重要产品和劳务的价格由国家制定外，其他绝大多数产品和劳务的价格，都应由企业根据市场供求状况自主制定。

（2）建立健全金融市场，应在逐步推行专业银行企业化的同时，大力发展多种经济成分和多种形式的金融机构，并不断拓宽其业务范围。要逐步形成一个包括借贷市场、外汇市场、商业票据市场和股票债券市场等在内的金融市场体系。

（3）建立健全技术市场，应围绕科技要面向经济建设、为经济建设服务这个宗旨，大力发展各种科学研究公司、技术开发公司、技术服务与咨询公司等，以实现科技成果的商品化，同时要加强科技与生产、贸易的结合，促进科技成果迅速转化为生产力。

（4）建立健全劳动力市场，应在健全和完善社会保障制度的基础上，实现企业职工能进能出。在就业问题上，应做到劳动者和用人单位的双向选择，促进人才的合理流动。对暂时失业的人员，应实行失业救济，以保证他们的基本生活，保证社会安定。

（5）建立健全和完善上述市场体系，需要与计划、流通、投资、金融、劳动等各种体制的改革相配合。同时，为了保证各种市场健康有序地运行，还必须建立健全各种市场法规，打破地区、部门分割，实现公平交易和商品的自由流通。

有了健全的市场体系，不仅有利于企业摆脱政府的不合理的行政干预，而且能够消除人为的不平等环境。在此基础上，再通过国家对市场的调控，就可以更好地引导企业，把企业的经济发展引向国民经济发展所需要的方向上来。

国家对市场的调控，一方面，要运用市场政策和税收、利息、汇率等经济杠杆；另一方面，还要运用物资手段。物资手段应成为国家调控市场的一种最重要的手段，它可以通过调节各种重要产品的市场供求关系，从而调节这些产品的价格，进而调节这些产品的生产和消费。利用物资对市场进行调控，国家就要建立物资储备基金，以便根据国民经济发展的需要，对某些重要物资进行储备，并通过对这些物资的购销活动，达到调节供求、平抑物价、保证供给、促进生产的目的。

通过物资对市场的调控功能，再加上其他调控手段，就可以充分发挥市场对企业的引导作用。所谓市场对企业的引导，归根结底是物质利益的引导，因此，要使市场对企业的引导作用能够有效发挥，企业对市场的引导能够灵敏反应。在建立健全各种宏观调控手段的同时，还必须使企业成为真正的利益主体，把企业和职工的经济利益同企业的经济效益和成败兴衰紧密结合起来。这与实现企业的自负盈亏是完全一致的。

6. 完善社会保障制度

实现国有企业的自主经营、自负盈亏，必须使企业在劳动用工方面有充分的自主权，做到职工能进能出，这就需要有相应的社会保障制度相配合。主要包括职工失业保险制度、养老保险制度和医疗保险制度等。只有按照社会主义市场经济的客观要求，建立和健全社会保障制度，才能保证国有企业转换经营机制的顺利进行。我国原有的社会保障制度是在产品经济基础上建立起来的，劳动者的就业及各种福利保险采取了由国家和企事业单位全部包下来的办法。这种全额负担、分散管理的社会保障制度，一方面成为企业经济发展的沉重包袱，另一方面又因负担极不平等而使企业之间难以展开平等竞争。特别是由于失业保障机制没有建立，企业无法排出多余人员，直接影响到企业的自主经营。近年来，随着经济体制改革的深入发展，我国的社会保障制度也进行了一系列改革，并且取得了显著的效果。但是，与实现企业自主经营、自负盈亏的要求还相差甚远。这主要表现在：各项保险费用仍由企业直接支付，虽然统筹办法解决了企业负担不均的问题，但企业负担过重的问题尚未解决；各项保险费用的发放、报销，仍然由企业进行，职工对企业的依赖状况并没有根本改变等。

改革社会保障制度，总的目标应当是改变职工就业和各种福利由国家、企事业单位全部包下来的办法，建立国家、企事业单位和劳动者个人共同负担、全社会统筹管理的保障制度。具体来说就是：建立全社会一体化的保障制度，实行全社会统一的保险办法，以适应劳动者在不同行业、不同地区和不同所有制企业之间合理流动的需要；保险基金的筹集由国家、集体和个人共同合理负担，以扩大资金来源，增强保险能力；各项保险费用由保险部门直接发放，切断享受养老保险和失业保险人员同企事业单位的联系，减轻企事业单位的负担；加强社会保险基金的管理和运用，将暂时闲置的部分用于投资，实现其保值和增值等。这一目标的实现，对正确处理国家与国有企业的关系，实行企业自主经营、自负盈亏的经营机制具有决定性的意义。

三、处理企业内部关系的几项制度的改革

理顺企业内部的关系（如领导关系、人事劳动关系、分配关系），完善相应的管理制度，是企业制度改革的重要组成部分，对增强国有企业活力有着积极作用。

（一）企业领导制度的改革与完善

新中国成立以来，我国对企业领导制度进行了多次改革。改革的焦点是如何理顺党、政、工的关系，建立起符合我国国情和社会化大生产要求的企业领导制度。1984年《中共中央关于经济体制改革的决定》明确提出："现代

企业分工细密，生产具有高度的连续性，技术要求严格，协作关系复杂，必然要求建立统一的、强有力的、高效率的生产指挥系统和经营系统。只有厂长(经理) 负责制，才能适应这种要求。"经过一个时期的试点，国有企业普遍实行了厂长（经理）负责制。

厂长负责制的实行，对克服原有体制的弊端起了很好的作用。随着改革的深入，特别是在向社会主义市场经济体制发展的过程中，企业要独立地参与市场竞争，由单纯的生产单位逐步转变为自主经营的经济实体。越来越多的经营决策权逐步由政府主管部门转向企业，企业经营决策的自主权逐步扩大。在这种新体制下实行的厂长负责制，其权、责、利的内容和实现方式，不但同过去的"一长制"、党委领导下的厂长负责制相比发生了根本变化，就是同开始试行时的厂长负责制也有了很大的区别。因此，在健全和完善厂长负责制的过程中，我们需要特别注意解决好以下三个方面的问题：

1. 强化集思广益的决策体制

在试行厂长负责制的初期，由于企业自身的权力有限，同时为了解决无人负责的积弊，当时比较多地强调落实厂长的权力和责任，这无疑是必要的。但也应当看到，厂长负责制作为一种企业领导制度，它是包括企业内部决策、指挥、咨询、保证、监督等项权能在内的一个完整的体系，这些职能的行使，涉及企业内党、政、工会和职工群众等方方面面的关系。因此，厂长负责制，绝不单纯是厂长的权力与责任的制度，更不是厂长一个人说了算的制度。特别是在新体制下实行的厂长负责制，在企业重大决策方面，更要强调发挥集体智慧，强化集思广益的决策体制。

决策是有层次的。企业的决策至少要分成两类：一类是经营战略决策，主要是确定企业的经营方针、生产方向和投资方向，制定企业长远规划和基本建设与重大技术改造方案，以及制定和修改企业章程等；另一类是日常管理决策，主要是决定企业日常生产指挥和经营管理中需要随时解决的种种问题。实行厂长负责制，由于后一类的日常管理决策权往往是和指挥权联系在一起的，所以应当交由厂长行使；前一类的经营战略决策权则不能由厂长行使，而应当在厂长领导下由高度集中企业智慧的领导集团来行使，这个领导集团通常是企业管理委员会。

企业管理委员会的成员由来自企业各主要组织机构的负责人和各个方面的代表组成，具有较为广泛的代表性和较高的权威性。企业管理委员会主任由厂长担任。企业管理委员会是集体讨论、群策群力的带有集体决策性的机构，但决策又是在厂长领导下进行的，最终要由厂长拍板，因此也可以说它是协助厂长进行决策的机构，或者说是有明确的个人领导责任的集体决策机构。正确发挥企业管理委员会作用的关键，在于厂长必须认真听取管委会成员的意见，善于把集体智慧同个人专长结合起来。这样才能使管理委员会成为既能集思广益又有明确领导责任的、民主与集中相统一的高效率的决策机构。

2. 加强集中统一的生产经营指挥

如前所述，现代企业必须建立统一的、强有力的、高效率的生产指挥系统和经营系统。这是厂长负责制的核心内容。

首先，建立集中统一的生产经营指挥系统，要求在民主基础上树立厂长的领导权威。企业日常管理决策权和生产经营指挥权是由厂长行使的，树立厂长的领导权威是现代企业进行正常生产的客观要求。权威是以服从为前提的，企业职工必须服从体现统一意志的领导权威。然而厂长的领导权威同职工的高度民主又是不可分离的，必须把二者统一起来。这就要求厂长必须正确地贯彻实施企业管理委员会的决策，按照符合现代生产客观要求的统一意志进行集中统一的指挥。特别是那些关系职工切身利益的重大问题，更要充分发扬民主、广泛听取群众的意见。

其次，建立集中统一的生产经营指挥系统，还要求确立科学的、高效的组织体制和工作程序。根据一些企业的经验，为确保生产经营指挥的高效率，企业从上到下要尽量减少副职，逐步实行单一首长制，即各个部门、各个生产经营单位都只配一位负责人，必要时可配备助理协助工作。在厂部一级，宜建立厂长办公会议制度，这是由厂长和三总师为主组成的生产经营指挥中心，在厂长统一领导下组织和推动全厂各部门、各级生产经营组织的全面工作。

3. 实行贯穿于决策与实施全过程的保证监督

企业党组织作为政治核心，企业工会组织作为民主管理的权力机构，对企业生产经营的决策与实施，要进行保证监督，确保企业的经营符合政府的法律和各项方针政策，确保企业的决策得到正确有效的实施。这种保证监督不仅仅是事后的检查监督，而应是自始至终贯穿于决策和实施全过程的保证和监督。

要保证监督贯穿于全过程，首先要求党组织的负责人和工会组织的代表，以适当的方式参与决策，例如可以吸收他们参加企业管理委员会，在决策之前就可以把各方面的意见反映到决策机构中来，从而保证决策的科学性、民主性。从某种意义上讲，这也可以说是积极的"事前监督"，而不是消极的"事后监督。"其次要求在决策程序上采取一些有效的措施，例如有的企业采取分两步走的决策程序：第一，企业管理委员会进行基础决策，即对企业经营战略中的重大问题研究并提出决策方案；第二，企业管理委员会提出的决策方案，交由职工代表大会认真审议、修改和补充，完成最后的决策。这样就可以把保证和监督的基本工作做在事先、贯穿于全过程。

上述三个问题，是对厂长负责制而言需要妥善处理的问题，但在向社会主义市场经济体制转换过程中，不断有新情况、新问题发生，企业领导制度也必须相应地变化。由于企业集团的组建、股份制的试行、多种经营和跨国经营的开展，企业领导制度也将会向多样化的方向转变，厂长负责制不会是唯一的形式。因此，把厂长负责制凝固化是不正确的。特别是进行股份制改造的企业，必然要以董事会领导下的总经理负责制来代替厂长负责制。在这种领导体制下，党组织、职工群众组织发挥作用的方式也会随之发生变化。但是，不论发生怎样的变化，前面所说的健全完善厂长负责制需要注意解决的三个问题，在企业领导制度建设中，始终都是存在的，都是需要我们着力解决的。因此，如何适应我国企业向集团化、股份化、大型化的发展，强化有领导的集体决策体制和高效率的实施体制，无论在制度建设上和操作实施上都有许多紧迫的问题需要研究。我们认为，目标应该是：第一，经营战略的决策体制，要朝着有领导的集体决策的方向发展，把明确的个人领导责任同发挥集体智慧的集体决策体制统一起来，两者不可偏废。第二，形成高水平的职业经营家队伍，为了便于积累经验和防止短期行为，无论单体企业的厂长或者集团企业董事会领导下的总经理，年龄限制都应放宽，经营业绩好的可以超龄连任；业绩不好的随时可以罢免。第三，形成经营者产生的新的机制，把上级任命变为民主选举或董事会任命，特别是在法人相互持股的股份制企业，应逐步形成由持股企业（法人股东）的法人代表—经营者集团控制和任命经营者的机制。

（二）企业人事劳动制度的改革与完善

我们这里讲的企业人事劳动制度，核心内容是用工制度，具体地说，是指企业对劳动者进行科学招聘、合理使用、严格考核、严明奖惩和系统培训的各项制度的总称。建立和实施这些制度的目的，是形成这样一种机制，无论是干部还是工人，既能将自己的命运同企业命运连在一起，又能做到能上能下，能进能出。

新中国成立以后，我国企业通常把对干部的选聘、任免、考核、奖惩、培训等方面的制度，总称为人事管理制度；把对工人的招收、调配、考核、奖惩、培训，以及劳动的定员、定额等制度，统称为劳动管理制度。虽然从内容上讲，这两项管理没有多少区别，但由于实行的是干部与工人身份的终身制，企业要对干部和工人分别管理，所以企业也分别设置人事和劳动两个机构。这种在高度集中的计划经济体制下形成的统包统配的人事与劳动制度，其基本特征是用工方面能进不能出，干部安排方面能上不能下，即人们俗称的"铁饭碗"和"铁交椅"。由于这"两铁"存在着种种弊端，1986年7月，国务院发布了《国营企业实行劳动合同制暂行规定》，在新招工人中实行劳动合同制度，从而突破了"国家包揽、行政隶属、终身固定"的统包统配的用工制度，使用工制度的改革向前跨了一大步。但是由于两种用工制度并存，在职工身份、待遇上产生了许多新的矛盾。为了解决这些问题，一些企业试行了全员劳动合同制和优化劳动组合，即全部职工，无论是新招工人还是原有职工、无论是干部还是工人，都举优招聘，择优上岗，都要与企业签订劳动合同，明确双方各自的权益，不能上岗的编余职工由企业自行安排。同时，为了适应打破干部和工人界限的要求，有的企业开始改革干部与工人分别管理的组织形式，将人事和劳动管理机构合二为一，实行统一管理。特别是1992年7月公布的《全民所有制工业企业转换经营机制条例》明确规定："企业有权决定用工形式。企业可以实行合同化管理或者全员劳动合同制。"把全员劳动合同制用法规的形式肯定下来。

　　实行全员劳动合同制，对克服用工能进不能出，能上不能下等弊端起了一定的积极作用。但是由于种种原因，这一制度的改革在实施中还存在一些问题。例如，有些领导机关、有些企业不是把改革的对象针对旧的不合理的人事劳动制度，而是针对广大劳动者，提出了同改革目的相悖的口号和做法。其中最典型的是用"三铁"砸"三铁"，即用"铁心肠"、"铁手腕"、"铁面孔"来砸职工的"铁饭碗"、"铁工资"、"铁交椅"。这显然是把广大职工作为改革的对象，把他们推向了同企业相对立的地位。另外，有些领导机关、有些企业在强调双向选择，解决劳动力能进能出问题的时候，没有充分考虑在职工队伍相对稳定下，让每个职工都有"奔头"，都能为了奔向新的目标而努力工作的问题。应该说，这两个方面都是人事劳动制度改革要解决的问题，在劳动力市场和社会就业保障体系尚未建立起来之前，光解决双向选择问题，单纯突出个人危机感，而忽略用工制度的激励作用问题，显然是不够全面的。

　　为了解决上述这些问题，更好地进行企业人事劳动制度的改革，我们认为，目前需要特别注意处理好以下几个问题：

　　（1）在改革的指导思想上，要真正尊重广大职工的主人翁地位，充分调动职工的积极性。我国企业人事劳动制度改革，从总体上看，应当形成一个符合社会主义市场经济体制要求的、既能够体现职工是劳动者又是主人又能够适应企业走向市场需要的、较为完善的人事劳动制度。许多企业家针对人事劳动制度改革中出现的指导思想上的问题，提出了"改革不是砸工人的饭碗，而是往工人碗里加肉"；"企业领导者办任何事情，都要尊重每个职工作为主人的价值，而职工受到尊重才能做主人的事，干主人的活"；"改革是让职工珍惜'铁饭碗'，主动地去找筷子"；等等。这些朴实无华的言辞，表明了他们对人事劳动制度改革主导思想的深刻见解，也为今后改革提供了很好的思路。

（2）处理好两种用工制度并存的矛盾，逐步向单一的"企业职工"制过渡。实行全员劳动合同制，虽然在签订劳动合同上新老职工是同等进行的，但这并未消除原有固定职工同新招工人在身份和待遇上的差别。为了减少摩擦，许多企业采取了各种办法，尽量把合同工向固定工方面靠，这同用工制度改革的方向是相悖的。但是，要想使占80%以上的固定工向劳动合同制转化，也是个难度极大的问题，它受整个经济体制、政治体制的约束。我们认为，随着体制改革的深化，可以分两个步骤逐步实现向单一的"企业职工"制过渡。第一步可以逐步实行新人新办法、老人老办法，逐步降低国家统包的固定工的比重。第二步可以逐步实行"企业职工"制度，淡化"国家职工"的观念和制度，构造企业命运共同体，把国家统包的固定职工变为企业固定职工，与企业兴衰共命运，淡化原有国家统包固定工同新招合同工的界限，逐步实现单一的"企业职工"的用工制度。

（3）坚持采取灵活多样的多种用工形式。用工制度宜于统一，即由过去统包统配的"国家职工"的用工制度逐步过渡为灵活多样的"企业职工"的用工制度，但用工形式却不能像过去那样"一刀切"，而一定要灵活多样。按我们的设想，凡是进入企业的职工，全部为"企业职工"，然后在企业职工中再分情况采取不同的用工形式。例如，同样是企业职工，可以分为固定职工和合同制职工，合同制职工中又可以分别情况签订有固定期限、无固定期限或者以完成特定生产或工作为内容的劳动合同。

根据上述多种用工形式并存的设想，再吸收国内外有关企业的成功经验，我们认为，我国国有企业人事劳动制度改革可选择的方案是：企业根据自己的生产经营过程、生产类型和技术装备复杂程度，采取固定工、合同工、临时工、钟点工四者按不同比例搭配的用工形式。这样做有利于克服单一用工形式的弊端，也较适合我国国情。

固定工是企业的固定成员，主要由企业骨干力量组成。他们经严格考核选聘上岗，享有民主管理企业的权利，在报酬和接受培训等方面也优于其他职工。合同工、临时工、计时工同为企业职工，但不算企业固定成员，他们部分地享有民主管理企业的权利，报酬和接受培训时间也逐次减少。并且在企业不景气需要裁员时，首先裁减钟点工，其次是临时工、合同工。而对固定工，在企业经过上述裁员仍不能克服困难时，则是减少奖金、工资，直至企业倒闭而失业。当企业经营状况改善、规模扩大，或员工个人贡献突出时，临时工、合同工可依次递升，一般固定工可提拔为管理人员、工程技术人员。实行这样的用工形式，需根据固定工、合同工、临时工、计时工的具体情况，制定相应的招聘、考核、任免、辞退、奖惩、培训及定员定额管理制度。这样做，一是可由固定工形式体现职工主人翁地位；二是企业可依生产经营状况增减职工，掌握主动权；三是职工有"奔头"，努力干可提高在企业的地位，享有更大的权利。

企业实行这种有差别的、动态的人事劳动制度，可兼顾企业发展和职工发展，有利于增强企业活力，同时也为改革企业职工分配制度创造有利条件。我们认为，它应随着社会就业保障体系的建立，成为我国企业人事劳动制度的基本模式。

（三）企业分配制度的改革与完善

企业的分配制度是关于企业总产品价值分配的规范。企业总产品价值由三部分构成：一是企业生产过程中所消耗的生产资料转移的价值；二是企业职工必要劳动创造的价值；三是企业职工剩余劳动创造的价值。我们这里要研究的是后两部分，即关于职工劳动报酬和企业纯收入的分配制度。

在高度集中的经济管理体制下，我国企业分配制度的基本特点是：企业的纯收入全部上缴国家，亏损由国家弥补；职工的工资由国家制定统一的标准，并统一进行调整。这就是通常所说的两个大锅饭的分配制度。实践证明，这种分配制度不能调动企业和职工的积极性，因此，改革以来，企业分配制度的改革成为企业改革的一个最重要的部分和热点问题。

企业职工劳动报酬分配制度的改革，是沿着国家调控企业工资、奖金总量，企业自主确定工资、奖金分配形式的思路进行的。其具体目标：一是建立合理的企业职工劳动报酬总量即工资总额形成机制，以消除企业之间职工劳动报酬分配上的平均主义；二是完善企业内部职工个人劳动报酬即工资、奖金的分配制度，以消除职工之间劳动报酬分配上的平均主义。几年来，我国在这方面进行了一些探索，实行了一些新制度，取得了某些积极成效。

企业纯收入分配制度的改革，是沿着正确处理国家和企业之间的利益关系的思路进行的。几年来，先后实行了企业利润留成、利改税和承包制等，使企业与国家的利益分配关系有所改善，留利水平逐步有所提高，对促进企业的发展起了一定的积极作用。

然而，从目前的状况看，无论是在职工劳动报酬分配制度上，还是在企业纯收入分配制度上，都还存在着不少问题需要进一步研究解决。

1. 完善企业工资总额与经济效益挂钩制度

当前，部分企业实行工资总额同经济效益挂钩的制度，这对促进企业提高经济效益、克服企业之间分配的平均主义，并在此基础上增加职工收入、发挥职工劳动积极性等，都起了很好的作用。但目前还存在两个需要解决的问题：

（1）这种挂钩办法实行得不够普遍。现在只是经济效益较好的大中型企业实行这种挂钩办法，而国家对不实行工效挂钩企业的工资增长又缺乏有效控制，因而出现了某些经济效益较好的企业，其工资总额的增长，反而低于某些经济效益差的不挂钩企业的不正常现象。

（2）工资总额基数和经济效益基数的确定不合理。按照 1985 年国务院颁发的《关于国营企业工资改革问题的通知》规定，实行工效挂钩的企业，其工资总额以 1984 年为基数核定；工资总额与之挂钩的经济效益指标，一般以 1984 年实际上缴税利为基准。这样就形成企业基年的工资总额越高，实际上缴税利越低，对企业越有利；反之，对企业越不利的"苦乐不均"的局面。

为了解决上述问题，首先应当扩大工效挂钩的实行范围。工效挂钩作为企业工资总额形成机制，理应对所有企业普遍实行。考虑到目前产品价格不合理等客观条件的限制，可先在营利企业中普遍实行，随着价格关系的理顺，再不断扩大范围，直至全部实行。其次要改进工效挂钩基数确定办法。可以考虑变工资总额与经济效益增长挂钩为工资总额与经济效益全额挂钩，即在企业实现的全部经济效益中确定一个合理的比例，作为企业的工资总额。实行这样的挂钩办法，企业的经济效益就不能只用税利总额来衡量，而必须用销售净产值来衡量。这样就改变了工资总额的形成基础，由与上缴税利挂钩变为与销售净产值挂钩。只有这样，才能使企业职工的工资总额随着其新创造价值的多少而浮动，从而真正体现按劳分配的原则。

实行新的工资总额与工效挂钩的办法，关键是要确定企业工资总额占销售净产值的比例。为了消除产品价格不合理等因素对企业销售净产值从而对企业工资总额的影响，在确定挂钩比例时，既不能对所有企业都采取相同的比例，又不能一个企业实行一个比例，否则就会出现"苦乐不均"的局面，或者因不规范而给管理带来困难。我们认为，一个比较可行的办法是，先由国家根据消费与积累的需要，确定一个适当的平均比例，然后再按照不同行业的劳动强度和产品价格水平确定不同的系数。每个企业根据国家确定的平均比例、本行业系数和本企业实现的销售净产值，就可以计算出本企业的工资总额。这样的工资总额形成机制，如果随着产品价格关系的进一步理顺在企业普遍实行，不仅可促进企业之间开展合理竞争，而且还有利于促进企业改善管理，提高经济效益。

2. 在科学、公正考核基础上拉开档次，解决企业内部分配的平均主义问题

目前企业内部分配虽有高低悬殊现象存在，但从总体来讲，主要的倾向仍然是平均主义。多年来，企业内部的分配制度一直是平均主义的，而且人们的平均主义思想和习惯势力根深蒂固。改革开放以来虽然采取了许多改革措施，但收效甚微。例如，为了解决平均主义问题，在奖金分配上曾强调要

拉开档次，反对干好干坏一个样；在工资分配上也多次采取过分期分批局部调整的办法；等等。这些思路当然都是正确的，但由于企业内部没有科学的考核办法，在实施中也就缺乏客观依据，难免带有主观随意性，结果反而常常引起职工群众之间的摩擦，甚至在调动一部分人积极性的同时，又挫伤了另一部分人的积极性。很多企业为了避免矛盾，在实施过程中又采取了许多变通办法，尽量做到利益均等：奖金平分或者轮流获奖；调整工资也按上级分配的指标拆开平分；等等。这样做的结果，实际上又回到了平均主义。

为什么会出现上述现象呢？一个重要的原因是没有科学的考核标准和公正的考核办法。反对干好干坏一个样的平均主义，有一个前提，就是什么是好、什么是坏必须能够分别清楚、判断准确。这就需要有健全和完善的考核制度。否则不但无法解决干好干坏一个样的问题，甚至会把干好干坏搞颠倒，严重挫伤职工群众的积极性。

现在企业在不突破国家核定的工资总额的前提下，基本上都有了自主选择工资制度和奖金分配形式的权力，为企业消除内部分配上的平均主义创造了条件。但是，解决企业内部合理分配问题，一定要在科学考核上下功夫，而不能离开公平考核去空谈在分配上分开档次、拉开差距等，否则就不可能真正解决平均主义问题。

健全和完善考核制度，首先，必须要有科学和全面的标准，既要有生产和工作在数量、质量方面完成的实绩，又要有工作态度、协作精神等企业精神方面的内容；其次，在考核办法上不能过于繁琐，要简便易行，应该建立纵向一级考核一级、横向定期复核、上级综合判定的考核与监督程序，从而保证考核的公正性、准确性；最后，考核要持之以恒，切忌一阵风地推进，如果抓抓停停，风声过后依然如故，就不可能体现考核的严肃性和权威性，不可能在解决企业内部合理分配中起到基准作用。

3. 实行税利分流，确定合理的国家税收、投资者分红和企业留利在企业纯收入中的比例

目前在企业纯收入分配制度上存在的主要问题：一是税利不分；二是国家作为投资者的利益得不到充分体现；三是企业留利水平仍然偏低。这些都是改革和完善企业分配制度迫切需要解决的问题。

实行税利分流：一方面，国有企业能够同其他类型的企业一样，尽社会义务，向政府缴纳税款，以形成国家的财政收入；另一方面，企业的税后利润，一部分要上缴国有资产投资公司，用于对现有企业的再投资或开办新的企业，一部分留给企业，主要用于企业的发展。企业发生亏损，要以亏损额冲减企业法人财产。如果长期亏损，资不抵债，则依照《破产法》实行破产。

目前，国有企业特别是大中型企业税率高、负担重。工业企业所得税税

率，多数国有大中型企业仍为 55%，有的还要缴纳调节税，国有小型企业为 10%~55%，没有调节税；中外合资企业一般为 33%，而设在经济特区、开放城市、开发区的为 15%。这种不公平状况应当尽快改变。

经济体制改革以来，企业留利水平逐步有所提高，据统计，1981~1983 年，全国全民所有制独立核算工业企业的留利占纯收入的比例分别为 7.55%、8.7%和 11.9%。到了 1990 年，这个比例上升到 14.9%，即与 1983 年相比，7 年间提高 3 个百分点。最近几年仍在 15%左右。但这样的留利水平仍然偏低，对相当多的企业来说，即使是将大部分用于生产发展基金，也难以改变由于多年来国家过度索取所造成的设备老化的状况。这也是迫切需要解决的问题。考虑到上述情况，我们设想，无论是单一的国有制企业，还是有国有资产的股份制企业，他们的纯收入分配，以税收形式上缴国家的部分占 40%，以红利形式付给投资者的部分占 20%，以发展基金等形式留给企业的部分占 40% 较为适宜。

企业的管理制度，除以上讲到的领导制度、人事劳动制度和分配制度外，还有其他一些制度，这里不再一一论述。

（原载于《中国工业经济研究》1993 年第 10 期，与吴家骏、刘春勤合作）

现代国有企业制度的八大特征

转换企业经营机制的根本任务，是把绝大多数国有企业改造为自主经营、自负盈亏的市场竞争主体，这实际上就是要对企业制度进行根本变革。随着转换企业经营机制目标的实现，我国将逐步建立起符合市场经济客观要求的现代国有企业制度，这种现代国有企业制度的主要特征是：

（1）国家最终所有权与企业法人所有权相分离的企业产权制度。在传统的国有企业制度下，企业经营的财产属于国家即全民所有，企业没有财产所有权。改革后的国有企业制度将以企业法人产权制度为核心，实行国家最终所有权与企业法人所有权相分离。国有资产一旦投入企业，就与国家的其他财产区分开来，企业作为法人，对于国家投入的财产拥有法人所有权，而国家则对这种财产拥有最终所有权。国家的最终所有权不再由政机构来代表，而由经济组织，如国有投资公司来代表。国有投资公司负责收取国有资产利润，并将其用于国有资产的投资，同时负责决定对投入企业的国有资产是否进行转让处置。

（2）以公司制为主的企业组织制度。在传统的国有企业制度下，企业采取的是一种单一的全民所有制的组织制度。这种企业组织制度，使国家的最终所有权与企业的法人所有权不分，导致产权不明确，企业没有财产所有权，不利于企业实行自主经营、自负盈亏。改革后的国有企业制度将把公司制作为其组织制度，在市场经济体制下，公司制是企业组织制度的主要法律形式。我国即将出台的《公司法》，把国家单独出资办的企业也列为一种有限责任公司形式，即国家单独出资设立的公司，这为把现有的纯国有企业转为公司形式，建立健全现代企业法人财产制度提供了法律依据。按照《公司法》的原则，我国的国有经济将采取包括国家独资有限公司、国有企业法人持股的有限责任公司和国有资本参股、控股的股份有限公司。这对于建立现代国有企业制度具有决定性的意义。

（3）企业享有充分经营自主权的自主经营制度。在传统的国有企业制度下，企业不仅没有财产所有权，而且也没有经营权，企业一切生产经营活动都要由国家直接决定，因此被称为国有国营。改革后的国有企业在生产经营方面将是完全自主的。企业既有简单再生产的自主权，也有扩大再生产的自主权。具体来说，它将享有比《全民所有制工业企业转换经营机制条例》（以下简称《条例》）规定的自主权更大的经营自主权。《条例》在规定给予企业的经营自主权时仍加了过多的限制。如第 12 条"企业享有进出口权"中规定，具备享有进出口条件的企业，要经政府有关部门批准才能享有这种权利；第 13 条"企业享有投资决策权"中规定，企业运用银行贷款进行生产性建设的，需要报政府有关部门会同银行审批或者由银行审批，企业向境外投资或者在境外开办企业，要由政府有关部门批准，企业需要使用境外贷款也要报政府有关部门审批，等等。这些限制在当前情况下可能是必要的，但随着新的企业制度的建立，有的限制将被放宽，有的限制则将被取消。

（4）以企业法人财产承担盈亏责任的自负盈亏制度。在传统的国有企业制度下，企业没有财产所有权，也没有或很少有经营自主权，因而企业不可能自负盈亏。在新的国有企业制度下，除少数继续采取国家所有、国家经营和实行盈亏责任制的企业外，绝大多数企业将实行完全的自负盈亏。企业盈利时，最终所有者按规定分享税后利润；企业亏损时，用法人财产抵补；企业长期亏损，资不抵债时，依照《破产法》实行破产。

（5）以董事会领导下的总经理负责制为主要形式的企业领导制度。现行国有企业领导制度的主要形式是厂长（经理）负责制。这种领导制度是按照单一的全民所有制的企业组织制度确立的，其主要缺陷是决策与执行决策的机构、人员及职能划分不清，缺乏相互制约和监督机制，不能适应多种企业组织形式的要求。随着公司制的建立，董事会领导下的总经理负责制将取代现有的厂长（经理）负责制。按照董事会领导下的总经理负责制的要求，必须设立股东会、董事会、监事会和经营班子等分层次的组织结构和权力机构，并明确规定它们各自的权责和相互之间的关系，不同的权力机构要各司其职，各负其责，相互制约，形成层次分明，逐级负责的领导体系。这种领导体系，适应现代化大生产的客观要求，有利于实现企业经营决策的科学化、民主化和专业化，将会不断提高企业经营管理的水平和效率。

当然，由于企业组织形式的多样化，在实行董事会领导下的总经理负责制的同时，也会有少数国有企业实行其他形式的领导制度，如工厂管理委员会领导下的厂长（经理）负责制等，但不管实行哪种形式的领导制度，都必须体现集体决策、统一指挥、相互制约的基本原则。

（6）企业拥有用工自主权，劳动者拥有择业权的双向选择的劳动制度。在传统的国有企业制度下，企业没有用工自主权，劳动者没有择业权，实行的是一种国家直接给企业分配职工的劳动终身制。这种劳动制度的弊端已被人们充分认识。改革后的企业劳动制度将具有双向选择，内外流动，能进能出，能上能下的特征，在这种劳动制度下，传统的"国家职工"将变为"企业职工"。同时，在用工形式上，将实行正式工、合同工、临时工、计时工等多种形式。不同用工形式的职工，对企业的民主管理和经营成果承担不同的权责。同时，根据每个职工的工作表现和要求，各种用工形式的职工可以相互转化，也可以向企业外部流动。这种有差别的、动态的劳动用工形式，可以兼顾企业发展和职工发展的需要，有利于增强企业活力和提高劳动者素质。

（7）多种形式并存的企业分配制度。传统的国有企业制度下的企业分配制度，简单地说就是两个平均主义。在国家与企业之间，实行的是盈利全部上缴国家，亏损由国家财政弥补的统收统支制度，在企业内部职工之间，劳动报酬实行工资级别、数额及其调整都由国家直接决定的制度。这样的分配制度严重挫伤了企业和职工的积极性，不利于企业生产效率和经济效益的提高。在新的国有企业制度下，企业分配制度的基本特点将是：企业是完全自负盈亏的，企业从事各种生产经营活动，都要依法向国家缴纳各种税款；税后利润由企业董事会或其决策机构确定分配办法，除用于企业生产发展的部分外，其余部分按股分红或上缴国有投资公司；职工的劳动报酬全部进入产品成本，工资形式、奖金分配办法由企业自主确定，职工之间通过落实内部经济责任制等实行按劳分配，职工向企业的投资，像其他股权一样，取得相应的资产收益，这样的分配制度有利于充分发挥各方面的积极性，促进社会资金的合理运用和企业经济效益的提高。

（8）充分反映企业资产负债与经营状况，确保所有者权益的企业财务会计制度。在传统的国有企业制度下，企业的财务会计制度只注重反映企业资产总量，不注重反映企业负债状况；只注重反映企业经营年度的经营状况，不注重连续反映企业长期的经营状况；只注重反映企业资金来源与占用的平衡情况，不注重反映资产减负债的所有者权益。其结果造成不少企业虚盈实亏，国有资产的权益得不到真正保障。新的国有企业制度下的企业财务会计制度，将能够充分反映企业资产负债与经营状况，确保所有者的权益。财政部 1992年 11 月 30 日发布的《企业财务通则》和《企业会计准则》体现了这一原则，它是与国际通行做法相衔接的。如《企业财务通则》规定：企业应当定期向投资者、债权人、有关的政府部门以及其他报表使用者提供财务报告。财务报告是反映企业财务状况和经营成果的总结性书面文件，包括资产负债表、损益表、财务状况变动表（现金流量表）、有关附表以及财务状况说明书。《企业会计准则》规定：所有者权益是企业投资人对企业净资产的所有权，包括企业投资人对企业的投入资本以及形成的资本公积金、盈余公积金和未分配利润等。投入资本、资本公积金、盈余公积金和未分配利润的各个项目，应当在会计报表中分项列示。如有未弥补亏损，应作为所有者权益的减项反映。这就能够充分反映企业的经营状况和资产负债情况，保证所有者的权益。同时，《企业财务通则》规定：企业筹集的资本金，企业依法享有经营权，在企业经营期内，投资者除依法转让外，不得以任何方式抽回。这实际上就是确立了企业的法人财产制度，它不仅能够保证企业经营自主权的落实，而且还为国有资本作为资源进入市场、促进资源的合理配置提供了合法依据。总之，《两则》是符合建立现代企业制度的客观要求的，但它的贯彻与实施，还需要有其他各项企业改革措施相配合，特别是要和贯彻落实《条例》结合起来，才能取得应有的效果。

（原载于《企业家半月刊》1993 年第 22 期）

转换企业经营机制的目标难点与对策

转换企业经营机制的问题已经提出几年了，《全民所有制工业企业转换经营机制条例》也已发布 1 年多，几年来这项工作虽然取得了很大进展，但由于一些难点问题一直未能得到解决，因而《条例》规定的 14 项企业经营自主权还没有很好落实，转换企业经营机制的目标还远没有实现。当前，必须对存在的难点问题认真进行研究，并采取相应的措施，才能把转换企业经营机制的工作继续推向前进。

一、转换企业经营机制的目标

所谓转换企业经营机制主要是指转换国有企业的经营机制。其基本目标概括地说就是，除少数特殊行业的企业和社会公益性企业外，绝大多数企业都要由计划经济体制下的国家统一经营、统负盈亏，转换为市场经济体制下的企业自主经营、自负盈亏。具体地说，它包含以下两层意思：

（1）整个国民经济要由计划经济转换为市场经济，配置资源的基础性手段要由计划转换为市场。

（2）转换企业经营机制要分类进行，不能"一刀切"，少数特殊行业（如军工、制币等）的企业，要继续实行国家所有、国家经营的经营方式，其盈亏责任也由国家承担；一些社会公益性企业要实行有限的自主经营和以承包经营为主要形式的盈亏责任制；其余的绝大多数竞争性企业，都要实行自主经营、自负盈亏。

转换企业经营机制的根本任务就是把绝大多数的国有企业改造为自主经营、自负盈亏的商品生产者和经营者，成为市场的主体。所谓企业自主经营、自负盈亏，是指企业在社会经济活动中要具有法人地位，在国家政策、法令规定的范围内，对自己的生产经营活动享有充分的自主权，并对自己的经营成果承担盈亏责任。这就是企业作为商品生产者和经营者的最基本的经济特征，也是建立社会主义市场体制的基本条件。

企业的自主经营、自负盈亏是一个问题的两个方面，二者相辅相成，紧密联系。只有实现了企业的自主经营，才有可能实现企业的自负盈亏；同时只有企业能够自负盈亏，自主经营才有意义。如果不实行企业自主经营，企业自负盈亏既是不可能的，也是不合理的；如果只实行企业自主经营，而不实行企业自负盈亏，那将比原有的国家统一经营、统负盈亏的体制更加糟糕。当前，有一些地区就出现了少数企业自主权很大，但却不能对自己的盈亏和资产保值、增值负责，这是一种十分危险的倾向，绝不是转换企业经营机制要达到的目标。

二、转换企业经营机制的难点

在转换企业经营机制，实现企业自主经营、自负盈亏的过程中，遇到了一些难点问题。这些问题主要是：

（一）"两权"的正确划分及其代表的确定

国有企业实现自主经营、自负盈亏，需要实行所有权和经营权分离。但是，实现"两权"分离存在着许多难以解决的问题。如所有权究竟如何划分，所有权包括哪些具体权力，经营权包括哪些具体权力，二者能否完全分离，以及所有权应当由谁行使，经营权应当由谁行使，如何才能保证企业经营自主权的落实等。这些问题，无论在理论上，还是在实际操作上，至今都还没有很好解决。

首先，关于所有权与经营权的划分问题，至今还没有形成一个明确的、统一的认识。不少人认为，所有权应包括占有、使用、收益和处分的权利，经营权则只应包括占有、使用和依法处分的权利。"两权"之间只相差一个收益权，其他权利都是相同的，这在实际中是很难操作的。也有的人认为，所有权本身还应划分为最终所有权和法人所有权，最终所有权只应包括转让权和收益权，法人所有权则应包括占有、使用和依法处分的权利。其中，占有权和使用权属于经营权，即经营权包含在法人所有权之中，等等。"两权"到底如何划分，总是缺乏客观依据。这样，在实际工作中，就不可避免地会"两权"相互侵占，特别是所有权侵占经营权等问题。

其次，关于所有权与经营权能否完全分离问题，认识上也存在着严重分歧。有的人认为，所有权与经营权是很难分离的，由于经营权直接决定着所有者的利益，所有权就不能不对经营权产生要求；有的人则认为，所有权和经营权并不是一回事，二者是可以分离的，但对其能够分离的程度，又存在着分歧。在这个带有前提性的问题上，认识就很不清楚、很不统一，实行起来当然就更加困难。

再次，关于所有权和经营权分别由谁代表的问题，也是个很复杂的问题。国有企业的最终所有权属于国家，这就是毫无疑问的，但具体由谁来代表和行使，才能既保证国家的所有权，又能真正实现政企分开呢？有的人认为，国有企业的财产所有权应由国务院代表，但国务院不可能直接去管理每个企业的产权，因而问题实际上并没有解决；有的人认为，应由企业主管部门、行业公司和大企业集团等代表，但这又很难解决部门、地区所有制和政企不分等问题。企业的经营权应由企业行使，这也是毫无疑问的，但是把它交给厂长（经理）等少数企业领导人，还是交给全体职工呢？如果交给厂长（经理）等少数领导人，又怎么能够让全体职工承担盈亏责任呢？如果交给全体职工，又如何使他们行使这种权力并保证企业的高效运行呢？

最后，关于企业经营自主权的落实，更是一个矛盾的焦点。由于存在上述种种问题，再加上宏观经济管理中的很多问题都涉及企业经营自主权的落实，因而使得这个问题成了改革以来一直在努力解决但至今还没有很好解决的问题。

（二）国家所有权与企业自负盈亏

这个问题涉及国有企业能否自负盈亏的问题。有的人认为，国有企业是无法自负盈亏的，因为自负盈亏是针对所有者而言的，国有企业的财产是属于国家的，企业不可能自负盈亏，盈亏只能由国家来负。所谓亏本，亏的只能是所有者的本，经营者是无本可亏的。对国有企业来说，既要保证国家的所有权，又要使企业自负盈亏，这不能不是一个矛盾和难点所在。

也有的人认为，国有企业是能够自负盈亏的，其关键是要给予企业较大的独立的经济利益，使其具有负亏能力。当企业盈利时，要给予企业较多的留利，除用于企业生产发展、职工福利和奖金外，还要建立后备基金，一旦企业发生亏损，就可以用后备基金和其他自有资金弥补。同时，为了增强企业的负亏能力，还可以采取分账制的办法，把企业留利形成的固定资产和用留利补充的流动资金划归企业所有，并参与企业的盈利分配。然而，把企业的自负盈亏立足于企业首先取得盈利，并把这些盈利较多地留给企业，作为企业的财产，显然不是真正的自负盈亏。一方面，对于长期亏损的企业，或者在一定时期内亏损大于盈利或企业留利的企业，仍然解决不了负亏问题；

另一方面，对于长期盈利，且留利水平较高的企业，又会逐步改变国有企业的性质，使其演变为集体企业或以集体财产为主的企业。总之，实现国有企业的自主经营、自负盈亏，困难之一就在于要找到一种适当的形式，使它既保证国家的所有权，又能使企业具有所有权，以便在企业亏损时能够以自己的财产承担亏损责任。

（三）国家对经济的管理职能与政企分开

我国是社会主义国家，国民经济以国有经济为主导，以公有制经济为主体。国家对所有经济成分都具有行政管理职能，特别是对国有制经济，不仅具有一般的行政管理职能，而且还具有产权管理职能。在这种情况下，如何真正实现政企分开，也是一个难点所在。而这个问题不解决，企业的自主经营、自负盈亏是不可能实现的。

我国政企关系的格局是适应产品经济发展，在长期的高度集中的经济管理体制下形成的。其基本特点是政企合一、政资不分，国家与国有企业的行政管理关系同产权关系混杂在一起，政府机构庞大臃肿，分工过细，办事效率低，并对企业的人、财、物，供、产、销进行直接管理与指挥。要把这样的政企关系，转变为符合社会主义市场经济客观要求的政企关系，存在着精简机构，转变政府职能等一系列困难。

（四）企业之间需要平等竞争与不平等的竞争环境

实现企业的自主经营、自负盈亏，企业之间必须展开平等的竞争，而要使企业之间平等竞争，必须具有平等的竞争环境。然而，在长期高度集中的经济体制下形成的企业之间的环境是非常不平等的，如价格、税收不合理，生产条件不公平等，这是推行各项改革措施，实现企业自主经营、自负盈亏的最大障碍。如在实行利润留成和利润包干时，不得不实行一户一个比率或一户一个基数，从而造成了"鞭打快牛"；在实行利改税时，不得不征收一户一率的收入调节税，从而使"鞭打快牛"的矛盾更加突出。在转换企业经营机制过程中，仍然受到企业之间不平等竞争环境的很大制约。特别是要为企业之间的公平竞争创造一个良好环境，就必须推行一系列的改革措施，而企业之间不平等的竞争环境，又直接阻碍着某些改革措施的推行，更使这个问题成为转换企业经营机制的难点所在。

三、转换企业经营机制的对策

为了实现企业转换经营机制的目标，必须针对上述难点问题，采取以下深化改革的对策和措施。

（一）国家与国有企业的所有权关系和行政管理关系要分别处理

前面已经讲到，实现政企分开是实现国有企业自主经营、自负盈亏的前提条件，而要真正实现政企分开，首先必须实现政资分开，即要把国家与国有企业的所有权关系和行政管理关系分别处理。国有企业的财产所有权应由专门的国有资产投资公司代表国家来行使，而国家对各类企业的宏观调控职能，则由各级政府来行使。国有资产投资公司不应隶属于任何行政机构，有关国有资产的一些重大问题，可在全国人民代表大会之下设立国有资产委员会进行决定和处理，以便既体现全国人民是国有企业生产资料的最终主人，又有利于实现政企分开。这样，就可以对国有企业实行真正的税利分流，一方面，国有企业要同其他类型的企业一样，向政府缴纳各种税款，以形成国家的财政收入，用于非生产性建设和各种费用开支；另一方面，国有企业的税后利润，一部分要上缴国有企业投资公司，用于对现有企业的再投资或投资开办新的企业，另一部分要留给企业，用于企业的自我积累、自我改造和自我发展。同时，为了正确处理中央和地方的经济关系，在实行税利分流的基础上，还应实行中央和地方分税制。在政资、政企和税利分开以后，政府对企业的管理就可以从直接管理转为间接管理，其重点是建立健全宏观调控体系，包括制定经济政策、运用经济杠杆、发布经济信息、培育各种市场、健全经济行政法规、加强经济行政管理等，以实现企业的自主经营。

（二）在实行两权分离的同时确立国家的终极所有权和企业的法人所有权

企业只有经营权而没有所有权，是无法实现自负盈亏的。实现政资、政企和税利分流可以为企业的自主经营创造条件，但实现了企业的自主经营，并不一定能够实现企业的自负盈亏。为了实现企业的自负盈亏，还必须在实行两权分离的同时确立国家的终极所有权和企业的法人所有权。国家对已经投入企业的财产的所有权只能是一种最终所有权，这种最终所有权只能享有转让权和收益权，既不能任意抽回，也不能占用、使用和进行其他处分。国家的财产一旦投入企业，企业就对它拥有了经营权。同时，由于这些财产已成为企业的法人财产，企业也就同时对它拥有了法人所有权，这种法人所有权不仅享有占用、使用和不改变最终所有权的处分权，而且还可以用来偿还债务和承担盈亏责任。

企业的法人所有权确立以后，就可以形成下述一种产权关系：企业的财产是企业的，企业是投资者的。如果投资者只有国家，就是纯国有企业；如果投资者是多元的，企业就成了股份制企业。当企业盈利时，对纯国有企业来说，其实现利润　一部分要上缴国家，用于社会扩大再生产，一部分要留给企业，用于企业的生产发展和职工福利等；对有国有资产的股份制企业来说，其实现的利润，则按股分红，使用权由各所有者自己掌握。当企业发生亏损时，不论是纯国有企业，还是有国有资产的股份制企业，都要冲减企业的法人财产。如果企业长期亏损，资不抵债，就要依照《破产法》的规定，对企业实行破产。企业破产，不仅其最终所有者要遭受财产损失，企业的全体职工（包括领导和群众）也都要遭受经济和其他方面的损失。

需要进一步指出的是，实行企业法人所有权，建立企业破产机制以后，总会有一些企业破产。但是，一方面，在社会主义条件下，破产的企业毕竟只是极少数；另一方面，实行企业破产制度的目的，恰恰是为了促使企业努力改善经营，加强管理，防止破产。由于破产企业的职工要暂时失业，遭受经济和其他方面的损失。当企业的经营发生困难时，企业就会千方百计去克服困难，采取一切措施提高企业经济效益，必要时，甚至会主动降低职工工资和福利水平，以便使企业能够尽快渡过难关。只有这样，才能真正实现国有企业改革的目的。

（三）建立健全市场体系，充分发挥市场对企业的引导作用

实现企业的自主经营、自负盈亏，必须建立健全市场体系。没有市场，企业生产经营活动所需要的各种生产要素都需要国家调拨和分配，就不可能实现企业自主经营、自负盈亏。中共第十三次全国代表大会提出的"国家调节市场，市场引导企业"的改革思路，其实质就是要充分发挥市场机制的作用，从根本上改变国家对企业的管理方式，即变以直接管理为主为以间接管理为主，变以行政手段为主为以经济手段为主，使企业由政府附属物的地位变为独立的商品生产者和经营者。

（1）建立健全市场体系，不仅需要建立健全商品市场，而且还需要建立健全各种要素市场，如金融市场、技术市场和劳务市场等。

（2）建立健全商品市场，必须进一步缩小指令性计划产品的范围和数量，允许企业将更多的产品和劳务投向市场。同时，还应进一步放开产品价格，

转换价格形成机制。除少数重要产品和劳务的价格由国家制定外，其他绝大多数产品和劳务的价格，都应由企业根据市场供求状况自主制定。

（3）建立健全金融市场，应在逐步推行专业银行企业化的同时，大力发展多种经济成分和多种形式的金融机构，并不断拓宽其业务范围。要逐步形成一个包括借贷市场、外汇市场、商业票据市场和股票债券市场等在内的金融市场体系。

（4）建立健全技术市场，应围绕科技要面向经济建设，为经济建设服务这个宗旨，大力发展各种科学研究公司、技术开发公司、技术服务与咨询公司等，以实现科技成果的商品化，同时要加强科技与生产、贸易的结合，促进科技成果迅速转化为生产力。

（5）建立健全劳务市场，应在建立和完善社会保障制度的基础上，实现企业职工的能进能出。在就业问题上，应做到劳动者和用人单位的双向选择，促进人才的合理流动。对暂时失业的人员，应实行失业救济，保证他们的基本生活，保证社会安定。

建立健全上述市场体系，需要与计划体制、流通体制、投资体制、金融体制、劳动体制等各种体制的改革相配合。同时，为了保证各种市场健康有序地运行，还必须建立健全各种市场法规、打破地区、部门分割，消除企业之间人为的不平等环境，实现公平交易和平等竞争。

国家对市场的调控，一方面要运用市场政策和税收、利息、汇率等经济杠杆进行调控；另一方面还要运用物资手段进行调控。物资手段应成为国家调控市场的一种最重要的手段，它可以通过调节各种重要产品的市场供求关系，从而调节这些产品的价格，进而调节这些产品的生产和消费。利用物资对市场进行调控，国家就要建立物资储备基金，以便根据国民经济发展的需要，对某些重要物资进行储备，并通过对这些物资的购销活动，达到调节供求、平抑物价、保证供给、促进生产的目的。

通过物资对市场的调控功能，再加上其他调控手段，就可以充分发挥市场对企业的引导作用。所谓市场对企业的引导，归根结底是物质利益的引导，因此，要使市场对企业的引导作用有效发挥，企业对市场的引导反应灵敏，在建立健全各种宏观调控手段的同时，还必须使企业成为真正的利益主体，把企业和职工的经济利益同企业的经济效益和成败兴衰紧密结合起来。这样，就可以在实现企业自主经营、自负盈亏的同时，通过自觉运用价值规律，把企业的经济发展引导到正确的道路上来。

（四）实现政府职能的根本转变

在政企分开的基础上，实现政府职能的根本转变。这也是使国有企业能够自主经营、自负盈亏的一个前提条件。转变政府职能，首先必须转变政府的派出机构——企业主管部门的职能。据调查，现行企业主管部门的职能主要包括三个方面：一是代替了企业的某些职能，如为企业解决资金、原材料和生产经营方面的困难等；二是代替了综合管理部门的某些职能，即所谓"漏斗职能"，如财政、税收、工商行政管理和公安保卫等部门向企业开展有关业务工作，一般都要通过企业主管部门统一进行；三是本部门应有的职能，即行业管理职能，进行如行业内部和行业之间的协调、沟通，以及加强企业与政府之间的联系等。为了转变企业主管部门，进而转变整个政府的职能，对上述三个方面的职能应当进行分解。属于企业的职能要转移到企业中去，属于综合管理部门的职能要转移到综合管理部门中去，属于本部门应有的职能要进一步完善和加强。在此基础上，对各综合经济管理部门的职能也要进行适当调整，并要加强其队伍建设和人才培训，提高他们的业务素质和政策水平。对企业主管部门和综合经济管理部门以外的其他行政部门，则主要是改善服务态度，提高办事效率。

转变政府职能，关键是要对政府机构进行符合市场经济要求的改革。如果机构不改革，有关的人员还在，职能转变就很难实现。实践证明，"先断香火后拆庙"的设想是行不通的。政府机构改革绝不能走过去越改革机构越庞大，人员越多的老路，必须对现行机构进行大的调整、合并和精简。如企业主管部门可变为行业协会，其机构和人员都应大大裁减；某些综合经济管理部门，由于企业经营自主权的落实，业务量也将大大减少，其机构和人员也应进行调整和精减。精减下来的人员，有的可以到企业中去，有的经过培训，可以充实到国有资产投资公司、财政、税收、工商行政管理等部门中去，以提高宏观经济调控和管理的水平。

政府职能转变和机构精简的主要困难，还不是被精减人员的安置问题，而是权力调整和来自旧的观念与习惯势力的阻力。这些都需要通过深化改革，加强思想政治工作和宣传教育工作等，逐步加以解决。

需要进一步指出的是，目前机构改革中出现了一些不良倾向，如有些部门和地区，在机构兼并之前，突击提干，突击晋升职称，滥发钱物；有些主管部门在机构和职能都未改变的情况下，把牌子一翻变成所谓公司或集团，采取以企代政的形式，对所属企业进行更加严格的行政控制；一些具有明显官商结合性质的机关办企业则利用手中的权力和老关系到企业去要紧缺资源，把本来属于国家的利益转化集体或个人的利益；等等。这些都应立即采取有力措施加以制止。

（五）　加快股份制试点的步伐

实现国有企业的自主经营、自负盈亏，必须对国有资产的产权进行改革，而推行股份制是理顺产权关系的一项极为重要的措施。根据改革深入发展的需要，应在总结经验、逐步实现规范化的基础上抓紧股份制的试点工作。特别是应把以企业法人相互持股为主的股份制改造与股票上市、发展股票市场的问题分开考虑，前者的步子可以更快一些，因为它属于企业改组范畴的问题，既有助于促进企业经营机制的转换，又有利于产业结构和企业规模结构的调整。

对国有企业进行股份制改造，可以采取多种形式和途径。有的可以实行国家控股形式；有的则不一定实行国家控股形式。有的企业可以根据经济发展的需要将存量资产折为国家股，吸收新股作为增量资产；有的企业则可以把存量资产部分或全部以股份的形式出售，收回部分国家资金，投入到国家急需发展或经济效益更高的部门中去。后者既能解决建设资金不足问题，又能实现存量国有资产结构的调整和优化。

（六）　建立和完善社会保障制度

实现国有企业的自主经营、自负盈亏，必须建立和完善社会保障制度。这是转换企业经营机制的一个重要条件，也是由计划经济向市场经济过渡的一个关键问题。这个问题不解决，许多改革措施都不能贯彻到底，社会主义市场经济体制就无法建立起来。

建立和完善社会保障制度，主要是建立和完善失业保险制度、养老保险制度和医疗保险制度。其总的目标是改变以往的职工就业和各种福利由国家、企事业单位全部包下来的办法，建立起国家、企事业单位和劳动者个人共同负担、全社会统筹管理、各项保险费用由保险机构统一发放的社会保障体系，以便使企业能够随时精减不需用的人员，充分享有用工自主权，并在长期经营不善，资不抵债时实行破产，真正实现自主经营、自负盈亏。

（原载于《开发研究》1994 年第 1 期）

从企业资金紧张说起

当前，工业生产中的一个突出问题是企业资金紧张，但企业资金紧张，绝不简单的是一个资金少的问题，与资金紧张密切相关的有一系列问题。

一、资金紧张的背后是经济效益问题

一谈到企业资金紧张，很多人认为是因为整顿金融秩序，加强宏观调控，从而使资金投放量减少造成的。事实上，最近一个时期金融部门对企业，特别是对国有企业的资金投放量不仅没有减少，反而不断有所增加。企业资金紧张主要还不是资金少造成的，其背后是经济效益问题。

根据笔者所掌握的情况，当前不少地区，不少企业百元工业总产值所占用的流动资金并不比过去少，有的还有较大幅度的增长。那么，企业的流动资金为什么还显得那么紧张呢？主要是资金利用效果和经济效益不好。不可否认有这样的情况：企业的经济效益较好，生产规模急剧扩大，原有的流动资金一时显得不足。但这是少数企业，而且这些企业的资金紧张只是暂时的，问题解决起来并不困难。有一个经济效益较好的企业，其经理公开说，别看当前资金那么紧张，他向银行贷款，要多少给多少，因为他从不欠银行利息，而且到期的贷款能够及时足额还本。更多的情况还是企业经济效益不好，资金利润率比银行利息还要低，支付银行利息后就要亏损，甚至不支付银行利息也要亏损，这样的企业取得资金当然就比较困难了。即使一时取得一些资金，周转一个时期又会发生新的困难。这些企业又分几种情况：一是企业没有太大的债务包袱，但当前产品的市场和效益情况不好；二是企业当前产品的市场和效益情况虽然较好，但债务包袱较重，如果把债务包袱考虑进去，企业的经济效益仍然是很不好的；三是企业的任务包袱较重，当前产品的市场和效益情况又不好，可以说，债务包袱重是很多企业面临的一个严重困难，也是搞活企业的一个难点所在。有一些企业，仅向银行的流动资金贷款就有几百万元，甚至几千万元，但实际参加周转的只有几万元、几十万元，绝大部分都被积压或损失挂账了。在这种情况下，不管企业当前的产品多么紧俏，经济效益多么好，如果不解决债务包袱问题，再要取得资金和把企业搞活都是困难的。至于那些债务包袱重，当前产品的市场和效益情况又不好的企业，就更谈不上再取得资金和搞活企业了。企业的债务包袱问题，归根结底是经济效益问题，只不过它是企业长期以来经济效益不好的积累和集中表现罢了。

随着金融体制改革和企业改革的深入发展，企业取得资金的渠道越来越多，除向银行取得贷款外，还可以发行债券、股票，吸收其他企业投资和职工入股都以企业取得较好的经济效益为条件。企业经济效益不好，不仅银行不愿意给予贷款，其他方面也不愿意投资。这是客观规律所决定的。在对企业进行公司化改造中；有些经济效益较好的企业，职工入股的积极性非常高，即使手中暂时没钱，借钱也要入股；而那些经济效益较差，甚至严重资不抵债的企业，职工就不愿入股。他们把对这些企业入股叫作拿钱买债务。

从以上可以看出，当前企业资金紧张，主要还不是资金来源少，而是企业经济效益差。

二、企业经济效益差主要是管理问题

当前，不少企业经济效益差，有外部环境问题，也有企业内部管理问题，但主要是企业内部管理问题。在相同的外部环境下，同类企业由于经营管理水平不同，却有着明显不同的经济效益，就是最好的证明。

企业管理水平低，表现在许多方面。首先是决策水平低。有些企业，从立项、建设开始，就存在着严重失误。如有的企业，在决定建设之前，不进行科学的可行性研究，对产品的需求不进行周密预测，花费大量资金，包括大量外汇，盲目上马，结果企业建成后，却因产品无需求而不能正常生产；有的企业虽然立项决策是正确的，但在建设施工中决策失误，造成严重后果，使企业一开始就陷入困难地；还有的企业，动用流动资金进行基本建设，致使企业因流动资金缺乏不能进行生产，有的企业不注重新产品的开发研制，长期没有一个适销对路的产品；等等，这些都必然造成企业经济效益低下。其次是日常经营管理水平低，包括基础管理、专业管理、综合管理等都不适应市场经济的要求。如有的企业没有市场经济观念，产品本来不错，但不知道到哪里去找市场；有的企业基础管理很差，"跑冒滴漏"严重；有的企业财务管理松弛，不仅不能对企业的生产经营活动进行有效监督，甚至连债权债务都弄不清楚；有少数企业制度不严，存在着严重的经济犯罪现象；还有的企业机构臃肿，人浮于事，工作效率和劳动生产率很低；等等。在这种状况下，企业要取得好的经济效益是根本不可能的。因此，当前在继续深入进行企业改革，建立现代企业制度的同时，当务之急是加强企业的内部管理，提高企业管理水平。

三、企业管理水平低主要是人才问题

企业管理水平低表现在很多方面，其原因也是多方面的，但归根结底是人才问题。在现实经济生活中，一个能人救活一个企业的例子是屡见不鲜的，而有的企业，之所以长期不能走出困境，主要是缺乏这样的能人和其他各方面的人才。

在市场经济条件下，企业之间必然存在着激烈的竞争，而竞争主要是人才的竞争，因此，人才是企业胜败的关键。企业有了人才，没有资金，可以有资金；没有好的产品，可以有好的产品。企业的人才，包括管理人才、技术人才和广大优秀工人等。企业领导班子和广大职工的素质，专业技术人员和管理人员的业务水平等，都直接决定着企业的管理水平，从而决定着企业的经济效益和兴衰。

需要指出的是，企业的人才应该表现为两个方面，一方面表现为各种人员的技术水平和业务能力等，另一方面表现为这些人员的工作热情、劳动积极性和敬业精神。如果一个人技术水平和业务能力很低，工作热情再高，也难以把工作做好；反过来，如果一个人有了较高的技术水平和业务能力，但没有工作热情和劳动积极性，缺乏敬业精神，同样不能把工作做好。

一个企业，要拥有大量的人才，首先必须有一个吸引人才、有利于激发员工工作热情、发挥他们的积极性、培养他们的敬业精神的机制。这就需要进行各方面的改革，特别是深入进行人事制度、劳动制度和分配制度的改革。通过改革，把职工的招收、培训、使用、收入分配、提拔升迁等与他们的基本素质和工作表现很好结合起来。同时，还要采取多种形式，加快人才的培养。如送国外或先进地区、先进企业学习；送大专院校、科研单位培养；举办各种专业培训班；师傅带徒弟等。在这方面，不少先进企业都积累了丰富的经验，其他企业都应该向它们学习。一切有远见的企业家们，都应当把培养人才和正确使用人才放在重要位置上，因为这是使企业立于不败之地的根本所在。

（原载于《人民日报》1995 年 4 月 11 日）

深化企业改革必须消除思想障碍

增强企业活力的根本出路在于深化改革。中共十四届五中全会再次强调要把国有企业改革作为经济体制改革的中心环节，这是非常正确的。然而，改革的实践证明，企业改革之路是非常艰辛的。当前，深化企业改革的困难，不仅在于企业经营环境及其他各种客观条件方面存在诸多问题，而且还在于主观方面，人们的心理与思想认识上也存在各种障碍。从某种意义上讲，这些障碍对深化企业改革的制约，比客观方面的困难还要大得多。

一、认为国有企业是无法搞好的

存在这种思想障碍的同志认为，国有企业的资产最终是属于国家的，这就决定了它的资产是无人负责的，它的效率和效益是低下的，不管怎样改革，只要还是国有企业，或者还是国有资产在企业的总资产中占主导地位，企业就不可能搞好。这种认识显然是错误的，它不仅在理论上站不住脚，而且也不符合我国企业改革和企业发展的实际。有了这种错误的认识，对深化国有企业改革就必然缺乏信心和决心。持这种观点的同志虽然不多，但这种思想在群众中的影响还是很大的。有少数同志甚至主张放弃国有经济。具体就是对现有国有企业不要再采取什么搞活措施，而是让它自己去维持，维持不下去就破产，并且今后也不要再建立新的国有企业或进行新的国有资产投资，要主要依靠发展非国有经济的办法来发展我国的国民经济或本地区的经济。在实际工作中，有些国有企业通过一定的支持，或采取一定的改革措施，完全是可以搞好的。但有些同志，却不愿意在这方面花费精力，而是热衷于在那里寻求所谓新的发展途径，倾尽全力去支持发展那些并不一定有效益，甚至与国有大企业争原料、争市场的非国有经济。

二、认为国有企业本来就是好的

具有这种思想障碍的同志，与上述一些同志的认识正好相反。他们认为，在各种经济成分的企业中，国有企业是最好的。这些同志通常运用国有企业在国民经济中的重要地位、对国家的财政支持、对社会的巨大贡献来证明这一点。既然国有企业本来就很好，甚至是最好的，改革当然就显得没有那么必要、那么紧迫，甚至是多余的。即使要改革，也不必进行产权制度等方面的深层次改革，而只需要进行一些经营方式或企业管理方法方面的改革就行了。有的同志不仅没有认识到改革，特别是企业改革对我国的经济发展所起到的巨大推动作用，甚至把当前企业遇到的某些困难也说成是改革造成的。这些同志没有弄明白，国有经济在国民经济中的地位重要并不等于国有企业的经营机制好。否则，就会得出改革以前国有企业在全部企业中各项指标所占比重最大，其经营机制就最好，改革完全没有必要的错误结论。

三、认为产权改革必然导致私有化

进行企业产权制度改革，虽然不是深化企业改革的全部内容，但却是深化企业改革，特别是建立现代企业制度的极为重要的方面。可以说，不进行企业产权制度改革，现代企业制度就建立不起来。然而，有的同志还严重地存在着进行企业产权制度改革必然会导致私有化的思想障碍，因而不愿意或不敢进行企业产权制度改革。实际上，对国有企业进行产权制度改革，就是要在清产核资、资产评估、产权界定的基础上，使国有企业的产权关系明晰化，使其中的国有资产具有具体的代表者，其权能具有具体的行使者，并且通过投资者所有权与企业法人财产权的分离，为建立现代企业制度创造必要的条件，这与实行私有化没有任何联系。有的同志则认为，国有企业的资产属于国家所有，即全民所有，这本来就是很清晰的，不需要再进行什么使企业产权清晰化的产权制度改革。然而，在传统的国有企业制度下，企业的资产存在着普遍的损失浪费、效率低下、无人负责现象，却是不容否认的事实。进行企业产权制度改革，就是要使企业中的国有资产具有具体的代表者，以克服国有资产虽属国家所有，但却无人具体负责的现象，从而使国有资产在经营中能够同其他资产相互融合与平等竞争，这不仅不会导致私有化，而且有利于国有资产的保值增值和国有经济的发展壮大。

四、认为企业产权制度改革必然导致国有资产流失

在企业产权制度改革中，一方面要对国有资产进行清查、评估、登记，并建立起国有资产经营公司或控股公司，以对国有资产行使所有者的权能；另一方面要对一些国有企业进行股份制改造，其中，有的企业要吸收职工或其他所有者入股，有的企业则要把部分国有股出售，收回一定的资金，还有的小企业甚至把全部国有净资产卖给职工，从而使其成为股份合作制企业。在这个过程中，如果对国有资产的价值评估过低，或对某些国有资产不进行作价，甚至把部分国有资产无偿划给职工作为职工个人持股，会造成国有资产流失。由此，有的同志就产生了企业产权制度改革会造成国有资产流失的心理障碍，从而不积极甚至不赞成进行企业产权制度改革。在产权制度改革中，由于工作中存在的问题，有些企业确实存在着国有资产流失现象，但这与产权制度改革本身并无必然的联系。有些工作搞得好的地区和企业，在产权制度改革中，国有资产不仅没有流失，而且还盘活了资产存量，使国有资产大大增值，从而解决了企业的历史包袱，焕发了企业的生机。

需要指出的是，在现实经济生活中，国有资产的流失确实是严重的，这除了产权制度改革中存在着某些工作上的问题外（这一点必须坚决纠正），还存在着其他多种流失渠道，如国有企业中兴办集体企业，把某些国有资产无偿划拨或低价调拨给集体企业，就是一种很重要的渠道，而这种现象早在企业产权制度改革，甚至在整个经济体制改革之前就已经普遍存在了。这种情况的存在，是与国有资产缺乏具体的代表者和无人负责有着密切关系的。这恰恰从另一方面说明了深化企业产权制度改革的必要性和迫切性。有些地区在清产核资中，全部国有净资产出现了负值，也就是说这些地区的国有经济从整体上已经资不抵债了，这种状况绝不是清产核资或对企业进行股份制改造造成的，而是长期以来国有资产经营效率低下、潜亏和虚盈实亏现象严重，以及无人负责、多方流失的必然结果。对于这种情况，有一位省里的负责同志讲，如果企业产权制度改革早进行 5 年，国有资产的状况绝不是现在这个样子，而是要好得多。他的话不是没有道理的。

国有资产收益得不到保证，是国有资产流失的又一种形式，在这方面，既存在着已经进行股份制改造的国有企业，在税后利润分配中同股不同利

（国有股得不到相应的收益）的问题，也存在着尚未进行股份制改造的国有企业，在分配中"工资侵蚀利润"或滥发滥分企业税后利润等问题。相对而言，后者较前者更为普遍和严重，因为对于前者，只要加强审计监督，是完全可以避免的；而对于后者，目前还缺乏一个制度性的办法。有一个例子，很能说明一定的问题：1994年有一个城市进行产权制度改革和企业转机建制试点，一部分国有企业进行了转制，另一部分国有企业则没有进行转制，结果在年终分配时，职工普遍认为，转制的企业吃了亏，而没有转制的企业占了便宜。其原因是：已经转制的企业，职工都入了股，在分配时，职工个人股要拿红利，国有股也要拿同样的红利；而那些尚未转制的企业，过去市里有规定，为了支持企业的发展，企业的税后利润全部留在企业，由企业自己支配。这样，已经转制的企业就觉得吃了亏，因而很有意见。为了解决这个矛盾，1995年市里做出决定，凡是尚未转制的企业，税后利润要全部或大部上缴国有资产经营公司，纳入市财政预算。这个决定一做出，那些经济效益较好尚未转制的国有企业，也都积极要求转制了。问题很明显，进行企业产权制度改革，只要严格按照国家有关政策规定办事，并采取科学的方法，不仅不会损害国有资产，而且还有利于保护国有资产，维护国有资产权益。当然，那些趁企业产权制度改革之机私分国有资产，或故意低价变卖国有资产，从中捞取好处的现象，则另当别论。因为它已经不属于企业产权制度改革的范围，而是一种经济犯罪行为。

五、认为政企无法分开

实行政企分开是转换企业经营机制、建立现代企业制度、增强企业活力的前提条件。然而，有些同志，特别是一些主管城市经济工作的同志认为，政企不应分开或无法分开。当然，其中有些同志是担心失去手中的权力，而不愿实行政企分开。在讲到政企分开时，有些主管城市经济工作的同志说，政府整天忙得像救火一样都还管不好企业呢，还敢实行什么政企分开，让政府不管企业，那不更乱套了吗？

为了实现政企分开，有些城市或地区撤销了企业主管局，建立了国有资产经营公司或控股公司。但在组建国有资产经营公司或控股公司时，一些企业主管局的同志就坚决反对，他们既不愿意丢掉直接指挥企业的权力，又不愿意到资产经营公司或控股公司去工作。为了缓解矛盾，有的城市在组建国有资产经营公司或控股公司的同时，只好暂时保留了企业主管部门，先实行所谓双轨运转，然后再逐步过渡到单轨运转。针对这种情况，有的企业主管部门的同志又抱怨说，事情都让资产经营公司或控股公司干了，还要我们干什么。可以看出，实行政企分开，既有一个政企职能如何划分的问题，也有一个权力再分配问题。相对而言，后者解决起来更加困难。还有些主管经济工作的同志，习惯于用管理计划经济的办法去解决市场经济中出现的问题，动不动就开企业之间的调度会，这也给政企分开带来了困难。上述问题不解决，不管机构如何改变，市场经济体制也是建立不起来的。例如，有的地区或城市克服层层阻力，费了九牛二虎之力，才撤掉了企业主管局，建立了国有资产经营公司或控股公司，但刚刚运行起来，这些公司就又变成了企业主管部门。什么军民共建、计划生育、城市卫生等，各级资产经营公司或控股公司都要归口管起来。特别是党的组织也要按照资产经营公司或控股公司的建制来设立，母公司的党组织管子公司的党组织，子公司的党组织又管孙公司的党组织。这样，以资产为纽带建立起来的资产经营公司或控股公司与被投资企业的经济关系，就又变成了上级领导下级的党政关系。还有些同志，对企业的资产根本就没有一个谁是投资者的概念，明明企业已经进行了股份制改造，各方面的股权关系已经确立，但财政部门却继续无偿向企业拨入资金，而且对投入的资金也不增加国有资本的股份。按照这种办法去进行企业改革，改到什么时候才能改出个名目呢？

六、认为转换企业经营机制就是把所有企业都搞活

全民所有制企业转换经营机制，就是要把计划经济下的国家统一经营、统负盈亏的传统国有企业经营机制转换为市场经济下的企业自主经营、自负盈亏、自我积累、自我约束、自我改造、自我发展的现代企业经营机制，其目的就是要使企业充满生机与活力，从而提高企业管理水平和经济效益。有的同志则据此认为，转换企业经营机制就是要把所有企业都搞活。因此，在采取某些改革措施时，他们总喜欢那些"杀富济贫"的办法。当需要采取一些力度较大的改革措施时，他们总是疑虑重重，总也下不了决心。特别是当一些企业不适应某些改革措施而出现暂时困难，以及少数企业因长期经营不善，严重资不抵债需要破产时，他们就认为是改革造成的。按照这种认识，只有改革之前的企业经营机制最好，因为那时无论是什么样的企业，都可以相安无事，从来没有什么破产之说。这显然是不正确的。转换企业经营机制绝不是，也不可能把所有的企业都搞活，而是要从制度上为企业提供平等竞

争、优胜劣汰的经营环境，从而促使企业不断提高技术和经营管理水平，以求得生存和发展。企业有生有死，是市场经济的一个重要特征，也是我们转换企业经营机制，深化企业改革的一个目的所在。

七、认为企业破产就是逃债、废债

在深化企业改革中，有少数长期经营不善、严重资不抵债，实在救不活的企业，只能走兼并和破产之路。企业破产的最基本条件是资不抵债，因此，对破产企业来说，不管采取什么样的措施，只要实行的是有限责任制度，企业的债权人就都要受到一定的损失，否则，企业也就没有必要或没有资格实行破产了。由于国有企业最大的债权人往往是国家银行，因而在企业破产中，银行受到的损失最大。面对这种情况，有的同志则认为，企业破产就是为了逃债、废债。实际上，既然企业已经走到了破产的地步，并且不可能再有回天之力，不管你是否承认这个现实，也不管你是否采取破产的办法，企业债权人遭受一定的损失都是无法抗拒的。很多债权人，特别是一些银行的同志对这一点也是很清楚的，但是他们又觉得，尽管这些债务是无法收回的，可只要企业不实施破产，账总还是存在的，一旦企业破产了，其损失就要公开化，甚至还要涉及某些人的责任。因此，宁可账长期烂在那里，也不希望企业破产。这是当前实施企业破产的最大障碍。笔者认为，对实施破产的企业，只要按照国家有关法律和政策规定，把该纳入破产清算的财产都纳入清算，不管债权人遭受多大损失，都不能认为是逃债、废债。至于为了安置职工就业，债权人利用分得的资产和局部生产能力，在政府的帮助下重新组织生产，更是一种应该大力支持的好事，而不应被指责为"金蝉脱壳"、"大船搁浅，小船逃跑"等等。

八、认为深化改革不是搞活国有企业的根本出路

我们通常说，搞好国有企业的根本出路在于深化改革，这是通过十几年改革得出的正确结论，也是被无数事实证明了的真理。然而，据了解，有少数同志并不这样认为。特别是面对企业遇到的种种困难，他们总习惯于像在计划经济体制下那样去直接指挥、调度企业的生产经营活动，而不愿意或不

善于通过采取某些改革措施，去促使企业自己解放自己，自己拯救自己。有的同志甚至说，不管你采取什么改革措施，企业没有效益都不顶用。这种说法虽然并不全无道理，但把它作为不深化企业改革的借口就是错误的了。特别是他们并没有进一步去弄清楚企业为什么没有效益。有些企业恰恰就是因为长期不深化改革，至今还在那里吃"大锅饭"，从而造成了职工情绪低落，企业管理水平低下，经济效益很差，甚至严重亏损的困难局面，对于这些企业，不正需要加大改革的力度吗？

上述所列种种深化企业改革中的心理与思想认识上的障碍，是笔者从实际工作中了解和总结出来的，绝不是无中生有，危言耸听。这些障碍不消除，企业改革就很难进一步深化，党中央和国务院制定的许多改革措施，就只能浮在上面，而不能深入到企业中去。克服这些障碍的唯一办法，还是要深入学习邓小平同志建设有中国特色的社会主义的理论，树立敢想、敢干、敢闯、敢试验的革命精神。

（原载于《企业活力》1996 年第 3 期）

实现企业改革、改组、改造相结合

企业改革、改组和改造通常被称为企业"三改"。"三改"是三个不同的概念，分别有着自己的内涵。企业改革主要是通过调整企业生产关系，实现企业制度创新和经营机制转换，调动各方面的生产经营积极性；企业改造则主要是运用技术手段提高企业的生产力水平，实现企业生产规模扩大和技术升级；企业改组主要是通过企业组织形式的改变，达到企业内部，特别是某些企业之间生产要素的优化组合。然而，企业"三改"之间又有着密切的联系，它们的共同目的都是要实现生产力各要素的合理组织，提高企业的竞争能力和经济效益。因此，只有把企业改革、改组、改造紧密结合起来，才能取得良好的效果。

一、在企业改革中要注意加强企业的改组和改造

企业改革，特别是国有大中型企业的改革是整个经济体制改革的中心环节，是解放企业生产力、发展企业生产力的强大推动力。经过十几年的探索和实践，我国的企业改革已经取得了巨大的进展和突破。国有大中型企业已经进入以建立现代企业制度为中心的崭新阶段；对于国有小企业，则要采取多种产权组织形式和灵活政策，进一步放开放活。建立现代企业制度，必须加大企业产权制度改革的力度。通过企业产权制度改革，建立起科学的国有资产管理、监督和营运体系。有了这种体系，才能建立起出资者所有权与企业法人财产权相分离的符合现代企业制度基本特征的国有独资公司、有限责任公司和股份有限公司。而对国有企业进行公司化改造，也正是进行企业改组的好机会。特别是组建有限责任公司和股份有限公司，可以在较大的范围内，建立起合理的企业组织形式。同时，在建立现代企业制度中，还会遇到一些深层次的矛盾和问题，如企业债务负担沉重、冗员多和企业办社会等。

解决这些问题，除了加大企业改革的力度，采取必要的改革措施，如实行贷改投，允许企业进行经济性减员，加快社会保障制度改革的步伐和社会化服务体系的建立外，还必须大力推进企业的改组。从一定意义上讲，进行企业改组，是解决上述矛盾和问题的一种最现实、最有效的办法。此外，在对国有企业进行公司化改造过程中，不仅涉及企业存量资本的优化组合问题，而且还涉及企业增量资本的投入问题，这又是对企业进行技术改造的极好机会。抓住这个机会，按照市场的客观要求，对企业进行技术上等级或充分发挥生产能力的技术改造，不仅能合理运用企业的增量资本，提高资金的使用效果，还能促进企业经济乃至整个国民经济增长方式的转变。

二、用改革的方法实现企业的改组

由于历史的原因，我国的企业规模结构很不合理。主要是大企业、特大企业很少，中小企业很多。这是造成我国很多企业技术水平低、经济效益差、市场竞争能力弱的一个重要原因。要改变这种状况，一方面要对资本增量进行调整，即按照国民经济发展的整体规划，有计划地建立一批大企业、特大企业；另一方面要对资本存量进行调整，对现有企业进行改组，建立起一批大型企业集团。

企业改组，特别是组建企业集团，必须采用改革的方法，即主要运用经济手段和法律手段，贯彻平等互利原则，保证所有者的权力和利益不受侵犯。即使是国有企业之间的改组，也需要在理顺产权关系，加强国有资产管理的基础上，以产权为纽带，以产品为龙头进行。

企业改组，可以采用多种形式。除以产权为纽带建立企业集团外，还有企业合并、兼并等。

企业改组必须运用改革的方法，而企业改革也可以为企业改组提供很好的条件和机遇，我们应当抓住这个契机，加快企业改组的步伐。

三、在企业改组的同时实现企业的改造

在企业改组过程中，企业资产存量发生一定的变化是确定无疑的。在多数情况下，企业改组要投入一定资金，引起企业资产总量的增加。在企业改

组的同时进行企业改造，会收到事半功倍的效果。一位企业家在讲到企业改组时说得好：把若干企业的资产和职工加在一起，如果不进行结构上的调整和技术上的改造，就只能具有物理上的变化。从经济效益上看，1 加 1 最多等于 2，弄不好还会小于 2；如果按照企业的生产技术特点，把企业的资产和人员进行重组、优化和改造，就会起化学上的变化。这样就不再是 1 加 1 等于 2，而是 1 加 1 等于 3 甚至更多。

在企业改组中，有关企业的资本可能会发生以下几种变化：一是总量不变，只发生结构上的变化；二是增加部分投入，使总量增加；三是虽未增加投入，但由于盘活了存量，使得资产增值；四是由于某些特殊原因，总量减少，但部分资产变现。在上述几种情况下，通过市场的作用，都有可能得到一部分货币资金或设备从而对企业进行改造。

企业的改造与企业技术进步又是紧密联系在一起的。通过企业技术改造实现企业技术进步，是促进经济增长方式转变的最重要的手段。而企业技术改造和技术进步是需要大量资金的，在资金比较紧缺的情况下，除了缩短基本建设战线，减少新开工项目，把有限的资金更多地投入到企业技术改造和技术进步上以外，当务之急是要把企业的技术改造和技术进步同企业改组紧密结合起来，通过企业改组实现企业的技术改造和技术进步，从而实现经济增长方式的转变。

（原载于《人民日报》1996 年 4 月 4 日）

切实减轻国有企业社会负担

　　社会负担沉重是影响国有企业改革和发展的一个重要因素，要实现中共十五大、中共十五届一中全会和中共十五届四中全会提出的国有企业改革和发展的目标，就必须采取有效措施，切实减轻国有企业的社会负担。

一、国有企业社会负担形成的根源

　　国有企业的社会负担是指国有企业兴办与企业生产经营活动没有直接联系的机构和设施，承担职工生活、福利和社会保障等社会职能的负担及其他应由政府和社会承担的人力、物力和财力负担。它主要包括两方面的内容：一是企业开办学校、医院、职工养老和其他社会服务机构形成的负担；二是政府某些部门和社会有关方面向企业乱收费、乱摊派、乱罚款造成的负担。这两方面的负担对国有企业改革和发展的影响很大，都不符合社会主义市场经济条件下企业自主经营、自负盈亏的客观要求。企业开办学校、医院、职工养老和其他社会服务机构，是计划经济体制的产物。这不仅造成了社会生产专业化协作水平和企业职工生活服务社会化水平较低，同时也造成了企业社会负担过重，从而影响了企业生产效率和经济效益的提高。

　　如果说企业办学校、医院、职工养老和其他社会服务机构等是计划经济体制造成的话，那么，政府某些部门和社会有关方面向企业乱收费、乱摊派、乱罚款则是社会主义市场经济体制尚不健全、不完善的必然结果。随着改革的不断深入发展，计划经济体制的大一统政策逐步被打破，各级政府在财政等方面都有了较大的自主权，他们都要开办各种过去由国家出资统一兴办或没有兴办的事业，如城市建设中的各项事业等，而开办这些事业的经费又不足，就只好通过向企业收费、摊派、罚款来解决。应该说，各级地方政府千方百计地加快城市公共设施建设，兴办各种社会公益事业，这种积极性是好的，问题是资金来源应该有一个稳定的合法的渠道。当然，向企业伸手要钱的，除政府有关部门外，还有一些社会团体，如各种基金会等。这些团体通过各种渠道向企业要赞助等，这种赞助虽然不像政府有关部门对企业的摊派、罚款那样带有强制性，但由于有的团体还掌握着某些权力，有的是通过一些社会名流开口，企业也不敢轻易拒绝。需要指出的是，上述收费、摊派、罚款和赞助等，由于资金管理上存在某些问题，有的并没有用在既定的事业上，而是被挪用，甚至落入了小集体或个人的腰包。可以说，向企业乱收费、乱摊派、乱罚款和要赞助等，是计划经济体制的利益主体一元化格局及其相应的政策、制度被打破，而社会主义市场经济体制的利益主体多元化格局形成之后，相关的政策、制度尚不健全、不完善造成的。

二、减轻国有企业社会负担的必要性和紧迫性

关于减轻国有企业社会负担的问题，中央早就提出来了，但一直未能得到很好解决，究其原因，主要是有关方面对减轻国有企业社会负担的必要性和紧迫性认识不足，所采取的措施不够得力。有的同志认为，城市基础设施建设和其他各项公益事业都是社会和人民生活需要的，开办这些事业的资金不足，让企业分担一些完全是应该的；还有的同志认为，在社会主义市场经济体制下，各种社会团体比较多，并且这些团体都没有稳定的资金来源，难免向企业伸手要一些；也有的同志认为，由于机构改革，有的政府机构被改为事业单位，有的人员被裁减到事业单位，这些单位和人员都需要运行和吃饭，但又没有足够的经费，也只好向企业伸手。上述种种观点看起来都有一定道理，但从企业改革和发展的大局看，这些理由又都是站不住脚的。减轻国有企业社会负担的必要性和紧迫性在于：

（1）它是深化国有企业改革，建立现代企业制度的客观要求。建立现代企业制度是发展社会化大生产和市场经济的必然要求，是公有制与市场经济相结合的有效途径，是国有企业改革的方向。现代企业制度的有效组织形式是公司制。在公司制度下，投资者、经营者和劳动者，都有自己独立的经济利益。在企业依法向国家缴纳各项税款，并支付生产经营的各项费用后，其盈利应完全归投资者所有。如果是国有独资企业，就归国家所有，如果是多投资主体的有限责任公司和股份公司，则归各出资人所有。企业通过一定的分配办法，把税后利润分别留作企业公积金、公益金和分配给每个出资人。如果企业缴纳了各项税款之后，有关方面还要向企业乱收费、乱摊派、乱罚款，

这就侵犯了投资者的利益，不利于社会经济的发展。

建立现代企业制度，必须对国有大中型企业实行规范的公司制改革。改革的具体形式可以有多种，除少数特殊行业的企业需改组为国有独资公司外，绝大多数竞争性企业则应改组为国有控股公司或国有参股公司，有的还可以与国外合资，改组为中外合资企业；国有小企业，则需要继续采取改组、联合、兼并、租赁、承包经营和股份合作制、出售等多种形式，进一步放开搞活。但不管是国有大中型企业的改革，还是小企业的改革，都必须切实减轻企业的社会负担，改革才有可能顺利进行。否则，谁也不愿意向一个社会负担沉重、经济效益很差的企业进行投资或与其进行合作。可以说，企业社会负担重是国有企业进行公司制改革的重要障碍。同时，也只有减轻了企业的负担，改制后的企业才能按照新的机制进行运作，取得好的经济效益。

（2）它是使大多数国有大中型亏损企业摆脱困境，整个国有企业经济效益明显提高的迫切需要。中共十五大和中共十五届一中全会提出，要用 3 年左右的时间，使大多数国有大中型亏损企业摆脱困境；中共十五届四中全会又提出，到 2010 年，要通过改革、改组和战略性调整，使国有企业的经济效益明显提高，科技开发能力、市场竞争能力和抵御风险能力明显增强，使国有经济在国民经济中更好地发挥主导作用。为了实现上述企业发展目标，必须切实减轻国有企业的社会负担。

国有企业的社会负担沉重，直接影响着国有企业经济效益的提高。一方面，国有企业开办学校、医院、职工养老和其他社会服务机构，必然要花费大量的人力、物力和财力，其中有不少费用要进入企业的产品成本，这就会影响企业的盈利水平；另一方面，国有企业开办上述机构，必然会牵扯到企业领导人大量精力，从而扰乱企业的经营目标。在社会主义市场经济条件下，企业是自主经营、自负盈亏的市场主体，它的主要目标是提高盈利水平，并实现企业资产的保值增值。企业的领导人，必须把其主要精力用于制定和执行企业的重大经营决策上，才能保证企业经营目标的实现。然而，在企业开办许多社会服务机构的情况下，企业领导人必须花费很多时间和精力去研究解决这方面的问题，这就会影响到企业的经营决策。企业的领导人作为企业的决策者和经营者，他的目标应该是很明显的，就是要提高企业的经济效益。然而，当他同时又管理着许多社会事业，扮演一个社区领导人角色时，他的目标不仅仅是提高企业的经济效益，而且还有许多社会目标，这些社会目标与企业的经营目标通常又是矛盾的。在这种情况下，企业经营目标往往又让位于那些社会目标。可以看出，企业办社会的危害不仅在于增加企业的经济负担，更重要的是它干扰了企业职能的发挥和企业目标的确定与实现。如果不解决这一问题，国有企业的脱困目标和经济效益的进一步提高就很难实现。

（3）它是增强国有企业竞争力，使之在国内外的激烈竞争中立于不败之地的前提条件。我国的国有企业在国内、国际市场上的竞争力不强，一个很重要的原因就是社会负担太重。在国内，一些非国有企业，它们的生产规模并不比国有企业大，其技术水平和管理水平也并不比国有企业高，但它们的产品成本却比国有企业低得多，因而在价格上具有竞争优势。面对这些非国有企业的低价竞争，国有企业常常处于无可奈何的境地。国有企业的产品成本较高，一个重要的原因就是社会负担太重。与国际上大的跨国公司相比，我国国有企业（即使是少数大型、特大型企业）在生产规模、技术水平和管理水平方面都不具有优势，其竞争力本来就比较差，再加上沉重的社会负担，更是无法与之相抗衡。就像拖泥带水的小帆船遇到乘风破浪的航空母舰一样，根本没有招架的余地。特别是我国加入世贸组织之后，国内市场上的竞争也将更加激烈。因此，在对国有企业进行战略性改组的同时，切实减轻其负担，以提高它们的竞争力，已成为刻不容缓的事情。

三、减轻国有企业社会负担的主要措施

国有企业的社会负担，是长期以来计划经济体制政企不分和政府职责错位造成的，因此，减轻国有企业社会负担，必须按照社会主义市场经济体制和建立现代企业制度的客观要求，合理调整政企关系，分离企业办社会的职能，并进行有关方面的配套改革。

（1）要采取有效措施，分离企业办社会的职能。解决这个问题的主要困难在于费用问题。企业所开办的各种社会服务机构，一般都是那些只支不收或支大于收的单位，他们所需要的经费或收支差额都是由企业拨付的。为了减轻企业的社会负担，这些社会服务机构从企业分离出去之后，应交给地方政府管理，所需费用也应由地方政府全部承担。由于企业已经向政府缴纳了各种税款，就不应再负担这些政府履行社会职能所需的费用。但考虑到我国由计划经济向社会主义市场经济过渡的实际情况，地方政府所面临的财政压力也比较大，企业社会负担的完全解决还需要一个过程。因此，有些费用在一定期限内可能还需要由政府和企业共同承担，但各方面都应持积极的态度，千方百计采取各种措施，以便尽可能快地彻底解决这些问题。位于城市的企业，要逐步把所办的学校、医院、职工养老和其他社会服务机构移交地方政府管理，所需费用在一定期限内由企业和政府共同承担，并逐步过渡到完全由政府承担。对于那些能够以收抵支或收支相抵后尚有盈利的单位，可以转为企业化经营，使之成为自主经营、自负盈亏的经济实体。对这些单位，为了提高它们的服务社会化、市场化水平，同时减轻企业的行政管理负担，也应交给地方政府管理。个别移交实在有困难的，也必须理顺它们与企业的关系，通过一定形式的产权改革，使它们成为企业的独资、控股或参股单位，企业只对它们承担有限责任。在服务对象方面，既可以为本企业的职工服务，也可以对社会开放，以达到既方便群众，又能提高效率和效益的目的。独立工矿区分离企业办社会的职能，可能会遇到更多的困难，但也必须努力创造条件，逐步实现社会服务机构与企业的分离。除学校"吃皇粮"的极少数单位外，其他的社会服务机构原则上都应走社会化、市场化的道路。

（2）加快社会保障体系和其他社会服务机构的建设，为分离企业社会职能创造条件。企业直接负责职工的养老、失业和医疗等社会保险的管理，也是一种沉重的社会负担。为了减轻企业这方面的负担，必须加快社会保障体系建设，依法扩大养老、失业、医疗等社会保险的覆盖范围，强化社会保险费的征缴，拓展社会保障筹资渠道。同时，要严格管理各项社会保障基金，严禁挤占挪用，确保基金的安全和增值。要加快社会保障社会化管理的步伐，实行离退休人员与原企业相分离，实现养老金由社会服务机构发放，人员由社会管理。在分离企业办社会职能，把有关社会服务机构移交地方政府管理之后，地方政府必须切实履行好自己的职能，管理好各种社会服务机构，提高服务水平。

（3）要推进税费改革，清理整治各种乱收费、乱摊派、乱罚款。乱收费、乱摊派、乱罚款也是企业的一大社会负担。经过前一个时期的清理整治，这个问题得到了一定的解决。如1998年就集中取消各种不合法、不合理基金和收费700多项，减轻企业负担300多亿元。但由于不同部门、不同地区的工作进展很不平衡，目前不同地区、不同企业在这方面的负担相差很大。有的问题基本解决了，有的问题还相当严重。解决乱收费、乱摊派、乱罚款的根本出路在于税费改革。要对现有的收费、摊派和罚款进行彻底清理，对其中应由企业承担的费用，要通过税制改革，纳入有关税收之中；不应由企业承担的费用，则应坚决予以取消。今后，除中央政府有权规定某些收费项目和标准外，各级地方政府都不应具有这方面的权力。同时，即使是由中央政府统一规定的收费，也要贯彻收支两条线的方针，而不能由收费部门自收自支。至于各种罚款，也应由中央政府统一制定标准和具体办法，各级地方政府在执行中不得随意扩大范围，提高标准。同时，各种罚款都要纳入财政预算，不能作为执行罚款的单位的经费。解决乱收费、乱摊派、乱罚款的关键在各级政府。从深层次上讲，它涉及社会主义市场经济体制下政府职能的正确界定和依法行政问题。在市场经济条件下，政府对经济的管理职能，主要通过宏观经济调控和经济行政管理来实现。但不管是宏观经济调控还是经济行政管理，都必须按照法制的办法来进行。通常说，市场经济是法制经济，各级政府都要依法行政，这既强调了政府管理经济的重要性，又明确了政府管理经济的主要方法。企业作为市场主体和利益主体，其权益不容侵犯，只要它依法经营，照章纳税，政府部门就无权对它实施法律规定以外的收费、摊派和罚款。因此，解决乱收费、乱摊派、乱罚款问题，既关系到企业的改革和发展问题，又关系到我国的法制建设和依法行政问题，各级政府都应引起高度重视。同时，政府在行使各种经济管理职能时，都应加强法制观念，增强依法行政的自觉性，提高依法行政的水平，减少工作中的盲目性和随意性。只有这样，才能从根本上解决对企业的乱收费、乱摊派、乱罚款问题。

需要特别指出的是，减轻国有企业社会负担，一定要同改善企业外部环境、深化企业内部改革、建立新机制和加强科学管理很好结合起来，防止卸了原有包袱，又重复出现老的问题。

（原载于《改革》1996 年第 6 期）

抓大放小是深化企业改革促进两个转变的重要措施

一、实现两个转变，必须深化企业改革

中共十四届五中全会强调要实现经济体制由计划经济体制向市场经济体制转变，经济增长方式由粗放型增长向集约型增长转变，这是关系到实现我国"九五"和2010年经济社会发展目标的带有全局性的两个转变。

实现两个转变，需要做多方面的努力，其中，深化企业改革是一个关键。

实现经济体制由计划经济体制向市场经济体制转变，必须进行两个方面的改革，即宏观经济管理体制改革和企业改革。当然，还有与这两方面的改革密切相联系的政治体制改革。在宏观经济管理体制改革方面，近两年国家出台了一系列重大措施，如统一税率，实行分税制；汇率并轨，专业银行向商业银行转变等。从初步运行的状况看，这些改革都是成功的，效果是很好的。在企业改革方面，近两年虽然也取得了一些突破性的进展，特别是取得了一些很好的试点经验，但总的来看，深层次的问题和矛盾尚未得到解决，如企业债务包袱沉重问题、冗员问题和企业办社会问题等。此外，还有人们的思想观念与认识上的问题、权力与利益的调整问题等，更进一步增强了企业改革的难度。相对而言，企业改革的任务更艰巨。而没有企业改革的深化，经济体制的转变是不可能的。

在经济增长方式的转变中，企业改革也占有十分重要的地位。所谓经济增长方式由粗放型向集约型转变，其实质就是增加产品中的科技含量，改变社会总产品的价值构成，即降低转移生产资料价值的比重，增加新创造价值的比重，提高经济增长的效率。这就涉及经济体制、科技进步、企业管理等方面的问题。可以说，经济体制转变是经济增长方式转变的前提；科技进步

是经济方式转变的重要手段；企业管理是经济增长方式转变的基础。这是因为，计划经济体制是以实物形态管理为主的经济体制，其经济增长方式必然是粗放的，只有实行市场经济体制，才有可能实现集约型的经济增长；只有加快科技进步的步伐，并把科技成果尽快转化为现实的生产力，才能增加产品中的科技含量；只有提高企业管理水平，才能把生产力各要素更加合理地组织起来，产生更大的经济效益。而这些又都与企业改革有着极为密切的关系。

总之，企业是实现两个转变的主体，而要充分发挥企业在实现两个转变中的主体作用，就必须深化企业改革。

二、抓大放小是深化企业改革的正确思路

江泽民同志在中共十四届五中全会上指出，要积极推进国有企业改革，集中力量抓好大型国有企业，对一般小型国有企业进一步放开放活，这种抓大放小的方针是国有企业改革经验的科学总结，是深化企业改革的十分正确的思路。

首先，当前企业改革虽然还面临种种困难，一些深层次的矛盾尚待解决，但经过十几年的探索和实践，企业改革的目标、难点、对策已经基本明确。从一定意义上讲，企业改革已经不再是理论问题，而是要扎扎实实地去工作、去操作、去实践的问题。著名经济学家蒋一苇先生生前一再强调的要实现四个分开，即政企分开、政资分开、税利分开、投贷分开还远未真正实现。我认为，这四个分开完全实现了，企业改革的目标也就达到了。而要实现这些，需要的是具体的操作和实施，抓大放小正是要按照改革的目标，一个企业一个企业地去操作、去实施。

其次，大型骨干企业在经济改革和经济发展中都占有极其重要的地位，起着主导性的作用。抓好国有大企业的改革，建立起比较规范的现代企业制度，对整个企业改革，对建立和完善社会主义市场经济体制具有决定性的意义。

最后，小企业数量多，生产的产品品种多，吸纳的劳动力多，进一步放开放活小企业，能够加快企业改革的步伐，促进市场体系的形成和市场经济体制的建立。同时，有利于处理好改革、稳定和发展的关系，保证改革和发展的顺利进行。

三、如何理解和实行抓大放小

所谓抓大，绝不是要把国有大企业管住抓死，而是要把国有大型企业的改革作为企业改革的重点来抓。笔者理解的"抓大"包含两层意思：一是按照市场经济的要求，以产权为纽带，组建大型企业集团，实现规模经营，提高企业的技术档次和经济效益，增强企业在国内国际市场的竞争能力。在这方面上海有些企业就做得很好，取得了明显的效果。如太平洋机电集团就是通过对30多家企业的改组建立起来的，集团成立前，30多家企业中有20家亏损，集团成立后，由于实现了存量资产的盘活和优化，不到一年时间，就有17家企业扭亏为盈。二是按照《公司法》的规定，对国有大企业进行公司化改造，根据不同情况，分别建立国有独资公司、有限责任公司和股份有限公司，即建立和不断完善现代企业制度。现代企业制度的基本特征是产权清晰、权责明确、政企分开、管理科学。这四个方面是一个相互紧密联系的统一体，不可分割，但这四个方面中，产权清晰是核心，因为没有产权清晰，就不可能有政企分开，而没有政企分开，就不可能有权责明确；权责不明确，就不可能有科学的管理。因此，建立现代企业制度，首先必须进行企业产权制度的改革。同时，只有这方面的改革搞好了，才能真正保证国有资产的保值增值。关于这一点，笔者在下面工作了两年，亲自主持了一个地区的企业改革工作，因而有着极其深刻的体会。

抓好大企业，必须把企业改革与企业改组、改造结合起来。通过改革，逐步建立起规范的现代企业制度；通过改组建立起一批大型企业集团，实现企业的规模经营；通过改造，提高企业的技术档次和技术水平，增加企业产品中的技术含量。建立现代企业制度，要严格按《企业法》的规定，在产权清晰的基础上实现政企分开、权责明确、管理科学。特别是要认真实行公司法人治理结构，以增强企业的产权约束，实现企业的自主经营；组建企业集团，必须以产权为纽带，注意采用经济手段。同时，政府有关部门要给予积极的引导、协调和支持。在抓好大企业的具体方法上，要注意搞好试点，实行分类指导。

所谓放小，绝不是对小企业放任不管，而是要在加强宏观调控的同时，把小企业进一步放开放活。放活小企业，首先企业的产权组织形式要活，可以搞有限责任公司，也可以实行股份合作制，对长期亏损的小企业还应大力推行兼并与破产。根据我在工作中的体会，股份合作制是搞活小企业的一种极为有效的办法。一位市长在同我谈起小企业的改革时，深有感触地说，如果没有小企业的放活，特别是没有众多的小企业实行股份合作制，市里的形势绝不会有那样好。其次企业的生产经营要活，要使企业有充分的生产经营自主权。只要企业依法经营、照章纳税，企业生产什么，生产多少，如何经营，都要完全由企业自己决定。最后企业的用人制度要活，企业的领导人和企业的用工制度，都应由企业按照自己的章程和《劳动法》的有关规定自主确定。

放活小企业，也要注意理顺企业的产权关系。对企业转制后还有国有资产的，要加强国有资产的监管，保证国有资产的保值增值：对实行股份合作制的企业，要把国有净资产的价值实行有偿转让，严格防止国有资产流失。对各类小企业，政府有关部门都要对其加强依法经营、照章纳税的监管。同时，要对小企业的生产方向加以引导，尽可能使它们成为大中型企业的卫星企业，为这些企业提供产品零部件或劳务。有条件的，还可以通过产权关系把它们同大中型企业联系起来，使之成为大中型企业的参股或控股公司，更好地发挥它们为大中型企业服务的作用。

（原载于《企业改革通讯》1996 年第 46 期）

国有企业战略性改组的目标及
实现途径

对国有企业实施战略性改组是促进两个根本转变，实现我国国民经济"九五"计划和2010年远景目标的一项重要措施。那么，什么是国有企业的战略性改组，其目标和实现途径是什么呢？本文试谈一些粗浅的认识。

一、国有企业战略性改组的基本含义

所谓国有企业的战略性改组，就是对国有企业的组织形式、规模结构和分布领域进行重大调整，通过这种调整，实现国有资产的优化配置和国有经济的有效运行。由于这种调整将对国有经济的发展，进而对整个国民经济的发展产生重大而深远的影响，因而称其为战略性改组。

企业组织形式的调整包括两方面的内容：一是企业生产力组织形式的调整；二是企业资本组织形式的调整。企业生产力组织形式的调整，就是把以工厂为基本形式的单体企业，改组为以总厂、公司、集团公司为主要形式的多体企业；企业资本组织形式的调整，则是把单一投资主体的资本结构，改组为多元投资主体的资本结构。

企业规模结构的调整，也包括两方面的内容：一是企业资本规模结构的调整；二是企业生产规模结构的调整。企业资本规模结构的调整，就是企业作为独立的法人所拥有的资本大、中、小之间的比例结构的调整；企业生产规模结构的调整，则是企业生产某种产品或零部件在数量比例上的调整。

企业分布领域的调整，就是企业在某些产业、某些产品分布多少及其所占比重的调整。具体到国有企业来说，就是哪些产业、哪些产品应全部占领，哪些产业、哪些产品应占较大的比重，哪些产业、哪些产品应占较小的比重或不予占领。这些都要根据建立社会主义市场经济体制和国民经济发展的客观要求加以调整。国有企业战略性改组是一项重大的系统工程，它包括的内容很多，涉及的问题十分广泛，必须统一规划，精心设计，并采用经济手段、法律手段和行政手段相结合的办法认真加以实施，才能取得较好的效果。

二、国有企业战略性改组的目标

对国有企业实行战略性改组，其基本目标概括起来说就是从总体上搞活国有经济，更好地发挥国有经济的主导作用，从而促进整个国民经济稳定、健康、快速发展。

所谓从总体上搞活国有经济，绝不是把现有的所有国有企业都搞活，因为在市场经济条件下，这是不可能的，同时，如果可能的话，也就不存在对国有企业实行战略性改组的问题了。从总体上搞活国有经济，就是从资产经营的角度，通过不同的产权组织形式，把国有资产合理地配置到不同的产业、企业、产品和区域中去，从而更好地发挥国有资产的效率，保证国有资产的保值、增值。同时，为了发挥国有经济在整个国民经济中的主导作用，国有经济必须掌握国民经济的命脉，如在交通、能源和战略性的原材料等生产领域，国有经济必须占垄断地位或绝对优势。

要实现上述基本目标，必须通过国有企业的战略性改组，使整个国民经济的发展格局发生一个较大的变化。如实现产业结构的高级化、协调化，区域结构的合理化，企业规模结构的高效化，产品结构的择优化等。

所谓产业结构的高级化、协调化，就是通过高新技术产业的发展和运用高新技术对传统产业进行改造，实现产业结构升级，从而使我国的产业结构与现代科技发展的水平和国际、国内市场的要求结构相适应。与此同时，还要保证各产业之间及产业内部的协调发展。

区域结构的合理化，一方面是要通过发挥中西部地区的资源优势，吸引东部地区的资金和人才，促进中西部地区的资源开发和资源转换，加快中西部地区的经济发展，缩小中西部地区与东部地区经济发展的差距；另一方面，则要根据不同地区的实际情况，正确选择区域支柱产业，合理确定区域产业结构，避免和消除区域经济结构趋同化的状况，以便使不同地区的各种优势都得到充分发挥，实现区域经济的平衡发展。

企业规模结构的高效化，就是通过大、中、小型企业之间的合理比例，一方面使企业的生产与经营效率大大提高；另一方面还要使企业的生产经营达到经济规模，并加强企业之间的专业化协作，不断降低产品成本，增强企业竞争能力，提高企业经济效益。

产品结构的择优化，就是一方面各种产品都必须满足市场需求；另一方面要增加产品中的科技含量，扩大高附加值产品的品种和数量，提高整个产品的盈利水平。

上述目标，并不是仅仅通过国有企业的战略性改组就可以完全达到的，它还需要有其他各项措施相配合，但国有企业的战略性改组是一项极为重要的措施。

三、实现国有企业战略性改组的途径

国有企业战略性改组是一项重大的系统工程，它既是改革中的一个重大问题，也是发展中的一个重大问题；既涉及国有资产存量的调整问题，又涉及国有资产增量调整问题。

所谓国有资产增量调整，就是要调整国有资产的投资结构。在这方面，要充分发挥市场在资源配置中的基础性作用，按照深化投资体制改革的要求，在对新建项目，实行业主制和资本金制度的前提下，把国有资产投资的重点放在交通、能源和战略性原材料等重大项目上，特别是那些对中西部的经济发展具有重大影响的项目上。同时，要保证新建项目在技术上的先进性和经济上的合理性。技术先进性，就是要采用反映现代科技发展水平的新技术、新材料、新工艺；经济合理性，就是产品要有市场，并能获得较高的投资回报率。项目投资，既可以采取国有独资的形式，也可以采取国家控股的形式，至于那些不是关系到国民经济命脉的一般项目，则应鼓励其他经济成分去投资。

国有资产存量的调整，是实现国有企业战略性改组的重点，可以采取多种措施。

（1）要继续搞好抓大放小。对于国有大型企业，一方面要按照建立社会主义市场经济体制的客观要求，建立和完善以产权明晰、职责明确、政企分开、管理科学为主要特征的现代企业制度；另一方面，则要通过改组、改造等多种形式，进一步扩大企业规模，实现企业的规模经营，提高企业的技术档次和经济效益，增强企业在国内国际市场的竞争能力。对于众多的国有小企业，则应采取更加灵活的方式进行资产重组，如采用兼并、合资、股份化等方法加以改造。一些地区的实践表明，对中小企业采用职工参股的方法，一般能收到较好的效果。它不仅能筹集到资金对企业进行技术改造，而且还可以增强职工的主人翁意识，发挥他们的生产积极性。

（2）要进一步组建好企业集团。组建跨行业、跨地区的大型企业集团，这是实现国有企业战略性改组的重要措施。它对产业结构、区域结构、企业规模结构和产品结构的调整都将产生重大影响。

1）组建企业集团，必须充分体现资产优化配置的原则。当前，很多国有企业面临的困难，并非资产质量有问题，而是资产的配置不合理。通过组建企业集团，使一些国有企业的资产重新配置，这对搞活国有经济具有极为重要的意义。然而，资产的优化配置，并不是把一些企业的资产加在一起就能实现的，它涉及到产品、技术及各种生产要素的衔接和配合问题。因此，哪些企业适合在一起建立企业集团，哪些企业不适合在一起建立企业集团，必须从多方面加以论证和深入研究。通过组建企业集团，必须能够达到产品有市场、有效益，所有的资产都能得到充分有效的利用，这就是资产优化配置的原则。

2）组建企业集团，还必须实行自愿、互利的原则。在现代企业制度下，每个企业都有自己的出资者，一个企业是否参加某一个企业集团，必须由出资者做出决定，这就是自愿的原则。而自愿的前提，应当是互利。为了实现互利，在组建企业集团时，就必须充分体现资产优化配置的原则。这一原则既包括资本结构的合理性，又包括企业之间具有生产技术上的紧密联系等。切忌那种运用行政手段，采用梳辫子、装口袋的办法，把生产技术上毫无联系，资产又不实现优化配置的企业集中在一起建立所谓企业集团的做法。

3）组建企业集团，还必须以产权为纽带。新建企业集团，应当采用母子公司或企业之间相互持股的形式；在"三不变"（企业所有制形式不变，隶属关系不变，财政上缴渠道不变）的情况下建立的企业集团，也应逐步按照母子公司的要求加以规范。只有这样，企业集团才能符合现代企业制度的基本特征，才能不断巩固和发展。

（3）要把企业改组同企业改革和企业改造紧密结合起来。就一般意义上讲，企业改组主要是通过企业组织形式的改变，达到企业内部，特别是某些企业之间生产要素的优化组合。它与企业改革和企业改造有着内在密切联系，只有把它同企业改革和企业改造紧密结合起来，才能取得事半功倍的效果。

实现企业改组与企业改革和企业改造的结合，一方面企业改组必须运用改革的方法，另一方面在企业改组时必须加强企业的技术改造。所谓企业改组必须运用改革的方法，就是无论采用哪种形式进行企业改组，如建立企业集团，实行企业兼并或合并等，都必须运用经济手段和法律手段，贯彻平等互利的原则，保证所有者的权益不受侵犯。即使是完全在国有企业之间进行改组，也必须按照建立现代企业制度的要求，在明晰产权，加强国有资产管理的基础上，以产权为纽带，以产品为龙头来进行。而在企业改组时加强企业的技术改造，更是一种客观要求。因为在企业改组过程中，不仅企业的资产存量要发生较大的调整和变化，而且在多数情况下也要投入一定资金，从而引起资产总量的增加。这又是实现企业技术改造的一个极为难得的机会。抓住这个机会实现企业的技术改造，比专门筹集资金进行企业技术改造效果要好得多。它可以在较大范围内更加充分地利用资产存量，节约大量的人力、物力和财力。

（原载于《厂长经理报》1997 年 6 月 3 日）

实现股权多元化 加快企业经营机制转换

当前，在由计划经济体制向社会主义市场经济体制转变过程中，一些国有企业还面临种种困难。不少同志认为，这些企业迫切需要解决"钱从哪里来，人往哪里去"的问题。笔者认为，对一些历史包袱重，资金短缺，冗员较多的企业来说，解决资金来源和人员出路问题固然是很重要的，但这仍属于浅层次的问题，深层次的问题还是企业经营机制的转换问题。因为如果没有一个适应社会主义市场经济体制客观要求的经营机制，企业有了钱还可以再被亏损掉，不从根本上解决"铁饭碗、大锅饭"的问题，冗员问题永远也解决不了。

所谓转换企业经营机制，简单地说，就是要从计划经济体制下国家统一经营、统负盈亏的机制，转向社会主义市场经济体制条件下的企业自主经营、自负盈亏的机制。而要实现这一转换，就必须进行企业制度创新，即要把传统的国有企业制度改造为产权明晰、职责明确、政企分开、管理科学的现代企业制度。

在当前理顺企业产权关系，实现政企分开还存在种种障碍的情况下，对国有企业实施股权多元化的公司制改造，即按照《公司法》的规定组建有限责任公司和股份有限公司，有利于加快企业经营机制的转换。

在各级政府组织的现代企业制度试点中，多数企业都被改组为国有独资公司，这很容易成为翻牌公司，不利于实现企业经营机制的转换。我认为，除了那些其他所有者不愿参与投资的公益性企业和在资源、技术、产品等方面必须由国家垄断的特殊行业的企业外，其他企业都应改组为股权多元化的有限责任公司和股份有限公司。即使改组为全部由国有单位法人持股的有限责任公司，在经营机制上也会与国有独资公司大大不同。

一、实现股权多元化有利于产权明晰

在传统的国有企业制度下，企业的出资者所有权被分散掌握在政府各部门手中，从而造成了对国有资产投资效益无人负责的状况。如果把这些企业改组为国有独资公司，这种状况就很难得到改变。但如果改组为股权多元化的有限责任公司或股份有限公司，国有资产就必须有明确的产权代表，即有明确的出资人，而且按照资产运营的客观要求，这种产权代表或出资人应当由能够保证国有资产保值、增值的企业法人来担当，这样就能实现企业的产权明晰，有利于国有资产运营效率的提高。

二、实现股权多元化有利于出资者所有权与
企业法人财产权相分离

确立企业的法人财产权，实现出资者所有权与企业法人财产权相分离，是确保企业的法人地位和实行有限责任制度，从而建立健全现代企业制度的核心内容。然而，在采取独资公司的产权组织形式下，由于企业的出资人只有一个，缺乏相互制约和监督，出资者的其他财产和他投入企业的财产（构成企业法人财产的那部分财产）就很容易混淆在一起，从而不利于有限责任制度的实行。同时，出资者所有权还会侵占企业的法人财产权，影响企业的自主经营、自负盈亏。因此，独资公司是一种极为特殊的有限责任公司形式，从严格的意义上讲，它还称不上真正的现代企业制度。只有实现了股权多元化，才能使每个出资人的权利同作为一个整体的企业法人财产的权利真正分离，使企业能够以自己的法人财产对其经营行为承担责任，以实现企业的自主经营、自负盈亏。

三、实现股权多元化有利于政企分开

随着改革的不断深入和市场体系的逐步完善，我国的商品市场已由供不

应求的卖方市场逐步变为供大于求或供求基本平衡的买方市场，特别是随着对外开放的不断扩大，国内市场的国际化程度大大提高，市场竞争更加激烈，这就要求企业必须积极主动地进入市场，才能求得生存和发展。然而，要使企业进入市场，就必须实现政企分开。由于实现政企分开涉及到政府机构调整、职能转变和权益重新划分等诸多问题，短期内还很难立刻实现。在这种情况下，组建股权多元化的，特别是跨行业、跨地区的集团公司，就会减少政府对企业的干预，从而加快政企分开的进程。在实际工作中，许多国有大企业都与不同地区、不同部门的企业建立了股权多元化的子公司，有的还与外国企业合资建立了子公司，这些子公司大都按照《公司法》的规定进行运转，政府很少进行干预。但由于这些大企业（母公司）本身还是国有独资公司，其所在地的政府就仍然经常干预企业的决策，甚至进行种种不合理的摊派。可以设想，如果这些母公司也能改组为股权多元化的有限责任公司或股份有限公司，上述情况就会大大改变。

四、实现股权多元化有利于健全公司法人治理结构

健全公司法人治理结构，在企业领导体制中建立起责权分明、各行其责、各司其职、相互监督、相互制约的代表不同利益主体的机构和制衡机制，是建立现代企业制度的一项极为重要的内容。这种法人治理结构，是企业内部利益主体多元化的一种客观要求。在企业不存在利益主体多元化的情况下，建立法人治理结构也就没有必要了，如果硬要建立，也只能是一种形式。按照《公司法》的规定，在有限责任公司和股份有限公司中，要分别设立股东会和股东大会，其董事由股东会或股东大会选举和更换。在股份有限公司中，董事长和副董事长要由董事会以全体董事的过半数选举产生；在有限责任公司中，董事长和副董事长的产生办法由公司章程规定。但不论是股份有限公司还是有限责任公司，董事会都享有聘任或者解聘公司经理，并根据经理的提名，聘任或解聘公司副经理、财务负责人，决定其报酬的职权。这样，就形成了股东大会（股东会）对董事会的信托关系和董事会对经理人员的聘任关系。再加上股东大会（股东会）、董事会和经理享有的其他职权，以及监事会的设立及其享有的职权，就可以形成一个相互制约、相互监督的法人治理结构。然而，在国有独资公司中，由于出资者只有国家，因而不设股东会，其董事会、董事长和经理的产生办法虽有明确规定，但往往都是政府直接任命的，与原有的企业领导体制相比，其运行机制很难发生本质的变化。因此，

《公司法》也做出明确规定，只有"国务院确定的生产特殊产品的公司或者属于特定行业的公司"，才"应当采取国有独资公司形式"。这也就是说，除此以外的绝大多数公司都应采取股权多元化的有限责任公司或股份有限公司的形式。只有这样，企业才能建立起符合社会化大生产和社会主义市场经济体制客观要求的领导体制，从而加快经营机制的转换。

（原载于《中国企业报》1997 年 9 月 10 日）

企业购并的理论与实践

什么是真正的企业购并？要弄清楚这个概念，必须先讨论另外两个与之相关的概念：企业合并和企业兼并。所谓企业合并，是指两个以上的企业法人通过资本联合的形式合并为一个企业。合并后，参与合并的原有企业法人都不再存在，而是合并为一个新的企业法人。1997 年 11 月 19 日中国东联石化集团的成立实际上就是一种企业合并。企业兼并则是一个企业法人对另外一个或几个企业法人的吞并。实施兼并后，兼并者的法人地位依然存在，而被兼并者则一般成为兼并者的一部分，其法人地位往往不再存在。在同一种所有制内部，企业兼并可以是无偿的，也可以是有偿的。其中，有偿的兼并即是通常所说的购并。因此，所谓企业购并，就是一个企业法人对另外一个或几个企业法人通过有偿方式实施的兼并。它又有狭义购并和广义购并之分。狭义购并是指一个企业对另外一个或几个企业的整体购并，购并后，被购并企业的法人地位不再存在；而广义购并，还包括一个企业收购另外一个或几个企业的资本控制权，从而实现所谓"控股购并"。在"控股购并"情况下，被购并企业的法人地位仍然存在。当前，我国国有企业之间的兼并，一般都是无偿的，即兼并者把被兼并者的资产、债务和职工等全部都接收过去，这在本质上与企业合并并没有什么区别。从严格意义上讲，目前我国国有企业之间还不存在真正的购并。

一、企业购并涉及的几个理论问题

企业购并是企业实现低成本扩张的重要途径，但对购并者来说，它又是一个风险很大的决策行为。企业购并不仅是一个实践问题，而且还涉及诸多理论问题，如产权理论、规模经营理论和多元化经营理论等。

企业购并是买者与卖者的一种交易，而交易的对象是企业或企业的产权。

因此，企业购并首先涉及产权理论问题。产权理论包含内容很多，但与企业购并密切相关的是产权明晰和交易费用。既然企业购并是把企业或企业的产权作为交易对象，那么企业的产权就必须明晰，否则，交易的双方和交易的对象都模糊不清，交易就无法进行。产权清晰包括两个层面：一是出资者财产权要清晰；二是企业法人财产权要清晰。所谓出资者财产权要清晰，首先是要明确企业的出资人。国有企业这个问题并没有得到很好解决，这是造成国有企业之间的购并不能很好开展和很不规范的主要原因。按照我国的《公司法》规定，有限责任公司可以有 2~50 个出资人，股份公司可以有众多个出资人。国有独资公司，作为一种特殊的有限责任公司形式，其出资人只有 1个，但这个出资人不应当是政府机关，而必须是国家授权的投资机构或国有控股公司。只有企业的出资人，才有权出售企业或企业的产权。所谓企业法人财产权要清晰，主要是企业要有明确的法人产权边界。特别是对那些特殊行业的企业，如采矿、通信、交通运输企业等，多大范围为一个法人，各法人之间的产权关系如何，都必须弄清楚。否则，企业的法人地位就很难确定，企业的购并也就很难进行。

交易费用是企业购并中涉及的一个极为重要的问题，因为企业制度的建立以及通过企业购并实现企业规模的扩大，归根结底是为了节约交易费用。但是，就企业购并而言，一方面，它可以使企业之间的交易费用降低；另一方面，它又使企业内部的交易费用（即组织费用）增加，这就要求在进行企业购并时，必须对二者进行认真比较。只有当实现购并之后，节约的交易费用大于企业内部增加的组织费用时，购并在经济上才是合理的。通过企业购并，实现企业的低成本扩张，从而实现企业规模经营，是市场经济的一种客观要求。因此，企业购并还必然涉及到规模经营的理论问题。企业规模经营的实质，就是通过企业经营规模的扩大去提高企业的经济效益。它是一个不确定的概念，与经济规模、最小经济规模和最佳经济规模不同，经济规模是能够使企业的资金利润率等于或大于银行利息率的经营规模，它是一个范围，这个范围随着银行利率和产品价格的变动而变动；最小经济规模则是企业资金利润率能够达到银行利息率时的经营规模；最佳经济规模是指企业资金率达到最高水平时的经营规模。最小经济规模和最佳经济规模都是一个点，但这个点会随着银行利息率和产品价格等因素的变动而变动。在一定的范围内，企业的经营规模扩大，能够使单位产品成本中的固定成本降低，从而使单位产品的总成本降低。因此，企业规模经营能够提高盈利水平。同时，它还有利于加强企业的新产品开发，提高企业的产品质量、工人操作水平和整个企业管理的水平等。但是，企业的经营规模也并非越大越好，当企业的规模达到一定程度，造成管理层次太多，管理幅度太大时，也会影响企业的效率，从而引起企业经济效益的下降。特别是在形成垄断后，还不利于企业之间开展有效的竞争。总之，企业经营规模的确定，主要取决于企业的效率与效益。

企业规模经营往往是通过多元化经营实现的，因此，企业购并作为扩大经营规模的一种重要方式，必然还要涉及多元化经营问题。多元化经营通常被认为是企业分散经营风险的一种经营策略，但其本身又存在着一定风险。按照产品结构划分，企业通常分为以下四种经营类型，即单项产品经营型企业、主导产品经营型企业、相关联多元化经营型企业和非关联多元化经营型企业。企业究竟应采取哪种经营类型，应根据企业的生产技术特点、产品供求状况和经营管理水平等多种因素确定。就多元化经营而言，相关联多元化经营更有利于发挥企业各方面的优势。如果企业要通过购并来扩大自己的经营规模，则应根据企业现有或准备实行的经营类型采取不同的购并方式。这些购并方式包括同行业横向收购方式与本企业有供给或购买关系的纵向收购方式、与本企业在生产技术上有紧密联系的同心收购方式和非相关或混合收购方式。需要指出的是，如果企业试图通过购并在扩大自己经营规模的同时改变自己的经营类型，由其他类型向非关联多元化经营转变必须慎之又慎，因为企业要进入一个自己完全不熟悉的新领域是要冒很大风险的。在这方面，不少企业是有着惨痛教训的。

二、我国企业购并中存在的问题及对策

企业购并是市场经济的产物，然而，由于我国目前尚处在由计划经济向社会主义市场经济转变过程中，企业购并还受到种种制约，且行为很不规范，实践中存在的主要问题有：

（1）购并目标不明确。企业购并是一种风险很大的行为，不同的企业，采取不同的购并方式，有着不同的具体目标，但其基本的目标是，实现企业的低成本扩张和资本优化组合，提高企业的效率和效益。然而，在实际工作中，一些企业对上述目标并不明确，它们或者是为了盲目扩大企业规模，或者是为了赶浪潮，或者是屈于有关方面的压力而被迫实行购并，因而在购并前缺乏认真的可行性研究，其结果不是低成本扩张，而是高成本低水平的扩大规模，不仅达不到"1+1>2"的效果，而且往往还把购并者也拖入困难的境地。

（2）企业出资人不明确。企业购并的目标不明确，根源在企业出资人不明确。企业购并是企业出资人之间所进行的一种交易行为，然而当前我国国有企业的出资人还很不明确，或者说没有明确的作为企业出资人的机构。严格来说，在这种情况下，企业购并是无法进行的，如果硬要进行，就不可避免地会出现不顾效果，一哄而起等问题。

（3）真正意义上的购并很少。当前，在兼并中，实行有偿兼并，或者说真正实行购并的还很少。有少数购并案例只是发生在不同所有制企业之间，在国有经济内部，采取的基本上都是合并或无偿兼并的办法，其中不乏成功的案例，但也有不少是属于"归大堆"。这种"归大堆"是违背经济规律的，不可能取得好的效果。把众多的小困难集中在一起，又找不出有力的解决困难的办法，只会把小困难变成大困难，从而使企业越来越困难。

（4）企业估价不准。不能准确估价，是当前企业整体购并中存在的一个突出问题。特别是国有企业被其他所有制的企业购并，往往估价偏低，这就造成了国有资产的流失。当然，也有估价过高的情况，如有的企业资产负债率很高，已经没有什么净资产，也没有多大盈利能力，还要确定很高的价格，这显然会影响购买方的利益。

针对上述问题，为了规范企业的购并行为，加快企业重组步伐，亟待解决好以下一些问题：

（1）明确企业的出资人。在市场经济条件下，企业只应有出资人，而不应有行政隶属单位。为了解决企业购并中的买方、卖主问题，以规范企业的购并行为，对国有企业来说，首先必须明确出资人。为此，就必须加快建立健全国有资产的代表、运营和监管体系，使国家授权的投资机构和国有控股公司成为国有企业的出资人，而不是其他行政机构成为出资人。

（2）使企业出资人成为企业购并的主体。购并既不应是政府的行为，也不应是经营者的行为，而应是企业出资人的行为。在明确了企业的出资人之后，就应当使出资人成为企业购并的主体。政府只能给予引导和指导，提供帮助和服务，起一个牵线搭桥和监督的作用。需要指出的是，在当前体制下，政府除给予引导和指导，提供帮助和服务外，有时也需要一定程度的干预。否则，仅仅依靠市场的力量，企业的合并、兼并等也是很难实现的。但如果政府干预过度，介入太深，以致代替企业决策，强迫企业合并、兼并，就会出现严重的后果。特别是随着市场机制的健全，政府要逐步退到应有的位置。

（3）正确确定企业售价。被购并企业的售价应由中介组织在资产评估并正确处理债权债务的基础上，结合企业的盈利能力正确确定。如果不先考虑企业的盈利能力这个因素，只从企业的资产状况看，可分为三种情况。第一种情况是企业的资产负债率大于100%，即资不抵债。这种企业如果不实行破产拍卖，就谈不上企业的售价问题，而是要采取措施解决资不抵债的那部分债务问题。这部分债务原则上应由被购并企业的出资人承担（由于是历史遗留下来的问题，在这里出资人实际上承担了无限责任），然后再将资产和相当于资产的债务并入兼并企业。这就是一些地区在企业兼并中提出的所谓陪嫁。第二种情况是企业的资产负债率等于100%。这种情况比较简单，就是把被兼并企业的资产和债务一并划给兼并企业。第三种情况是企业的资产负债率小于100%。只有这种情况才真正谈得上企业的售价问题，对这类企业应准确计算出所有者权益，由购并企业向被购并企业的出资人支付企业净资产的价格。

（4）建立产权交易中心。为了促进企业购并工作的进行，以加速企业改组的步伐，各地应加紧产权交易中心的建设。这种产权交易中心应是一种中介组织，由有关管理人员和技术专业人员组成，以便为企业购并提供信息，开展包括资产评估在内的各种服务。

（5）安置好被购并企业的职工。职工安置是企业重组中的一个重要问题。目前在企业重组中，一般都是由兼并企业把被兼并企业的职工全部接收下来，但这会加重兼并企业的负担，不利于提高企业的经济效益。正确的做法应是，根据需要，经过考核，一部分进入被购并企业工作；超过需要或考核不合格，不能进入购并企业的，按照国家有关规定，作为下岗职工对待，并积极开展再就业工程，以帮助这些职工重新就业；已经退休的职工，则应交给社会保障机构，由其负责他们的退休工资的发放，并进行统一的管理。

（原载于《现代企业导刊》1998年第4期）

深化国有企业改革，加快建立现代企业制度的步伐

　　江泽民同志在中共十五大报告中指出，国有企业是我国国民经济的支柱。搞好国有企业改革，对建立社会主义市场经济体制和巩固社会主义制度，具有极为重要的意义。

　　深化国有企业改革，应继续贯彻抓大放小的方针。对于国有大中型企业，应按照"产权清晰、权责明确、政企分开、管理科学"的要求，实行规范的公司制改造，使其成为适应市场的法人实体和竞争主体；对国有小型企业，要采取改组、联合、兼并、租赁、承包经营和股份合作、出售等形式，加快搞活的步伐。

　　深化国有企业改革，重点是深化国有大中型企业的改革。要按照中共十五大的要求，坚定信心，勇于探索，大胆实践，力争到 20 世纪末在大多数国有大中型骨干企业中初步建立起现代企业制度。

一、建立现代企业制度要抓住"产权清晰"这个核心

　　现代企业制度的基本特征是：产权清晰、权责明确、政企分开、管理科学。这四个方面是一个相互紧密联系的整体，其中产权清晰是核心。一个现代化的企业，如果产权不清晰，出资者、经营者等各方面的权责就不可能明确；这些方面的权责不明，政企无法分开；在政企不分的情况下，就谈不上管理科学。

　　产权清晰应包括两个层面：一是出资者财产权要清晰；二是企业法人财产权要清晰。所谓出资者财产权要清晰，就是企业要有明确的投资者，即出资人。这种出资人可以是自然人，也可以是法人。按照我国的《公司法》规定，

有限责任公司可以有 2~50 个出资人，股份有限公司可以有众多个出资人，国有独资公司，作为一种特殊的有限责任公司形式，出资人只有 1 个，但这个出资人不应当是政府机关，而必须是国家授权的投资机构或国有资产控股公司。出资人依法享有资产受益、参与企业重大决策、聘任经营者和转让股权等项权利。在建立现代企业制度中，要实现出资者财产权的清晰，主要是明确国有资产的出资人，并保证其权益。这就需要建立健全国有资产产权代表、监督管理和运营体系，以便把目前分散在政府各部门中的国有资产出资人的权利集中到国家授权的投资机构和国有资产控股公司中去。这样，对于有国有资产投入的股份制企业来说，国家就可以按投入企业的资本额享有所有者权益，并对企业的债务承担有限责任。所谓企业法人财产权要清晰，主要是企业要有明确的法人产权边界。特别是对那些特殊行业的企业，如采矿、通信、交通运输企业等，多大范围为一个法人，各法人之间的产权关系如何？都必须弄清楚。如果这些问题不解决，企业的法人地位就很难确立。

对传统的国有企业进行公司制改造，首先要解决的问题就是产权清晰。而产权清晰的具体方法就是清产核资，其中包括财产清查、资产评估、产权界定和产权登记等环节。对财产清查、资产评估和产权界定这几个环节，关键是要准确。特别是资产评估，要由权威性的会计师事务所来担任，既不能高评，也不能低评，高评会使合资方的权益受到侵害，同时会影响企业的资本运营，低评则会造成国有资产流失，侵害国有资产的权益。产权登记，则必须确立国有资产的出资机构，使其真正成为被登记资产的出资人。否则，产权登记就失去了意义，达不到产权清晰的目的。至于那些相互之间有产权关系的企业，其法人财产权要在弄清企业财产范围的基础上，按照法人相互持股或母子公司的办法理顺其产权关系。

二、建立现代企业制度必须实现企业股权多元化

现代企业制度是一种适应社会化大生产和市场经济客观要求的企业组织形式，其典型形式是有限责任公司和股份有限公司。所谓公司，从其本来意义上讲，就是由两个或两个以上出资者共同出资建立的企业法人实体，但随着实践的发展，由于市场失灵和政府干预经济的要求，在一些国家也产生了一种特殊的公司形式，即国有独资公司。我国《公司法》把国有独资公司作为一种重要的有限责任公司形式，是符合我国国情和社会主义市场经济体制客观要求的。然而国有独资公司不宜搞得太多，因为它很容易成为翻牌公司，

不利于实现企业经营机制的转换。一般来说，除一些资源、技术、产品必须由国家完全垄断的特殊行业的企业，以及那些市场失灵，其他所有者不愿参与投资的公益性企业外，都应建立投资主体多元化的有限责任公司和股份有限公司。特别是在当前理顺产权关系，实现政企分开还存在种种障碍的情况下，把国有企业改组为股权多元的公司制企业，对加快企业经营机制的转换具有极为重要的意义。

首先，它有利于产权清晰。前面已经讲到，现代企业制度的核心是产权清晰。然而，在传统的国有企业制度下，企业出资者的权利被分散掌握在政府各部门手中，从而造成了各部门都对企业行使权力，但对国有资产投资效益却都不负责的状况。如果把这些企业改组为国有独资公司，上述状况就很难得到改变。而如果改组为股权多元化的有限责任公司或股份有限公司，国有资产就必须有明确的产权代表，即有明确的出资人，同时按照资产运营的客观要求，这种产权代表或出资人必须由能够对国有资产保值、增值负责的企业法人来担当，这样就能实现企业的产权清晰，有利于国有资产运作效率的提高。这一点在当前国有企业进行战略性改组中显得尤其重要。

其次，它有利于出资人的权利与企业法人财产权相分离。实现出资人的权利与企业法人财产权相分离，确立企业的法人财产权，是保证企业的法人地位和实行有限责任制度，从而建立健全现代企业制度的前提条件。然而，在采取独资公司的产权组织下，由于企业的出资人只有一个，缺乏相互制约和监督，出资人投入企业的财产与他的其他财产就很容易混淆在一起，从而不利于有限责任制度的实行。同时，出资人的权利往往还会侵占企业的法人财产权，影响企业自主经营、自负盈亏的实行。因此，独资公司是一种极为特殊的有限责任公司形式，从严格的意义上讲，它还称不上真正的现代企业制度。只有实现了股权多元化，才能使每个出资人的权利同作为一个整体的企业法人财产权的权利真正分开，使企业能够以自己的法人财产对其经营行为承担有限责任，真正实现企业的自主经营、自负盈亏。

最后，它有利于政企分开。建立现代企业制度必须实行政企分开。然而，由于实现政企分开涉及政府机构调整、职能转变和权益调整等诸多问题，短期内还很难一下子彻底实现，在这种情况下，组建股权多元化的，特别是跨行业、跨地区的集团公司，就会减少政府对企业的行政干预，从而加快政企分开的进程。在实际工作中，不少国有大中型企业都与不同地区，不同部门的企业建立了股权多元化的子公司，有的还与外资企业合资建立了子公司，这些子公司一般都能按照《公司法》的规定进行运转。政府很少进行干预。但由于这些大企业（即母公司）本身还是国有独资公司，其所在地的政府就仍然经常干预企业的决策，甚至进行种种不合理的摊派。可以设想，如果这些母公司也能改组为股权多元化的有限责任公司或股份有限公司，这种状况就会大大改变。随着改革的不断深入，政府对各种所有制的企业都将执行相同的职能，即宏观调控职能和经济行政管理职能，而国有资产出资人的权能则由专门的国有资产投资机构来行使，这样政企也就真正分开了。

三、建立现代企业制度要健全法人治理结构

健全公司法人治理结构，在企业领导体制中建立责权分明、各司其职、各负其责、相互监督、相互制约的代表不同利益主体的组织机构和制衡机制，是建立现代企业制度的一项极为重要的内容。这种法人治理结构，是企业股权和内部利益主体多元化的一种客观要求。按照《公司法》的规定，在有限责任公司和股份有限公司中，要分别设立股东会和股东大会，其董事由股东会或股东大会选举和更换。在有限责任公司中，董事长和副董事长的产生办法由公司章程规定；在股份有限公司中，董事长和副董事长要由董事会以全体董事的过半数选举产生。但不论是股份有限公司还是有限责任公司；董事会都享有聘任或者解聘公司经理，并根据经理的提名，聘任或解聘公司副经理，财务负责人，决定其报酬的职权。这样，就形成了股东大会（股东会）对董事会的信托关系和董事会对经理人员的聘任关系。再加上股东大会（股东会）、董事会和经理享有的其他职权，以及监事会的设立及其享有的职权，就能够形成一个相互制约、相互监督的法人治理结构。

然而，在企业改革过程中，由于一些企业和股权设置还不尽合理等原因，企业的法人治理结构还很不健全，有的甚至流于形式，不仅没能达到转换企业经营机制的目的，反而影响了决策和执行决策效率的提高。特别是在一些国有独资公司中，由于出资者只有国家，因而不设股东会，其董事会、董事长和经理的产生办法虽有明确规定，但往往都是政府直接任命的。与原有的企业领导体制相比，其运行机制并未发生本质的变化。实际上，《公司法》并非没考虑到这一问题，而是明确规定，只有"国务院确定的生产特殊产品的公司或者属于特定行业的公司"才"应当采取国有独资公司形式"。这也就是说，除此之外的绝大多数公司都应采取股权多元化的有限责任公司或股份有限公司的形式。

为了健全企业法人治理结构，除要注意企业股权结构的合理化之外，在机构设置和确立各方面的职能时，还必须注意解决好以下几个问题：

首先，要处理好董事长与总经理的关系。在公司法人治理结构中，董事

长和总经理是不同组织的代表，产生的办法也不同，并具有不同的职权和责任，代表着不同的利益。董事长是所有者的代表，其主要职责是召集、主持董事会，进行企业的重大决策，决定总经理的聘任和解聘等。总经理是经营者的代表，也是由董事会聘任的，其主要职责是执行董事会的决策，对企业的生产经营活动进行行政指挥。一般情况下，为了健全制衡机制，大中型企业的董事长和总经理应当分设。如果由 1 人兼任，必须弄清楚什么时候执行董事长的职责，什么时候执行总经理的职责。很显然，在召集、主持董事会，进行企业重大决策时，其身份只能是董事长；而在日常行政指挥中，其身份则是总经理。总经理也要无条件执行董事会的决策，绝不能因为是董事长兼任总经理，就可以不执行或推翻董事会的决策。如果在决策执行过程中，发现董事会的决策有错误，则应建议召开董事会，修正或重新进行决策。新的决策作出后，则按新的决策执行。

其次，要处理好党委会与董事会的关系。在公司制企业中。党委会要发挥政治核心作用，并负责党的组织建设和思想建设。董事会则主要是对企业的生产经营活动进行重大决策。同时，要按照企业的股权结构情况，确定党组织的负责人参与企业经营决策的程度。在公有制为主体的混合所有制企业中，党委的主要领导同志应按法定程序代表公有股份进入董事会参与企业的重大决策。总之，企业既然建立了董事会，就应按照《公司法》的决定行使经营决策权，而不能由党委会代替董事会进行决策，同时，只要有公有股权，就应当由党委的负责同志代表公有股权进入董事会参与决策。

最后，要处理好国有资产出资人与干部管理部门在干部任免中的关系。按照建立现代企业制度的客观要求，对有国有资产的混合所有制企业领导干部的任免，必须处理好干部管理部门与国有资产出资人的关系。江泽民同志在中共十五大报告中指出，公有制经济不仅包括国有经济和集体经济，还包括混合所有制经济中的国有成分和集体成分。今后，混合所有制经济将成为一种重要的经济形式，在有国家资本投入的混合所有制企业中，国家按投入企业的资本享有所有者权益，对企业的债务承担有限责任。为了把国有资产出资人的权利同干部管理的有关原则结合起来，一方面，对国家授权成立的国有资产投资机构和国有资产经营公司的主要领导人，应实行有关干部管理部门考察、党政领导机关任免的办法；另一方面，对有国有资产投资的混合所有制企业的主要领导人员，则应按照《公司法》的有关规定产生，其中，属于国有资产的产权代表，要由国有资产的出资机构派出，但派出之前，应征求有关干部管理部门的意见。双方如有不同看法，则应通过协商解决。如果工作做得好，问题是可以解决的。

（原载于《经济界》1998 年第 2 期）

国有企业改革与转变政府职能

国有企业改革是经济体制改革的中心环节，其他各项改革都必须按照企业改革的要求配套进行，特别是政府机构改革和政府职能转变，必须能够确保企业的市场主体和利益主体地位的形成，为市场经济体制的建立构筑坚实的微观基础。

一、国有企业改革的方向

中国的国有企业改革是从 1978 年第四季度开始的，到 1998 年底整整 20 周年。在经历了扩权试点，利润留成；经济责任制，利润包干；两步利改税和承包经营等阶段，于 1992 年 10 月中国共产党第十四次全国代表大会之后，进入了制度创新阶段，即建立现代企业制度阶段。所谓现代企业制度，它是适应社会大生产和市场经济客观要求的一种现代企业组织形式，从企业制度产生和发展的过程看，现代企业制度是在业主企业制度、合伙企业制度的基础上发展起来的，但又与计划经济体制下的国家统一经营、统负盈亏的国有企业制度有着本质区别。现代企业制度包括企业法人制度、有限责任制度、公司制度和法人治理结构等几个方面的内容，它是市场经济体制的微观基础。国有企业改革的方向是建立和完善现代企业制度。

二、现代企业制度的基本特征

与计划经济体制下的国有企业制度相比，现代企业制度具有产权清晰、权责明确、政企分开、管理科学等几个方面的基本特征。这几个方面是一个相互紧密联系的整体，其中产权清晰是核心。一个现代化的企业，如果产权不清晰，出资者、经营者等各方面的权责就不可能明确；这些方面的权责不明，政企就无法分开；在政企不分的情况下，也就谈不上管理科学。

产权清晰应包括两个层面：一是出资者财产权要清晰；二是企业法人财产权要清晰。所谓出资者财产权要清晰，就是企业要有明确的投资者，即出资人，这种出资人可以是自然人，也可以是法人。按照我国的《公司法》规定，有限责任公司可以有 2~50 个出资人，股份有限公司可以有众多个出资人。国有独资公司，作为一种特殊的有限责任公司形式，出资人只有 1 个，即国家授权的投资机构或国有控股公司。所谓企业法人财产权要清晰，主要是企业要有清晰的法人权权边界，特别是对那些特殊行业的企业，如采矿、通信、铁路运输等，多大范围为 1 个法人，各法人之间的产权关系如何，都必须弄清楚。否则，企业的法人地位就很难确立。

权责明确主要是出资人和企业法人的权责要明确。出资人依法享有资产收益、参与企业重大决策、聘任经营者和转让股权等项权利；企业法人则享有对其法人财产的占有、占用、支配和处置等权利。与此同时，出资人要以自己的出资额或所持股份对企业承担责任，企业法人则以其全部资产对公司的债务承担责任。此外，企业经营者和劳动者也都要有明确的权责。

政企分开就是政府不直接指挥和干预企业的微观经济活动，而只执行宏观经济调控和经济行政管理的职能，企业作为市场主体，则依法自主经营、照章纳税。

管理科学主要是在建立健全企业法人治理结构和内部管理体制的基础上，运用现代管理技术和管理方法，加强企业的基础管理、专业管理和综合管理，搞好研究开发、市场营销和财务控制等，不断提高企业的竞争能力，以适应市场经济激烈竞争的需要。

三、建立现代企业制度必须实现政府职能转变

建立产权清晰、权责明确、政企分开、管理科学的现代企业制度，使企业真正成为自主经营、自负盈亏的市场主体，必须深入进行机构改革，并彻底实现政府职能转变。前面已经提到，现代企业制度是市场经济体制的微观基础。市场经济体制与计划经济体制的根本区别在于资源配置的方式不同。在计划经济体制下，资源配置主要是由政府通过行政手段和指令性计划进行的，与此相适应，必须设置一个庞大的，能够执行资源配置职能，即分钱分

物和对企业进行直接指挥的、由众多部门组成且分工精细的政府机构。而在市场经济体制下，资源配置的方式根本不同，它不再主要通过政府直接配置资源，而是充分发挥市场在资源配置中的基础性作用。企业作为市场的主体，也要执行资源配置的职能。从一定意义上讲，由计划经济体制向市场经济体制转变，实际上是由主要通过行政手段配置资源，转向主要通过市场配置资源。随着这种转变，政府机构和政府职能也必须进行相应的改革和转变。

我国原有的政府机构，是按照计划经济体制的要求设置的，过去虽几经改革，但并未根本解决机构庞大、人员臃肿、政企不分、官僚主义严重等问题。随着市场经济体制和现代企业制度的逐步建立，一些原有的执行资源配置职能，即分钱分物和对企业进行直接指挥的部门已经没有存在的必要，有的甚至成为深化改革和经济发展的障碍，因此，九届人大一次会议决定对原有的政府机构进行重大改革。

本次机构改革坚持了精简、统一、效能的原则，其目标是建立起一个办事高效、运转协调、行为规范的行政管理体系。总的指导思想是，按照建立社会主义市场经济体制和现代企业制度的要求，把综合经济部门改组为宏观调控部门，同时，搞好计划部门、财政部门和金融部门的协调，通过这些部门的协调，进而把宏观调控的目标与宏观调控政策，包括投资政策、产业政策、财税政策和货币政策协调起来；调整和减少专业经济部门，把其原有的职能进行分解、转移，有的甚至取消，以便从根本上解决政企不分问题；加强执法监督部门，通过这些部门对企业实行质量监督、技术监督，维护市场秩序，保护合理竞争；大力培育和发展社会中介组织，并对其加强管理，不断提高这些组织的政策水平和业务素质，使它们在发展社会主义市场经济中发挥真正的中介作用。

本次政府机构改革的力度是前所未有的，按照九届人大一次会议确定的改革方案，国务院的组成部门由原来的 41 个减少为 29 个，工作人员减少一半。经过近 9 个月的实施，改革的目标已基本实现。新的政府部门，已经按照新核定的内设机构、人员编制和职能调整早已组建完毕，并步入正常的运转轨道，分流的人员也已基本到位，并开始了新的工作或学习。1999 年，省市一级的机构改革，也将按照预定的计划有步骤地进行。可以肯定，地方政府机构的改革，必将为深化企业改革进一步创造必要的条件。

政府机构改革与政府职能转变是紧密联系在一起的，没有深入的政府机构改革，政府职能的转变是不可能的，而没有政府职能转变，政府机构改革也就失去了意义，同时，改革的成果也就不可能巩固。

在市场经济条件下，政府除要履行社会管理职能外，在经济管理职能方面，主要是制定和执行宏观经济政策，对国民经济进行宏观调控，并加强经济行政管理，运用经济法规和经济政策对微观经济活动进行规制，但不直接指挥和干预企业的生产经营活动，这就是政企分开的原则。至于国有资产的所有权职能，则应由专门的授权投资机构和国有控股公司来执行。政府在行使经济管理职能方面，对不同所有制和不同组织形式的企业来说，应该是完全一样的。只有这样，才能使不同所有制经济平等竞争，相互促进，共同发展，可以看出，新一届政府机构及其职能，就是按照上述原则设计的。除一些专业经济部门被撤并外，被保留的一些由国家经贸委等部门代管的国家工业局，也没有直接管理企业的职能。其主要任务是制定行业政策，进行行业内部和行业之间的协调，以保证经济体制转换时期国民经济的健康发展。

计划经济体制下的政企不分，主要表现为专业经济部门的政企不分。原有的专业经济部门一般都集政府职能、行业管理职能、国有资产管理职能和企业管理职能于一身。因此，本次政府机构改革和政府职能转变的一项重要任务，就是要把原有的专业经济部门执行的各项职能进行分解和转移。要把产业经济发展中的政府职能和行业管理职能分开。一般情况下，产业经济发展中具有决策性质的职能，如行业发展目标的确定及行业之间的协调，产业政策的制定和实施，行业法规的颁布和执行，生产许可证的发放和产品质量的认证等，都应作为政府职能，由政府有关部门来承担，按照本届政府的机构设置，就是由国家经贸委代管的国家工业局来承担；属于行业自律性质的职能，如行业标准、技术标准的制定与执行，市场价格协调，产品质量监督，行检行评与展览促销等，则应作为行业管理职能，交由行业组织来承担。还有些服务性质的工作，如情报信息的收集与发布，科技成果的转化与推广，经济与技术方面的培训等，政府机构和行业组织都可以做。行业管理的主要内容应当是行业内部组织、协调、服务和监督，而政府则主要应从国民经济管理的角度，把每个行业作为一个整体从外部进行管理与协调，以保证各个行业的发展都符合国民经济整体发展需要。同时，在职能分解与转移过程中，还必须注意把行业管理职能与国有资产管理职能区别开来。关于行业管理的职能，已如前所述，而国有资产管理职能，则主要是执行国有资产的所有者权能，以加强国有资产的产权约束，保证国有资产的保值增值。为此，必须建立健全国有资产的产权代表、监督管理和运营体系，在管理对象上，行业管理与国有资产管理是完全不同的。行业管理的对象是同行业企业或同一产品，而不管这些企业属于哪种经济成分和这些产品是由哪些企业生产的；国有资产管理的对象则是国有独资、国有控股和国有参股企业中的国有资产，而不管这些企业属于哪个行业和生产什么产品；至于涉及企业自身管理的职能，则应完全下放给企业，以保证企业市场主体地位的确立，从而实现企业的自主经营、自负盈亏。

（《行政管理现代化——二十一世纪前瞻》研讨会论文，

1999 年 1 月 16 日，澳门）

谈谈国企走出困境问题

1999 年是国企实现脱困目标的第二年，也是关键的一年。国企能否按期实现脱困目标？怎样才能实现脱困目标？这是社会各界都十分关心的问题。本文试就这个问题谈些看法。

一、要正确理解和认识国企脱困目标

要回答国企能否按期实现脱困目标，首先必须正确理解和认识国企脱困目标。不可否认，当前人们对国企能否实现 3 年脱困目标还存在着不同认识，这种不同认识主要来自对国企脱困目标的不同理解和认识。有的同志认为，所谓国企脱困，就是要把国有企业，特别是国有大中型骨干企业的亏损面降下来。比如，在约 17000 家大中型国有骨干企业中，有 6000 多家亏损企业，经过脱困，至少应有一半以上扭亏为盈。也有的同志认为，仅仅把亏损面降下来，还不能算作国企走出了困境，因为这种亏损面是随市场的变化而随时变化的。所谓国企走出困境，应当是企业的制度、机制、素质（包括装备素质和员工素质）、活力、效益都有一个很大的改变和提高，特别是企业的应变能力要大大增强。当市场环境较好的时候，企业能够取得较高的盈利水平；而当市场环境不好或不那么好的时候，企业也能有较强的生存与发展能力，而不至于长时期陷入亏损之中。很显然，这后一种要求比前者要高得多。笔者认为，我们所说的国企 3 年走出困境，指的是一种最起码的要求，即要把企业的亏损面降下来。只要我们认真贯彻中共十五大提出的各项企业改革与发展的措施，经过广大企业的奋发努力，深化改革，强化管理，这一要求是应该能够实现的。至于实现更高的要求，则需要更长一些的时间。还需要指出的是，国企脱困，并非是把现有的每一个国有企业都搞活，而是经过国有企业的改革、改组、改造和加强管理，实现国有资产的优化组合，从整体上搞活国有经济。我们必须用全面的、发展的观点看问题，而不能形而上学和绝对化。中央提出的国企 3 年脱困，是鼓舞全国人民的一个奋斗目标，这一目标的实现不可能恰恰用 3 年的时间，也可能稍长一些，也可能会少一些。同时，由于一些不可预见的因素（如东南亚金融危机及其发展），使我们遇到的困难也可能更大一些。不管怎样，经过 3 年的努力，国企的面貌必将有一个很大的转变，即必然会开创一个国企改革与发展的新局面，这一点是可以肯定的。

二、国企脱困面临的主要问题

当前国企之所以还处于困境之中，其原因是多方面的，有现实的原因，也有历史的原因；有宏观经济环境方面的原因，也有各个企业自身的原因；有经营机制方面的原因，也有管理方面的原因。但概括起来，主要有以下几方面的问题：

（1）经营机制尚未根本转变，还很不适应社会主义市场经济体制的客观要求。经过 20 年的改革，特别中共的十四大提出建立现代企业制度以来，国有企业的改革取得了很大的发展，企业的经营机制发生了巨大变化，由原来的国家统一经营、统负盈亏，逐步变成了企业的自主经营、自负盈亏。但是，从总体上看，国有企业的经营机制还很不灵活，特别是激励机制和约束机制还很不健全、不完善，与非国有企业相比、与社会主义市场经济体制的客观要求相比，还有很大差距，如现代企业制度还没有很好地建立健全起来，企业脱困的主要动力还不是来自企业自身，而是来自于各级政府；企业的人事制度、劳动制度和分配制度还很不适应市场经济激烈竞争的要求；平均主义大锅饭的问题，尚未根本解决；等等。在这种情况下，企业就不可能有很高的效率和很强的活力。

（2）企业长期以来积累的负担很重。这主要包括三个方面：一是债务负担沉重，资产负债率高。不少企业的资产负债率高达 80% 以上，有的甚至超过100%。资产负债率高给企业的改革和发展都造成了极大的困难。在改革方面，企业资产负债率太高，没有或很少有所有者权益，就很难进行对外的合资、合作和资本重组、股票上市等；在发展方面，企业债务沉重，造成财务费用高，成本降不下来，产品就缺乏价格方面的竞争力。有的企业，生产越多，亏损越多，往往就是由于债务负担重造成的。二是冗员太多。不少企业的富余人员都在 1/3 甚至一半以上。在社会保障体系尚不完善的情况下，这些富余人员又很难一下子精减下来。企业冗员太多，不仅增加了企业的经济负担，而且还容易造成其他一些问题，从而分散企业领导人的精力。三是企业办社会。包括职工住房、生活服务、子女教育、医疗卫生等，都要由企业承担，这同样会加重企业的经济负担，同时，它还会扰乱企业以提高经济效益为中心的经营目标。

（3）经营管理人才缺乏，企业管理水平还比较低。通常说，一个企业经营的好坏，主要取决于是否有一个好的领导班子，这是非常正确的。但如何才能保证企业有一个好的领导班子，这涉及到企业经营管理人才，特别是高级经营管理人才队伍的建设问题。而这支队伍的建设，又必须有一个好的人才产生、流动和合理配置的机制，但目前这个机制还远远没有形成。从总体上看，企业经营管理人才，特别是高级经营管理人才缺乏的问题还比较严重。由于企业经营管理人才缺乏，造成企业管理水平还比较低。如一些欠发达地区的很多企业领导人甚至连本企业的几个主要经济技术指标都说不清楚，绝大多数企业经营管理人员看不懂企业的几张主要财务报表，这怎么可能把国企搞好呢？可以说，企业经营管理人才缺乏是国企实现脱困目标的一大障碍。

三、国企脱困需采取的主要措施

由于造成国企困难的原因是多方面的，因此，实现国企脱困目标也必须采取多方面的措施。

（1）深化改革，加快建立现代企业制度的步伐。截至 2000 年，在绝大多数大中型骨干企业初步建立起现代企业制度，是中共十五大提出的企业改革目标。这一目标同企业脱困目标一起，被称为企业改革与发展的两大目标。有的同志对实现企业的改革目标不那么重视，认为改革目标是软目标，脱困目标才是硬目标。实际上，改革目标的实现对企业脱困目标的实现具有决定作用。也就是说，实现企业脱困目标的根本出路还在于深化企业改革。

深化企业改革，就是要按照"产权清晰、权责明确、政企分开、管理科学"的要求，对企业实行规范的公司制改革。只有现代企业制度真正建立起来了，企业的经营机制才能根本转变，企业也才能增强活力，提高经济效益。因为制度决定机制，机制决定活力，活力决定效益，这是企业改革以来的实践充分证明了的。

建立现代企业制度，应抓住产权清晰，实现企业的股权多元化和建立健全企业的法人治理结构几个关键环节，把企业塑造成真正的现代公司制企业。

所谓产权清晰，就是要使国有资产具有明确的出资机构，由其代表国家享受出资人的全部权利，并承担国有资产保值增值的责任。当前，要抓住政府机构改革，企业与原有的主管部门不再具有行政隶属关系这一有利时机，加紧建立国有资产投资公司，构造国有企业的投资主体。在社会主义市场经济条件下，企业不应有行政隶属的上级，但必须有明确的投资主体。在企业的投资主体真正确立，并承担国有资产保值增值的责任之后，政府就可以从根本上转变自己的职能，并把这种职能覆盖到全社会，从而对各种不同所有制企业实行同等管理，而不是像现在这样，只把管理的重点放在国有企业身上。只有这样，才能促进国有企业经营机制的彻底转变，实现各种所有制经济平等竞争，相互促进，共同发展。

实现企业的股权多元化，就是除一些必须由国家垄断和其他特殊行业的企业采取国有独资公司形式外，其他绝大多数竞争性企业都应采取国有控股、国有参股等股权多元化的产权组织形式，以促进政企分开和有限责任制度的建立，并增强国有资产的控制力。实现企业股权多元化，必须在建立健全国有资产投资机构的基础上，由国有资产投资机构按照国家的产业政策和经济效益的原则，决定国有资产的投资方向和产权组织形式。

建立健全企业的法人治理结构，就是要按照现代公司制的要求建立健全企业的领导体制。企业实现股权多元化之后，在企业内部就形成了利益主体的多元化。这就要求在企业领导体制中建立起代表不同利益集团的组织，如代表出资人利益的组织、代表经营者利益的组织、代表劳动者利益的组织、代表企业整体利益的组织等，这些组织被赋予不同的权责和职能，它们之间相互制约、相互监督，形成一个符合社会化大生产和现代企业资本组织形式客观要求的企业领导体制。

（2）采取有效措施，解决企业长期形成的各种负担。实现企业脱困目标，必须有效解决企业长期以来形成的各项负担。首先是解决企业的债务负担，降低企业的资产负债率。可采取投资者增加投资、贷改投、债权变股权、股票上市等多种形式增加企业的资本金，减少企业的负债，特别是通过建立国有资产投资公司和金融资产管理公司等，把企业一部分债权变为股权，是实现企业资产债务重组，降低企业资产负债率的一条有效途径，应按照国家的有关规定，有步骤地加快进行。其次是解决企业的冗员问题。要按照中共十五大的要求，实行减员增效，下岗分流，开展再就业工程。在社会保障体系尚不十分健全的情况下，人员分流可采取先内分、后外分，逐步到位的办法进行。最后是解决企业办社会问题。这方面的情况比较复杂，各企业可根据自己的不同情况，采取不同的措施。但总的思路就是要把企业的生活服务系统和辅助生产系统从企业分离出去，独立核算，自负或自计盈亏，使它们既为本企业的职工和基本生产服务，又为社会上的居民和其他企业的基本生产服务，以实现企业职工生活服务和辅助生产的社会化，提高企业的生产效率和经济效益。

（3）建立和完善企业人才的产生、流动和配置机制，加强企业人才队伍，特别是经营管理人才队伍的建设。一个企业要兴旺发达，必须有一个懂经营、善管理的领导班子和一大批经营管理人才和技术人才。当前，企业经营管理人才队伍的建设尤为重要。关于要重视企业经营管理人才队伍，特别是企业领导班子建设的问题早就提出来了，但这个问题一直不能很好解决的原因，主要是由于企业经营管理人才的产生、流动和合理配置的机制尚未很好建立起来。而要建立健全这一机制，就必须进行一系列人才管理制度的配套改革。如取消企业的行政级别；对企业高层经营管理人员实行年薪制；在建立健全企业出资机构和董事会的基础上，对经理人员实行聘任制；允许企业经营管理人员进行合理流动等。只要这些问题解决了，企业经营管理人才的队伍就会很快建立起来。

（原载于《天津行政学院学报》1999 年第 3 期）

关于企业成长的几个问题

近些年，随着社会主义市场经济体制的逐步建立和完善，以及技术进步的不断加快，许多企业，特别是一些新兴的高科技企业迅速发展壮大起来，有的企业甚至正雄心勃勃地计划着向世界 500 强迈进，这的确令人鼓舞。然而不能不看到，有一些企业经过一段迅速成长之后，突然陷入了困境，有的甚至破产。我认为，这些企业之所以失败，除了重大决策上的失误外，与不能很好地把握企业成长中的诸多问题，如企业成长的目标、成长的方式等也有很大关系。本文拟就企业成长中的几个问题谈些简单的看法。

一、关于企业成长的目标

对于企业成长的目标，人们有着不同的认识和定位。例如，有的把进入世界 500 强作为企业成长的目标；有的把增强企业竞争力作为企业成长的目标；也有的把提高企业的盈利水平或盈利能力作为企业成长的目标；还有的把企业资产的保值增值作为企业成长的目标；等等。上述种种关于企业成长目标的定位，是从不同角度来认识企业成长目标的。其本质都是与企业作为一种营利性经济组织的基本性质紧密联系在一起的。也就是说，企业成长的目标，实际上也是企业的目标。

关于企业的目标，学术界认识不一，通常的观点有三种：一是以追求盈利为目标，即企业的盈利额越多越好；二是以企业的价值最大化为目标，即企业的市场价值（出售价格或股票价值）越高越好；三是以所有者（股东）财富最大化为目标，即股东所拥有的利益（从企业取得的利益和留在企业的利益）越多越好。企业的盈利或盈利水平总是指一个时期盈利或盈利水平，如果这种盈利或盈利水平影响到了企业的长期发展，那么，把它作为企业的目标、显然目光短浅。因此，仅仅把盈利或盈利水平作为企业或企业成长的目标又不是十分科学的。把企业价值最大化作为企业或企业成长的目标，比仅仅把盈利或盈利水平作为企业或企业成长的目标，科学得多。企业价值最大化并不是指某一特定时点上的价值，而是作为企业永远追求的目标。同时，它还克服了由于计算不真实而带来的种种影响，因为企业的价值要由产权市场或资本市场进行评判。企业的价值与企业的分配政策有着密切的关系，为了追求企业价值的最大化，股东们可以不分红，而把盈利再转化为资本。但是，如果永远不分红，股东又为什么去投资呢？如果进行分红，而且采取高股利政策，显然又会影响到企业价值的最大化，把企业价值最大化作为企业或企业成长的目标也存在一定的问题，把所有者财富最大化作为企业或企业成长的目标就可以消除这一弊端。股东作为投资者，其资产收益当然越多越好，这种收益可能通过分红的形式从企业取走，也可以不分红留在企业继续扩大再生产，但不管是取走还是留在企业，它都表现为所有者（股东）的财富。因此，把以盈利和企业价值最大化为基础的所有者（股东）财富最大化，作为企业或企业成长的目标是比较科学的，因为它既考虑到了盈利和企业价值在企业目标或企业成长目标中的地位和作用，又排除了盈利计算和盈利分配等主观因素对企业目标或企业成长目标的影响。

二、关于企业成长的方式

企业成长的结果，一般都表现为资本规模的扩大和营业额的增加，而企业资本规模的扩大和营业额的增加，又都是可以通过不同方式来实现的，这种方式就是企业成长的方式。

就企业资本规模的扩大来说，它可以有以下几种方式：

（1）由原投资者追加投资。这是最简单的一种方式。所追加的投资，可以是投资者从企业取得的投资收益，也可以是其他资本。这种方式，往往会受到投资者资本来源的限制，同时，当企业经济效益并非特别好时，投资者一般又不大愿意追加投资。

（2）吸收新的投资者进行投资。这是扩大企业资本规模的一种重要方式。如非上市公司通过股票上市可以很快筹集一定数量的资金；上市公司，还可以通过配股或增发新股，筹集部分资金。只要企业经济效益较佳，股票行情看好，通过这种方式是很容易筹集到资金的，从而使企业的资本规模迅速扩大。但目前，股票上市和增发新股是需要经过政府有关部门批准的，这对企业来说往往又是不太容易的。

（3）由企业的积累扩大投资。企业创造的利润，可留一定数量的公积金，用于企业扩大再生产；也可经股东大会同意，不进行分红，全部用于企业扩大再生产，这也是实现企业资本规模扩大的有效途径。但是，通过企业自身的积累使资本规模扩大，其速度往往要受到很大限制。

（4）通过资产重组与购并使企业资本规模迅速扩大。企业资产重组与购并，是实现企业低成本扩张，从而使企业资本规模迅速扩大的极为重要的途径。特别是在目前产业结构、企业规模结构和产品结构很不合理的情况下，通过这种方式使企业资本规模迅速扩大的潜力很大。同时，由于它是一种成本很低的资本扩张，很多企业都可以采用。有时企业可以不花一分钱，只要承担被兼并企业的一定债务，接受一定的职工，就可以迅速实现扩张。然而，由于当前企业购并中还存在很多问题，如国有企业的产权还不够明晰，政府干预过多，购并目标还不够明确，企业价值评估不准，中介机构还不够发展和完善，等等，从而影响了企业购并的进行。随着这些问题的不断解决，资产重组和购并将成为企业资本规模扩张的一种主要形式。

就企业营业额的增加来讲，它通过下述两种主要方式实现：

（1）增加企业的产品品种和数量。这是扩大企业营业额的一种传统方式，也是企业的一种粗放型成长方式。用这种方式扩大企业的营业额往往需要投入较多的生产资料，如厂房、机器、设备和原材料等。同时，它还会受到市场、资源等方面的制约，经济效益往往也不是很好。

（2）增加企业产品的技术含量和附加值，这也是企业的一种集约型成长方式。在技术进步日新月异，知识经济初见端倪的时代，这种方式尤为重要。在这种方式下，企业可以不增加产品的品种和产量，只需提高产品的技术水平和质量，就可以大大提高企业的营业额。这种增加营业额的方式，市场和资源的限制较小，经济效益较好，但需要较高的技术水平。这也是很多企业重视技术进步，不断加强研究开发的重要原因。

从以上可以看出，在现代经济社会中，企业要迅速健康成长，应主要采取资本的低成本扩张和生产经营的集约型增长方式。

三、企业成长中需要注意的问题

在市场经济条件下，企业成长中会经常遇到许多错综复杂的问题，根据一些成功企业的经验，企业在成长中应特别注意下述几个问题：

（1）不要刻意追求成长速度。现代企业，特别是那些高科技企业，在创建初期，其成长速度一般都比较快，这就像一个人在少儿时期发育较快一样。如有些企业，在创建初期，营业额几乎年年翻番，甚至成几倍的增长，这当然不是坏事。但是在企业发展到一定规模时，就会进入一个稳步增长的阶段，这也是一个规律。在这个时候，企业就不能继续一味地追求发展速度，不择手段地扩大生产规模。否则，就会造成企业的畸形发展，从而使企业走向失败。在现实经济生活中，这种例子是不少见的。如有的企业，不顾市场和资源约束，也不顾自身的生产技术条件，一味追求发展速度，不切实际地要进入行业第一、亚洲最大、世界 500 强等，结果造成企业的资产负债结构极不合理，盈利能力、短期和长期偿债能力也很差，一遇环境变化就一败涂地。这方面的经验教训是值得认真吸收的。

（2）要防止企业目标的偏移。所谓企业目标的偏移，是指当企业发展到一定程度，特别是成为知名企业以后，企业领导人不再把企业自身的发展作为企业的目标，而是去追求一些其他的目标，如政治目标等。企业行为，不再是为了企业的发展和提高企业的经济效益，而为了做样子让别人看，特别是让领导们去看。表面上看起来轰轰烈烈、欣欣向荣，实际上企业已经开始陷入困境：管理混乱、效益不佳、资金困难、危机四伏。这种情况，在一些新兴的民营企业中尤为突出。可以说，它是民营企业继续发展壮大的大忌，必须引起有关企业家们的高度重视。

（3）在实施企业购并时要慎之又慎。前面已经讲到，进行资产重组，实施企业购并，是实现企业低成本扩张，使企业迅速成长的重要途径。但是，资产重组和企业购并又是一种风险性很大的行为，如果决策失误，不仅不能实现企业的低成本扩张，而且还会给企业背上沉重的包袱，使原本比较好的企业陷入困境，这方面的例子也是屡见不鲜的。实施企业购并，关键是要看被购并企业的资产是否能为我所用，是否能与本企业的资产实现优化组合，使本企业的优势得到进一步发挥，否则，不论被购并企业的价值评估得多么低，也不能实施购并。特别是当企业购并会引起企业生产类型变化时，如由单一产品型、主导产品型、相关多元化经营型向非相关多元化经营型转变时，更是要慎之又慎。

（4）要培育和提高企业素质。从广义上讲，企业的成长也包括企业素质的提高。然而，企业的成长，又是由企业内外部的多种因素决定的。在有些情况下，企业成长太快，各方面的管理工作跟不上，就会影响企业素质的提高，而企业素质不高，最终还是要影响企业的成长和发展。因此，在企业成长过程中，特别是当企业由于外部的机遇而发展非常迅速时，一定不能忽视企业素质的培育和提高。可以说，企业素质，包括领导者素质、员工素质、技术素质、生产资料素质和管理素质等，都是企业发展的基础。只有这种基础搞得扎实，企业才能健康成长，立于不败之地。

（5）要建立和完善企业经营机制。企业经营机制也是影响企业成长的一个因素，同时它也是企业成长的一个重要方面。一个企业，一旦建立运行起来，就具备一定的经营机制，一般情况下，企业制度决定企业经营机制，企业经营机制决定企业活力，企业活力则决定企业的发展。因此，在企业成长过程中，必须以建立现代企业制度为核心，不断加强和完善企业的经营机制，包括激励机制、约束机制、创新机制和自我积累自我改造机制等。当前，一些国有企业还未能摆脱困境，除了其他方面的原因外，一个很重要的原因是激励机制和约束机制极不健全。激励机制不健全，会影响员工的积极性，同时也会影响培育和吸引人才；约束机制不健全，则会产生贪污腐败等一系列问题。在改革不断深入，社会主义市场经济体制逐步建立和完善的情况下，应当在健全法制的基础上，使不同所有制企业平等竞争，相互促进，共同发展。

（6）要切实加强企业管理，随着企业的成长，生产规模不断扩大，对企业管理的要求也越来越高。企业发展越迅速，越需要加强管理。然而，在实际工作中，一些企业往往对发展比较重视，而对管理却不那么重视。其结果是管理没有搞好，发展也受到很大影响。特别是一些民营高科技企业，在创建初期，凭着家族式管理，使企业迅速发展壮大起来，但发展到一定阶段，这种狭隘的管理方式就再也不能适应企业发展的需要了，必须用一种正规的现代化管理去取代那种狭隘的落后的管理，才能使企业的发展走上一个新的台阶。许多大的民营企业，在进行所谓第二次创业时，都深切地体会和注意到了这一点。例如华为公司内部设立的《基本法》，它的积极意义在于揭示了这样一个事实：一个企业要不断发展壮大自己，管理必须跟上去。特别是那些迅速发展的高科技企业，必须由非正规管理走向正规管理，由"混沌"走向清晰，才能不断创造出新的奇迹。

（原载于《经济界》1999年第4期）

建立健全国有企业的激励约束机制

激励约束机制不健全、不完善是当前国有企业改革与发展中存在的一个突出问题。一个企业没有健全完善的激励机制，就不可能有生存与发展的动力，而缺乏生存与发展的动力，企业的运行就不可能有较高的效率与效益。同时，一个企业没有健全完善的约束机制，它的运行就会是混乱无序的。这种混乱无序的运行不仅会造成贪污腐败等一系列问题，而且同样会降低企业运行的效率与效益。当前，国有企业之所以还缺乏应有的活力和竞争力，从而不能尽快摆脱困境，一个极为重要的原因就是激励约束机制不健全、不完善。因此，为了实现国企脱困目标，必须尽快建立健全国有企业的激励约束机制。

一、激励与约束的本质及其相互关系

目前，人们对建立健全国有企业的激励约束机制还存在种种不同的认识和误解。有的同志认为，激励就是物质刺激，约束就是管住管死。还有的同志把激励与约束对立起来，认为要进行激励，就很难加强约束，而要加强约束，就很难进行激励。这些错误的认识，主要是由于没有弄清激励与约束的本质及其相互关系。

所谓激励，就是激发与鼓励。它可以是物质的激发与鼓励，也可以是精神的激发与鼓励。激发与鼓励的目的是调动一个组织或个人的积极性。所谓约束，就是限制与管束。但限制与管束，绝不是管住管死。限制与管束的程度，取决于限制与管束的对象及其要达到的目的。作为对企业的约束，主要是确立秩序，制定规则，以便使企业的运行能够规范、有序地进行。

激励与约束的关系，绝不是对立的，而是相辅相成的。激励通常是在一定约束条件下的激励，而约束往往又是建立在激励基础上的。如果没有约束，即没有一定的秩序和规则，每个组织和个人都可以各行其是，为所欲为，也就谈不上激励；但如果仅有约束，而没有激励，就会把一个组织或事物搞死，从而也就失去了约束应有的作用。同时，从一定意义上讲，激励本身也是一种约束。如对企业的高层经营人员进行激励，给他们以较高的地位和待遇，这本身对他们又是一种约束。他们必须遵纪守法，勤奋工作，开拓创新，不断前进，取得好的经营业绩，才能得到相应的地位和待遇。否则，就有可能失去它们。

从理论上讲，激励与约束可以有四种组合：一是既无激励又无约束。这将是一种混乱状态。实际上，就企业而言，完全无激励无约束的状态是不存在的。当前的情况是，国有企业的激励约束机制都不健全、不完善，因而既存在动力不足、效率低下问题，又存在贪污盗窃、违法乱纪问题。二是只有约束而缺乏必要的激励。改革开放以前的国有企业基本上处于这种状态。那时国有企业被管得死死的，一切都听命于政府，没有任何主动权和独立的利益。这种情况不能认为是一种合理的约束，而是一种过度的约束。把企业搞得很死，实行平均主义大锅饭的分配制度，造成产销脱节和效率低下，这是计划经济体制的弊端。在社会主义市场经济条件下，对国有企业不能建立和恢复这样的约束机制。这一点在加强对企业的监管时必须充分注意。改革开放前的国有企业，也绝不是完全没有激励机制，只是那时的激励主要是精神激励，而没有物质激励。精神激励是非常重要的，但由于没有与物质利益原则相结合，因而它所起的激励作用，只能是短暂的，而不是持久的；只能对少数先进分子发挥作用，而对广大群众则不能很好地发挥作用。三是只有激励而没有约束。这种情况实际上也是不存在的。前面已经讲到，在完全没有约束的情况下，一切都没有规则，没有秩序，每个组织和个人的任何行为都得不到合理限制，也就谈不上激励问题了。从这个意义上讲，建立健全企业的约束机制，是建立和完善企业激励机制的前提。四是激励和约束机制都比较健全和完善。这是我们希望达到的一种状态。所谓激励和约束机制都比较健全和完善，就是对企业及企业内部的每个组织和个人，都有合理的、恰如其分的激发和鼓励，而且这种激发和鼓励是有秩序和有规则的，是公开和透明的。在这种激励约束机制下，每个人都在适合自己的岗位上工作，并且都能受到与自己的工作状况相适应的激发和鼓励。这是使企业的每个员工都能爱岗敬业，奋发向上的前提条件。

当前，国有企业与非国有企业之间，不仅激励约束机制不同，而且整个经营机制都存在很大差别，这是各种所有制经济之间不能很好开展公平竞争的主要原因。在生产经营活动中，非国有企业能够做到的，有很多国有企业根本做不到；而国有企业能够得到的（如财政金融政策方面的倾斜等），有很多非国有企业则根本得不到。大家都认为自己在竞争中处于不利地位，从而影响到自己的积极性。为了解决这一问题，必须在建立健全国有企业激励约束机制的基础上，尽快实现不同所有制企业经营机制的并轨。在改革进行到今天，社会主义市场经济体制逐步建立和完善的情况下，企业经营机制方面的双轨制再也不应该继续下去了。非国有企业能做的，如果是合理的、合法的、符合社会主义市场经济体制客观要求的，国有企业也应该能做。按现行规定，尚不能做的，应尽快放开。也就是说，要放松对国有企业的不合理约束。而非国有企业能做的，但不合法，且又不符合社会主义市场经济体制客观要求的，应立即纠正过来。这又需要加强对非国有企业的合理约束。解决这个问题的根本出路，在于进一步实现政企分开，转变政府职能。政府应按照市场经济的客观要求，运用法制手段加强对企业行为的规制，同时放弃以往那些通过随意的行政手段对企业的不合理约束。只要这样，才能真正实现各种所有制经济公平竞争，相互促进，共同发展。

二、多层次、多手段的激励机制

国有企业的激励机制不健全、不完善，主要表现在两个方面：一是激励层次不清，某些环节出现空白；二是手段单一，激励力度不够。所谓激励层次不清，某些环节出现空白，就是激励往往不是分层次进行的，而是越级进行，甚至由最高层一竿子插到最低层，同时在某些层次（如最高层）上又几乎没有激励，这就大大降低了激励措施的作用。所谓手段单一，力度不够，就是采取的激励措施往往只局限于报酬方面，而忽视其他手段（如职务晋升和其他需求的满足等）的运用。同时激励的力度太弱，不利于在激烈的竞争中同其他所有制企业进行人才竞争。因此，建立和完善国有企业的激励机制，必须实现激发与鼓励的多层次、多手段的有效结合。

首先是政府对企业的激励。这个层次的激励，主要是政府利用产业政策、经济杠杆、优惠措施等鼓励和支持某些企业或某些产品的发展。如国家对不同产品实行差别税率，对某些进口设备免征关税，对某些企业、某些产品实行低息或贴息贷款，对某些企业的产品进行直接采购等，这些都属于政府对企业的激励，这种激励对国民经济的发展具有导向作用。需要指出的是，这个层次的激励一定要按产业和产品进行，而不能按所有制性质加以区别，甚至只面向国有企业，不面向非国有企业。同时，激励一定要通过一定的法规、制度、政策等规范地进行，而不能由政府部门利用手中的权力随意操作。

其次是出资机构（人）对企业高层经营管理人员的激励。这个层次的激励也应采取多种措施，如给予一定的荣誉，实行年薪制和股权制，进行某些特定的物质奖励，满足其他方面的一些需求等。当前，国有企业在这个层次上的激励很不完善。如在一些国有大中型企业，某些领导人的报酬还不及其下属高，有的甚至相差很大。其原因是，由于企业内部有了分配上的自主权，企业的高层领导人可以为自己的下属确定较高的报酬，而自己的报酬则不知道应该由谁来定（这是出资机构不明确造成的）。在这种情况下，有些企业的领导人宁可把自己的报酬定得低一些，以便工作上的主动。同时，由于企业有一定的行政级别，有的企业领导人的薪水是参照同级公务人员的标准确定的，工资水平较低。在这种情况下，就很容易产生所谓"59岁现象"。因此，不少企业的领导人呼吁："我们也是人，我们也需要激励。"当然，也有些企业的领导人把自己的报酬定得很高，但业绩却不那么好，有的甚至利用职权违法乱纪、贪污受贿等，以致出现了很多"穷庙富方丈"的不正常情况，这显然已不属于激励机制的范畴。解决这些问题，又需要建立健全企业和企业领导人的约束机制。这也说明了激励与约束不是互相对立的，而是相辅相成的。

最后是企业内部上级组织或个人对下级组织或个人的激励。这个层次的激励也需要采取多种手段，如表彰先进、增加薪水、晋升职务等。目前，在国有企业中，这个层次的激励存在的问题也很多。除力度不够外，主要是层次不清，越级激励和一竿子插到底的现象较多。如报酬的确定、职务的晋升等，往往由企业直接面向每一个员工。采取这种激励办法，很容易出现平均主义现象，达不到鼓励先进，激发员工积极性的目的。要改变这种状况，在企业内部必须正确确定管理幅度和进行合理分权，这又涉及企业人事制度、劳动制度和分配制度等方面的改革。因此，建立健全企业的激励约束机制不可能孤立地进行，而必须与企业经营机制其他方面的转换同步进行。

三、多主体、全方位的约束机制

在国有企业的约束机制方面，既存在约束过度的问题，也存在约束不足的问题。所谓约束过度，即按照社会主义市场经济体制的要求，企业本来应该可以做的许多事情，却由于受到政府的种种限制而不能做，如企业重大技术改造的决策，高层领导人的任免，对经营者实行年薪制、股权制等，而这些问题在非国有企业中完全是由企业自主决定的；所谓约束不足，即按照社会主义市场经济体制的要求，企业本来不可以做的许多事情，但由于约束机制不健全却得不到限制和制止，如人为造成企业资产流失，制造假冒伪劣产品，少数经营者肆意侵吞企业财产，职务消费不受限制等。这些问题虽然在非国有企业中也是存在的，但国有企业更加严重。存在这些问题的主要原因，除各方面的政策制度不健全外，主要是约束主体不健全，约束措施不到位，特别是产权约束没有很好建立起来。因此，建立和完善国有企业的约束机制，必须实现约束主体的多元化和约束政策的全方位。

（一）产权约束

产权约束是市场经济条件下对企业的最重要约束。产权约束的主体是企业的出资人或出资机构。在现代企业制度下，企业出资人的财产权与企业法人的财产权是相分离的。这里所说的产权约束是企业出资人对企业的约束。作为企业的出资人，他对企业享有资产收益，参与重大决策，聘请经营者和转让股权等项权利。行使这些权利的一个重要目的，就是要取得最大的收益和确保资产的保值增值。而要实现这一目的，就必须对企业法人，特别是企业的经营者进行合理约束。

在资本主义制度下，资本与劳动、资本家与工人在利益上是根本对立的，这种对立主要来自利润与工资的对立。利润率的提高是以剩余价值率的提高为前提的。为了实现利润最大化和资产的保值增值，资本家就必须对企业实行产权约束。

在社会主义制度下，由于实行了生产资料公有制，资本与劳动不再是根本对立的，但社会主义初级阶段实行的公有制为主体、多种所有制经济共同发展的基本经济制度，又使不同的企业和企业中不同的利益主体存在着利益上的矛盾。即使在国有企业中，也存在着职工、企业和国家的利益关系问题。这就要求国有资产也必须加强自己的产权约束，否则，就会出现国有资产流失和工资侵蚀利润等问题。

企业的产权约束，必须由企业的出资人来行使，而不能由企业自己来行使，否则，就达不到约束的目的。由于国有企业的出资机构尚不健全，因此通常我们总是要求企业自己进行产权约束，如要对国有资产的保值增值承担责任等。这种职责上的错位，是造成国有资产产权约束不到位，约束效果不佳的主要原因。

加强国有企业的产权约束，必须健全国有资产的出资机构。在社会主义市场经济条件下，企业不应有行政的隶属上级，但必须有明确的投资主体。当前，应抓住政府机构改革，企业与原有的主管部门不再具有行政隶属关系这一有利时机，加紧建立国有资产投资公司，构造国有企业的投资主体，并由其代表国家享受出资人的全部权利，行使国有资产的产权约束职能，承担国有资产保值增值的责任。对国有资产投资机构的领导人，应实行准公务员制度，由国家直接任命，如其不能很好地履行自己的职责，就予以撤换。国家把国有资产保值增值的责任落实到国有资产出资机构身上，才符合社会主义市场经济的客观要求。同时，政府对少数国有资产出资机构进行产权管理，比直接面向成千上万的企业要容易得多，有效得多。

（二）行政约束

行政约束也是市场经济条件下对企业行为的重要约束。行政约束的主体是各级政府，其主要是政府法律法令和政策法规的约束。如国家通过法律规定企业不能进行不正当竞争，不能生产假冒伪劣产品，不能偷税漏税，不能贪污盗窃国家和企业财产等，都是政府对企业和企业经营者的约束。

加强行政约束，关键是要健全法制。通常说，市场经济就是法制经济，各级政府都要依法行政，这既强调了行政约束的重要性，又明确了行政约束的方向。当前，在对企业的行政约束方面，既存在法律法规不健全，执法力度不够等问题，也存在有关政府部门对企业随意干预，甚至乱罚款、乱摊派等问题。健全政府对企业的行政约束，除要进一步健全法制，加强执法外，还必须规范政府自身的行为，增强依法行政的自觉性，提高依法行政的水平，减少工作中的随意性。

加强行政约束，还必须在实行政企分开的基础上进一步转变政府职能。在社会主义市场经济体制下，一方面，政府不能直接干预企业的生产经营活动，必须对企业依法进行管理，维护正常的经济秩序；另一方面，政府职能必须是覆盖全社会的，即要对各种不同所有制企业行使同样的政府职能，而不能像现在这样，只把管理的重点放在国有企业身上。对任何企业，都应既依法进行严格管理，又要确保其企业的市场主体地位，保证企业的经营自主权和合法权益不受侵犯。

（三）市场约束

市场约束就是价值规律，即无形的手对企业的约束。市场约束的主体是各种市场，如商品市场对企业产品生产的约束，要素市场对企业生产条件的约束，价格对产品成本的约束等都属于市场约束。市场约束对企业来说是最公正的约束，它是不以人们的主观意志为转移的客观存在。

　　市场对企业的约束状况，从整体上讲，决定于各种市场的发育程度和供求情况。市场约束对单个企业的生产经营是不利的，但对整个经济的发展却是必要的。可以说，市场约束是企业展开公平竞争的前提条件。没有市场约束，也就谈不上市场竞争。

　　要充分发挥市场对企业约束的积极作用，就必须培育和发展各类市场。由于我国已经走出了短缺经济，特别是当前又遇到了前所未有的通货紧缩，几乎所有的商品都处于供大于求或供求基本平衡的状况，国家实行计划配给的商品已经不存在，应该说，商品市场已经比较健全了。现在的主要问题是各种要素市场，如资本货币市场、劳动力市场、技术市场和信息市场等还很不健全。这些市场的建设，需要通过金融管理体制、劳动人事管理体制、技术信息管理体制的改革和完善来完成。商品市场上存在的问题，主要是不正当竞争、假冒伪劣产品和低价倾销等，这些问题则需要通过加强市场管理和加大执法力度来解决。

（四）企业自我约束

　　企业自我约束是在上述各种约束的基础上，企业为实现自己的发展目标，获取自身的经济利益而对自己的行为采取的一种自觉约束。企业自我约束的主体是企业，但它却是其他约束，即外部约束的结果。也就是说，如果没有产权约束、法律法规约束和价值规律约束等，企业的自我约束就很难形成。当前，企业的自我约束能力不强，主要原因是外部约束机制不健全。如某些企业一再生产假冒伪劣产品，主要是政府对这方面的打击不力；法人犯罪现象严重，主要是有关部门对企业的监管不严，执法力度不够；等等。

　　企业自我约束机制的产生，归根结底是物质利益原则作用的结果。企业实行严格的自我约束，是为了合理又合法地获取利益，而企业放松对自己的约束，也是为了取得利益，但往往是通过违法手段和其他不正当手段获取利益。因此，要健全企业的自我约束机制，关键是要全面贯彻物质利益原则，强化和完善外部约束机制。

　　企业实行自我约束的主要手段是建立健全企业内部的各项规章制度和员工岗位责任制度。这些制度是各级组织和个人的行为准则，规范着他们进行生产经营活动的行为。如产品质量管理制度规范着质量检验人员和生产工人的行为，以防止出现不合格产品和劣质产品；财务成本管理制度规范着财务成本管理人员和其他有关人员的行为，以防止违反国家政策法令现象的发生；等等。因此，强化企业的自我约束，必须建立健全并严格执行企业的各项规章制度。一般来说，绝大多数企业经过多年的制度建设，各方面的规章制度还是比较健全的，主要问题是执行和落实得不够好，今后应在贯彻落实方面狠下功夫。当然，有些企业故意违反国家的政策和法律，为了自身利益，不惜侵害国家和其他企业的利益，如制造假冒伪劣产品，属于企业自我约束不力的问题。

（原载于《跨世纪的中国企业改革和发展理论与实践研讨会论文集》
1999 年 10 月）

《决定》：指导国企跨世纪

　　中国共产党第十五届中央委员会第四次全体会议通过的《中共中央关于国有企业改革和发展若干重大问题的决定》（以下简称《决定》）是中共中央第一次专门为国有企业改革和发展的一些重大问题所作出的决定。它是一个指导国有企业改革和发展以新的姿态跨入21世纪的纲领性文件，标志着国有企业的改革和发展又进入了一个新的阶段。

　　《决定》充分体现了十五大精神，是十五大提出的有关国有企业改革和发展的一些重要原则的具体化。如果说十五大在社会主义市场经济理论方面具有很大突破，那么，《决定》则在国有企业改革和发展的实践方面作出了一些突破性的具有可操作性的政策规定。它在充分肯定国有经济在国民经济发展中的重要地位和作用，指出国有企业改革和发展取得的巨大成就，以及进一步深化国有企业改革，加快国有企业发展的重要性、紧迫性和艰巨性、长期性的同时，明确提出了今后一个时期国有企业改革和发展的主要目标与指导方针，并在此基础上对有关国有企业改革和发展的诸多方面的重大问题做出了比较具体的规定，体现了企业改革和发展的短期目标与长期目标的结合，企业改革和发展与调整国有经济布局的结合，企业改革和发展与国有企业战略性改组的结合，企业改革和发展与推动企业科技进步和产业升级的结合，企业改革和发展与改善企业外部环境的结合。其中，不少方面都有一些重要的突破。

　　第一，关于从战略上调整国有经济布局。国有企业的改革和发展与调整国有经济布局是紧密联系在一起的。国有经济布局的调整要通过国有企业的改革和发展来实现，而国有企业的改革和发展应符合国有经济布局调整的需要。关于从战略上调整国有经济布局，《决定》指出，在社会主义市场经济条件下，国有经济在国民经济中的主导作用主要体现在控制力上。国有经济的作用不仅要通过国有独资企业来实现，更要大力发展股份制，探索通过国有控股和参股企业来实现；从战略上调整国有经济布局，要同产业结构的优化升级和所有制结构的调整完善结合起来，坚持有进有退，有所为有所不为。

国有经济需要控制的行业和领域主要包括：涉及国家安全的行业，自然垄断的行业，提供重要公共产品和服务的行业，以及支柱产业和高新技术产业中的重要骨干企业。国有大中型企业尤其是优势企业，宜于实行股份制的，要通过规范上市、中外合资和企业互相参股等形式，改为股份制企业，发展混合所有制经济，重要的企业由国家控股。这些规定，不仅为从战略上调整国有经济布局指明了方向，而且充分肯定了股份制这种现代企业资本组织形式在企业改革和发展中的重要作用，必将进一步推动股份制企业的迅速发展。

第二，关于推进国有企业战略性改组。国有企业的改革、改组和改造之间具有内在的紧密联系。改革的实质是调整生产关系，实现制度创新，调动各方面的积极性；改组则是要通过企业组织形式的调整，实现企业资产的优化配置，提高企业资本的运作效率，它既涉及到生产关系的调整，又涉及到生产力的重新组织；改造则是要运用先进的科学技术对企业的生产力进行改造，通过改造实现企业生产规模的扩大和技术升级。只有把三者有机结合起来，才能取得较好的效果。《决定》把改革同改组、改造、加强管理相结合作为一项指导方针，具有重要的意义。关于推进国有企业战略性改组，《决定》重申了十五大提出的"抓大放小"的方针，一方面要着力培育实力雄厚、竞争力强的大型企业和企业集团，有的可以成为跨地区、跨行业、跨所有制和跨国经营的大企业集团；另一方面要从实际出发，继续采取改组、联合、兼并、租赁、承包经营和股份合作制、出售等多种形式，放开搞活国有中小型企业，不搞一个模式。值得注意的是，这次《决定》对"放开搞活"的范围有新的突破，由以前的国有小企业扩大到国有中小企业。同时，《决定》还强调，在国有企业战略改组过程中，要充分发挥市场机制的作用，综合运用经济、法律和必要的行政手段。这一方面会大大促进国有企业战略性改组的深入发展，同时它还会有效地克服前一个时期国有企业改组中出现的着重运用行政手段，而忽视市场机制作用的倾向。

第三，关于建立和完善现代企业制度。《决定》再次明确提出，建立现代企业制度是国有企业改革的方向，并指出它是发展社会化大生产和市场经济的必然要求，是公有制与市场经济相结合的有效途径；强调建立和完善现代企业制度要继续推进政企分开，积极探索国有资产管理的有效形式，对国有大中型企业实行规范的公司制改革，面向市场着力转换经营机制。关于政企分开，《决定》除重申十五大提出的一些基本原则之外，还明确指出，各级党政机关都要同所办的经济实体和直接管理的企业在人财物等方面彻底脱钩。关于对国有大中型企业实行规范的公司制改革，《决定》指出，公司法人治理结构是公司制的核心。要明确股东会、董事会、监事会和经理层的职责，形成各负其责、协调运转、有效制衡的公司法人治理结构。为了建立和完善公司法人治理结构，《决定》还提出，国有独资和国有控股公司的党委负责人可以通过法定程序进入董事会、监事会，董事会和监事会都要有职工代表参加；董事会、监事会、经理层及工会中的党员负责人，可依照党章及有关规定进入党委会；党委书记和董事长可由一人担任，董事长、总经理原则上分设。这些规定都具有突破性和创造性，对建立和完善现代企业制度具有重要指导意义。

第四，关于加强和改善企业管理。《决定》指出，要加强企业发展战略研究，健全和完善各项规章制度，狠抓管理薄弱环节，广泛采用现代管理技术、方法和手段。其中，特别强调要重点搞好成本管理、资金管理、质量管理；建立健全全国统一的会计制度；及时编制资产负债表、损益表和现金流量表，真实反映企业经营状况；切实改进和加强经济核算，堵塞各种漏洞；坚持质量第一，采用先进标准，搞好全员全过程的质量管理等。这些都是符合市场经济条件下企业管理的客观要求的，必将进一步促进我国企业管理水平的提高。

第五，关于改善国有企业资产负债结构和减轻企业社会负担。对于改善国有企业资产负债结构，《决定》提出了增加银行核销呆坏账准备金，对部分重点国有企业实行债转股，提高企业直接融资比重等重要措施。这一方面可以大大降低国有企业过高的资产负债率，另一方面会促使国有企业资产结构和负债结构的合理化，从而提高企业的偿债能力、盈利能力和抵御风险的能力。对于减轻企业的社会负担，《决定》提出了分离企业办社会职能的措施，指出位于城市的企业，要逐步把所办的学校、医院和其他社会服务机构移交地方政府统筹管理，所需费用可在一定期限内由企业和政府共同承担，并逐步过渡到由政府承担，有些可以转为企业化经营。独立工矿区也要努力创造条件，实现社会服务机构与企业分离。国有企业社会负担的减轻，必将大大提高国有企业的运作效率，增强国有企业在国内、国际市场上的竞争力。

第六，关于建设高素质的经营管理者队伍。建设高素质的经营管理者队伍，培养一大批优秀企业家，是深化国有企业改革，加快国有企业发展的客观要求。《决定》指出，发展社会主义市场经济对国有企业经营管理者提出了更高要求。他们应该是：思想政治素质好、认真执行党和国家的方针政策与法律法规、具有强烈的事业心和责任感；经营管理能力强，熟悉本行业务，系统掌握现代管理知识，具有金融、科技和法律等方面基本知识，善于根据市场变化作出科学决策；遵纪守法，廉洁自律，求真务实，联系群众。为了建立这样一支经营管理者队伍，《决定》提出了深化国有企业人事制度改革，建立健全国有企业经营管理者的激励和约束机制等具体措施。指出，要积极探索适应现代企业制度要求的选人用人机制，把组织考核推荐和引入市场机制、公开向社会招聘结合起来，把党管干部原则和董事会依法行使用人权结合起来；对企业及企业领导人不再确定行政级别；加快培育企业经营管理者人才市场，建立企业经营管理人才库；按照公开、平等、竞争、择优原则，优化人才资源配置，打破人才部门所有，条块分割，促进人才合理流动；实行经营管理者收入与企业的经营业绩挂钩；少数企业试行经理（厂长）年薪制、持有股权等分配方式，可以继续探索，及时总结经验，但不要跟风。这些在党的重要文件中都还是第一次提出，具有很大的突破性，对建设高素质的经营管理者队伍具有极为重要的意义。

此外，《决定》就做好减员增效、再就业和社会保障工作，加快国有企业技术进步和产业升级，为国有企业改革和发展创造良好的外部环境，加强党对国有企业改革和发展工作的领导等问题所作出的规定，也都具有一定突破性和创造性。可以相信，随着《决定》的贯彻执行，我国国有企业的改革和发展必将提高到一个新的水平，《决定》提出的国有企业改革和发展的主要目标一定能够实现。

（原载于《企业活力》1999 年第 11 期）

深化国企改革的关键：正确行使
国有资产出资人权能

国企改革的方向是建立现代企业制度。要建立和完善现代企业制度，正确行使国有资产出资人权能是关键。

国有资产出资人应具有资产收益权、参与企业重大决策权、通过董事会聘请经营者权和转让股权。

正确行使国有资产出资人权能将有利于从战略上调整国有经济布局；有利于实现国有企业战略性改组；有利于实行政企分开；有利于建立和完善公司法人治理结构；有利于实现国有资产的保值增值。

正确行使国有资产出资人的权能权，一要正确界定国有资产出资人的权能；二要确定国有资产出资人的代表机构，从而确保国有资产及其权益不受侵犯。

国有企业改革的方向是建立现代企业制度。现代企业制度是适应社会化大生产和市场经济客观要求的现代企业资本组织形式，是实现公有制与市场经济相结合的有效途径。其基本特征是：产权清晰、权责明确、政企分开、管理科学。要建立和完善现代企业制度，把国有企业改革推向一个新的阶段，正确行使国有资产出资人权能是一个关键。

一、国有资产出资人应具有的权能

要正确行使国有资产出资人权能，首先必须正确界定国有资产出资人应具有哪些权能。社会主义初级阶段实行以公有制为主体、多种所有制经济共同发展的基本经济制度。在这种基本经济制度下，国有资产作为国有经济的物质基础，同其他所有制经济的资产应具有同样的权能。这些权能主要包括：

（1）资产受益权。资产受益权是各种所有制资产的一项最基本最主要的权能。国有资产投入企业后，不论企业的资产组织形式如何，是国有独资公司、国有控股公司，还是国有参股公司，都应同其他资产一样，按出资多少，取得相应的收益，并承担相应的责任。

（2）参与重大决策权。参与企业的重大决策，是出资人的又一项重要权能。所谓重大决策，主要包括：决定公司的经营方针和经营计划；选择和更换董事，决定有关董事的报酬事项；选举和更换由股东代表出任的监事，决定有关监事的报酬事项；决定公司的经营计划和投资方案；制定和审议批准公司的年度财务预算方案、决算方案；制定和审议批准公司的利润分配方案和弥补亏损方案；制定公司增加或减少注册资本的方案以及发行企业债券的方案，并对此作出决议；拟订公司合并、分立、解散的方案，并对此作出决议；修改公司章程；决定公司内部管理机构的设置；制定公司的基本管理制度等。就国有资产来说，这些权能通过选派代表参加股东大会或选派董事参加董事会来行使。

（3）聘请经营者。一个企业经营的好坏，与经营者的素质和能力有很大关系。在社会主义市场经济条件下，企业经营者必须能够认真执行国家的各项方针政策和法律法规，具有强烈的事业心和责任感；经营管理能力较强，熟悉业务，系统掌握现代管理知识，具有金融、科技和法律等方面的基本知识，善于根据市场变化作出科学决策等。为了确保国有资产的权益，国有资产出资人必须具有通过董事会聘请经营者的权利，即通过董事会聘任或解聘公司经理，并根据经理的提名，聘任或者解聘公司副经理、财务负责人，决定其报酬事项等。

（4）转让股权。转让股权也是现代企业制度下出资人的一项重要权能，它从另一个方面，即以"用脚投票"的方式给经营者以压力，促使其勤奋工作，确保出资人的权益。对于国有资产出资人来说，转让股权不仅是确保自身权益的一种手段，而且有利于调整和完善所有制结构等。当前，上市公司中的国有股和法人股尚不能流通，这实际上是对国有股和法人股权益的一种侵害，不利于国有资产和持股企业资产的保值增值，这个问题必须尽快予以解决。

二、正确行使国有资产出资人权能的意义

建立社会主义市场经济体制和国有企业改革与发展中的诸多问题都与国家如何行使国有资产出资人的权能密切相关，只有正确解决了这一问题，其他一些问题才能得到有效解决，改革和发展才能不断走向深入。

第一，它有利于从战略上调整国有经济布局。中共十五届四中全会通过的《中共中央关于国有企业改革和发展若干重大问题的决定》中指出，在社会主义市场经济条件下，国有经济在国民经济中的主导作用主要体现在控制力上，国有经济的作用要通过国有独资企业来实现，更要大力发展股份制，探索通过国有控股和参股企业来实现；从战略上调整国有经济布局，要同产业结构的优化升级和所有制结构的调整完善结合起来，坚持有进有退，有所为有所不为；国有大中型企业尤其是优势企业，宜于实行股份制的，要通过规范上市、中外合资和企业相互参股等形式，改为股份制企业，发展混合所有制经济，重要的企业由国家控股。这些规定，不仅为从战略上调整国有经济布局指明了方向，而且充分肯定了股份制这种现代化企业资本组织形式在企业改革和发展中的重要作用，必将进一步推动股份制企业的迅速发展。无论是发展股份制经济，还是实现国有经济布局的调整，在实际工作中，都必须确保国有资产的所有者权益，都需要通过行使国有资产出资人权能的方式去进行，才能符合市场经济客观规律的要求，工作也才能顺利进行。

第二，它有利于实现国有企业战略性改组。我国国有企业的组织结构是在计划经济体制下形成的，存在的主要问题是，重复建设严重，企业大而全，小而全，没有形成专业化生产、社会化协作体系和规模经济，缺乏市场竞争力。要解决这一问题，必须对国有企业实施战略性改组。一方面要着力培育实力雄厚、竞争力强的大型企业和企业集团，发展跨地区、跨行业、跨所有制和跨国经营的大企业集团；另一方面需要继续采取改组、联合、兼并、租赁、承包经营和股份合作制、出售等多种形式，放开搞活国有小企业。无论是培育大型企业和企业集团，还是进一步放开搞活小企业，都必须充分发挥市场机制的作用，克服单纯运用行政手段，实行"拉郎配"，只图形式不顾实际效果的倾向。而要做到这一点，就必须在明确国有资产出资人的同时，正确行使国有资产出资人的权能，充分利用资本的纽带作用，使企业重组符合经济规律的要求。

第三，它有利于实行政企分开。政企分开是现代企业制度的一个重要特征，也是市场经济的一个基本特征。计划经济体制下的政企不分，主要表现为企业与主管部门的政企不分。《中共中央关于国有企业改革和发展重大问题的决定》明确指出，各级党政机关都要同所办的经济实体和直接管理的企业在人财物等方面彻底脱钩，这就为实行政企分开提供了切实的政策和制度保证。市场经济的核心是市场在资源配置中发挥基础性作用，它必须实行政企分开。在市场经济条件下，企业不应当有行政的隶属上级，但绝不能没有投资主体，而要解决国有资产的投资主体问题，就需要通过一定的形式，正确行使国有资产出资人的权能。当前，我们应借贯彻中共十五届四中全会《决定》的东风，抓住政府机构改革的有利时机，彻底破除企业与各级政府部门的行政隶属关系，构建国有资产的投资主体，为实行政企分开创造必要的条件。实行政企分开以后，国有企业及国家参与投资的混合所有制企业，与其他所有制企业在运行机制上不应有任何区别，唯一的区别就是出资人不同。国家除要对其行使国有资产出资人的权能外，在行使政府职能方面，应与其他所有制企业完全是一样的。也就是说，政府管理经济的职能应当是覆盖全社会的，而不能只面对国有企业及国有资产投资的企业。

第四，它有利于建立和完善公司法人治理结构。公司法人治理结构是现代企业制度的核心。所谓公司法人治理结构，就是适应公司制客观要求的一种企业领导体制。在公司制度下，由于企业内部存在着不同的利益主体，这就要求在企业领导体制中建立起代表不同利益集团的组织，并赋予他们相应的权责，这些组织及其领导人各行其职、各负其责，相互制约、相互监督，形成一种制衡机制。在公司法人治理结构中，代表所有者利益的组织是董事会，其成员是由出资者按照出资多少派出或选举产生的。在有国有资产投资的企业中，国有资产也应像其他所有制资产一样，按法定程序派出自己的代表进入董事会，以行使自己作为出资人的权能。否则，公司法人治理结构就无法建立健全起来，即使建立了相应的机构，也只能是一种形式，很难按照应有的机制运行。

第五，它有利于实现国有资产的保值增值。任何商业性投资，都要求资产保值增值。当前，一些国有企业的资产不能保值增值，除了经营上的原因外，主要是国有资产未能有效地行使出资人的权能，出资人不到位。例如，在某些股份制企业中，国有投资不能享受与其他投资同样的权益；在企业重组中，人为地评低国有资产的价值，造成国有资产流失等，这些都是出资人不到位，缺乏产权约束造成的。为了解决这一问题，国家必须通过一种适应市场经济客观要求的方式，正确行使国有资产出资人的权能。

三、如何正确行使国有资产出资人的权能

正确行使国有资产出资人的权能，需要解决好两个问题：一是正确界定国有资产出资人的权能；二是确定国有资产出资人的代表机构。关于前者，本文的第一部分已经详细论述。关于后者，无非存在三种情况：一是由政府直接作为国有资产出资人的代表，这显然是不行的，因为它会造成政企、政资不分，与计划经济没有什么区别。二是由企业自己作为国有资产出资人的

代表，即实行所谓委托经营，这同样是不行的，因为在市场经济条件下，企业的利益与国家的利益是存在一定矛盾的，由企业代表国家的利益，往往会侵害国家的利益，特别是在混合所有制企业中，企业的利益还包含着国家以外的其他所有者的利益，让企业作为国有资产出资人的代表，与国有资产出资人缺位没有什么区别，因而保证不了国有资产的权益；如果是国有独资企业，让企业自己作为国有资产出资人的代表，实际上就成了无主企业，仍不能保证国有资产权益。三是由国家授权建立的国有投资公司和国有资产经营公司作为国有资产出资人的代表。这是国家正确行使国有资产出资人权能的唯一正确途径，它既有利于实现政企分开，又能确保国有资产的权益。在这种管理体制下，国家只要管好国有投资公司和国有资产经营公司，国有资产管理的许多问题都可以得到有效解决。为了保证国家对国有投资公司和国有资产经营公司的领导，对其领导人可实行准公务员制度，由国家直接任命，如其不能很好地履行自己的职责，就予以撤换。国家把国有资产保值增值的责任落实到国有资产出资机构身上，是符合社会主义市场经济客观要求的，特别是政府对少数国有资产出资机构进行产权管理，比直接面向成千上万的企业要容易得多，有效得多。同时，它还有利于国有资产经营和发展混合所有制经济。

《中共中央关于国有企业改革和发展若干重大问题的决定》中指出，政府对国家出资兴办和拥有股份的企业，通过出资人代表行使所有者职能，按出资额享有资产受益、重大决策和选择经营管理者等权利，对企业的债务承担有限责任，不干预企业日常经营活动。由国家授权建立的国有投资公司和国有资产经营公司作为国有资产出资人代表，行使国有资产的所有者权能是完全符合上述要求的。同时，也只有这样，才能确保国有资产的出资人到位。

按照国家所有、分级管理的原则，中央和地方政府都可以授权建立投资公司和资产经营公司，分别作为自己出资兴办和拥有股份的企业的出资机构，这样就可以建立健全符合市场经济体制要求的国有资产管理、监督、运营体系和机制，在实行政企分开的同时，确保国有资产及其权益不受侵犯。

（原载于《厂长经理日报》1999 年 11 月 3 日）

中小企业三大痼疾尚需自疗

各种所有制中小企业的迅速发展，为促进国民经济增长，提供就业岗位作出了积极贡献，有些企业已经跨入了大中型企业的行列。但也有一些企业在经过一段迅速成长之后，突然陷入了困境，甚至破产。借鉴经验，吸取教训，是中小企业在成长中应随时记取的。

一忌：刻意追求规模，盲目扩张

中小企业，特别是那些高科技企业，在创建初期，其成长速度一般都比较快，就像一个人在少儿时期发育较快一样。有的企业，在创建后的一个时期内，营业额几乎年年翻番。但在企业发展到一定规模后，就会进入一个稳定增长的阶段，这也是一个规律。在这个时候，企业就不能继续一味地追求发展速度，"不择手段"地扩大生产规模。否则，就会造成企业的畸形发展，从而使企业走向失败。这主要表现在，一些企业不顾市场和资源约束，也不顾自身的生产技术条件和管理水平，一味追求发展速度，甚至不切实际地要争当行业第一、亚洲最大等，结果造成企业的资产负债结构极不合理，盈利能力和偿债能力都很差，一遇环境变化，就一败涂地；一些企业为了迅速实现扩张，不顾自身的实力和对方的情况，盲目对其他企业实施兼并，甚至不顾自己的能力，以小吃大，以蛇吞象，结果不仅不能实现所谓低成本扩张，而且还使自己背上沉重包袱，从而陷入严重困境……

其实，实施企业扩张，关键是要看被兼并企业的资产能否为己所用，能否与本企业的资产实现优化组合，使其优势得到进一步发挥。否则，不论被兼并企业的价值被评估得多么低，也不能实施兼并。特别是企业兼并会引起企业生产类型变化时，由单一产品型、主导产品型和相关多元化经营型向非相关多元化经营型转变时，更是要慎之又慎。

二忌：企业目标偏移，追求虚荣

这里所说的企业目标偏移，是指当企业发展到一定程度，特别是具有一定知名度之后，企业主要领导人就不再把企业自身的发展作为企业的目标，而是在追求一些非经济目标，甚至追求虚荣，背离企业的本质。企业行为不再是为了企业的发展和提高企业的经济效益，而是为了做样子让别人看，特别是让其他方面的领导们去看，以至于夸大其词地宣传自己、包装自己、炫耀自己，甚至力图使自己成为某一地区或某一城市的象征。其结果，艰苦创业时期扎扎实实的作风不见了，取而代之的是说大话、说假话、说空话。表面上看起来轰轰烈烈、欣欣向荣，实际上企业已经开始陷入困境。面对管理混乱、效益不佳、资金困难、危机四伏的局面，一些领导人仍不觉醒，甚至仍然在那里自我欣赏。这种企业发展下去，注定要失败。

三忌：坚持家族管理，任人唯亲

在市场经济条件下，企业之间存在着激烈的竞争。在竞争中，中小企业既有优势，也有劣势。其最大的优势是经营灵活，船小好掉头。而企业经营灵活，要靠企业经营管理者头脑灵活，懂经营，会管理。因此，相对大企业来说，中小企业在竞争中人才所处的地位更加重要。企业要拥有一批优秀人才，必须有一个好的培养人才、吸引人才、使用人才的机制，而这一机制的核心是知人善任，任人唯贤。在一些中小企业，特别是民营企业，却长期坚持家族式管理，实行任人唯亲的用人路线。不可否认，一些民营企业，特别是民营高科技企业，在创建初期，凭着家族式管理和"哥们义气式"的管理，使企业迅速发展壮大起来，但当企业发展到一定阶段的时候，这种狭隘的管理方式就再也不能适应企业发展的需要了，必须用一种正规的现代化管理取代那种狭隘落后的管理，才能使企业的发展走上一个新的台阶。否则，就必然会导致失败，这是社会化大生产所决定的，是一个客观规律，这方面的教训也是很多的。不少中小企业，在进行二次创业时，都把摆脱这种狭隘的不正规的管理作为工作中的一项重要内容，这是一种十分可喜的现象。由非正规管理走向正规管理，由混沌走向清晰，中小企业才能不断创造出新的奇迹。

（原载于《经济日报》2000 年 7 月 21 日）

论新阶段的国有企业改革与发展

国有企业改革和发展三年目标的基本实现，还只是一个初步的阶段性的成果，要取得国有企业改革和发展的最后胜利，仍然任重而道远。就改革而言，虽然大多数国有大中型骨干企业初步建立了现代企业制度，但还很不规范，特别是企业经营机制尚未根本转换；就发展来看，虽然大多数大中型亏损企业扭亏为盈，但这主要还不是由于企业素质和经营管理水平的提高，竞争能力和应变能力的增强，而是国家宏观政策和采取的一系列重大措施作用的结果。如一些企业的扭亏和增盈主要是债转股等措施减少企业贷款利息等费用支出的结果。特别是原有的亏损企业大多数扭亏了，但又出现了一些新的亏损企业。尽管如此，它仍然标志着国有企业改革和发展进入了一个新阶段。今后的任务，就是要按照《中共中央关于国有企业改革和发展若干重大问题的决定》（以下简称《决定》）的要求，努力实现国有企业改革和发展的 2010年目标。

一、加快国有经济布局的战略调整

按照发展社会主义市场经济的客观要求，正确确定国有经济的分布和控制领域，加快国有经济布局的战略调整，是搞好国有企业改革和发展的前提。我国的国有经济布局，是在长期的计划经济体制下形成的，虽经改革开放以来的不断调整，但仍然存在着分布过宽、整体素质不高、资源配置不合理等问题，这直接影响着国有企业的改革和发展。国有经济分布过宽，一方面，会分散国家有限的财力、物力，影响重点领域和行业的发展，从而造成国有经济整体素质不高；另一方面，在那些不适合国有经济发展的领域建立大量的国有企业，不仅不能增强国有经济的控制力，更好地发挥国有经济的主导作用，而且还会给国民经济的发展造成困难，因为这些领域的国有企业是不可能搞好的。① 因此，实现国有企业改革和发展的 2010 年目标，首先必须加快国有经济布局的战略调整。

调整国有经济布局，必须坚持有进有退，有所为有所不为的方针。为此，就要正确确定国有经济需要分布和控制的领域，明确哪些领域应该进，哪些领域应该退；哪些领域要有所为，哪些领域要有所不为。中共十五届四中全会《决定》指出，国有经济需要控制的行业和领域主要包括：涉及国家安全的行业，自然垄断的行业，提供重要公共产品和服务的行业，以及支柱产业和高新技术产业中的重要骨干企业。这就为国有经济布局的战略调整指明了方向。当然，在具体实施中，还需进一步细化，制定出国有经济需要控制的具体行业目录。即使是这些行业和企业，国有经济控制的力度也是不同的。显然，对前三类行业的控制力度要大于对后两类行业的控制力度。同时，控制也不一定完全采取国有独资形式，同样可以通过国有控股和参股企业来实现。只有当用一定数量的国有资本去控制更大数量的非国有资本的时候，国有经济的控制力才能进一步增强。至于其他的行业和领域，则可以通过资产重组和结构调整，集中力量，加强重点，以提高国有经济的整体素质。同时，要在坚持国有、集体等公有制经济为主体的前提下，鼓励和引导个体、私营等非公有制经济的发展，形成合理的适应社会主义市场经济客观要求的国有经济布局和所有制结构。

调整国有经济布局，要积极探索国有制经济的实现形式。一般来说，按照企业的资本组织形式和国有资产出资的多少，国有制经济可以分别采取国有独资公司、国有绝对控股公司、国有相对控股公司和国有参股公司等多种形式。国有独资公司，只有国家一个投资主体，是一种特殊形式的有限责任公司，一般较适合于资源、技术和产品必须由国家垄断的行业、企业，以及那些其他经济成分不愿投资的公益性行业、企业等。即使这种国有独资公司，也应实行出资者所有权和企业法人财产权相分离，以确保企业的法人地位；国有绝对控股公司，投资主体是多元化的，但国有股本必须占企业全部股本的 50% 以上。除国有股本外，其他股本可以是集体资本，也可以是私营、个体等资本。这种公司形式适合于那些特别重要，但也需要实行竞争的行业、企业；国有相对控股公司，虽然国有资本处于控股地位，但股本却在 50% 以下。在投资主体很多、股权比较分散的股份公司中，国有股本占百分之十几，甚至百分之几就可以处于控股地位。这种国有控股公司的国有股权，可根据国有资产经营的需要随时加以调整，调整的主要依据是国有资产的经营效益；

---

① 如在改革开放前，城市的蔬菜供应，以及理发、浴池等诸多服务行业和小商品生产也都是由国有企业占领和进行的，它必然会出现服务水平低、经济效益差等问题。

国有参股公司，国有资本不占控股地位，对企业的生产经营缺乏控制力，但具有一定影响力。国有资产要不要对某些企业进行参股，完全应由国有资产经营机构根据自己的经营状况加以确定。需要指出的是，凡是有国有投资的混合所有制企业，不管采取哪种公司形式，国有股权应同其他股权享有同等的权益，并承担同等的义务。同时，凡是处于竞争领域里的国有及国有控股企业，应当同其他所有制的企业实行完全平等的竞争，通过竞争决定国有经济在不同领域里的进退。

调整国有经济布局，既涉及国有存量资产的调整，又涉及国有增量资产的调整。增量资产的调整，主要是根据国有经济需要分布和控制的领域，调整国有资产投资结构；存量资产的调整，则主要是根据国有经济布局和企业规模结构的要求，对国有企业进行战略性改组。由于我国国有企业数量众多，遍布各行业，情况很不一样，而且在国民经济中的地位和作用各有不同，因此，中共十五届四中全会《决定》提出要区别不同情况，对国有企业实施战略性改组。具体地说，就是把企业分为四类，分别采取不同的政策和措施。一是少数必须由国家垄断经营的企业。这类企业往往具有特殊功能，大都处于国民经济需要加强的领域，也是国有经济应当有所为的领域，一般需要采取国有独资公司形式。对它们不能完全推向市场，但也不能像在计划经济体制下那样，完全由国家统一经营、统负盈亏。要使它们在努力适应市场经济要求的同时，国家给予必要支持，使其更好地发挥应有的功能。二是竞争领域中具有一定实力的企业。这类企业多数处于支柱产业和高新技术产业，比较适合采取混合所有制形式。对它们主要是吸收多方投资，这既可以实现企业投资主体多元化、促进企业经营机制转换，又可以增加企业资本金，加快企业发展。三是产品有市场但负担过重、经营困难的企业。这类企业大多处于传统产业，是战略性改组的重点，要通过兼并、联合等形式进行资产重组和结构调整，盘活存量资产，并形成多元投资主体的公司。在重组和调整中，有些企业国有资产要优化组合，壮大实力，有的则要主动退出。四是实行破产、关闭的企业。这类企业包括产品没有市场、长期亏损、扭亏无望和资源枯竭的企业，以及浪费资源、技术落后、质量低劣、污染严重的小煤炭、小炼油、小玻璃、小火电等。对这类企业，一方面，要采取坚决果断的行政手段和法律手段实施破产、关闭，从根本上消灭亏损源和污染源；另一方面，要不断加大运用经济手段的力度，逐步形成规范的市场退出机制。

二、完善现代企业制度

(一) 进一步明晰产权，确保国有资产出资人到位

所谓明晰产权，绝不是要把国有资产量化到自然人头上，而是要使国有资产有明确的代表机构或出资机构，以确保国有资产出资人到位。在市场经济条件下，企业不应该有行政的主管部门，但必须有明确的出资人。在以公有制为主体、多种所有制经济共同发展的所有制结构下，如果其他所有制的资产都有明确的出资人，只有国有资产没有明确而具体的出资人代表，国有资产的权益就很难得到保证。因此，明晰产权，对国有资产来说，首先是明晰出资人所有权，即明确谁作为国有资产出资人的代表。由于这个问题涉及健全国有资产监管体系问题，我们将在下面进行专门讨论。此外，明晰产权，还要明晰企业法人财产权，即要明确界定企业法人财产的产权边界。

在明晰产权的同时，还要正确界定国有资产出资人的权能，以确保国有资产出资人到位。这些权能主要包括：资产受益权、参与企业重大决策权、聘请经营者、转让股权。

(二) 加快企业股权多元化，促进企业经营机制转换

实现企业股权多元化，是对国有大中型企业实行规范的公司制改革的关键环节。所谓公司，从其本来意义上讲，就是由两个以上的出资人共同出资建立的企业法人。然而，随着实践的发展，由于市场失灵和政府干预经济的需要，在一些国家也产生了一种特殊的公司形式，即国有独资公司。我国《公司法》把国有独资公司作为一种重要的有限责任公司形式，是符合我国国情和社会主义市场经济体制要求的。但国有独资公司不能搞得太多，因为它不利于出资人的所有权与企业法人财产权的分离；不利于实现政企分开；不利于实行有限责任制度；不利于实现企业经营机制的转换。一般来说，除前面已经提到的少数特殊行业的企业外，都应建立或改造为投资主体多元化的有限责任公司或股份有限公司。

企业股权多元化，包括两层含义：一是国有企业吸收非国有资本投资，建立多元投资主体的公司；二是不同企业、不同投资单位的国有资本相互投资，建立多元投资主体的公司。不论哪种形式的股权多元化，都有利于企业经营机制的转换。实现企业股权多元化，是建立现代企业制度的基本要求。

在实现企业股权多元化的同时，还要尽可能地实现企业股权分散化，才能保证公司制企业的规范运作。当前，一些上市公司中存在的法人治理结构不规范和内部人控制等问题，主要是由于企业股权结构不合理造成的。因此，在企业股权多元化的基础上，进一步实现企业股权的分散化，使企业有一个合理的股权结构，是完善现代企业制度的当务之急。一些上市公司的股权结构不合理，主要表现为国有股权所占比重太大。为了实现上市公司的股权分散化、合理化，要允许国有及国有控股企业按规定参与股票配额。特别是对那些信誉好、发展潜力大的国有控股上市公司，要在减持国有股方面迈出实质性的步伐。

（三）规范公司法人治理结构，提高企业决策和执行决策水平

建立规范的公司法人治理结构，是企业股权多元化和利益主体多元化的客观要求和必然结果。然而，在实际工作中，由于一些企业的股权设置还很不合理，干部人事制度改革滞后等原因，企业的法人治理结构还很不健全、不规范，有的甚至流于形式。其主要表现在有关机构和人员还不能严格按照《公司法》规定的程序产生，其权责，特别是作为决策机构的董事会的权责还很不到位。这种很不规范的法人治理结构，不仅没能达到转换企业经营机制的目的，反而影响了决策的执行和决策效率的提高。针对这种情况，中共十五届四中全会《决定》对建立规范的公司法人治理结构的有关问题做出了明确规定。《决定》指出，要明确股东会、董事会、监事会和经理层的职责，形成各负其责、协调运转、有效制衡的公司法人治理结构。在党的重要文件上明确提出公司法人治理结构的概念和内涵，这还是第一次。同时，《决定》还对股东会、董事会、监事会和经理层等之间的权责关系做出了明确规定，指出，所有者对企业拥有最终控制权。董事会要维护出资人权益，对股东会负责。董事会对公司的发展目标和重大经营活动做出决策，聘任经营者，并对经营者的业绩进行考核和评价。发挥监事会对企业财务和董事、经营者行为的监督作用。这些都为建立规范的公司法人治理结构指明了方向。

在国有独资和国有控股公司中建立健全法人治理结构，必须处理好党委会与董事会、职代会与股东大会、工会与监事会、党委书记与董事长、董事长与总经理等方面的关系。对此，《决定》也做出了相应的规定。指出，国有独资和国有控股公司的党委负责人可以通过法定程序进入董事会、监事会，董事会和监事会都要有职工代表参加；董事会、监事会、经理层及工会中的党员负责人，可依照党章及有关规定进入党委会；党委书记和董事长可由1人担任，董事长、总经理原则上分设。充分发挥董事会对重大问题统一决策、监事会有效监督的作用。党组织和职代会按照有关法律履行职责。这里提出

了用"双向进入"的办法处理党委会和董事会等方面的关系问题,并强调发挥董事会对重大问题统一决策、监事会有效监督的作用,既具有突破性,又有科学性。关键是在具体执行过程中,"双向进入"必须符合法定程序,董事会对重大问题的统一决策权必须真正落实。

建立规范的公司法人治理结构,必须深化国有企业人事制度改革,建立适应现代企业制度要求的选人用人新机制。如果没有企业人事制度的改革,企业各级领导人员仍然实行传统的逐级委任办法,公司法人治理结构就不可能建立健全起来,即使建立了,也只能是一种形式。四中全会《决定》就改革国有企业人事制度提出了两个结合,即要把组织考核推荐和引入市场机制、公开向社会招聘结合起来,把党管干部原则和董事会依法选择经营管理者以及经营管理者依法行使用人权结合起来,这是符合我国国有企业改革的实际的。现在的问题是,原则已经明确了,如何贯彻实施仍需要进行探索。其关键是要把两个结合纳入法制的轨道,使公司法人治理结构的建立和运转符合《公司法》的规定。

建立和完善现代企业制度必须解决的上述几个方面的问题是紧密联系在一起的,任何一个方面的问题解决得不好,现代企业制度就不可能真正建立起来。这是因为,没有产权清晰,就谈不上企业股权多元化;而没有股权多元化,规范的公司法人治理结构就无法建立。同时,企业能否实现股权多元化,与企业的融资方式也有着极为密切的关系。如果企业的融资方式单一,也就很难实现企业股权的多元化。因此,大力发展资本市场,提高企业直接融资的比重,也是建立和完善现代企业制度需要解决的一个重要问题。

三、健全国有资产运营与监管体系

建立健全国有资产运营与监管体系,归根结底是要正确确定国有资产的代表、运营与监管机构,使国有资产权能得到正确行使。为了确保国有资产出资人到位,必须在国务院代表国家统一行使国有资产所有权的前提下,明确每个企业的国有资产出资人代表。其具体途径就是实行委托或授权经营。这就是四中全会《决定》中所说的授权大型企业、企业集团和控股公司经营国有资产。对少数国有独资的大型企业和企业集团委托经营国有资产,是国有资产管理的一种有效形式,但实行这种管理形式,还必须建立健全相应的监督机制。否则,国有资产的权益就有可能受到侵犯。因为在市场经济条件下,企业的利益与国家的利益存在着一定的矛盾,委托企业经营国有资产,如果出资人不到位，没有有效的监督机制，往往会侵害国家的利益。目前，国家对国有独资独股的大型骨干企业实行的外派监事会制度，就是一种监督形式。此外，对大量的有国有资产投资的混合所有制企业，可由国家授权建立的国有控股公司或国有资产经营公司经营国有资产。实行这种管理形式，既有利于实现政企分开，又能确保国有资产权益。在这种管理形式下，国家只要管好国有控股公司和国有资产经营公司，国有资产管理中的许多问题都可以得到有效解决。为了确保国家对国有控股公司和国有资产经营公司的有效管理与监督，对其也可实行外派监事会制度。其主要领导可由国家直接任命，如其不能很好地履行自己的职责，就随时予以撤换；如能保证所经营国有资产的保值增值，就给予相应奖励。国家把国有资产保值增值的责任，通过上述形式，落实到大型企业、企业集团和国有控股公司与国有资产经营公司身上，是符合社会主义市场经济客观要求的。特别是政府对少数大型企业、企业集团、控股公司和国有资产经营公司进行产权管理，比直接面对成千上万的企业要容易得多，有效得多。同时，它还有利于国有资产经营和发展混合所有制经济。

　　按照国家所有、分级管理的原则，中央和地方政府都可以授权大型企业、企业集团经营国有资产，并建立若干控股公司和国有资产经营公司，作为本级政府出资兴办和拥有股份的企业的出资机构，经营国有资产。这样就可以逐步建立起符合社会主义市场经济体制要求的国有资产管理、监督、运营体系和机制，在实行政企分开的同时，确保国有资产及其权益不受侵犯。需要指出的是，无论实行哪种国有资产管理的具体形式，都应注意防止两种倾向。一是出资人不到位，国有资产权益受到侵犯。要避免这种情况发生，其主要措施就是前面已经谈到的，明确出资人代表或机构，建立健全以监督机制为主要内容的国有资产保值增值机制。二是出资人越位，企业法人财产权受到侵犯。无论是国有资产还是非国有资产，一旦投入企业，就形成企业的法人财产，企业法人对其拥有的法人财产具有占有、占用和依法处置等项权利。出资人在行使或委托行使自己的各项权利时，必须实行出资人权利与企业法人财产权相分离的原则，并遵循相应的法定程序，而不得随意干预企业的生产经营活动，侵犯企业的法人财产权。

四、推进各项配套改革

　　（1）继续深入财税、金融等体制改革，为建立和完善现代企业制度创造良好的体制环境。通过深化财税体制改革，建立起合理的税收体系和税制结构，以规范国家与企业的分配关系，使不同所有制和不同资本组织形式的企业有一个平等的税制环境。要加快税费改革的步伐，清理整治乱收费、乱罚款和各种摊派，切实减轻企业负担；通过深化金融体制改革，不断完善金融组织体系、市场体系、监管体系和调控体系。要按照现代银行组织制度对国有独资商业银行进行综合改革，积极稳妥地发展非国有金融机构和非银行金融机构，稳步推进利率市场化改革，使企业有一个规范、稳定和有序竞争的金融环境；通过投资体制改革，建立健全投资风险约束机制，严格执行项目资本金制度和项目法人责任制，真正做到谁决策谁投资谁承担责任和风险。要根据国家的产业政策，建立和完善市场准入和退出机制。同时，政府要通过发布信息等方式对各种投资进行引导。要综合运用各种手段，特别是要充分发挥市场机制的作用，制止和避免不合理的重复建设。

（2）发展各类市场，整顿经济秩序。要使企业真正成为市场主体和利益主体，就必须大力发展各类市场。要继续完善各类商品市场，培育和发展各类要素市场。要建立健全市场法规和规则，加强市场监管，规范市场行为，消除分割、封锁市场的行政性壁垒，建立全国统一的市场体系，营造公平竞争的市场环境；要依法严厉打击走私贩私，制售假冒伪劣商品以及偷逃税款等各种经济违法犯罪行为。要从根本上解决市场秩序混乱问题，必须把整顿市场秩序与反对腐败紧密结合起来，并通过行政体制改革，切断各级政府和公务人员与其所在地区和部门在经济利益上的联系。

（3）继续深化政府机构改革，转变政府职能。就深化企业改革而言，主要是转变政府管理经济的职能。在社会主义市场经济条件下，政府管理经济的职能主要包括：通过制定和执行宏观经济政策，进行宏观经济管理和宏观经济调控；通过制定和执行各种法律、法规，对微观经济活动进行规制。同时，要通过一定形式，对有国有资产投资的企业行使国有资产出资人的权能。就宏观经济管理和微观经济规制来说，政府应该对各种不同所有制和不同资本组织形式的企业行使相同的职能，即政府的这些职能应该是覆盖全社会的。各级政府在完成机构改革任务以后，都要按照这种要求切实转变经济管理职能，为建立和完善现代企业制度创造必要的条件。

（4）加快社会保障体系建设。深化国有企业改革，建立和完善现代企业制度，必须健全社会保障体系。要依法扩大养老、失业、医疗等社会保障的覆盖范围，城镇国有、集体、外商投资、私营等各类企业及其职工都要参加社会保险，缴纳社会保险费。健全社会保障体系的难点是资金来源问题。要强化社会保险费的征缴，提高收缴率。同时，要采取多种措施，开拓社会保障新的筹资渠道，充实社会保障基金。要在不断提高保险能力和保险水平的基础上，进一步深化社会保障体制改革，加强有关制度建设，尽快建立起一个独立于企事业单位之外、资金来源多元化、保障制度规范化、管理服务社会化的社会保障体系。

（5）健全中介服务体系。随着政府机构改革和政府职能转变，社会中介服务机构的地位和作用越来越重要。当前，我国的社会中介服务机构还很不发达，无论是中介机构的从业范围和数量还是服务水平和服务质量，都满足不了社会主义市场经济体制和建立现代企业制度的需要。同时，还有不少中介机构都是政府部门开办的，发挥不了中介机构的作用。因此，在大力发展社会中介机构的同时，原有政府部门主管或开办的中介机构要与政府部门彻底脱钩。同时，要不断提高各种社会中介机构的自身素质和业务水平，规范他们的行为，真正做到客观、真实、公正。对弄虚作假者，要追究责任，依法惩处。

需要指出的是，在各级政府原有的专业经济部门撤销之后，各类行业协会应成为企业与政府联系的纽带。但是，目前的行业协会还不能很好地发挥应有的作用。由于各行业协会过去都是依附于各专业经济部门的，因而限制了其作用的发挥。在这些专业经济部门撤销之后，它们本应更好地发挥自己的作用，但由于存在着地位、素质、经费等各方面的问题，其处境反而更加困难。各级政府和企业都应积极支持行业协会的工作，同时，行业协会也应不断提高自己的素质和工作水平，规范自己的行为，树立自己的权威，更好地为企业和行业服务，加强行业自律。

五、增强企业"三大"能力，提高企业经济效益

（1）增强国有企业的科技开发能力，必须加快国有企业技术进步和产业升级。十五届四中全会《决定》指出，国有企业技术进步和产业升级的方向与重点是：以市场为导向，用先进技术改造传统产业，围绕增加品种、改进质量、提高效益和扩大出口，加强现有企业的技术改造；在电子信息、生物工程、新能源、新材料、航空航天、环境保护等新兴产业和高技术产业占据重要地位，掌握核心技术，占领技术制高点，发挥先导作用。处理好提高质量和增加产量、发展技术密集型产业和劳动密集型产业、自主创新和引进技术、经济发展和环境保护的关系。通过技术进步和产业升级，使少数大型企业和企业集团在产品质量、工艺技术、生产装备、劳动生产率等方面达到或接近世界先进水平，在国际市场上占有一定的份额；一批企业和企业集团具有较高

技术水平，能够生产高附加值产品，在国内外市场有较强竞争力；多数企业要不断进行技术改造和产品更新，并充分发挥我国劳动力充裕的优势，积极参与国内外市场竞争。

企业是技术进步和产业升级的主体。提高企业的科技开发能力，一是建立和完善企业技术创新体系。大型企业都要建立技术开发中心，加强技术开发力量，加大技术开发资金投入，加快开发具有自主知识产权的技术和主导产品。同时，大型企业和企业集团可与国外跨国公司合作建立技术开发机构，开展多种形式的技术合作；有条件的企业可到世界科技开发的最前沿建立技术开发机构，与合作者实现技术资源共享和优化配置。二是积极探索新的技术创新模式。开展多种形式的产学研结合，鼓励科研机构和大专院校的科研力量进入企业和企业集团，组织力量对一些重要领域的关键技术难题进行联合攻关，实现技术上的突破和跨越，促进科技成果向现实生产力的转化。三是形成有效的技术创新机制。继续深化人事制度和分配制度改革，鼓励人才合理流动，鼓励资本、技术等生产要素参与权益分配。通过技术入股、岗位工资和建立重大奖励项目等多种分配形式，充分反映和体现科研人员实现技术创新和技术进步的价值，最大限度地发挥他们的创新潜能和积极性。

(2) 增强国有企业的竞争能力，要在增强企业的科技能力，加快企业的技术进步和产业升级的同时，加强企业的质量和财务成本管理，不断提高产品质量，降低产品成本。在一定的技术水平下，企业的竞争能力，主要取决于产品的质量和成本。在同等技术水平和价格情况下，产品质量高，竞争力就强；反之，竞争力就弱。而在同等技术水平和质量情况下，产品成本低，就可以降低产品的价格。价格低，竞争力就强；反之，竞争力就弱。企业之间的竞争，主要表现为产品的技术水平、质量和价格的竞争。

(3) 增强国有企业抵御风险的能力，要在增强企业科技开发能力和竞争能力的基础上，不断增强企业的经济实力、技术实力和人才实力，提高企业的应变能力。同时，要加强企业的战略管理和风险管理，避免经营决策的重大失误。

(原载于《中国工业经济》2001 年第 5 期)

继续深化国有企业改革的重点和难点：
一个减少、两个规范

各位老总、各位领导：

下午好，非常高兴出席我们这个论坛。22 日是邓小平同志的百年诞辰，我们今天下午举办国企改革发展论坛，以这个形式来纪念邓小平同志百年诞辰是非常有意义的。因为邓小平同志是我国改革开放的总设计师，而且我国改革开放从开始到现在，一直把国有企业改革作为经济体制改革的中心环节。由于时间关系，我简要地把我的观点讲一下。

今天有很多同志来自企业，也有的来自理论界。我最近给我们学院的培训班讲了国有企业改革问题，提出了一些问题，我也把这些问题提给同志们。这些问题有的我不回答，请同志们研究；有的在我下面讲的观点中回答。

1997 年中共十五大提出国有企业三年要实现两大目标：第一个目标是改革目标，要在 20 世纪末绝大多数大中型骨干企业初步建立现代企业制度；第二个目标是发展目标，就是脱困。

第一，关于改革目标有很多限制。朱镕基同志讲，我们讲的是大多数大中型骨干企业，初步建立现代企业制度，有很多限制词。这两年对国有企业的改革，总体上我们还是做了大量的工作，但是在解决深层次的矛盾上还是没有太多的推进。关于进行公司制改革，企业的数量基本上还是 2000 年末的数字，没有太大的进展。从质上看，离社会主义市场经济体制的要求还很远。这里涉及我要提的第一个问题，即国有企业改革的最终目标是什么，这恐怕是大家要回答的问题。

第二，我们已经取得的改革成绩离我们要达到的目标到底还有多远，恐怕要研究。

第三，目前国有企业改革中存在的最主要问题有哪些。

第四，影响国有企业改革继续深化的深层次的矛盾和原因到底有哪些。

第五，中共十六届三中全会的《决定》在完善社会主义市场经济体制方面有一些重大理论与政策上的突破，与国有企业改革有关的突破有哪些。

第六，进一步深化国有企业改革需要采取哪些措施。

第七，今天论坛是分两个，国资论坛和国企论坛，实际上这是一个问题，没有国资哪来国企。为了加强国有资产管理，推进国有企业改革，国务院成立了国资委，地方也在逐步成立。在这个体制下企业到底怎么定位，关键取决于国有资产怎么定位。2003年两会期间我接受中央电视台《东方时空》的采访，专门说了这个问题。

第八，原来的国有资产管理体制改革到底存在哪些弊端，这一次国有资产管理体制改革的核心内容是什么。

第九，本次国有资产管理体制改革能否达到预期的目标。

下面我先讲一个"减少"，这涉及我们改革的目标。减少什么？减少国有独资企业。总的来说现在国有独资企业太多，而国有独资企业是不能够建成真正的现代企业制度的，这就无法达到改革的最终目标。我们的《公司法》规定，特定行业、特殊产品的企业可以设立独资企业的形式。现在改革当中，无论理论还是实践中都遇到了一个矛盾，这个矛盾在理论上似乎是一个悖论，我们改到现在，还叫国有企业改革。当然国有企业改革要继续深化，国有企业改了以后到底是什么企业，叫不叫国有企业。过去我们叫国营，后来叫国有，后来叫国有独资、国有控股。我是最早写文章提出要摒弃"民营"这个概念的。民营企业、民营经济是我们改革中产生的概念，现在是抛弃它的时候了。抛弃它不是不支持"民营"企业的发展。我们现在有《中华人民共和国企业法》、《中华人民共和国公司法》、《中华人民共和国个人独资企业法》和《合伙企业法》，这四部法律完全有条件按照企业的财产制度和资本形式对企业进行分类。比如中共十六届三中全会讲要大力发展国有资本、集体资本、非公有制资本共同参股的混合所有制企业，要把股份制作为公有制的主要实现形式，说得很明确。我们就是要看企业的财产制度和资本组织形式是个什么样，即要么是有限责任公司，要么是股份有限公司，要么是上市公司。"民营经济"的提法很不科学，到底经营者是谁、所有者是谁。对于"民营"这个提法我还是有发言权的，我的老师是已故著名经济学家蒋一苇先生，当时我们在研究搞活国有企业时，按照中共十二届三中全会《决定》的精神，经营权、所有权可以分开，保证国家所有，但可以承包经营，即民营。"民营"这个字眼是这样提出来的。尽管十五大上江泽民同志讲得很清楚，我们社会主义初级阶段基本经济制度是公有制为主体、多种所有制经济共同发展，但人们对发展非公有制经济总还是有顾虑，因此，还是喜欢叫"民营"，不愿意叫私有。有一次朱镕基同志讲到民营经济时说实际上就是私有经济。

不管是民营的也好，还是非公有制的也好，公有制的也好，独资企业都很难建立现代企业制度。就国有企业来说，应该分类进行改革。十五大提出对中小型国有企业要通过联合、租赁、承包、股份合作制和出售等多种形式，继续放开搞活。这些企业改完了以后是什么？比如出售，如果是卖给其他所有者，就不再是国有企业。对国有大中型企业，原则上提出要进行规范的公司制改革，这个也没错，就是建立现代企业制度。要减少国有独资企业，把国有独资企业定位在哪儿？到底有多少？现在的集团公司，母公司大多还是国有独资，这只能是一个过渡的形式。下一步随着国有资产管理体制、国有出资机构的健全，能不能把这些集团公司的母公司分解掉，我的意见，有的继续上市，有的兼并重组，有的破产。由国有资产投资机构直接作为出资人对股份公司进行出资。这样可以提高国有资产的运营效率，提高国有经济的效率。

刚才提到国有资本，到底它的定位是什么。关于这次国有资产管理体制改革，我在接受中央电视台采访时曾提出四个要点：一是把原来对企业的管理变成对资产的管理，对国有企业的管理变成对国有投资的管理；二是要实行政府公共管理职能与国有资产出资人职能分开；三是政府职能覆盖全社会；四是所有的市场主体在接受政府经济管理时享受"国民待遇"。现在的问题是，到底国有资产要不要执行经济调节的职能？是要以赚钱为目的还是在公共企业领域？

不管是哪一类的企业，采取独资的形式都是不可能建立起现代企业制度的，现代企业制度的一个重要特征就是产权的多元化、分散化。国际上500强或者是更多的大企业、跨国公司，没有任何一家企业最大的股东所占的股权是在10%以上的，甚至5%以上。生产的高度社会化，要求资本的高度社会化。我们采取单一国有制的形式，也是社会化的形式，但实践证明不行。人类到目前为止，要使资本社会化适应生产社会化，一个是过去传统的国有制，另一个是现在的股份制。股份制也是资本社会化的一种很好的形式。只有少量特殊行业的企业把它作为国有独资企业来办，而且不要把它和一般的竞争性的行业一块儿建立现代企业制度。我们要按照市场经济的一般原理和现代企业制度的一般原理改革国有企业，传统意义上的国有企业就不存在了。反过来，如果还要坚持传统意义上的国有企业的基本特征，企业是独资，是国家所有的，那么现代企业制度是建立不起来的。

中共十六届三中全会关于国有企业改革讲了三条。这次没有把国有企业改革作为整个经济体制改革的中心环节来提，但温家宝在对《决定》进行说明时，讲还是要坚持把国有企业改革作为整个经济体制改革的中心环节。关于国有企业改革，《决定》讲了三点：一是国有资产管理体制继续完善；二是规范法人治理结构；三是垄断行业的改革。垄断行业到底怎么改革？国有独资定在哪个范围？自然垄断的行业是否需要保留国有独资企业的形式。中共十五届四中全会指出，三类行业两类企业国有经济要控制，即关系到国家安全、自然垄断、提供公共产品和劳务的行业，以及高新技术产业和支柱产业的骨干企业。当时我提了一个意见，这个面不能太大，后来加了一个"重要"。关于关系到国家安全的行业，如军工在我们国家至少在一段时间内还要保留国有独资企业。但这些企业中有些不是真正意义上的企业。再就是提供公共产品和劳务的，只能由政府和公共企业来提供。就像长江大堤一样，是我们政府要拿钱，其他任何一个企业拿钱是拿不起的，企业是营利性经营组织。要做到一个减少，尽可能减少国有独资企业的形式，就要给国有独资企业定位，即在哪些领域还保留，《公司法》里规定的特殊产品、特殊行业，一个比较多的是自然垄断的行业。所谓自然垄断就是由于产品的生产技术特点形成的垄断，而行政垄断是政府的行政命令造成的垄断。一般被认为，电力、电信、自来水、天然气和铁路运输行业为自然垄断行业。有一篇文章讲，随着技术的发展，电信已经不再是自然垄断了。自然垄断行业最大的特点是需要花巨资建一个看得见的网络，这个网络不宜于进行重复建设，重复建设会造成浪费。由这个特点决定了刚才讲的五个行业或者是四个行业的自然垄断。

打破垄断要注意一般的行政垄断和自然垄断的区别。自然垄断当然也要引入一定竞争机制，但不要乱，自然垄断行业内部的无序竞争，最后只能使国有资产的权益受到损失。

两个规范。第一个规范是规范公司制改革，或者是规范公司股权结构。现代企业制度有三个方面的内容：第一，公司法人制度。在公司法人制度下，法人财产权和投资人的财产权、法人财产权和经营权是分离的。不管任何人的财产，一旦投入到企业，就变成了企业的法人财产，与出资人的财产权就分开了。企业的法人就要按照法定程序对法人财产进行占有、占用、支配，因为这样的关系，所以要规范公司制改革。第二，有限责任制度。实现有限责任制度的前提条件就是投资者投入企业的财产，必须跟他的其他财产能够分开。如果投入企业的财产不能与其他财产严格分开，就没有办法实现有限责任。而独资公司就很不容易把投资者投入企业的财产同他的其他财产分开。我们处在改革过程当中，考虑到国有独资企业暂时比较多，只能把它作为一种特殊形式的有限责任公司，事实上很难说是有限责任公司。当然作为国家还好监管一些，宝钢就是宝钢，首钢就是首钢，国库就是国库，有一套比较健全的制度。作为个人独资企业就不行了。第三，公司法人治理结构。这三个是紧密联系在一起的。

公司制改革，中共十五届四中全会讲了要采取多种形式实现股权的多元化。现在的问题，一是国有独资公司太多，二是即使股权多元化的公司也严重存在着产权结构不合理问题，最突出的表现，是内部人控制下的国有股一股独大。如很多上市公司也都是国有股一股独大。后来采取措施，减持国有股，但由于问题很复杂，未能达到目标。由于股权结构不合理，造成上市公司很不规范。国有股和法人股不能流通，70%的股权是不流通的，只有30%是流通的，这种情况下市盈率比国际上高很多。尽管有难度，我想下一步还是要实行股权多元化和合理化，继续减持国有股。由于股权结构不合理，决定了法人治理结构的不合理。我发现一个很有意思的现象，很多上市公司股东大会开会的时候还没有董事会开会的人员多，因为小股东太小，即使发起的那几家，股权有的也都进入不了董事会。有些独资公司过去没有董事会，不知道北京市怎么样。据说下一步独资公司也要建立董事会。我想独资公司搞董事会搞也是白搞，因为无论独资公司派100个董事还是派一个部门，不能形成制衡机制，这样有什么意义。就一个国有股东，建立董事会就没有意义。

第二个规范是规范法人治理结构。法人治理结构是公司制的核心。法人治理结构包括股东会、董事会、监事会和经理层，要各行其职，各负其责，有效制衡。在股权结构不合理的情况下，法人治理结构没有办法规范。首先是不健全。我还想强调一下，什么叫公司治理？公司治理是怎么产生的？它跟企业管理有什么区别？很多人并不清楚。公司治理问题的产生是由于公司制的产生。在公司制条件下，由于出现了两次两权分离，产生了两个信息不对称，以及两个层次的利益不一致，投资者要求减少投资风险，必须千方百计地通过一种治理结构，使不一致的利益尽量一致起来，不对称的信息尽量对称起来。比如我们大家在座的人共同出资办一个企业，但大家的出资额不一样，结果大股东，比如第一排的五位领导，都按股权多少进入董事会。董事会代表法人财产，我们就产生大股东和小股东信息不对称，利益不一致。大股东决策的时候，往往侵犯小股东的利益。董事会的同志又不可能直接经营企业，比如又聘我来当总经理，法人财产权和经营权又分开了。我是经营者，你们是法人财产权的代表人，代表广大股东，又出现了一个经营者和法人财产权的利益不一致的问题。比如我的工资如何定？给我多了影响成本，影响股东利益，给我少了我又不好好干，还是影响股东利益。正是因为这样才产生了公司治理。一般的企业，不是公司制企业不存在治理问题，只有管理问题。

规范公司治理结构要抓住两个核心问题，一是激励约束机制问题，要尽量把不一致的利益一致起来；二是要加强信息披露，把不对称的信息尽可能对称起来，这是公司治理中两个最核心的问题，而我们现在往往忽视。我们很多国有控股企业，到现在为止老总们的工资、待遇都还很低，没有实行年薪制，缺乏动力机制。我认为，既然是一个企业，不论是国有独资企业还有国有控股企业，都应建立健全激励约束机制。凡是国资委出资的企业，以后派出的出资人，要给他们相应的工资待遇。谁来定？出资机构定。谁来发？有条件的出资机构来发。出资机构既然是作为出资人代表，他要享受四项权利，现在只有三项，资产收益权没有。基于这个问题我在 2003 年的全国财税论坛上提出要建立国有资本预算体系，与公共财政预算分开。税收交给各级财政，形成公共财政。作为出资人的机构享有资产收益权。国有投资的利润要交给出资机构，要形成单独的国有资本账户，支出可以用于再投资，可以扩大对控股企业的控股，也可以办新企业，还可以给你派的出资人代表发工资。要解决激励机制与信息不对称问题，这是公司治理的核心。

　　法人治理结构不规范表现在三个方面：第一，法人治理结构不健全，国有独资公司没有股东会，有的也没有董事会，有的董事会是摆设。第二，有关机构产生和运作不规范。我曾经参加国有企业稽查特派员的培训，当时是在不得已的情况下，即公司内部的监事会不起作用的情况下，临时采取了这么一个办法。当时监事会不起作用，为什么？因为没有制衡权。监事会主席是在没有股东大会的情况下，由董事长、总经理确定的，地位很低。这种监事会能够监督吗？至于企业的总会计师、财务总监，由于缺乏制衡机制，也不能实行有效监督，存在严重的做假账现象。对于上市公司，还分国有上市公司、集体上市公司、民营上市公司，这很荒唐。有的上市公司在决策机制上，还是实行党政联席会议制度。经营决策权应统一在董事会手里，现在还是党政联席会制度，很不规范。第三，权责不到位，特别是董事会的权责不到位。董事会，特别是集团公司的董事会实际上是个摆设。其两大权力都没实现，一个权力是参与企业重大决策，结果很多重大决策还在政府手里。第二个重大权力，聘请总经理。结果我们的总经理和董事长一样大，还都是正局级、副局级或正部级、副部级，并且都是干部人事部门派。中共十六届三中全会讲得很清楚，完善法人治理结构，按照现代企业制度的要求，规范公司股东会、董事会、监事会和经营管理者的权责，完善企业领导人的聘任制度。股东会决定董事会和监事会成员，董事会选择经营管理者，经营管理者行使用人权，并形成权力机构、决策机构、监督机构和经营管理者之间的制衡机制。讲得非常好，非常到位。我曾经提出，必须把国有独资企业的定位搞清楚，那些企业我们甚至可以按照计划经济的方式进行管理，但要考核它的绩效。我曾经建议对国有资产投资机构和国有独资企业的领导应实行准公务员管理，不能按照一般的竞争性的企业的办法管理。所谓准公务员是什么意思？既然他是特殊企业的领导人，就不能跟政府公务员一样拿工资，工资要高，要有激励机制。再一个"准"的意思是，他要由国家任命，经营好坏没有个人财产的损益，必须经过考核任命。

我举一个例子，我有一个朋友是个大企业的副老总，五十七八岁时让他退二线，退到董事会当副董事长去了，这是很荒唐的事情，说明董事会的权力不到位。按照现代企业制度的原理，董事会的董事长是代表出资人的，是企业的主人。经营者阶层是打工的，可以流动，有价格。一般来说，哪里年薪高就在哪里干。有一次他给我讲了个笑话，他说，咱们都理解我们董事会是个摆设，退二线退到董事会，但外国人不懂，不理解。在他换了职位以后，跟一个原来的外国客户换名片的时候，外国人一看，马上很高兴地同他握手，向他表示祝贺，说你高升了，到决策机构去了。他很尴尬，马上说我下来了。外宾很不理解，从惊喜到惊讶，当董事长你怎么下来了！

我甚至说，我们不要自己跟自己较劲，一方面中央决定是那样说的，一方面企业的大小干部还是按照政府的干部这样来任命，这不是自己跟自己较劲吗？关键是对大企业要进行分类，那些国有独资企业，不要建立什么规范的现代企业制度，也不要规范法人治理结构。凡是竞争性的行业，要按照中共十六届三中全会的决定，使股份制成为公有制的主要实现形式的要求，都要改造为股权多元化、分散化、合理化的股份公司。对这些股份公司，必须实行规范的法人治理结构。

（原载于《首都国资》2004 年第 9 期）

国有大型骨干企业改革必须分类进行
——对当前深化国有企业改革的一些思考

独资公司不能建立规范的现代企业制度。当前，国有大型骨干企业在深化改革中，都把建立和完善现代企业制度作为改革的最终目标。所谓现代企业制度，必须包括两项最基本的制度：一是符合现代社会化大生产客观要求的，多元化、分散化、合理化的股权制度；二是建立在股权多元化、分散化、合理化基础上的公司法人治理制度。独资公司不可能有股东会，而在没有股东会的情况下，董事会的设置也就失去了意义。如果硬要设置的话，它也只能是一个摆设，因为独资公司的董事会只能采取行政化的议事方式。这就是独资公司不可能建立起规范化的现代企业制度的原因。

改革中对国有大型骨干企业缺乏科学的分类。既然独资公司不可能建立起规范的现代企业制度，而现阶段我们又必须保留一定数量的国有独资公司，这就决定了对国有大型骨干企业必须进行分类改革。当前，国有大型骨干企业改革中存在的突出问题，就是缺乏科学的分类。其结果是，无法建立现代企业制度的企业却硬要在那里建立所谓的现代企业制度，而应该并且能够建立现代企业制度的企业，因为受到那些无法建立现代企业制度的企业的干扰，也不能尽快地建立起现代企业制度。

准确而合理地确定国有独资企业的范围。对国有大型骨干企业进行分类改革，关键是要按照建立和完善社会主义市场经济体制的要求，准确而合理地确定国有独资企业的范围。《公司法》中所指的生产特殊产品的公司或者属于特定行业的公司，一般应该包括那些关系到国家安全的重要军工企业、战略物资储备企业以及某些自然垄断和重要的基础设施企业、提供公共产品与劳务的公共企业等。除此以外的企业，一般都应在股权多元化、分散化、合理化的基础上，建立规范的现代企业制度。

进一步减少国有独资企业。当前国有大型骨干企业改革中存在的另一个突出问题，就是国有独资企业太多。今后深化国有大型骨干企业改革的一项重要任务，就是要继续减少国有独资企业。只有极少数特殊企业应当保留国有独资形式，而且对这些企业，不应要求它们建立现代企业制度。

进一步实现企业股权结构的分散化、合理化。当前，我国大型骨干企业中的股份公司，包括上市公司在内，普遍存在着内部人控制下的国有股一股独大现象，这是规范公司法人治理结构，从而完善现代企业制度的最大障碍。无论是进一步减少国有独资公司，还是进一步实现企业股权结构的分散化、合理化，都遇到一个深层次的矛盾。这就是以公有制为主体与发挥国有经济的控制力，同现代企业制度要求的股权多元化、分散化与合理化之间的矛盾。如何把二者很好地结合起来，协调起来，是需要深入研究解决的问题。

进一步规范公司法人治理结构。我国公司治理中存在的问题，表现在公司治理结构上，主要有三个方面：一是治理结构不健全；二是有关机构产生不规范；三是董事会的权责不到位。董事会应具有两项最基本的权利：一是生产经营的重大决策权，二是总经理的聘任权。而在我国绝大多数的大型公司制企业中，并没有真正做到这一点。甚至有些上市公司采取的仍然是党政联席会议决策制度。有些企业的总经理在退居二线时，反而退到了董事长或副董事长的位置上。因此，进一步规范法人公司治理结构，仍然是深化大型国有骨干企业改革的重点和难点。规范公司法人治理结构，同样存在一些深层次的矛盾，其中主要是干部人事制度改革滞后。规范的公司法人治理结构要求股东大会决定董事会，董事会聘任总经理，总经理依法行使用人权。而我国现行的大型骨干企业的干部人事制度，实行的仍然是委任制，以体现党管干部的原则。党管干部原则是不能动摇，但在企业领导干部的管理中如何贯彻这一原则，还需要进一步深入研究。

进一步规范母子公司关系。在我国的母子公司关系中，通常存在两种倾向：一是母公司对子公司的行政干预太多，子公司缺乏应有的法人地位。在这种母子公司关系中，母公司通常被称为一级法人，子公司被称为二级法人。所谓二级法人，实际上就是否定了子公司的法人地位。其母公司对子公司的控制权大都是通过行政指挥实现的。不论母公司的领导人是否进入了子公司的董事会，都可以以母公司的名义，向子公司下达指令，直接指挥子公司的生产经营活动。二是母公司对子公司失去控制权。少数控股母公司，包括绝对控股母公司在内，对子公司不能有效地行使出资人权利。子公司的决策机构名义上是以控股母公司为主导组成的，但母公司对子公司的重大决策意图完全不能得到贯彻，也就是说，子公司的主要决策者名义上是母公司派来的，但却与母公司没有任何关系，或对母公司根本不予理会。这类公司通常是通过行政手段组建起来的集团公司，一般都是先有"儿子"后有"老子"。上述两种情况，都不利于集团公司的健康发展。要规范母子公司关系，关键是要在母公司和子公司两个层面上，建立健全法人治理结构。

加快集团公司主业整体上市或整体转制。我国的国有大型骨干企业，大多以集团公司的形式存在。深化国有大型骨干企业的改革，主要是深化集团公司的改革。当前，我国的集团公司大致由以下几部分组成：一是作为国有独资公司的母公司；二是已经转制或上市的有限责任子公司或股份子公司；三是以子公司或分公司形式存在的存续企业。其中，第三部分又包括两小部分，一是为集团公司主业服务的辅业公司，二是企业办社会的部分。集团公司的这种状况，严重地制约着它的改革与发展。解决企业分块转制遗留下来的诸多问题，一项重要措施就是要加快集团公司主业整体上市（或整体转制）。如武汉钢铁（集团）公司通过资本市场运作，以武钢股份增发收购的方式，实现了钢铁主业资产重组整体上市，从而开创性地解决了国有企业分拆上市后产生的诸多问题。通过集团公司主业整体上市，可以将上市公司逐步发展为新的集团公司的母公司。而现有集团公司的母公司，通过深化存续企业改革和国有资产管理体制改革，有的可以解体，有的则可以变为独资的国有纯粹控股公司，并由国有资产监督管理机构直接对其进行监督管理。如果母公司解体，子公司中的国有资产投资，也应由国有资产监督管理机构直接派出出资人代表，参与企业的经营管理。

加快存续企业改革。把现有集团公司的母公司，变为纯粹的国有控股公司或予以解体，面临的一个重要问题就是存续企业的改革。存续企业大都是企业改制时剥离下来的部分，存续企业改革滞后，是国有大型骨干企业改革中存在的另一个突出问题。从一定意义上说，存续企业改革是国有大型骨干企业改革的最后堡垒。由于存续企业的情况较为复杂，因而对存续企业也要分类进行改革。首先，作为存续企业存在的辅业子公司，由于它要继续向转制的主业公司提供产品和劳务，因此，也要进行重组和转制，有条件的也可以逐步发展为上市公司，从而成为与原主业公司平行的具有紧密合作关系的独立公司。在这些公司中，如果有由原来母公司作为出资人的国有资产投资，也应由国有资产监督管理机构直接派出出资人代表，参与企业的经营管理。这个问题涉及现有集团公司非核心业务的重组与转制问题。上海汽车工业（集团）总公司在非核心业务的重组与一体化管理方面，也已经有了很好的经验，值得其他企业认真研究借鉴。至于存续企业中属于剥离下来的企业办社会的部分，以及与企业生产经营活动毫无关系的经营实体，属于企业办社会的部分，则应按照国家的有关规定，把它们移交给企业所在地的政府；属于其他经营实体，并且能够自主经营、自负盈亏的，则应采取股份合作制和出售等形式进行改革，彻底割断它们与原有企业的关系，使其完全走向市场；

对那些无法自主经营、自负盈亏的经营实体，可以通过破产、重组等方式加以解决。

（原载于《学院咨询与研究》2005 年 6 月 7 日）

企业实现可持续发展必须具备
五大能力

一、企业具有可持续发展能力的意义

所谓企业可持续发展，是指企业在追求自我生存和永续发展过程中，既要考虑企业经营目标的实现，并不断提高企业市场地位，又要保持企业在已领先的竞争领域和未来扩张的经营环境中，始终保持持续的盈利增长和经营能力的提高，以保证企业在相当长的时间内长盛不衰。增强企业的可持续发展能力，对企业做大、做强、做久具有重要的作用。

首先，可持续发展能力是企业生存的基础。特别是在我国，很多企业发展历史不是很长，管理者缺乏相应的经验，当面临不稳定的内外环境变化时，容易导致企业的失败。其中失败的最重要原因是企业不具备基本的发展能力。

其次，可持续发展能力是企业获得竞争力的保证。企业间的竞争，实际上是企业资源与能力的竞争。企业竞争力可以表现在不同层次上，包括资源要素与能力、竞争优势与市场地位、竞争行为特点与业绩等不同层次与不同方面，但最基础的方面还是企业的能力。因此，从企业竞争力的构成要素来看，可持续发展能力是企业获得竞争力的保证。

最后，可持续发展能力是企业管理的基础。在我国目前大多数企业都处于发展初期阶段的情况下，企业管理中应该多关注企业基本发展能力。在实际工作中，很多企业更关注于企业规模的扩大，而忽视企业的可持续发展能力，这是一些企业最终走向失败的根本原因。

二、企业实现可持续发展必须具备五大能力

（一）技术创新能力

在科学技术迅猛发展的今天，企业的技术创新能力，直接决定着企业的生命力，从而决定着企业的生存与发展。企业具有较强的技术创新能力，一方面能够使企业在本领域内始终保持技术领先地位，另一方面还可以使企业取得超额利润甚至垄断利润。这两个方面都是企业实现可持续发展的重要条件。

增强企业的技术创新能力，首先必须处理好科学研究与新产品、新技术开发的关系。企业进行科学研究，不仅需要很好地把握科学技术发展的方向，而且还应把重点放在应用科学和应用技术的研究上，并把它与本企业的新产品、新技术开发紧密结合起来。同时，新产品、新技术的开发又必须以市场为导向，尊重市场的选择。只有这样，才能把企业的技术创新与市场化运作很好地结合起来，从而不断提高技术创新的经济技术效果。

增强企业的技术创新能力，必须不断加大企业对技术创新的资金投入。企业在增加对技术创新的资金投入时，一方面要充分考虑企业的资金承受能力，采取不断递增的办法；另一方面，还要使技术创新成果尽快转化为市场上需求的产品，从而取得较好的经济效益，使企业技术创新进入一个投入—技术效果—经济效益—再投入的良性循环过程。

增强企业的技术创新能力，还必须走合作进行技术开发的道路。实践证明，合作进行技术开发是一条投资少、效果好、优势互补、各方共赢的路子。合作进行技术开发的方式包括企业与企业的合作，企业与高等院校和科研单位的合作，企业与用户和国外大公司的合作等，企业可以根据自己的情况和条件加以选择。

（二）产品竞争能力

企业的技术创新能力，必须落实到企业产品的竞争能力上，才能真正成为企业可持续发展的物质力量。企业产品的竞争力，集中表现在以下三个方面：一是产品在技术上的先进性；二是产品在质量上的可靠性；三是产品在价格上的合理性。具有上述"三性"的产品，必然是具有竞争力的产品。企业的产品有了竞争力，企业也就有了可持续发展的能力和条件。

　　增强企业的产品竞争能力，必须按照市场需求，不断改进产品设计，提高产品的技术水平；必须加强产品质量管理与控制，不断提高和改善产品质量；必须加强产品成本的计划、控制、核算与分析，不断降低产品成本，为降低产品价格提供条件。

　　需要指出的是，随着科学技术的不断进步，任何产品的竞争力都是会发生变化的。因此，企业要始终保持产品的竞争力，就必须对产品生命周期有一个准确判断，并把握好新产品开发和上市的节奏。而要做到这一点，除了要充分掌握技术发展的动态，处理好技术创新力与产品竞争力的关系外，还必须随时把握好产品的市场供求状况及其发展趋势。

（三）资本扩张能力

　　企业有了较强的技术创新能力和产品竞争能力，只是为企业的可持续发展提供了必要的技术条件。而要实现企业的可持续发展，企业还必须具备与技术创新能力和产品竞争能力相适应的资本扩张能力。

　　所谓资本扩张能力，除了指企业通过并购实现低成本扩张的能力外，主要是指企业通过融资实现资本不断扩大的能力。企业的融资按照不同的划分，可分为直接融资、间接融资，股权融资、债权融资，内源性融资、外源性融资等多种形式。例如，并购就是企业实现低成本扩张的一种有效途径。这些融资形式各有优势和缺陷，企业可以根据需要和可能选择合理的融资形式。

　　对上述融资方式，企业可以综合运用。但不管采取什么融资形式，都必须与企业生产经营活动对资金的需求相适应，并且充分注意到融资可能带来的风险。

（四）盈利能力

　　企业盈利能力是企业信誉高低的重要标志，直接决定着企业的生存与发展。企业要实现可持续发展，必须具有可持续的较高水平盈利能力。而如果长期亏损，企业也就失去了生存与发展的基本条件，更谈不上实现可持续发展。

　　企业的盈利能力还直接决定着企业的融资能力。对投资者来说，他总是希望把资金投向收益较高的企业，而对债权人来说，考虑到贷款的安全性，则更希望把贷款贷给利润丰厚的企业。至于企业管理当局，其管理水平高低也直接反映到企业的盈利能力上。从一定意义上说，提高企业盈利能力，创造更多的盈利，是企业生存和发展最重要的目标之一。

　　为了增强企业盈利能力，首先必须对涉及企业盈利能力的财务指标进行科学判断；在此基础上，再进行深入分析，找出企业在盈利能力方面的薄弱环节，从而制定出提高企业盈利能力的相应措施。

增强企业的盈利能力，不仅要增强企业的现期和短期盈利能力，还要不断增强企业未来的，即长期的盈利能力。企业未来的可持续盈利能力，归根结底，又取决于企业的技术创新能力、产品竞争能力和资本扩张能力。因此，企业要增强自己的可持续盈利能力，就必须不断增强技术创新能力、产品竞争能力和资本扩张能力。

（五）偿债能力

企业具备了较强的盈利能力，就可以为提高偿债能力奠定资金基础。但企业盈利能力强，并不意味着企业的偿债能力也一定强。如果企业赊销产品太多，应收销货款和其他应收款不断增加，企业创造的盈利不能通过销售收入的回收及时到账，现金流量状况不好，就会严重影响企业的偿债能力。企业偿债能力不强，就会出现不能按时足额偿还到期债务的情况，这不仅会影响企业的声誉，而且还会给企业带来巨大的经营风险。因此，企业要实现可持续发展，就必须在具有较强盈利能力的同时，具有相应的偿债能力。

在盈利状况较好时，企业的偿债能力主要取决于资产结构和资金周转状况。企业要增强偿债能力，一方面要确保资产结构的合理性，另一方面还要加快资金的周转。

三、结语

企业的上述五大能力，都是企业实现可持续发展所必不可少的，是最基本的能力。技术创新能力是企业可持续发展的核心和基础；产品竞争能力是可持续发展的切实保证；资本扩张能力是可持续发展的基本条件；盈利能力是企业可持续发展的最基本的目标之一；偿债能力是企业抵御风险的保障。没有基础创新能力就不可能产生有竞争能力的产品，而企业盈利能力既是企业资本扩张的基础，同时也是企业偿债能力的资金保证。当然，在企业发展过程中，企业五大能力的实现应该是企业在成长过程中培养出来的，它需要各方面的配合，比如企业必须具备各方面的人力资源，需要企业制度保证，需要具有健全、高效的企业组织结构等。

总之，要想使企业获得长期发展，一切有远见卓识的企业家，都必须时刻关注着企业所应具备的五大能力，并采取有力措施，使它们不断得到提高。

（原载于《经济管理》2005 年第 21 期，与李凯飞合作）

深化国有企业改革与加强国有资产监管的若干政策建议

（1）新阶段国有企业改革必须多层面整体推进。国有企业改革进行到今天，已经不是某一方面或局部的改革所能解决问题的。在新的阶段，国有企业改革必须从加快国有经济布局的战略性调整，完善现代企业制度，健全国有资产运营和监管体系，推进各项配套改革，加强技术创新和管理创新，增强企业科技开发能力、市场竞争能力和抵御风险能力，不断提高企业经济效益等多层面整体推进。

（2）加快国有大型企业股份制改革步伐，减少竞争性领域的国有独资企业，规范企业股权结构和公司法人治理结构。这是完善现代企业制度的重点和难点。独资公司是无法建立规范的现代企业制度的，原则上说，竞争性领域不应搞国有独资公司。当前和今后一个时期，应继续减少竞争性领域的国有独资企业，特别是要加快国有大型骨干企业股份制改革的步伐。目前，我国大型企业集团公司的母公司一般都还是国有独资形式，这对完善整个集团公司的现代企业制度极为不利。应通过主业整体上市或其他改革措施逐步解决这些母公司的转制问题。同时，要大力发展国有资本、集体资本和非公有资本等参股的混合所有制经济，实现投资主体多元化，真正使股份制成为公有制的主要实现形式。规范企业股权结构，重点是要采取多种形式进一步实现企业股权结构的多元化、分散化和合理化。因为当前现代企业制度建设中存在的主要问题是股权结构不合理，包括上市公司在内的国有企业，都严重地存在着内部人控制下的国有股"一股独大"现象。公司法人治理结构是公司制的核心，必须切实按照"股东会决定董事会和监事会成员，董事会选择经营管理者，经营管理者行使用人权，并形成权力机构、决策机构、监督机构和经营管理者之间的制衡机制"的要求，进一步规范公司法人治理结构。当前，由于股权结构不合理和企业干部人事制度改革滞后，公司法人治理结构还很不规范。主要表现为：一是治理结构不健全。在国有独资公司中，不仅没有股东会，甚至很多企业连董事会也没有；即使一些企业有董事会，由于股权结构单一，也不能在治理结构中形成有效的制衡机制。二是治理结构中各有关机构，包括董事会、监事会和经理层的产生机制不规范。三是治理结构中各有关机构特别是董事会、监事会的权责不到位。

（3）适度鼓励外资并购国有企业。外资参与国有企业改革，有利于推动国有经济布局的战略性调整，有利于促进企业技术进步、引入竞争机制，有利于完善公司治理结构、弥补国有企业改制的资金缺口和提高企业管理水平。但是，在外资并购国有企业的过程中，也必将出现最需要资金的中小企业难以成为并购对象、对优势国有企业的生存构成威胁、影响国家产业政策、威胁国家产业安全和经济安全、冲击民族知名品牌和引发行业垄断等问题。针对这些情况，对外资并购国有企业，一是要坚持审慎、统筹与合理运用国民待遇原则；二是政府要发挥宏观指导与统筹规划、强化对外资并购的监管等作用，并大力规范和发展产权交易市场及资本市场；三是要审慎选择并购者，并规范并购程序，以获得被并购企业的收益最大化。

（4）继续完善国有资产管理体制。基本思路是：一是在完善国有资产管理体制过程中，应充分考虑国有资产弥补市场缺陷的功能、政府对国有资产实施有效监控、提高国有资产运营效率等因素。二是国有资产管理应遵循强化依法管理、股权管理、资本管理和淡化行政管理等原则。三是把完善国有资产管理体制的目标定位为进一步搞活国有和国有控股企业，提高企业竞争力、有利于国有经济布局和结构的调整，提升国有经济控制力、实现国有资产的保值增值。四是明确国有资产管理的主体及地位，建立"统一权责"的国有资产所有权行使机构，确立不同层次出资机构的出资范围，对国有资产管理实行监管与运营分开、所有权与经营权分离，加快国有资产管理法律的制定。其中，关键是完成体制的重大变革，确保国有资产出资人职能与政府公共管理职能分开；出资机构准确定位，把管企业变为管资产和股权；建立与公共财政体系相平行的国有资本预算体系，确保国有资产出资机构完整行使出资人权利；政府职能覆盖全社会，所有市场主体在接受政府管理方面享有"国民待遇"。五是新的国有资产管理机构所管理国有资产的范围不宜太广，至少在起步阶段不应将非经营性国有资产和自然资源资产都纳入国有资产出资机构的管理范围。即使是经营性国有资产，也不应包含金融类国有资产。

（5）建立与公共财政体系相平行的国有资本预算体系。只有国有资产监督管理机构对所出资企业的国有投资收益真正履行了出资人职责，才能确保国有资产出资人职能的完整性、统一性，才能有利于分离政府的社会公共管理职能与国有资产出资人职能。这就要求建立与公共财政体系相平行的国有资本预算体系，以监督管理国有资产收益的收缴、分配和使用。在国有资产收益的收缴方面，对国有独资企业和国有独资公司，应根据企业的盈利水平、发展需要合理确定企业盈利上缴部分与企业预留部分作为发展基金的比例；对国有控股和参股公司等混合所有制企业应按照企业董事会和股东大会确定的分配方案，同其他股权一样平等地参与股利分配。此外，国有股权转让取得的收入，也应纳入国有资产收益。凡是企业应上缴的国有资产投资收益，要及时足额地上缴国有资产收益专户，并纳入国家的国有资本预算。对于国有资产收益的分配、使用，应与公共财政支出分开，一般应用于特定行业和企业的再投资，包括对国有独资企业、独资公司的追加投资，国有控股公司的扩股、配股，购买其他企业股权，以及进行新的项目投资等。这些国有资产投资收益的再投资，要符合国民经济发展的整体要求，重大项目要纳入国家发展规划。

（6）进一步研究解决国有资产监管体制运行中存在的主要问题。比如，如何进一步明确国有资产监督管理委员会的权能，把国有资产监管职能与运营职能分开；如何对国有资产监督管理委员会进行监督；如何实现管资产和管人、管事相结合；如何确定不同层次国有资产监督管理委员会之间的关系；如何进一步明确分级履行出资人职责与分级所有的区别；如何真正从国有资本的角度加强国家对企业投资的监督与管理，使国有股和其他股权享有同等的权益；如何加强国有资产的净值、净资产和实际价值的监督与管理；如何发挥党组织的作用等。此外，应尽快研究制定《国有资产法》，明确界定国有资产监督管理委员会的权力与责任，并把有关国有资产监督管理的各种条例与规定纳入这个法律框架之内。

（7）妥善解决完善现代企业制度和国有资产监管体制的一些深层次矛盾。主要包括：一是我国基本经济制度要求以公有制为主体和增强国有经济控制力，同现代企业制度要求股权多元化、分散化与合理化之间的矛盾。二是企业干部人事制度改革滞后与规范公司法人治理结构之间的矛盾。规范公司法人治理结构要求股东大会决定董事会，董事会聘任总经理，总经理对董事会负责。而目前我国重要骨干企业的领导人员的任职仍实行委任制，以体现党管干部的原则。党管干部的原则是不能动摇的。但在企业领导干部的管理中如何贯彻这一原则，积极探索适应现代企业制度的选人用人新机制，是我们必须研究解决的一项重要课题。三是深化企业改革与现行的社会保障体系不健全之间的矛盾。深化企业改革，必然会出现裁员等行为，从而带来失业问题。由于我国现行社会保障体系还不十分健全，往往会使一些矛盾激化，甚至影响社会稳定。四是解决国有资本多层次委托代理问题的难度很大。国有资本存在多层委托代理：全民的资产要委托给国务院进行管理，国务院把它委托给国资委，国资委作为出资人又进行委托。多层委托代理的成本很高、风险很大。要解决这个问题，涉及整个国有资产管理体制的变革，因而难度很大。

（国家社会科学基金项目成果要报 2006 年 2 月 14 日）

国有企业改革 30 周年回顾与展望

1978 年 12 月召开的中共十一届三中全会，吹响了中国经济体制改革的号角，也拉开了国有企业改革的序幕。30 年的国有企业改革不仅使国有小企业转换机制，焕发了勃勃生机与活力，也使国有大中型企业实现了脱困目标，初步建立了符合市场经济体制客观要求的现代企业制度。特别是使一些大型骨干企业真正成为了我国国民经济的支柱，开始担负起增强我国综合国力和国家竞争力的重任，并逐步在国际竞争中崭露头角。在国有企业改革 30 周年之际，抚今追昔，回顾我国国有企业改革之路，总结经验，吸取教训，展望未来，具有非常重要的历史和现实意义。

一、国有企业改革历程回顾

30 年来，我国国有企业改革大致经历了扩权让利、承包经营责任制、建立现代企业制度、深化国有企业和国有资产管理体制改革等主要阶段。

（一）扩权让利

改革开放以前，我国一直采取的是高度集权的计划经济体制，企业成为行政机构的附属物，没有任何经营自主权；而统收统支的分配关系又限制了对企业和职工的激励，严重制约着企业的发展，最终导致整个国家经济活力不足，甚至停滞不前。1978 年 12 月，中共十一届三中全会提出让地方和工农业企业在国家统一计划指导下有更多的经营自主权，最初的改革思路是要通过"放权让利"调动企业和职工的积极性。在这种背景下，四川省率先进行了扩大企业自主权和利润留成试点。随后，国务院于 1979 年 7 月先后颁布了《国务院关于扩大国营工业企业经营管理自主权的若干规定》、《关于国营企业实行利润留成的规定》等 5 个文件，肯定了四川省放权让利的改革经验，并对扩权的主要内容、让利（利润留成）的方式等作出了规定，使我国国有企业改革正式踏上了漫漫征途。

以扩权让利为主要特征的改革，虽然从微观层面上调动了企业的积极性，带来了企业经济效益的增长，但是只负盈不负亏的"利润留成"在宏观层面上却给国家财政收入计划的完成带来了一定困难。为此，在总结山东等地试行利润（亏损）包干和工业企业经济责任制经验基础上，1981 年 10 月国务院转发国家经委、国务院体改办《关于实行工业生产经济责任制若干问题的意见》提出，在国家给予企业自主权的同时，要求企业承担一定的经济责任。经济责任制极大地调动了企业和职工的积极性，促进了企业经营管理工作的改善。

由于实行经济责任制产生的部门、行业各方利益的冲突难以协调，以及政府与企业讨价还价产生极高的交易成本等原因，经济责任制又逐步被利改税政策所取代。1983 年和 1984 年先后进行了两步利改税。与此同时，扩大国营企业自主权的改革继续进行，1984 年 5 月 10 日，国务院颁发《关于进一步扩大国营工业企业自主权的暂行规定》，给予企业 10 项经营自主权。两步利改税进一步理顺了国家与企业之间的利益分配关系，对于提高企业积极性和保证国家财政收入都具有非常重要的意义。但是当时的"利改税"并不能保证企业在平等有序的竞争环境下进行生产经营，企业的激励机制问题仍然并没有得到根本解决，国有企业对行政机关的行政依赖和软预算约束问题依然存在，企业仍然无法真正自主经营、自负盈亏。

（二）承包经营责任制与"两权分离"

1984 年 10 月，中共十二届三中全会通过《中共中央关于经济体制改革的决定》，提出增强企业活力，特别是增加全民所有制大中型企业的活力，是整个经济体制改革的中心环节。为此就要确定国家与全民所有制企业的正确关系，使企业成为相对独立的经济实体，自主经营、自负盈亏，同时通过政企职责分开，使政府正确发挥管理经济的职能。1988 年 4 月七届人大一次会议通过的《全民所有制工业企业法》，明确了国有企业的法人地位。自此，"两权分离"成为了改革的主要原则。在此原则之下，出现了对承包经营制、租赁制、股份制、资产经营责任制等各种形式的探索。

经营承包责任制曾经是探索"两权分离"的主要形式。承包经营责任制推动了所有权和经营权的分离，在一定程度上调动了企业的积极性，增加了国家财政收入。然而，作为一种制度安排的承包制具有本质性缺陷，仍存在产权关系不清等问题，没有也不可能使企业获得充分的自主经营权，也不可能实现政企分开和企业间的平等竞争，同时它还带来了经营者（承包者）的短期行为，在一定程度上固化了已经形成的体制，加大了改革的难度。

（三）建立现代企业制度

利润留成、经济责任制、两步利改税到承包责任制，改革虽然取得了一定的成效，但是仍然存在着许多问题，这使得人们开始认识到，国有企业的改革，不仅要在国家与企业的关系层面进行，更需要在微观层面上对企业运营机制进行改革。1992年7月，国务院颁发了《全民所有制工业企业转换经营机制条例》，提出企业转换经营机制的目标是：使企业适应市场的要求，成为依法自主经营、自负盈亏、自我发展、自我约束的商品生产和经营单位，成为独立享有民事权利和承担民事义务的企业法人。转换企业经营机制的重点就是落实企业自主权。转换经营机制，跳出过去改革总是围绕"利润分配"的传统思维，准确地把握企业改革的关键问题。然而，在我国原有体制下实行转换经营机制，又是一项十分复杂的系统工程，它必须进行许多方面深入而系统的改革。

在改革进行到关键的时刻，1992年邓小平同志的南方谈话，为我国经济体制改革指明了方向，对国有企业改革和发展有着非常重要的指导作用。随后1992年10月，中共十四大确立了"中国经济体制改革的目标是建立社会主义市场经济体制"。1993年11月召开的中共十四届三中全会上通过了《中共中央关于建立社会主义市场经济体制若干问题的决定》，要求"进一步转换国有企业经营机制，建立适应市场经济要求，产权清晰、权责明确、政企分开、管理科学的现代企业制度"。自此，现代企业制度成为我国国有企业改革的基本目标和方向。

尽管1993年中共十四届三中全会后的经济工作会议就提出了进行现代企业制度改革试点的基本精神，同时1993年《公司法》也已颁布，但直到1997年中共十五大召开，现代企业制度改革的试点才基本完成。以制度创新为特征的新一轮国有企业改革涉及许多深层次的矛盾，改革的步履异常艰难。1997年中共十五大提出对国有大中型企业实行规范的公司制改革，国有企业开始按照《公司法》要求进行规范的公司制和股份制改革。

1999年9月22日，中共十五届四中全会通过《中共中央关于国有企业改革和发展若干重大问题的决定》。《决定》特别指出，"公司制是现代企业制度的一种有效组织形式。公司法人治理结构是公司制的核心。股权多元化有利于形成规范的公司法人治理结构，除极少数必要由国家垄断经营的企业外，要积极发展多元投资主体公司"，要求"积极探索公有制的多种有效实现形式"，提出"国有资本通过股份制可以吸引和组织更多的社会资本，放大国有资本"的概念，以提高国有经济的控制力、影响力和带动力。"国有大中型企业尤其是优势企业，宜实行股份制的，要通过规范上市、中外合资和企业互相参股等形式，改为股份制企业，发展混合所有制经济，重要的企业由国家控股"。在《决定》精神指引下，国有大中型企业特别是国有大型骨干企业开始着力进行规范的公司制和股份制改革，积极推进主辅分离、改制重组和主业整体上市，进一步加强和改善公司治理结构等。

（四）深化国有企业和国有资产管理体制改革

从 2002 年 11 月中共十六大召开至今，是国有企业改革和国有资产管理体制改革的深化和完善阶段。中共十六大提出了"国家所有、分级行使出资人职责"的改革思想，国有企业改革进入了一个建立和完善国有资产出资人制度的新阶段。中共十六大明确提出继续调整国有经济布局和结构，改革国有资产管理体制，是深化经济体制改革的重大任务。要在坚持国家所有的前提下，建立中央政府和地方政府分别代表国家履行出资人职责，享有所有者权益，权利、义务和责任相统一与管资产和管人、管事相结合的国有资产管理体制。经过多年的改革探索，国有资产管理体制改革终于有了明确的目标和方向。

2003 年 10 月，中共十六届三中全会《关于完善社会主义市场经济体制若干问题决定》中提出建立归属清晰、权责明确、保护严格、流转顺畅的现代产权制度是构建现代企业制度的重要基础；要完善国有资产管理体制，深化国有企业改革，建立健全国有资产管理和监督体制，坚持政府公共管理职能和国有资产出资人职能分开。2007 年 10 月，中共十七大明确提出，深化国有企业公司制股份制改革，健全现代企业制度，优化国有经济布局和结构，增强国有经济活力、控制力、影响力仍然是国有企业改革的重要任务。2008 年 10 月 28 日，十一届全国人大常委会第五次会议通过《企业国有资产法》，为建立起真正有效的国有资产出资人制度，解决长期以来我国国有资产所有者缺位问题、真正实现政企分开和政资分开，并防止国有资产流失提供了法律保证。

二、国有企业改革的主要成就与经验

我国国有企业改革和发展的成就和经验，是我国经济体制改革所取得的宝贵的精神财富的重要组成部分。

（一）国有企业改革的主要成就

首先，我国国有企业，特别是国有大中型企业初步建立起了现代企业制度，公司制股份制和上市公司已经成为我国国有大中型企业的主要财产组织形式，并初步构建了公司法人治理结构。

其次，国有经济布局调整和国有企业战略性改组取得重要成果。按照"抓大放小"、"有所为有所不为"的原则，实施了国有大型骨干企业和中小型企业的分类改革、部分垄断行业改革和国有大型企业的战略重组，使国有经济从某些竞争性领域退出的同时，向一些关系国家命脉的重要行业、关键领域、大企业集中。

再次，我国已经初步建立起适合国情的国有资产监督管理体系，确立了以现代产权制度为基础的国有资产出资人制度，从制度上初步解决了所有者缺位、政企不分、政资不分等问题。新通过的《企业国有资产法》为建立和完善国有资产出资人和国有资本预算制度、有效保护和管理国有资产提供了法律保障。

最后，我国国有企业改革成效体现在国有企业数量显著减少的同时，资产规模大幅增加，经济效益和运行质量显著提高，活力和竞争力进一步增强。2007 年，全国国有企业累计实现销售收入 18 万亿元，同比增长 20.1%；实现利润 1.62 万亿元，同比增长 31.6%；上缴税金 1.57 万亿元，同比增长 21.8%。

（二）国有企业改革的主要经验

首先，把企业改革作为整个经济体制改革的中心环节，同时又不断地推进各项专业经济体制，如计划体制、财政体制等的改革。社会主义市场经济体制的建立和完善又成为我国国有企业改革取得成功的关键性制度因素。社会主义市场经济体制确立前的国有企业改革只能在计划经济体制内进行局部修正和改良，而不可能取得制度上的创新。

其次，在我国经济体制改革的总体思路方面，30 年的国有企业改革实践证明，从改革计划经济体制中的微观机制入手，逐步建立以市场经济微观主体为基础，推动宏观环境改善和宏观经济体制改革的改革道路对中国经济体制改革的成功发挥了不可估量的作用。

最后，我国国有企业改革路径延续了渐进式改革的总体思路，即先易后难，先增量、后存量，先实践试点、后政策推广，先地方试点、后全面铺开，先在计划经济体制内改革分配关系和提供激励、后进行制度创新，先在竞争性领域、后扩大到垄断行业，等等。这种渐进式路径是我国国有企业改革和整个经济体制改革取得成功的最基本的经验。

三、国有企业改革发展趋势展望

今后一个时期（指 2020 年以前，下同），我国的国有企业改革，特别是国有大型企业改革，将按照《中共中央关于完善社会主义市场经济体制若干问题的决定》和中共十七大的重要部署继续推向前进，改革重点将是在实行分类改革的基础上，继续推进国有大型企业的公司制股份制改革，深化垄断行业国有企业改革，进一步完善国有资产出资人制度，最终实现以混合所有制为主要形式的国有经济与非公有制经济的融合发展。

（一）关于国有大型骨干企业的分类改革

中共十五大以后的改革实践证明，对国有大型骨干企业和国有中小型企业分别设定不同的改革目标并采取不同的改革方式是完全正确的，建立和完善现代企业制度、继续推进公司制股份制改革也是未来国有大型企业改革的方向，但并不是所有的国有大型骨干企业都能建立起规范的现代企业制度。这主要是因为我国当前存在而且未来也将保留一定数量的国有独资公司，而国有独资公司严格地说并不是真正意义上的公司制企业，它存在着固有的产权制度和公司治理结构缺陷，很难建立起规范的现代企业制度。因此，未来我国国有大型骨干企业必须进行分类改革。

对国有大型骨干企业进行分类改革，关键是要按照建立和完善社会主义市场经济体制的要求，准确而合理地确定国有独资企业的范围。《公司法》中所指的生产特殊产品的公司或者属于特定行业的公司，一般应该包括那些关系到国家安全的重要军工企业、战略物资储备企业以及某些自然垄断和重要的基础设施企业、提供公共产品与劳务的公共企业等。除此以外的企业，一般都应在股权多元化、分散化、合理化的基础上，建立规范的现代企业制度。

（二）关于国有大型骨干企业改革的总趋势

未来一段时间，我国国有大型骨干企业将在分类改革基础上，继续减少国有独资企业，特别是减少竞争领域的国有独资企业；对已经实现股权多元化的企业，要按照建立和完善现代企业制度的要求，进一步实现企业股权结构的合理化、分散化；进一步健全法人治理结构，规范公司法人治理结构中各有关机构的产生机制和权责机制，深化干部人事制度改革；在规范母子公司关系基础上，进一步做强做大国有大型企业（集团），提高国有大型企业

（集团）的竞争力；稳步推进集团公司主业整体上市，加快集团存续企业公司制改革，妥善解决企业办社会问题；大力发展国有资本、集体资本和非公有资本等参股的混合所有制经济，实现投资主体多元化，使股份制成为公有制的主要实现形式。

（三）关于深化垄断行业的国有企业改革

今后一个时期，我国需要对垄断行业的国有企业进行分类改革，即通过贯彻落实《反垄断法》打破经济垄断；根据我国改革开放的进程以及国家经济安全和国防安全的需要，逐步打破行政垄断；在对自然垄断行业加强市场监管的同时，对自然垄断产业的某些产业链或生产环节，适度引入竞争机制，加强网络垄断环节的监管力度；进一步深化行政体制和产权制度改革；综合运用经济的、法律的、行政的和改革的手段，逐步解决我国的垄断问题。

（四）国有资产管理公司的建立与国有资产出资人制度的进一步完善

近期《企业国有资产法》的通过为建立和完善国有资产出资人制度奠定了法律基础。为了进一步完善国有资产出资人制度，未来国资委可以按照有效履行出资人的要求设立若干个资产经营管理公司，并使这些经营管理公司成为真正的投资主体。在此基础上，逐步构建国有资产出资机构—国有资产经营管理公司—被投资企业的三层次国有资产监管体系，按资本管理原则逐级行使所有权管理，按投资领域和基本功能分类管理国有资产经营管理公司。国有资产经营管理公司要构建规范的公司治理结构，国资委在对经营管理公司进行管理时，应采取直接任免公司领导人，决定其薪酬；对公司领导人有业绩要求，要进行业绩考评；审批公司的重大经营和财务计划及投资计划等方式进行管理。

此外，在建立国有资产经营管理公司时，还应考虑如下几个问题：第一，对于一些特大型国有企业可以由国资委直接进行所有权管理；第二，实行政资分开，对分布在竞争领域里的国有资产，其资本回报目标或财务目标是衡量国有资产经营管理公司是否有效的关键；第三，对经营管理公司进行分类管理，对有可能变为战略控制型的经营管理公司，支持其通过1~3年的资产重组完成公司转型，对从中长期看也只宜作为股权资产管理公司运作的公司，明确其只作为股权资本进行运作。

（五）关于国有经济与非公有制经济的融合发展

随着国有企业改革的不断深化，我国的非公有制经济得到了迅猛发展。

今后，我国的国有经济和非公有经济将以现代产权制度为平台，以混合所有制为主要形式进入一个融合发展的新阶段。

当前，国有经济和非公制经济正从各自发展开始转向优势互补和统一协调发展。越来越多的非公有制企业与国有企业和集体企业以股份制，特别是上市公司为载体，实现了更高层次上的相互融合、相互促进和共同发展。

在新的历史阶段，为顺应国有经济和非公有制经济融合发展的大趋势，必须继续推进国有经济的战略调整，打破国有企业（包括国有独资和国有控股企业）特别是国有大中型企业股权结构单一和不合理的格局，积极深化国有企业的公司制股份制改革，推进国有企业的整体上市，引进国内外战略投资者参与国有企业的股份制改造，把混合所有制经济的发展提高到一个新水平。混合所有制经济的快速发展，又必将进一步促进我国社会主义市场经济体制的完善，促进我国综合国力的进一步增强。

参考文献

[1] 蒋一苇. 企业本位论 [J]. 中国社会科学，1980（1）.

[2] 章迪诚. 中国国有企业改革编年史（1978~2005）[M]. 北京：工人出版社，2006.

[3] 周绍朋，丁德章. 国有企业改革与国有资产监管 [M]. 北京：国家行政学院出版社，2005.

[4] 周绍朋等. 新世纪的国有企业改革与国有资产管理体制研究 [M]. 北京：中国人民大学出版社，2006.

[5] 周绍朋. 论新阶段的国有企业改革与发展 [J]. 中国工业经济，2001（5）.

[6] 周绍朋. 国有资产管理体制的重大改革 [J]. 国家行政学院学报，2002（3）.

[7] 周绍朋. 深化国有大型骨干企业改革 [J]. 经济管理，2005（9）.

[8] 周绍朋. 论深化垄断行业改革 [J]. 中国经济时报，2006-12-25.

[9] 周绍朋. 建立国有资产出资人与国有资本预算制度 [N]. 光明日报，2007-01.

[10] 中国经济体制改革年鉴编辑部. 中国经济体制改革年鉴（1990~2007）[M]. 北京：企业管理出版社，1990~2007.

[11] 中国企业管理年鉴编委会. 中国企业管理年鉴（1990~2007）[M]. 北京：企业管理出版社，1990~2007.

（原载于《公共管理改革》2008 年第 12 期）

深化国有大型骨干企业改革
提高国有资本运营效率

　　面对国际金融危机的影响和冲击，不少国有大型骨干企业（国有独资和控股企业），都主动采取了降低高管人员薪水等措施，以节约开支，降低企业运行成本，与广大员工一起共渡难关，这对于增强企业的凝聚力和竞争力具有重要意义。然而，要使国有大型骨干企业渡过难关，并在金融危机过后能够继续健康发展，其根本出路还在于深化改革，提高国有资本运营效率。

一、当前国有大型骨干企业中存在的主要问题

　　当前，国有大型骨干企业中存在的主要问题还是体制不顺，资本运营效率不高。这主要表现在：

　　（1）出资机构与企业的关系不顺。中共十六大之后，深化国有企业改革的一项重大措施，就是建立国有资产出资人制度。但到目前为止，这项制度仍很不完善。国有资产出资人制度的核心，是建立代表国家行使国有资产出资人权能的出资机构。这种出资机构，应当与其他非国有出资机构和出资人具有同等的权能，即投资收益权、按照法定程序参与重大决策权和聘请经营者权、转让股权等。这样，才能确保不同所有制的投资者平等竞争。但在这些权能的行使上，各级出资机构至今仍存在着缺位、越位和错位的现象。如投资收益权还不到位，仍存在越级行使出资人权能和忽视其他出资人权利的现象，以及还行使有某些公共管理权利等。这既影响了不同所有制企业之间的公平竞争，也限制了国有企业自身的活力。

　　（2）企业内部体制不顺。一是几乎所有企业的母公司和总公司都还是国有独资公司，而独资公司是无法建立规范的现代企业制度和法人治理结构的。公司制的核心是法人治理结构。法人治理结构的核心，是由股权多元化而产

生的利益不一致所形成的利益制衡机制。很显然,独资公司不具备这种利益制衡机制,这正是国有独资公司在监管方面屡屡出现问题的体制性原因。国际上一些大的跨国公司大都是母公司为股权多元化的股份公司或上市公司。这些股份公司或上市公司再在世界各地建立独资的投资公司,由其与所在国的企业合资建立股权多元化的股份公司或上市公司,而我们则正好相反。二是这些独资的母公司,对子公司又主要运用行政手段进行管理。正像计划经济体制下政府对企业的管理一样,极大地限制了作为生产力和资本运营主阵地的子公司的积极性和主动性。

(3)资本运营效率不高。由于在作为生产力和资本运营主阵地的子公司之上存在着一个庞大且权力集中的母公司,而且多数母公司机构庞大,部门林立,运行成本很高,但效率很低,这就必然影响整个国有资本的运营效率。可以说,这是国有大型企业中"生产关系不适应生产力发展、上层建筑不适应经济基础要求"的集中表现。特别是在国有资本预算制度没有建立或不健全的情况下,各子公司将利润上缴给母公司,而母公司又不向国家上缴利润,这就形成了某些母公司旱涝保收,高管人员收入水平偏高,报酬与贡献脱钩,坐吃国有资本利润的情况。它既加大了国有资本的运营成本,又严重影响了子公司的积极性。

二、深化国有大型骨干企业改革,提高国有资本运营效率的建议

(1)准确确定国有资产出资机构的职能定位。各级国有资产出资机构(国资委和国资局)的建立和不断完善,对深化国有企业改革发挥了积极而重大的作用。但长期以来,其职能定位还很不明确、不准确。从 2009 年 5 月 1 日起,《中华人民共和国企业国有资产法》将正式施行。按照其规定,各级国有资产监管机构将成为"干干净净"的出资人,不再履行或代行任何行政管理职能,但现有的机构设置和体制还很不适应其要求。建议将现行的国有资产监管机构分为两大部分,一部分作为国有资产监督管理部门(委、局、办),回到各级政府序列,专司国有资产监管职能;另一部分则改组为相应的国有资产总公司,专行国有资产出资人职能,并以投资者的身份进行国有资产的投资和经营。各级国有资产监督管理部门(委、局、办)与国有资产总公司是监管与被监管的关系,即政府与企业的关系。在国有资产监督管理部门的监管下,国有资产总公司作为出资人,要确保国有资产的保值增值和投资结

构的合理性。

（2）对国有大型骨干企业进行分类改革与管理。首先，要按照建立和完善社会主义市场经济体制的要求，准确而合理地确定国有独资企业的范围。《公司法》规定，生产特殊产品的公司或者属于特定行业的公司，可实行国有独资公司形式。这里所指的生产特殊产品的公司或者属于特定行业的公司，一般应包括那些关系到国家经济安全和国防安全的行政垄断行业，如重要的军工企业、战略物资储备企业，以及某些由生产技术特点决定的自然垄断企业和重要的基础设施企业、提供公共产品和劳务的公共企业等。其次，还应根据产品在国民经济的重要程度，确定国有绝对控股、相对控股和参股企业的范围。当然，这些范围并不是一成不变的，要根据国民经济发展和确保国家安全的需要，随时加以调整。对少数国有独资企业，要实行特殊的管理办法。而对那些非国有独资企业，一般都应在股权多元化、分散化、合理化的基础上，建立完善的现代企业制度和规范的法人治理结构。

（3）对现有的国有大型集团企业进行改革和改组。在上述分类改革和管理的基础上，必须对现有的国有大型集团企业进行深入的改革和改组。除少量需要采取国有独资形式的特殊企业外，对其他母公司采取独资形式的集团公司，可实行以下改革改组措施：一是把母公司改造为投资主体多元化的股份公司或上市公司，即所谓整体改制或整体上市。其国有股份由上述国有资产总公司直接持有，行使出资人权能。二是把母公司改组为纯粹的控股公司或投资公司，作为股东公司持有子公司的股份，并大大精简其机构，使其成为上述国有资产总公司的子公司或分公司。同时，做大做强已有的上市公司，使其成为新的集团公司的母公司。实际上，有些大型集团公司，如中国海洋石油等，在这方面已经迈出了重要的步伐。此外，各投资公司和被改造的集团公司母公司还可以根据情况进行跨行业投资，以减少投资风险，提高投资收益。

在上述改革改组过程中，还需要做好两方面的工作：一是对现有集团公司中尚未转制的子公司、分公司和存续企业，进行大力度的资产整合和重组，并在此基础上，实行股份制改造或上市改革。其国有股份由改革后的母公司，即投资公司或股东公司持有，或直接由国有资产总公司持有。其业务范围可以扩展到全社会，不仅可以为原有的企业服务，也可以为其他企业服务，就像中国电信被改组为电信运营商和电信服务商两大公司一样。这样，就会大大提高国有资本的运营效率。二是对国有大型集团企业的重组，要以被改造后的母公司或新组建的国有资产总公司为主体来进行。改组的目标，是把国有资产以国有股的形式集中到优势企业，以便把少数国有独资企业和国有控股企业做大做强，而不是像以往的做法那样，把一些企业用行政手段合并在一起。这样，既有利于不同所有制和不同资本结构企业之间的公平竞争，又有利于国有经济布局和企业结构的调整。

（原载于《送阅件》2009 年 2 月 12 日）

国有企业改革与发展的总趋势

一、关于国有大型骨干企业改革的总趋势

未来一段时间，我国国有大型骨干企业将在分类改革基础上，继续减少国有独资企业，特别是减少竞争领域的国有独资企业；对已经实现股权多元化的企业，要按照建立和完善现代企业制度的要求，进一步实现企业股权结构的合理化、分散化；进一步健全法人治理结构，规范公司法人治理结构中各有关机构的产生机制和权责机制，深化干部人事制度改革；在规范母子公司关系基础上，进一步做大做强国有大型企业（集团），提高国有大型企业（集团）的竞争力；稳步推进集团公司主业整体上市，加快集团存续企业公司制改革，妥善解决企业办社会问题；大力发展国有资本、集体资本和非公有资本等参股的混合所有制经济，实现投资主体多元化，使股份制成为公有制的主要实现形式。

二、关于深化垄断行业的国有企业改革

今后一个时期，我国需要对垄断行业的国有企业进行分类改革，即通过贯彻落实《反垄断法》打破经济垄断；根据我国改革开放的进程以及国家经济安全和国防安全的需要，逐步打破行政垄断；在对自然垄断行业加强市场监管的同时，对自然垄断行业的某些产业链或生产环节，适度引入竞争机制，加强网络垄断环节的监管力度；进一步深化行政体制和产权制度改革；综合运用经济的、法律的、行政的和改革的手段，逐步解决我国的垄断问题。

三、国有资产管理公司的建立与国有资产出资人制度的进一步完善

近期《企业国有资产法》的通过为建立和完善国有资产出资人制度奠定了法律基础。为了进一步完善国有资产出资人制度，未来国资委可以按照有效履行出资人的要求设立若干个资产经营管理公司，并使这些经营管理公司成为真正的投资主体。在此基础上，逐步构建国有资产出资机构—国有资产经营管理公司—被投资企业的三层次国有资产监管体系，按资本管理原则逐级行使所有权管理，按投资领域和基本功能分类管理国有资产经营管理公司。国有资产经营管理公司要构建规范的公司治理结构，国资委在对经营管理公司进行管理时，应采取直接任免公司领导人，决定其薪酬；对公司领导人有业绩要求，要进行业绩考评；对审批公司的重大经营和财务计划及投资计划等方式进行管理。

此外，在建立国有资产经营管理公司时，还应考虑如下几个问题：第一，对于一些特大型国有企业可以由国资委直接进行所有权管理；第二，实行政资分开，对分布在竞争领域里的国有资产，其资本回报目标或财务目标是衡量国有资产经营管理公司是否有效的关键；第三，对经营管理公司进行分类管理，对有可能变为战略控制型的经营管理公司，支持其通过 1~3 年的资产重组完成公司转型，对中长期也只宜作为股权资产管理的公司，明确其只作为股权资本进行运作。

四、关于国有经济与非公有制经济的融合发展

随着国有企业改革的不断深化，我国的非公有制经济得到了迅猛发展。今后，我国的国有经济和非公有经济将以现代产权制度为平台，以混合所有制为主要形式进入一个融合发展的新阶段。当前，国有经济和非公有制经济正从各自发展开始转向优势互补和统一协调发展。越来越多的非公有制企业与国有企业和集体企业以股份制，特别是以上市公司为载体，实现了更高层次上的相互融合、相互促进和共同发展。

在新的历史阶段，要顺应经济体制改革发展的大趋势，必须继续推进国

有经济的战略调整，打破国有企业（包括国有独资和国有控股企业）特别是国有大中型企业股权结构单一和不合理的格局，积极深化国有企业的公司制股份制改革，推进国有企业的整体上市，引进国内外战略投资者参与国有企业的股份制改革，把混合所有制经济的发展提高到一个新水平。混合所有制经济的快速发展，又必将进一步促进我国社会主义市场经济体制的完善和综合国力的增强。

（原载于《北京日报》2009 年 8 月 10 日）

推进国有大型集团企业母公司层面
股份制改革

经过 30 多年的改革，我国的国有企业已由计划经济体制下的政府附属物的地位转变为市场经济体制下的市场主体，其资本组织形态已由完全单一的国有独资形式转变为各种类型的混合所有制形式。这种深刻变革，使得我国企业的活力和竞争力空前增强。特别是国有资产出资人制度的建立和不断完善，更是一个重大的历史性进步。然而，与社会主义市场经济体制的客观要求相比，也还存在很大距离。国有企业特别是国有大型集团企业在改革和发展中也还存在许多深层的矛盾。其中，一个突出的问题，就是整体转制和整体上市的企业还是少数。绝大多数大型集团企业的母公司和总公司还都是国有独资公司，并且由此带来了许多体制和机制上的弊端。因此，"十二五"时期国有企业改革的重点将是推进国有大型集团企业母公司层面的股份制改革。

一、母公司和总公司采取国有独资公司形式
带来的问题

大型集团企业的母公司和总公司采取国有独资公司形式，必然会带来体制不顺、资本运营效率不高等一系列问题。

（1）出资机构与企业的关系不顺。中共十六大之后，深化国有企业改革的一项重大措施，就是建立国有资产出资人制度。但到目前为止，这项制度仍很不完善。国有资产出资人制度的核心，是建立代表国家行使国有资产出资人权能的出资机构。这种出资机构，应当与其他非国有资产出资机构和出资人具有同等的权能。即投资收益权、按照法定程序参与重大决策权和聘请经营者权、转让股权等。这样，才能确保不同所有制的投资者平等竞争。但在这些权能的行使上，各级出资机构至今仍存在着缺位、越位和错位的现象。

如投资收益权还不到位；仍存在越级行使出资人权能和忽视其他出资人权利的现象，以及还行使某些公共管理权利等。这既影响了不同所有制企业之间的公平竞争，也限制了国有企业自身的活力。在国有大型企业集团的母公司和总公司以国有独资公司形式存在的情况下，就很难厘清它与出资机构的权责关系，这也是各级出资机构在权能上存在缺位、越位和错位现象的根本原因。

（2）企业内部体制不顺。企业内部体制不顺主要表现在两个方面：一是由于几乎所有企业的母公司和总公司都还是国有独资公司，而独资公司是无法建立规范的现代企业制度和法人治理结构的。公司制的核心是法人治理结构。法人治理结构的核心，则是由股权多元化而产生的利益不一致所形成的利益制衡机制。很显然，独资公司不具备这种利益制衡机制，这正是国有独资公司在监管方面屡屡出现问题的体制性原因。国际上一些大的跨国公司大都是母公司为股权多元化的股份公司或上市公司。这些股份公司或上市公司再在世界各地建立独资的投资公司，由其与所在国的企业合资建立股权多元化的股份公司或上市公司，而我们则正好相反。二是这些独资的母公司，对子公司又习惯于运用行政手段进行管理。正像计划经济体制下政府对企业的管理一样，这就极大地限制了作为生产力和资本运营主阵地的子公司的积极性和主动性。

（3）资本运营效率不高。由于在作为生产力和资本运营主阵地的子公司之上存在着一个权力集中的国有独资母公司，而且一些母公司机构庞大，部门林立，运行成本很高，但效率较低，这就必然影响整个国有资本的运营效率。可以说，这是在一些国有大型企业中"生产关系不适应生产力发展、上层建筑不适应经济基础要求"的集中表现。特别是在国有资本预算制度没有建立或不健全的情况下，很多企业的子公司都将利润上缴给母公司，而一些母公司却不向国家上缴利润，这就形成了某些母公司旱涝保收、高管人员收入水平偏高、报酬与贡献脱节、坐吃国有资本利润的情况。它既加大了国有资本的运营成本，又严重影响了子公司的积极性。

二、推进国有大型集团企业母公司层面股份制改革的构想

根据上述情况，特提出以下推进国有大型集团企业母公司层面股份制改革和国有资产管理体制改革的构想。

（1）准确确定国有资产出资机构的职能定位。各级国有资产出资机构（国资委和国资局）的建立和不断完善，对深化国有企业改革发挥了积极而重大的作用。但长期以来，其职能定位还很不明确、不准确。从 2009 年 5 月 1 日起，《中华人民共和国企业国有资产法》已正式实施。按照其规定，各级国有资产监管机构必须成为"干干净净"的出资人，不再履行或代行任何行政管理职能，但现有的机构设置和体制还很不适应这种要求。建议将现行的国有资产监管机构分为两大部分：一部分作为国有资产监督管理部门（委、局、办），回到各级政府序列，专司国有资产监管职能；另一部分则改组为各级国有资产总公司，行使国有资产出资人职能，并以投资者的身份，进行国有资产的投资和经营。各级国有资产监督管理部门（委、局、办）与各级国有资产总公司是监管与被监管的关系，即政府与企业的关系。在国有资产监督管理部门的监管下，国有资产总公司作为国有资产出资机构，要确保国有资产的保值增值和投资结构的合理性。

（2）对国有大型骨干企业进行分类改革与管理。首先，要按照建立和完善社会主义市场经济体制的要求，准确而合理地确定国有独资企业的范围。《公司法》规定，生产特殊产品的公司或者属于特定行业的公司，可实行国有独资公司形式。这里所指的生产特殊产品的公司或者属于特定行业的公司，一般应包括那些关系到国家经济安全和国防安全的行政垄断行业，如重要的军工企业、战略物资储备企业以及某些由生产技术特点决定的自然垄断企业和重要的基础设施企业、提供公共产品和劳务的公共企业等。此外，还应根据产品在国民经济的重要程度，确定国有绝对控股、相对控股和参股企业的范围。当然，这些范围并不是一成不变的，要根据国民经济发展和确保国家安全的需要，随时加以调整。对少数国有独资企业，要实行特殊的管理办法，不一定要建立所谓的现代企业制度。而对那些非国有独资企业，一般都应在股权多元化、分散化、合理化的基础上，建立完善的现代企业制度和规范的法人治理结构。

（3）对国有大型集团企业进行母公司层面的股份制改革和改组。在上述分类改革和管理的基础上，必须对现有的国有大型集团企业进行母公司层面的股份制改革和改组。除少量需要采取国有独资形式的特殊企业外，对其他母公司采取独资形式的集团公司，可实行以下改革改组措施：一是把母公司改造为投资主体多元化的股份公司或上市公司，即所谓整体改制或整体上市。其国有股份由上述国有资产总公司直接持有，行使出资人权能。二是把母公司改组为纯粹的控股公司或投资公司，作为股东公司持有子公司的股份，并大大精简其机构，使其成为上述国有资产总公司的子公司或分公司。同时做大做强已有的上市公司，使其成为新的集团公司的母公司。实际上，有些大型集团公司，如中国海洋石油等，在这方面已经迈出了重要的步伐。此外，各投资公司和被改造的集团公司的母公司，还可以根据情况进行跨行业投资，以减少投资风险，提高投资收益。在上述改革改组过程中，还需要做好两方面的工作：一是对现有集团公司中尚未转制的子公司、分公司和存续企业，进行大力度的资产整合和重组，并在资产整合和重组的基础上，实行股份制改造或上市改革。其国有股份由改革后的母公司，即投资公司或股东公司持有，或直接由国有资产总公司持有。其业务范围可以扩展到全社会，不仅可以为原有的企业服务，也可以为其他企业服务，就像中国电信被改组为电信运营商和电信服务商两大公司一样。这样，就会大大提高国有资产的运营效率。二是对国有大型集团企业的重组，要以被改造后的母公司或新组建的国有资产总公司为主体来进行。改组的目标，是把国有资产以国有股的形式集中到优势企业，以便把少数国有独资企业和国有控股企业做大做强，而不是像以往的做法那样，把一些企业用行政手段合并在一起。这样，既有利于不同所有制和不同资本结构企业之间的公平竞争，又有利于国有经济布局和企业结构的调整。

（原载于《中国经济时报》2010 年 3 月 10 日）

第五部分

企业经营管理

关于促进企业实行全面经济核算的问题

要提高企业生产经营活动的经济效果，必须实行全面经济核算。本文拟就如何促进企业实行全面经济核算的问题，谈一些不成熟的意见。

一、经济核算

我国的社会主义企业是建立在生产资料公有制基础上的、从事商品生产的经济组织，是整个国民经济的组成细胞。它的根本任务是：在国家统一计划指导下，为社会提供物质产品或劳务，为国家提供积累，也为自身的发展和职工福利的增长创造经济收益。为此，所有的工业企业都要充分调动广大职工的生产积极性，合理使用人力、物力和财力，多快好省地进行生产经营活动，不断提高劳动生产率，增加产品品种，改进产品质量，节约各种消耗，借以降低成本，增加收入。这就要求企业经常通过实物形式和价值形式，计算生产经营活动中的劳动消耗、资金占用，并同它的生产经营成果进行比较，发现问题，解决问题，以取得较大的经济效果。企业为此而对生产经营活动进行的大量的组织、预测、计划、控制、计算、分析工作，就是企业的经济核算工作。

经济核算作为企业的一种基本业务工作，并不是社会主义经济所特有的，而是人类社会生产发展到一定阶段的产物。马克思指出："在一切社会状态下，人们对生产生活资料所耗费的劳动时间必然是关心的，虽然在不同的发展阶段上关心的程度不同。"① 在小生产者那里，核算工作是比较简单的。随着生产的社会化程度不断提高，核算工作逐渐从直接生产过程中分离出来，在

---

① 马克思恩格斯全集（第23卷）[M]．北京：人民出版社，1972．

企业中出现了专门的核算机构。经济核算的地位越来越显得重要，其范围和内容也就越来越增大和复杂。

但是，经济核算作为一个客观的经济范畴，它又不仅仅是单纯的记账、算账等业务工作，它还体现着一定的经济关系。正因为如此，在不同的社会制度下，经济核算的目的和范围又是不同的，核算工作的具体内容和方法也存在着一定的区别。

在以生产资料私有制为基础的资本主义社会里，企业是独立的商品生产者，企业的生产资料及其产品，属于各个资本家或资本集团所有。资本主义生产的目的主要是为了获得剩余价值。其经济效果的大小，自然也主要以资本家获得的剩余价值与其预付资本的比例来衡量。因此，资本主义的经济核算，也就以商务核算的形式出现，其目的是为了保证资本家以较少的垫支资本，取得较多的利润，而这都是以加强对工人的剥削，牺牲工人的利益为条件的。这样就形成了资本家与工人在经济利益上的对立，决定了资本主义企业中的工人群众不可能真正关心经济效果的提高。因此，资本主义企业的经济核算工作只能由少数人进行。此外，由于资本主义各企业之间的经济利益也是对立的，其核算的范围就只能局限在各个企业内部，而不能扩展到整个社会。所以，在资本主义社会里，不可能合理使用全社会的人力、财力、物力；个别经济效果的提高和资本的节省，往往是以社会劳动的巨大浪费为代价的。

在以生产资料公有制为基础的社会主义社会里，企业（主要指国营企业，下同）是相对独立的商品生产者，劳动者是企业的主人。社会主义生产的目的是为了满足社会和人民不断增长的需要，其经济效果最终表现为这种满足的程度，因而经济核算也就以节约劳动本身为出发点，旨在以较小的劳动消耗生产出更多更好的满足社会和人民需要的产品。生产资料的社会主义公有制，决定了国家、企业与职工个人三者之间的经济利益在根本上是一致的，因此，社会主义企业的经济核算工作，不仅能够得到广大职工群众的关心、支持和积极参加，能够在各个企业内部全面地开展，而且也能在整个社会范围内进行。所以，在社会主义制度下，认真地实行全面经济核算，不但能够提高企业的经济效果，同时，它也是使人力、物力和财力在全社会范围内得到合理利用，从而实现真正的节约的重要手段。

社会主义的全面经济核算，主要包括以下内容：

一是全企业的核算。即整个企业（包括公司、分厂、车间、班组）的生产、技术、经营管理以及生活服务的各个环节、各个领域，都要实行经济核算，讲求经济效果。

二是全体职工参加的核算。即从领导到群众，从管理干部、技术人员到工人，人人都要参与经济核算工作，在各自的岗位上为提高经济效果作出贡献。

三是对企业生产经营的全过程的核算。即从企业的技术改造、物资供应、产品的设计、制造、销售，一直到用户使用等各个环节，都要进行消耗、占用与成果的比较。

二、全面经济核算的问题

社会主义制度的建立为企业实行全面经济核算提供了可能性，但是要把这种可能性变为现实性，还需要做大量的工作，创造各方面的条件。当前，首先要从企业外部创造条件，来充分调动企业和广大职工发展生产、提高经济效果的积极性。有了这个积极性，就一定能够加强企业内部的工作，创造出各种各样先进的核算办法来。下面就着重谈一谈促进企业实行全面经济核算的外部条件问题。

（1）必须保证企业在国家统一计划的指导下具有独立自主地进行生产经营活动的经济权力，其中包括计划权、财权、物权和人权等几个方面。计划权就是企业在保证完成国家规定的供货任务的条件下，有权根据自己的生产能力、材料来源和市场需要情况，独立地编制本企业的生产计划；财权就是企业为了取得最大的经济效果有权使用全部资金，包括企业根据生产需要，按照资金有偿使用原则向国家取得的生产基金，以及按照独立核算，自负盈亏和各种形式的经济责任制的规定留给企业的一部分盈利；物权就是企业有权根据生产需要以及价格和质量情况，自由采购进入市场的生产资料，国家统销物资则由国家按合同保证供应，企业的产品在满足对国家的供货之后有权自己销售，对国家供货的部分也要采取合同方式进行等价交换；人权就是企业有录用、辞退、调配劳动力及任免干部的权力。有了上述这些权力，才能保证企业作为相对独立的商品生产者的地位，具备对生产经营的全过程进行核算的主动性和条件。

但是长期以来，我们实行的是一种高度集中的经济管理体制，把整个国民经济当作一个大工厂，由国家进行直接的管理和指挥，企业的一切活动都必须听命于上级安排，扩大再生产的费用由国家统一无偿拨付，生产力的几个要素和企业产品都要由国家统一调配，职工的工资标准和产品价格都由国家统一制订，生产资料不能进入市场，价值规律在流通领域不起或很少起作用。这样就割断了生产过程和流通过程的联系，使企业无从加强对流通过程的核算；即使对生产过程的核算，企业也缺少为提高经济效果所必需的自主权，难以发挥积极性。在这种情况下，多数企业的经济核算工作，只能是事后的计算和消极的反映，缺乏事前的控制和有效的监督。

（2）必须保证企业具有独立的经济利益，把企业经济核算、经济效果与广大职工的经济利益紧密结合起来。社会主义企业只能实行按劳分配，即按照不同的生产经营活动的经济效果和职工个人贡献的大小来分配经济收益。因此，在劳动者根本利益一致的情况下，必须承认每个企业及其职工都有自己的相对独立的经济利益。这样，在客观上就形成了社会共同利益与企业利益、劳动者个人利益相互结合的经济利益关系。只有正确处理这三者之间的经济关系，才能调动各方面的积极性，共同关心经济效果的提高。为此，就必须制定正确的经济政策，执行统筹兼顾、适当安排的方针，全面贯彻物质利益原则。首先是国家必须根据企业的经营好坏、贡献大小，决定每个企业的利益，在这个基础上，再根据职工个人提供的劳动数量和质量，决定职工个人收入的多少。如果不承认企业有相对独立的经济利益，企业也就不可能对职工个人真正实行按劳分配。可见，正确对待企业的经济利益，是处理好三者经济关系的关键。我们说企业应该是相对独立的商品生产者，就不仅指的是企业的资金运动、生产组织具有相对独立的性质，更重要的是说企业须有自己的经济利益，从而有自我发展、自我增值的条件和动力。过去，我们在实行经济核算的过程中，也曾一再强调企业要在国家统一领导下独立自主地进行生产经营活动，并且做出了一些有关规定，但是对于企业的经济利益却没有或者很少考虑。企业所取得的盈利全部上缴国家，亏损由国家弥补，这实际上是一种统收统支的供给制。企业的经济效果和经济利益基本上是脱节的，即不管经营状况如何，企业和职工都能够而且也只能按照国家的统一规定得到经济利益。这种"大锅饭"、"铁饭碗"的办法，自然不能充分调动企业和职工认真实行经济核算，努力提高经济效果的积极性。企业的经济核算工作就只能由少数专业人员去做，广大职工群众则缺乏核算观念，很少关心经济效果的提高，企业的一些先进人物和先进事迹也不能得到应有的支持和鼓励。虽然我们依靠政治思想工作的力量，依靠党、团员和先进职工的模范带头作用，有时也能开展一定程度的群众性经济核算，并且取得较好的经济效果，但是由于没有经济利益的保证，这种局面就很难巩固下来，发展下去。正像列宁早就指出的："不是直接依靠热情，而是借助于伟大革命所产生的热情，依靠个人兴趣、依靠从个人利益上的关心、依靠经济核算，否则，你们就不能到达共产主义，否则，你们就不能把千百万人引向共产主义。"①

---

① 列宁选集（第4卷）[M].北京：人民出版社，1960.

（3）企业必须对自己的生产经营成果承担经济责任。社会主义企业实行经济核算制的一个重要内容就是企业要对自己的经营成果承担全部责任，并把这种经济责任逐级加以落实，建立起明确的经济责任制。这样才能促进企业经济活动的各个环节、各个领域都注意经济核算，讲求经济效果。如果做不到这一点，就要减少企业全体职工的经济收入，也就是说，要企业全体职工共负盈亏。

但是，如果企业一无权、二无利，它也就无法在生产经营的经济效果方面向国家负责，承担它本应承担的经济责任。过去，我们对企业也有一些承担经济责任的规定，例如，企业由于经营管理不善而进行的超定额贷款，必须向银行承付利息；企业不能按期承付货款，必须向售货单位加付滞纳金，等等。但这些利息和滞纳金都是在产品成本中开支的，成本升高的结果，必然是利润的减少；而利润的减少，又不影响企业职工的收入，只是向国家少上缴一些罢了。实际上，真正承担经济责任的仍然是国家。近年来，在经济改革中，国家又作了一些关于企业承担经济责任的规定，如固定资产有偿使用、流动资金全额信贷等，但是，要使这些办法真正起到应有的作用，仍然要以企业具有独立的经济利益为前提。否则，种种经济责任，以及企业由于各种原因造成的损失，最终还只能由国家来承担。对于企业来说，仍然不存在什么经济压力，更不存在被淘汰的威胁。这样，全面经济核算也就难以提到企业领导和全体职工的重要议事日程上来。

（4）必须制定合理的价格体系。要使企业的经济效果与企业和职工的经济利益紧密挂钩，首先必须正确地衡量和反映企业的经济效果。在商品生产的条件下，企业经济效果的高低是通过价值、货币形式，最后通过企业的盈利或亏损表现出来的。价值的货币形式就是价格。要使企业的盈利或亏损真正能够反映企业的经济效果，并以此来决定企业和职工的经济收益，就必须尽量做到价格与价值相符。如果价格与价值背离太大，对于产品价格高于价值的企业来说，就会出现经济效果虚假升高的现象，使他们不经努力就能得到较多的经济收益。同时还会掩盖这些企业在生产经营活动中的缺点和矛盾，不能达到实行经济核算，提高经济效果，从而节约劳动消耗的目的。相反，对于那些产品价格低于价值的企业来说，其经济效果就得不到应有的反映和承认，从而影响它们的经济收益，挫伤它们的生产积极性，同样达不到上述目的。

（5）必须消除外界因素对企业经济效果的影响，使企业与企业之间在经济效果面前处于平等的地位。这些外部因素主要是指企业所处的地理位置、拥有的资源状况和技术装备程度等与经营管理无关的客观条件。我们是社会主义国家，企业所占用的资源和技术装备都是属于国家的财产。因此，企业由于地理位置适宜、资源丰富、技术装备先进等优越条件所得到的级差收入，都应该上缴国家。否则，就会造成企业之间"苦乐不均"的现象，不利于企业全面经济核算工作的顺利开展。当前，在实行以税代利的企业里，企业所取得的这部分级差收入是通过收入调节税的形式上缴国家的。但这是一个综合性的税种，它把由于价格因素、资源和装备条件以至企业由于主观努力所取得的超额利润都一揽子调走了，而且税率往往又是根据企业前期的经营状况倒算出来的，这就势必造成"鞭打快牛"的情况，挫伤先进企业的积极性，同样不利于企业全面经济核算的开展。因此，采用收入调节税的办法，只能是在物价制度改革之前的一种权宜之计。在产品价格问题逐步得到解决之后，必须用其他较细的税种，如资源税、财产税等来取代收入调节税的职能。

(6) 必须搞好经济立法。经济立法是国家管理经济的重要职能，只有建立健全了各种经济法规，才能使企业的各项经济活动有所遵循，保证各方面的经济利益都不受侵犯，保证企业的发展方向符合整个国家经济发展的方向，更好地发挥国家计划指导下的市场经济的作用，真正实现社会经济效果的提高。企业扩大权力后，经济立法更是一个亟待解决的问题。

综上所述，要使企业实行全面经济核算，首先必须正确处理国家、企业和职工之间的经济关系，确立企业作为相对独立的商品生产者的经济地位，按照经济权力、经济责任、经济效果、经济利益相互联系、紧密结合的原则建立健全经济核算制。企业的经济责任是体现在经济利益上的责任，企业的经济利益只有在履行经济责任的基础上，根据企业的经济效果才能加以确定；企业的经济责任和经济利益又必须由相应的经济权力来保证，而经济权力只有在它充分发挥这种保证作用时，才具有实在的内容。同时，对于企业的经济权力、经济责任和经济利益还必须通过一定的经济立法加以明确和固定。因此，所谓经济核算制，就是一种以企业的职工群众为基础，以责任制为中心，以一定的权力为保证，以国家、集体、个人三者利益的结合为动力，以各种经济杠杆和各种经济指标为手段，以最小的劳动消耗取得最大的经济效果为目的的企业管理制度。

在企业实行全面经济核算的上述这些外部条件具备之后，企业内部的工作自然也需要加强。例如，要搞好企业管理的各项基础工作，加强原始记录、定额管理和计量管理等，建立健全各项规章制度，建立经济核算的组织体系、核算体系、指标体系和结算体系，搞好奖金分配，等等。这些问题，本文就不再讨论了。

（原载于《学习与思考》1982 年第 1 期）

试论工业企业实行全面经济核算

赵紫阳总理在中共五届人大四次会议上的政府工作报告中指出："今后，我们考虑一切经济问题，必须把根本出发点放在提高经济效益上。"社会主义工业企业是我国国民经济的重要组成部分，不断提高企业生产经营活动的经济效果对于促进我国的四化建设关系极大。社会主义工业企业要不断提高经济效果，就必须实行全面经济核算。本文拟就社会主义工业企业如何实行全面经济核算的问题做些初步探讨。

一、全面经济核算的特点

我国社会主义工业企业是建立在生产资料公有制基础上、从事社会主义商品生产的经济组织。它的根本任务是：在国家统一计划指导下，为社会提供更多更好的物质产品或劳务，为国家提供积累，同时，也为自身的发展和职工福利的增长创造更大的经济效益。为此，企业要充分调动广大职工的生产积极性，合理使用人力、物力和财力，多快好省地进行生产经营活动，不断提高劳动生产率，注意增加产品品种，改进产品质量，节约各种消耗，借以降低成本，增加收入，要通过实物形式和价值形式，计算生产经营活动中的劳动消耗、资金占用，并同它的生产经营成果进行比较，以便用尽可能少的人力、物力消耗和资金占用，取得较大的经济效果。工业企业为提高经济效果而对生产经营活动进行的大量的组织、预测、计划、控制、计算分析工作，就是我们通常所说的工业企业的经济核算工作。

这里说的全面经济核算，相对于人们通常了解的企业经济核算而言，它有如下三个特点：

（1）它是全企业的核算。即整个企业（包括公司、分厂，车间、班组）的生产、技术、经营管理以及生活服务各个环节、各个领域，都要实行经济核算，讲求经济效果。

（2）它是全体职工参加的核算。即从领导到群众，从管理干部、技术人员到工人，人人都要参与经济核算工作，在各自的岗位上为提高经济效果作出贡献。

（3）它是对企业生产经营的全过程的核算。即从企业的技术改造、物资供应，产品的设计、制造、销售，一直到用户使用等各个环节，都要进行消耗、占用与成果的比较。

社会主义工业企业在实行全面经济核算工作中，还要正确处理企业经济效果与社会经济效果的关系，即企业要有全局观点，主动接受国家计划的指导，为提高社会经济效果做贡献。国家机关、企业的各级领导部门，也要为企业提高经济效果，最终为提高社会经济效果创造条件。

二、工业企业实行全面经济核算的意义

社会主义制度的建立固然为工业企业实行全面经济核算提供了可能性，但要把这种可能性变为现实性，还需要做大量的工作，创造企业实行全面经济核算所需要的各种具体条件。否则，社会主义的优越性就不能得到充分发挥，企业的全面经济核算就不能很好开展，经济效果也就不能迅速提高。

长期以来，由于我们实行的是一种高度集中的经济管理体制，企业的生产计划要听命于上级安排，生产力的几个要素和企业的产品由国家统一调配，致使企业只管生产，不注重经营，这就割断了生产过程和流通过程的联系，不仅使企业无从加强对流通过程的核算，就是对生产过程的核算，企业也因缺少为提高经济效果所必需的自主权，而难以发挥积极性。同时，在企业没有相对独立的经济利益，在企业与企业之间的利益的分配上存在着平均主义的情况下，广大职工群众也缺乏经济核算观念，不大关心经济效果的提高，因而，又使企业的经济核算工作往往局限由少数专业人员去做。尽管有的时候，一些企业依靠思想政治工作的力量，依靠党、团员和老工人的模范带头作用，也能开展一定程度的群众性的经济核算，并且也曾取得较好的经济效果，但总是不能巩固下来、发展下去。此外，由于企业没有独立的经济权益，也就无法在生产经营的经济效果方面向国家负责，承担它本应承担的经济责任，这样也就使企业没有什么经济压力，经济核算工作也就难以提到企业领导和全体职工的重要议事日程上来。

列宁曾经指出："必须把国民经济的一切大部门建立在个人利益的关心方

面，共同讨论，专人负责。由于不会实行这个原则，我们每一步都吃到苦头。"用列宁的这段话来总结我们过去在经济核算方面的教训，也是恰如其分的。

扩大企业自主权以后，国家、企业和职工之间的经济关系发生了一系列新的变化，随着这些经济关系的变化，企业的经济核算工作也逐步向纵深发展。

在实行利润留成阶段，企业和职工的利益初步与企业的经营成果挂上了钩，企业所实现的盈利在国家和企业之间按照一定的比例进行分配。由于利润是企业经济效果的综合表现，一个企业在生产过程中产量大小、质量高低、消耗多少以及资金周转的快慢，都会通过利润和年利润率表现出来。在分成比例一定的情况下，企业所实现的利润总量越大，不仅交给国家的部分越多，企业留下的部分也越多，职工个人也可以多得。为了赢得较多的利润，一些企业首先改变了过去那种坐等生产任务，大量闲置生产能力的状况，除完成国家计划任务以外，还积极主动地承揽任务，大大提高了设备利用率。这样，既增加了生产，又降低了单位产品中的固定费用，增加了企业盈利。

一些企业在增加产量、提高质量的同时，还加强了成本核算和成本管理，注意节约各种消耗和各项费用开支，大大降低了产品成本。这样不仅使一些盈利水平较低的企业提高了盈利水平，也使一些亏损企业实现了扭亏增盈。

一些企业为了降低产品成本，从而能够在不降低盈利水平的情况下，尽量降低产品价格，以便扩大市场和产品销路，提高产品的竞争能力，还学习、采用各种先进的核算办法，加强了对产品成本的控制和监督，逐步把事后的成本核算变为事先的成本控制。

一些试点企业实行以税代利以后，责权利进一步结合，企业除了注意增产适销对路的产品、降低产品的生产成本之外，还加强了以下几方面的管理和核算工作：

（1）加强了资金管理。试点企业一般都对固定资产和流动资金进行了分级分口管理，核定了资金定额，制定了管理办法，并且结合奖励把资金占用作为一项重要的考核指标。有的企业还对车间实行基金付费和成本降低留成，大大减少了资金占用，加速了资金周转。

（2）加强了流通过程的经济核算。企业实行以税代利以后，不仅有了部分的生产计划权、财产和资金支配权，而且还有了一定的物资采购和产品销售权。因此企业无论是在材料供应还是产品销售方面，也都加强了经济核算，注意提高经济效果。一些企业还建立了产品展销门市部和代销点，使产品不再经过物资部门中转而直接与用户见面。这样，企业就可以以需定产，生产适销对路的产品，大大减少了产品积压，加速了资金的周转，提高了流动资金的使用效果。

（3）加快了挖、革、改的步伐，并且对改造项目加强了经济核算，注意提高经济效果。企业实行以税代利以后，有了较多的经济权益，也就有了一定自我发展的条件，企业的视野放得更宽阔了。为了发展生产，以适应市场竞争的需要，企业不仅看到眼前的利益，而且也开始注意长远的利益，重视制订长远的发展规划，加快挖、革、改的步伐。企业在进行挖、革、改时，由于使用的是自有资金，而不是像过去那样伸手向国家要来的，因此，使用起来就特别爱惜，注意使用效果。

总之，随着扩权工作的深入发展，企业的全面经济核算工作，正围绕着国家、企业和职工三者经济关系的完善化而逐步开展。可以说企业全面经济核算工作的深入发展同经济关系的完善化，表现为同步的运动过程。可以看出，企业全面经济核算工作的改进，主要来自企业经济利益的推动，而不是依靠外界行政力量的强制。正如有的企业的同志谈到的，过去是上级要我们加强经济核算，而现在是我们要加强经济核算。正是由于发生了这种根本性的转变才使全面经济核算工作在整个企业管理中的地位得到提高，才使经济核算工作发生了如下变化：由事后的核算变成了事先的控制，发挥了它在制订和执行决策中的作用；由只核算整机（企业最终产品）发展到对零部件（各主要生产工序）也进行核算，注意解决产品质量不足或质量过剩问题，从而不断提高产品质量，降低产品成本；由对直接生产过程的核算变为对生产经营全过程即建、供、产、销、用全过程的核算，由专业人员的核算变成了职工群众人人参加的核算。

从以上我们还可以看出，要实行全面经济核算，就要正确处理国家、企业和职工之间的经济关系，确立企业作为相对独立的商品生产者的经济地位，把企业的经济责任、经济权力、经济效果和经济利益紧密地结合起来。而要做到这一点，就必须坚持扩大企业自主权，搞好经济管理体制的改革。

三、工业企业全面经济核算的工作

工业企业要认真实行全面经济核算，必须在经济体制改革，为企业实行全面经济核算提供必要外部条件的同时，积极做好企业内部的工作。要按照党中央、国务院的决定，搞好企业的全面整顿。要健全和完善经济责任制，整顿劳动组织，加强劳动纪律，整顿财经纪律、加强财务管理。健全企业的领导制度，加强以厂长为首的生产技术、经营管理指挥系统，为实行全面经济核算准备好充分的内部条件。笔者认为，以下几项与本文所述直接有关的工作，必须认真做好：

（1）要继续加强经济核算的基础工作，如定额管理、原始记录、计量管理和制定价格等。定额管理是计划管理的基础，是科学地组织生产的手段，也是加强经济核算，控制费用支出，提高经济效果的有效工具。现在，许多企业在实行经济责任制时所进行的指标分解，事实上很多属于定额管理方面的内容。企业的生产技术财务计划是根据各项消耗、占用定额进行综合平衡之后编制而成的，在执行计划过程中，只要严格执行定额，整个计划也就实现了，无须再进行什么指标分解，所谓指标分解，只是各项定额的还原罢了。定额不仅能够起到控制费用，节约开支，降低成本的作用，而且也是贯彻按劳分配原则，正确发放职工工资和奖金的重要依据。因此，要实行全面经济核算，必须搞好定额管理。

原始记录也是企业开展统计工作、加强经济核算的基础工作，是车间、小组进行日常生产管理的工具。加强对原始记录的管理，对建立正常的生产秩序，落实经济责任制，贯彻按劳分配原则都有重要意义。没有原始记录，经济核算就无法进行，原始记录不准，核算工作就会出现假象，失去意义。工业企业的原始记录应该全面、系统，包括从原材料、劳动力投入直到产品完工出厂整个生产经营活动都应有完整、准确的记录，才能满足统计、会计和业务核算的需要。

原始记录主要依靠工人群众自己填写，但企业也应有专人负责，定期进行检查，掌握原始记录填写的质量，及时发现问题并进行纠正。同时，也要根据经济核算和生产发展的需要，对原始记录进行定期整顿，决定原始记录的增设、修改和废止，以不断保持原始记录的及时性、准确性和全面性。

为了适应全面经济核算的需要，企业还应该搞好计量管理，制订合理的厂内计划价格等项工作。准确的计量是原始记录可靠性的前提，是保证一切核算资料正确的必要条件，制订合理的厂内计划价格是严格考核各部门、各车间的工作成果，分清经济责任的一个重要手段。这一点对健全厂内经济核算尤其重要。

（2）要继续加强对供应过程和销售过程的核算。过去，由于企业只负责生产，不负责产品销售，物资供应也是由国家统一分配，因而，企业也就只注意生产过程的核算，而忽视供应过程和销售过程的核算。企业扩权以后，树立了市场观念、经营观念、竞争观念，开始重视供应过程和销售过程的核算，但由于核算制度和其他一些原因，这方面的工作仍然很差。目前主要应该做好材料采购成本和销售费用的核算。

任何产品都要由一定的原材料构成自己的实体，除劳动密集型产品外，一般说来，原材料费用占整个产品成本的比重都很大，许多机电产品达70%

以上。因而节约原材料费用就成为降低成本的主攻方向。节约材料费用，一方面，要加强材料消耗定额管理，降低材料的消耗量，或者节约代用；另一方面，原材料的价格对材料费用的影响也很大，因而在原材料的订货和采购方面就大有文章可做。在统负盈亏的情况下，原材料大都是由上级统一分配的，价格也基本上固定。对企业来说，材料采购成本的核算也就没有多大意义，因而"材料采购"的会计科目也被取消，采购人员的差旅费和材料短途运费也就被一股脑摊入企业管理费，浪费很大。再加上物资供应紧张，采购人员能搞到东西也就不错了，根本不去过问价格的高低，而且这对于企业和采购人员的经济利益也没有丝毫影响。随着企业扩权和生产资料进入市场，供需之间的地位发生了变化，兼之一些产品价格可以浮动，用户更有了挑选商品的自由，因而就应该设立"材料采购"科目，单独核算材料成本。然后，通过"材料成本差异"来考核每个采购人员的工作成绩，据此来决定对采购人员的奖惩。同时，对仓库管理人员也要进行考核，以减少仓库积压，节约管理费用。

由于企业有了自销部分产品的权力，销售工作就成为企业生产发展的一个重要环节。企业要发广告进行产品宣传，设立门市部进行产品试销，还要进行市场调查，征求用户对本企业产品的意见和要求等。这样企业所发生的销售费用也就越来越多，因而企业还应该单独核算产品销售费用，正确计算产品的销售成本，而不应该再把销售费用统统计入企业管理费。单独核算销售费用可以对销售人员的工作成绩进行考核，以便降低产品的销售成本，提高企业的盈利。

（3）要继续加强成本管理，积极开展目标成本活动。产品成本是一项比较综合的经济指标，它与企业的盈利密切相关。过去，由于没有把企业的权利和责任结合起来，完成降低成本指标，只起考核评比作用，与市场和价值规律的作用相脱节。因此，企业的成本管理只停留在计算阶段，很少开展成本分析，更谈不上搞成本预测了。实行经济责任制以后，产品成本的高低与企业自身的利益发生了直接的联系，成本管理和核算有了内部动力，成本管理的地位和作用有了显著提高。但总的来讲，我国工业企业的成本管理水平还比较落后，缺乏必要的方法和手段。虽然个别企业已初步开展了目标成本活动，但仍处在摸索和学习阶段。随着企业自主权的扩大，市场竞争也会更加激烈，对于产品成本的预测和控制就显得越来越重要，它将成为市场预测的一个重要内容。因此，所有的企业都应该开展目标成本活动，充分发挥成本的控制和监督作用。

（4）要开展成本—产量—利润分析，搞好盈利预算。实行经济责任制以后，盈利水平高低已成为企业和职工极为关注的问题，因而预算利润也就成为企业的一项战略决策。开展成本—产量—利润分析，是企业进行经营决策的重要工作。所谓成本—产量—利润分析就是损益转折点分析，它所要解决的是产量、成本和利润之间的关系问题。为此，在我们的成本管理中就必须引进一些新的概念，如可变成本、固定成本等。这样，我们就可以通过公式 $X = (F + P)/(R - V)$（式中，R——单位产品售价，X——产品产量，F——总固定成本，V——单位产品可变成本，P——盈利总额）解决许多问题。例如，当价格和成本结构一定时，要获得一定的利润，产品产量应该是多少，在产品价格降低以后，必须增加多少产量才能保持一定的利润水平等。

（5）要广泛深入地开展价值工程活动。这项活动目前在一些企业已经开展起来，并取得了一些成效。开展价值工程活动，这是商品使用价值和价值对立统一的客观要求，它把企业的两大综合管理——质量管理和经济核算结合起来。商品使用价值和价值的对立统一决定了生产质量较高的产品往往需要消耗较多的劳动，质量作为商品生产消耗的结果，必然影响到商品的价值量。但是，商品使用价值和价值的矛盾又决定了产品的质量并不是越高越好，而是要讲究经济质量。在保证产品性能及特性的前提下，费用最小的质量才是质量的最佳点。为此，就必须在材料采购、材料代用、产品设计、工艺制定等各方面选择最优方案，并且力图消除商品各个部分的过剩质量，使商品的局部质量服从于整体质量。实现上述目的的方法就是开展价值工程活动。开展价值工程活动可以从功能不变，成本降低；功能提高，成本降低；功能有很大提高，成本略有提高；功能提高，成本不变等几个方面最大限度地提高经济效果。

为了使这项活动能够开展得更好，形成一种制度，我认为工业企业应该成立专门机构，配备专职人员负责这项工作。有条件的企业应当成立价值分析科，设立价值工程师和总价值工程师，总价值工程师应直属厂长领导。这样就可以克服目前存在着的技术部门在产品设计和技术改造方面缺乏经济观点、经济部门又很少考虑产品质量的情况，从而把商品价值和使用价值之间的矛盾通过价值工程师的工作统一起来。

（6）要加强企业基金的管理。随着企业财权的扩大，企业所能独立支配的资金也就越来越多。实行以税代利的企业，在依法缴纳各种税款之后，利润就归企业自己安排使用。一方面，税后利润的分配同企业职工的利益密切相关，分配得是否合理，直接关系到按劳分配原则能否得到贯彻；另一方面，由于企业基金的很大一部分将用于扩大再生产，在企业基金的分配中也就发生了正确处理消费与积累的比例关系问题，这个关系处理得是否合适，必然影响到整个国民经济的比例关系。同时，由于各个企业资金有机构成和盈利水平的差别，税后留利的数量也会有很大不同，如果分配得不好，还会影响到企业与企业之间的关系。因此，企业基金的分配就成为正确处理国家、企业和职工经济关系的一个重要方面。

企业基金的分配、使用，除应遵循长远利益和眼前利益兼顾的原则，还应视不同企业资金有机构成的高低和盈利水平的差别，按照部门和行业核定不同的分配比例。对于资金有机构成和盈利水平较高的企业，生产发展基金的比重就应该占得大一些，福利基金和奖励基金的比重占得小一些；而对于资金有机构成和盈利水平较低的企业，生产发展基金所占的比重则应适当小一些，福利基金和奖励基金的比重大一些。这样，既能保证不同行业的职工在经济收入和集体福利上的差别不至于太大，也可保证资金有机构成高的企业有足够的资金用于发展和扩大再生产。

对于企业基金的使用要建立必要的规章制度，提高资金的使用效果。在经济调整时期，企业生产发展基金主要应该用于挖潜、革新、改造方面，而不要急于从外延上扩大生产能力。由于企业生产发展基金的使用属于扩大再生产的性质，它影响到整个国家的基本建设规模和国民经济结构。因此国家也应制定有关制度、法令以控制和指导企业生产发展基金的使用方向。此外，在近期内，要保证福利基金有相当的数量用于建造职工住房方面，使职工的住宿条件逐步得到改善。奖励基金的分配要合理，真正体现按劳分配的原则。

（7）要加强财务成果的核算。长期以来，企业的财务成果一般指的是企业所实现的利润或发生的亏损（冲销营业外收支），不包括分配给职工个人的部分。企业财务成果的核算以计算出利润或亏损，以监督利润的解交或申请弥补亏损为目的。对于企业职工新创造的价值 V+M 在企业与国家之间的初次分配，会计没有进行专门核算，不能直接提供这方面的详细资料。企业实行全面经济核算以后，财务成果的核算将变得复杂起来，一方面，原来上缴国家的利润将由多种税收来代替；另一方面，企业职工的工资收入也将与企业的经营成果发生直接关系，实行浮动工资制度，国家只控制工资总额。这样，财务成果就不仅应该包括企业所实现的盈利 M 部分，而且也应包括分配给职工的劳动报酬 V 部分，这就是我们通常所说的净产值。因此，在对财务成果进行核算的时候，就需要采用净产值指标。同时，在计算出企业的净产值之后，还要把净产值在国家、企业和职工之间进行分配。

用企业职工所创造的净产值在国家、企业和职工之间进行分配是处理三者经济利益关系的好办法，符合企业实行全面经济核算的客观要求。企业所实现的产品价值，在补偿生产资料的消耗 C 的部分之后，首先应该按照规定向国家缴纳各种税款，这就是企业财务成果在国家和企业之间所进行的第一次分配。企业按照规定留取企业基金以后，就要在企业和职工之间进行分配。对职工个人分配的部分，应采取评工计分的办法，其分值随企业所创造的净产值的多少而浮动。

由于净产值排除了其他企业、其他部门提供的生产资料的转移价值，采用净产值指标就能够比较确切地反映各个企业的生产经营成果，运用净产值在国家、企业和职工之间进行分配，一方面能够使各种税收更加合理，避免重复上税的情况，解决企业之间的矛盾，有利于专业化协作的开展；另一方面能够比较确切地体现按劳分配原则，调动全体职工的积极性。同时，在产品价格不变的情况下，企业要增加净产值，就要在增加生产的同时，努力降低原材料、燃料动力等物化劳动的消耗。在净产值既定情况下，使用的劳动力越少，人均净产值就越高，说明每个职工对国家、对企业所做的贡献越大，职工本人也能得到较多的收入。这样又有利于企业精减非生产人员，节约使用劳动力。运用净产值进行分配，企业新创造的价值，一部分以税收的形式上缴国家，一部分留作企业基金，一部分分配给职工个人，这样就十分清晰地反映出国家、企业和职工之间的经济关系，把三者之间的经济利益紧密地结合在一起。这样的分配程序就像马克思在《哥达纲领批判》中所指出的，社会产品在作了各项扣除之后，才能分配给劳动者个人。长期以来，我们是先进行个人分配，然后才进行社会扣除，把次序搞颠倒了，以致不管企业经营得好坏，都不影响职工个人的工资收入，职工拿的是铁饭碗，国家收入却没有保证。实践证明，这种分配办法不利于生产的发展和企业实行全面经济核算，必须进行改革。

当然，运用净产值进行分配也有不足之处，它将使整个核算过程变得比较复杂，特别是产品成本的内容、计算方法和计算程序都将发生变化，这方面问题比较复杂，需要另行研究。

以上各点是企业实行全面经济核算必须要做好的几项具体工作，虽然其中有的只是个人的初步设想（例如按净产值分配），但是笔者认为，搞好这些工作，确实是工业企业搞好全面经济核算，提高经济效果所必须解决的问题。

企业在实行全面经济核算，努力提高企业的经济效果时，必须注意提高社会的经济效果。实践证明，正确处理企业经济效果与社会经济效果的关系，是我们搞好经济核算，节约社会劳动的前提条件，也是社会主义经济优越性的重要表现之一。我们提倡把企业经济效果和社会经济效果结合起来，就是要求每个企业在开展经济核算的时候，都必须学会运用社会必要劳动时间这个武器，努力使个别劳动时间低于社会必要劳动时间，不断提高劳动生产率。而作为国家必须制定正确的经济政策，把握社会生产的主要比例，保证社会经济效果的不断提高。我们改革经济体制，搞活微观经济，整顿企业的经营管理，提高企业的生产技术水平和管理水平，主要是为了提高企业的经济效果。在调整时期，加强国家的计划指导，甚至采取强有力的行政手段，推行各种调整措施，其目的是为了提高社会的经济效果。贯彻经济核算原则，实行全面的经济核算是提高整个经济效果的最重要的手段。我们相信，只要我们注意加强国家计划的指导，又注意发挥市场调节的辅助作用，我们就一定能够发挥社会主义经济的优越性，不断提高全社会的经济效果。

（原载于《工业经济管理丛刊》1982 年第 3 期）

从首钢看企业全面计划管理的
基本特征

赵紫阳同志在中共五届人大第四次会议的报告中指出：企业的全面整顿，当前要特别注意做好四项工作，其中一项是整顿和完善经济责任制，改进企业经营管理，搞好全面计划管理、质量管理和经济核算工作。

究竟什么是全面的计划管理，有许多同志还不太理解。我们对首钢的经营管理工作做了初步的考察，认为首钢的计划管理已经具备了全面计划管理的基本特征。现简要介绍如下：

首钢是体制改革第一批试点的重点企业。3年多来，特别是1981年下半年全面落实经济责任制以来，他们以提高经济效益为目标，从建立健全企业管理的基础工作入手，不断加强和完善各项专业管理，初步建立起了一套科学的管理制度，形成了一个以广大职工群众为基础的，从经理、厂（矿）长、车间主任到班组长，自上而下的生产经营指挥系统，基本上实现了对企业的全面计划管理，其主要特征有以下几方面：

一、全面计划管理就是要使企业的各个部门、
各项工作都计划化

首钢已经建立健全了计划管理机构。目前，该公司设有计划处，下设综合、生产、概算和基建基金四个专业科室，综合科负责公司中长期计划的编制、部分处室包保指标的制订等工作；生产科负责年、季度生产经营计划的编制、控制、考核，以及生产处室包保指标的制订和统计分析等工作；概算科负责基本建设和专项工程重点项目的概算审查工作；基建基金科负责年、季度基本建设计划和专项工程计划的编制、调整、考核，以及专用基金管理等工作。各厂矿都设有计划科，下设各专业管理员，分别负责向公司提供制

订经营目标和编制生产经营计划的建议；按公司计划的要求编制本厂矿的生产计划；对计划执行情况进行检查分析，并将分析资料报送公司有关部门；统计和上报各种指标完成情况等。各车间或工段设专职或兼职计划员，负责本单位的计划统计工作。此外，公司还设有总调度室，负责月度生产经营作业计划的编制、执行和考核工作。上述管理机构通过计划和日常管理工作将公司决策贯彻到各个单位、各个部门和全体职工，同时又通过计划的控制监督和统计工作将全公司的生产经营信息反馈到公司决策机构，形成了一个自上而下的计划管理系统。

首钢还进一步健全了计划种类，充实了计划内容。目前首钢有多种相互联系的计划，按其作用时间划分有长远规划、年度计划、季度计划和月度计划；按其内容划分有综合计划和专业计划；按其管理层次划分有公司计划、厂矿计划、车间计划、班组以及个人行动计划。这些计划纵横交错，相互补充，形成了一个完整的计划网络。

（一） 长远规划

实行经济责任制后，首钢根据中央对首都建设的四项指示精神、冶金部和北京市对首钢生产发展的具体要求以及资金来源情况，按照经济效益要好，经济技术指标要先进，并且经过努力能够实现的原则，编制了 1981~1985 年的长远发展规划。它主要由以下几个部分组成：

（1）生产规划。包括主要产品产量、工业总产值、工业净产值指标以及平均每年增长率等内容。

（2）主要技术经济指标规划。包括高炉利用系数、焦化、钢铁料消耗、成材率、能耗等指标的规划水平。

（3）利润水平预测。包括实现利润、上缴利润及国家与企业收入增长情况等。

（4）大中型基本建设和更新改造项目规划。包括各种建设和改造项目的分类、建设规模、建成年限、投资总额、规划期投资额和分年投资额、新增生产能力、资金来源和主要外部协作条件等内容。

（5）新增生产能力（效益）规划。这是上项规划中新增生产能力部分的进一步具体化，其主要内容有：规划期依靠更新改造、改建、扩建、新建等新增加的生产能力；规划期每年增加的生产能力；1985 年和 1990 年底将达到的生产能力等。

（6）自有资金用于经济发展方面的规划。首钢用于经济发展的自有资金共分两大部分，一部分用于矿区的经济发展项目；另一部分用于厂区的经济发展项目。规划分别对资金来源和分固定资产维修及维简工程、更新改造措施、基本建设等使用方面提出设想。

（7）一次能源需要规划。是以吨铁和吨钢能耗为基础而计算的一次能源需要和来源的规划，分别列出了 1981~1985 年煤、电、油的实物需要量和折合标准煤量及其来源。

在长远规划中，还包括产品品种发展规划和住宅建设规划等。

（二）年度计划

包括年度生产经营计划、年度基本建设与专项工程计划和年度专业计划。

（1）年度生产经营计划。是根据国家计划和企业长远规划的要求，市场调查和预测的资料，基期实际和预计完成的各项技术经济指标及公司和国内外同类企业已达到的先进水平，各厂矿、处室对计划年度经营目标和计划安排的建议书等编制而成。

（2）年度基本建设和专项工程计划。包括各项技术组织措施计划、集体福利措施计划、环境保护措施计划、安全生产措施计划、设备大修理计划、科研和新产品开发计划等。

长远规划和年度计划是首钢的主体计划，由公司计划处负责编制。

（3）年度专业计划。主要包括：主要生产设备预修计划、机电设备修造和动力消耗计划、新产品试制和科研计划、产品质量升级计划、产品销售计划、技术供应计划、运输计划、劳动工资和奖励计划、成本计划、财务收支计划、利润计划、安全和环境保护计划等，分别由各专业处室负责编制。它是年度生产经营计划的分解和具体化。

（三）季度计划

包括综合计划和各种专业计划，是根据各季度的具体情况对年度计划进行必要的调整、补充和具体化。

（四）月度作业计划

根据每月的实际情况，对年度和季度计划进行进一步的调整、补充和具体化。各厂矿、车间也要编制本单位的年度、季度和月度综合计划及专业计划，它们是公司计划在空间上的具体化。

首钢通过上述各种计划把全公司各项工作都纳入了自己的总目标。无论是职能部门还是生产单位，无论是直接生产单位还是辅助生产单位，也无论是政工还是生活福利单位，计划对他们的工作都有明确的要求。

从以上可以看出，首钢的计划无论在时间上还是在空间上都是连续的，它把各项管理都置于计划管理的统率之下，基本上实现了全部管理工作的计划化。

二、全面计划管理，就是要对企业生产经营活动的全过程实行计划管理

首钢对生产经营全过程的计划管理主要表现在两个方面：一是对生产工艺全过程实行计划管理；二是对供产销全过程实行计划管理。

对生产工艺全过程实行计划管理，就是对从采矿、烧结、炼铁、炼钢，一直到轧钢的整个生产工艺过程，都通过计划工作加以协调。在这方面，首钢重点抓了三大平衡工作。

（一）主要产品、商品的平衡

首钢是一个大型钢铁联合企业，炼铁、炼钢、轧钢等各道主要生产工序生产出来的产品都包括自用和外销两部分，要保证销售合同的完成和企业生产的正常进行，首先必须做好主要产品、商品的平衡工作，这种平衡不仅要有数量的平衡，而且还要有质量和时间的平衡。为此，首钢每一计划期都要编制主要产品、商品平衡表。

在编制主要产品、商品平衡表的基础上，把各种产品、商品的数量、质量及完成时间列入各厂矿、处室的经济责任制中，各厂矿、处室再把这些要求逐级落实下去，直至班组或个人，以保证生产的协调进行。

（二）金属平衡

在钢铁企业中，搞好金属平衡是计划管理的一项重要内容。首钢除了按工艺过程计算金属消耗（如炼钢要计算钢铁料消耗，开坯、轧材要计算成材率）外，公司一级还要计算从选矿到最后轧材的整个生产过程的金属消耗量。通过计算，一方面能够准确地确定每道工序对上道工序所提供的半成品的需要量，使各工序之间相互协调和衔接；另一方面还可以发现每个生产环节消耗了多少金属，有多少是合理消耗，有多少是浪费损失，有多少变成了最终产品，在哪个环节上不平衡，以便查明原因，堵塞漏洞，提出节约措施，降低产品成本。

（三）能源平衡

每一计划期，首钢都要编制主要原燃料、电力和煤气、氧气、蒸汽平衡表，以保证各生产工艺过程对能源消耗的需要。

对供产销全过程实行计划管理就是把企业的供应、生产、出口、内销、运输、收款等各方面的工作都纳入计划工作的统一轨道。

实行经济责任制后,首钢计划工作的深度和广度都有了较大发展,多年来一贯采用的以生产为中心的生产技术财务计划已经发展为以提高经济效果为中心的生产经营计划。这种计划就是从原材料供应、生产组织,一直到产品发运、货款回收等各个环节,都通过统一的计划进行组织,做到供、产、销、运、收一把抓。以月度作业计划为例,首钢多年来,月月都编制生产作业计划和搞一套相应的平衡工作,以保证年度、季度国家计划产品产量和主要技术经济指标的实现。但这种单一的生产作业计划没有月度的经营目标,不能指导、调节、检查、考核日常的生产经营活动。从1981年8月起,首钢开始编制月度经营作业计划,把各种平衡工作,从过去的只有按吨位计算的实物平衡发展到按货币计算的价值平衡。过去月度生产作业计划只做产品产量、物料消耗的平衡,现在还要做好产供平衡、产销平衡、产运平衡、利润平衡、成本平衡和资金占用平衡等。由于这个变化,参加编制月度作业计划的处室也由过去的总调度、技术、机动、销售、原料、计划扩展到财务、外经等处室。同时,过去生产计划与销售合同、产品发运、成本和利润都不衔接,往往是各吹各的号,相互牵制,影响公司总目标的实现。现在通过月度经营作业计划,把产品产量计划、原燃料供应计划、销售运输计划、机电设备检修计划、动力平衡计划、成本计划、资金计划和利润计划都统起来,不仅按月按周按日安排生产,同时还安排成本、销售、利润任务。在编制月度经营作业计划的基础上,首钢还实行了生产经营日报制度,总调度室通过生产经营日报随时掌握生产、成本、销售和实现利润动态,及时调整不适应的环节。以保证公司经营总目标的实现。这样就发挥了计划工作对生产、供应、销售、技术、财务等各项工作的统率作用。

此外,首钢的计划管理从时间上看也是全过程的管理。例如,在执行月度经营作业计划时,他们把实现利润作为一个重要指标来抓,并把它落实到每一个工作日。1981年首钢全年利润计划3.12亿元,全面落实经济责任制以前的7个月共实现1.6亿元。这就是说,要保证利润计划的完成,后5个月每月必须实现利润3000万元,平均每天100万元。为了实现每天100万元的利润,首钢一方面抓降低产品成本,一方面抓生产、销售、发运和货款回收几个环节。财务部门为了对每天的销售收入做出预测,按商品销售地区建立了销售分类明细台账,通过统计和计算,找出各地货款正常回收的天数。一般说来,首钢的产品销售利润率平均在34%左右,因此,只要事先知道每天货款回收的情况,就可以预测出当天能够实现的利润。如果发现实现的利润与计划有差距,就及时采取措施,加以弥补。

三、全面计划管理，就是要使企业全体职工人人都关心和参与计划的制订和执行工作

企业全体职工人人都关心和参与计划的制订和执行工作，是全面计划管理的第三个基本特征。按照传统观念，计划是法律，是由上级制订下达的，广大职工只有无条件的执行，不存在什么全员的计划管理。事实上，这种观点是有一定片面性的。社会主义企业，必须实行民主管理，涉及企业生产经营、基本建设、职工生活的一切重大问题，都应在党和政府的有关方针、政策，和国家统一计划的指导下，由职工群众民主讨论决定。同时，一切计划，也只有经过全体职工的努力才能完成。因此，动员广大职工群众人人关心并参与计划的制订和执行工作，是提高经济效果，实现企业经营目标的一个基本条件。

首钢实现全员参加制订计划，全员执行计划，主要是通过三种形式：一是在计划制订前，全公司各个职能部门、各个厂矿都要向公司计划处报送计划制订建议书。在建议书中，既有本单位在计划期能够实现的利润（或节约费用）和其他技术经济指标，又有对公司计划目标和其他具体指标的建议。各个单位在报送建议书之前，都要发动群众进行讨论，使大家都关心计划的制订。二是计划草案制订后，要提交职工代表大会讨论通过。首钢的公司和厂矿的年度、季度综合计划，都必须经过公司和厂矿职工代表大会讨论通过才能生效，并且，这些计划一经通过，其基本指标和规定，非经有关职工代表会，其他任何部门和个人都不能更改。这就使公司全体职工通过其代表对计划进行审查批准，并通过代表层层向下传达了解计划。三是公司计划颁发后，通过计划指标的层层分解，全员制订和执行计划。首钢的计划指标由粗到细、由少到多逐级分解到厂矿、处室、车间、科室、班组和个人。每一层都为完成其上一级下达的指标，采取相应的措施，制订具体的实施计划；每个职工为了完成自己承担的包保任务对自己的工作也要进行全面安排。这就是首钢常说的，计划要"层层包，包到底；全面包，包到人"的基本含义。实际上"包"本身就有两个含义，两个过程。要"包"上边交下的任务，他必然要对完成的措施和时间等进行安排，即制订计划的过程；同时，他既然包下来了，就必须认真贯彻执行，全面地完成，否则其经济利益就要受到损失，即执行过程。这就形成一个由公司到厂矿、处室，厂矿、处室到车间、科室，车间、科室到班组、个人，由上到下的层层制订计划的过程，和个人

保班组，班组保车间、科室，车间、科室保厂矿、处室，厂矿、处室保公司的由下到上，一级保一级的保证计划完成的过程。因此，首钢的"层层包，包到底；全面包，包到人"既是全员制订计划，又是全员执行计划，是全面计划管理的一个重要表现。

首钢的计划指标主要由三部分组成：一是价值指标，二是使用价值指标，三是工作要求和协作要求。这些指标分解到全公司每个部门，一直到每个岗位或个人。他们为了完成价值指标，就要进行经济核算；为了完成使用价值指标就要努力搞好生产，保证产品质量；为了实现工作要求和协作要求，就要提高工作质量，改善人员素质和树立全局观念。因此，一方面，全面计划管理促进了全面经济核算、全面质量管理、全面人事管理的深入开展；另一方面，全面经济核算、全面质量管理、全面人事管理又成为实行全面计划管理的基础。所以，看来"四全"是以计划牵头，既有各自特性，又紧密相联的企业管理体系。

全面计划管理和其他的全面管理一样，它的基本特征是全局的、全过程的、全员参加的综合管理。从以上介绍可以看到，首钢的计划管理工作已经具备以上基本特征。但是还不能认为首钢的计划管理已经是一套十分完善的全面计划管理。他们的专业计划在种类上还不很全，有的专业计划还比较粗糙。他们实行"层层包、层层保"，使计划任务落实到岗位、落实到人头，是实行全面计划管理的重要标志。但是各部门、各岗位还没有普遍建立以提高工作质量为目标的"工作改进计划"。如果各部门以至各个岗位，不但有执行任务的计划，还有主动改进本部门、本岗位工作质量的改进计划，计划管理就更全面了。一套完善的全面计划管理制度，必然会在不断实践中逐步形成。

（原载于《经济管理》1982 年第 11 期，与刘春勤合作）

从首钢和成量厂看企业的全面经济核算

　　扩大企业自主权以来，经济理论界提出了企业全面经济核算问题，很多企业在这方面也进行了一些有益的工作，取得了一些经验。但当前对什么是企业的全面经济核算及如何实行全面经济核算问题还存在一些不同认识，许多问题仍在继续探讨和摸索中。1982年以来，我们工业经济研究所的部分同志，先后对首都钢铁公司和成都量具刃具厂的经营管理进行了比较全面的调查，其中对这两个企业实行全面经济核算的情况也进行了比较系统地了解，通过这一工作，使我们对企业全程经济核算问题有了进一步的认识，现就此谈一些粗浅的看法。

一、什么是企业的全面经济核算

　　为了回答这一问题，还必须先从什么是经济核算谈起。长期以来，人们对经济核算一直存在着不同认识。主要的意见有两种：第一种意见认为经济核算是社会主义经济管理的一项基本制度，它主要是用来处理社会主义条件下国家、集体和劳动者经济关系的，被称为"关系派"。持这种观点的同志认为，资本主义条件下的商品经济关系是十分清楚的，不需要实行一种什么制度来处理这种经济关系，因此经济核算是社会主义经济所特有的。第二种意见认为经济核算是管理经济的一种方法，它主要是通过记账、算账，对生产经营活动进行监督和控制，并把生产经营成果同劳动消耗进行比较，以便用尽可能少的人力、物力消耗和资金占用，取得较大的经济效果，被称为"算账派"。持这种观点的同志认为，无论是社会生义经济，还是资本主义经济，都需要记账、算账，都要提高经济效果，只是经济效果的内容不同，因此经济核算不是社会主义经济所特有的，而是社会生产发展到一定阶段的产物。以上虽然都是从社会的角度来看待经济核算的，但企业经济核算是社会经济核算的一个重要组成部分，对企业经济核算的认识，同样存在这些问题。通过对首钢和成量厂的调查，我们觉得上述两种意见都有一定的道理，但又都具有一定的片面性。

从这两个企业的情况看，经济核算必须包括处理经济关系的内容。过去由于经济管理体制上存在着统收统支、吃"大锅饭"的弊病，不能正确处理国家、企业和职工之间的经济关系，企业的经济利益同其实现的经济效果完全脱钩，职工的经济收入又同劳动贡献不相联系，致使企业和广大职工很少考虑经济效果的提高，尽管企业的记账、算账工作照常进行，但事实上早已脱离了经济核算的原则。可以说，两个企业真正走上一条提高经济效益的新路子还是实行扩大企业自主权以后。成量厂1979年初开始扩权试点，同年5月就改变原来的一级成本核算为两级成本核算，1980年又在两级成本核算的基础上，对各车间、科室采取了不同的核算办法，即对基本生产车间实行"独立核算、自计盈亏"，每个车间都要单独核算生产利润；对辅助生产车间实行"费用控制"，在满足基本生产需要的情况下，尽可能减少辅助生产费用；对占用流动资金最多的供应科实行"独立核算、自计盈亏"，并为其在银行单独开设账户，配备财会人员，使其具有物资供应公司的性质，凡超过定额占用的流动资金，由它自己向银行付息，减少占用节约的利息则归它自己使用；对其他职能科室实行"管理费用限额"，限额指标一旦核定，一律不得超过，否则要承担经济责任，成量厂的同志称这种办法为"车间、科室经济独立核算"。这种"车间、科室经济独立核算"的主要内容是：①各核算单位都必须向厂部或相互承担经济责任，这些责任包括各生产单位必须完成厂部下达的产量、质量、品种、成本、资金和盈利计划；各科室不得超过厂部下达的管理费用指标；各单位要负责赔偿由于本单位责任给其他单位造成的经济损失等11个方面。②各核算单位都拥有一定的自主权力，这些权力包括各生产单位在保证完成厂部下达的生产任务的前提下，有权生产社会需要的产品和开展对外协作，并按所得收入提取一定比例的留成；各单位对提取的车间、科室基金有权自行支配等5个方面。③对各生产单位及部分科室要单独核算经济效果，并尽可能地通过各种指标反映其全部经济效果。如对基本生产车间（包括产品车间和工艺性辅助车间）生产的产品或提供的劳务一律作为商品或视同商品进行核算，即不仅要核算成本、产值，还要核算利润、资金占用、资金产值率，百元产值创造利润等指标；对非工艺性辅助车间要核算生产费用总额和百元产值中各种专项费用，如百元产值中水电费消耗，百元产值中工卡具消耗等。④各核算单位都有一定的独立的经济利益，这些经济利益由厂部根据各核算单位实现的经济效果分别给予核定。如1982年以前实行的是全额分成制度，即根据各单位的不同特点分别以生产利润总额、费用降低总额和销售利润总额提取车间、科室基金。这种办法后来又有所改变。

很明显，上述办法就是用于正确处理企业与车间、科室，车间科室与职工之间经济关系的。而正是正确处理了这些经济关系才调动了广大职工的生产积极性，从而保证了企业经济效果的不断提高。1979~1981 年，成量厂在重工业严重下降的情况下，每年所完成的工业总产值都高于扩权前的 1978 年，实现利润除 1981 年因产品降价等因素略有减少外，也都超过了 1978 年。

经济核算又不能不包括记账、算账的内容。如果不进行大量的记账、算账工作，不仅无法对生产经营活动进行控制和监督，也谈不上正确处理各方面的经济关系。扩大企业自主权和实行企业内部经济责任制后，企业的账越算越细，越算越活，不仅要对每个单位和职工实现的经济效果进行核算，以便进行利益分配，而且还加强了各项专业核算，以便用较少的劳动消耗和资金占用取得最大的经济效果。首钢为了提高流动资金的使用效果，在原有管理工作的基础上，又对流动资金实行了旬预测，即改变原来月终一次通过资金平衡表反映流动资金占用情况的做法，运用会计和统计核算相结合的方法，按旬对流动资金的占用情况进行统计和计算，以便对月终流动资金的占用情况作出预测，并进行有效的控制。实行这样的办法，各流动资金占用单位（包括仓库在内）每月都要按规定时间结 3 次账，并向公司财务处编报定额流动资金预测表。该表包括各资金项目的期初、期末和本期发生额等内容，可以清楚地反映出一旬内流动资金的变动趋势。为加强对产品成本的控制，首钢一些厂矿还实行了日成本核算，即缩短成本核算周期，改变过去月终一次算总账的办法，在会计核算之外，另加一套统计核算，近似逐日核算产品成本，以便及时发现问题，采取必要措施，保证成本计划的完成。这些办法对减少资金占用，降低各种消耗，提高企业经济效果发挥了重要作用。

总而言之，经济核算作为对企业生产经营活动中劳动消耗和资金占用的控制、监督和计算，并与其生产经营成果进行比较，必须进行大量的记账、算账工作，这一点对社会主义企业和资本主义企业都是一样的。而它作为一个客观的经济范畴，又不仅仅是一个记账、算账问题，而且还体现着一定的经济关系，只是在不同的经济条件下所反映的经济关系的内容不同。正是由于这一点，社会主义经济核算与资本主义经济核算的目的和范围又是不同的，核算的具体内容和方法也存在着区别。

在以生产资料私有制为基础的资本主义社会里，企业是完全独立的商品生产者，其生产资料和产品属于各个资本家或资本集团所有。资本主义生产的目的是为了获得最多的剩余价值，其经济核算必然以商务核算的形式出现，以保证资本家用较少的垫支资本，取得较多的利润。在资本主义企业中，资本家及其代理人也要千方百计地减少活劳动消耗和物化劳动的消耗，尽可能地节约占用资本。但是在那里，一切节省最终都表现为资本的节省，都是以加强对工人的剥削，牺牲工人的利益为条件的。这种资本家与工人在经济利益上的对立，决定了资本主义企业中的工人群众不可能真正关心经济效果的提高，其经济核算工作就只能由少数人进行。并且由于资本主义企业之间的经济利益也是对立的，其经济核算的范围也只能局限在各个企业内部，而不能扩展到整个社会去进行。在资本主义社会里，个别企业经济效果的提高，资本的节省往往是以社会劳动的巨大浪费为代价的。

在以生产资料公有制为基础的社会主义社会里，企业是相对独立的商品生产者，劳动者是企业的主人。社会主义的生产目的是为了满足社会和人民生活不断增长的需要，其经济核算必然以节约劳动本身为出发点，从而达到以较少的劳动消耗生产出更多更好的满足社会和人民生活需要的产品的目的。社会主义企业的经济核算工作就会得到广大职工群众的关心、支持和积极参加。并且由于社会主义生产资料的公有制决定了国家、企业和职工三者之间的经济利益在根本上是一致的。其经济核算工作不仅能够在各个企业内部广泛、深入地展开，而且也能在整个社会范围内进行。但是由于我们在经济管理体制上存在着统管得过死的弊病，使得社会主义经济的这一优越性没能充分发挥出来，企业经济核算的广度和深度都受到了一定限制。这主要表现在，企业和职工的经济利益同它们承担的经济责任及实现的经济效果严重脱节，经济核算工作只有个别部门、少数专业人员进行，并且局限于对直接生产过程的核算上。扩大企业自主权以后，这种情况很快发生了根本的变化。正是根据企业经济核算出现的新局面以及该项管理综合性强、涉及面广的特点，经济理论界才提出了全面经济核算问题。这种全面经济核算就是要全面地处理各方面的经济关系，全面地进行记账、算账工作。

全面的处理经济关系就是要处理好企业与国家的关系：企业与企业的关系以及企业内部的关系。企业与国家的关系和企业内部的关系要通过建立和完善企业与国家的经济责任制以及企业内部的经济责任制加以解决；企业与企业的关系要通过建立和完善经济合同制以及贯彻等价交换原则加以解决。

全面地记账，算账就是要进行以下几方面的核算：

（1）全企业的核算。即整个企业（包括公司、分厂、车间、班组）的生产、技术、经营管理以及生活服务各个环节、各个领域都要实行经济核算，讲求经济效果。

（2）全员的核算。即从领导到群众，从管理到干部、技术人员到工人，人人都要有明确的经济责任，都要参与经济核算工作，在各自的岗位上为提高企业经济效益做出贡献。

（3）生产经营全过程的核算。即从企业的技术改造、物资供应，产品的设计、制造、销售，一直到用户使用等各个环节，都要进行消耗、占用与成果的比较。

进行全社会的核算，即在经济核算工作中，要正确处理企业经济效果与社会经济效益的关系。企业要有全局观点，主动接受国家计划的控制和指导，为提高社会经济效益作出贡献，国家机关、企业的各级主管部门，也要为企业提高经济效果、最终为提高社会经济效益创造条件。

首钢和成量厂扩大企业自主权后所实行的基本上就是这样的全面经济核算。很显然，经济核算不是社会主义所特有的，全面经济核算才是社会主义的经济特征。

二、怎样实行全面经济核算

根据我们对首钢和成量厂的调查，企业要实行全面经济核算，除需要国家给予一定的自主权力，创造一定的外部条件外，企业还必须做好以下几方面的工作：

（一）加强经济核算的基础工作，是实行全面经济核算的必要条件

经济核算的基础工作，主要包括定额、价格、原始记录和计量管理等，这些工作对于处理企业内部的经济关系和进行劳动成果与劳动消耗的比较都是必不可少的。首钢和成量厂都是从健全这些工作入手来不断提高经济核算工作水平的。

定额是计划管理的基础，也是实行全面经济核算，提高经济效果的有效工具。企业的技术经济定额一般包括物资和储备定额、工时定额、设备利用定额、流动资金定额和管理费用定额等几个方面，其中物资消耗定额和工时定额工作量大、涉及面广，是定额管理的中心环节。例如，成量厂在企业全面整顿中，花了半年多的时间重点整顿了这两项定额，共新定、修订了 92 个品种、2100 个规格、117278 个工序的工时定额，审定了 250 种 8441 项冷热加工原材料消耗定额和 1154 项辅助材料消耗定额，使各种产品都有了工时和物资消耗定额。修订后的工时定额比原定额平均压缩 9.44%，定额完成率由原来的最高最低相差 57.8% 缩小为 21.7%，基本上达到了先进合理。修订后的原材料消耗定额包括净重、毛重、消耗定额和材料利用率四个部分，达到了准确、完整、齐全。大大提高了经济核算工作的及时性和可靠性。

价格，特别是厂内价格是企业进行经济核算的依据。没有价格，经济核算就无法进行，价格不合理，就会影响核算的正确性和经济责任的合理划分。成量厂所以能够实行"车间、科室经济独立核算"，价格齐全并比较合理是重要条件之一。成量厂的价格包括产品价格、产品零件价格、工艺性对外协作价格、材料计划价格和厂内劳务价格五大类，都由厂财经管理科集中统一管理，工作很有特色。例如，量具和仪器产品的零件价格是由厂财经管理科依据整件产品的出厂价格和全部零件（包括螺钉、螺帽在内），并按照各种零件的原材料、工时消耗及加工的复杂程度，进行材料、费用的综合分解和分摊，并与有关生产车间进行研究、核算，取得一致意见之后制订的。原则上，各个零件的售价之和，不超过整件产品的出厂价格；厂内劳务价格是采取费用分解的办法制订的，即按照产品的出厂价格，剔除原材料、包装物等费用，其余的费用按照工时定额分配到各个车间或工序。成量厂的同志把这种分解到各车间或工序的费用，称为产品的分解价。制订分解价是一种相当麻烦的工作。因为有些产品不仅有成百上千个零件，而且每个零件都要加工若干道工序，要把一个产品的费用按照工时定额分配到每个零件和工序，同时还要按车间进行分类、汇总，需要大量的计算工作。为此，成量厂投入了大量的人力整整搞了半年多时间。

据统计，成量厂经过全面整顿，共修订完善了104个产品3627个规格的产品分解价格，77895个原材料、辅助材料、工具和备件的计划价格，2660个安装、修理的厂内劳价格和1098项量具零件出厂价格。各种价格的修订权都集中在厂财经管理科，其他单位一律无权擅自变动。这些价格，特别是厂内原材料计划价格和劳务价格成为企业内部各单位进行结算、划分经济责任的客观依据。产品价格和零件出厂价格虽然主要用于同其他企业的结算，但由于成量厂对各车间也要核算利润，因而对企业内部经济核算也产生很大影响。

计量和原始记录工作对于实行全面经济核算也极为重要，计量和原始记录不准就会使经济核算出现假象。在计量管理方面，成量厂配齐了计量人员和器具（全厂共有计量人员68人，计量器具28种1356台件），建立健全了计量制度、技术档案和量值传递系统，并且加强了周期检定计划，使全部在用计量器具的周期受检率达到95%，合格率达到90%以上。

同时，他们还加强了水、电、煤、气、油消耗的计量，19个车间全部安装了电表，其中5个车间还单独安装了水表。职工生活区也安装了水、电、气三表，划清了生产消耗和生活消耗的界限，克服了吃"大锅饭"的现象。在原始记录方面，他们重点抓了四单（领料单、停工单、废品单、跟单）、四表（工作班任务书、检查员值班报告、工人工时利用日报、不良品月报）的建立和完善工作，并且整顿、审定了各种表格、台账 442 种（其中财会方面的报表、凭证 112 种），各种表格都规定了使用单位和填写人员，基本上达到了准确及时、全面系统的要求，满足了经济核算工作的需要。

（二）建立健全企业内部经济责任制

要使企业全体职工都参加到经济核算工作中去，并且使各部门、各单位的工作都紧紧围绕着提高经济效果去进行，就必须建立健全企业内部经济责任制。扩大企业自主权后，首钢和成量厂都实行了目标管理，即首先根据国家计划的要求和企业的具体情况，分别制订出企业的长远规划和年度经济目标，其中年度经济目标是以利润目标为中心，经过反复综合平衡之后确定的能够确保国家财政收入和企业必要留成的可行性目标。这个目标经企业职工代表大会审定后，再逐级分解落实，直至每个班组和职工，形成一个纵横交错的经济责任体系。成量厂根据各车间、科室的不同情况，制定出了 19 个车间、29 个科室和从厂长、车间主任、班组长到工人的 31 种经济责任制，共 6600 条。做到了"人人身上有责任，各个部门有指标，项项工作有考核，件件考核有依据"。首钢在完善岗位经济责任制的基础上，还建立了各项专业经济责任制，这样就能够把各级各口和各类人员的工作都统一到实现企业生产经营总目标上来。

（三）建立全面的经济核算体系

建立全面的经济核算体系，是企业实行全面经济核算的根本保证。首钢和成量厂在实行全面经济核算时都建立了这一体系，其中首钢在这方面的工作更加完善。

第一是建立组织体系。首钢实行的是公司、厂矿、车间、班组四级管理，各级各口都实行经济核算。公司按照自己拥有的自主权力和对国家承担的经济责任，健全了各级管理机构，层层落实了经济责任，在经理和厂矿长的领导下，建立起了以公司各专业处室和厂矿各专业科室为主导的、分级分口的四级经济核算体系。首先是分级核算，即在经理领导下，以计划、财务、劳资三个处室为中心，把 27 个业务处室的专业核算都组织起来，形成公司级核算；在各厂矿长领导下，以计划、财务、劳资三个科室为中心，把各专业科室的业务核算都组织起来，形成厂矿级核算；在车间主任领导下，以经济核算员、事务员（管计划和材料）为中心，把有关人员的专业核算都组织起来，形成车间级核算；在班组长领导下，以经济核算员为中心，组织工人"八大员"和全组工人，进行班组核算。其次是分口核算，即通过公司各专业处室对厂矿各专业科室，厂矿各专业科室对车间各专业员，车间各专业员对班组各工人管理员的业务指导，形成各项专业核算。最后再通过公司经理对厂矿长，厂矿长对车间主任，车间主任对班组长的行政指挥，把各级各口的核算都统一组织起来，组成一个以公司核算为主导，以厂矿、车间核算为纽带，以班组核算为基础，以各项专业核算为主导，以群众核算为基础的，上下衔接、左右贯穿，纵横交错的经济核算网络，这个网络把公司一切经济活动都纳入经济核算的轨道，实现了全企业的核算。

第二是建立指标体系。建立经济核算的组织体系，解决谁来组织和进行经济核算的问题以后，还要建立经济核算的指标体系，以解决经济核算的对象和内容问题。首钢按照实行目标管理的要求，首先根据公司对国家承担的经济责任和自身发展及职工利益增长的需要，确定生产经营活动的总目标，然后再把这个总目标层层分解落实到厂矿、处室、车间、科室、班组和个人，最后通过逐级考核，保证总目标的实现。公司总目标的主要内容是：完成对国家的利润包干任务，并使企业和职工的收益有所增长；完成国家下达的产品产量、质量、品种和调拨任务，对国家计划内调不出去的产品，按社会需要改变产品结构，保证完成国家下达的产量任务；对所有产品都要做到适销对路，没有积压，减少资金占用；能源消耗和职工奖金不超过国家规定指标；对利用自筹资金兴办的大型技术改造项目和基建项目按国家批准的内容进行。这个总目标由一组包括实现利润、上缴利润、产量、品种、质量、供货合同、资金、消耗和奖金总额等在内的大指标组成。落实到厂矿、处室、车间、科室、班组和个人的中目标、小目标都是公司总目标的组成部分，它们也都分别由一组中指标或小指标组成，这样就形成了一个自上而下的技术经济指标体系。这个指标体系由大到小，由少到多，组成一个宝塔形。据 1981 年底对公司所属 28 个主要厂矿的统计，公司对各厂矿的包保指标有 325 个，厂矿对车间的包保指标有 3705 个，车间对班组的包保指标有 38705 个，班组对岗位的指标有 60417 个。这些指标按其性质，大致可以分为三类，一类是价值指标，一类是使用价值指标，一类是工作要求和协作要求。居于宝塔顶端的是公司的总目标，它一般由价值指标和使用价值指标构成，越向宝塔的底层，价值指标越少，使用价值指标和工作要求与协作要求越多，指标也就越具体，便于广大职工群众掌握和运用。这个指标体系牵动着每一个职工，使他们都参加到经济核算工作中去，从而实现了全员的核算。

第三是建立核算体系。建立经济核算的核算体系，主要是解决核算的方法问题。这个核算体系应该由会计核算、统计核算和业务核算三个方面的内容组成。

会计核算是整个核算体系的中心，它是一种以原始凭证为根据，以货币形成为尺度，对企业的生产经营活动所进行的连续的、系统的、全面的核算。

首钢实行公司、厂矿（包括个别处室）两级会计核算，每级都有健全的账簿、账户、会计科目和会计报表等。财务部门充分利用会计核算的特点，对公司资金的运动和分布情况、成本升高或下降情况、利润的实现和解交情况等进行全面的核算、反映、分析和监督，向各级领导人员提出积极的建议，为合理使用资金，节约开支，提高经济效果发挥了重要作用。

统计核算不仅可以用货币形式，而且还可以用实物等其他形式把企业生产经营活动的现状、过程和结果记录下来，进行整理、分析和调查研究，从而找出企业生产经营活动的变化和发展规律，对未来作出科学的预测。首钢经济核算的一个重要特点，就是充分发挥了统计核算的作用，把一切重要决策都建立在可靠的数据基础之上。首钢从公司一直到班组各级都建立了各种统计台账，开展了统计核算。不仅计划的编制，成本、利润目标的确定和预测，各项技术经济定额的制订都是通过大量的统计核算来完成的，而且它还成为考核各单位和个人经济成果的重要手段。首钢的同志感到，如果不建立健全统计核算，企业内部的经济责任制将无法实行。

业务核算是对个别经济业务的核算。它是开展会计核算和统计核算的基础。首钢车间、班组的核算主要是通过业务核算进行的，它能及时地把原材料、工时、动力等消耗定额的执行情况反映出来，以便发现问题，随时加以解决。

有了上述这样一个三位一体的核算体系，就能够运用多种形式对企业的整个生产经营活动进行核算、控制和监督，从而实现生产经营全过程的核算。

最后是建立结算体系。建立结算体系的目的在于正确处理企业内部各单位及职工之间的经济关系，明确划分他们之间的经济责任，以实现责权利相结合，调动全体职工实行经济核算、提高经济效果的积极性。

建立结算体系一般要建立三个制度，即企业内部合同制度、结算制度和奖金分配制度。但在实际工作中，应根据企业的具体情况而定。

首钢没有建立内部银行，也没有使用内部货币券，各厂矿与公司之间及各厂矿相互之间所发生的经济往来通过"内部往来"账户，按照内部计划价格进行结转。结算采取三角方式，即各厂矿都与公司进行结算，相互之间不直接发生关系。首钢的"内部往来"账户在某种程度上相当于"内部银行存款"，各单位发生的收入和支出都通过该账户的借贷表现出来。但它又不同于"内部银行存款"，它没有限额，对支出不起约束作用，只是记录和比较各单位的收支情况。它属于一个过渡账户，对没有产品的单位，期末一般没有余额。采取这种结算（事实上是转账）办法，简便易行，经济责任明确。

首钢也没有实行内部经济合同制，各单位和个人之间关系的协调一方面通过行政指挥，即作业计划和日常调度来实现；另一方面把相互之间的协作关系纳入经济责任制的考核范围，这样有利于保证企业内部计划的统一性。各单位和个人之间的协作关系由上一级确定，一般都包括相互提供的原材料、半成品和劳务的数量、质量规定，也有时间要求。这些协作关系明确具体，便于考核，比实行内部合同具有更大的灵活性。

首钢的奖金分配实行的主要是经济责任制记分考核奖励办法，即首先根据每个人的岗位和经济责任确定不同的奖金系数，然后按照每个人完成经济责任和实现经济效果的大小决定加减分数，最后按照每个人的系数和所得分数计算应得奖金。首钢的同志用"责任大小看系数，工作好坏看分数"来概括这种办法的特点。按照这种办法分配奖金，实事求是地拉开了差距，基本上体现了按劳分配原则。

上述结算体系尽管比较简单，但却达到了划分经济责任的目的，调动了广大职工实行经济核算的积极性。

当然，经济核算的几个体系又是紧密联系、互为一体的，因此，"几全"的核算也是互为渗透、不可分离的。同时，企业的经济核算与社会的经济核算也是紧密联系的，在企业实行全面经济核算的基础上就可以进行全社会的核算，而全社会的核算又给企业经济核算以指导。

（四）进行全面的经济活动分析

经济活动分析是经济核算工作的重要组成部分。如果只有核算，没有分析，就只能掌握企业生产经营活动的一般情况，而不能发现存在的问题及其原因，更不能找出解决问题的办法。首钢和成量厂在实行全面经济核算时都开展了深入广泛的经济活动分析工作。这里所说的全面经济活动分析主要包括两方面的内容：一是对各项技术经济指标的完成情况进行分析；二是对各单位和职工完成的经济责任进行分析。例如，成量厂的经济活动分析就包括生产分析、成本分析、利润分析、劳动工资分析、财务分析和经济责任分析等。

生产分析首先要对产品产量、品种、质量、新产品试制、供货合同等计划完成情况进行分析，找出这些指标完成与未完成的原因，并在此基础上，进一步研究分析产量、品种、质量对工业总产值、商品产值和净产值的影响。

成本分析首先要对商品产品总成本、主要产品单位成本、可比产品总成本、可比产品成本降低额、可比产品成本率等进行分析，并在此基础上对料、工、费进行分析，找出成本升降及百元产值成本变化的主要原因。

利润分析首先要对销售收入、销售成本、销售税金进行分析，进而分析营业外收支和利润计划完成的状况、原因，以及利润分配和销售利润率的变化情况。

　　劳动工资分析首先要对全厂职工人数及其构成（生产工人、学徒工、管理人员、工程技术人员、服务人员等占职工总人数的比重）、工资总额、标准工资的变化情况进行分析，进而对全员劳动生产率、生产工人劳动生产率和人均工资的升降情况进行分析，提出进一步提高劳动生产率的措施。

　　财务分析主要是对固定资产构成、流动资金占用及专用基金收支情况进行分析，同时对百元固定资产创造产值和利润、流动资金的分布、周转和资金利润率的变化情况进行分析，提出进一步提高资金使用效果的措施。

　　经济责任分析是在其他分析的基础上，对各单位和职工在完成各项技术经济目标中所起的作用及应负的责任进行分析，并根据分析结果，按照有关规定对奖金进行分配。这种经济责任分析是成量厂扩大企业自主权后对经济活动分析增加的新内容。实践证明，它是一种明确经济责任、加强经济核算、提高经济效果的有效手段。

　　以上分析既是控制和监督生产经营活动的需要，也是正确处理经济关系的需要，是企业实行全面经济核算必不可少的工作。

　　尽管首钢和成量厂是两个完全不同的企业，但它们在实行全面经济核算时所进行的上述几项工作却大体相同，只是为了叙述的方便，我们才在某一方面重点介绍某一个企业的情况。这说明，它们的做法和经验具有普遍意义。

（原载于《工业经济管理丛刊》1983 年第 11 期）

运用价值规律，搞好企业经营管理

在社会主义条件下，利用价值规律，更多地牵涉到宏观经济方面的问题，但对企业来说，要提高经济效益，也必须利用价值规律，搞好经营管理和技术改造。

一、加强市场预测，生产适销对路的产品

大家都知道，商品只有销售出去，才能实现其价值。这是价值规律要求得以实现的前提条件。如果生产出的商品卖不出去，包含在其中的劳动也就不会被社会所承认。所以，要实现商品的价值，生产者即企业就要使产品符合社会需要。这就要搞好市场调查和市场预测，正确确定产品发展方向，生产适销对路的产品。这样，才能符合价值规律的要求，企业也才能取得较多的盈利，经济效益才会好。

无锡电视机厂的例子就充分说明了这一点。该厂原是生产投影电视机的定点厂，由于技术上不过关，1974 年建厂后长期不能形成生产能力，连续亏损 5 年，共达 70 多万元。针对这种情况，该厂进行了市场调查和预测，发现我国家用电视的市场潜力很大，就决定改产 12 英寸黑白电视机。1978 年开始批量生产以来，除当年稍有亏损外，其他年份年年盈利，1982 年产量达 19 万多台，实现利税 600 多万元。当然，搞好市场调查的前提是要细致、准确地工作。1980 年，我国电视机曾一度滞销，后来又降了价，一些厂子见此情况纷纷转产。但无锡电视机厂没有被这种表面现象所迷惑，他们通过认真的调查，发现消费者持币待购电视机的现象很普遍，于是认定电视机并非生产过剩，它的滞销是由于产品质量不稳定，不能取得用户的信任造成的。于是，该厂就在提高产品质量上狠下功夫，同时开展广泛的产品宣传和良好的技术服务活动。这样，终于为本厂产品赢得了信誉，不仅使"红梅"牌电视机一

直畅销不衰，而且进一步扩大了生产能力，增加了产品品种。

二、降低产品成本，提高盈利水平

企业在确定正确的产品发展方向以后，就要运用价值规律，不断降低产品成本，提高盈利水平。产品成本由消耗的物化劳动和付给劳动者的劳动报酬构成。按照价值规律，企业生产商品所花的个别劳动时间如果低于社会必要劳动时间，商品成本才低，企业才能得到超额利润；反之，如果个别劳动时间超过社会必要劳动时间，则高出部分就不会被社会承认，该商品成本就高，企业盈利水平就低，甚至还可能亏损。因此，要降低产品成本，提高盈利水平，就要减少活劳动和物化劳动的消耗，加强成本管理。在运用价值规律，加强成本管理方面，首钢取得了显著的成绩。首钢在编制成本计划时，首先根据本企业上年实际成本、历史最好水平、同行业先进水平和利润目标等确定目标成本，然后还要对目标成本可能实现的程度进行预测。如果预测的结果证明目标成本能够实现，才正式进行成本计划的编制。否则，就要继续制订新的降低成本的措施，重新进行平衡，直至目标成本能够实现为止。由于首钢能编制一个先进合理的成本计划，并对成本的形成进行有效的控制，因而使公司的产值利润率、资金利润率和销售利润率都在全国钢铁联合企业中居于领先地位。

三、搞好技术改造，增强企业竞争能力

企业的技术装备水平如何，往往决定着它在市场竞争中的地位。社会主义社会还存在商品生产和商品交换，所以，商品生产者即各企业之间仍然存在一定程度的竞争。因此，价值规律对推动社会主义企业提高技术装备水平仍起着重要作用。具体说，价值规律要求企业改进技术，加速企业设备的更新改造。只有这样，才能使企业个别劳动时间低于社会必要劳动时间，提高劳动生产率，从而使商品具有较强的竞争能力。在今后一个时期内，我国工业企业主要搞内涵为主的扩大再生产，也就是说，企业必须把提高技术装备水平的重点放在对现有设备的挖潜、革新、改造上。在这方面，首钢的经验也值得重视。首钢是具有 60 多年历史的老企业，许多设备陈旧，技术工艺落

后，这些严重阻碍着生产的进一步发展和经济效益的提高。实践使首钢认识到，从长远来看，要大幅度提高经济效益，必须下决心采用新技术，改造落后的工艺和设备。从 1978 年开始，首钢从对二高炉的改造入手，大力开展技术改造和技术革新活动。1979~1981 年，首钢利用自筹资金进行的更新改造项目，单项价值在 100 万元以上的就有九项，其中大部分项目两年左右就收回了投资，有的不到 1 年就见到了效益。特别是对第二高炉的改造，不仅技术上先进，共采用各种新技术 37 项，而且经济上也取得了较好的效果。整个项目共投资 8029 万元，开炉两年就实现税利 1.386 亿元。上述改造项目取得了很好的经济效果，大大提高了劳动生产率，增强了公司的实力。目前，首钢的各项技术经济指标，绝大多数能够在全国钢铁联合企业中领先，除管理水平较高外，一个重要原因就是由于开展了大规模的技术改造工作。

总之，从无锡电视机厂和首钢的经验可以看出，在社会主义条件下，企业必须学会运用价值规律，以不断提高生产技术和经营管理水平，取得好的经济效益。

（原载于《学习与研究》1984 年第 2 期）

企业全面劳动人事管理刍议

《中共中央、国务院关于国营工业企业进行全面整顿的决定》中指出："在实行全面计划管理的同时，要继续推行全面质量管理和全面经济核算，以保证品种增加、质量提高、成本降低、利润增长。实现全面的经济效益。同时还指出："全员培训要同人事考核、晋升、提拔和工资调整等相结合，建立和健全一套全面的人事管理制度。"企业的全面计划管理、全面质量管理、全面经济核算和全面劳动人事管理是随着我国经济管理体制改革的不断深入逐步被提出来的。对于前三项全面管理，理论界已经进行了比较广泛的讨论，提出了一些意见，很多企业也进行了大量的工作，取得了一定经验。但对于全面劳动人事管理，无论是在理论的研究上，还是在实际工作的开展上，都做得还很不够。本文拟就这方面的问题谈一些粗浅的看法。

一、什么是全面劳动人事管理

所谓全面劳动人事管理，就是对企业生产经营活动中的人及其从事的劳动所进行的全面而系统的管理。在社会主义企业中，全体职工都是企业的主人，同时又都是劳动者，每个人都要参加一定的劳动，每项工作都需要一定的人去做。因此，对劳动的管理必然涉及对人的管理，而对人的管理又渗透到对劳动的管理之中。从这个意义上讲，劳动人事管理是一个问题的两个方面。从劳动管理的角度看，它把人的劳动作为管理对象，重点放在生产力的合理组织上；从人事管理的角度看，它把人本身作为管理对象，重点放在调整生产关系，即调动人的积极因素上。劳动与人事管理的这种内在联系，是由人在社会生产中的地位决定的。在社会生产中，人不仅是生产力诸要素中的决定因素，同时又是构成生产关系的元素。因此，企业的劳动人事管理是涉及生产力和生产关系的一个综合问题。在企业生产经营活动中，只有既合理组织了劳动，又充分调动了人的积极性，生产才能顺利地高效率地进行。但是，对劳动人事管理的传统认识都与此不同，它不是从人和人的劳动这两方面来看待这一管理，而是把企业的职工分为两大类，一类是干部，一类是工人。对干部的管理称为人事管理，对工人的管理则称为劳动管理，而且人事管理由组织部门负责，劳动管理由劳资部门负责。这种认识和管理办法，不仅在理论上说不通，而且在实践上也是有害的。按照这种认识，只有工人的劳动才是劳动，而干部的劳动就不是劳动，同时只有对干部的管理才是对人的管理，而对工人的管理则不是对人的管理，这显然是荒谬的。按照这种管理办法，必然造成工人和干部相互分离和脱节的状况，劳动部门无权根据管理工作的需要挑选和配备干部，组织部门则不能过问生产工人的调配和使用，这种情况是形成管理多头、生产指挥不灵，政治和经济两张皮的主要原因之一。正是针对这种情况，才提出了全面劳动人事管理的问题。这种全面劳动人事管理要求从生产经营活动的全局出发，对全体职工和他们所从事的各项工作进行统一的综合的管理。而要实现这种管理，就必须做好两方面的工作：一是按照生产发展的要求，合理组织生产力，包括劳动的分工与协作、定员和定额以及开展各种形式的劳动竞赛等；二是据根生产力组织的需要，搞好人的管理和使用，包括职工的招收、培训、使用、调配、考核、升迁、报酬和思想政治工作等。这两方面的工作紧密联系、互相渗透，任何一个环节出了问题，都会影响整个管理工作的效果，因此必须用系统方法对它们进行综合管理。同时，这两方面的工作又涉及企业生产经营活动的全过程和每个职工从进入企业到退出企业的全过程，因此它又是一项全面的管理。实行全面劳动人事管理的根本目的在于合理组织企业生产力，调动全体职工的生产积极性，从而最大限度地提高劳动生产率。

二、企业实行全面劳动人事管理的外部条件

企业实行全面劳动人事管理，需要有一定的外部条件，这些外部条件主要表现在企业对人事和利益分配所具备的权限方面。

（1）企业必须有根据生产经营活动的需要招收职工（包括择优录取）的权力。扩大企业自主权后，这项权力本来已经从条文上规定下来，但在实际工作中却很少得到落实。首先，劳动部门在向企业分配招工指标时，仍不能从企业的实际需要出发，存在着很大的盲目性。有些企业劳动力本来已经很富余，但劳动部门为了解决就业等问题，仍向企业分配招工指标。加之在解决

就业方面采取了本单位包本单位子女的办法，致使企业在申请招工指标时也抱着宁多勿少的态度，以解决本单位职工子女的就业问题。这样，就使得企业本来已经存在的人浮于事的现象越来越严重。而有些企业劳动力很紧张，但由于种种原因却分不到招工指标，或者有指标却因工作条件艰苦、工资福利条件差等原因招不到新工人。其次，企业在招收职工时，仍不能按需要择优录取。有些企业需要男工，分来的却是女工，而有些企业需要女工，分来的却是男工，甚至存在着男女搭配、好坏搭配的现象，把很多社会问题也都推给了企业。这些问题不解决，企业无法实行全面的劳动人事管理。今后在企业用工方面，国家对企业应只规定招工总人数或工资总额，企业什么时候招工，招什么人，都应由企业根据自己的情况决定。属于社会问题的，宁可由社会负担，也不能把矛盾推给企业。

（2）企业必须有合理调配、使用职工的权力。企业的职工如何调配使用，包括设立什么机构，配备什么人员，都应由企业自己决定。当前，企业在工人的调配使用上，基本上具备了应有的权力，但在干部，特别是领导干部的调配使用以及管理机构的设置上，仍然受到各方面的干扰和限制。例如，有些地区或部门仍然强求企业设立机构要同有关方面对口，甚至不设立某机构就不进行整顿验收；任命中层以上领导干部仍然要经主管部门批准，不批准就不合法；等等。这方面的问题不解决，企业也无法对劳动人事管理进行综合全面的考虑。

（3）企业必须有对职工进行奖惩的权力。这方面的权力主要表现在对优秀职工的物质奖励、提拔晋升和对落后职工的经济惩罚、行政处理上。为了实现这一点，企业不仅应有在国家控制的工资总额自行决定工资奖励制度的权力，而且应有自主制订人事制度的权力。有了这些权力，企业才有可能用各种办法吸引大批优秀人才，同时给那些表现较差的职工以制约，直至开除出企业。当前，企业在对职工的奖励方面有了初步的权力，但还只局限在奖金的分配上。而对职工的惩罚几乎还没有什么手段，特别是要开除一个职工，还阻力重重，甚至要受到公安部门的干预。这种状况不彻底改变，企业的全面劳动人事管理也只是一句空话。

（4）企业要有清退不需用职工的权力。随着企业生产经营活动的变化，企业所需职工的数量、质量也会发生不断的变化。要提高劳动生产率，企业必须能够随时将多余劳动力和不需用劳动力清退出去。这些被清退的职工应由社会做出适当安排。对于那些退休离休职工，也应由劳动保险部门统一管起来。这样才能保证企业的职工有进有出，形成一支精干的劳动队伍。当前，企业的职工只进不出，包袱越来越重，致使企业要把很大的精力花在多余劳动力的安排和退休职工的管理上，真正的劳动组织和人事调配受到很大削弱，这也是不能实行全面劳动人事管理的一个重要原因。要保证企业的上述权力，必须进行劳动人事制度的根本改革。首先，要进行企业用工制度的改革。要大力推广合同工和轮换工制度，尽可能地减少固定工。即使是固定工，也应改变当前终身制的办法，允许一定的流动。在这方面，很多地区都已积累了一定的经验。其次，要进行企业工资制度的改革。要逐步实行两级分配制度，彻底解决企业之间的"大锅饭"和企业内部的平均主义问题。目前，可在井下、矿山和建筑等行业，试行奖金上不封顶、下不保底的办法，为全面改革企业分配制度积累一些经验。实行全面利改税后就可以进行进一步的改革，企业盈利在依法向国家缴纳各项税款后，其余部分让企业自行进行分配，可以用于发展生产，也可以用于职工的工资和奖励。

三、企业如何实行全面的劳动人事管理

有了上述权力，只是为企业实行全面劳动人事管理提供了可能性，要使这种可能性变成现实，企业内部的管理也必须进行相应的改革。

（1）要搞好劳动的分工与协作。劳动的分工与协作是生产社会化的必然产物。在社会生产日益向高速化、精密化方向发展的今天，要使成千上万人的协作劳动能够协调进行，就必须对劳动过程进行合理的组织。为此，就要从企业的生产特点出发，按不同的工艺阶段和各工序的技术内容进行劳动分工，并根据不同的分工合理配备工人，做到人各有责，人事相宜。有了明确的分工，还必须搞好协作，把整个生产过程从时间上和空间上衔接起来，从而使人们的共同劳动得到最佳的结合，充分发挥其效能。

（2）要加强劳动定额和定员工作。劳动定额定员是企业进行劳动组织的基础工作，是编制劳动力计划的客观依据。没有科学的劳动定额、定员，就不可能有合理的劳动组织。劳动定额、定员不仅要有量的规定，而且要有质的要求。对于新建企业来说，在招收职工时就应考虑各类人员的数量比例和质量要求；对于老企业来说，必须根据生产经营情况的变化，及时修改定额、定员标准，使其经常保持先进合理的水平。通过定额、定员的制定和修改，必然会出现各类人员的不平衡，针对这种情况，应及时调剂余缺。人员不足，应及时招收、招聘或加紧对现有人员的培训；对多余人员，应及时清出原岗位，让其转行或介绍给劳动服务公司。只有这样，劳动定额、定员才能得到落实，劳动生产率才能提高。

（3）要搞好职工的招收、培训、调配和清退工作。首先，企业有了自行招工的权力以后，应建立严格的招工制度。这主要包括以下内容：对分配来的大、中专毕业生进行专业技术知识的考察；对应招人员进行文化考试、技术考核、政治审查、身体健康等，看其是否适应本企业生产的需要。经审察和考核，如不符合本企业要求，就不予接收。同时，对于新招收的职工，还应规定一定的试用期。在试用期内，如发现不合格者，应给予退回。其次，新职工进厂后，要根据不同需要，进行多种形式的培训，经考核合格后才能进入生产岗位，如果考核不合格，可延长培训期，待其合格后再准许上岗，仍不合格者，应予以辞退。对于在企业工作多年的老职工，也需定期进行业务培训，以适应技术发展的要求。再次是职工的调配。无论是对新职工还是对老职工，都应定期进行工作考核，对于不适应本岗位工作需要的，应及时给予调整。最后是职工的清退。对于多余的职工和不适宜在本企业工作的职工，应随时给予清退，以保证职工队伍的精干。

（4）要搞好职工的利益分配、提拔晋升和思想政治工作。在社会主义条件下，劳动仍然是谋生的手段，物质利益乃是劳动的一种动力。邓小平同志指出："不讲多劳多得，不重视物质利益，对少数先进分子可以，对广大群众不行，一段时间可以，长期不行。革命精神是非常宝贵的，没有革命精神，就没有革命行动。但是，革命是在物质利益的基础上产生的，如果只讲牺牲精神，不讲物质利益，那就是唯心论。"（《邓小平文选》第 136 页）因此，要充分调动职工的生产积极性，必须搞好利益分配。经过对职工的定期考核后，职工的劳动态度好坏和贡献大小都已分明，对那些表现好、贡献大的职工给予较高的报酬，而对于那些表现差、贡献小的职工则应给予较少的报酬。同时，还应把那些能力强、认真负责、富于钻研精神的人选拔到重要岗位上，并根据所负责任，给予相应的待遇。只有这样，才能激励全体职工的进取心，使他们不仅能够各尽所能，而且不断提高所能。在搞好物质利益分配的同时，必须注意加强思想政治工作，使全体职工对工人阶级的地位、作用和历史使命有一个正确的认识，不断提高为社会主义劳动的自觉性。

上述几个环节的工作构成了企业劳动人事管理的全过程，概括起来，主要是两方面的内容：一是劳动组织，二是职工的积极性。如果说整个劳动人事管理是一部机器的话，那么劳动组织就是这部机器的机械系统，而职工的积极性则是这部机器的动力系统，只有对它进行全面的综合管理，才能保证其正常地高效率地运行。

（原载于《重庆经济体制改革》1984 年第 4 期，与杨予新合作）

工业企业需要建立责任成本

成本是企业的一项重要的综合经济指标。一个企业经营好坏，劳动消耗高低，乃至资金占用多少，最终都会通过产品成本反映出来。在产品产量和价格一定的情况下，成本高低直接决定着企业的盈利水平。由于现行成本管理办法不利于经济责任制的划分，因而给成本的控制带来了一定困难。有些企业各方面管理搞得都不错，但产品成本总是降不下来，其中一个重要原因就是成本管理中存在着责权利脱节的现象。为了解决这一问题，工业企业可以根据各自的条件，建立责任成本。

一、什么是责任成本

所谓责任成本，简言之，就是按照责任单位划分的成本。它与产品成本的根本区别在于，产品成本是以产品作为对象的，凡与某产品的生产、销售有关的费用支出，都算在该产品成本中；而责任成本则以责任者归类，不论费用发生在什么地方和什么时候，属于谁负责，就划为谁的责任成本。如原材料费用，在计算产品成本时列为车间成本，但因原材料的质量、价格等是由供应部门负责的，生产车间无法负责，因而该项费用应列为供应部门的责任成本。再如销售费用，在计算产品成本时列为销售成本，但因销售费用开支的多少是由销售部门负责的，因而应列为销售部门的责任成本。当然，有些费用，虽然属于某部门负责，但因受企业外部条件的制约，责任者也往往无能为力。例如，一些短缺物资，价格方面的选择余地很小，成本降低就有一定困难。对这类成本，可在确定责任成本指标时适当考虑。总之，责任成本是责任者可以控制的成本，任何一种费用，谁能控制就划为谁的责任成本。为了提高经济效果，企业还可以把一些实际上并不发生的费用列为自己某些下属单位的责任成本。如在国家对企业不实行基金付费的情况下，企业也可以在它下属的有关单位的责任成本中设立固定资产和流动资金占用费项目，以促使它们提高资金使用效果。但在计算产品成本时，必须严格遵循国家规定的成本开支范围。责任成本只是一种考核手段，不作为结算企业盈利的依据。

二、建立责任成本的优点

企业建立责任成本，有很多好处。

（1）它有利于责权利紧密结合。实践证明，责权利结合是搞好企业管理的一项基本原则。建立责任成本，可以为明确各单位的经济责任，衡量它们的生产工作成果，提供一个最重要的经济指标，从而有利于责权利相结合的原则层层落实，把企业的各项工作纳入提高经济效益的轨道。

（2）它有利于加强成本控制。在过去的成本管理中，由于费用仅以产品成本形成地点划分，不按责任者归类，成本控制的任务就只落在最终形成产品成本的单位身上，而这些单位对很多费用是没有能力控制的，其结果只能是发生多少就是多少。建立责任成本，同时辅以合理的奖罚制度，可以促使所有有费用支出的单位都积极采取措施，加强成本控制，避免一切不必要的费用支出，共同为降低产品成本作出努力。

（3）它有利于简化管理。在落实企业内部经济责任制过程中，很多企业都进行了指标的层层分解。有些大型企业，各种指标多达上万个，给管理工作带来了一定困难。在这些指标中，很多都是相互重复的，其原因主要是一个单位缺乏一项综合的指标。建立责任成本后，除国家严格控制的某些紧缺物资外，很多实物消耗指标都可以简化合并，甚至取消。这样就可以大大简化管理手续。

三、建立责任成本的条件

建立责任成本，需要创造必要的条件。

（1）要健全成本管理机构。除厂部、车间要建立相应的成本管理机构外，各责任单位都要设立专职或兼职的成本管理员，负责本单位的成本核算和成本控制工作。

（2）要建立必要的成本管理制度。建立责任成本，凡有费用支出的单位都存在一个成本管理问题。企业除严格执行国家有关成本管理的各项规定外，还应根据具体情况制订本企业的成本管理制度，对成本开支范围和费用标准，对成本界限的划分、成本核算对象、成本项目的确定、成本核算方法和奖惩制度等，都做出明确规定，使各责任单位在成本管理中有章可循，避免各行其是。

（3）要加强有关的基础工作。首先，要健全各项定额，包括劳动定额、物资消耗定额、资金定额、费用定额等。有了完备的定额，才能确定各单位应实现的责任成本，并把它们实际完成的成本同应完成的成本进行分析比较，以决定对它们的奖罚。同时，经过分析比较，才能发现存在的问题，提出改进措施。其次，要健全内部计划价格，包括原材料和辅助材料计划价格、备品备件计划价格、产品零部件和外购件计划价格、各种劳务计划价格等。各责任单位之间的经济往来，只有通过计划价格进行结转，才能避免一个单位成本的高低对另一个单位成本的影响，真正分清经济责任。例如有些物资消耗，在价格方面是供应部门能够控制的，而消耗量则是生产车间可以控制的，这样就可以运用计划价格将这些物资的费用由供应部门转给生产车间，作为生产车间的责任成本。最后，要加强计量管理，各责任单位都应拥有必要的计量手段，以便对自己的成本进行计量、控制；同时必须保证计量的准确性，才能提高成本控制的有效程度，并使成本核算符合客观实际。此外，还必须加强原始记录、统计管理等，这些工作都是对产品成本和责任成本进行控制、核算的必要条件。

（原载于《人民日报》1984 年 6 月 11 日）

试论企业财会工作的"转轨变型"

随着经济体制改革的深入发展，企业管理正在由单纯生产型转向生产经营型和经营开拓型。企业管理的这一转变，同整个经济体制改革一样，也有一个同步配套问题。也就是说，必须从管理思想、管理体制、管理制度、管理方法等方面都来一个转变，才能保证整个企业管理的转变。本文仅就企业财会工作的"转轨变型"谈几点意见。

一、必须把单纯监督变成服务监督

企业财会工作的主要职能是服务和监督。所谓服务，就是为生产经营活动服务，为提高经济效益服务。监督，一是监督执行财经纪律和财务制度，防止贪污盗窃现象发生，保证国家财产完整；二是监督生产经营过程，杜绝积压和浪费，避免一切不合理开支，保证经济效果的不断提高。很明显，财会工作的这两方面职能，从根本上说是完全一致的。但在原有的经济体制下，企业不讲经营，不注重经济效益的提高，财会工作也就只注意了监督，忘记了服务。而且监督也只注意了对执行财经纪律和财务制度的监督，忽略了对生产经营过程中消耗与成果的监督。这样的财会工作，可以说是一种单纯监督型。它的主要特点是：①指导思想不明确，没有经济效益观念，工作重点不突出，只忙于收收支支的事务工作，不可能参与企业的经营决策；②工作求稳怕乱，不敢揭示矛盾，只善于死守陈规旧矩，缺乏开创精神；③遇事不敢负责，也不能向上级提出积极建议，甚至国家赋予的权力，也不敢使用；④规章制度不合理，脱离生产，脱离实际，对上级的有关制度、条例不能结合本企业实际制定执行细则，只能照搬照抄；⑤只会守财，不会生财、聚财、用财，只强调节流，不注意开源，只盯着一项开支是否完全符合条条，不考虑它的效果如何；⑥不善于学习、运用现代管理知识，业务方法落后，只习惯于事后的核算反映，不能进行事前的控制监督；等等。扩大企业自主权后，上述情况虽有明显转变，但一些传统做法的影响至今仍普遍存在。如不改变这种状况，财会工作将阻碍企业由单纯生产型向生产经营型和经营开拓型转变。在改革中，还出现了另一种情况，个别企业的财会部门，把服务和监督都置之度外，一心只盘算着多发"奖金"和实物，甚至不惜违反财经纪律，偷税漏税，国家有令不行，有禁不止，我行我素，目无法纪，这些都是与改革的精神格格不入的。

我们认为，要使企业的财会工作适应企业的"转轨变型"的需要，必须彻底改变旧的指导思想和工作方法，使之由单纯监督型变成服务监督型。所谓服务监督型的财会工作，就是在组织企业财务活动时，要在执行国家政策、法令的前提下，以为生产经营活动服务，提高经济效益为中心。在确立指导思想，制定和执行规章制度，处理业务和各部门之间关系时都要围绕着这个中心。在企业经济效益与其他方面发生矛盾时，只要不违反财经制度，都应服从经济效益的要求。其中，特别要注意处理好以下两个关系：

（1）节约开支与增加收入的关系。企业财会工作的根本目的是保证生产经营活动对资金的需要，以收抵支，取得盈利。毫无疑问，节约开支，降低成本，是它的一项重要任务。但是，节约开支必须以增加收入为前提。如果只讲节支，不讲增收，财会工作的路子就会越走越窄，最后只能成为无本之木、无源之水。往往有这样的情况，一笔开支稍有增加，就会带来收入的大幅度增长，这时就不能死盯着原有的资金指标和开支计划，而不允许增加开支。即使在资金比较困难的情况下，也要千方百计保证资金供应。特别是在专用基金的使用上，必须优先保证那些投资少、见效快、效益高的项目所需要的资金，如果资金不足，也要通过银行贷款解决。总之，决定一项开支是否必需，都应以能否增加收入为标准。为了使每项开支都能合理，财会部门的同志还应经常深入实际，调查研究，揭露矛盾，发现问题，积极主动地向资金运用单位提出指导意见。

（2）开支的合理性与合法性的关系。在企业的财会工作中，经常碰到合理性和合法性的问题。所谓开支的合理性，就是开支能够带来好的效益；所谓开支的合法性，就是开支要符合国家的有关法令、制度。一般情况下，开支的合理性和合法性是一致的。但也有这样的情况，合理的开支不一定合法，合法的开支不一定合理。特别是当前正处于改革之中，许多法令、制度都有待于改进、完善，合理与合法不一致的情况就更为普遍。企业的财会工作要更好地为生产经营活动服务，必须恰当地处理合理性与合法性之间的关系。合理性与合法性之间，无非有四种情况：一是既合理又合法；二是合理但不合法；三是合法但不合理；四是既不合理又不合法。第一种和第四种情况，比较容易处理。第三种情况，也可根据改革的精神和企业的具体情况，对某些不合理的规章制度加以修改，尽可能减少不合理的开支。困难的是第二种情况，问题比较复杂，需要认真对待。一般来说，凡是合理的开支，都是有利于提高企业经济效果的支出，但如果这类开支，与现行的法令、制度发生矛盾，就必须采取积极的态度，妥善处理。凡属原有制度不明确或扩权后企业已经有权解决的非原则性问题，可根据本企业的具体情况和拥有的自主权制定执行细则，灵活掌握；属于重大原则问题的，则应积极向有关部门反映，提出具体建议，争取支持和批准。但在批准前，不得自行其是。在这方面，只要企业的财会部门能够正确处理企业同国家的关系，不谋私利，并且真正树立了为生产经营服务的思想，这些问题是不难解决的。

二、必须把"龙尾"变成"龙头"

传统的观点认为，在企业管理中，计划管理是"龙头"，财务管理是"龙尾"。意思是说，计划工作是打头的，只有各项计划指标确定了，其他工作才能相应确定；财会工作是收尾的，企业的生产经营好坏，最后都会通过各项财务指标集中反映出来。这种认识，从表面上看，似乎并非完全没有道理。但仔细分析起来，这是在统收统支的财政体制下，企业处于单纯生产型状态所产生的一种旧观念，是企业缺乏经营思想，不注重经济效果的典型表现。按照传统的理解，计划管理一般指的是对生产计划的管理，以这样的计划管理为龙头，实质上就是在确定企业目标时，先定生产指标，而后再定其他指标。特别是盈利指标，算下来是多少，就定多少，能实现多少，就是多少。这种做法不符合企业以经济效益为中心的方针。要使企业由单纯生产型变成生产经营性和经营开拓型，就必须彻底破除这种传统的管理思想，根本改变财会工作在整个企业管理中的地位，使其由"龙尾"变成"龙头"。

所谓把财会工作由"龙尾"变成"龙头"，就是要改变财会工作只注重事后算账、消极反映的被动局面，使其积极参与到市场预测和企业经营决策中去，发挥事前的预测，事中的监督、控制作用，就是要在制订和执行企业综合计划时，把以生产指标确定财务指标变成以财务指标，特别是盈利指标确定生产指标，把传统的生产技术财务计划变成生产经营计划。

要把财会工作由"龙尾"的地位提高到"龙头"的地位，不是财会部门自身所能完全办到的，它必须得到领导的支持和其他部门的密切配合。所谓领导的支持，首先是领导要在思想上重视财会工作，把它摆到一个正确的位置。在进行重大决策时，要吸收财会部门的同志参加，在制定和执行生产经营计划时，要充分重视财会部门的意见，做到以各项财务指标，特别是盈利指标为中心进行综合平衡，确定企业的总目标；其次是要赋予财会部门必要的权力，使其能够大胆地放手工作，克服事事都要请示汇报的现象。此外，领导本身也要学习和掌握财会方面的专业知识，能够在业务上及时给予具体指导。其他部门的配合，主要表现在，在确定和分配财务指标时，要服从财会部门的统一计划和调配，如有不同意见，可通过协商解决。在执行财务计划时，要遵守财会部门的各项制度和规定，不得自行其是。只有这样，才有可能发挥财务管理的"龙头"作用。

三、必须把"牛尾巴"变成"牛鼻子"

孙冶方同志曾说过，在企业各项经济指标中，利润是"牛鼻子"，要提高企业的管理水平，必须善于抓"牛鼻子"。但是，在过去的企业管理中，不仅整个财会工作被置于"龙尾"的地位，利润又被置于其他财务指标之末，变成了"牛尾巴"。无论在教科书的表述中，还是在实际管理工作中，三大财务指标排列的顺序总是资金—成本—利润，表现在财务计划工作上，就是先确定资金指标，再确定成本指标，最后才确定利润指标。这也是长期以来企业不重视经济效果的结果。

在企业财会工作中，必须把利润作为"牛鼻子"来抓，是由以下两方面的原因决定的：首先，社会主义企业的根本任务是要在向社会提供物美价廉的产品的同时，为国家、为企业创造更多的盈利，只有抓着了利润，才能更好地完成企业的这一任务；其次，在企业各项经济指标中，利润是最综合的指标，是其他指标的集中反映，只有抓住了利润指标，其他指标才有明确的方向和目标，只有搞好了利润管理，才能提高整个财务管理的水平。

企业的财会工作，如何才能抓好利润这个"牛鼻子"呢？除了充分认识利润的重要意义外，关键是要实行目标管理。所谓目标管理，就是在企业管理中，首先提出一定时期希望达到的理想目标，然后组织全体职工共同使之实现的一种管理方法。由于企业管理的内容很多，各项管理在不同的时期都应有自己的目标，就财会工作来说，主要的有利润目标、成本目标和资金目标等。为了提高企业的盈利水平，在上述目标中，必须把利润作为财会工作的总目标，成本和资金则作为分目标，此外还可细分为若干个具体目标。对财会工作实行目标管理，就要在编制财务、成本计划时，先确定利润目标，然后再确定成本和资金目标，最后再确定各项具体目标。目标确定之后，还要对各项目标可能实现的程度进行预测，如果目标能够实现，才能正式编制计划，否则就要进一步进行综合平衡，直到目标能够实现为止。为了保证目标的实现，在执行计划时，还必须对目标实现的情况进行定期检查和分析，通过检查分析，找出目标执行好坏的原因，采取相应的措施，进行有效的控制。只有对财会工作实行以利润为总目标的目标管理，工作才能突出重点，真正抓着"牛鼻子"。

四、必须把单纯抓流动资金变成"三大资金"一起抓

企业的资金包括流动资金、固定资金和专用基金，这三大资金是企业生产顺利进行和不断扩大的前提条件。企业财会工作的基本任务就是要管好用好各项资金，以便用较少的资金消耗和资金占用，取得最大的经济效果。但是，以往的财务管理，把工作的重点只放在对流动资金的管理上，对其他两项资金的管理则很不重视。一个大中型企业，固定资金有上亿元，流动资金只有几千万元，但财会部门管理流动资金的有几十人，而管理固定资金的只有一两人。至于专用资金的管理，更处于似有似无的地位。这虽然与国家对企业资金的考核办法有关，但更重要的是企业在统收统支的财政体制下，缺乏竞争观念，没有技术进步的要求造成的。扩大企业自主权后，企业开始面对市场，在激烈的竞争中，技术条件起着越来越重要的作用，企业用于专用基金方面的自留资金也越来越多，有些地区还曾试行了固定资产占用税，原有的资金管理办法就越来越不适应形势发展的要求了。特别是企业要转轨变型，就必须重视技术进步和技术改造，重视新产品开发，这就要求企业的财会工作必须在管好用好流动资金的同时，还要加强固定资金和专用基金的管理。

加强固定资金和专用基金管理，一方面要充实这两方面的专业管理人员，另一方面还要在管理中加强技术经济分析。对固定资金，要在继续搞好使用价值管理的同时，进一步加强价值管理。首先，要对固定资产的构成、设备利用率经常进行分析，尽可能减小不需要和未使用固定资产的比重，提高在用固定资产的利用效率；其次，还要加强对固定资产使用的经济界线的研究，对那些没有继续使用价值的固定资产及时进行报废，加速固定资产更新。对专用基金，重点是要搞好可行性研究，开展资金运用的效益分析，保证资金

的最佳使用效果，同时还要加强计划管理，合理分配资金，优先满足那些技术上先进，经济上合理的建设项目和改造项目对资金的需要。目前，只有把固定资金、专用基金管理和流动资金管理一起抓起来，才能加快企业的技术进步，促进企业向经营开拓型转变。

（原载于《工业经济管理丛刊》1985 年第 5 期）

加强企业管理的基础工作

经济体制改革的中心环节是增强企业活力。而增强企业活力，除了创造必要的外部条件外，还必须提高企业内部的管理水平。经济体制改革 10 年来，我国的企业管理水平有了很大提高，但与改革的深入发展相比，还是很不适应的，甚至是相当落后的。当前还必须把提高企业管理水平作为一项重要工作来抓。为此，首先需要进一步加强企业管理的基础工作。

一、概念

企业管理的基础工作是指那些为企业有效地执行各项管理职能提供资料依据、基本手段和前提条件的工作。一般包括定额工作、计量工作、信息工作、标准化工作和规章制度等。加强企业管理基础工作的必要性在于，没有基础工作，就无法进行管理，基础工作落后，就谈不上提高企业管理水平。在经济体制改革过程中，加强企业管理基础工作具有更加重要的意义。例如，当前，我们要对企业实行各种形式的承包经营，这就非常需要企业具有健全的基础工作。国家对企业实行承包经营，必须对企业的实力和经营现状作出评估，要使这种评估符合企业的实际情况，就必须使之建立在可靠的基础工作之上。否则，评估就不会准确，承包就有可能失败，或者给国家造成损失，或者使企业陷入困境。同时，国家对企业实行承包经营后，企业内部也要进行承包，这更需要有健全的基础工作。如果企业的基础工作落后，各种损失浪费现象严重，不仅会给承包带来阻力，而且即使承包了，也很难提高经济效益。目前，在一些已经承包的企业里，大量的损失浪费现象仍然是屡见不鲜的。这就说明，进行任何改革，都不能忽视加强企业的基础工作，忽视提高企业的管理水平。如果我们忽视了这一点，不是通过加强管理、增产节约、增收节支来提高经济效效益；而是单纯在分配上来回兜圈子，就无法达到改革的目的。

我国企业管理的基础工作，总的来说，还比较落后。最近几年，人们把主要精力都集中在企业外部的改革上，对企业内部的管理工作重视很不够，特别是对企业管理的基础工作，很少有人提及和关心。但这并不意味着企业管理的基础工作已经搞得很好了。据了解，这方面的问题还不少。

在定额工作方面，品种不全、水平落后的现象还相当普遍。定额一般包括物资消耗定额、物资储备定额、工时定额、设备利用定额、流动资金定额和管理费用定额等。就绝大多数企业来说，比较健全的是物资消耗定额、工时定额和流动资金定额，而物资储备定额、设备利用定额和管理费用定额则不那么健全或很不健全，有的企业甚至没有这些定额。在比较健全的几项定额中，最受企业重视的是物资消耗定额，但即使是这项定额，也只是原材料消耗定额比较完备，辅助材料消耗定额很多都还没有建立起来。而且原材料消耗定额也大都是前几年制定的，水平已比较落后。同时，对定额的执行也存在一些问题，有的执行不严格，有的根本没有执行。近两年，一些企业的成本升高，盈利减少或亏损增加，除原材料涨价等因素外，定额管理落后，工时和原材料等各种消耗没有降下来也是重要原因。

在计量工作方面，不少企业还没有建立健全相应的管理机构，专业管理人员缺乏，计量器具不全、不足、老化、失修的现象相当严重。许多该计量的物品不能计量，已经计量的也很不准确。这必然给成本管理、质量管理等带来困难和问题。

在信息工作方面，绝大多数企业都还没有建立健全信息的收集、处理、传递和贮存系统。不仅外部信息闭塞，不能及时了解企业外部经营环境的变化情况，经济、技术和社会发展的趋势，市场供求状况和用户意见等；内部信息渠道也很不畅通，作为记录、传递、汇集企业内部信息主要手段的原始记录和统计工作既缺乏全面性、系统性，又缺乏准确性、及时性。有的企业面对产品滞销积压、生产任务不足的局面束手无策；有的企业在确定产品发展方向等重大决策问题上连连失误；还有的企业生产指挥不灵；等等。究其原因，大都是信息工作没有搞好造成的。

在标准化工作方面，一些企业的技术标准和管理标准落后，一些企业甚至没有标准化方面的管理。特别是在产品质量标准方面，我国采取国际标准的产品还不多，绝大多数采用的是国家标准、部标准和企业标准，少数产品甚至没有标准。在各项标准的制定、执行和管理方面也都存在不少问题。

在规章制度方面，虽然所有企业都建立了一些规章制度，但真正完全执行的企业并不多。特别是在企业内部经济责任制和其他制度的落实方面，近两年又有所放松。

总的来说，我国企业管理基础工作落后的状况还没有根本改变，它不仅直接影响着企业经营管理水平的改善和经济效益的提高，而且还阻碍着经济体制改革的发展和企业的技术进步。在相当长的一个时期内，我们还必须把整顿和加强企业管理基础工作放在整个经济管理工作的重要位置上。

二、重要性

关于加强企业管理基础工作的重要性，从道理上讲，人们一般都是清楚的。但是，在实际工作中，一些同志总是自觉或不自觉地忽视和否定企业管理基础工作的作用。有的同志认为，抓基础工作是一件费力大、收效小的事情，不如抓生产和搞承包见效快。还有的同志甚至认为，没有基础工作照样可以指挥生产，照样可以进行管理。这就说明，必须不断地对广大职工进行教育和自我教育，使企业的领导干部和管理人员充分认识企业管理基础工作的重要性。同时还必须注意：

（1）全面规划，统筹安排。企业管理基础工作是一项十分复杂的工作，它的建立和完善需要进行大量的工作和一个较长的时间过程。首先，它的内容比较广泛，每项具体工作都有自己的特点，企业管理对它们的要求各不相同，并且这些要求只能在实践中逐步实现。例如，对定额工作的要求是种类齐全完备，水平先进合理；对信息工作原始记录的要求是全面系统，及时准确；等等。要实现这些要求，必须根据它们的不同特点把各种定额、原始记录等都建立起来，然后才有可能在实践中不断进行修订和修改，逐步加以完善。其次，虽然每项基础工作都有自己不同的特点和要求，但它们之间又有着紧密的联系，任何一项工作搞不好，都会影响到其他工作的顺利进行。例如，没有原始记录，统计工作就很难开展；没有计量，定额和标准就无法执行；等等。因此，建立和加强企业管理基础工作，必须全面规划，统筹安排，既要有近期要求，又要有长远目标，既要突出重点，又要搞好各项工作之间的协调、配合，这样才能取得成效。

（2）实行专业管理和群众管理相结合。企业管理基础工作既是一项科学性的工作，又是一项群众性的工作。一方面，各项基础工作的建立和完善需要大量的专业技术知识，只有充分发挥专职部门和专业人员的综合、指导作用，才能不断提高它的水平；另一方面，基础工作面广、量大，涉及企业的各个部门、各个环节和每个职工，很多具体工作都需要职工群众自己去做，只有充分发挥每个职工的积极性，才能使它建立在广泛的群众基础之上。过去，有些企业建立基础工作，或者忽视专职部门和专职人员的作用，使工作处于无人检查、监督，放任自流的状况；或者只依靠少数专业人员冷冷清清地做工作，不注意发挥广大职工群众的积极性，结果各种表格设计了一大堆，就是不能落实下去。这些都不利于提高基础工作的水平。实践证明，建立健全企业管理基础工作，必须实行专业管理和群众管理相结合，这样才能从上到下，从左到右，形成纵横交错的工作网络，使每项工作都能做到层次清楚、传递迅速、数据可靠、反映真实。

（3）集中力量整顿和常抓不懈相结合。企业管理基础工作为各项专业管理和综合管理提供资料、准则、条件和手段，是一种先行性和前提性的工作。在各项基础工作都比较落后的情况下，为了尽快提高企业管理水平，必须在较短的时间内集中必要的人力、物力对其进行全面的建设和整顿，以满足企业管理的迫切需要。一些企业的经验表明，这样做的效果是显著的。同时，基础工作又是一项经常性的工作，如果仅有一时的突击，其后没有扎扎实实的工作，所取得的成效就难以巩固。同时，随着企业生产的发展，技术的进步和管理职能的扩大，不仅基础工作的水平要不断提高，其内容也要不断发展。那种一劳永逸的想法或做法是不符合企业生产经营活动规律的。过去，我们之所以一再搞企业基础工作的整顿，但企业基础工作落后的问题一直解决不了，就是因为整顿的成果没能得到巩固和发展。因此，加强企业管理基础工作，还必须把集中力量搞整顿和常抓不懈结合起来。

（4）行政管理和贯彻物质利益原则相结合。企业管理基础工作是保证企业生产经营活动正常运行的重要条件。由于它贯穿于企业生产经营活动的全过程，并且每项工作都有统一的要求，因而必须对它实行严格的行政管理。不仅要明确各项工作的归口单位和具体负责人员，而且还要健全管理制度，并对执行情况定期进行检查，如发现偏差，要及时纠正。在实行行政管理的同时，还要注意把加强基础工作同职工物质利益结合起来，以调动他们的积极性，增强他们的责任心。过去一些企业在基础工作建设方面，习惯于单纯依靠行政手段，结果往往使职工群众感到基础工作与己无关，甚至把它当作一种额外负担，造成基础工作不落实、不巩固、不稳定。实行经济责任制后，这种情况虽然有了很大改变，但由于基础工作对企业经济效益具有长远的影响，有些还不能在近期内表现出来，许多企业还没有把加强基础工作作为经济责任制的重要内容来考核，因而仍然没有引起职工对基础工作的重视。还有一些企业，在注意运用经济手段的同时，又忽视了必要的行政手段，放松了对基础工作的统一领导和集中管理，出现了各单位、各部门各行其是的现象。这些都是企业基础工作不能尽快完善的重要原因。只有在统一领导和集中管理的前提下，把加强基础工作同职工的经济利益结合起来，使之成为职工群众的自觉行动，才能有利于基础工作的贯彻执行和巩固发展。

（5）从实际出发，讲求实效。加强企业管理基础工作，还必须注意从实际出发，讲求实效。所谓从实际出发，一是要从当前总的经济形势出发，使企业的基础工作适应经济体制改革的要求，适应企业转轨变型，提高经济效益的要求，适应企业技术改造和技术进步的要求。基础工作中一切不适应这些要求的方面都应当改进。二是要从企业的具体情况出发，针对各企业基础工作的重点和存在的不同问题采取不同的措施。由于各行业的生产技术特点不同，不同企业基础工作的水平不·，加强基础工作的内容和重点也应有所不同。所谓讲求实效，就是要反对形式主义。加强企业管理基础工作的目的，在于改善企业的经营管理，提高企业的经济效益。一切违背这一目的的做法都是不可取的。过去一些企业在整顿基础工作中，喜欢做表面文章，强调印在纸上，贴在墙上，挂在口头上，而落实情况如何，却不大关心。其结果不但不能提高企业的经济效益，反而造成了人力、物力的浪费。企业管理基础工作是一项科学性很强的工作，只有从实际出发，讲求实效，才能满足企业管理的客观需要。

（原载于《学习与研究》1988 年第 9 期）

企业风险初探

在商品经济条件下，企业要求得生存和发展，就必须不断提高自己的经济效益。然而，企业的经济效益，往往又是同企业的风险联系在一起的。一些古典经济学者如李嘉图等人，认为利润里面至少有一部分是企业家冒风险的报酬。企业的创立本身就是一个风险。我国目前正处在新旧经济体制转换时期，企业的经营环境十分复杂而又多变，企业要取得大的经济效益，就需要承担一定的风险。因此，企业必须学会认识风险、承担风险、避免风险和战胜风险。

一、企业风险的概念和分类

（一）企业风险的概念

关于风险的一般定义，海外学者有各种说法。有的认为，风险是一种不确定的未来损失。这种定义，强调风险的损失和不确定性。也有的认为，风险是在特定条件下关于未来结果的客观怀疑。这种说法，强调风险的客观性和可衡性；我国台湾省学者宋明哲给风险下的定义是："所谓风险系指在特定情况下，实际损失结果与预期结果之差异。"① 这一定义强调风险可能带来的损失与实际损失的差异性。上述各种定义，似乎都把风险仅仅同损失联系在一起，包括不确定的和可衡量的损失，可能的和现实的损失。毫无疑问，有风险，就有可能带来损失。从这种意义上说，这些定义都是正确的。然而，风险又不一定必然造成损失。否则，也就不会存在冒险者了。只要人们能够正确地认识风险，科学地战胜风险，则风险不仅不会带来损失，反而还会带来

---

① 宋明哲. 企业财产风险管理之研究 ［M］. 中国台北：五南图书出版公司，1977.

利益，甚至承担的风险越大，获得的利益越多。笔者认为，除了把风险同损失联系在一起之外，还应当把它同利益联系起来。如果这种认识是正确的话，我们就可以认为：所谓风险，就是人们为获取一定利益所采取的手段可能招致的损失。根据这一定义，企业的风险就是企业为达到一定目标，在投资和生产经营活动中可能招致的损失。

（二）企业风险的基本特征

研究企业的风险，除了弄清企业风险的定义外，还必须掌握企业风险的基本特征。那么，企业的风险有哪些基本特征呢？

（1）未来性。所谓风险指的是一种可能发生的危险，可能发生的危险总是对未来而言的。我们说一个企业正面临风险或将遇到风险，总是指这种风险的结果还没有发生。一旦它的结果发生了，它所带来的就是实际的利益或损失，从而也就不再构成风险。认识企业风险的未来性，有利于企业积极开展各种预测，以便避免风险和战胜风险。

（2）两重性。风险并不是绝对坏的东西。前面已经讲过，风险可以造成损失，也可以带来利益。既然企业的经济效益里面至少有一部分是企业冒风险的报酬，那么企业风险里面就至少有一部分是企业经济效益的成本。企业要从事生产经营活动，取得一定的经济效益，就必须支付一定的成本，承担一定的风险。企业只有认识风险的两重性，才能敢于面对风险和承担风险。

（3）危害性。强调企业的风险具有造成损失和带来利益的两重性，并不是要否定企业风险的危害性。如果没有损失和危害，也就无所谓风险了。有些大的风险，甚至可以把企业吞噬。充分认识企业风险的危害性，有利于企业慎重对待各种决策。

（4）可测性。尽管风险是发生在未来的事情，但它仍然是可以预测的。一般说来，企业在正常环境中进行投资和经营活动所遇到的风险，都有着一定的规律性。对于这些风险，通过周密的可行性分析和科学的经济预测，总是可以预计到它们发生的概率和可能招致损失的程度。即使是那些突发事件给企业带来的风险，通过人们对自然规律和社会规律的认识，也是可以有所掌握的。

（三）企业风险的分类

为了加强企业风险的预测和管理，必须对风险进行科学的分类。风险可以根据它发生的主体、性质和损失等进行多种分类。前述宋明哲在他的《企业财产风险管理之研究》中曾列举了风险的六种分类方法：①财产风险、人身风险和责任风险。财产风险是指财产招致毁灭、损失和贬值的风险；人身风险是人们因生、老、病、死而招致的风险；责任风险是由于责任者的过失给他人的生命和财产造成损失而承担法律和经济赔偿责任的风险。②纯粹风险和投机风险。这种分类办法是由美国学者莫伯莱（Aebert H. Moubray）首先提出来的。纯粹风险是指那些只能造成损失而不能带来利益的风险；投机风险是由投机行为引起的风险，它可以带来损失，也可以带来利益。③静态风险和动态风险。最早提出这种分类方法的是保险学者魏兰德氏（Wieeett A. H.）。静态风险是由自然力量不规则或人们的错误行为而导致的风险；动态风险则是由经济或社会结构变动带来的风险。④特定风险和基本风险。这是美国保险学者卡尔普（C. A. Knep）的分类。特定风险是指起因于某特定个人，后果也仅影响其个人的风险；基本风险则是起因于团体，损失也波及整个团体的风险。⑤个体风险和总体风险。个体风险是存在于个人、家庭及企业的风险；总体风险则是存在于政府与多国型企业的风险。⑥可管理风险和不可管理风险。可管理风险是指可以通过一定管理手段而避免或减少损失的风险；不可管理风险则是无法通过管理而避免或减少损失的风险。

上述风险分类都是从不同角度并根据各种研究需要进行的。对于企业的风险来说，我们可把它分为以下几大类：

（1）投资风险。投资风险是指企业进行投资活动对所投资金是否能够回收和取得一定盈利率所承担的风险。前面曾讲过，企业的创立本身就是一个风险，指的主要是投资风险。任何一个企业的建立，除了要为社会和人民生活提供一定的产品外，其主要目的就是要取得尽可能多的盈利。然而，在激烈的竞争中，不是所有的企业都能达到这一目的的。如果企业在投资决策中严重失误，不仅不能取得较多的盈利，甚至还会招致企业的倒闭、破产，把本金也丢掉。即使企业不破产，如果资金的利率还不及利息率高，这也是一种危机。对企业来说，投资风险是最大的风险，也是关系企业成败的风险。

（2）经营风险。经营风险是企业在生产经营活动中由于经营决策失误或经营管理不善而导致亏损或盈利率低下的风险。企业除了在重大的经营决策中随时面临风险外，在日常的生产经营活动中，产品质量差，成本高，原材料无来源，产品无销路等，都会带来风险。对一个建成投产的企业来说，经营风险是最普遍的并对企业的生存和发展有直接影响的风险。但是，经营风险和投资风险一样，它们都是企业获取较大利益所必须承担的风险。

（3）财产风险。财产风险是指企业的财产由于各种自然灾害和犯罪行为而招致损毁，以及由于经济因素而导致价值贬值的风险。企业要从事生产经营活动，必须拥有一定的生产资料，这些生产资料就构成了企业的财产。企业的财产除在正常的使用过程中受到磨损或改变形态，其价值以不同方式转移到产品中去，再由产品的销售得到补偿之外，还会受到各种意外事件的侵袭和技术进步的排斥。如水灾、火灾、地震等造成的房屋建筑物的倒塌和机器设备的损毁，轮船的沉没，火车的相撞，飞机的失事，财产的被盗，以及劳动生产率提高和新设备产生引起的旧设备相对贬值等，都构成了企业的财产风险。除技术进步因素造成的企业财产的贬值外，企业财产风险发生的机遇虽不像其他风险那样高，但给企业造成的损失往往是惨重的。

二、企业风险的形成因素

企业要正确认识风险，学会承担风险、避免风险和战胜风险的本领，必须认真研究形成企业风险的因素。企业风险形成的因素是多方面的，概括起来主要有：

(一) 政治因素

政治是经济的集中表现，经济受政治的严重制约。在下述几种情况下，政治因素会给企业带来巨大影响：

(1) 政治制度改变。任何一种政治制度都有自己特定的经济基础。一种新制度产生以后，要使自己得到生存和发展，就必须对原有的经济基础加以改造，这就会给一些企业的生存造成威胁和影响。在各国的政治制度变动中，都发生过这类情况。

(2) 政府更迭。政府更迭对企业的影响主要来自经济政策的变动。在一些资本主义国家，经常会发生武装的和非武装的政府更迭，这些政府更迭并不改变国家的政治制度，但在经济政策上往往会进行一些重要调整。这就会给一些企业的发展创造机会，给另外一些企业带来风险。

(3) 社会动荡。社会安定是经济繁荣的前提条件。在一定的社会环境下，企业的经济发展都有着自己的规律性。但如果社会发生动荡，就会给企业的生产经营活动带来困难。如一些国家经常发生大规模的工人罢工，这不仅会给罢工企业造成损失，而且还常常导致交通中断，市场紧张，物价上升等，从而影响到其他企业。

(二) 经济因素

企业本身是一个经济单位，经济因素的变动，对企业的影响更加直接。

(1) 经济体制变革。经济体制变革是一个国家在组织和管理国民经济方式、方法上的总体改变，它对企业的影响是十分巨大的。如我国的经济体制改革改变了单一的指令性计划、固定的产品价格和财政上的统收统支等状况，打破了企业吃国家"大锅饭"、职工吃企业"大锅饭"的平均主义做法，使企业和职工的经济利益同企业的经济效益密切联系起来，这就要求企业必须由单纯生产型转向生产经营型和经营开拓型。如果企业不能很好地完成这一转变，就会面临被淘汰的危险。

（2）经济政策改变。企业总是在一定的经济政策下生存和发展的。任何经济政策，包括产业政策、财政政策、税收政策、信贷政策、就业政策、工资政策、外贸政策等的重大改变，都会使一些企业处于有利的地位，另一些企业处于不利的地位。那些处于不利地位的企业就会面临风险。如国家提倡发展哪个行业，哪个行业就会得到优惠和扶持；反之，就会受到限制。

（3）市场变化。市场变化对企业的影响是多方面的。企业的原材料等供应来自于市场，产品销售于市场，技术、资金、劳动力等都与市场发生密切联系。可以说，市场是企业生命的源泉。市场的任何改变都会给企业带来影响，企业的生产经营活动也必须随着市场的改变而改变。但如果市场变化太快，有时就会使企业措手不及，造成损失。

（4）经济危机。在资本主义世界，存在着周期性的经济危机。在这一时期，整个经济不景气，市场萧条，需求减少，银根紧缩，货价低落，许多行业都面临破产，这时企业要维持生存，就需付出更大代价。

（三）技术因素

技术进步和新技术的兴起，能够为企业提供发展机会，但又对企业提出挑战，技术进步可以从以下几方面给企业带来风险：

（1）使企业的产品落后。在技术进步之下，新产品层出不穷。一些企业推出新产品，就会使另一些企业的产品变得落后，或者失去销路，或者引起价格降低。

（2）使企业的设备贬值。新技术的运用，能够产生新的高效率的设备从而提高劳动生产率，一方面会使企业的设备变得相对落后；另一方面会使这些设备以更加低廉的成本生产出来，这都会造成企业设备的贬值，从而遭受损失。

（3）使企业产品成本相对提高。一些企业采用新技术、新设备、新原料、新工艺，都会使另外一些企业的产品成本相对升高，从而在竞争中处于不利地位。

（四）法律因素

一些新法令的颁布，也会对企业产生重大影响。如某些产品进出口的禁止与开禁；关税的提高与降低；某些产品生产的限制与禁止等，都会给一些企业造成风险。

（五）道德因素

道德因素的影响主要是指那些违反法律和职业道德行为给企业造成的危害。如企业的财产被盗会造成损失；企业在经营活动中受到诈骗会造成损失；一些企业不履行合同会给另外一些企业造成损失；等等。但一旦诈骗和毁约行为受到法律制裁，诈骗和毁约者也会遭受损失。

（六）战争因素

战争对经济是一种破坏因素。它不仅会直接毁坏一些企业，而且在战争期间，除军需军备工业会得到发展外，其他行业，大都会因缺乏机器设备、原材料和人力供应等而影响生产。特别是产品销往交战国的企业，海外市场将消失，损失将更为惨重。

（七）自然因素

各种重大的自然灾害，如水灾、火灾、地震等，往往会使一些企业毁于一旦。不仅企业的财产会遭受巨大损失，人员也可能遭受重大伤亡。此外，一些产品或原料与自然变化密切相关的企业，由于自然变化的不规则，也会给生产经营活动带来风险。

三、企业风险的避免

研究企业风险的最终目的，是为了避免风险。然而，避免风险，绝不是要消极地回避风险，而是要积极地战胜风险。为此，企业就必须对风险有一个正确的认识和态度，同时还要掌握战胜风险的技能。

（一）企业应如何对待风险

正确对待风险，是避免风险和战胜风险的前提条件。那么，企业应如何对待风险呢？

（1）不害怕风险。风险是客观存在的，做任何事情都会有风险。这虽然是一个十分明显的道理，但由于风险常常会带来失败，造成损失，因而很多人在工作中往往不求有功，但求无过，对待困难和风险缩手缩脚，谨小慎微。

实际上，一切消极的、保守的行为，可能蕴藏着更大的风险。许多经过努力可以做到的事情，往往由于决策者优柔寡断、害怕风险而坐失良机。这种机会损失是一种巨大的无形损失。前面曾经谈到，风险具有带来损失和利益的两重性。有时候，利益和风险甚至是成正比例的。这是因为，那些风险小的机会，很多人都会去追求，经过激烈的竞争，得到的利益也就不会很大。而那些风险较大的机会，许多人都会望而生畏，止步不前，一旦取得了成功，就会得到更大的利益。因此，企业要追求较高的盈利水平，就不能害怕风险。

（2）不盲目冒险。不害怕风险，并不等于盲目冒险。所谓盲目冒险，就是不顾风险的性质、程度及成功的可能性，一味地强调承担风险。盲目冒险者，有时也会侥幸取得成功，但多数是要失败的。

要防止盲目冒险，必须对风险进行具体分析。首先，要分清风险的性质。有些风险，如投资风险和经营风险是同利益连在一起的，风险越大，利益也往往越大，这样的风险才有承担的必要。但有些风险，如财产风险多属于纯粹风险，它只能带来损失，而不能带来利益，这样的风险要千方百计地回避。其次，要分析风险的价值。所谓风险的价值，就是成功与失败以后的利弊得失。利用一个机会，进行一项决策，都存在成功与失败的两种可能性。如果成功以后得到的利益大于失败以后受到的损失，这样的风险才是有价值的，才有承担的必要。最后，还要预测风险的程度，看有没有取得成功的可能性。不管风险的价值有多高，如果根本没有成功的可能性或成功的可能性极小，都必须回避。

（3）在冒险中避免风险。害怕风险会错过良机，盲目冒险又会造成失败。企业只有在冒险中避免风险，才能取得大的成功。要做到这一点，企业的最高决策者不仅要有较高的文化、技术素质和丰富的实践经验，而且还要有百折不挠的进取精神。世界上没有常胜将军，也没有永远不失败的企业。当企业遇到挫折失败时，决策者要善于总结经验，敢于在继续冒险中学会战胜风险的本领。

（二）企业对风险态度的影响因素

企业的重要经营决策，一般都会以取得的经济预测资料为依据。但是，在相同条件并取得相同资料的情况下，不同企业往往会做出不同的决策，这主要是因为企业对风险的态度不同。企业对风险的态度，受多种因素的影响，其中最主要的是决策者的风险偏好和企业的经济实力。

企业决策者对风险的偏好，一般分为三个层次：一是低度冒险者；二是中度冒险者；三是高度冒险者。在风险程度为零的情况下，三种冒险者都会对承担风险持肯定态度，但这时的风险已经不称其为风险了。在风险程度较高的情况下，三种冒险者又都会对承担风险持否定态度，因为这样的冒险是注定要失败的。在此以外的其他各种情况下，低度冒险者的风险偏好程度较低，高度冒险者的风险偏好程度较高，中度冒险者则居中。在具体决策中，低度冒险者往往宁愿失去机会，而不愿承担风险；高度冒险者则宁愿承担风险，而不愿失去机会；中度冒险者则既想利用一些机会，又不愿承担大的风险。

决策者的风险偏好程度受其年龄、性别及文化程度等因素的制约。一般说来，青年比老年的风险偏好程度高；男性比女性的风险偏好程度高；文化程度高的比文化程度低的风险偏好程度高。

企业对风险的态度，除受最高决策人的风险偏好影响外，还受企业经济实力的影响。通常情况下，经济实力雄厚者，较敢于冒险，经济实力薄弱者，则不敢轻易冒险，这主要是由于不同的经济实力对风险的承受能力不同。但不论是经济实力雄厚者还是薄弱者，都应当尽可能减少失败的机会，避免不必要的损失。

（三）企业风险的避免方法

由于企业风险的种类和形成风险的因素不同，避免企业风险的方法也有多种。

（1）可行性研究。在建立企业之前，要对所建企业的可行性进行研究。经过研究，确有成功的把握时，再决定企业的建立，如此可以减少企业的投资风险。可行性研究是一项专业性极强的工作，应委托专门的咨询机构和聘请有关经济、技术专家担任。

（2）最小投资额政策。对所建企业如没有完全成功的把握，在建立之初，规模不要搞得太大，然后根据经营情况再决定企业规模的大小；如果企业建立时需要大量资金，各种固定资产投资都尽量压缩，能够租用的厂房、设备尽可能租用，随着企业的发展再逐步自建厂房，增购设备，这种做法称为最小投资额政策。最小投资额政策也能减少企业的投资风险。

（3）经营预测。经营预测是对经营活动中尚未发生或尚不明确的事情进行预先的估计和推测。企业的经营预测包括生产能力预测；产品需求预测；资金、成本和利润预测；销售预测和意外事件预测等。加强经营预测能够克服企业生产经营活动中的盲目性，减少企业的经营风险。

（4）应变计划。企业的风险大多是由于外界环境的突然变化引起的，为了应付这种变化，避免风险，企业必须制订应变计划。不仅使各种计划都留有最大的弹性，而且应根据可能发生的情况，确定几套方案。

（5）安全生产。为了避免各种意外事故造成的损失，企业必须加强安全生产。安全生产应包括人身安全、设备安全以及防火、防盗等各个方面，它应由企业的安全技术部门、保卫部门通力合作，共同负责。

（6）参加保险。参加保险是避免企业财产风险的一种最有效办法，企业的一切财产和其他各种可保风险都应向保险公司投保。这样，企业每年只需付少量保险费，一旦发生重大损失，就可以从保险公司得到补偿。

（原载于《工业经济管理丛刊》1989 年第 4 期）

当前我国企业经营的困难与出路

一、当前我国企业经营的主要困难及成因

从总的情况看，自 1985 年第一次紧缩以来，我国企业在经营方面所遇到的困难主要有以下几个方面：

（1）流动资金紧张。经济体制改革以前，国营企业的流动资金主要是通过国家财政拨款和银行贷款解决的。经济体制改革以来，财政拨款不再增加，企业流动资金的扩充主要依靠企业自身积累和增加银行贷款解决。但在实行财政、金融双紧政策下，企业的留利不可能大幅度增长，银行贷款又受到严格控制。随着企业生产的不断增长和物价的上升，流动资金紧张就是必然的了。如果国家不采取"双紧"政策，通货膨胀和经济过热又难以消除，这是一个很大的矛盾。在各个企业流动资金都比较紧张的情况下，就不可避免地要发生相互拖欠货款的问题。所谓"三角债"和"连环债"，也就成为困扰企业经营和制约国民经济发展的一个重要因素。最近两年，国家虽然有重点地增加了一些大型骨干企业的贷款，解决企业之间的相互拖欠问题，但由于又产生了市场疲软等问题，新增流动资金大都沉淀在成品资金上，对启动经济并没有起到应有的作用。

（2）原材料短缺，是经济改革以来企业经营的又一困难。特别是 1988 年以前，几乎所有的原材料都处于供不应求的状态。1989 年第四季度以来，由于大力压缩固定资产投资规模，工业生产的增长大幅度下降，我国的市场发生了由紧到平、由平到软的变化，原材料短缺的矛盾有了很大缓解，甚至某些原材料也出现了滞销和积压。但从总的情况看，原材料工业仍然是薄弱环节，部分产品库存上升只是暂时现象，随着工业发展速度的回升，原材料短缺的状况将会重新出现和持续下去。

（3）能源不足，特别是电力供应不足，也是企业在生产经营活动中的一大困难。在不少地区和企业里，都经常存在着停电或限电现象。有些企业的大型设备只有在指定的时间内才能开动，有的企业在一周内停电三天四天，有的甚至"停三不保四"，这些都严重影响着企业生产经营活动的正常进行。

（4）生产资料价格上涨。前几年，由于生产资料的供给普遍紧张，国家指令性计划产品的比重又不断下降，在实行价格双轨制的情况下，必然造成生产资料价格的急剧上涨。再加上国家有计划地调整某些生产资料的国拨价格，就使得生产资料价格的总水平每年都有较大幅度的上涨。1989 年在工业发展速度严重下降、部分生产资料的销售出现疲软的情况下，工业品出厂价格又比上年上涨了 18.6%，其中生产资料上涨 18.9%。需要指出的是，在生产资料价格上涨过程中，各种产品价格上涨的幅度是很不一致的，从总的情况来看，以原材料的价格上涨幅度为最大，这就给加工企业的生产经营活动带来了困难。特别是那些原材料价格大幅度上升，而产品价格又受到国家严格控制或市场制约的企业，以及那些用计划外高价原材料生产计划内平价产品的企业，必然要陷入产品成本上升、经济效益下降的困境之中。

（5）市场疲软。这是 1989 年第四季度以来出现的一种新情况，它虽然缓解以至消除了某些产品供不应求的矛盾，有利于抑制物价的继续上涨，但又从另一方面给企业的生产经营活动带来了困难。相比较而言，它比流动资金紧张、原材料短缺、涨价等给企业造成的冲击更大。当前，企业因产品销售不出去而处于停产、半停产状态，这已成为我国经济发展中一个急需解决的问题。

（6）企业自主权不落实。经济体制改革以来，国家制定了一系列扩大和落实企业自主权的措施，为增强企业活力创造了条件。然而，由于改革不配套和新旧体制转换过程中出现的各种摩擦与矛盾，使得许多企业应有的自主权还没有真正落实，与实现企业自主经营、自负盈亏的改革目标还相差甚远。特别是当前正处于治理整顿过程中，在许多问题上国家不得不更多地采取行政手段，这与扩大和落实企业自主权往往又是矛盾的。从全局和长远看，治理整顿能够为企业创造更好的经营环境，促进企业的发展，但从局部和近期看，它又限制了企业的某些权力，给部分企业带来了新的困难。

（7）经营管理水平不高。目前，从总体上看，较为突出的问题是，一些企业对于由单纯面向国家转向同时面向国家和市场还很不适应，决策能力和决策水平还较低，应变能力不强。这就大大增加了企业克服由外部环境所造成的困难的难度。

上述企业经营的困难是由多方面因素造成的，既有经济体制方面的环境因素，也有企业管理方面的内部因素，但主要还是经营环境方面的原因。

由于当前的主要矛盾是市场疲软，而市场疲软又是执行财政、金融双紧政策的直接效应，因而对双紧政策执行情况的不同看法，就成为经济理论界对当前经济形势、包括企业经营困难的一个争论热点。有的同志认为，紧缩已经到位，应当停止"抽血"，有的同志则认为，紧缩还没有到位，应继续控制需求。这两种观点对紧缩力度的判断是截然不同的，对市场状况的分析及对策也有很大区别。前者认为，最近市场疲软、工业停工增加、经济启动不起来，基本原因是由于通货紧缩过度，因而主张停止继续"抽血"；后者则认为，我国目前社会总需求大于社会总供给的局面并没有根本改变，市场疲软是暂时的局部的现象，市场供求关系的主要矛盾仍然是有效供给不足，因而主张当前的首要任务仍是控制总需求，同时相应地调整结构。我认为，当前的市场疲软，不是总量上供大于求造成的，而是现有的供给结构和需求结构不适应，或者说是产品结构不合理造成的。这种结构性的疲软，虽然是实行"双紧"政策的直接效应，但却不是"双紧"政策本身造成的，而是国民经济长期发展中所积累的深层矛盾在紧缩政策下的一个暴露。

所谓国民经济发展中的深层矛盾，一个重要的方面就是产品结构和产业结构不合理。在产品结构上，质次价高的产品多，物美价廉的产品少；在产业结构上，工农业比例失调，加工工业与基础工业比例失调，等等。而这些又都是长期以来经济过热、基本建设规模过大、工业发展速度过高所造成的。在基本建设规模膨胀、工业超高速发展的情况下，就会总需求大大超过总供给，它不仅驱使现有的企业（包括在正常情况下生产长线产品的企业）通过产品产量的增加（产品质量往往不能保证）和产品价格的提高来取得较多的盈利，而且在较高的投资收益的诱惑下，很多新企业（主要是加工企业）应运而生（有的是匆忙上马，带有很大的盲目性）。这就必然会加剧产业结构和产品结构的不合理。但是，尽管潜伏着结构性的矛盾，从表面上看，工业发展却是一派生机，企业的生产扩大，盈利增加，亏损减少，甚至一些经营管理不善的企业也能达到较高的盈利水平。但是，当基本建设规模和工业发展速度超过了国家财力和物力支持能力的时候，就只好实行紧缩政策。其结果，结构性的矛盾就会暴露出来，从而造成一些企业的生产下降和一大批产品无销路的企业。这些企业，特别是那些经营管理不善和在经济膨胀时盲目上马的企业就要发生严重困难（当前的情况就是如此）。然而，这些企业并没有因此而转产或破产，而是躺在国家或地方财政身上等待下一次膨胀的到来。下次膨胀不仅"挽救"了这些企业，而且又会缔造出一批盲目发展、先天不足的畸形儿，从而进一步加剧结构性的矛盾。到了一定的时候，国家又不得不进行新的紧缩，这就是人们通常所说的"膨胀—紧缩—再膨胀—再紧缩"的怪圈。正是这种怪圈，给企业的生产经营活动带来了难以克服的困难。由于这次紧缩持续的时间较长，力度较大，因而矛盾也就暴露得更加突出，企业面临的困难也就更大。

二、企业摆脱困境的出路

根据企业当前面临的困难及其成因，我认为宜采取以下措施：

（一）继续坚持总量紧缩

不可否认，继续坚持总量紧缩，在短期内会同消除市场疲软和克服企业经营困难发生矛盾。但从长远看，要解决经济发展中的深层矛盾，为企业创造一个良好的经营环境，就必须把紧缩政策执行到底。这一点已被实践多次证明。

经济体制改革以来，包括这次紧缩在内我国已经进行过两次比较大的紧缩。上次紧缩是在 1985 年。由于那次紧缩坚持的时间较短，基本建设规模压缩不力，所遇到的主要问题是企业流动资金紧张、相互拖欠货款等，深层的矛盾并没有充分暴露出来。目前这次紧缩，虽然开始也碰到了企业流动资金紧张、相互拖欠货款的困难，但并没有因此而退却，而是在继续坚持紧缩的前提下，有重点地解决了一些大型骨干企业的流动资金不足和相互拖欠货款问题。然而，问题并没有就此完结，更大的困难还在后面，这就是当前所遇到的市场疲软、企业生产滑坡、效益下降等问题。面对这种情况，有的同志又对继续执行紧缩政策产生了怀疑，认为紧缩已经过头了，或紧缩的任务已经完成了，甚至又提出了放弃紧缩的问题。毫无疑问，一年多来的紧缩已经取得了明显效果。这主要表现在：过高的工业发展速度明显回落，有时甚至出现了负增长，社会总需求与总供给差率缩小，货币投放得到控制，物价涨势逐渐减弱等。但这些仍属于表层的问题，一些深层的矛盾，如结构不合理问题，虽然已经暴露了出来，但并没有解决，或基本上没有解决。

我国经济发展中的问题，绝不是一个简单的总量失衡问题，而是总量失衡伴随着严重的结构性矛盾。对于解决这样的问题，简单地采取紧缩或膨胀的政策，是不能奏效的。根据两次紧缩的经验，要从根本上解决我国经济发展中的矛盾，必须经过一个"膨胀—紧缩—结构调整—稳定协调发展"的过程。同时，在紧缩过程中，又会出现一个由资金紧张到市场疲软的过程，这是紧缩先影响生产、后影响流通的必然结果。也只有在这种情况下，才有可能促进或强制企业和部门进行结构调整。否则，碰到市场疲软就放弃紧缩政策，同碰到资金紧张就放弃紧缩政策一样，都跳不出"膨胀—紧缩—再膨胀—再紧缩"的恶性循环。这样，企业经营的困难也就不可能从根本上消除。

由于这次紧缩比上次紧缩大大前进了一步，如果就此止步，不仅同样会前功尽弃，而且会带来更加严重的后果。

首先，放弃紧缩，新的一轮通货膨胀很快就会到来，而且这种膨胀将发生在原有膨胀还没有根本消除的基础之上。从 1989 年的情况看，社会供求差率虽已大大缩小，但仍为 8% 左右，零售物价总水平涨幅虽逐月有所降低，但全年仍达 17.8%。如果再来一次新的膨胀，对社会经济生活的影响将更为严重。在这种情况下，国民经济的稳定、协调、持续发展和深化改革，就将成为一句空话。

其次，经过 1 年多的紧缩，从基建到生产，从流通到消费，都受到了严格的控制和制约，但产业结构和生产力配置并没有发生根本改变。一些不愿意牺牲局部利益的部门和单位仍在持观望态度，一旦放弃紧缩，它们将会以更大的"反弹力"进行新的扩张，其后果是可想而知的。

再次，过去的通货膨胀是在人民从十年改革中得到巨大收益的情况下发生的，尽管物价总水平上涨过快，人民的实际生活水平仍有很大提高。然而，最近两年的情况则不同，就全民所有制职工而言，其收入水平虽仍有所提高，但扣除物价因素的影响，部分职工的实际生活水平却是下降的。如果再发生新的更严重的通货膨胀，居民生活的承受能力如何，是必须认真考虑的。

最后，如果放弃紧缩，就等于我们在五年中实行的两次紧缩都没能取得成功，这在人们思想上产生的消极作用是很大的，它将为今后再实行的各项经济政策带来严重的心理障碍。

当然，继续坚持总量紧缩，并不意味着要继续加大紧缩的力度，而是要在时间上将紧缩延续下去。从当前的情况看，紧缩的力度应当说是适宜的，今后的任务是要进一步巩固和发展紧缩的成果，促进产品结构和产业结构的调整。同时，继续坚持总量紧缩，还意味着根据具体情况采取某些灵活措施。在我国基础设施和基础产业薄弱的情况下，可以考虑在坚持总量控制的同时，适当增加重点建设和企业的更新改造投资。对某些暂时积压但随着工业发展速度的回升又不属于供大于求的产品，也可以采取国家收购的办法，以缓解市场疲软的矛盾，促进企业恢复正常生产。

（二）加快结构调整

加快结构调整是使企业走出困境的根本出路。但结构调整又必须以总量紧缩为条件，它不仅要进行大量艰苦细致的工作，而且还要付出必要的代价，对此必须有充分的认识。

首先，调整结构，在一定时期内必然要引起一定程度的发展速度降低和经济效益下降，这是不以人们的主观意志为转移的客观规律。进行结构调整，最好的办法是以长补短，但产业结构和生产力配置上的以长补短绝不是一件容易的事，有些需要一定的转换过程，有些则根本不可能。

其次，是发展短线和砍掉或挤掉长线中多余的部分。但发展短线不仅同样需要一个过程，而且还要受到资金、物资等方面的制约。如果不考虑其他因素，砍掉或挤掉长线中多余的部分是比较容易做到的，但这又必然会造成经济发展速度的暂时下降。在经济发展由速度型变为效益型之前，经济效益的滑坡也是不可避免的。那种既要进行结构调整，又不愿意暂时牺牲速度和效益的想法是不切实际的。另外，由于经济发展速度放慢，经济效益相应滑坡，人民生活水平的提高就要受到限制，甚至还会出现暂时的下降。在调整期间，人民收入的增长，可维持与物价同步增长或略高于物价增长的水平。即使是这样，消费基金的来源也仍然会存在困难，这要通过增产节约和继续压缩基本建设规模加以解决。

再次，就业压力将进一步增大。在社会生产规模不能尽快扩大的情况下，不仅新增社会劳动力的安置会产生困难，而且还将有大量的被调整下来的职工需要安排，这也是进行结构调整的难点所在。对这部分劳动力，可以区分不同情况，采取不同的办法加以解决。有的可由劳动部门统一安排到需要扩大生产的行业和企业中去，有的则可由他们自谋出路。对实在没有出路和生活来源的，则通过社会保险进行解决。

最后，某些浪费是不可避免的。这主要是指那些被砍掉或挤垮的企业，其生产资料有的可以被重新利用，有的则只能报废。即使是可以重新利用的，价值也会受到一定影响。既然要进行结构调整，损失和浪费总是难免的。唯一的办法，就是尽可能做好工作，使损失和浪费减少到最小程度。

调整结构，最根本的是调整产业结构。在执行紧缩政策期间，仅仅通过资产增量来调整产业结构，是解决不了问题的，主要还要依靠对资产存量进行调整。但是，从长远观点看，投资结构的正确确定对实现产业结构合理化具有十分重要的作用。这就需要深入研究和制定正确的产业政策，把握好投资方向，同时要运用各种经济杠杆，引导和调节投资行为。在当前产业政策还不完善，经济杠杆运用还不得力的情况下，则应更多地运用行政手段调整投资结构。一方面要大力压缩非生产性投资，另一方面还要把生产性投资的重点放在能源、原材料、交通运输等短线行业和短线产品上来。

对资产存量的调整，主要是调整基础工业和加工工业的比例。在当前我国的资金和劳动力还很难自由转移、价格结构还很不合理的情况下，必须依靠强有力的行政手段，实行企业的关停并转，同时也要提倡企业之间的竞争，促进企业兼并和产权转让，并允许一些因经营管理不善而长期亏损的企业倒闭、破产。

产业结构的调整，是一个较长期的过程。在进行产业结构调整的同时，抓紧产品结构的调整具有更加重要的意义。产品结构调整与产业结构调整虽然有明显区别，但也有着密切联系。如果很多企业都通过产品结构调整逐步改变了产品方向，产业结构也就相应得到了调整。问题的关键在于，必须正确把握产品结构调整的方向。

(三) 进一步深化改革

在治理整顿期间，进一步深化改革，除了要巩固和完善已经出台的改革措施，保证和落实企业应有的经营自主权外，还应重点搞好以下几方面的改革：

首先，要逐步改变"分灶吃饭"的财政体制，实现利税分流。实行利税分流和分税制，关键是要科学地设置税种、税率，并做到对同类企业实行同税种、同税率，以保证国家、地方、企业和职工之间经济利益的合理分配，为企业之间创造平等的竞争条件。

其次，要积极推进价格改革。价格改革是一个比较敏感的问题，其困难在于放开物价与控制价格上涨之间存在着尖锐的矛盾。当前可抓住市场疲软的机会，积极地将价格改革推向前进。对那些非重要产品和某些供大于求的产品，要尽可能把价格放开，取消双轨价格。而对那些暂时还不能取消双轨价格的产品，一方面要对其计划外部分严格实行最高限价；另一方面则将计划内价格调整上浮，使其逐步趋向一致。这样，就可以逐步形成一个灵活统一的价格机制，以代替现行的价格双轨制，从而消除当前存在的企业在价格面前不平等的状况，更好地发挥价格对生产、流通的调节作用。

最后，要建立和完善社会保障制度，促进劳动制度改革。我国很多企业存在着人员超编、人浮于事的问题。经济体制改革以来，一些地区和企业也曾试图通过整顿劳动定员、实行优化劳动组合和人才流动等解决这一问题，但由于种种原因，一直收效甚微。其中一个最主要的原因是社会保障制度不健全，企业多余人员无法安置。因此，要解决企业的劳动效率和劳动纪律问题，就必须加强和完善社会保障制度，如建立失业保险、退休金统筹等，以促进劳动制度的改革，保障企业有自主用工的权力。

(四) 加强企业管理

企业要走出困境，除需要国家在宏观管理上执行正确的政策和采取必要的措施外，最终还要依靠企业自身的努力，这就是加强管理、提高经营管理水平。由于各个企业的具体情况和面临的主要矛盾不同，加强管理的重点也应有所不同。就绝大多数企业来说，应主要在以下几个方面做出努力：

首先，加强基础工作。经过企业整顿以后，我国企业管理的基础工作虽然有了很大加强，但存在的问题仍然很多。特别是 1986 年以来，一些企业的基础工作又有所放松。如在定额管理方面，定额不全、水平落后的现象还相当普遍；在计量管理方面，不少企业还没有建立健全必要的管理机构，专业管理人员缺乏，计量器具不全、不足、老化、失修的现象相当严重；在信息管理方面，很多企业都还没有建立健全信息的收集、处理、传递和贮存系统，不仅外部信息闭塞，不能及时了解企业外部经营环境的变化情况，经济、技术和社会发展的趋势，市场供求状况和用户意见等，企业内部信息渠道也很不畅通，作为记录、传递、汇集企业内部信息主要手段的原始记录和统计工作既缺乏全面、系统性，又缺乏准确、及时性；在标准化工作方面，有些企业的技术标准和管理标准落后，有些企业甚至没有标准化方面的系统管理；在规章制度方面，虽然所有企业都建立了一些规章制度，但执行中的问题还很多；等等。这些都直接影响着整个企业管理水平的提高。要从根本上改善我国的企业管理，必须下决心花大力气解决这些问题。

其次，搞好专业管理。专业管理在整个企业管理中具有十分重要的地位，大量的日常管理工作，都是通过各项专业管理来完成的。当前，一些企业的专业管理还比较薄弱，如机构设置不尽合理，专业管理人员素质不高，管理方法比较落后，有关科室对企业的生产经营活动只限于事后核算报告，作不出科学的预测，不能为高层决策及时提供有价值的资料等。特别是最近几年，企业管理人员的结构发生了很大变化，一些老的管理人员逐步退休，越来越多的青年人走上了管理工作和领导工作的岗位。与老一代管理人员相比，这些年轻人文化水平较高，有一定专业知识，但却缺乏实践经验，有的不愿意做艰苦细致的工作，有的甚至把最基本的资料整理和报表编制也看成是烦琐哲学。这不仅影响着企业管理水平的进一步提高，甚至使某些方面又出现了新的混乱。因此，对管理人员进行系统的业务训练和优良传统教育，是加强和改善企业管理的当务之急。

最后，提高经营决策水平。在商品经济条件下，经营决策是否正确直接决定着企业的成败。面对当前存在的结构性市场疲软，企业尤其要搞好产品方面的决策，包括产品方向的确定，产品结构的调整，以及与之相关的新产品开发和老产品更新换代等。进行正确的产品决策，关键是要进行大量的社会调查和需求预测，防止盲目性，同时也要对企业的生产技术条件进行科学分析，使需要和可能结合起来，这又要求加强和改善企业的内部管理。只有在搞好企业的基础管理和专业管理的基础上，不断提高企业的产品决策和其他决策水平，才能使企业逐步摆脱当前的困难，走上健康发展的道路。

（原载于《中国工业经济研究》1990 年第 6 期）

建立"两制四全"的企业管理体系

当前，我国很多企业都面临资金和市场等方面的困扰。要使企业走出困境，一方面需要继续贯彻执行治理整顿和深化改革的方针，为企业创造一个良好的外部环境；另一方面需要企业加强经营管理，提高管理水平。

企业管理具有系统性。提高企业管理水平的一个关键问题，是建立一个合理的企业管理体系，把企业管理的各个方面按照其内在联系组织起来，形成一个有机的整体，使企业管理者，特别是高层管理者在管理工作中抓住主要问题，提纲挈领，统率全局。

社会主义企业究竟应当建立一个什么样的管理体系？经济体制改革以来，一些同志提出了建立"两制四全"，即民主与集中相结合的领导体制、责权利相结合的经济责任制、全面计划管理、全面质量管理、全面经济核算和全面人事劳动管理的企业管理体系问题，并且已经在部分企业实施。我认为，这种管理体系符合社会主义企业性质和计划商品经济的客观要求。

一、社会主义企业的两项基本管理制度

社会主义企业与资本主义企业的根本区别，不在于生产力，而在于所体现的生产关系不同。社会主义企业生产关系的基本特征可以简单地概括为：实行生产资料公有制和按劳分配，企业是自由平等的生产者的联合体。这些特征必然要通过企业的各项管理制度表现出来。

就实行生产资料公有制来说，在社会化大生产的条件下，企业必须正确处理与国家、与职工的关系。国家与企业的关系，就全民所有制企业来说，除了国家对企业的一般行政管理关系，还有一个所有权与经营权的关系。要实现劳动者与生产资料的直接结合，必须按照所有权与经营权适当分离的原则，由代表全体所有者的国家将其投资授权给企业经营者负责经营；经营者

有权决定企业的各项生产经营活动。

企业与职工的关系，主要表现在职工在企业中的地位上。在社会主义企业中，职工是企业的主人，对企业的生产资料拥有所有权，而且具有参与企业管理的权利。但这并不意味着在生产经营过程中，每个人都可以按照自己的意志各行其是。现代企业的生产是高度社会化的大生产，在生产经营活动中，必须实行高度集中的统一指挥，成千上万的劳动者必须服从一个统一的意志。这就需要按照民主集中制的原则，处理好职工个人与职工集体之间的关系。就民主而言，在进行企业的重大决策时，全体劳动者都处于管理者的地位；就集中而言，民主决策后，每个劳动者又都必须服从一个统一指挥的集中意志，这时他们又都是被管理者。管理者与被管理者的双重身份，是社会主义企业职工主人翁地位的具体体现。

国家与企业的关系，企业与职工的关系，必须通过管理制度确定下来。这个制度就是民主与集中相结合的企业领导体制。

实行按劳分配，不能简单地按照劳动时间分配。按劳分配的"劳"指的是抽象劳动。对于具体劳动来说，不仅不同劳动有质的区别，而且相同的劳动也有质的差别。同时，在商品经济条件下，还存在简单劳动和复杂劳动，个人劳动、集体劳动和社会劳动的差别和矛盾。因此，按劳分配只能按照劳动者承担的经济责任、做出的劳动贡献和实现的劳动成果进行分配。

社会主义企业的劳动是集体劳动，劳动者之间具有密切的分工协作关系，其劳动成果一般是集体成果，因此，首先必须由国家对企业进行按劳分配，然后再由企业在劳动集体内部和劳动者之间进行分配。为了实现这两个层次的按劳分配，国家必须根据企业从事的生产经营活动确定企业的经济责任，并给予企业相应的经济权力，同时根据企业实现的经济效益确定企业的经济利益。企业的责、权、利明确和确定之后，层层落实到车间、科室、班组，直至每个职工和岗位。这种经济责任的划分和落实，也需要一项制度把它规定下来。这就是责权利相结合的经济责任制。

民主与集中相结合的企业领导体制同责权利相结合的经济责任制结合起来，既保证了职工在企业中的主人翁地位，实现了劳动者与生产资料的直接结合，又明确了每个职工的责任、权利和利益，从而形成了社会主义企业生产过程中人与人之间的新型关系，即自由平等的生产者之间的分工协作关系。

二、有计划商品经济与企业的"四全"管理

　　企业管理涉及到企业生产经营过程的各个方面。现代企业生产过程的复杂性，决定了企业管理的复杂性。尽管企业管理工作千头万绪，但其宗旨只有一个，这就是要保证商品又快又好地生产出来并销售出去。由于商品具有使用价值和价值两因素，企业管理必须紧紧围绕着使用价值和价值的生产与实现来进行。使用价值是商品的自然属性，它主要表现为商品的质量、技术性能和技术水平等，通过质量管理，可以使同样多的产品具有更多更高的使用价值；价值是商品的社会属性，它主要表现为商品的价格、成本和利润等，通过经济核算，可以使生产同样多的产品，成本最小，市场价值最高，剩余产品价值最大。因此，质量管理和经济核算必然成为实现企业管理宗旨的两项重要管理。

　　在企业生产经营过程中，不论是使用价值的生产，还是价值的逐步形成，都是劳动者运用劳动手段对劳动对象进行加工的结果。劳动对象的每一步变化和流转都是由人类来控制的，人是这个变化和流转过程的主体。特别是在社会主义企业中，职工是企业的主体，主体的运行质量决定着整个企业的运行质量。为了保证使用价值和价值能够高效率、高质量地生产，必须通过劳动人事管理，把职工合理地组织起来，充分发挥他们的积极性，提高劳动生产率。由此可见，劳动人事管理也是实现企业管理宗旨的一项重要管理。

　　社会主义企业的生产是社会化大生产，企业的生产经营活动必须是有目的、有目标、有计划的活动。首先，它必须根据市场需要和其他外部条件确定企业的总目标，其中包括使用价值目标和价值目标，以保证商品使用价值和价值的实现。其次，它还必须把企业的总目标在时间和空间上进行分解，形成各个单位、各个部门不同时期的分目标，作为各项生产和管理工作的标准和依据，以保证使用价值和价值按时按量地产出。为此，就需要通过计划管理，把企业的各项管理工作有效地组织和协调起来，更好地发挥企业管理的总体职能。

　　强调上述四项管理的重要性，主要是由于它们不同于一般的专业管理。一般的专业管理，只涉及企业某一方面、某个环节和某些职工参与。而这四项管理则是涉及全企业、生产经营全过程并要求全体职工参加的全局性管理。从质量管理和经济核算来看，企业每个部门、每个环节、每个生产或工作岗位，都有产品或工作质量问题，同时也都有成果与消耗的核算问题，所以需

要全体职工参加。从计划管理和人事劳动管理来看，企业各项工作都有计划问题，同时也都有对人的组织管理问题，也需要全体职工参加。由于这些管理具有综合性和全面性的特点，我们把它称作"四全"管理，即全面计划管理、全面质量管理、全面经济核算和全面人事劳动管理。

三、"两制四全"管理的相互关系

"两制四全"管理是由社会主义企业的性质和有计划的商品经济决定的。作为社会主义企业的管理体系，它们必然是相互联系、相互渗透的有机整体。

社会主义企业管理体系中的"两制"中，即民主集中的领导体制和责权利相结合的经济责任制，既体现了企业的社会主义性质，是社会主义生产关系在企业的具体表现，同时也是对企业生产经营活动的一种相对静态的组织。就领导体制来说，虽然也有一个横向的分工协作问题，但它主要表现为领导与被领导的纵向组织；就经济责任制来说，虽然也有一个纵向责任划分问题，但它主要表现为对不同单位、不同部门的横向组织。通过这一纵一横的组织，就把企业的各个部门以至每个岗位安排在既分工又协作的一个特定的"管理点"上，形成一个相对静态的立体的管理网络。它是企业生产经营活动的载体，按照统一的规划，各负其责又相互制约，使生产经营活动有序地进行。

在企业管理总系统中，"四全"管理是四个平行的子系统，但它们又是相互交叉和相互渗透的。从任何一项全面管理看，其他三项管理都被包含和渗透在其中。以全面经济核算为例：

（1）全面计划管理同全面经济核算有内在联系。通常人们说，计划管理是企业管理的龙头，对其他各项管理起统率作用。但是，要实现全面计划管理，就不能离开全面经济核算。首先，全面计划管理中的预测、决策和计划的编制、执行、控制等都离不开大量的经济核算工作；其次，对计划执行情况的分析、考核和经济责任的划分也是通过大量的经济核算工作进行的；最后，计划管理还必须贯彻经济核算的原则，计划工作不进行严格的经济核算，不讲求经济效益，会给企业带来不可弥补的损失。可以说，全面计划管理和全面经济核算在内容、方法和目的上都是一致的，实行全面计划管理的过程也是开展全面经济核算的过程。全面计划管理只有同全面经济核算很好地结合起来，才能提高企业的经济效益。

（2）全面质量管理同全面经济核算也具有内在联系。社会主义生产目的决定了企业必须重视产品质量，不断提高产品的使用价值。但是，在商品经济条件下，任何产品质量都和成本相联系。提高产品质量，是指在一定的成本范围内尽可能地提高产品满足各种需要的性能，即要讲求经济质量。这是由商品的价值和使用价值的对立统一性决定的。在一定场合，产品质量的提高需要增加成本支出；而在有些场合，产品质量的提高，不仅不需要增加成本，还有可能降低成本。商品的价值和使用价值的这种一致性和矛盾性客观上要求企业必须开展价值工程和价值分析活动，以寻求产品质量和成本的最佳结合。在质量不变的情况下，产品成本降低意味着用同样的劳动消耗可以生产出更多的产品；而在成本不变的情况下，产品质量提高同样意味着用同样多的劳动消耗可以生产出更多的使用价值。从企业自身的利益看，成本降低可以使企业得到更多盈利，而产品质量提高，在实行优质优价的情况下，同样可以使企业得到更多的盈利。因此，企业要提高经济效益，必须实行全面质量管理，同时也要开展全面经济核算，既要提高产品质量，又要尽可能降低产品成本。

（3）全面劳动人事管理同全面经济核算同样具有内在联系。加强企业人事劳动管理，是要通过职工的招收、培训、调配、使用、奖惩、升迁和思想政治工作等，提高他们的生产技能和劳动积极性，从而达到提高劳动生产率的目的。劳动生产率的提高实际是劳动时间的节约。而全面经济核算最基本的原则就是节约劳动时间的原则。在社会主义条件下，劳动时间的节约，不仅能降低产品成本，为企业创造更多盈利，而且还能够为劳动者提供更多的休息、学习和自由发展的机会。因此，在企业人事劳动管理中也必须全面实行经济核算，进行合理的定员、定额和劳动组织等工作，实现劳动时间的节约。

企业管理是一个完整的体系，加强管理必须注意提高企业的整体素质。而要做到这一点，企业就必须建立起"两制四全"的管理体系。

（原载于《学习与研究》1990 年第 8 期）

加强资金管理，提高企业经济效益

当前，企业的生产经营活动普遍遇到了一定困难，这些困难集中表现为资金运动受阻、周转不灵，从而导致企业的经济效益下降。要克服企业资金运动中的困难，使经济效益逐步有所提高，一方面需要国家在执行"双紧"政策中把握紧缩的力度和采取灵活的措施；另一方面还要依靠企业增强应变能力。这就要求企业在搞好产品结构调整和市场开拓等工作的同时，加强和改善资金管理。

一、资金管理在提高企业经济效益中的地位

资金管理是企业管理的重要方面，在提高企业经济效益中具有十分重要的地位和作用。所谓企业经济效益，最综合的表现就是企业实现的税利。当前一些企业的经济效益滑坡，实际上就是实现的税利下降。由于企业实现的税利是企业资金运动的结果，在资金运动受阻、周转不灵、速度减缓的情况下，经济效益的下降也就是必然的了。要改变这种状况，就必须花大力气加强和改善资金管理。

企业的资金包括流动资金、固定资金和专用基金。它们从不同的方面为创造和提高企业的经济效益发挥着自身的作用。

在企业的生产经营活动中，企业的流动资金不断地循环与周转。它每进行一次循环，就能够或应该发生一次增值，也就为企业带来一定的经济效益。如果企业的生产规模和销售盈利率是一定的，在一定时期内企业占用的流动资金越少，实现的销售收入越多，流动资金完成的周转次数越多，每周转一次所需要的时间越少，其周转速度越快，利用效率就越高。企业要提高经济效益，就必须正确分配和合理使用流动资金，加快流动资金周转，以便用较少的资金占用，取得较多的销售收入。

企业的固定资金，虽然与流动资金的周转方式不同，其价值要逐步转移到产品中去，再从产品的销售收入中逐步得到补偿，完成一次周转所需的时间较长，但它的周转情况如何，对企业的经济效益也有着极为重要的影响。固定资金的周转速度是由固定资产折旧率决定的。固定资产折旧率越高，固定资金的周转速度越快，固定资产更新所需的时间就越短，但是，固定资产折旧率高，势必加大企业的产品成本，这对企业近期经济效率的提高是不利的，然而它却能加快企业的设备更新和技术进步，保证企业的长远发展，有利于企业经济效益的长期稳定增长。当然，固定资产折旧率的高低并不是可以随意确定的，而是要由固定资产可以使用的年限和技术进步的速度来决定。当前我国的固定资产折旧率是由国家按行业和固定资产类别统一制定的，企业都应当坚决执行。据了解，有关方面正在研究固定资产折旧的改进问题。如果国家实行弹性折旧率，即规定一个折旧率的活动范围，在这个范围内可以由企业灵活掌握，企业就可以根据自己的具体情况在国家规定的范围内确定一个既能保证固定资产的价值补偿，又有利于提高企业近期和长远经济效益的折旧率。除固定资产折旧率的高低之外，固定资产的构成、技术水平和利用效果的高低等，都对企业的经济效益具有决定性的影响，而这些又都与企业对固定资金管理的好坏有密切关系。企业的专用基金，是具有特定来源和专门用途的资金。经济体制改革以来，企业的专用基金主要是由固定资产折旧和留利形成的。除更新改造资金和大修理基金主要是由固定资产折旧和预先从产品成本中提取的大修理费用形成以外，其他几项专用基金，如生产发展基金、职工福利基金、职工奖励基金等都是按照一定比例从企业利润留成中提取的。这些专用基金的正确形成和合理使用，不仅关系到企业职工生产积极性的发挥（如职工福利基金和奖励基金的使用与分配），而且关系到企业有无自我改造和自我发展的能力（如生产发展基金的形成与使用），是企业不断提高经济效益的重要条件和物质源泉。对各项专用基金的提存、分配和使用，也是企业资金管理的重要任务。

从以上可以看出，加强资金管理对提高企业经济效益具有十分重要的意义。这一点已被越来越多的企业家所认识。因此，在工作中，他们也就越来越注意抓好资金管理工作。当然，企业的资金运动又是各种物资运动的货币表现，只有在加强资金管理的同时，搞好计划管理、物资管理、生产管理、销售管理和劳动人事管理等，才能保证企业经济效益的不断提高。

二、当前企业资金管理中存在的主要问题

目前，我国很多企业的生产经营活动都面临资金紧张、原材料短缺和市场疲软等困难，从而影响着企业经济效益的提高。这些问题虽然与外部环境的影响有很大关系，但也反映出企业在资金管理方面存在的一些问题。

（1）开辟资金来源渠道不够。目前，企业所需要的各项资金主要依靠企业的自我积累和银行贷款。在自我积累能力较弱，国家又实行"双紧"政策的情况下，企业的资金供应就会发生困难。面对这种困难，有些企业通过广开资金来源渠道的办法，较好地解决了资金短缺问题，但很多企业在这方面做得还很不够，还只是把解决资金困难的希望完全寄托在增加银行贷款上，这显然是不符合形势发展的要求的。当然，广开资金来源渠道，在某些方面要受到国家政策的限制，但在国家政策允许的范围内，有些企业能够做到，有些企业则没有做到。

（2）流动资金定额管理还比较落后。现在，对流动资金不实行定额管理的企业已经几乎不存在了，但不少企业流动资金定额管理的水平还比较落后，积压浪费的现象还相当普遍。如对储备资金的定额管理，很多企业还只是根据流动资金的来源情况，划出一块作为储备资金定额，还没有将定额落实到各种储备物资的品种规格上。有的企业即使有了各种物资的储备定额，也没有执行或完全执行。这就造成了一些物资因原材料紧缺，库存严重下降，而另一些物资的储备则大大超过生产正常需要的状况。据了解，在一些企业中，某些物资的储备仍然可供使用几年以上。再如成品资金定额管理，当前企业成品资金积压，超定额储备的现象十分严重。这虽然主要是由于市场疲软造成的，但与企业促销手段不力，产品验收入库、包装发运、货款回收等环节的工作衔接不好，效率较低也有密切关系。这些都无疑增加了企业流动资金的占用，加剧了资金周转的困难。

（3）固定资金管理薄弱。当前企业固定资金管理薄弱表现在许多方面，如固定资产老化，技术构成不合理，设备闲置过多，利用效率低，不需用固定资产不能及时处理，等等。这些问题的形成，既与客观条件有关，也有管理上的问题。特别是在固定资产折旧的提取和使用方面，存在的问题较多。目前我国固定资产折旧率本来就很低，但有些企业为了完成承包任务，仍然少提甚至不提折旧。这就造成了盈利的虚增，把企业的老本也拿来分配了。在折旧基金的使用方面，很大一部分被挪作他用，并没有真正用到固定资产更

新和技术改造上，从而削弱了企业发展的后劲，影响了企业长远经济效益的提高。

（4）销售货款回收缓慢。当前，由于企业流动资金普遍紧张，企业之间相互拖欠货款的现象相当严重。但越是在这种情况下，加强货款回收的管理工作就越显得重要。过去，在实行托收承付结算方式中，有些企业发出托收以后，对托收是否按时返回及发生拒付等情况，都缺乏严格的管理措施，有的甚至对长时间不能回收的货款不管不问。这就使得货款回收缓慢，从而影响了流动资金的正常周转。从今年4月1日起，国家又恢复了曾一度停止使用的托收结算方式，这给企业之间的结算带来了方便，但使用这种结算方式容易产生的问题又会重新出现，企业必须加强托收管理，以保证企业之间货款的及时支付和回收。

（5）外投资金的使用效果较差。经济体制改革以来，不仅企业的资金来源渠道发生了很大变化，而且企业的资金运用也发生了一定变化。这主要表现在，企业的资金运用不再局限于企业内部，而是开始向企业外部延伸。如实行股份制和经济联合等，都涉及企业之间的相互投资问题。现在有些企业对外进行投资时，由于投资目的和投资方向不明确，对被投资单位的实力和信誉了解不够，致使资金收益率很低，回收缓慢，有些投资甚至连本金也丢掉了，这虽然不单纯是一个资金管理问题，但负责资金管理的财务部门也是有责任的。

上述种种问题，都直接影响到企业经济效益的提高，必须采取措施加以解决。

三、加强企业资金管理的措施

由于各企业的具体情况不同，资金管理方面存在的主要矛盾也有很大区别：因此，加强企业资金管理的措施也应有所不同，但根据当前企业资金管理中存在的普遍问题和加强资金管理的一般要求，主要应做好以下几方面的工作：

（1）广开资金来源渠道。通过一定的来源渠道，取得企业生产经营活动所必需的资金，是企业资金管理的首要环节。当前，我国社会资金运动中存在的一个主要问题是：一方面货币流通量过多，引起物价上涨和通货膨胀；另一方面企业的流动资金又特别紧张，影响了生产经营活动的正常进行。这说明资金的分布是很不合理的。具体地讲，就是国家（包括财政和金融两个方面）掌握和能够控制的资金太少，其他方面的资金过多。在这种情况下，国家就很难为企业提供更多的贷款或拨款。要解决资金问题，就需要企业在加强管理，提高效益，增强自我积累能力的同时，千方百计广开资金来源渠道，通过各种集资方式，把居民手中的多余资金和其他闲散资金集中起来，吸收和运用到企业生产经营活动中去。

（2）正确核定资金需用量。企业有了比较充分的资金来源渠道之后，还要注意合理使用资金，尽可能减少资金占用，才能加速资金周转。为此，就必须加强资金定额管理，根据企业生产经营活动和技术改造的需要正确核定各项资金的需用量。由于各项资金的来源、用途和运动规律不同，定额管理的内容和要求也就不同。其中，对流动资金主要是核定定额流动资金占用指标。随着企业生产经营活动的不断发展变化，定额流动资金占用指标应定期进行核定和修正。在核定和修正时，应坚持既满足生产正常需要，又注意节约资金的原则，尽可能使占用指标合理化。在这方面，有的企业采用先定周转期，后定占用量的办法，取得了较好的效果。对固定资金，主要按生产需要正确核定固定资产需用量。对各单位未使用和不需用的固定资产，应及时处理，或在企业内部调剂使用，或向其他企业出租和出售，以提高固定资产的利用效果。对用于生产发展方面的各项专用基金，主要是按建设和改造项目正确确定资金限额。在项目经过可行性研究并正式确定之后，所需资金应同项目一起下发到有关部门或建设、施工单位，实行包干责任制。资金限额一经确定，就应坚决执行，不得突破。

（3）完善归口分级管理。对各项资金实行归口分级管理，是我国企业在资金管理方面创造的一条行之有效的经验。实践证明，它不仅有利于发挥各归口部门、分管单位和广大职工管好用好资金的积极性，而且有利于专业部门加强资金管理，提高管理水平。经济体制改革以来，结合经济责任制的贯彻落实，绝大多数企业都实行了资金归口分级管理制度。现在的问题是，这种制度还不够完善，还没有充分发挥应有的作用。根据一些先进企业的经验，实行资金归口管理，必须坚持三条原则。首先是进行合理分工。一般来说，某项资金由哪个部门使用，就应当划归哪个部门管理，并由这个部门再逐级划分到所属的单位或个人进行管理。这就是"管用结合"的原则。如对流动资金的管理分工，先应按照生产资金、储备资金、成品资金和结算资金划分到生产、供应、销售和财务等部门，然后再由这些部门分别划分到有关车间、仓库、班组和管理人员。其次是明确各管理单位的权责，某项资金由哪个单位负责管理，就应当赋予哪个单位必要的权力，并规定相当的责任。这就是"责权结合"的原则。如储备资金由供应部门负责管理，供应部门就应该具有按生产需要和库存情况采购物资和处理积压的权限，同时承担满足生产要求、保证物资质量、降低采购成本、减少资金占用的责任。最后是对各管理单位的工作成果进行严格考核。经过考核，对工作搞得好，效益突出的单位和个人给予物质奖励，差的则给予惩罚。这就是"效利结合"的原则。只有贯彻了这些原则，资金归口分级管理才能取得显著成效。

（4）加强计划管理。当前，在资金计划管理方面，很多企业只重视对流动资金的计划管理，而忽视对固定资金和专用基金的计划管理。而且在编制计划的方法上，不是先确定资金的运用效果目标，而是各单位需要多少，计划就订多少，这实际上是一种无计划的状态。它既不利于提高资金的使用效果，也是造成资金紧张的一个重要原因。

对企业的资金实行计划管理，必须处理好两个关系。一是资金计划同盈利计划和成本计划的关系。在确定三大财务指标，即盈利指标、成本指标和资金指标时，应当以盈利指标为中心进行综合平衡，先确定盈利指标，再确定成本指标和资金指标，资金指标要保证成本指标和盈利指标的实现。二是要处理好开源和节流的关系。在执行资金计划时，既要严格，又要灵活。对那些没有列入计划的不合理开支，要坚决不予开支；即使已经列入计划，但后来发现是不合理的，也不能开支。而如果开支稍有增加，就能带来收入的大幅度增长，这时就不能死盯着原有的资金指标和开支计划，而也应允许开支。此外，在资金计划管理方面，还必须加强货款回收工作，以保证收入计划的落实，实现收支平衡。同时，对用于企业外部的资金及其收益，也应列入统一的资金计划。

（5）要"三大资金"一起抓。企业的流动资金、固定资金和专用基金是企业的三大资金。它们都是企业生产经营活动顺利进行和不断扩大的前提条件。这就要求企业不仅要搞好流动资金管理，还要加强固定资金和专用基金管理。

加强固定资金和专用基金管理，主要是充实这两方面的专业管理人员，加强技术经济分析。对固定资金，要在继续搞好使用价值管理的同时，进一步加强价值管理。即不仅要对固定资产的构成、设备利用率经常进行分析，尽可能减小不需用和未使用固定资产的比重，提高在用固定资产的利用效率，而且还应加强对固定资产使用的经济界线的研究，对那些没有继续使用价值的固定资产应及时进行报废，加速固定资产更新。对专用基金，重点是要搞好可行性研究，开展资金运用效益的分析，保证资金的最佳使用效果，同时还要正确筹集和合理分配资金，优先满足那些技术上先进，经济上合理的建设项目和改造项目对资金的需要。只有把固定资金、专用基金管理同流动资金管理一起抓起来，才能加快企业的技术进步，增强企业的后劲，保证企业经济效益持续、稳定地提高。

（原载于《企业活力》1990年第12期）

在实行企业内部承包制中加强企业管理

实行企业经营承包责任制以后，企业内部也普遍实行了承包制。有的同志认为，企业内部承包制就是企业管理，它包含了企业管理的全部内容，这种认识是不正确的。实际上，企业内部承包制是企业内部经济责任制的一种形式，而企业内部经济责任制又是企业管理的一项重要制度。企业内部承包制只是企业管理的一个重要方面，二者之间除了有许多共同点之外，还有许多不同点。由于存在许多不同点，就决定了在实行企业内部承包制中必须加强管理，绝不能以包代管。企业内部承包制和企业管理的不同点主要是：

（1）包含的内容不同。企业管理是一门科学，它包括管理思想、管理理论、管理手段和管理方法等一系列内容；而企业内部承包制只是一种具体的管理制度和管理方法，它主要是通过经济利益与经营成果的结合，解决企业内部各部门、各单位和职工个人的生产积极性问题。企业内部承包制只包含了企业管理的一部分内容。

（2）实施的对象不同。企业管理的对象是企业，企业管理具有两重性，它既包括对生产力的组织，也包括对生产关系的处理；既包括对财和物的管理，也包括对人的管理。企业内部承包制实施的对象是职工集体和职工个人，它主要是把企业的生产经营任务分解承包到每个单位和个人，这些单位和个人要完成承包任务，还必须经过大量的生产劳动和管理工作。

（3）强调的重点不同。企业管理和企业内部承包制的基本目的都是要完成企业的生产经营任务，提高企业的经济效益，但在实现这一目的时，二者所强调的重点是不同的。企业管理不仅强调结果，而且还十分注重过程和方法，只有采取了科学的方法，有效地控制了过程，才能达到预期的结果。企业内部承包制强调的重点是结果，只要能够完成承包任务，其方法和过程控制都由承包者自己选择和进行。

企业内部承包制给企业管理也带来了一些不利的影响。主要表现在：

（1）出现了某些以包代管的现象。由于一些同志对企业内部承包制的地位、作用及其与企业管理的关系认识不清，认为企业内部承包制就是企业管理的全部内容，只要实行了企业内部承包，管理水平和经济效益就会自然而然地提高，从而忽视了科学管理方法的运用；放松了上级对下级必要的指导、控制和监督；某些合理的规章制度受到冲击；一些必要的资料整理和报表编制工作无人负责等。这些，都是不符合管理社会化大生产的客观要求的。

（2）职能部门的作用和专业管理有所削弱。在实际工作中，因实行企业内部承包而使专业管理遭到削弱的现象是不少见的。如在有些实行内部承包的企业中，一些专业管理部门甚至处于无事可做的状态，而生产经营单位的许多服务工作和后勤工作又需要自己去做。虽然很多企业对专业部门也实行了承包，但这些专业部门所承包指标完成的好坏，往往并不完全取决于这些部门本身，同时还会同各生产经营单位的承包指标发生矛盾。在这种情况下，专业部门的承包也就不能发挥应有的作用。如果各专业部门只承包自己能够完全负责的指标，它们就可能仅仅在完成这几项指标上下功夫，而忽视本专业其他方面的管理，可这些管理往往又是更加重要的综合性管理。总之，一些企业现行的内部承包办法，不利于充分发挥职能部门的作用，在一定程度上影响了专业管理水平的提高，应当加以改善。

（3）造成了拼设备、拼体力的情况。在一些实行内部承包的企业里，有些职工为了完成和超额完成承包任务，甚至不分上班和下班地拼命干，这既不利于职工的身体健康，也不利于设备的维护和保养。还有些企业和企业的某些单位，为了完成和超额完成承包任务，擅自少提甚至不提固定资产折旧，从而造成了企业盈利的虚假增长或虚盈实亏，这实际上是吃了企业的老本，很不利于企业的固定资产更新和经济长远发展。

（4）企业内部也产生了分配不公问题。实行企业经营承包责任制，由于承包基数难以正确确定，因而容易造成企业之间的分配不公问题。企业实行内部承包制以后，由于各部门、各单位和各岗位的工作性质不同，完成和超额完成任务的难易程度不同，承包指标就更加难以正确确定，这就使企业内部也产生了分配不公平问题。如有些企业对销售部门和销售人员实行销售收入承包，完成和超额完成承包任务，就可以按销售收入的一定比例提成，有时一个销售人员一个月就可以收入几千元；而对车间生产工人实行的是产量和质量承包，无论他们怎样努力，一个人每月也只能收入几百元。这种收入上的差距，与他们付出的劳动和工作好坏显然是不一致的。

由于企业内部承包制与企业管理有一些不同点，企业内部承包制对企业管理又产生了一些不利因素，因此，必须把实行企业内部承包制和加强企业管理紧密结合起来，才能达到深化企业内部改革、提高企业管理水平的目的。

（1）处理好综合管理部门和生产经营单位之间的关系。企业的根本任务是生产出物美价廉的满足市场需要的产品，同时不断降低产品成本，提高经济效益。企业的这一任务，包括产品的生产和销售，成本、盈利的形成和创造等，都是或主要是由直接的生产与经营单位来实现的，因此，企业内部承包应当主要对直接的生产与经营单位进行承包。至于企业的综合管理部门，如计划部门、劳资部门、财务部门等，则不宜采取承包方式。因为这些部门一方面要对直接的生产经营单位发挥指导、协调、控制、监督和服务作用，另一方面还要对领导和决策部门发挥参谋作用，而这些作用是无法通过承包加以具体规定的。对这些部门的职责和工作要求，可用责任制的形式加以明确，并进行必要的考核。在对各生产经营单位进行承包时，综合管理部门应代表企业一方同承包单位签订合同，并向它们提供必要的条件。只有这样处理综合部门与生产经营单位之间的关系，才能保证企业内部承包制的顺利进行，并在承包中不断提高企业的专业管理水平。

（2）正确选择承包的形式。对企业直接生产经营单位的承包，也可以有各种不同形式，如产量承包、成本承包、内部利润承包等。不同企业或同一个企业的不同单位，究竟应当选择哪一种承包方式，需要根据其生产技术特点和工作性质加以确定。一般情况下，对生产班组实行产量和质量承包；对成本中心宜实行成本承包；对利润中心宜实行利润或内部利润承包等。在进行承包的同时，再加上严格的计划管理，就可以保证企业生产经营任务的全面完成。

（3）建立合理的指标体系。实行企业内部承包制，无论采取哪一种承包形式，都不能只包一个单项指标，而应以一个比较综合的指标为主，同时辅以其他指标，形成一个指标体系。由于承包的指标直接影响到承包者的经济利益，因而它对承包者的行为起着很重要的调节作用。只有承包的指标体系是合理的，才能保证承包者的行为是合理的。如果指标体系不合理，承包者就会人为地牺牲一些指标而保另一些指标，这样就有可能影响到企业生产经营活动的正常进行和生产经营任务的全面完成。经验表明，在建立企业内部承包的指标体系时，除要正确确定一个主指标外，其他指标的选择，必须满足以下要求：①要全面反映承包者的生产经营成果；②要保证企业生产经营任务的全面完成；③各指标之间要相互协调配套，不能发生矛盾；④要有利于企业近期经济效益和长期经济效益的稳定提高；⑤要有利于企业管理权限正确划分；⑥要充分体现按劳分配原则。只有做到了上述几点，才能保证企业内部承包制沿着健康道路向前发展。

（4）把企业内部承包制纳入计划管理的轨道。企业的计划管理是一项十分重要的综合性管理，它通过计划的制订、执行、控制和检查等，保证企业生产经营目标的实现。企业内部承包制应当作为制订和实现企业生产经营计划的一种经济手段，纳入计划管理的轨道。这就要求在目标确定、指标分解、任务下达和检查、考核等方面，把企业内部承包制和计划管理统一起来，而不能在计划管理体系之外，再搞一套内部承包体系。一些企业的实践证明，凡是把企业内部承包制与计划管理统一起来的，承包就顺利，管理水平就提高；反之，就会出现矛盾和混乱。

（5）企业内部承包制必须有利于企业其他规章制度的贯彻执行。现代企业的生产是社会化大生产，为了保证企业生产经营活动的顺利进行，必须建立健全一整套规章制度。企业内部承包制作为企业的一项重要制度，必须有利于其他规章制度的贯彻执行。当企业内部承包制与其他规章制度发生矛盾时，如果是由于其他规章制度不合理，就应当及时进行修正；如果其他规章制度是合理的，企业内部承包制就必须服从这些规章制度。当前，有些企业在实行企业内部承包制以后，只要承包单位能够完成承包任务，什么劳动纪律、考勤制度、安全操作和设备保养制度等都可以不遵守了，这是一种十分危险的倾向，它必然会造成生产经营上的混乱和管理上的倒退，必须加以改变。

（原载于《学习与研究》1991 年第 6 期）

企业固定资产折旧与更新的几个问题

企业要进行生产经营活动，必须拥有一定的固定资产。企业垫支在固定资产上的资金，称为固定资金。固定资金在周转过程中，要逐步地将自己的价值转移到产品中去，并从产品销售收入中逐步得到补偿，因而就形成了固定资产价值补偿和实物补偿的分离。这种分离，使固定资产的折旧与更新成为一个比较复杂的问题。本文仅以我国大陆和中国台湾地区的情况为例，就固定资产折旧与更新问题谈一些看法。

一、关于折旧基金的性质问题

折旧基金属于补偿基金，是进行简单再生产的资金来源，这在理论上是很清楚的。然而，在实际工作中，由于固定资产的损耗及价值补偿和实物补偿并不是同时进行的，因而就产生了下述两种情况：

（1）固定资产的损耗和价值补偿是在使用期间不断和逐步发生的，而实物补偿却是在更新时一次完成的。在固定资产更新之前，继续以实物形式在生产过程中发生作用时，其"价值的一部分，根据平均损耗，已经和产品一起进入流通，转化为货币，成为货币准备金的要素"（马克思《资本论》第2卷第192页）。从整个企业来看，这部分货币准备金就会有相当大的数量，就可以用来增加设备，或改良机器，提高机器效率，从而使企业的生产规模扩大。

（2）企业在进行固定资产更新时，由于技术不断进步的原因，很少会使用折旧基金去购买同原机器设备技术性能和效率完全相同的设备。多数情况下，新设备的技术性能和效率都会高于旧设备，这也会使企业的实际生产规模扩大。由于上述情况，就使折旧基金的性质变得模糊起来，从而容易造成补偿基金与积累基金在使用上的混淆。

在大陆，折旧基金被作为积累基金用于扩大再生产的现象是非常普遍的。

经济体制改革以前，企业折旧基金的一部分要上缴国家。有的还要上缴主管部门一部分。企业留下的只有 50% 左右。那些由国家和企业主管部门集中起来的折旧基金，说是要在全国和本部门内部调剂使用，仍用于企业的固定资产更新，但实际上，有很大一部分都被作为积累基金，用于基本建设，搞了外延的扩大再生产。这是造成许多老企业设备陈旧，固定资产净值与原值之比很低，生产难以为继的一个重要原因。经济体制改革以来，国家规定，企业的折旧基金不再上缴，原则上全部留给企业（但有的企业主管部门仍要收取一部分）；企业的折旧基金，可以同企业税后留利中的生产发展基金、新产品试制基金统筹安排，用于企业固定资产的更新改造和技术进步措施；企业在进行固定资产大修理时结合进行技术改造的，在保证正常大修理的前提下，折旧基金可同大修理基金结合使用。在这些规定中，折旧基金全部留给企业是完全正确的，其余规定虽然对搞活企业的资金运用，提高资金的使用效果发挥了一定的积极作用，但同时也带来了新的弊端。这就是把补偿基金和积累基金的使用进一步混淆起来，为企业进行内部的外延扩大再生产开了方便之门，致使原有机器设备的老化问题变得更加严重。

据了解，在台湾企业中，也存在着折旧基金被挪用的情况。一些企业每年所提折旧基金数额很大，但一旦原有设备濒于报废急待更新时，也往往苦于资金无着落，不得不举债以应。其中一个重要原因，也是由于将历年所提折旧基金移作扩充设备或购入流动变现性较慢物料之用的缘故。此外，人们还对房屋建筑物在更新时面积略有增加，机器设备在更新时马力加大等介于固定资产更新与扩建之间的情形，究竟归入何类产生疑义。对此，公营事业预算格式及科目曾不予严格划分，统称为固定资产建设改良扩充。这种做法，从资金占用形态看，并不存在什么问题。但从资金来源形态看，也有一个补偿基金和积累基金如何划分的问题。

为了解决上述问题，一方面需要从理论上进一步弄清折旧基金的性质，另一方面还应在实践上对折旧基金的使用范围作出正确规定。虽然折旧基金在实际运用时具有某些扩大再生产的性质，但从其来源看，它只能是一种补偿基金，属于简单再生产的范畴。因此，折旧基金必须用于企业固定资产的更新，而不能用于其他方面。为了真正做到这一点，还需要划清固定资产更新同固定资产的其他建设，如新建、续建、改建、扩建等的界线，防止这些建设项目占用折旧基金。按照中国的规定，所谓固定资产新建，是指计划期内从无到有开始建设的项目；续建是指过去年度已正式开工，计划期内继续进行施工的项目；改建是指为扩大主要产品的设计能力或增加新的效益，而对已有部分设施进行改建的工程；扩建则是指为了扩大主要产品的设计能力或增加新的效益，在原有基础上进行扩充建设的项目。这些项目，与固定资产更新，即对因磨损报废或因科学技术进步而被淘汰的固定资产从实物形态上进行替换的活动是有明显区别的。它们的资金来源，应当是积累基金。对在更新的同时进行扩建的项目，则应根据项目生产能力的恢复和增加情况，由折旧基金和积累基金合理分担，或按生产能力扩大的程度划分更新项目和扩建项目，更新项目的费用由折旧基金承担，扩建项目的费用由积累基金承担。

按现行规定，大陆企业的折旧基金是构成更新改造基金的主要来源。其用途包括：①机器设备的更新和房屋建筑物的重建；②为提高产品质量，增加产品品种，降低能源和原材料消耗，对原有固定资产进行技术改造；③试制新产品措施；④综合利用和治理三废措施；⑤劳动安全保护措施；⑥零星固定资产购置。同时还明确规定，新建、扩建工程以及其他属于基建性质的费用，不得使用折旧基金。从这些规定看，折旧基金的使用基本上被限制在简单再生产的范围之内。但问题在于，有些企业并没有严格执行这些规定，加之对某些固定资产更新项目与固定资产扩建项目又没有严格区分，国家又允许企业将折旧基金与生产发展基金等捆在一起使用，因而就造成了折旧基金与积累基金在使用上的混淆，从而影响了企业的固定资产更新。这个问题必须认真加以解决。

二、关于折旧率和折旧方法问题

企业的折旧基金不足以应付固定资产更新之需要，除了对折旧基金的性质缺乏深刻的认识，致使一部分折旧基金被移作他用之外，折旧率低和折旧方法不合理也是一个重要原因。

在大陆，经济体制改革以前，企业实行的是综合折旧率，年折旧率一般在5%左右，即使将折旧基金全部留给企业，设备更新时间也需20年之久。这样低的折旧率，是根据固定资产的自然使用寿命确定的，它只考虑了固定资产的有形磨损，而没有或很少考虑固定资产的无形磨损，根本不能适应当代科学技术迅速发展的客观要求。从1985年开始，国营企业改行分类折旧率，平均折旧率虽有一定提高，但总的来看仍然偏低。特别是对企业实行承包经营责任制后，一些企业为完成或超额完成承包任务，从而达到增加职工工资和多提奖励基金的目的，仍然少提甚至不提折旧基金。这就造成了企业的虚盈实亏，给企业的固定资产更新和长远经济发展带来了更大的困难。

在提取折旧的方法上，大陆一直采取平均年限法（直线法）。少数机器设备采用工作量法。这在物价比较平稳、通货膨胀率不高的情况下是适宜的。

然而，近年来大陆的物价上涨速度也比较快，通货膨胀率达到了较高的水平，如 1985~1989 年工业品出厂价格分别比上年上涨了 8.7%、3.8%、7.9%、15% 和 18.9%。在这种情况下，仍然采取平均年限法提取固定资产折旧，并且没有相应的补救措施，就很不适应了。其突出问题是，在十几年甚至几十年之后，当固定资产因磨损报废或因技术进步而被淘汰时，由于通货膨胀的原因，历年所提折旧基金总额已远远无法购买到相应的设备，这个问题已经到了非解决不可的时候。

据了解，台湾企业在折旧率和折旧方法上也曾遇到过类似的问题。

当前，大陆有关经济研究人员和经济管理部门，正在抓紧研究提高固定资产折旧率和改进固定资产折旧提取方法问题。但这个问题解决起来也有很大困难。首先，无论是提高折旧率，还是改进折旧提取方法，其根本目的就是要加速固定资产折旧，使企业能够取得更多的折旧基金，以满足固定资产更新的需要。然而，加速固定资产折旧，必然要增加产品成本中的折旧费用，从而使企业产品成本升高。就个别企业来说，它有可能通过产品价格的相应提高，使企业的盈利水平不致降低，但这又会影响到企业的竞争力；就全社会而言，折旧费用的普遍增加，必然会造成盈利水平的下降，从而使国家的财政收入减少。从目前的情况看，国家财政还比较困难，这方面的余地很小。其次，加速固定资产折旧，只是提高了固定资产价值补偿的能力，但固定资产更新，不仅需要价值补偿，而且还有一个实物补偿问题。在既定的产业结构和产品结构下，企业折旧基金增加以后，能否有相应的作为固定资产的产品作保证，也必须加以考虑。这又涉及到产业结构和产品结构的调整，而产业结构和产品结构的调整，又需要一个较长的过程。总之，提高折旧率和改进折旧方法，是当前经济发展的客观需要，但进行这项工作，应考虑到财政承受能力和固定资产实物补偿能否实现两个制约因素。必须经过周密的调查研究，采取稳妥的切实可行的方法和步骤。

三、关于对通货膨胀影响的补救问题

前面已经谈到，在通货膨胀率较高的情况下，继续采取平均年限法提取固定资产折旧，如不采取必要的补救措施，已不能满足固定资产更新的需要。那么，如何解决这一问题呢？如果采取某些加速折旧的方法，如年限总额法、余额递减法等，虽然可以缓解这方面的矛盾，但除了它要受到财政承受能力和固定资产实物补偿两个因素的制约外，与通货膨胀的影响并不是完全吻合的。比较妥善的办法是，在提取固定资产折旧时，把通货膨胀这一因素考虑进去。即在按平均年限法提取折旧的基础上，再按物价指数的变化，追加提取一部分折旧基金。据了解，台湾早就实行了这一办法。追加提取折旧基金的具体做法可用公式表述如下：

（1）某项固定资产营业年度提取折旧总额＝按平均年限法提取的折旧额＋按营业年度物价指数追加提取的折旧额

（2）按平均年限法提取的折旧额＝（固定资产原值＋报废清理费用－残值)÷预计使用年限

（3）按营业年度物价指数追加提取的折旧额＝按平均年限法提取的折旧额×[（营业年度物价指数÷购建固定资产年份物价指数）－1]

如果把购建固定资产年份的物价指数作为100%。上述式（3）则变为：

（4）按营业年度物价指数追加提取的折旧额＝按平均年限法提取的折旧额×（营业年度物价指数－1）

例如：某企业 1985 年购置机器设备 1 台，其原值 15 万元，预计使用 10 年，报废时清理费用 0.5 万元，残值收入 1 万元。假定 1985 年物价指数为 100%，1990 年物价指数为 150%，则该机器设备 1990 年度应提取固定资产折旧如下：

（1）按平均年限法提取折旧额＝（15＋0.5－1)÷10＝1.45（万元）

（2）按 1990 年物价指数追加提取折旧额＝1.45×（1.5－1)＝0.725（万元）

（3）1990 年度提取折旧总额＝1.45＋0.725＝2.175（万元）

按照上述方法提取固定资产折旧，为了不影响会计科目中"固定资产"与"固定资金"和"折旧"的平衡关系，会计账务可作如下处理：

1. 提取折旧时

（1）借：固定资金

　　　　贷：折旧（按平均年限法提取数）

（2）借：生产费用

　　　　贷：专用基金——更新改造基金（提取的折旧总额）

2. 将提取的折旧基金存入专户时

借：专项存款（提取的折旧总额）

　　贷：银行存欵

3. 固定资产报废时（假定历年按平均年限法提取的折旧总额正好等于固定资产原值）

借：折旧（历年按平均年限法提取的折旧总额）

　　贷：固定资产（原值）

4. 用专项存款购买新的机器设备并交付使用时

（1）借：专用基金——更新改造基金

　　　　贷：专项存款

（2）借：固定资产

　　　　贷：固定资金

笔者认为，上述办法不失为消除通货膨胀对折旧基金影响的一种有效办法。

四、关于折旧基金的专户储存问题

大陆企业对各项专用基金都实行专款专用、专户储存的办法，折旧基金作为更新改造基金的主要来源，也必须在银行设专户储存。对各项专用基金实行专户储存，并不是每项专用基金都设立一个银行账户，而是将各项专用基金集中在一起共同设立一个专户，以便把专用基金与生产经营资金分开储存，分开使用。至于各项专用基金的收支、结存估况，则通过相应的资金来源账户予以反映。

折旧基金专户储存，可以防止折旧基金被其他方面占用，以便固定资产更新时有存款支付。但是，折旧基金是每月提取的，而固定资产更新并非月月皆有之事。这样，专用基金账户就会经常有相当数量的资金储存。如果企业的生产经营资金一时比较紧张，或临时急需大量的款项，又需要向银行贷款。由于银行的存放款利率有一定差别，企业就会遭受不必要的损失。在这种情况下，企业一般都通过内部往来方式加以调剂。即当生产经营上急需资金周转时，可暂借专用基金账户存款做短期周转，并于货款回收或资金状况好转时，再立即归还。据了解，在这方面，台湾企业与大陆企业的做法基本是一样的。很显然，这种做法是合理的。它既体现了专款专用的原则，又使企业避免了不必要的损失。

但是，需要指出的是，采取上述内部往来方式，以解决生产资金经营临时不足的矛盾，虽然可以减少企业的利息支出，但又会出现另一个问题，这就是有些企业的生产经营资金长期处于紧张状态，向专用基金的借款不能如期归还，以致影响到固定资产更新所需款项的支付，这就违反了专款专用的原则。当前，大陆企业的流动资金普遍比较紧张，这个问题也就表现得比较突出。如有些企业专用基金来源数额很大，但专用基金存款账户却没有余额或余额很小，一些急需的专用基金开支也无力支付。要解决这一问题，企业的生产资金账户在以内部往来方式向专用基金账户借款时，必须认真分析生产资金账户有无还款的资金来源，并严格规定还款的期限。如果生产资金账户没有还款的资金来源，或在规定的期限内不能归还，就不要进行此项内部往来业务，而应通过一定的途径向企业外部借款，以免影响专用基金的正常开支。同时，企业还应加强专用基金的计划管理，对那些资金来源账户有余额的专用基金，必须在计划规定的开支时间之前，将款项存入专用基金账户。只有这样，才能达到既节约利息开支，又不影响专项基金正常使用的目的。

五、关于各类固定资产和不同年度折旧基金的统筹使用问题

当前，大陆企业虽然实行固定资产分类折旧率，但各类固定资产提取的折旧基金并不分开使用。同时，各年度提取的折旧基金，也并非完全由各年度分别使用。这种把各类固定资产的折旧基金和不同年度的折旧基金统筹使用的办法，有利于集中资金，加快固定资产的更新。但是，在实际工作中，由于固定资产更新的计划管理没有跟上，也出现了某些固定资产长期不能更新，或一些年度固定资产更新很多，而另一些年度连急需更新的固定资产也没有资金进行更新的情况，从而出现了折旧基金使用上的偏枯现象。据了解，台湾企业也曾遇到过这些问题。如何才能避免偏枯现象呢？主要还应通过加强折旧基金和固定资产更新的计划管理来解决，如在安排每年的固定资产更新计划时，应全面考虑企业生产经营的需要和各种固定资产的磨损程度及陈旧情况等。只要这方面的工作做好了，偏枯问题是可以解决的。

（本文是作者 1990 年 12 月向在北京召开的"海峡两岸和香港经济与工商合作前景研讨会"提供的论文，略有删节。）

（原载于《企业活力》1992 年第 3 期）

工业企业实行计件工资制的一些问题
——山东省部分企业实行计件工资制的调查

1981 年 11 月中上旬，我们对山东省工交企业实行经济责任制的问题作了一些调查。现将其中部分企业实行计件工资制的问题作一个简要的分析。

一、实行计件工资的基本情况

（一）发展迅速

1981 年，山东省工交企业实行计件工资的面迅速扩大，计件超额工资也有较大增长。1980 年全省实行计件工资的职工为 11.2 万人，计件超额工资占标准工资的 21.24%。截至 1981 年 9 月末，全省工交企业实行计件工资的职工达 35 万人，占职工总人数的 14.6%，按企业数计算，约占 35%。仅青岛市，实行计件工资、浮动工资的职工即达 14.96 万人，较 1980 年同期的 2.98 万人增长了 3 倍多。济南市市属全民所有制企业截至 1981 年 9 月底实行计件工资的职工为 5.5 万人，比 1980 年同期的 2.4 万人增长了 1.3 倍。据济南市电子、纺织、建工、一轻、二轻、机械等 111 个单位统计，超额工资在标准工资 30% 以下的 50 个单位，占 45%，超额工资为标准工资 30%~40% 的 29 个单位，占 26%，为标准工资 40%~50% 的 17 个单位，占 15%，为标准工资 50%~70% 的 15 个单位，占 14%，个别企业超额工资达到标准工资 1 倍以上。

（二）形式多样

（1）全额计件。实行这种办法就是按照工人完成合格产品的数量，以同一单价支付工资，工人完成多少产品就支付多少工资，采取无限计件。实行这种计件形式的主要是纺织、建筑和运输等行业。这种形式又分为两种情况：

一是个人计件；二是集体计件，以车间、班组等为单位，然后再在集体内部对每个职工进行考核和分配。

（2）超定额计件。实行这种办法就是职工完成劳动定额发基本工资，超过定额，按计件单价计发超额工资，完不成定额进行适当扣罚，但扣罚一般不超过本人基本工资的20%。实行这种计件形式的主要是机械、轻工等行业。这种形式也分为个人计件和集体计件两种情况，但较普遍的是集体超定额计件形式。

（3）最终产品或入库半成品计件。实行这种办法就是按照企业、车间或班组完成产品、零部件的数量、质量进行计件，多完成一件合格产品或零部件就给奖金多少，这实际上是一种计发奖金的形式。实行这种办法的主要是轻工行业的一些企业，如火柴、香烟、保温瓶等生产单位。此办法只计到集体，而不到个人。

上述办法，在一个企业内部，往往又根据各车间、班组的不同情况分别采用。例如济南轻工化学厂，在以手工操作为主、容易计件的香皂成品加工二车间实行超定额个人计件，而在青年工人较多，又是集体操作的一车间肥皂成品工序实行小集体计件。

（三）效果显著

（1）在很大程度上克服了企业内部的平均主义，调动了职工的生产积极性。长期以来，企业内部严重存在着的平均主义成为生产发展的一大障碍。实行计件工资使这一问题得到一定解决。烟台第一鞋厂实行超额计件工资，1981年1~5月每个职工平均每月得超额计件工资14.74元，其中最高的得60元，最少的只得3分钱，个别完不成定额的还被扣罚了基本工资。总的看，实行计件工资使职工的生产积极性空前高涨，出勤率普遍提高，消极怠工的现象基本上得到克服。企业的领导同志反映，过去职工看病经常是要假条不取药，现在是取药不要假条，有些小病也不休息。特别是纺织企业，实行计件工资解决了工种之间的平均主义，有效地稳定了生产第一线职工的情绪，保证了生产的正常进行。过去纺织行业招工难，招来也不愿干运转，现在很多新工人都主动要求去生产第一线。济南第三棉纺厂过去因身体不好而调到白班及后勤部门的几十个人，也主动回到了生产第一线。该厂实行计件工资后，运转工的出勤率逐年提高，1981年上半年达到94.9%，而计件前的1978年同期是86.74%。由于提高了劳动效率，挖掘了劳动潜力，他们仅在计件工种上就节约劳动力159人，成为四班三运转所需劳动力的主要来源。

（2）促进职工学习技术，提高了操作技能。过去在平均主义影响下，职工学习技术总是缺乏积极性，一些岗位练兵、技术比武也往往流于形式。特别是一些青年工人，认为学不学技术都一样，反正年限不到不能增加工资。现在情况不同了，每个人的技术水平不仅直接影响到他们完成产品的数量和质量，决定收入多少，而且还有一个荣誉问题，因此，学习文化技术已成为很多职工特别是青年工人的自觉行动。济南第三棉纺厂的很多青年职工坚持早上班进行学习，操作技术提高很快，有一个细纱学员进厂 3 个多月就能看管 30 支 1200 锭，达到计件定额的先进水平。青年工人技术水平的迅速提高，对促进生产的增长起了重要作用。

（3）促进了企业管理工作的改善。实行计件工资制，客观上要求企业有较好的基础工作，较高的管理水平。因此，企业开始重视抓整顿工作，逐步建立并完善了各项规章制度，加强了劳动定额、原始记录和计量管理，制订了内部结算价格，开展了全面经济核算。许多企业在开始实行计件工资时制订的各种办法、条例在实践中都进行了多次修改，随着这些制度的完善，劳动管理大大加强，那种用人无定员，劳动无定额，生产打乱仗的状况已经基本上改变了。例如，济南第三棉纺厂把实行计件工资与建立健全岗位责任制结合起来，以岗位责任制为起点，以实行计件工资为动力，以改善经营管理，提高经济效果为目标进行了大量的企业整顿工作。该厂吸取 1978 年实行岗位责任制没有与职工经济利益挂钩，又缺乏必要的检查考核措施，因而效果不好的教训，在实行计件工资中注意体现按劳分配原则和建立严格的考核制度，同时又注意克服职工中产生的斤斤计较，为钱干活的倾向。他们对全厂职工进行了"做一个国家职工，应该向国家尽哪些义务"的教育，通过这个教育，首先完善了岗位责任制，使 3000 多名职工都有了比较明确的职责。在此基础上，建立健全了工厂、车间、班组三级检查考核制度，逐步使各项检查考核工作系统化、制度化、经常化，并且规定各级检查都要有记录，记录必须齐全完整、及时准确、责任分明、按期公布，如有不检或漏检，有关部门和人员要承担经济责任。经过努力，这个厂已经迅速扭转了曾经一度比较混乱的生产秩序，逐步建立了一个能够自动反馈的"自动化"的生产经营指挥系统。他们还结合纺织工业的特点，在实践中摸索制订了一整套企业内部管理制度，目前这些制度已经被汇编成册，长达数万字。类似济南第三棉纺厂这样通过实行计件工资而提高了企业管理水平的企业是很多的。

（4）促进了生产发展，提高了经济效果。很多企业通过实行计件工资，在人员设备很少增加的情况下，生产都有大幅度增长，劳动生产率及实现利润也有明显提高和增加。例如，济南第四建筑工程公司是从 1978 年 5 月份开始实行计件工资制的，近年来生产指标逐步上升，经济效果越来越好。其情况如表 1 所示。

表1　济南第四建筑工程公司情况

	1979 年		1980 年	
	完成数	比上年±（%）	完成数	比上年±（%）
工作量（万元）	1833.22	21.7	2350.38	28.2
竣工面积（平方米）	129015	14.9	145127	12.5
全员产值（元/人）	5105	8.6	5970	16.9
实现利润（万元）	135	266.8	276.8	105
成本降低率（%）	6.82	多降低 2.52	8.51	多降低 1.69

1981 年 1~10 月这个公司已提前两个月完成年度工作量计划，竣工面积完成全年计划的 73.1%，他们准备再增加完成工作量 270 万元，竣工面积增加 2 万平方米。

济南第三棉纺厂等 13 家企业（这些企业多数是 1981 年开始实行各种形式计件工资的，也有少数实行百分计奖的）的情况更为显著，综合计算，1981 年前三季度的几项主要经济指标与 1980 年同期比较如表 2 所示。

表2　济南第三棉纺厂情况

	1980 年		1981 年			
	1~9 月累计	其中 7~9 月	1~9 月累计		其中：7~9 月	
			完成数	比上年（±%）	完成数	比上年（±%）
产值（万元）	32372.6	10530.9	37633.8	16.25	12912.5	22.6
利润（万元）	8885.6	2726	11387.3	28.15	3906	43.2
劳动生产率（元/人）	14.950	4863	17380	16.3	5963	22.6

二、存在和需要解决的问题

（一）劳动定额偏低

制定先进而合理的劳动定额是实行计件工资制的一个中心环节，它关系到正确处理国家、企业和职工三者经济利益关系和贯彻按劳分配原则问题。现在存在的主要倾向是劳动定额偏低，一些企业使用的还是多年以前的老定额，虽经几次调整，职工仍能平均超定额近一倍，个别职工达几倍。例如济南皮鞋厂这个问题就比较突出，济南服装三厂也存在类似情况，其主要原因是：

（1）多数行业没有统一定额，要由企业自己制定，制定时又缺乏科学的测定方法，只凭过去的统计资料和有关人员的经验估计，再加制定定额人员有偏重照顾工人利益思想，因而制定的定额必然落后。有些企业甚至根据生产任务测算劳动定额，如果任务不足，测算的定额也一定很低。

（2）管理人员的奖金与计件工人的超额工资挂钩，计件工人拿到的超额工资多，管理人员的奖金也高，管理人员与生产工人共同压低定额。

（二）计件单价偏高

计件单价与劳动定额一样，合理与否同样影响三者利益关系。如果劳动定额需根据企业的技术水平和职工的熟练程度来制定，那么计件单价则应与当前能够达到的劳动者的工资水平相适应。因计件单价一般是根据工资水平和劳动定额来计算的，劳动定额偏低，计件单价必然偏高。现在企业确定计件单价的方法是：

（1）按工作物等级和劳动定额确定。采取这种办法的一般是有全行业统一定额的企业，如纺织企业。济南第三棉纺厂的计件工资水平是：一岗71元，用于织布挡车工、织布帮接工等；二岗68元，用于细纱挡车工、落纱工等；三岗64元，用于清花挡车工，粗纱挡车工等；四岗60元，用于梳棉挡车工，并条挡车工等；五岗56元，用于浆纱帮车工。其计件单价计算公式为：

计件单价 = 计件标准日工资 ÷ 看管定额 × 单台定额

因该厂的实际平均工资只有40多元，用上述岗位工资计算的计件单价就显得较高。

（2）按企业平均标准工资和企业自行制订的劳动定额确定计件单价。现在尚未全行业统一定额的企业一般都采取这种办法，其计算方法与上述相同。用这种办法确定计件单价，如果劳动定额先进合理，计件单价就不会太高，但因企业自己制订的劳动定额很低，计件单价仍然偏高。

（3）按现行标准工资加一定的百分比和企业能够完成的工时或超额完成的工时确定计件单价。这是一种倒算的办法，工资总额和工作量基本是一定的。如果生产任务足额，对实际完成工时或超额完成工时估计较准确，计件单价会比较合理，但如果生产任务不足，或对完成工时估计不准，计件单价也会较高。事实上，企业在测定计件单价的时候，总是留有较大的余地，以职工能够拿到国家规定的超额工资限额为最低界限。

（三）职工得到的超额工资较多，引起产品成本中的工资含量上升

劳动定额低，计件单价高引起的必然结果是：职工得到的超额工资较多，

从而造成产品成本中的工资含量增加。关于职工所得超额工资情况，已经从济南市 111 个单位的统计材料中得到说明。如何控制职工的奖金和超额工资水平已经成为当前的困难所在，如果国家规定统一限额，就会造成企业经营好坏一个样，如果不加限制，工资总额就会失去控制，以致不可收拾。按照上面所说的第一种确定计件单价的办法，尽管劳动定额是先进的，但因岗位工资水平超过实际工资水平较多，职工得到的超额计件工资仍然很高。在这种情况下，假定职工能够平均完成定额的 100%，岗位工资超过标准工资的部分就是职工得到的超额工资。例如济南第三棉纺厂采用的是部分定额，一些工种还超过了部颁水平，职工平均完成定额在 96% 左右，可以说是平均先进的，但据估计，超额计件工资仍在标准工资的 50% 左右，这显然超过了国家规定的限额水平。但应指出，这种按工作物等级和部颁定额标准执行的计件工资是适合纺织工业的特点的，因而也是比较合理的。按照第二种确定计件单价的办法，职工平均超额完成劳动定额的水平就是职工平均得到的超额工资水平。对企业自行制订的劳动定额，职工一般都能超过 0.5~1 倍以上，因而得到的超额工资仍然很多。济南皮鞋厂就属于这种情况。至于第三种办法，超额工资就很难估计了，也许能够得到控制，也许超过更多。

超额工资发放过多，使工资的增长超过了劳动生产率的增长速度，最终必然引起产品成本中的工资含量上升。因现在企业的产品成本大都是按费用的性质分别来分类计算的，统计单位产品成本中的工资含量也就比较困难。据粗略匡算，一些产品成本中的工资含量有上升的趋势。例如济南轻工化学厂每百元成本中的工资含量 1979 年为 2.92 元，1980 年为 3.64 元，1981 年在部分车间实行计件工资后，估计要达到 4 元多。

(四) 产品质量问题

一般说来，实行计件工资容易在职工中产生重视产量而忽视质量的情况。如果这个问题不很好解决，就会造成产品质量下降。从山东情况看，企业实行计件工资和各种形式的经济责任制后，产品质量基本上是稳定的。最近，据济南市有关部门对省重点考核的 208 种产品检查，达到优质品种的 108 种，占 52%，一等品 77 种，占 37%，合格品 23 种，占 11%。其中优质品、一等品比去年提高 6.9%。但是在一些地区和部门也出现了忽视产品质量的情况，一些产品按等级考核没有下降，但在等级以内质量有所下降。尤其是一些服务行业，质量问题突出。例如菏泽地区肉食加工厂规定每个职工每月交一定重量白条鸡，一些人为了增加重量，就在鸡身上注水，每只鸡注水后增加重量约半斤。为此，市场上注射器曾一度被抢购一空。这样，严重影响了消费者的利益，造成了不好的影响。此外，据群众反映，诸如理发等服务质量也下降严重。

造成产品质量下降的主要原因是，现在各地区或部门没有质量管理机构，企业的产品质量只是本企业检查了算数，这与经济责任制的要求很不适应。有些企业不能很好地处理质量检查人员与计件工人之间的经济利益关系，检查人员的奖金多少取决于本企业、本车间工人所得超额计件工资的数额，这就难免使检查人员产生好人主义，放松对质量的要求。

（五）均衡生产问题

企业实行计件工资，不仅需要保证企业的供销平衡，做到材料有来源，产品有销路，而且还需保证企业内部的生产平衡。现在一些企业已经出现在产品大量积压，以致不能形成最终产品的情况。济南轴承厂1981年9月份在锻造车间实行不封顶计件，1个月就生产锻件75万件，支付超额计件工资1万元，平均每人50元。而这个厂全年生产计划只有230万套，其中还有30万套无销路，这就势必造成产品和在产品积压。济南保温瓶厂1981年上半年曾一度在瓶胆车间试行计件工资，因企业内部生产不正常，不能保证最终产品实现，结果4月全厂实现利润680元，仅这个车间就发了982元的超额计件工资。6月改变了计件办法，使生产成套进行，当月就实现利润7.1万元。因此，实行计件工资必须根据企业的生产特点，采取有效措施，保证生产均衡成套地进行。否则就会造成生产混乱，使经济效果大大降低。

（六）拼设备、拼体力问题

企业推行经济责任制，实行计件工资极大地调动了企业和职工的生产积极性，增加了生产，同时也出现了拼设备拼体力问题。有些企业的设备本来就十分陈旧，厂房失修，但为了增加生产，多超利润，多得分成，也不愿进行修理和改造。山东造纸厂二号纸机，厂房随时有倒塌危险，年初报了大修计划，准备停产两个月进行修理，利润包干时也考虑了该项因素，但企业为了多增产，把修理计划也冲掉了。个别企业因包干任务较重，完成计划有困难，就采取少摊费用，压低成本等办法，造成利润虚增。济南钢铁家具厂，增置一台高频焊接机，原值53万元，7月份就已投产，但到我们调查期间尚未转入固定资产，不提折旧，该设备半年应提折旧1.75万元。实行计件工资，职工拼体力的现象更为严重。济南服装三厂实行小集体计件，职工经常加班加点，有时甚至延长工作时间1倍以上。济南皮鞋厂1979年9月份开始实行集体计件，生产量逐年增加。1978年实际完成产量只有37万双，1979年一跃到50万双，1980年达到75万双，1981年计划又订为85万双，比1978年增长了1.3倍，而职工人数只增加了28%，并且新增工人大都是青年徒工，不能顶班使用。由于生产量大大超过了生产能力，势必造成职工大量加班加点。当然，这一方面是局里计划逐年追加的结果，另一方面实行计件工资也不能不是一个内在原因。上述种种情况，从长远观点看，是不利于生产持续增长的。

三、要整顿和完善计件工资制

根据部分企业在实行计件工资中取得的经验和出现的问题，要对现行计件工资进行必要的整顿，使其在发展中逐步得到完善。为此，必须做好以下几项工作：

（一）进一步研究实行计件工资的条件

当前计件工资中出现的问题，一些是计件工资本身引起的，需要采取一定措施解决，一些则是实行计件工资的条件不成熟造成的，需要对实行计件工资的条件进一步研究。

国务院批转的国务院体制改革办公室、国家经委《关于实行工业生产经济责任制若干问题的意见》中指出，实行计件工资的条件是：企业领导班子健全，生产任务饱满，产供销比较正常，有平均先进定额，合理的计件单价和比较健全的管理制度。这些原则规定无疑是正确的，但这只是实行计件工资的一般条件，也是企业进行正常的生产经营活动所必备的条件。除此，还应考虑由企业的生产技术特点所决定的各种客观条件。工资是一种分配形式，最终要受生产过程本身的制约。全国几十个行业，几十万企业，各行各业，各个企业都有自己的生产特点和不同的技术装备水平，一个企业究竟采取哪种分配形式为好，需根据具体情况而定，这也是当前在实行经济责任制中出现各种分配形式的原因。

就计件工资而言，不同的计件形式所要求的具体条件也不同。除共同条件外，实行个人计件的，还需具备产品比较单一稳定，产量能够核算到人，工人的技术水平相差不大（多半是熟练工种），工种和工种内部之间相互牵制较少等条件，如纺织、建筑、煤炭等行业基本具备这些条件。对那些产量不宜核算到人，工人之间技术水平相差较大、协作比较紧密的企业，如服装、制鞋、香烟、火柴、塑料制品等行业只能采取集体计件形式。

从全额计件和超定额计件这个角度看，条件也有一定区别。总的来说，超定额计件比全额计件要求的条件要低一些。全额计件对原始记录、统计、计量等基础工作要求较高，生产要很均衡，定额先进合理而且要稳定，一般应有全行业平均先进定额。当前，在经济调整中，绝大多数企业是不具备这些条件的。特别是重工企业，生产任务不足，受外界因素影响较大。一些企业内部管理水平较低，职工中平均主义思想还没完全消除。如果实行全额计件，职工的收入将发生较大变化，弄得不好，对工人的情绪、企业的生产都将引起较大震动。很多企业的同志表示，在现在的条件下，他们还不敢于实行全额计件。但是又要寻找克服平均主义的有效办法，以调动职工的生产积极性，就采取了超定额计件的办法。超定额计件还有一个较大的优点，即可以缓和计件工资所产生的新老工人之间的矛盾。实行超额计件，不管工人的级别高低，工资多少，只要同工种，在定额内就必须完成相同的工作量，在定额外则实行多劳多得。尽管这种办法是实际上并不是合理的，但它毕竟符合当前的客观情况，在一定程度上消除了新老工人之间的矛盾。这就是超定额计件工资发展较快的主要原因。据青岛市劳动局统计，1981 年 9 月末全市全民所有制企业实行全额计件和超定额计件的共 91 个，其中实行超定额计件的就有 71 个，占 78%。两种计件形式的职工共 43011 人，其中实行超定额计件的就有 30888 人，占 71.8%。全市集体所有制企业实行全额计件和超定额计件的共 229 个，实行超定额计件的就有 196 个，占 85.6%，两种计件形式的职工共 68269 人，实行超定额计件的就有 51637 人，占 75.6%。

此外，超定额计件是作为一种工资而不是当作一种奖励形式，任何工资都是从产品成本中开支的，它可以不受企业经营好坏的制约，同时国家对于超额计件工资的限额比对奖金限额要高得多，这是企业和职工乐意实行超额计件的主要原因。实行超额计件，职工的标准工资基本上是得到保证的，在这个前提下实行多劳多得，一些同志称其为"保留铁饭碗前提下的按劳分配"。尽管如此，它对于克服平均主义，比实行综合奖具有更明显的优越性。如果国家能够对超额工资控制得比较合理，这种计件形式还是可以采用的，当然有条件的，应当积极向全额计件过渡。

（二）对现行计件工资要进行整顿

不论实行哪一种计件形式，都有一个条件问题。由于计件工资发展比较迅速，在实行过程中确实有些单位不具备条件。特别是一些企业存在片面追求多发超额工资的现象，结果职工的收入大大提高了，国家的收入却没有相应增加。对于出现的问题如不及时加以纠正，非但不能发挥计件工资的优越性，还会带来新的弊病。因此，当前对计件工资要加以严格控制。但笼统规定计件工资的面不再扩大也不是积极办法。各级劳动部门要对已经实行计件工资的企业和单位进行摸底、分析和排队，看看哪些是搞得好的，要继续实行，哪些是已经实行了但至今还不具备条件的，要停下来，待整顿好了再实行。对尚未实行的企业也要具体分析，看哪些根本就不需要搞计件工资，哪些已经充分具备条件，需要实行。今后，劳动部门应根据各行业生产的不同特点，与有关部门共同商定某种行业实行某种计件形式，然后做出明文规定，而不应由企业自行其是。

在对现行计件工资进行整顿过程中，要抓住劳动定额这个关键环节。凡是有行业统一定额的，要按统一定额执行，本企业定额高于行业定额的，按本企业定额执行。对目前尚无行业统一定额的，要按地区制订统一定额。个别地区也无法制订统一定额的，按本企业历史最高水平执行。否则不能实行计件工资。只要劳动定额问题解决了，再把工作物等级和职工实际工资水平结合起来确定计件单价，就一定也是比较合理的。至于企业内部的其他条件，则让企业自己去解决。

此外，企业主管部门还应加强对产品质量的管理，对企业增加产品成本中的工资含量考核指标，对于实行计件工资后，产品质量严重下降或者成本中工资含量明显上升的，也要坚决停下来整顿。

（三）处理好产量和其他经济指标的关系，把计件工资和百分考核结合起来

搞好其他指标考核，正确处理产量和其他经济指标的关系是保证计件工资能够健康发展的一个重要问题，很多企业在这方面已经积累了经验。例如济南第三棉纺厂把质量考核和计件工资结合起来，取得了显著效果。他们把质量指标分解为100分，制订了计分标准，工人所得计件工资不仅取决于完成产品的产量，而且取决于质量得分情况。工人同志反映说，企业对质量要求很严，如果一个班出现两个质量问题，就等于白干了。由于重视产品质量，这个厂实行计件工资后，不仅产品质量没有下降，而且不断有所提高。1980年产品质量评比，超过了本厂历史最好水平，全省列为第15位。全国实物评比，布评出一个优质产品。1981年上半年实物评比，纱评出7个优质品，布6个品种全部达到优质品，纱、布各得全省总分第一。

有些企业不仅把产品质量，而且把品种、消耗等指标也纳入考核范围。济南跃进电机厂在实行作业工资时把质量和消耗等都作为重要指标考核，并根据企业不同时期的主要矛盾随时调整各指标的得分比重，使经济指标在企业内部发挥了杠杆作用。这个厂规定，产品零件合格率降到一定程度，不仅质量得分全部扣除，而且还倒扣其他指标得分，出现严重质量事故，按造成损失的一定比率赔偿（但有一个限度，不超过基本工资的一定比例）。这些措施保证了产品质量的提高。同时他们还加强了计划管理，把生产进度也作为

一个指标考核，既不能多产，也不能少产，保证了生产均衡成套地进行。由此我们可以得到一个启示，即实行计件工资时，对个人可以采取不封顶办法，对车间、对工序则必须加以限制，使其符合全厂生产计划的要求，这样就可以解决均衡生产问题。

此外，企业主管部门还可以加强对企业设备完好率的考核，对企业固定资产进行经常性的检查，发现失修的坚决停下来修理，同时在资金方面给予必要的支持。并且在正常情况下，对实行计件工资的企业，不准加班加点，属于特殊需要的，也不能再发加班工资。这样拼设备、拼体力的问题也可得到解决。

（四）要处理好新老工人和前线与后方之间的矛盾

企业实行计件工资后，新老工人，直接生产工人与辅助生产工人，管理人员与生产工人之间在收入方面的矛盾也随之产生，特别是那些实行全额计件的熟练工种之间，矛盾更加突出。这个问题不解决，也会影响职工的生产积极性。例如在制订计件单价的时候如果计件单价太低，老工人因年老体衰，基本工资较高，很难拿到基本工资。现行劳保制度规定，8 年以上工龄的职工，病假期间工资照发。这就会出现干与不干的一个样，甚至干的还不如不干的。如果单价太高，青年工人因体力较好，得到的超额工资又太多。对这个问题，有些企业是通过下述办法解决的：一是实行超额计件，这一点前面已经做了说明。二是实行浮动工资，浮动部分不是拿出一个百分数，而是取一个绝对数，其余部分保留新老工人差别，浮动部分同等对待。三是对老工人实行一定照顾。采取这种办法的主要是实行全额计件的企业。例如济南第三棉纺厂确定了一个新老工人系数，对进厂半年至一年半的青年工人，确定他们的计件系数为 0.65，一年半至二年半的为 0.75，二年半至三年半的为 0.85，三年半至四年半的为 0.95，满四年半的为 1。对已经达到岗位工资水平以上占实行计件工资人数 10%左右的老工人确定他们的计件系数为 1.1。每个工人得到的计件工资通过下列公式计算：

工资额＝单价×产量×质量得分×新老工人系数

至于那些劳动定额、质量指标、经济效果不能单独考核，但与所配合工种有直接联系的辅助工种，一般实行间接计件的办法，他们的工资按其所配合的直接生产工人的平均收入计算。

现在存在问题较多的是那些连间接计件也无法采取的辅助工人和管理人员，对这部分人主要采取百分计奖的办法，考核也比较粗糙，平均主义基本没有得到解决。而且他们的收入大部分与计件工人的收入相联系，给管理工作，如定额的制订、质量的检查带来了困难。今后应该在加强对这部分人员考核的同时，规定管理人员的奖金不得与计件工人的超额工资挂钩，而应按有关奖励办法执行，但是企业之间要有所区别。

（五）要加强思想政治工作

现在，不论是综合部门的同志，还是企业的领导干部都已经深刻认识到，实行经济责任制，特别是计件工资，企业的思想政治工作必须加强。当前，许多企业的思想政治工作比较薄弱，特别是一些领导干部不能站在党和国家政策的立场上，甚至与工人一起千方百计地对付国家。他们在与有关方面签订利润包干合同时，只讲困难的一面，不讲有利的一面，只提减利因素，不提增利因素，想方设法压低包干基数，提高分成比例，企图以牺牲国家和长远利益，保护企业和眼前利益。有的同志甚至讲："工作当中满头汗，不如谈判桌上算一算。"在企业内部也出现了故意压低劳动定额，提高计件单价，工作中斤斤计较，接受任务挑肥拣瘦的现象。当然有些问题，例如协调企业之间的关系等，需要上级机关通过制订合理的政策来解决，但更多地还需要依靠思想政治工作来保证。我们是社会主义国家，职工是国家和企业的主人，如果没有国家和长远利益，就不可能有集体、个人和眼前的利益。我们要讲按劳分配，也要提倡争挑重担的共产主义风格，提倡党员团员的模范带头作用，发扬党的吃苦在前、享受在后的优良传统。古人尚有"先天下之忧而忧，后天下之乐而乐"的精神，我们共产党人更应该如此。经济活动中的问题如此复杂，要做到完全的公平合理是不可能的。实践证明，只讲按劳分配，不讲思想政治工作不行。现在的关键是要解决企业领导干部的思想问题，如果我们的领导干部在那里同国家斤斤计较，那么企业内部的问题，职工中的问题就更没有办法解决了。

（原载于《工业经济管理丛刊》1992年第4期，署名龙豫）

关于增强企业自我积累能力问题

增强企业自我积累能力，特别是增强国有大中型企业的自我积累能力，是推进经济体制改革深入发展，实现企业经营机制转变的根本性问题，同时也是搞活企业的重要措施。本文试就这个问题谈些意见。

一、增强企业自我积累能力的意义

企业的自我积累能力，就是企业用自我积累资金进行扩大再生产的能力。具体地讲，它包括两方面的内容：一是企业要有一定的自我积累资金；二是企业要有运用自我积累资金进行扩大再生产的权力和条件。这两个方面是相辅相成、互为一体的。如果企业没有一定的自我积累资金，也就谈不上用自我积累资金进行扩大再生产；但如果企业有了一定的自我积累资金，而没有运用这些资金进行扩大再生产的权力和条件，这些资金就不能算作真正意义上的积累资金，企业也就不能被认为有了自我积累的能力。

经济体制改革以来，绝大多数企业都运用留利资金建立了生产发展基金，特别是有少数大中型企业，能够用于扩大再生产的这部分资金的数量已相当可观。但是，由于没有投资权或投资权很小，而大大影响了企业的自我改造和自我发展，影响了企业扩大再生产的顺利进行。经济建设要走以内涵为主的扩大再生产的道路，把对现有企业的技术改造摆在重要位置上，这是党和国家已经确定的政策。但在如何进行现有企业的技术改造上，同样存在着一个走什么道路的问题。是走国家把企业创造的纯收入全部收上去，企业技术改造需要的资金再由国家审批和拨款的道路；还是走给企业一定的财权，由企业依靠自己的积累，自主地进行技术改造的道路呢？实践证明，后一条道路是一条周期短、见效快，投资少、效益高的有效途径。

增强企业的自我积累能力，由企业依靠自己的积累进行以内涵为主的扩大再生产，不仅能够提高企业投资的经济效益，而且有利于促进企业经营机制向有计划商品经济的轨道转变，增强企业活力。

首先，它能够增强企业的负亏能力，促进企业的自主经营、自负盈亏。企业改革的最终目标，是实现企业的自主经营、自负盈亏。然而，要实现企业的自主经营、自负盈亏，除了要建立健全间接的宏观调控体系，进一步扩大和落实企业的经营自主权外，关键是要大大增强企业的负亏能力。经济体制改革以来，在处理国家与企业的分配关系问题上，虽然曾采取了利润留成、利润包干、利改税和承包经营等一系列办法，但企业只能负盈而不能负亏的问题一直未能得到解决。这也是改革不能取得突破性进展的关键所在。而只有当企业有了较强的自我积累能力时，它才有可能经受和战胜各种风险，从而不仅具有较强的盈利能力，而且即使一时经营失误，出现了较大的亏损，也有可能依靠自己的力量加以弥补，而不至于躺在国家身上，由国家包下来。

其次，它有利于克服企业之间的平均主义，充分发挥企业和职工的积极性。当企业有了较强的自我积累和自负盈亏能力之后，在处理国家与企业之间的分配关系问题上，就可以采取同类企业同税种、同税率的办法。这样就可以从根本上消除企业之间的平均主义，充分发挥企业和职工的积极性。

最后，它能够提高企业的应变能力和竞争能力，增强企业后劲。在有计划的商品经济条件下，企业必须适应市场的发展变化，才能求得生存和发展。为了不断地满足市场要求，企业就必须大力发展新产品，加快产品结构的调整。这就涉及企业生产条件的改造问题。而只有增强了企业的自我积累能力，企业生产条件的改造才能得以及时、迅速地进行，企业才能不断提高自己的应变能力和竞争能力，增强经济发展的后劲。

二、企业自我积累方面存在的问题

改革以来，围绕着如何搞活企业的问题，国家采取了一系列政策措施，从而初步形成了企业自我积累机制，企业在自我积累方面也取得了毋庸置疑的成绩，但其进展并不是一帆风顺的，也还存在着许多有待于进一步解决的问题。

（1）企业缺乏投资自主权，难以十分有效地进行自我积累。以首都钢铁公司为例，它每年的投资能力已有 10 亿元，而投资权却很小。在这种情况下，企业很难自负盈亏、自我发展。由于企业的自我积累行为仍受到不必要的限制和束缚，其进行自我积累的活动空间是很窄小的。可以说，企业还缺乏进行自我积累的良好外部条件。

（2）企业留利水平低，自我积累能力不足。据统计，1989 年全国独立核算工业企业的留利平均只占利税总额的 17.84%，其中，全民所有制独立核算工业企业只占 17.42%。扣除集体福利基金、职工奖励基金及各种摊派之后，能够用于生产发展的很少。特别是大中型企业的负担很重，绝大多数企业的纯收入在缴纳各种税、费、利息和各种摊派等之后所剩无几，根本谈不上自我积累、自我发展。

（3）企业留利的分配与使用不合理。改革以来，企业直接参与利润分配，在完成上缴利税任务后，其留利一般按生产发展基金、职工福利基金和职工奖励基金进行分配和使用。三种基金一般按 6：2：2 的比例进行分配，也有按 5：3：2 的比例分配使用的。这种比例关系的确定，缺乏科学依据。

三、增强企业自我积累能力的对策

综上所述，不难发现，在如何完善企业自我积累机制方面，还存在许多问题。正确地处理和解决这些问题，不仅是进一步搞好企业自我积累的需要，也是为进一步增强企业活力打下良好的物质基础的需要。

（1）对企业自我积累问题，要有一个正确的认识。企业自我积累是增强企业活力的一个重要因素，是搞活企业的物质基础。但是，在如何搞活企业问题上，人们往往比较重视企业自主经营、市场调节、宏观政策以及企业管理等问题，而对企业自我积累的重要性则认识不足。有的甚至认为，企业不应具有扩大再生产的权利。就企业来说，由于一些企业在传统体制下已经习惯了一切由国家统包的做法，改革后一旦直接面对市场，也往往只注重向国家要政策，而不注意通过自我积累来增强实力，积极地参与到市场竞争中去。

（2）推进改革，扩大企业自主权，完善企业自我积累机制，使企业真正成为扩大再生产的投资主体。为了强化企业自我积累机制，在逐步提高企业留利水平的同时，应着重扩大企业在以下几个方面的自主权：

第一，扩大企业生产经营计划权，使企业能够有效地实行多元化经营，增加企业自有资金使用的灵活性，为企业的自我积累开辟广阔的道路。

第二，相对地扩大企业产品的自销权，通过提高企业产品的自销比例，增加企业收入，为企业自我积累创造物质条件。

第三，扩大企业的产品定价权，促进产销直接见面，减少产品流通的中间环节，把中间环节的层层费用直接打入产品销售价格之中，以提高生产企业的收入，增加企业自有资金。

第四，扩大和落实企业对自有资金的使用、调度和处置权，以便使各类资本有机构成水平不同的企业，能够合理地调度、安排使用资金，给企业的自我积累以更大的灵活性。

（3）完善市场体系，增强市场机制的调节作用，为企业的自我积累创造良好的外部环境。在商品经济条件下，企业是在风险中诞生、生存和发展的，市场机制具有优胜劣汰的功能，它使商品生产者"不承认任何别的权威，只承认竞争的权威，只承认他们互相利益的压力加在他们身上的强制"。

（4）企业自我积累的成果要与企业和职工的利益挂钩。实现这种挂钩，涉及到很多复杂问题，这里只初步地谈几点设想：企业自我积累的成果，一般表现为企业资本（或资产）的增加，这部分增加的资本（或资产）应与国家的投资有所区别。在实行资金有偿占用时，它们应不缴纳占用费。企业通过自我积累而增加的资产，可以作为企业股份，以入股的形式参加利润分配，用以扩大企业自有资金的来源。在企业利益得到扩大的同时，相应地、有步骤地增加职工福利或个人收入。只有做到了以上几点，才能使企业具有自我积累的动力。

（5）提高固定资产折旧率，解决企业维持资金不足的问题，为企业自我积累打下良好的物质基拙。固定资产折旧基金属于补偿基金，是进行简单再生产的资金来源。但是，在运用时也会使企业的实际生产规模扩大。经济体制改革以来，企业的折旧基金又被允许与生产发展基金捆起来使用。因此，固定资产折旧问题，也影响到企业的自我积累能力和竞争能力，是关系企业发展后劲的重要问题。我国工业企业固定资产折旧率低，折旧方法不合理的问题早就被提出来了，并且采取了一些改进措施，但由于受到国家财力和企业承受力等方面的限制，问题始终没有得到根本解决，这是造成一些企业设备陈旧，积累能力不足的重要原因。

为了鼓励支持乡镇企业的发展，作为县一级地方政府，应当根据上级有关规定，结合本地实际情况，制定出相应的政策措施，以利于乡镇企业放宽搞活。这些相关政策应包括以下几个方面：

第一，保护乡、村集体企业的合法权益。在国家政策允许的范围内，企业在劳力、财务、物资、生产、经营、购销、分配等方面应拥有充分的自主权。任何部门或个人不得干涉企业的正常业务活动，不准平调企业的劳力、资金和设备，不准向企业乱安排人员，不得以任何借口向企业乱收费、乱摊派、乱罚款。除国家法律、法规和国务院有关规定外，任何单位不得向企业集资募捐，不得改变企业的性质和隶属关系。以上种种没有县企业领导小组准可，企业可以有权抵制。

第二，用足用活农村信贷和免税政策，增加对乡、村集体企业的投入。为解决乡镇集体企业发展中资金严重不足问题，金融部门应简化贷款手续，降低贷款所要求的自有资金比例标准，逐年增加贷款规模；对规模较大、信誉较高的企业，要择优扶持。县税务部门要充分利用上级有关免税权力和政策，对免税企业和免税产品要免足免够，并积极传达信息，协助上报。

第三，简化审批程序。新开办企业应由乡镇政府审核，报县乡镇企业委和有关部门批准，办理登记手续。如没有政府和乡镇企业委把关审批，企业一律不得办理登记和营业执照。

第四，积极鼓励试办工业小区和行业集团公司。凡工业基础较好的乡镇，根据当地的工业发展实际，在合理规划、科学论证的基础上，报县政府批准，可办工业小区；联系紧密，可形成整套系列加工、销售的行业可试办集团公司，各有关部门都应给予积极支持。

第五，合理分配利润。企业的利润分成比例要用法律的形式加以固定，各乡镇严格执行，以防止向企业乱要钱，保证企业的技术改造和扩大再生产；上缴乡、村政府的利润，要严格审计，如发现有贪污中饱等现象，要按法纪处理。

第六，对企业业务活动费的使用可放宽尺度，凡确属必要的，应允许在企业成本中列支。

第七，参考国营企业的劳保和离退休制度，制定一套完整的乡镇企业干部职工的劳保和离退休制度，以解后顾之忧，调动干部职工的积极性。

第八，提高乡镇企业干部的待遇和社会地位。对有贡献的干部，县里每年要拿出相当的农转非名额，解决他们的户口与粮食关系；对有能力的干部在乡镇企业系统内可聘干、提拔、重用。

第九，积极引进和培养各类人才。要制定优惠待遇政策，吸引国营企业、大专院校和科研单位科技人才和管理人才到乡镇企业工作。要建立乡镇企业职工的培训基地，各部门对基地建设提供优惠政策。

第十，各乡镇政府和县有关部门要制定出各自支持乡镇企业发展的目标责任制，与县政府签订目标责任书，县政府要据此定期进行考核，并予奖罚。一是国家按行业或固定资产类别规定出折旧的判定和最高界限，企业可以根据自己的承受他力，在保证上缴利税不减少的情况下，选择适当的折旧率。二是对通货膨胀的影响采取一定的补救措施，具体做法是，在按平均年限法提取折旧的基础上，再按物价指数的变化，追加提取一定的折旧基金，并进入产品成本，形成企业专用基金——更新改造基金，用于企业的设备更新和技术改造，促进企业有效地进行自我积累。

（原载于《企业活力》1992 年第 8 期，与邢国均合作）

蒋一苇的职工主体论和企业民主管理思想

正确处理国家与企业的关系和企业与职工的关系，是我国经济体制改革的基本问题，在国家与企业的关系上，蒋一苇主张企业本位论；在企业与职工的关系上，他主张职工主体论。可以说，这两论是他整个学术思想和理论体系的基石。本文试图从蒋一苇的职工主体论来探讨一下他的企业民主管理思想。

一、生产资料公有制决定了职工在企业中的主体地位

正确认识社会主义企业的基本特征，是深化经济体制改革和强化企业管理的一个根本性的问题。蒋一苇有关社会主义经济体制改革和企业管理的许多理论和观点，都是从分析社会主义企业的基本特征入手和逐步展开的。由于他抓到了问题的本质，并且运用了正确的分析方法，因而使得他的理论颇具特色，自成体系。他认为，社会主义企业的基本特征是和资本主义企业相对而言的。社会主义企业和资本主义企业之间，既有共性又有个性。就共性而言，企业作为一个经济实体，都是社会生产的基本单位和社会经济的细胞体；企业都是生产力的所在地和发生地，在生产力的组织，包括生产的社会化和生产技术的现代化等方面，都有着共同的发展规律；社会主义和资本主义都实行商品经济，因而企业都是商品生产者和经营者，都要按照商品经济的运行机制和价值规律进行商品的生产与交换；等等。就个性，即社会主义企业与资本主义企业的区别而言，它不在于生产力的组织与发展，也不在于按照商品经济的运行机制进行运作，而在于它内部的生产关系。最根本的区别就是由生产资料所有制不同决定的包括脑力劳动者与体力劳动者在内的全

体职工在企业中的地位与作用不同。简单地说，就是企业的主体不同。他运用马克思主义的基本理论分析道：在资本主义企业中，由于实行生产资料私有制，人格化的资本是企业的主体，职工作为被资本所雇用的雇员和雇工，是企业的客体。这就形成了物化劳动（死劳动）统治活劳动，或者说"物"统治"人"的反常状况。人是生产力中最活跃的要素，人处于受统治的被动地位，必然会阻碍生产力的高度发展。社会主义用生产资料公有制代替生产资料私有制，就是要剥夺剥夺者，使劳动者占有生产资料，把物统治人的关系颠倒过来，变成人统治物，使职工成为企业的主体，成为生产的主导，从而使生产力中最活跃的要素——人，能够充分发挥积极性、主动性和创造性。这就是蒋一苇的职工主体论的基本思想。

蒋一苇认为，职工在企业中是处于主体地位还是客体地位，这是社会主义企业和资本主义企业的分界线。尽管现代资本主义企业也认识到活劳动——人在生产中的决定性作用，提出了"人本主义"的管理思想，采取了许多改良措施，也取得了调动职工积极性的一定成效，但它绝不可能跨越这一界限，使职工成为企业的主体。从这一点上讲，只有社会主义的企业管理才能与现代化企业管理的行为科学原理相一致。可以说，蒋一苇的职工主体论使他的整个理论同形形色色的"左"的和右的错误倾向划清了界限。

二、职工在企业中的主体地位决定了企业必须实行民主管理

在社会主义企业中，既然全体职工处于主体地位，那么，对社会主义企业就必须实行民主管理。在论述社会主义企业管理的基本特征时，蒋一苇把民主性作为社会主义企业管理的最重要的特征之一。他认为，企业管理的职能可以概括为组织，社会主义企业实行民主管理，就是要在执行企业管理的组织职能中贯彻民主集中制的原则。要按照企业生产经营活动的需要，通过组织，把每一个职工都安排在一个明确的"管理点"上。同时，通过贯彻民主集中制的原则，使每个职工既是管理者，又是被管理者，既要参与决策，又要执行决策。在进行决策时，要充分发挥民主；在执行决策时，要保持高度集中。就民主而言，全体劳动者都处于管理者的主人翁地位；就集中而言，全体劳动者又都要服从一个统一的意志，他们又是遵守纪律、服从指挥的被管理者。这就抓住了社会主义企业实行民主管理的本质所在，它既不同于不要民主管理的长官意志，又不同于不要统一指挥的无政府主义。

社会主义企业实行民主管理，从狭义上讲，就是对企业的生产经营活动进行民主管理，而这种民主管理，又主要表现在对企业重大生产经营问题的民主决策上。然而，有些同志认为，对企业的重大生产经营问题，是无法实现职工民主决策的，其理由主要有三种：一曰"无能论"，二曰"无趣论"，三曰"干预论"。对此，蒋一苇提出了截然不同的意见。

所谓"无能论"，即认为职工群众分处在各个具体的生产、工作岗位上，缺乏对全厂重大问题决策的知识与能力。蒋一苇认为，这个理由显然是不能成立的，如果能成立，分处于各个阶层、各种职业的全国人民代表就更无能力对国家大事作出决策。

所谓"无趣论"，即认为职工群众只关心工资、福利等切身利益，对全厂的生产经营问题不感兴趣。蒋一苇认为，这种现象确实是存在的，但那是旧体制造成的。如果职工个人利益和企业的兴衰存亡联结在一起，形成命运共同体，他们就不可能对全厂的生产经营问题漠不关心。

所谓"干预论"，即认为让职工对企业的重大问题行使决策权，势必干预厂长（经理）的经营决策，影响厂长负责制的执行。蒋一苇认为，这种疑惑是完全没必要的。他指出，马克思主义从来都认为，在一个高度社会化的现代企业里，必须有高度集中、统一指挥的权威，实行厂长负责制是完全必要的，但这并不排除对一些重大的生产经营问题进行民主决策。决策的科学化和民主化是分不开的。一些重大问题由厂长（经理）提出方案，经过集思广益的民主讨论只会更稳妥、更正确。经过职工群众通过和决策事项，就会把厂长（经理）的正确倡议转化为全体职工的共同意志；全体职工自己作出的决策，也就有责任坚决贯彻执行。先有"群策"，然后就会有"群力"，就会使全体职工成为厂长（经理）实施正确决策的强大后盾。因此，决策民主化不但不会干预厂长负责制的实行，恰恰是为厂长负责制的有效实行提供了最佳条件。

从以上可以看出，蒋一苇的企业民主管理思想是立足于对广大职工群众的信任之上的，这与党的全心全意依靠工人阶级办企业的方针是完全一致的。

三、社会主义企业必须实行广义的民主管理

蒋一苇的企业民主管理思想是全面的、系统的。他认为，社会主义企业不仅要在企业的生产经营活动方面实行民主管理，即实行狭义民主管理，而且还必须在企业的一些基本制度上实现民主化，即实现广义的民主管理。这

种广义的民主管理主要包括企业五项制度的民主化：

（一）劳动制度民主化

蒋一苇认为，社会主义企业以职工为主体，职工不再是雇佣，而是主人，因此必须实现劳动制度的民主化。他主张社会主义企业应当像马克思所说的，是"自由平等的生产者联合体"，即个别劳动者是"自由"选择而加入某个企业的劳动集体。当然，选择应当是双向的，既包含个别劳动者对劳动集体的选择，也包含劳动集体对个别劳动者的选择。经过双方选择并相互认可后，个别劳动者就成为某一劳动集体的"平等"成员之一，这个劳动集体就是这些平等成员的一种联合体，整个社会则是众多联合体的大联盟。

根据上述思想，蒋一苇反对普遍实行劳动合同制，主张用"职工公约"代替劳动合同；并实行正式工、合同工和临时工并存的劳动制度。他认为，一个企业必须有一大批正式工作为企业的主体。正式工也是可以流动的，因此不能称之为固定工。正式工也应当有契约，但不是向谁签订的用工合同，而是民主制定的"职工公约"。这种公约全体职工都必须遵守。正式工是企业责任制的主要承担者，他们行使民主管理企业的权利，同时承担企业生产经营好坏的责任。因此，正式工有权选举和被选举为职工代表大会的正式代表，参与企业的民主决策和民主管理。他们的个人利益除了和个人劳动贡献相联系外，还要和企业经营成果好坏挂钩。企业除拥有一批正式工外，还可以吸收一些合同工，作为正式工的后备力量。新招收的职工，都应首先成为合同工。合同工除了必须承认"职工公约"外，还应实行合同制，但这种合同是职工个人与过去集体之间的合同，而不是职工与厂长（经理）之间的合同。相反，厂长（经理）也是职工的一员，只是他必须是一名正式工，他也要遵守"职工公约"，并在公约上签字。合同工有一定的合同期，合同期间的职工是一种"预备工"的性质，就像党员刚入党时要经过一段预备党员的阶段一样。合同期满，经过劳动集体与职工个人双方的同意，应当转为正式工，成为劳动集体的正式成员。合同工是企业责任制的部分承担者，他们也可以参加企业的民主管理，但只有发言权、建议权、批评权，而没有表决权、选举权和被选举权。与此相适应，他们对企业的经营好坏也只承担部分责任。除此之外，企业还可以根据需要收少量临时工。这些临时工既不是企业主体的正式成员，也不是企业主体的预备成员。他们对企业的责权利完全不承担责任，只是做一天工作取得一天的劳动报酬。但是，临时工中表现优秀的可以吸收为合同工，也可以从合同工进一步转为正式工。当然，正式工和合同工如果表现不好，一再违反"职工公约"或合同条款，经劳动委员会决定，也可以解除公约或合同关系而离开企业。如果本人同意，也可以分别转为合同工或临时工，作为一种照顾。

蒋一苇的上述设想，实际上是一种多层次的联合劳动，它既符合社会主义原则，也符合现代企业管理的行为科学原理。

(二) 产权制度民主化

蒋一苇认为，公有制是社会主义制度最本质的特征，坚持社会主义就必须坚持社会经济以公有制为基础。但是，为了充分发挥社会主义的优越性，对原有的社会主义公有制形式有必要进行改革，其关键是对全民所有制形式进行改造，改造的途径是在全民所有制企业中实行产权制度民主化。具体办法是把已经大量存在的集体所有制与合作所有制引进全民所有制企业，采取股份制的形式，实行全民、集体、合作三者混合的公有制。对关系国计民生的重要企业，可实行国家控股，例如国有股占60%以上，集体所有与合作所有占30%~40%。按照这种主张进行产权制度的改革，既能保证国有制仍占主导地位，又能使职工成为本企业资产的局部所有者，它必将大大促进职工对企业资产和企业积累的关心，从而有利于增强职工的阶级意识和主人翁责任感。

(三) 经营制度民主化

企业的民主管理要直接通过企业经营制度的民主化体现出来。为了实现企业经营制度的民主化，蒋一苇一贯主张要在多种经济成分共同发展的同时，实行灵活多样的企业经营方式。就国有企业来说，除少数部分特殊行业的企业，如军工企业、邮电企业等，继续实行国有国营外，其他企业，都应按照政企分开、所有权与经营权分离的原则，实行国家所有、集体经营或国家所有、个人经营。对实行国家所有、集体经营的企业，其经营权不应只交给少数企业领导人，而应交给企业的全体职工，由他们集体决策，同担风险，共负盈亏。当然，把企业的经营权交给全体职工，并不是人人说了算。按照蒋一苇的意见，就是企业重大问题由职工民主决策，在这个基础上建立高度集中的厂长（经理）负责制。只有这样，才能使社会主义的企业管理成为广大职工群众的"自主"管理，从而从根本上区别于早期资本主义企业的专制管理和现代资本主义企业的所谓吸收职工"参与"管理。

(四) 分配制度民主化

分配制度是由生产资料所有制决定的，同时又是生产资料所有制的实现。劳动制度、产权制度和经营制度的民主化，必然要求分配制度也实现民主化。实现分配制度民主化，实际上就是要使马克思提出的按劳分配原则在社会主义商品经济条件下得到贯彻实施。在这方面，蒋一苇主张实行"两级按劳分配"，即首先社会要按照企业集体所提供的有效的劳动成果，对企业进行按劳分配，这是一级按劳分配；然后企业集体将所获得的分配总额，再在企业内部按照职工个人的劳动贡献进行再分配，这是二级按劳分配。他认为，只有实行两级按劳分配，才能打破两个吃"大锅饭"的状况。按照两级按劳分配的原则，国家为了调控国民收入中消费与积累的比例，可以规定出各行各业的企业消费基金占总收入或纯收入的比例，作为一级按劳分配的标准，实行水涨船高，水落船低，上不封顶，下不保底，这样才能打破企业与企业之间吃"大锅饭"的现象。至于企业运用取得的消费基金总额，在企业内部以多大的比例用于集体消费，多大的比例用于个人消费，个人与个人之间如何进行按劳分配等，都应由企业劳动集体民主决定，而不应由国家一竿子插到底作统一的规定。这样才能打破职工与职工之间吃"大锅饭"的现象。这一设想的有效性，已经在实践中得到了验证。目前许多企业实行的"工效挂钩"的工资制度，实际上就是蒋一苇两级按劳分配思想的一种具体实施。

（五）领导制度民主化

蒋一苇认为，企业的领导制度从上下层次区分，有所有权组织和经营权组织两个层次；从领导机制来区分，则有民主管理和集中指挥两个体系。实现企业领导制度民主化，就应当对这四个方面作出合乎社会主义原则的规定。关于所有权组织，蒋一苇认为，它是企业的最高权力组织，不同的所有制形式则有不同的所有权组织形式。按照两权分离原则，所有权组织的职能主要是确立企业的经营目标和发展方向，确定企业的设立与终止、企业的联合与分立、资产的扩充与产权分配、生产经营主要负责人的任免等。国有企业如果实行职工持股，职工就应有自己的股东代表参与这些方面的决策；如果是集体所有制或合作所有制企业，职代会就可以作为所有权组织而直接行使这些方面的决策权。关于经营权组织，他认为，企业的经管权应当由经营者行使。经营负责人可以是"单数"（厂长或经理），也可以是"复数"（董事会或职代会）。而要实现经营制度民主化，就必须实行"复数"经营负责人制，并建立经营权组织，即经营权不是授予一个人，而是授予集体，由职工集体承担生产经营的权责。这个集体可以选举或聘任一位优秀的企业管理专家，作为领导人，在民主决策的基础上建立高度集中的厂长（经理）负责制。在经营权授予全体职工的情况下，可由职代会作为经营权组织，但它的职能只限于对企业的重大问题作出"战略"性的决策，日常的生产经营决策和实施中的统一指挥则由厂长（经理）全权负责。

关于民主管理体系，蒋一苇认为，首先必须明确企业既不是政权组织，也不是政治组织，而是经济组织。在这个组织内部必须实行民主集中制，按照民主管理体系和集中指挥两条线，分别处理各方面的关系。在民主管理的组织体系中应当把党、工、群这三方面的关系结合起来。具体办法是，经过职代会的民主选举，可以选举党委书记担任职代会主席，工会主席担任常务副主席。如果个别党委书记不受欢迎而落选，党内应当考虑他是否称职，并进行党委的改组。党委书记担任职代会主席，工会主席担任职代会的常务副主席，党组织就可以工会组织为助手，直接组织、教育和领导职工群众行使当家做主的权利与义务，并对企业中的重大问题做出决定。行政方面提出的正确措施，经职代会通过后，就有责任动员全体职工保证实施；对行政方面提出的不恰当或不完善的措施，职代会通过讨论、修改而发挥事前监督的作用；修改通过后，在实施过程中还可实行事后的检查、监督。职代会的上述作用是在党组织的领导下进行的，因此，它实际上是党通过职代会这一民主管理机构发挥了党对行政的保证、监督作用。关于集中指挥体系，他认为，企业应在民主管理的基础上，建立以厂长（经理）为首的高度集中的生产经营指挥系统。在企业的全部生产经营活动中，厂长（经理）应处于中心地位，这是社会化大生产的客观要求。为了保证厂长在企业中的中心地位，厂长（经理）同副厂长（副经理）以及厂级的各组织之间的关系必须是领导与被领导的关系，而不能认为是平级关系。从厂长（经理）到各职能处室和分厂、车间的负责人，一直到基层组织，也都是上下级关系。这样，全厂自上到下，直至每一个工作岗位和每一职工，就形成一个指挥系统。在这个系统内，必须执行下级服从上级、局部服从全局的组织纪律，以保证企业的经营决策和生产经营活动的顺利实施与进行。

蒋一苇的上述职工主体论和企业民主管理的思想，高度概括了社会主义企业和企业管理的本质特征，为深化企业改革与加强企业管理奠定了理论基础，提出了正确的思路，对于促进我国经济改革的深入发展和企业管理水平的提高，具有重要意义。

（原载于《改革》1993 年第 1 期）

必须实现企业管理形态的根本转变

从某种意义上讲，经济体制改革就是要从根本上改变企业管理形态和企业自身的管理形态。因此，建立和完善社会主义市场经济体制，除了要继续深入进行各种宏观经济管理体制的改革外，还必须按照社会主义市场经济的客观要求变革企业管理形态。具体地说，就是要实现企业管理的"自动化"、市场化、法制化和国际化。

所谓企业管理的"自动化"，并不是企业管理手段的自动化，而是企业管理要由被动形态变为主动形态。经济体制改革以前，企业的一切活动都要听命于国家，因而企业管理也是被动的。经济体制改革以来，由于指令性计划的不断减少和企业逐步有了一定独立的经济利益，企业管理的主动性大大提高。但总的看来，不仅企业管理还远远没有得到应有的重视，而且不少企业仍然处于等、靠、要的状态之中。这有企业方面的原因，但政府管理企业的方式没有发生根本转变则是最主要的原因。如一些部门和地区仍然在那里采用传统的做法，要企业做这个，做那个，并逐一进行检查、验收和开展各种评比等。按照市场经济的客观要求，企业的基本目标是提高经济效益，即创造更多的盈利，而要实现这一目标，就必须加强管理，不断提高管理水平。但这种为提高企业经济效益而进行的管理应当是主动的、扎扎实实的、不图形式的和灵活多样的。这是市场经济体制下企业管理的一个重要特征。

市场化就是企业管理要以市场为导向。企业的产品，只有满足市场需要，其价值才能实现，经济效益才有可能提高。然而，直到目前为止，有些企业仍然不顾市场需求，在那里盲目进行生产，以致造成了产品的大量积压，有些地区和部门也在那里为追求发展速度，而盲目要求企业提高产品产量，增加产值。这是违反市场经济的客观要求的，是一种愚蠢的做法。当前，在转换企业经营机制中，各级政府都应简政放权，迅速转变职能，使企业尽快走进市场；企业则要由面向政府转为面向市场，并在市场预测、经营决策、战略管理等方面做出积极努力。只有实现了企业管理的市场化，才能为市场经济体制的建立奠定微观基础。同时，也只有实现了企业管理的市场化，许多宏观经济管理问题才有可能得到解决。

　　法制化就是企业管理要遵守国家法令、法规，并按照企业内部的各项规章制度进行。要建立健全社会主义市场经济体制，一方面，国家对企业的管理，要由直接管理转为间接管理，由以行政手段为主转为以经济手段和法律手段为主，国家必须通过各种政策法规引导和监督企业的行为；另一方面，企业内部也要通过实行经济责任制和执行其他各项规章制度来实现责权利的层层结合，企业管理必须严格按照国家的法令法规和企业的规章制度办事。特别是随着市场经济的不断发展，企业同各方面的经济关系日趋复杂，各种经济纠纷案件也越来越多，只有实现了企业管理的法制化，才能保证企业生产经营活动的正常进行和市场经济体制的有效运转。

　　国际化就是我国的企业管理要同国际上的企业管理接轨，按照国际准则和国际惯例办事。市场经济是一种开放经济，不仅对内开放，而且对外也要开放。在市场经济条件下，企业要面对国内和国际两个市场，这就必须实现企业管理的国际化。1992 年 11 月 30 日，财政部已经发布了《企业财务通则》和《企业会计准则》，并将于 1993 年 7 月 1 日开始实行，这是促进我国企业管理与国际企业管理接轨，实现企业管理国际化的一个重要举措。但是，仅仅有这方面的措施还很不够，还必须在其他方面也采取相应措施，实现与国际企业管理的接轨，才能使社会主义市场经济体制尽快建立和完善起来。

　　　　　　　　　　　　　　　　（原载于《人民日报》1993 年 6 月 18 日）

企业规模经营论

我国经济发展中的一个突出问题是企业规模结构不合理，主要是大企业、特大型企业占企业总数的比重太小，这是造成我国很多企业技术水平低，经济效益差，市场竞争能力弱的一个重要原因。且不说与发达国家和地区相比，即使在发展中国家和地区中，我国的企业规模也普遍偏小。据最近日本经济新闻界对亚洲的中国、韩国、印度、东盟五国等8个国家和中国台湾、香港两个地区企业的调查，在列入营业额前100名的企业中，韩国占38家，中国占14家，中国香港占13家。我国的大庆石油管理局仅排在第20位。在前20名中，韩国占13名，印度占2名，中国香港占4名。这种状况与我国转变经济增长方式和扩大对外开放，参与国际竞争的要求很不相适应，必须采取切实措施，尽快扩大企业规模，实现企业规模经营。

一、市场经济要求企业实现规模经营

在市场经济条件下，市场在资源配置中发挥基础性作用。所谓市场对资源配置的基础性作用，实际上就是价值规律对社会劳动和自然资源在部门之间以及部门内部分配的调节作用。这种调节作用是由人们总是希望把自己的劳动分配到那些能够取得超额利润的部门和产品上去所决定的。因此，市场经济必然是一种竞争的经济、开放的经济和以经济效益为中心的经济，这些都要求作为市场主体，实行自主经营、自负盈亏的企业实现规模经营。

市场经济作为发达的商品经济，竞争是非常激烈的。在竞争中，由于优胜劣汰机制的作用，一些企业不断发展壮大起来，另一些企业则倒闭破产或被兼并。同时，众多的小企业，为了在竞争中免遭失败，就必然走联合之路，以壮大自己的经济实力。这些都作为一种内在的力量，推动着企业经营规模的不断扩大。要发挥市场在资源配置中的基础性作用，实现企业之间的充分竞争，就必须反对封闭，实行开放。既要对国外开放，更要对国内开放。只有实行开放，才能形成统一的市场；而只有建立健全了统一的市场体系，充分的竞争才有可能。这样，企业就必然突破行业和区域界限，从而实现跨行业、跨地区、跨国界的大规模经营。

不论是竞争还是开放，都是要实现资源的最佳配置，取得经济效益的不断提高。而要实现以经济效益为中心，除了要合理配置资源外，还必须不断降低产品的生产费用，这也从客观上要求企业实现规模经营。总之，企业经营规模的不断扩大是市场经济发展的必然结果，也是当今世界经济发展中的一大趋势。

二、企业规模经营的优越性

（1）有利于促进企业的技术进步。企业经营规模大，一般资金都比较雄厚，技术力量也比较强，这样，就有条件成立专门的科研机构和技术开发中心，不断地研制出具有先进技术水平的新产品。而且有能力直接从国外引进先进技术，缩小自己的产品与国际先进水平的差距。再者，大规模经营企业对引进的先进技术，可以很好地进行消化、吸收，并在此基础上进行创新，使自己的技术水平逐步达到和超过世界先进水平。

（2）有利于提高企业产品的质量。大规模经营的企业一般设备精良，专业化水平高，工人技术娴熟，操作能力强，产品控测手段齐全先进，能够保证和不断提高产品质量。

（3）有利于降低企业的产品成本。在一定的条件下，企业生产经营规模越大，产品成本越低。这是因为大规模经营能够使单位产品成本承担较少的固定费用。

（4）有利于提高企业的知名度。企业生产经营规模越大，其产品的市场占有率就越高，这有利于扩大企业的影响，提高企业的知名度。

（5）有利于企业实行多元化经营。实行多元化经营，是市场经济条件下企业的一种重要经营策略，它可以分散企业的经营风险，使企业在市场环境突变的情况下，最大限度地减少损失。然而，只有当企业生产经营规模较大的时候，多元化经营才有可能实现。这是因为，所谓多元化经营，意味着企业要从产品和市场两个方面都进入新的领域。在策略的选择上，一般存在着下述顺序：市场渗透—市场开拓—新产品开发—经营多元化。很明显，只有大型、特大型企业，才有可能实现这一过程。

（6）有利于增强企业的竞争力。由于实行大规模经营具有上述优越性，这就决定了大型企业、特大型企业一般都具有较强的竞争能力，从而在与其他企业的竞争中处于有利的地位。

三、实现企业规模经营的措施与途径

实现企业规模经营，实际上就是实现资源优化配置，提高企业经济效益，这对于实现经济增长方式由粗放型向集约型转变具有十分重要的意义。因此，要通过多种途径积极而有效地实现企业规模经营。

（1）打破条块分割，实现企业跨行业、跨地区经营。随着社会主义市场经济体制的逐步建立，我国经济管理上的条块分割现象虽有所改变，但并没有根本解决。它直接影响着一些技术水平较高，产品质量较好，经济实力比较雄厚的企业实现跨行业、跨地区经营，这是我国企业经营规模不能尽快扩大的一个重要原因。在一些政府部门和地方政府的保护下，某些高消耗、低效益的企业，特别是那些技术水平很落后的小企业仍在那里维持生产，而那些技术和管理先进、产品质量高、经济效益好的企业却因原料短缺而不能开足马力生产。企业之间的联合与兼并，也因条块分割而不能实现。这种现象在经济欠发达地区尤为突出。必须通过深化宏观经济管理体制改革，特别是深化政府机构改革，实现政企分开和政府职能转变，切实解决这一问题，否则，企业规模经营和经济增长方式转变就是一句空话。

（2）通过企业改革、改组和改造，建立一批大型、特大型企业和企业集团。实现企业规模经营，必须对资本存量进行调整，即要按照市场经济的客观要求，通过对现有企业的改革、改组和改造，建立起一批大型、特大型企业和企业集团。

首先是深化企业改革。对于国有大中型企业来说，主要是按照《公司法》的要求，建立和完善现代企业制度。现代企业制度的基本特征是产权清晰、权责明确、政企分开、管理科学。在这四个方面中，产权清晰是个核心，因为没有产权清晰，就不可能有政企分开；而没有政企分开，就不可能做到权责明确；权责不明确，就谈不上管理科学。因此，建立现代企业制度，必须加大企业产权制度改革的力度。通过企业产权制度改革，建立起科学的国有资产管理、监督和运营体系。有了这种体系，就能建立起出资者所有权与企业法人财产权相分离的符合现代企业制度基本特征的国有独资公司、有限责任公司和股份有限公司，从而为实现政企分开，建立跨行业、跨地区的大型企业集团创造条件。

其次是加快企业改组。加快企业改组的步伐，是对资本存量进行优化组合，实现企业规模经营的一条有效途径。一提起企业改组，人们很自然地会想起运用行政手段对企业进行大规模的关停并转，因为这是长期以来比较习惯采用的办法。但实践证明，这样做的效果并不好。

企业改组，特别是组建企业集团，必须运用经济手段和法律手段，贯彻平等互利原则，保证所有者的权力和利益不受侵犯。即使是国有企业之间的改组，也需要在理顺产权关系、加强国有资产管理的基础上，以产权为纽带，以产品为龙头来进行。

企业改组，可以采用多种形式。除以产权为纽带建立企业集团外，还有企业合并、兼并等。企业合并，一般需要在同一个所有者内部进行。对于国有企业来说，按照现行的国有资产管理体制，在一个地区或一个系统内部比较容易进行。当然，在不同地区和系统之间，经过必要的手续和协商，也可以进行。一些地区取消企业主管部门后，建立起来的某些具有法人地位的企业集团，实际上就是一种企业合并。

这种企业合并，虽然在形式上与以往的企业关、停、并、转中的企业合并有些相似，但与其在本质上是不一样的。它不仅强调了效率、效益原则，而且是在清产核资、明晰产权、加强国有资产管理的基础上，按照现代企业制度的要求进行的。实践证明，只要按照经济规律办事，这种企业合并，对优化企业的资本结构和人才结构，提高企业的规模效益才是非常有效的。

企业兼并与企业合并有很大的不同。企业兼并不像企业合并那样，不是企业在地位上是平等的，而是一个企业对另外一个企业或另外几个企业的吞并。它可以在同一个所有制内部进行，也可以在不同所有制之间进行。不管是在同一个所有制内部，还是在不同所有制之间，一般都应该或必须采取有偿的办法，即兼并者要对被兼并者的净资产（所有者权益）进行付费。企业兼并是在市场经济条件下，运用经济手段，突出经济效益原则，对现有企业进行改组的一种必然而有效的形式。与企业合并和兼并相比，建立企业集团，是进行企业改组的一种更加灵活的形式。它既不受所有制的限制，一般也不需要变更现有企业法人，只要通过企业之间相互投资的办法，把生产技术上有比较紧密联系的企业用产权关系联结起来，就可以成为企业集团了。企业之间的相互投资，可以是控股，也可以是参股；可以大企业对小企业投资，也可以小企业对大企业投资；可以纵向投资，也可以横向投资。总之，以产权为纽带把众多企业联系起来，是组建大型企业集团，实现企业规模经营的最现实最有效的途径。

最后是加强企业改造。加强企业改造，也是扩大企业规模、实现企业规模经营的一条重要途径。特别是在企业改组的同时进行企业改造，会收到事半功倍的效果。

企业的改造同企业技术进步是紧密联系在一起的。通过企业技术改造实现企业技术进步，提高企业生产效率，可以在提高技术水平的同时扩大企业经营规模。随着市场经济体制的建立和逐步完善，市场对企业生产经营活动的约束越来越强。当前，一些企业处于停产半停产状态，不是企业生产能力不足，而是产品档次低，效益差，没有市场。对这些企业，通过改组、改造实现规模经营，提高产品档次势在必行。同时，即使对那些市场和效益较好的大企业，也有一个不断地进行技术改造、进一步扩大经营规模和提高产品档次的问题。广大企业应当抓住深化改革、实现改组的有利时机，加强企业的技术改造。

（3）根据国家的产业政策，按照国民经济发展的整体规划，有计划有重点地建立一批大型企业、特大型企业。

需要指出的是，新建大型企业、特大型企业，必须按照现代企业制度的要求进行。除一些特殊行业的企业可依法建成国有独资公司外，绝大多数都应建成有限责任公司或股份有限公司。同时，要严格实行业主制和资本金制度，防止过去国有大中型企业产权不明晰、资产负债率太高等问题的发生。

实现企业规模经营，并不是不要小企业，小企业也有自己的优势。为了实现企业规模经营，一方面，可以把众多的小企业纳入为大企业服务和与大企业联合经营的轨道；另一方面，一些小企业也可以某些产品为龙头进行联合，实现规模经营。

（原载于《企业活力》1996 年第 12 期）

论加强企业管理

加强企业管理是经济管理中一个重要的课题。然而在实现两个转变过程中，这个永恒的课题却充满着独特的内容。

一、两个转变对企业管理提出了新的要求

不同的经济体制和经济增长方式，对企业管理的要求也不同，实现经济体制和经济增长方式的转变，要求企业管理也要发生相应的转变。在市场经济体制和集约型经济增长方式下，企业管理必须做到以下几点：

（1）以经济效益为中心。市场经济的本质是市场在资源配置中发挥基础性作用。所谓市场在资源配置中发挥基础性作用，就是要通过市场的力量实现资源的优化配置，从而提高经济活动的效率和效益。而集约型经济增长则是要使经济增长具有高质量和高效益。从这个意义上讲，两个转变实质上是一个转变。即由资源配置不合理、经济效益低下转向资源优化配置、经济效益提高。实现这种转变，企业处于主体地位，它要求企业的生产经营活动和经营管理都必须以提高经济效益为中心。

（2）以市场为导向。在计划经济体制下，企业的生产活动和经营管理都是以政府为导向的。企业生产什么，生产多少，都严格按照政府的指令进行。完成生产计划是企业追求的第一目标，而经济效益的高低则往往不被重视。这种情况，也是造成经济增长方式粗放的一个重要原因。在市场经济体制下，由于市场要在资源配置中发挥基础性作用，企业的生产经营活动和经营管理就必须以市场为导向。企业生产什么，生产多少，那要以市场供求状况和经济效益高低为依据。经济体制转轨，从企业生产经营的角度讲，实际上就是要自以政府为导向转为以市场为导向。然而，就目前而言，这种转变还远远没有完成。有些企业仍然在政府的干预下生产一些没有市场或效益低下的产

品，以致形成了经济运行中的高速度、高积压、高亏损并存的不正常情况。这显然不符合市场经济的客观规律。

（3）实行以价值形式为主的管理。在计划经济体制下，企业是以完成和超额完成国家下达的生产任务为目标的，这一方面决定了企业的经济增长必然是追求产品产量的粗放型增长，另一方面也决定了企业的经营管理必然是以实物形式为主的。政府对企业的管理表现为以实物形式为主的直接指挥，企业内部的管理则表现为以实物指标为主的层层下达落实。同时，由于各种产品、劳务的价格都是由国家统一制定的，实物指标一经确定，价值指标也就相应被确定了。至于企业的经济效益，计算下来是多少就是多少，企业没有任何主动性。在市场经济条件下，企业的生产经营活动要以经济效益为中心，而企业的经济效益高低又取决于企业各方面工作的好坏，这就决定了企业必须实行和注重以价值形式为主的综合性管理。所以企业管理的核心是财务管理，财务管理的核心是资金管理。全国企业管理的先进典型邯郸钢铁公司实行的模拟市场核算，成本一票否决的做法，实际上就是强调了以价值形式，即成本为主的综合性管理。

（4）实行自主型管理。在市场经济体制下，国家主要采用经济手段和法律手段对国民经济进行宏观调控，对企业实行间接管理，企业则在国家法律和有关政策规定的范围内，实行自主经营、自负盈亏。这就决定了企业的管理必然是自主型管理。企业生产什么，如何经营，采用什么管理方法，都应由企业自主决定。企业管理的加强和管理水平的不断提高，都要依靠企业自身的努力，而不是听命于政府的指挥和安排。也就是说，要由过去的被动型管理变为主动型管理。

（5）实行开放式管理。市场经济体制下的企业管理要以经济效益为中心，以市场为导向，就必须实行开放式管理。这种开放式管理是指企业要掌握市场状况，进行市场调查和预测，开展对外投资和经济合作，实现技术改造和新产品开发，加强同各方面的联系，进行生产要素的筹集、购买和为用户服务等。

二、对我国企业管理现状的认识

为了进一步加强企业管理，必须对我国的企业管理现状有一个正确的认识。在这个问题上，大家的看法不尽一致。一种意见认为，随着改革开放的不断深入和社会主义市场经济体制的逐步建立，我国企业管理的总体水平有了很大提高；另一种意见认为，在改革中由于一些企业只注意外部环境的变化而忽视了内部管理，使得企业管理的水平下滑严重。笔者的基本看法是：

（1）企业改革的深化使企业管理产生了内在动力，大大提高了企业加强管理的自觉性，但也有部分企业对加强管理，特别是加强内部管理还不够重视。由于企业改革的不断深入，我国企业管理的形态发生了很大变化，其中一个最大的变化是企业有了加强管理的内在动力，使企业管理由被动变为主动，即由过去的"要我加强管理"变成了现在的"我要加强管理"。改革以前，企业管理往往是在政府的推动下进行的。政府对加强企业管理不断发出指令，又不断进行检查评比活动。改革过程中，企业的经营自主权不断扩大，政府也不再具体规定企业必须进行哪些管理，以及如何进行这些管理。与此相适应，有关部门取消了一切不必要的检查评比活动，这就大大提高了企业加强管理的积极性和主动性，为开创我国企业管理的新局面提供了前提条件。由于在不同的经济体制下，企业管理的目标、内容和方法都有很大不同，因而对企业管理水平高低的判断标准也就不同。对当前企业管理水平的评判，就涉及如何看待企业管理所发生的变化问题。例如，在计划经济体制下，企业的主要目标是完成国家下达的生产任务，生产管理就成为企业管理的最主要内容。因而企业把绝大部分精力都花在生产管理上，其他各项管理也都要往生产管理转。在市场经济体制下，企业为了提高经济效益，并求得自身的发展，就需要花很大的精力进行市场开拓和产品营销，这不能看成是对企业内部管理的削弱。又如，在计划经济体制下，企业是由国家统负盈亏的，企业管理就以实物形式为主，而在市场经济体制下，企业要自主经营、自负盈亏，就必须以提高经济效益为中心，与此相适应，就要采取以价值形式为主的管理。这也不能看成是对企业基础管理的削弱，等等。相反，这正说明我国的企业管理按照市场经济体制的要求大大前进了一步。不可否认，当前确实还有不少企业的管理水平较低，对加强管理，特别是对加强企业内部管理重视还很不够。这一方面是由于企业改革不到位，企业作为市场主体和利益主体的地位没有真正确立，缺乏加强企业管理的自觉性和主动性；另一方面则是由于企业没有能够处理好面向市场与加强内部管理的关系，或者是在外部环境较差的情况下，企业把大部分精力都用在了对外关系的协调上，而对强化企业内部的管理无力顾及。

（2）企业管理的总体水平有了很大提高，但不完全适应市场经济体制的客观要求。经过近二十年的改革，我国的企业由计划经济体制下的单纯生产型企业逐步转变成为市场经济体制下的生产经营型和经营开拓型企业，这种变化是惊人的。与此同时，企业管理水平的提高也是巨大的。很多国有大中型企业，从不知道什么是市场到能够比较自如地适应市场；从没有市场营销到逐步健全和学会了市场营销，其间经历了一场痛苦的脱胎换骨的变化，这是一个划时代的变化。如果把改革前的企业管理放在当前的环境之下，很难设想是什么样子。这怎么能说企业管理是滑坡了呢？当然，改革越深入，市场机制也越健全，提高企业管理水平的难度就越大。企业不适应市场变化的状况就越突出。当前，企业所面临的问题是极其复杂的，如有些企业的设备和产品已经严重老化，面临着更新设备和转换产品的重大决策；有些企业的资本结构很不合理，资产负债率很高，面临着存量资本的优化和资本金的注入问题；有些企业的经济增长还是粗放型的，面临着向集约型的转变；有些企业在市场开拓方面还存在着人力、物力的限制；有些企业的内部管理还比较松弛；等等。面对种种复杂的问题，再加上资金的紧缺，不少企业都感到力不从心或无所适从。这些也正是企业管理中需要进一步解决的问题。

（3）企业经营管理者的素质有了很大提高，但与建立现代企业制度的要求还有较大差距。企业管理水平的提高，在很大程度上取决于企业经营管理者素质的提高。企业经营管理者的主要职责是进行经营决策，从这个意义上讲，改革以前的企业没有决策权，决策权都掌握在政府手里。改革以来，随着企业逐步走向市场，我国的企业经营管理者队伍，从无到有，从小到大，目前不仅在数量上已经很可观，而且在素质上也达到了较高的水平。特别是那些已经进入国际市场的企业，经营管理者的才华已经充分显露出来，与国际上的某些大企业家相比，在很多方面他们并不逊色。当然，也应该看到，还有不少企业的领导人素质还不够高，与市场经济和建立现代企业制度的要求还有很大差距。有的人还没有弄明白市场经济的真正含义，还企图躺在政府身上吃"大锅饭"。还有些人，缺乏企业管理的基本知识，连企业的资产负债表都看不懂，甚至连企业的几项主要经济指标都说不清楚。在这种情况下，企业的管理水平又怎么能够提高呢？为了进一步提高我国的企业管理水平，造就一大批高素质、懂经济、善经营、会管理的企业经营管理者已是当务之急，这也是党和政府一再强调的带有战略性的重大问题。

（4）企业法人治理结构已在很多企业建立起来，但运行机制还在转换之中。企业法人治理结构是一项适应现代企业制度的科学领导体制。当前，在那些已经实行公司制的企业，企业法人治理结构已经建立起来，这为实行现代化的企业管理提供了组织保证。但是，在其运行中，也还存在不少问题。这主要表现在：制衡机制不完善，一些企业的权力过于集中，特别是那些董事长和总经理由一人担任的企业，决策权和执行决策权往往集中在一个人手里。这就造成了董事会、董事长和总经理职责的混淆。有的人甚至不知道自己什么时候执行董事长的职责，什么时候执行总经理的职责。同时，各方面人选的确定和更换，有时还不符合《公司法》的规定，整个机构还不能完全依照法定程序运行，这些都需要在今后的工作中逐步加以改进和完善。

（5）职工的积极性和责任感大大增强，但尚未得到充分发挥。办好企业，特别是办好国有独资和国有控股企业，最终要依靠广大职工的生产积极性和工作责任心。随着企业市场主体和利益主体地位的确立，以及责权利的紧密结合，广大职工的生产积极性空前高涨，工作责任心大大加强。不少企业都已形成了"厂兴我荣、厂衰我耻"、积极向上、不断进取的良好风气和氛围，职工和企业成为真正的命运共同体。这种局面的形成，除了企业制度改革和经营机制转换上的原因外，与企业领导班子和主要领导人的素质、人品也分不开。然而，我们也必须看到，在不少企业，由于各方面的原因，职工的积极性还没有得到很好发挥，特别是那些领导班子不得力，主要领导人素质不高，甚至严重腐败，被群众讥讽为"富了方丈，穷了庙"的企业，职工的积极性受到了很大挫伤。这种情况如不改变，这些企业的管理水平就很难提高。

三、加强企业管理，提高企业管理水平，需要处理好几个关系

加强企业管理，进一步提高我国企业管理的总体水平，需要做出多方面的努力，这里仅就需要处理好的几个关系问题谈些意见。

（1）加强企业管理与深化企业改革的关系。关于这个问题，在理论界曾经引起过激烈的争论。我认为，企业管理与企业改革是相互渗透和相互促进的关系，加强企业管理，必须深化企业改革，而深化企业改革，又需要进一步提高企业管理水平。说企业管理与企业改革是相互渗透的关系，是因为在很多情况下，企业改革与企业管理是很难分开的。某些企业的改革措施，本身就是企业管理制度和管理方法的重大改变，而某些企业管理制度和管理方法的创新，本身又是企业改革的重要内容。如企业三项制度改革，本身就是企业人事管理、劳动管理和工资管理的重大改进，企业财务与会计制度的转轨，本身就是一项重大的改革措施。说它们是相互促进的，是因为一方面企业改革能够为加强企业管理提供内部动力，另一方面企业改革的一些重大措施，又只有通过加强企业管理才能很好落实。同时，企业管理的加强与改善，又能为企业改革的深化创造良好的条件，从而促进企业改革的进一步发展。因此，深化企业改革，绝不会影响企业管理的加强，更不可能造成企业管理的滑坡。如果二者出现了背离现象，要么改革不是真正意义上的改革，要么滑坡只是对旧体制下某些管理制度和管理方法的扬弃。当前，一些企业还面临

种种困难，要解决这些困难，除了加强各项管理工作外，根本出路还在于深化改革。如果没有企业改革的深化，不仅社会主义市场经济体制建立不起来，企业管理也不可能有本质的提高。

（2）眼睛向内与眼睛向外的关系。在市场经济体制下，企业必须面向市场，而要更好地适应市场，又必须搞好内部管理。面对千变万化的市场，要企业把眼睛只盯住内部而不看外界，是根本错误的，也是不可能的。问题在于，企业在紧盯市场变化，做好市场预测和经营决策的同时，还必须不断提高企业内部的管理水平，才有可能实现企业的最终目标。如果企业不面向市场，只把眼睛盯住内部，就不可能做出正确的经营决策，从而也就不可能有正确的经营方向。在这种情况下，企业是不可能取得成功的。反过来，如果企业只把眼睛盯住外部，整天在那里东奔西走，进行所谓市场调查和公共关系，而内部管理搞得一团糟，再好的决策也不能得到贯彻，再好的机遇也不可能抓住。因此，眼睛向内和向外是辩证的统一。按照企业经营管理的一般规律，眼睛向外要达到两个主要目的：一是要使产品有市场，并不断扩大市场占有率；二是要树立产品的良好形象，使其能够卖一个好价格。为此，就必须做好市场预测，搞好市场营销，加强售后服务等一系列工作。眼睛向内也要达到两个主要目的：一是提高产品质量，二是降低产品成本。只有提高产品质量，才能增强产品的信誉，扩大产品的销路，同时按照优质优价的原则，才能提高产品的价格水平；而只有降低产品成本，在取得同样销售收入的情况下，才能获取更多的盈利。产品质量的提高和成本的降低，都不是通过对外的工作能够做到的，它必须依靠企业内部各项管理的加强和全体职工的共同努力。

（3）重大决策与日常管理的关系。企业重大决策正确与否，直接决定着企业的兴衰与成败。重大决策失误，给企业造成的损失是无法挽回的。在现实经济生活中，由于重大决策失误，使企业陷入困境，甚至倒闭破产的例子是屡见不鲜的。因此，有关企业生产经营和发展的一切重要决策，如财务决策、技术决策、产品决策等，都必须反复深入调查研究，进行科学分析，认真对待，以避免或尽可能减少失误。然而，企业的重大决策并不是天天都要进行的，而企业的日常管理却一刻也不能中断。处理好重大决策和日常管理的关系，是搞好企业管理的一个重要问题。企业的重大决策和日常管理是企业经营管理中不可分割的两个方面，只有重大决策正确，加强日常管理才有真正的意义，而只有搞好了日常管理，才能保证决策的贯彻实施，并为新的决策提供充分的依据。

（4）基础管理、专业管理和综合管理的关系。企业管理按层次划分，可分为基础管理、专业管理和综合管理。在计划经济体制下，由于企业只负责生产，不负责经营，因而企业管理是不完全的。一般只有基础管理和专业管理，没有或很少有综合管理。在市场经济体制下，由于企业除了进行产品生产外，还要进行经营失策和产品营销，那些涉及全企业、生产经营全过程和全体职工的全面管理，即综合管理就显得特别重要。

基础管理、专业管理和综合管理之间的关系，也是相互融合相互促进的关系。基础管理加强，可以为专业管理提供完整、系统的信息资料，专业管理水平的提高，可以为综合管理奠定坚实的基础。反过来，综合管理的全面开展，又会对专业管理和基础管理提出更高的要求。如果说基础管理主要是面对企业内部的话，那么综合管理则要立足企业，面对市场，而专业管理又把基础管理和综合管理紧密联系起来，使整个企业管理成为一个有机的整体。

当前，基础管理不健全、专业管理不能满足综合管理的需要、综合管理水平比较低的情况还相当普遍。企业应按照市场经济的客观要求，进一步提高专业管理和综合管理的水平。对基础管理则要根据新型的企业管理的要求，进行整顿、调整、充实和提高。总之，各项管理工作都必须从实际情况和客观需要出发，扎扎实实地进行，切忌形式主义。

（5）健全制衡机制与加强协作的关系。企业管理的一个重要原理是制衡与协作。没有制衡，则会掩盖问题和矛盾，从而出现管理漏洞和决策失误，而没有协作，就会扯皮推诿使决策难以贯彻，工作难以进行。解决制衡与协作的有效措施，就是在企业领导体制中建立健全企业法人治理结构。目前，在企业法人治理结构的建立和运行进行中还存在一些不正确的倾向。有的只强调制衡而忽视协作，有的则只强调协作而忽视相互制约和监督。一些同志甚至认为，强调协作还会出现种种矛盾，如果再强调制衡，扯皮的事就会更多。这种把制衡与扯皮等同起来的认识，完全是对建立制衡机制的一种误解。制衡与协作都是管理社会化大生产的客观要求，其目的都是为了实现企业的总目标。只有正确处理制衡与协作的关系，并把这种关系通过一种组织制度固定下来，才能把企业管理纳入科学的轨道。

（原载于《经济界》1997 年第 4 期）

入世与企业创新

中国加入世贸组织（WTO）（以下简称"入世"）的全部法律手续已经完成，已成为世贸组织的正式成员。世贸组织倡导的基本原则包括：以降低关税、取消非关税贸易壁垒、消除歧视待遇、扩大市场准入为主旨的贸易自由化原则；体现最惠国待遇和国民待遇的非歧视原则；反倾销和反补贴的公平贸易原则；对发展中国家成员予以照顾原则；等等。世贸组织的宗旨是通过市场开放、自由和公平贸易，建立一个完整的、更具活力和持久性的多边贸易体制。WTO 使多边贸易体制的职能和管辖范围扩大，从货物贸易延伸至服务贸易，及与贸易有关的投资措施和知识产权等领域。同时 WTO 在约束和处理贸易争端方面具有更高的权威性和有效性。入世是中国经济走向国际市场、参与国际竞争的必然，这意味着中国经济将逐步全面融入世界经济，中国企业有了更多、更广泛参与国际分工和国际合作的机会。中国企业的经营环境和管理环境将发生很大变化，如何与国际市场接轨，迅速提升管理水平和市场竞争力，并在国际竞争中立于不败之地，已是我国企业面临的一个新课题。

一、入世使企业面临新形势

中国入世后，企业运行和管理的外部环境将发生巨大变化，进口大量增加、外资大量进入、人才流向外企、市场竞争日趋激烈、宏观调控难度加大。国内企业应该从分析和研究新形势入手，认清变化趋势，制定科学合理的应对措施，以迎接新形势的挑战。

（1）生产要素国际化。经济全球化和一体化降低了生产要素自由流动的壁垒，促进了全球生产要素的合理流动，有利于形成为企业所必须的资金流、人才流、技术流以及信息流，使企业可以利用全球资源优势，在全球范围内配置生产要素并组织生产，实施最佳的资源配置和生产要素组合，从而降低生产成本，提高企业的经济效率。WTO已拥有140多个成员国，覆盖全球90%的贸易额，另外还有30多个国家（地区）正在积极申请加入。因此，入世后，中国将进一步融入世界经济体系，全面参与国际经济分工，既能拓展中国企业可资利用的资源范围，又使中国市场成为世界生产要素的重要供给地，从而使生产要素的国际化竞争更为加剧。

（2）企业经营一体化。随着生产要素的国际化和全球统一市场的逐步形成，产品的形成过程已经不是由一个或少数几个国家完成，而是由遍布全球的各国企业、企业群体以高度专业化分工为基础而共同合作完成的。从产品的研究开发、生产计划的制定、原材料和零部件的供配、产品生产的组织协调、产品的销售与服务乃至公司集团的整体和地区、部门管理均在全球范围的大规模流转中实现。国际跨国公司利用全球资源在世界范围内生产经营，其贸易额目前已经占国际贸易总额的70%以上，跨国公司的大量涌现加剧了世界经济一体化趋势。

（3）市场竞争激烈化。随着全球市场逐步形成，市场机构、市场竞争格局不再以一国或一个地区为界限，企业竞争范围从一个国家或地区扩大到全球市场。加入WTO，大量外国产品、外国企业的涌入必然加剧市场竞争，使国内竞争呈现国际化竞争趋势，而中国企业与国际先进企业存在的巨大差距，也会使市场竞争的难度更为加剧；同时，入世扩大了我国企业的市场范围，给企业经营提供了更加广阔的国际市场空间，使国际竞争呈现国内化竞争趋势，并且国际市场是一个多变动、多元化、多层次、不平衡的市场，更增加了竞争的广度和深度。因此，中国企业所面临的竞争不仅仅是国际市场，在国内市场也面临国外企业，尤其是跨国公司的激烈竞争。

（4）竞争模式多元化。当今世界进入知识经济时代日益表现出科技进步快、产品更新快、市场变化快的特点，市场竞争不仅是价格、质量和服务竞争，更重要的是速度竞争以及"综合竞争力"的竞争。这就要求企业，首先必须具有快速反应能力，获取信息快、反馈快、决策快、研发快、上市快、资金周转快，从而降低时间成本，以快制胜，抢占市场先机。其次国际竞争体现为企业综合实力的竞争。综合竞争力是生产经营活动全过程、全要素的竞争，其核心不是价格，而是科技进步、产品的开发和创新，是开拓市场、创造新需求、捕捉信息、把握消费心理变化、洞察市场发展方向乃至洞察竞争者动向的能力。企业要取得竞争优势必须提高综合竞争力。

（5）人才竞争显性化。知识经济时代知识成为第一位的生产要素，而人又是创造、积累、使用和传播知识的主体，知识和人力资本的投入具有"边际效用递增"的特点，其以往的作用与当今相比已不可同日而语。入世以后，国与国之间的经济竞争将主要演变为制度、科技和知识的竞争，归根结底是人才的竞争。在我国，由于长期存在大量廉价丰富的劳动力，加之资本和技术方面的缺乏和落后，企业长期以来更注重争资金、争项目，更重视物质资源而非人力资源。外国企业抢滩中国市场，其首要战略就是人才战略。随着跨国公司本土化战略的实施，需要大量既有知识，又熟悉本地经济和人文环境的人才。作为关键的生产要素，人才已经成为企业间争夺的主要对象。面对外国企业的高收入、良好的工作环境、学习机会和发展空间，中国企业将面临激烈的人才争夺战。

（6）经营运作法制化。现代市场经济是开放化、信息化、法制化的市场经济。入世之后，随着国内市场与国际市场的对接，国际惯例将成为约束与规范企业行为的重要依据。对于企业来说，遵守国际惯例不仅是进入国际市场的前提，而且也是与国外企业进行公平竞争的基础，是规范企业自身行为、充分获得国际市场利益的保证。过去，中国没有形成类似 WTO 规则所要求的制度架构，中国企业很难与国际大企业展开竞争。入世后，企业必须牢固树立依法经营的观念，在规则和制度上与国际惯例接轨；必须努力向国际惯例靠拢，使企业行为规范化；必须按国际惯例来组织生产和进行经营活动，把企业的经营置于国际市场和国际惯例之中。

二、应对入世必须实现企业创新

（一）企业创新是适应新形势的要求

入世改变了企业运行和管理的外部环境，削减关税使进口大量增加，我国许多产品将直接面临国外产品的竞争；逐步取消非关税壁垒将大大弱化关税之外的其他保护措施的作用，尤其使受国家保护和垄断经营的企业面临更为严重的冲击。随着入世所带来的生产要素国际化、企业经营一体化趋势的发展，中国企业将以经济资源的全球配置为基础，成为世界产业分工的组成部分，并以世界市场为舞台与各国企业展开全方位竞争与合作。同时中国企业也将面临市场竞争的压力、人才外流的压力以及规范化经营的压力，这就迫使中国企业必须加快创新步伐，不断进行自我更新改造，进行制度变革，实现管理创新、技术创新，以更为积极开放的方式参与国际分工与国际竞争，拓展生存和发展空间，适应新形势的变化。

(二) 企业创新是提升企业竞争力的要求

经济全球化条件下，国际竞争力由过去主要依赖低劳动力成本转变为主要依靠先进的技术、科学的管理、高素质的人力资本，而不断创新是企业持续竞争力的最重要源泉。中国企业与世界先进企业相比普遍存在产品技术含量低、制度僵化、管理落后、人才储备不足、研发能力弱等问题。加入 WTO 后中国企业将面临更激烈、更残酷的国际竞争，这就要求企业必须不断创新，开拓进取，形成核心竞争力，创造竞争优势，尽快缩短与发达国家之间的差距。制度创新是提升企业竞争力的重要保障。通过制度创新，逐步形成有利于我国企业同外国竞争对手进行有效和公平竞争与合作的制度及政策环境，形成有利于我国具有较强国际竞争力的企业，特别是跨国经营企业成长的制度和政策环境，使我国企业在全面参与国际竞争和国际合作中成长为具有强大国际竞争力的群体。

管理创新是提高竞争力的重要途径。效率是企业追求的首要目标，而管理是影响效率的首要因素。管理贯穿于企业生产、经营运作的全过程。入世后，企业要在激烈的市场竞争中站住脚，必须借鉴和学习国际先进的经营理念和管理方法进行管理创新，做到管理组织的高效化、管理人员的专家化、管理行为的科学化、管理手段的现代化，建立一整套完整、科学的管理体系。只有通过整个系统的全面提升使企业的管理水平得到整体提升，才能真正增强企业的国际竞争力。

技术创新是形成企业核心竞争力的重要手段。当今世界，科学知识日新月异、技术更新不断加快，知识技术密集型产品和服务将成为国内企业和国外企业之间在技术创新上竞争制胜的焦点。融入全球经济意味着提高对国内企业的技术要求，中国企业必须引进、借鉴和学习国际先进技术，变革科研体制，实现技术创新，推动技术进步，提高技术水平，从而创造新的竞争优势。

三、企业创新的主要内容

入世给中国企业带来机遇和挑战，要抓住机遇、迎接挑战，必须实现观念、制度、管理、技术的全方位创新。

（一）观念创新

创新思维奠定成为一流企业的内在基础，还为驱动企业创新提供源源不绝的动力。我国入世是融入全球经济体系的一个步骤，对我国企业来说，要在全球范围取得优势必须首先进行观念创新。

（1）树立可持续发展的经营理念。企业只有形成不断进取，成为"百年老店"的经营目标，才能放弃一时的短期利益，不断开拓创新，避免短期行为，注重自我积累、自我发展和自我约束，增强企业实力和发展后劲，实现长远发展目标。

（2）树立市场意识。企业要树立全球化大市场观念，企业的一切经营管理活动都应该以市场为导向，以消费者为导向。中国企业不但要面向国内市场，还要着眼于国际市场，严格按照市场经济的价值规律与竞争规则依法运作，服务于市场，满足不断变化的市场需求，真正成为独立的市场主体。

（3）树立竞争意识。市场经济是开放经济、竞争经济，中国入世后，要摒弃计划经济的残余物，打破垄断，消除地方保护主义和行政壁垒，鼓励竞争，建立统一、开放的大市场和公平竞争的市场秩序。因此，现代企业必须进入市场，自觉融入国际竞争体系，积极参与市场竞争，不但要参与国内市场竞争，而且要走出国门参与国际市场竞争，在市场中求生存、在竞争中求发展。

（4）树立品牌意识。品牌可以增加产品的附加值，给企业带来持久收益和超额收益。越来越多的跨国公司携其"强势品牌"对中国市场进行大面积、高速度侵吞，向国人展示品牌资产的巨大成就。我国企业创造、经营和管理品牌的意识薄弱，更不注重对品牌的保护，有15%的知名品牌在国外被抢注。中国部分企业已具有生产一流产品的能力，却疏于创造和经营自己的品牌。入世以后扩展海外市场、保证国内市场的关键就是品牌竞争。

（5）树立法制意识。企业要遵纪守法、合法经营、照章纳税，一切违反市场规则的竞争手段和短期逐利行为在规范的市场经济条件下都不应是经营者的理性选择，必将受到市场的严厉惩罚。入世后，法律是进行国际化经营的基础条件，企业应该学习和研究各项经济法律法规，依法保护知识产权，不断增强依法经营和运用法律拓展市场的能力，不断提高依法经营水平，从而使企业获取更高的利益。

（二）制度创新

制度变革是管理创新的前提。迎接入世的挑战，中国企业必须以产权改革为基础，形成 WTO 所要求的企业产权制度，即产权清晰，产权可流通、可交易，产权结构多元化、分散化和保障财产安全。只有具备了科学的财产制度，才能健全和完善法人治理结构，建立科学、有效的激励与约束机制，激发企业追求长远利益的积极性；同时从根本上转变企业经营机制，真正实现产权明晰、政企分开、权责明确、管理科学的现代企业制度，把企业塑造成市场主体。

(三) 管理创新

(1) 企业战略创新。入世后，外部经营环境的变化使企业发展前途的不确定性增加，因而企业必须建立在市场全球一体化基础上的具有全局性、前瞻性、适应市场经济的发展战略。围绕企业总发展战略，还要建立制定、实施与调整阶段的发展战略和若干具体目标战略，以全新的发展战略加强和改善企业管理，提高企业整体素质。

1) 实施全球化战略。加入 WTO 所带来的市场国际化、生产要素国际化以及竞争国际化的趋势，使企业必须从全球视角出发制定企业战略，抢占经济制高点。中国企业必须掌握主动，分析和研究不断变化的市场环境，在国内外这一"大市场"中找准市场定位，确定市场的空间、范围和层次，寻找机会、消除威胁，要主动出击，坚定不移地"走出去"，充分利用国内、国际两个市场和资源，优化配置全球资源，组织生产、销售产品和提供服务，自觉融入世界经济体系，参与国际经济大循环。

2) 规模经营战略。大型化和国际化是互动的，大型化有利于国际化的展开，国际化是大型化发展的必然。然而中国企业规模偏小，这从根本上制约着企业"走出去"。据统计，世界 500 家最大的工业企业中，美、日两国合计占了 60%，而中国为零；中国最大的 500 家工业企业的销售总额小于通用汽车公司一家的销售总额；中国百强电子企业的销售总额只相当于 IBM 公司的 1/5；零售商业百强企业的销售总额不到沃尔玛公司的 1/10（2001 年《中国工业发展报告》）。由此可见，中国企业要在国际市场上具有竞争力，当务之急必须增强经济实力，以资本为纽带，通过联合、兼并、重组等多种资本运作方式构筑大型企业集团，实现规模经济、范围经济，把企业做实、做强、做大，使企业上规模、上档次，以规模经营对抗国外的跨国公司。

3) 联盟合作战略。企业是利益相关者为了自身利益最大化而达成的一种契约，在经济全球化和知识经济的大环境下，企业的边界已经变得相当模糊，为了实现持续创新，应当与投资者、债权人、供应商和客户等利益相关者，甚至竞争对手建立战略伙伴关系，从单纯的竞争战略转向竞争合作战略，寻求和睦相处的共同点，将各自的优势综合起来，减少内部竞争和内部消耗，加强外部竞争，努力扩大与开拓市场，共同分担风险，分享利益。

4) 品牌战略。品牌体现了企业的竞争优势，我国现有名牌与世界名牌存在巨大差距。据联合国工业发展组织的不完全统计，当今世界约 8.5 万种名牌商品中 90%以上属于工业发达国家和亚太新兴工业国家或地区；世界前 50 个驰名商标中没有中国品牌。加入 WTO 之后，中国企业应加强品牌战略，创立名牌，尤其是世界名牌。品牌战略包括品牌的创造、经营、管理、维护和延伸。企业要充分认识品牌资产的价值，明确品牌定位，制定品牌营销策略，加强品牌管理。品牌的创造不是一蹴而就的事情，是企业多年经营的积累，体现了市场对企业产品的认同和忠诚度，其背后包含着企业的经营理念，服务水准，产品的质量、性能、特色等多项内涵。品牌的创立过程正是品牌的经营、管理和维护过程，品牌战略需要企业生产、经营、管理全方位的提升。创出品牌，更重要的是要维护和发扬品牌，就是要把品牌适时地进行全方位的延伸，实现产品延伸、业务延伸、产业延伸和行业扩展，最终以品牌延伸与扩张实现企业规模扩张和范围拓展，从而支持企业做大、做强的发展战略。

（2）企业组织创新。组织能力是企业持续发展的内在动力，企业竞争能力及地位因组织能力的提高而得以不断重新确立和巩固。组织能力是建立在组织素质和组织结构基础之上的。组织素质是一个组织的根本优势所在，而组织素质的培养和提高则要靠持续的磨炼，建立学习型组织，不断培养与提高企业组织能力。组织结构的设置决定着组织职能的发挥、部门间协调配合的难度、组织效率的发挥程度。企业组织作为动态的、复杂的系统，随着整个市场的变化以及产品结构、业务范围、企业规模的不断变化而不断调整和改组。企业应适应快速变化的经营环境，建立扁平化、网络化组织结构，以保证组织的信息通畅、快速反应、灵活运转和高效运作的结构特点，降低交易成本和协调成本，使经营决策更加贴近市场，对市场变化反应更为灵活和迅速，从而提高组织效率。

（3）人力资源管理创新。人力资源是企业最活跃、最重要的生产要素，是企业最持久的核心竞争力。企业的竞争最终体现为人才的竞争，企业经营运作的一切要素最终都归结为人的因素。在人力资源管理方面，首先，应加强以人为本的管理理念，注重人才的培养，完善企业人力资源开发和培训机制，加强对人员系统化的培训，制定科学的人员招募、选聘、晋升制度，以及公平合理的绩效考核体系；其次，应建立物质激励与精神激励相结合的多元化、多层次激励机制，发展员工持股制，对管理人员、科技人员实行股权奖励，增强员工终身学习、不断成长的外在压力和内在激励；最后，应着力塑造崇尚知识、尊重人才的企业文化氛围，造就令人心情舒畅、有助于激发和释放创新能力的宽松环境，增强员工归属感，努力塑造团队合作精神，提高企业的凝聚力。

（4）企业核心产品和服务的创新。产品和服务是企业进入市场、开拓市场的根本所在。企业面对激烈的市场竞争，必须把产品的开发、设计和质量控制放在十分重要的位置。成功的跨国公司绝不仅仅依靠单一的产品和服务来占有市场。对我国企业来讲，建立产品体系，形成包括核心产品、形式产品和延伸产品的产品链十分重要。在服务方面，则要形成核心服务，进行服务的整体设计和系列服务的开发。企业产品的开发要靠核心技术的开发和持续的资金、人员投入，技术的不断升级必然带来产品质量的提高、产品链的延伸和产品结构的升级换代。

（5）竞争手段创新。在国际市场的竞争中，企业竞争不仅是产品的竞争，而且上升为资本、人才和品牌的竞争。影响产品竞争力的因素除价格外，产品的质量性能、花色品种、环保、售后服务等非价格因素变得日益重要。要想提高产品竞争力，我国企业必须实现由价格竞争向非价格因素竞争的转变，考虑产业与产品的价值链（产品的研发、试制、生产与营销等）形成，降低成本，提高产品的技术含量，严把产品质量关，树立质量意识，走质量竞争之路。通过提高产品的质量来拓展市场需求，在产品生产的各个环节建立严格的质量检测和控制系统，确保出厂产品的质量。此外，还要建立完善的产品售后服务体系，在各个层次上向顾客提供优质的售后服务，进而树立企业良好的品牌形象，为企业的生存和发展奠定坚实的市场基础。同时更要重视人才竞争和品牌竞争。

（6）企业文化创新。企业文化是组织共同的价值观念、行为准则和文化氛围的综合体现。将企业的最高理念、人文理想、价值观念、企业精神、企业道德，通过语言、文字、标识等媒介加以表达，反映企业的长远目标、企业个性和时代特色；把企业文化具体落实到企业的经营发展中去，即从企业组织结构、战略、运行机制、经营技巧、人员构成、经营作风等方面体现企业文化；以产品和服务为载体，通过广告、CI、公关和沟通等手段实现企业文化的市场价值。企业文化不是一成不变的，它将随着企业外界经营环境的变化，形成一种动态的、具有生命力的文化模式，吸收先进理念、经营思想和运作模式，使企业获得文化新生，以适应不断发展的新形势对企业的要求。

（四）技术创新

技术创新是企业生命力的源泉，通过技术创新，不仅可以有效降低现有产品的成本，提高现有产品的竞争力，而且可以研制出许多性能更好的产品，实现企业市场的多元化，创造市场需求，增强抵御风险的能力。企业的技术创新能力是企业发展的灵魂，是企业的核心竞争力。企业作为技术创新主体，要加大科技投入，走产、学、研相结合的道路，加速科研成果的市场转化，促进产业化进程。充分利用科研技术，用高新技术改造传统产业，提升产品结构、调整产业结构。在科技进步加速，经济全球化加深，国内外市场竞争加剧条件下，要加强企业间的"策略性技术同盟"，共同研究开发某一技术和产品，以增强加盟企业研究开发的实力和提高研究开发的效益，或者通过技术协议的形式，防止新技术的扩散和转移，以提高加盟企业的竞争力，维持其垄断地位。

（原载于《天津行政学院学报》2002 年第 1 期，与胡洁合作）

企业成长目标分析

一、企业成长目标模式

（一）利润最大化和销售收入最大化的成长目标

衡量一个公司规模的基本指标是销售额和利润，我们可把销售额和利润作为企业成长目标，即销售额和利润是企业追求市场规模的衡量标准。1959年，威廉姆·保缪提出销售收入最大化目标，认为企业可能在保证一定满意利润的情况下以销售收入最大化为目标。

（二）企业成长最大化的成长目标

威廉姆·保缪后来又提出了企业成长最大化目标。销售收入最大化和企业成长最大化目标是相关的，但企业成长最大化是一个更加动态的概念。企业成长最大化是规模最大，能力最优。在企业成长最大化模式下，目标是"通过吸引投资，得到能使企业充分发展的资本"。吸引充足的投资促使企业发展，在企业生命期内尽量得到最高的产量成长率，并使企业得到"最优的企业利润流"。

二、我国企业成长的特征及企业成长目标选择误区

从我国 500 强企业近年发展情况看，企业成长主要具有以下几方面特征：第一，企业成长高速度。中国企业联合会公布了 2004 年中国企业 500 强评选

结果，与前一年相比，企业规模不断扩大，成长速度明显快于世界企业 500 强平均水平。2004 年我国 500 强平均收入增长率 26.24%，而当年世界企业 500 强平均收入增长率只有 10%，平均收入利润率为 3.52%，而世界 500 强平均收入利润率为 3.5%，2004 年我国企业 500 强营业收入、资产总额和职工人数分别比上年增长 29.18%、3.16%、2.5%，超过了世界 500 强的增长速度。第二，企业规模扩大，入围 500 强门槛提高。2004 年我国企业 500 强最后一名营业收入 30.6 亿元，2003 年营业收入 25 亿元，2002 年营业收入 20 亿元，每年增长 5 亿元。第三，垄断性企业增长速度快于竞争性企业。世界 500 强入围企业基本处于竞争性行业，而我国 500 强排名靠前的企业绝大多数属于垄断行业。

在我国企业成长过程中暴露出以下问题：

（一）企业成长速度过快

从总体来看，中国企业 500 强的成长性指标明显高于世界 500 强。著名管理专家德鲁克在 20 世纪 70 年代指出，如果企业都以每年 10% 的速度增长，很快就会耗尽整个世界的资源。而且，长时期保持高速度增长也不是一种健康现象。马歇尔（1890）在坚持规模经济决定企业成长这个古典观点的同时，认为企业规模扩大导致灵活性的下降，从而导致竞争力下降，成长的负面效应会超过正面效应，更重要的是随着企业成长，企业家的精力和寿命对企业的成长构成制约。即使从投资者获得资本收益这种纯粹财务观点来看，快速成长中的公司也不是适当的投资对象。快速成长的公司在发展过程中可能会面临严重困难，遭到巨大亏损，成为无法管理的企业。

（二）过度追求利润最大化与销售收入最大化目标，忽视企业的成长阶段

新企业在发展初期不应过多追求利润指标。大多数创业家在企业起步时都急于表现自己的经营能力，而利润恰好是最有说服力的证据。这对新企业来讲弊大于利。企业要将收入、利润、现金流综合起来考虑，并且要考虑不同情况的不同组合。企业要多大规模，盈利能力达到什么水平比较合理，应当具体分析。企业业务快速膨胀，存货、应收账款等占用大量资金，而此时企业的经验和应变能力都比较弱，企业任何一个环节出了问题都会引发财务综合征。新企业需要做现金使用分析，进行现金流量预测，并制定完善的现金管理制度。成长期不是以盈利为核心目标的时期，而是一边投资一边回收，以做大现金流、扩大市场占有率为核心目标的时期。

(三) 企业只重视定量的成长目标，忽视管理能力的培养

我国大企业发展时间还不长，我国企业 500 强与世界企业 500 强的差距，不单是量上的差距，更重要的是企业的素质、经营能力和竞争力方面的差距。许多企业发展缓慢，并不是缺少资金，而是缺少管理能力。例如：在管理过程中存在组织结构设计不合理，规章制度不健全，控制反馈不及时，信息沟通不顺畅等问题。由于基础管理能力缺乏，在企业规模急剧扩大，企业高速成长过程中会导致把不合适的管理经验应用到企业管理过程中，使企业遭受重大损失。

(四) 企业成长目标单一，目标模糊

有些企业在成长中只关注利润目标或销售收入等几个指标；而有些企业在成长中基本上是没有目标或只有一个不切实际的模糊目标。这两种情况都不利于企业健康持久的发展。企业过度关注某一个目标，不利于其他能力的培养，同时也使企业忽视其他问题，而这些问题对于企业可能是致命的；没有明确的目标会使企业迷失方向，造成资源浪费，最终导致企业经营失败。

三、企业成长目标选择中要注意的问题

(一) 根据企业成长阶段选择企业成长目标

企业在确定发展目标时，必须清楚所处的成长阶段。一般来讲，按照企业规模大小和销售额多少，企业成长可分为创立、年轻、成熟和衰退等几个阶段，不同成长阶段其成长目标不同。创立期企业不应过多追求利润目标，而年轻的快速成长企业既追求市场份额提高、销售增长，同时还追求适当利润。成熟期企业基本进入一个稳定增长期，企业以稳定的销售和市场地位获取最大利润，衰退期企业更多的是取得现金销售。

(二) 企业成长目标与企业管理目标的协调发展

从广义上讲，企业成长也包括企业素质提高。企业各方面素质高，会促进企业成长；反之，则会影响企业成长。因此，在企业成长过程中，特别是当企业由于外部机遇而发展非常迅速时，一定不能忽视企业素质的培育和提高。企业素质，包括领导者素质、员工素质、技术素质、生产资料素质和管

理素质等，是企业发展的基础。只有这种基础打得扎实，企业才能健康成长。随着企业成长，企业应适时推动管理目标创新，否则管理成本会因规模扩大而急剧上升。企业应根据不同环境和企业发展不同阶段及时调整企业管理目标，使企业持续发展，壮大成长。

（三）企业成长目标与财务目标的协调发展

企业成长目标与财务目标有着密切的关系。一方面，财务目标的实现是企业发展的基础，并为企业发展提供支持；另一方面，财务目标的实现又往往表现为企业发展的结果。企业发展必须与其财务目标，包括盈利能力和偿债能力相适应，否则，在企业发展中就可能使自己处于财务危机之中。当然，企业的协调发展，反过来又会促进企业财务目标的实现。

（四）企业成长要有合适的速度

企业成长速度太慢，落后于它的竞争对手，会降低其竞争力，而过快的发展速度如果超过了企业管理能力，也会使企业最终收益下降。因此，并非企业成长速度越快越好。在企业成长过程中应有一个最佳成长速度和变化节奏，以使企业组织在面临变化时，有足够的时间重新审视变化的环境，寻求发展机会，并对变化做出正确决策。有研究表明，公司在不同的成长阶段有不同的发展速度的要求。企业在成长过程中，由于要吸收新的思想和观念，提高各方面的能力，合适的发展速度，可以使企业消除由于变化所带来的各方面摩擦，改变传统习惯的惰性，使管理者在改变之前有充分的准备。

（原载于《经济管理》2005 年第 5 期，与李凯飞合作）

夹层融资的中国模式探析

采用股权类或债务类的融资工具，投资者与融资者享有着不同的风险收益与权利责任。选择前者，融资者常需要付出股权稀释与权益分红的成本，但却可免除债务类融资的固定利率成本与本金偿还的压力；选择后者，投资者可以有保障地收取本息收益而不用承担权益投资的亏缺风险，但也因此无法享受权益投资所可能带来的股权派红与相关的经营控制权利。在资本市场上，供求双方总会基于自身对项目的判断，对投融资工具采取不同的组合策略。

随着经营市场格局的日益复杂化，传统的单纯股权融资或单纯债权融资，甚至二者混合的融资方式，都越来越不能满足投资者或融资者之间相互博弈的立场。债与股之间逐渐增大的空间，催生出更多元化用途的融资方式，也成为夹层融资这一中级融资类工具诞生和成长的土壤。

一、夹层融资的概念、溯源与发展

"夹层"（Mezzanine）在英文里的意思是"底楼与二楼之间的夹层楼面"，夹层的概念最早在华尔街被用于指代投资级债券与垃圾债券之间的债券等级。随着市场的发展，夹层融资（Mezzaninefinancing）逐渐从传统风险投资市场中脱颖而出，演化成了企业一种介于股权和普通债务之间的一种融资方式。所谓夹层，从资金费用角度，夹层融资低于股权融资，如可以采取债权的固定利率方式，对股权人体现出债权的优点；从权益角度，其低于优先债权，所以对于优先债权人来讲，可以体现出股权的优点。在传统股权、债券的二元结构中增加了一层。

夹层融资处于公司资本结构的中层，风险与回报都介于风险较低的优先债务和风险较高的股本融资之间。作为一种无担保的长期债务，它附带有投资者对融资者的权益认购权或转向普通股的转换权。如果使用了尽可能多的股权和优先级债务（Seniordebt）来融资，但还是有很大资金缺口，夹层融资就在这个时候提供利率比优先债权高但同时承担较高风险的债务资金。

自 20 世纪 70 年代末诞生以来，夹层融资方式日益受到西方发达国家资本市场的青睐。在美国，夹层融资是伴随着房地产商业抵押贷款、资产证券化等金融工具的演化而萌生发展的。西方国家一般会设立专项的夹层投资基金（Mezzaninefund）来推动夹层融资市场。据估计，目前全球有超过 1000 亿美元的资金投资于专门的夹层基金。据 AltAsset 预计，欧洲每年的夹层投资将从 2002 年的 47 亿美元上升到 2006 年的 85 亿美元以上。2003 年 9 月，高盛下属 GSMezzanineParters 宣布已筹集 27 亿美元用于夹层（Mezzanine）融资，从而成为全球最大的夹层融资基金。其他如德意志银行、雷曼兄弟、美林等在内的多家投资银行都有类似的夹层投资基金机构。2004 年 4 月 23 日，在 ComVentures 等投资公司的协助下，IT 网络安全系统提供商 Serv Gate Tehnologies 就获得了 1800 万美元夹层融资。此资金增加了该企业高成长阶段所需的扩大销售和市场推广的投入，并有效地改善了公司的资产负债结构，为其再融资奠定了良好基础。

二、夹层融资的基本操作方式

典型的夹层融资对融资者而言是一种无担保的长期债务，这种债务附有投资者对融资者的权益认购权或转向普通股的转换权。夹层融资的债务一般需要在 3~8 年中分期偿还，利率水平一般在 10%~15%。截至 3~8 年底，投资人收清全部本息款项。投资的目标回报率平均是 20%~30%。一般来说，夹层融资利率越低，权益认购权越多。

投资人从夹层融资中通常可以获得以下一个或几个来源中的利益回报：①现金票息，通常是一种高于银行利率的浮动利率；②溢价赎回或转让；③股权认购或累积期权，持有人可以在通过股权出售或发行时行使这种权证进行兑现。夹层融资通常采用夹层从属债务、优先股、可转换债券或股权，或几者结合的形式。在夹层债中，投资人将资金借给借款者的母公司或是某个拥有借款者股份的其他高级别实体，夹层借款者将其对借款者的股份权益抵押给投资人；与此同时，夹层借款者的母公司将其所有的无限责任合伙人股份权益也抵押给投资人。这样，抵押权益将包括借款者的收入分配权，从而保证在清偿违约时，夹层投资人可以优先于股权人得到清偿，用结构性的方法使夹层投资人权益位于普通股权之上、债券之下。在优先股结构中，夹层投资人用资金换取借款者的优先股份权益。夹层投资人的"优先"体现为在其他合伙人之前获得红利，在违约情况下，优先合伙人有权力控制对借款者的所有合伙人权益。

三、夹层融资几种典型的适用情境

夹层融资通常会被用于以下几个典型的情境，而夹层基金也往往倾向于选择以下的类型的投资目标：

（一）高成长性的行业

除了传统风险投资所青睐的 IT、生物类行业，消费品、制造业或服务业等侧重出口拉动的行业，也是夹层投资人所看好的。此外，利润和交易量不会受到市场周期性变化或宏观经济体系波动连带影响的行业也比较适合夹层融资。总体而言，夹层投资人会考核该行业是否具有比较稳定的高成长性或是高的进入壁垒。但是，夹层融资对技术风险过高的领域是不会轻易涉足的。高成长性的同时，夹层融资的企业一般都被希望具有多年稳定增长的历史，或是在过去一年具有正的现金流和营业收益。或者，企业正处于发展扩张阶段，业务成长较快，享有可预见的强大、稳定而持续的现金流。

（二）领先市场的企业

受到夹层融资青睐的企业通常在本行业里占有很大的市场份额，或者具有保护性或进入壁垒较高的市场份额。这样，企业资产将在未来几年内可预见地快速增值，从而夹层融资可以帮助企业完成资本过渡与转换，并在未来以更高的价格出售自己的股票实现升值目标。因此，在某一个专向性很强、进入壁垒比较高的行业市场里，只要其占据了比较高的市场地位，即使是中小经营规模的企业，也同样对夹层融资基金具有很强的吸引力。

（三）企业并购前融资

企业在进行杠杆收购 LBO 或管理层收购 MBO，以及在其他大型的企业分拆合并项目中，往往都需要大量现金进行扩张和收购，企业也倾向于采取多种来源的融资结构。典型的 LBO 收购金字塔模式中，位于金字塔顶层的是对公司资产有最高清偿权的一级银行贷款，约占收购资金的 60%；塔基则是收购方自己投入的股权资本，约占收购资金的 10%；塔的中间就是夹层融资，约占收购资金的 30%。在国内日益活跃的并购市场中，借助夹层融资杠杆推动战略并购活动，无论对改善企业微观并购绩效，或推动中观的产业资源重组，都有着十分重要的现实意义。

(四) 企业 IPO 前融资

在企业 IPO 上市之前的资本重组阶段，或者目前 IPO 市场状况不好、公司业绩不足以实现理想的 IPO 的情况下，若预计企业在两年之内可以上市并实现较高的股票价格，结合公开股票或债券的发行的过桥债券/融资，企业可先进行一轮夹层融资，从而可使企业的总融资成本降低。夹层融资可以帮助企业在短期内调整财务杠杆，从而有效改善资本结构，以配合企业公开上市的财务战略计划。

此外，夹层投资通常还要求企业拥有一个经验丰富、规范专业的管理团队。因为涉及股权的特性，夹层投资人期许规避权益风险，并保障其稳定的债务收入。

四、夹层融资模式的独特优势

(一) 对于融资者的价值体现

1. 灵活机动的交易结构

夹层融资的最大优点就体现为灵活性。通过融合不同的债权及股权特征，夹层融资可依据投融资双方的现金流要求进行灵活自如的剪裁，设计出多样化的交易结构，从而很好地平衡资金供求双方的利益关系。夹层融资的作用：①权益债务分配比重；②分期偿款方式与时间安排；③资本稀释比例；④利息率结构；⑤公司未来价值分配；⑥累计期权等方面进行协商并灵活调整。

夹层融资一般采取次级贷款的形式，但也可以采用可转换票据或优先股的形式。在某些股权结构可在监管要求或资产负债表方面获益的情况下，有些夹层投资允许夹层投资人参与部分分红，类似于传统的股权投资；另外一些则允许夹层投资人将债权转换为股权，类似于优先股或是可转债。

2. 便捷自主的长期融资

目前，一般国内企业要从银行那里获得 3 年以上的贷款仍很困难。而夹层融资通常提供还款期限为 5~10 年的资金，并可以要求最恰当的还本付息期限分布结构。当企业获得某种增长机会的时候，夹层融资可以为企业融资量

2~3 倍放大 4~5 倍的现金流量。企业只需要承担少量的财务费用，就可以获得充分的现金流来支持企业运营发展。与通过公众股市和债市融资相比，夹层融资可以规避长期贷款的政策壁垒，相对谨慎、快速地获取一定规模的长期融资。此外，与银行贷款相比，夹层融资在公司控制和财务契约方面的限制较少。尽管夹层融资的提供者通常会要求拥有观察员的权利，但他们一般很少参与到借款者的日常经营中去，在董事会中也没有投票权。只有在一些特定的情况下，投资人会要求设立一些特别的股东或独立董事，并规定在决定某些问题时这些股东必须投票。

3. 优势独特的综合成本

尽管夹层融资的融资成本高于债务融资，但它却可以有效地降低财务杠杆，扩大融资规模从而快速把握机会改善经营，因此相对于传统融资方式而言，夹层融资的综合资本成本是具有相当的竞争力的。因为夹层投资人通常不要求控制企业而去争取公司的大量股本，夹层融资的资本稀释程度通常不到传统资本投资稀释程度的一半。夹层融资的股本特征还使融资方从较低的现金票息中受益，融资企业甚至还可能享受延期利息、实物支付或者免除票息期权。在一些情况中，实物支付的特性能够降低股权的稀释程度。而由于夹层融资要支付的是租息而非红利，从而可达到抵税的作用。此外，与上市公募融资相比，夹层融资的交易费用较低，上市融资的交易费用通常超过所筹资金的 10%，而夹层融资则没有如此昂贵。

（二）对于投资方的价值体现

1. 明确便利的可退出机制

因为夹层融资投资者并非为了控制企业，而是为了获得目标收益，因而他们可以在收购兼并、资产证券化、IPO 等方式中通过转出本金或卖出认股权，从而实现退出。根据夹层融资项目现金流状况，夹层融资的交易双方会事先协商出确定债务的偿付日程表，投资方可以在一段时间内分期偿还债务，也可以一次还清。因此，私募股权一般依赖于不确定性较大的清算方式，而夹层投资者的退出途径则显得更为确定。相对于大多数私募股权投资，夹层投资的回报中有很大一部分来自于前端费用和定期的票息或利息收入。这一特性也使夹层投资比传统的私募股权投资具有更高的流动性。

2. 享受权益的低风险投资

由于对照股权投资方式对融资方进行约束，夹层投资人获得更多的保护性条款，夹层投资的偿付级别通常比股权投资高，而风险相对较低，投资人可以更有保障地实现债务权益。在某些情况下，夹层融资的提供者可能会在以下方面获得有利地位，比如优先债务借款者违约而引起的交叉违约条款、留置公司资产和/或股份的第一或第二优先权。投资人从"股权激励"中得到的股本收益往往也非常可观，并可把回报率提高到与股权投资相媲美的程度。

五、中国式夹层融资的几个实践性问题探讨

随着市场与经济的发展，中国企业尤其民营企业的融资矛盾愈发尖锐，股权性与债务性融资的两难困局成为中国民营企业家普遍的困扰。而国内企业资金渠道缺乏给夹层融资带来很好的发展机会。作为股权与债权的中间产品，一方面夹层融资人可以绕过贷款的政策壁垒，另一方面夹层投资人也可以根据自身的风险偏好选择投资方式。此外，夹层融资作为股本与债务之间的缓冲，使得资本供应与需求效用更为贴近，也使得资金效率得以提高。

尽管，中国资本市场相关的金融体系、法律体系乃至投融资人的观念都还尚未能为夹层融资的成长培育出更完善的外部环境。但毫无疑问的，夹层融资在中国市场必定具有广阔的潜在发展空间。据专家估计，就中国房地产抵押贷款领域而言，每年夹层融资就可具有 152 亿~202 亿元的市场容量，市场极为可观。

但目前，国内对夹层融资的理解往往还停留在等同垃圾债券的层面上。与国际资本市场的蓬勃发展态势相比，夹层融资一直未能在国内得以突破性的推动。我国涉及夹层融资的典型案例，多数如京东方去年收购韩国现代的 TFT-LCD 的杠杆收购项目，夹层融资仅作为结构性融资的补充而出现，并未发挥出主导性的融资功能。

作为国内资本市场的新生事物，夹层融资的中国模式必然需要经历一段坎坷的探索之路。就有关夹层融资中国实践中可能面临的问题，笔者分别进行了不同角度的探讨。

（一）夹层融资的法律体系

在西方国家，由于夹层融资的高度灵活性，相关法律制度与规则结构也十分复杂。从法律角度看，相对于西方国家复杂的法律监管环境及由此带来的复杂的法律结构和高额的法律费用，中国的法律监管环境更适合于夹层融资的发展，只要相关各方不违背法律强制性规定，对相关事项均可以协商确定。而同时在市场信息透明度不高的中国市场中，对于夹层融资这样结构灵活、非标准化的金融产品，交易纠纷的复杂度往往超出了相应的法律规范。如果投融资双方前期如未能达成详尽而完善的交易制度安排，则很容易派生

投融资双方的基于风险与收益分配的冲突与纠纷。

在夹层融资的中国实践中，笔者建议应该更多地完善有关权益债务分配环节的法律制度。而前期的交易模式，则可以依托国家相关政策或规则来进行引导，以支持和推动夹层融资项目的成功交易。

（二）夹层融资的风险规避

作为一种投资工具，夹层融资者的破产是投资者最大的风险。为保障夹层投资人的权益，国外广泛采用"破产隔离实体"（Bankruptcyremoteentity）的做法，用来合理分离借款者和夹层借款者，以保证借款者的破产对夹层借款者没有任何影响。借鉴国外抵押贷款与资产证券化的运作机理，我们可以把破产隔离制度引入夹层融资的交易模式，用以抵消保守性投资者的风险顾虑。

而对于企业并购融资或 IPO 前期融资等这一类的夹层融资项目，则应在交易制度中，将按比例从并购溢价收入或上市溢价收入中提取相应比例，作为投资人专项风险保障资金，亦可为投资者提供弹性化调整的逐级退出方案，并在此基础上设计不同利息与收益，以保证融资方在为投资人提供流动性利益的同时获得一定利益补偿。

（三）夹层融资的准入法则

目前，由于国内还没有专门的夹层融资基金机构，大部分夹层融资都来自于海外基金。由于涉及跨国交易，投资人往往会对融资人进行非常仔细的评估，以确定其汇款能力（特别是中国）。投资者通常还会深入了解地区预提税和区域性的税务协议，并可能会在获取高收益率的投资项目上受到某些政策制度的限制。此外，国外夹层融资还往往设定了夹层融资的交易规模在较高水平上（如美国要求夹层融资的交易不得低于 500 万美元）。这些都对国内融资企业争取夹层融资造成了很大的障碍，复杂的审核评议过程无形中也提高了企业融资的交易成本。因此，降低夹层融资的进入门槛是在国内推动夹层融资的基本前提。因此，鼓励国内投资机构开展夹层投资业务，或设立小型的夹层融资基金，同时相应降低夹层融资的标准交易数额，简化夹层融资交易流程，以推动中小企业获取夹层融资，弥补融资渠道匮乏的不足。

（四）夹层融资的战略选择

对于目前的国内企业而言，虽然夹层融资的综合交易成本相对并不低廉，但是在很多特定的融资项目中，它却是最合适的融资方式。企业引入夹层融资，往往可以帮助企业改善资产结构和迅速增加营业额，而融资企业在发行这种次级债权形式的同时，也会提供企业上市或被收购时的股权认购权。基于国内尚未成熟的资本市场，股债融合的方式更有利于投资方对项目投资收益的把握，也能为融资方提供更具弹性的股权管理选择权。国内很多民营企业都面临着引入外部股东导致股权稀释，而又难以争取更多银行贷款的两难困境。夹层融资的双重特性，正解决了企业这一难题。

目前，国内的夹层融资应用范围还很狭窄，由于国内商业银行法与保险法都明确规定了相关的金融机构不允许进行企业投资。由于夹层融资基金具备了投资银行、商业银行、保险公司以及风险投资等混业金融机构的特征，与中小企业创业或并购的高风险高回报投资特征十分吻合，专业的夹层融资基金机构势必将随国内经济的发展，逐渐被导入国内资本市场体系。企业也将依托相关的夹层融资机构的专业力量，在各类适用情境中将夹层融资广泛地与多种债券股权工具配合使用。

笔者认为，由于夹层融资安排的灵活性，投资人在确定的退出机制保障下，更容易为民营企业尤其是中小民营企业投入经营支持资金。在我国企业融资渠道不畅，融资方式单一的背景下，中小企业更应该将夹层融资战略纳入企业融资总体战略部署体系。私募性质的夹层融资将逐渐作为民营企业拓展经营性资金渠道的重要融资工具。

（原载于《国家行政学院学报》2006 年第 2 期，与傅璇合作）

构建和谐企业与企业社会责任

构建和谐社会，是在我国社会发展过程中，根据马克思主义基本原理和我国社会主义建设的实践经验，以及新世纪新阶段我国经济社会发展的新要求和我国社会出现的新趋势新特点，而提出的一项社会发展目标。我们所要建设的社会主义和谐社会，应该是民主法治、公平正义、诚信友爱、充满活力、安定有序、人与自然和谐相处的社会。而企业是社会经济发展过程中的主体，所以构建和谐社会的基础之一就是要构建和谐企业。

一、和谐企业的本质是实现企业的社会责任目标

如何理解和谐企业？从企业发展目标来看，和谐企业的发展目标不仅仅包括实现企业自身利益的最大化，同时也要保护和增加社会财富。这两项目标都应该作为和谐企业的发展目标。实现企业自身利益最大化与实现社会财富最大化，两者是不矛盾的。从经济学角度来看，企业财富的衡量不是以企业所获得的短期利润最大化为目标，而是企业在整个发展过程中所获得的财富总和的最大化。管理的经济社会观理论，也对这样的发展目标有充分的解释。

首先，从公众利益来看，经济发达国家的实践证明，在经历了经济的高速发展之后，社会对企业的社会期望越来越高，也就是说企业不仅要实现自身经济目标，同时也要实现社会目标。社会公众对企业的这种期望的原因是多方面的。一方面是在社会经历了高速经济增长后，由于单纯重视经济目标而忽视社会责任目标，使整个社会的道德意识出现了滑坡，从而影响了社会的健康发展。所以，单纯的经济目标的增长，并不能代表整个社会的进步。从我国的发展实践来看也证明了这一点。据联合国发展署的资料表明，前两年，中国经济总量在整个世界发展中已排名第6位，而整个社会发展却排在

第104位。经济的高速发展也使整个社会付出了高昂的代价，经济发展与社会发展很不协调。从另一方面来看，企业是社会的企业，是存在于社会之中的，它所从事的生产经营活动是需要耗费社会资源的，包括人力资源、技术资源、信息资源和各种物质资源。如果企业目标仅仅只是增加了本企业的财富，那么一个可以预测的目标就是社会资源将逐步被耗尽，而在社会资源被耗尽的同时，企业也将不复存在，这是谁都不想看到的结果。

其次，从企业本身利益来看，承担社会责任，不仅不会增加企业成本，相反可以为企业带来巨大的利益。它可以使企业拥有良好的公众形象，从而获得更多的顾客、更好的企业员工以及获得更多的益处，同时可以为企业带来长期利润。勇于承担社会责任的企业，在无形之中，也为本企业的职工传播了一种良好的企业文化，从而对企业发展具有不可估量的作用。对于上市公司来说，长期良好的企业发展也会带来股价的上涨，股票市场将把承担社会责任的公司看作风险最小和接受公众监督的公司，因此，它将使股票获得更高的价格——收益比率。

所以，不管是从公众利益来看，还是从企业本身利益来看，企业的目标是双重的，不仅要实现企业利润最大化，同时也要实现社会财富最大化，两面要做到和谐统一，这也是和谐企业发展的目标。尽管在发展过程中，一直有企业是否应该承担业务以外的责任的争论，但在过去的半个世纪中，企业已经成为地球上最强大的机构，人们越来越一致的看法是，在任何社会，有实力和能力的机构都需要为整个社会履行责任，企业所作的每个决定，进行的每个行为都必须放在这种责任的视角中考虑。在我国建立和谐社会的今天，企业所起到的作用将是巨大的，构建和谐企业，是企业义不容辞的社会责任。对于企业承担的社会责任与政府所具有的社会责任和个人所具有的社会责任，尽管有相通之处，但也存在某些方面的差别。毕竟企业是作为一种经济组织而存在的，是社会经济运行中的主体，所以，它所具有的社会责任形式也与其本身具有的特征密切相关。

从企业社会责任的概念出发，可以使我们理解和谐企业的具体表现。"企业的社会责任"这个概念最早于1924年由美国的谢尔顿提出。关于企业的社会责任，目前国际上并没有一致的定义。一般认为，所谓"企业的社会责任"是指企业除了要为股东追求利润外，也应该考虑相关利益人，即要承担对员工、消费者、社区和环境的社会责任，包括遵守商业道德、生产安全、职业健康、保护员工的合法权益、保护环境、捐助社会公益和慈善事业、保护弱势群体等。企业的社会责任，最基本的是企业的法律责任，包括遵守国家的各项法律，不违背商业道德。在更高层次上，是企业对社区、环境保护、社会公益事业的支持和捐助。企业社会责任本质上是企业对其自身经济行为的道德约束，强调在经营过程中对人的价值的关注，注重企业活动中人的健康、安全和应该享有的权益，注重企业对社会的贡献。由此可以看出，和谐企业必须是一个能做到以人为本，保证多方利益均衡与和谐发展的企业。和谐企业是指：以稳定保证和谐，以优秀的企业文化孕育和谐，以合理的分配制度促进和谐，最终实现经济效益、社会责任、环境质量相统一，从而促进人类进步的企业。

二、构建和谐企业具有重大意义

构建和谐企业，承担起企业应负的社会责任，不仅是社会对企业的要求，同时也是企业自身发展的要求，在整个社会范围内构建起和谐企业具有重大意义。

（1）构建和谐企业，可以促进企业内部达到和谐。21世纪的企业是否能顺利发展，很大程度上取决于员工才能的发挥。要形成一种良好的竞争的氛围，使企业员工的才能得到充分发挥，并最大限度地实现员工的愿望与自我价值，从而为企业作出最大的贡献。因此，构建和谐企业有利于充分发挥企业员工的积极性，树立良好的价值观和良好的品格，在工作和生活中保持积极向上的态度，对工作满怀热爱和激情，即使遇到挫折，也能坦然面对。从企业思想政治层面来说，当前，一些企业内部人际关系比较紧张，利益矛盾的冲突和摩擦上升，不和谐、不稳定因素增加，不仅直接影响职工积极性和创造性的充分发挥，而且严重影响企业的安定和社会的稳定。在这种背景之下，提出以科学发展理念和和谐社会理念为指导，致力建设和谐企业，有利于企业与时俱进，解决发展中存在的问题，为实现更好更快的发展创造必要条件。

（2）构建和谐企业，可以促进企业与自然环境达到和谐。和谐企业的基本要求包括企业与环境的和谐，企业要实现可持续发展，必须做到对资源的可持续的利用。当前我国企业的发展情况，从总体上来说，是比较好的，但也出现了一些令人担忧的问题。从经济层面来看，企业长期存在粗放型增长方式和发展方式，尚未从根本上得到改变，与国家提出的坚持走新型工业化道路，保持国民经济健康快速可持续发展的战略思路和战略目标还很不协调，这已成为企业发展中一个亟待解决的问题。从社会层面来说，企业粗放型经济增长方式和发展方式，不仅消耗和浪费了大量宝贵的社会人力资源和物质资源，而且对保护生态环境和有效利用有限自然资源构成极大的威胁，由此引起全社会的极大关注和人民群众的强烈不满，引发社会与企业的矛盾。一个企业对社会的贡献，不仅体现在对经济的带动上，还体现在对环境保护的成效上。企业应履行对公众环境保护的责任，将发展生产与保护环境、保护群众利益同步进行，在不断扩大规模增加效益的同时，坚持"以人为本"的思路，建设和谐企业，从而取得良好的经济效益、社会效益和环保效益。

（3）构建和谐企业，可以促进企业与社会达到和谐。和谐社会需要和谐企业，和谐企业离不开和谐社会。企业在我国经济社会中居于十分重要的地位，是社会主义物质文明、政治文明和精神文明建设的重要基础和重要力量。在构建和谐社会的进程中，如果能够首先把我国所有的企业建设成为一个个和谐的小社会，必将对我国构建和谐的大社会，提供坚实的群众基础和社会基础，起到强大的支撑作用和促进作用。

社会和谐的基础是经济和谐，构建社会主义和谐社会，从根本上说决定于经济发展的总体进程。只有经济的充分发展，才能为构建社会主义和谐社会提供雄厚的物质基础。社会主义和谐社会是一个动态的发展过程，随着经济的发展而不断深化，从较低层次发展到较高层次，从较低水平发展到较高水平。经济发展将使创造社会财富的源泉被充分挖掘出来，为社会和谐发展不断提供充实的物质保证；经济发展将创造更多公平发展的机会，使社会全体成员都能平等参与社会经济活动，各尽所能、各得其所；经济发展将创造更加有利的社会和谐的条件，为实现更高层次的和谐提供保障。经济和谐的关键是企业和谐，企业是社会生产的微观主体，是社会活力的源泉。企业兴旺则经济繁荣、国家昌盛，企业安定则经济稳定、国家安宁。因此，建立和谐企业是构建和谐社会的基础之基础，通过企业和谐能够有效地促进社会和谐的进程。

三、如何构建和谐企业

在现阶段，构建和谐企业，要从以下方面着手：

（1）企业应确立发展的双重目标，而非单一目标。企业存在的目的不能从自身寻找，只能从外部，从对社会的贡献中寻找，从客户那里寻找。企业经营的目的是盈利，但如果忽视了社会责任就不算成功的企业。只有注重社会责任的企业，才能在长远的发展中树立起自身的品牌，只有给予社会最优质的产品，社会才会给予企业回报及认同，在这样的良性循环下，企业自身才是最终的受益者。一个有远见的企业家，不仅应追求企业的短期利润，更应关注企业长期获取利润的能力，而自觉承担社会责任的企业有助于增强其长期盈利能力。事实上，越来越多的企业实践和众多的研究成果充分说明，在社会责任和企业绩效之间存在正向关联度，企业完全可以将承担社会责任转化为实实在在的竞争力。广大企业和企业家必须充分认识到，我国今天的社会已经进入了一个快速发展与社会矛盾加剧的历史转型期。这一时期，要求我们企业增强社会责任感，热衷于社会公益事业，采取行之有效的措施，在大力发展社会公益事业中作出更多贡献，以缩小贫富差距，缓解社会矛盾，维护社会公平。

（2）制定有关法律，建立企业的社会责任机制。构建和谐企业需要企业的自觉行为，但为了在整个社会范围内达到这一目标，还必须具有强制措施。社会责任感仅仅是一种社会道德观念，不是法律所必须要求企业做到的，所以对企业不可能形成强有力的约束。同时企业承担社会责任要花费一定的成本和资源，在一定时期会减少企业的利润和对股东的回报。因此，一些企业就设法逃避社会责任。所以，有必要将企业社会责任变为各种有约束力的法律法规制度，对企业形成强有力的约束。

在一些发达的市场经济国家，已经形成了较为成熟的社会责任机制，它可以确保企业履行其社会责任。除了国家制定的各种法律，还包括定期的社会责任报告，第三方的独立评价，企业设立或参与各种捐助基金，以及包括舆论监督、消费者运动、投资者运动在内的各种社会力量和机制。

我国由于现代市场经济发展的历史不长，不管是企业还是政府都对企业社会责任的认识有限，应该借鉴发达国家企业管理的先进经验，逐步建立健全我国企业的社会责任的法律法规，并形成对企业有约束作用的社会责任机制。作为新企业标准——企业社会责任（S8000）认证，正在深刻影响着全球企业，特别是对处于全球商品链上生产环节的发展中国家的企业，其影响是更为深刻的。对于还没有完全跨过资源、技术瓶颈的中国制造业则面临承受更多社会责任的新的挑战。这是我们必须面对的现实，也是我们在建立和谐企业过程中必须统筹考虑的问题。应当认识到，在企业创业的过程中，只有把企业的经济目标和社会责任很好地统一起来，才能实现在和谐中创业，通过创业促进进一步的和谐。

（3）构建有利于企业和谐发展的企业文化。企业文化具有整合企业各种生产要素的功能，主要表现在两个方面：一方面是将企业文化作为灵魂来指导企业发展，通过文化建设建立企业良好的形象，取得社会的认同和尊重；另一方面就是要在企业内部形成统一的管理语言平台和标准，使员工形成共同的价值观和共同的奋斗目标，进而形成统一的力量。针对目前部分企业缺乏企业文化、企业文化表面化和形式化的现状，构建促进企业和谐发展的企业文化是当务之急。"和谐"既是一种伦理道德,也是一项管理准则。这就要求企业以"和谐管理"为指导思想,建设优秀的企业文化。这不但是企业实现与外部环境和谐的重要途径和标志,也是创建和谐企业的基石和保障。企业内部各种冲突的根源,从根本上讲就是缺乏建立在统一的价值观上的企业文化。企业文化的建立不仅是企业领导人的事情,同时也是全体员工的共同价值观的反映,必须要深入人心,否则再好的文化也只是形式。优秀的企业文化一旦形成,就会为和谐企业的构建提供强有力的精神支持,对企业的发展会起到不可估量的巨大作用。

(4)塑造具有良好品格的企业家和良好的企业信用。一个和谐发展的企业,必定需要一个品行端正具有社会意识的企业家。企业文化的形成、企业目标的制定,都与企业家的行为、观念有很大的联系。企业家群体社会地位的提高,是我国市场化改革深化的必然结果。正因为企业家群体社会影响力越来越大,也就给企业家群体带来更大的责任和压力,人们将会用更高的社会标准和道德标准来评价企业家的行为。因此,企业家应当更加注重自己的社会责任。构建和谐社会不单单是政府的责任,同时也是社会公众的责任,企业家作为一个影响日益巨大的社会群体,负有更大的责任,这是历史的要求。企业家把企业做强、做大,创造更多的社会财富,提供更多的就业岗位,为构建和谐社会创造出坚实的物质基础,这是企业家的经济责任。把企业办成社会形象良好的企业,友好公众、友好环境、友好员工,是企业家直接的社会责任,企业家的责任还体现在取之于社会,反馈于社会,随着企业发展壮大,通过资助各类公益事业或弱势群体,为社会的稳定和谐做贡献。

社会主义市场经济是法制经济,企业必须严格按照国家的法律法规,规范自己的经营行为,如果不择手段捞钱,是一种既损人又损己的不道德行为。可以说,目前市场秩序混乱的根源都出自不诚信不守约。诚则信,信则兴。作为一个企业,只有严格遵守信誉,合法经营,才能赢得市场和广大消费者,才能兴旺发达。要破除谁守信谁吃亏的怪现象,企业家要勇敢地站出来带头讲诚信,不要被蝇头小利所诱惑,不随大溜,做文明的企业家。什么时候形成了诚信企业家群体,什么时候才能诚信兴商,实现市场的有序竞争,也才能实现真正意义上的社会主义市场经济。

(5)发展循环经济,形成企业与环境和谐相处的和谐企业。循环经济是一种以资源的高效利用和循环利用为核心,以"减量化、再利用、资源化"为原则,以低消耗、低排放、高效率为基本特征,符合科学发展观和可持续成长理念的经济增长模式,是对"资源—产品—废弃物—污染物"的传统增长模式的根本变革。企业和企业家必须确立生态企业的经营思想和理念,科学认识和正确运用自然规律,准确地利用自然来为人们的生活和社会发展服务,加快经济结构、产品结构的调整和增长方式的转变，选择先进的生产形式，在开发绿色产品的同时，大力推进绿色服务，真正实现人与自然、企业与自然的和谐相处。建设和谐企业，离不开良好的外部环境，其中最重要的是社会支持和自然环境支持。因此，在建设和谐企业的过程中，企业一定要处理好自身利益与社会利益、发展经济与保护自然环境之间的关系，不与社会争利，不与群众争利，不与自然争利。要少取之，多予之。要取之有道，取之有情，取之有责，积极参与社会公益和自然环保事业，不污染破坏环境，十分珍惜和有效利用资源，走循环经济发展之路，为社会创造绿色财富和健康财富。

（6）确立"合作竞争"的企业战略，实现企业的外部和谐。现代企业外部环境的变化，促使企业竞争战略也必须发生重大变化，全球性的"竞争的革命"正在兴起。依靠过去高度对抗性的竞争已经无法在竞争中取得优势地位，现代企业的竞争是以"合作竞争战略"为主导，是在合作基础上的竞争，是合作和对抗的交互作用方式。要实现企业的和谐发展，重要的一点是要实现和谐竞争，也就是要加强竞争与合作。改变过去那种相互倾轧、相互拆台、相互破坏资源的不规范竞争行为，避免两败俱伤的局面的出现，使各竞争主体发挥各自比较优势，在竞争中加强合作，在合作中提高竞争能力和水平。这样，才能保证各竞争主体都能在竞争中得到平均利润，使企业能够在一个和谐有序的竞争环境中发展。因此，建立和谐企业必须充分认识到这种战略形势的变化，既注重企业的内在和谐，也要考虑到企业的外部和谐，确立既竞争又合作的新战略。

（7）通过技术创新、制度创新与管理创新，实现和谐管理。传统意义的管理方式与和谐管理有很大区别。和谐管理至少有三个方面的要点：一是要使管理主体同一化，人人参与管理，自觉进行管理，使自律与他律相结合。现代管理区别于以往管理的是，管理的重点从"对人的管理"、"对人的行为的管理"、"对管理者的管理"转向"对组织的管理"。也就是在组织之内每个人同时是管理者和被管理者，使不管是管理者还是被管理者，都是一种主动行为，以提高整个组织的效率。二是要加强激励与约束，强化激励效应，通过激励实现约束的目的。诺奖获得者詹姆斯·莫里斯曾指出："在各种因素中，对经济发展的良好势头起最直接推动作用的是与利润直接挂钩的奖励制度。""企业的成功并不是通过一味地降低成本来解决问题，而是通过有效的激励机制。"现代企业的委托代理理论的核心归根结底也是对激励机制的研究。所以建立起良好的激励机制对于调动企业全体人员的积极性，降低成本，提高企业效率都具有极大的作用。但是，长期以来，我们比较多地是从约束的角度去克服国有企业存在的弊端，但往往不尽如人意。因为没有激励的约束，是一种被动的约束，结果是不但没有起到应有的作用，反而会产生负面的影响。激励是最深层次的约束。企业发展的动力来自人的能动性和创造性的发挥，而要使人的能动性和创造性得以最大限度的发挥，关键是要真正激励到位。三是要推行"无边界"行为。美国的 GE 公司首先提出了这一概念，并在企业内部逐渐实现了无边界的管理，取得了成功的经验。无边界就是创造一种全员互动的生动局面，打破企业组织内外部所有界限，调动一切可以调动的积极因素，充分发挥人们的想象力和创造力，同时实现组织的内外部的同时和谐。

（原载于《石油化工政工研究》2007 年第 5 期）

企业制定和实施发展战略必须
处理好的五个关系

　　随着企业改革的不断深化和社会主义市场经济体制的逐步完善，企业对发展战略问题越来越重视。近年来，企业在管理创新实践中，有关战略管理方面的创新成果越来越多；在中外企业管理理论的研究中，有关战略管理创新的研究也越来越多。我国著名企业家、中国远洋运输（集团）总公司总裁魏家福先生有一句治理企业的名言，叫作"大海航行靠舵手，企业发展靠战略"，这充分反映了企业发展战略的重要和企业家们对企业发展战略的重视。但重视并不意味着我国企业战略管理的水平已经很高了。可以说，很多企业的战略管理才刚刚开始，还有不少企业甚至还没有真正意义上的战略管理。本文拟从我国企业战略管理的实际情况出发，对企业制定和实施发展战略必须处理好的几个关系问题谈一点意见。

一、企业发展战略与环境的关系

　　企业发展战略，就是企业关于发展的总体设计和长远规划。因此，企业的发展战略必然具有宏观性、指导性和长期性。尽管不同企业、企业的不同发展阶段和不同市场条件下的发展战略的内容有所不同，但发展战略所具备的一些基本要素应当是相同的。如企业较长时期的愿景、战略目标、战略阶段、战略重点、战略措施等。企业的高层领导者必须能够高瞻远瞩，对企业未来的发展方向进行谋划，即要根据经营环境和企业未来发展的可能性确定企业的战略目标，并按照实现战略目标的要求，确定战略阶段、战略重点和战略措施等。

　　企业环境对于企业发展战略的重要性在于，企业总是在一定的环境中生存和发展的，同时，企业的生存和发展环境也是在不断发展变化着的，而企业生存和发展环境的任何变化，都可能给企业带来机遇和效益，也可能给企业带来挑战和风险。

在制定和实施发展战略过程中，管理者的一项重要工作就是要深入分析环境能够给企业提供机会或造成威胁的因素。其中，对企业内部环境的分析，主要是找出企业经营的优势和隐患；对企业外部环境的分析主要是找出企业经营的机会和威胁。而将这四种因素综合起来进行分析，就是通常所说的SWOT分析。

对于企业的内部环境，管理者一般是比较熟悉的，关键是要有一个正确的认识和判断；而对企业的外部环境，则必须经过大量深入的调查研究，才能有一个比较全面的了解。对于制定和实施发展战略来说，企业的外部环境显得更加重要。

企业外部环境，主要包括制度与体制环境、法制与政策环境、社会与文化环境、经济与市场（市场秩序、供求关系和竞争对手等）环境等。在上述环境中，有些是相对稳定的，有些则是随时在发生变化的。对那些随时在发生变化的环境，企业则要给予更加高度的重视。同时，有些环境经过企业的努力是可以改变的，有些环境对企业来说，则是无能为力的。因此，企业必须学会适应环境，还要善于改变某些环境。特别是企业在实施战略过程中，必须根据环境的变化，对战略进行适时的调整。

我国目前仍处在社会转型和体制转轨阶段，一些企业的战略管理实践表明，在这个阶段，制度与体制环境、经济与市场环境对企业制定和实施发展战略的影响最大。因此，对体制和市场环境的适应性，就成为企业战略成败的关键。例如，我国著名的万向集团，经过近40年的不懈努力，能够从一个打铁铺发展成为一个以汽车零部件制造为主业，兼营金融、房地产等多业的大型跨国公司，其中一条极为重要的经验，就是以鲁冠球为首的企业高层领导者，在企业战略管理上采取了稳健而又积极的方针，特别是非常重视企业对环境的适应性。无论在计划经济时期，还是在有计划的商品经济和市场经济时期，万向集团都能稳步快速向前发展，实现了"奋斗十年加一个零"（营业额、利润和员工最高收入）的宏伟目标。当笔者问起鲁总成功的秘诀时，他谦逊地说，没什么秘诀，如果硬要说上几点体会的话，那就是在任何时候，企业都不要干超过自己能力的事；有了机会一定要抓住，绝不放过；用一个人（指在某个经营领域里的领军人物）干一件事；在任何情况下，企业都要遵纪守法。在这些淳朴而又闪光的言语中，蕴藏着鲁总在几十年奋斗中形成的经营理念，很值得其他企业在制定和实施发展战略时学习、借鉴。

二、企业总体发展战略与专项战略的关系

企业在制定和实施发展战略过程中，还必须处理好总体战略和各专项战略的关系。所谓总体战略，是指对企业的总体发展目标和未来发展方向作出总体规划的长期性和全局性战略；专项战略则是为实现企业总体战略而对企业发展的某个方面作出具体规划的局部性战略。总体战略与专项战略之间的关系，是整体与局部的关系，总体战略是统筹各专项战略的全局性指导纲领。因此，总体战略必须建立在专项战略的基础上，而各专项战略则必须服从总体战略的要求，确保总体战略的实现。离开总体战略，专项战略就会失去方向，而离开专项战略，总体战略就会失去基础。

在企业总体战略的统领下，企业需要制定和实施的专项战略一般有市场战略、品牌战略、人才战略、技术创新战略、知识产权战略、成本战略、质量战略、文化战略和国际化战略等。这些专项战略，从战略目标、战略重点、战略阶段、战略措施等各个方面，都必须同企业的总体战略相匹配，成为总体战略的基础，确保总体战略的切实执行和全面实现。

企业总体战略与专项战略的关系，本来是十分清楚的，但在实际工作中却存在着一系列的问题。如不少企业的总体战略都缺乏战略的基本要素和战略制定的必要步骤，有些企业的总体战略只是一些最基本的经济技术指标，有的甚至变成了一些理念和口号，缺乏具体内容和必要的战略措施。而一些专项战略，战略目标和战略措施虽然比较具体，但又缺乏与总体战略的衔接，甚至与总体战略发生冲突。即使一些战略管理搞得较好的企业，在向有关方面介绍本企业的战略制定和实施的时候，有时也说不清战略到底是如何制定出来的。至于战略的实施，则更多的是对日常工作的总结。

在市场经济条件下，企业没有战略，就相当于大海航行没有舵手，是不可能成功的；而如果不能很好地处理总体战略与专项战略的关系，则相当于打仗缺乏统帅，同样是要失败的。

三、战略目标与战略措施的关系

既然是战略，都应当既有战略目标，又有战略措施。不论是总体战略还

是专项战略，在制定和实施过程中，都必须处理好战略目标和战略措施的关系。

战略目标与战略措施的关系，就是目的与手段的关系。没有目的，也就不需要什么手段，而没有手段，目的就不可能达到。就企业总体发展战略而言，战略目标主要包括两个方面：一是企业的发展方向；二是企业的发展水平。企业的发展方向主要是企业的产业、产品定位；企业的发展水平主要是本企业在本行业中的地位，包括国内地位和国际地位。这两个方面的目标必须通过一系列经济技术指标加以规定。如企业规模，包括的具体经济技术指标有营业额及其分产品的构成、产品的质量和技术水平、盈利水平和产品的市场占有率、职工的收入水平等。这些经济技术指标，必须根据企业的经营环境和实际情况进行科学预测和确定。特别是一些阶段性的发展目标，既不能定得太高，也不能定得太低，而应当是高于历史最好水平，但经过努力能够实现的。太高了，经过努力也达不到，不仅不能发挥战略的指导作用，而且还会挫伤员工的积极性；太低了，不经过努力就能达到，不仅不能鼓舞企业的士气，而且也起不到战略的引领作用。由于在市场经济条件下，企业的经营环境随时都有可能发生重大变化，企业的发展方向和战略目标必须具有一定的调整空间，并且在调整中不至于给企业带来重大的损失和风险。

此外，对企业的战略措施还应当进行必要的分类，对那些在实现企业的战略目标中起决定性作用的重大战略措施应实行专项管理，要从资金、人才和技术等方面切实加以保证；而对那些一般性的战略措施，则应实行集中管理，以随时掌握各项措施落实的情况，确保它们之间的相互协调和配合。

四、战略制定与战略执行的关系

战略的制定是为了战略的执行，不执行或不准备执行的所谓战略规划是没有任何意义的。这一点本来是不应该成为问题的，但在实际工作中却并不是那么简单。

在企业发展战略的执行上存在的问题主要有：一是有少数企业（主要是中小企业）本来没有什么发展战略，但看到别的企业都在制定发展战略，自己也就不惜花重金，请来一些咨询机构和专家为自己的企业制定所谓的发展战略。由于这些企业的领导人本来就不重视或不相信企业发展战略的作用，他们制定战略的目的是为了好看，这样的战略当然也就不可能被执行了。同时，这些企业一般都不具备实行战略管理的条件，咨询机构和专家们制定的战略也就只能是纸上谈兵了。有的甚至用一些固定的模板换一下企业的名称就行了。这样的战略即使企业真心实意地想执行，也是执行不了的。二是有些企业的领导贪大求洋，制定的战略根本不符合本企业的实际。如有的企业认为，越是国际上知名机构制定的战略水平越高，甚至认为花的钱越多制定的战略越好。在企业发展战略制定与执行的关系问题上，制定战略必须是为了执行，为了达到企业发展的目标，实现企业的愿景；而要确保企业发展战略的有效执行，就必须使企业的战略制定符合本企业的发展实际，并制定和执行切实有效的战略措施。

五、企业发展战略与国家和区域经济社会发展战略的关系

由于企业是经济社会的细胞，企业经济是微观经济，是宏观经济的基础，因此，企业在制定和执行发展战略时，必须处理好它与经济社会发展战略的关系。在企业发展战略和经济社会发展战略关系上，主要是企业发展战略要以经济社会发展战略为导向。企业的产业、产品定位和调整，要符合国家的产业政策；企业的发展规模和产业、产品结构要有利于经济发展方式的转变；企业的技术进步和技术创新要符合社会技术发展的潮流和方向；企业的发展路径要符合走新型工业化道路的要求，有利于节能减排和环境保护等。

区域经济社会发展战略的制定和执行要建立在本地及其周边企业，特别是大型骨干企业发展战略的基础上。区域经济社会发展战略的制定和执行还要能够积极引导企业发展战略的制定和执行。就企业而言，要尽可能使自己的发展战略与区域经济社会发展战略相协调、相衔接，以便得到区域经济政策的有效支持。企业发展战略的制定和执行，要有利于区域经济社会整体发展战略目标的实现，积极支持所在区域的经济社会发展。同时，企业还要把履行社会责任纳入自己的发展战略之中，在履行好法律规定的社会责任的基础上，积极承担和履行好道德意义上的社会责任，以实现企业与社会的良性互动、协调与和谐发展。

（原载于《经济管理》2008年第19~20期）

企业管理与核心竞争力

自从哈默与普拉哈拉德 1990 年在《哈佛商业评论》上提出企业核心竞争力的概念以来，中国学者和企业家对企业核心竞争力问题也进行了比较广泛的研究。然而，究竟什么是企业核心竞争力，它与通常所说的企业竞争力是什么关系，似乎还没有一个比较统一的认识。笔者认为，核心竞争力首先是竞争力，它是竞争力中最为关键并起着决定性作用的因素。竞争力是形成核心竞争力的基础，核心竞争力是竞争力的高度集中和综合。没有竞争力，就谈不上核心竞争力，而没有核心竞争力，竞争力就不会得到巩固和不断提高。因此，培育企业的核心竞争力，还必须从不断提高企业的竞争力入手，而提高企业的竞争力，又必须紧紧抓住竞争力中那些起决定性的因素，即核心竞争力的提升。

企业竞争力问题之所以重要，是因为它是决定企业生死存亡的大问题。在市场经济条件下，竞争是不以人们的意志为转移的，而企业要在激烈的竞争中求得生存和发展，就必须有较强的持续竞争力。中国加入世界贸易组织（WTO）以后，不少企业面临着更加激烈的竞争带来的严峻挑战。之所以面临挑战，归根结底是由于这些企业的竞争力还不强，因此，提高企业的竞争力是我国"入世"后企业面临的最紧迫的任务。

一、企业竞争力的基本表现

企业竞争力是一个比较复杂的概念，它涉及到企业生产经营活动的各个方面。简要地说，企业竞争力就是企业在与竞争对手竞争中所处的优势及其战胜对手的能力。而企业所处的优势及其战胜对手的能力，又是由企业各方面的优势及其能力决定的，因此，企业的综合竞争力也是由各方面的竞争力构成的。

企业竞争力不是一个空洞的概念，它是企业能够战胜竞争对手的实实在在的能力，这种能力最终表现为企业所提供的产品（包括劳务）的竞争能力。

企业所提供的产品的竞争力又是由以下几个方面决定的：一是产品的价格；二是产品的质量和技术水平；三是企业的售后服务。

价格竞争是企业之间竞争的重要方面。在产品的质量、技术水平和售后服务等相同的情况下，谁的产品价格低，谁就有较强的竞争力，这是不言自明的道理。然而，在产品的质量、技术水平和售后服务等不相同或不完全相同的情况下，价格竞争就呈现出比较复杂的情形。一般来说，低值易耗品，人们生产、生活中的非重要产品的价格是比较重要的竞争因素；而耐用消费品，人们生产、生活中的重要产品和关键产品，其价格在竞争中的作用则相对较小。同时，价格竞争与人们的收入水平和购买力状况也有密切的关系。如果人们的收入水平较高，购买力较强，价格在竞争中的作用就相对较小，反之，价格竞争的作用就较大。需要指出的是，价格竞争，必须建立在一定的质量和技术水平的基础上，否则，无论产品的价格多低，也是没有竞争力的。总之，价格竞争只是竞争中的一个方面，在科学技术进步不断加快的今天，一个国家，一个民族，一个企业，如果长时期地仅仅依靠产品的价格竞争去取胜，是不会有前途的。

当然，在不断提高产品质量和技术水平的前提下，尽可能地降低价格，就会增强产品的竞争力。然而，产品价格的降低是受到一些因素制约的，其中最重要的制约因素就是产品的成本。在保证企业盈利水平不降低的情况下，要降低产品价格，就必须不断地降低产品成本。这就需要加强成本管理，搞好成本控制。

与价格竞争相比，质量和技术水平的竞争显得更加重要。在产品价格相同的情况下，谁的产品质量和技术水平高，谁就有较强的竞争力，这也是不言自明的道理。产品的质量和技术水平是两个不同的概念，但又有着密切的联系。产品的质量表现为产品的使用价值和功能符合质量标准的程度；而产品的技术水平则表现为产品在具备特定的使用价值和功能的前提下，产品的技术先进程度。它们二者都与企业的技术力量密切相关。企业要提高产品质量，就必须不断改进企业的工艺技术水平，同时还要加强质量管理，搞好质量控制。而企业要保持产品在技术上的先进性，就必须加强科学研究和产品开发，保证产品能够随着社会技术进步不断更新换代。

售后服务也是企业之间开展竞争的重要方面。在其他条件相同的情况下，谁的售后服务好，谁的竞争力就强，谁就会拥有更多的用户。售后服务也包括多方面的内容，如服务态度和技能、服务的及时性及方便用户的程度、收费标准等。在人们的生活节奏越来越快的今天，用户对产品售后服务的要求也越来越高。

上述三个方面是企业竞争力的基本表现，而企业竞争力的强弱，则是由各方面因素综合作用的结果。

二、企业竞争力的决定性因素——企业核心竞争力

前面我们分析了企业竞争力的基本表现，这些表现又取决于一些更加深层次的问题，这些深层次的问题就是企业竞争力的决定性因素，即企业的核心竞争力。

影响企业竞争力的第一个因素是企业制度的创新能力。制度决定机制，机制决定活力（竞争力），活力决定效益，效益决定发展。一个机制灵活，具有较强竞争力的企业，必然有一个较好的企业制度。竞争机制是市场经济的产物，是不以人们的意志为转移的。企业要有较强的竞争力，首先必须建立健全适应市场经济体制要求的现代企业制度。按照马克思主义生产力决定生产关系、经济基础决定上层建筑的基本原理，生产力是不断发展的，企业制度也是不断发展的。任何先进的企业制度都是相对的，企业要始终保持制度上的先进性，就必须具备不断进行制度创新的能力。可以说，企业的制度创新能力对企业的竞争力具有决定性作用。

影响企业竞争力的第二个重要因素是企业的技术创新能力。企业有较强的技术创新能力，能够占领企业所在领域的技术制高点，拥有自己的知识产权，就会有较强的竞争力。在市场经济条件下，竞争之所以能够推动技术进步，就是因为掌握先进技术的企业能够获取超额利润。而企业要保持在技术方面的领先地位，就必须具有较强的技术创新能力。因此，企业的技术创新能力是形成企业竞争力的基础。

影响企业竞争力的第三个重要因素是企业的管理创新能力。从一定意义上讲，管理也是生产力。只有通过科学的管理，才能把企业的各种的生产要素有效地组织起来，转化为现实的生产力。任何企业，要进行生产经营活动，都必须进行管理。然而，由于管理的水平不同，相同的生产要素形成的生产力也就不同，在市场经济条件下，企业的竞争力也就不同。所谓管理，一方面表现为对企业生产力的组织，另一方面又表现为对企业生产关系的处理。由于企业的生产力是不断发展的，管理也必须随着企业生产力的发展而不断创新。只有管理不断创新，企业才会有持续的竞争能力。可以说，企业管理创新能力是形成企业竞争力的基本手段。

影响企业竞争力的第四个重要因素是企业文化。同市场机制一样，企业文化是另一只对企业生产经营活动产生重大影响的看不见的手。所谓企业文化，就是企业在长期的生产经营实践中形成的并为全体员工认同与遵循的价值观念和行为规范的总和。这种价值观念和行为规范是非条文的和无形的，它与企业的规章制度一起从不同的侧面影响和制约着企业员工的行为，从而影响着企业的行为及其适应市场和环境的战略与策略，以及处理企业内部矛盾与冲突的准则和行为方式。

企业文化之所以是影响企业竞争力的一个决定性因素，一方面，由于在知识与信息时代，企业要充分发挥员工的积极性和各方面的潜能，就必须实行以人为本的管理，而企业文化则是实行以人为本的管理的核心和灵魂，对整个企业管理具有导向作用，从而对企业的竞争力产生重大影响；另一方面，企业文化是企业在长期的经营实践中形成的，它往往渗透着企业的主要领导人，特别是企业创始人的许多个人特质。人们通常认为，企业核心竞争力具有领先性和不可模仿性。如果说先进的企业制度、先进的技术和先进的管理是可以学习与模仿的话，那么，先进的企业文化则是不能被模仿和复制的。特别是作为企业文化核心的企业精神，它渗透着企业创业者和历届主要领导人的世界观、价值观和方法论，以及建立在这种世界观、价值观和方法论基础上的经营理念，并深植于每位员工的心里，为全体员工所认同。这些更是无法模仿和复制的。正是从这一点出发，前面我们讲到对企业竞争力具有决定性影响的其他因素时，强调的是企业的制度、技术和管理创新能力，而不是制度、技术和管理本身。这种创新能力是以包括企业文化在内的各种特定的要素为基础的，也是很难被模仿和学习的。可以说，先进的企业文化是形成企业核心竞争力的基本保障。

三、提升企业核心竞争力的途径

以上我们分析了对企业竞争力起决定性作用的因素主要包括企业的制度创新能力、技术创新能力、管理创新能力和企业文化，因此，提升企业核心竞争力的基本途径，就是不断增强企业的上述创新能力，并培育有中国特色和本企业特点的企业文化。

（一）要提高企业的制度创新能力

前面已经讲到，企业的制度创新能力，是决定企业竞争力的最重要的因素。所谓企业制度创新，就是要根据市场配置资源和企业生产力发展的要求，不断革新和完善以企业的财产制度为核心的各项基本制度，包括组织制度、责任制度和治理结构等。就现阶段而言，就是要建立和完善适应社会化大生产和社会主义市场经济客观要求的现代企业制度。具体地说，就是要对企业（包括非国有企业）继续进行规范的公司制改造，并进行规范的公司治理。

所谓规范的公司制改革，就是除那些规模较小的个人独资企业和合伙企业外，一般都应按照《中华人民共和国公司法》的规定，逐步建立和完善产权清晰、权责明确、政企分开、管理科学的有限责任公司和股份有限责任公司。建立有限责任公司和股份有限责任公司，特别要注意解决好产权清晰以及股权结构多元化、分散化、合理化和治理结构科学化等关键问题。

实现企业产权清晰，就是要明确各类资产，特别是国有资产的出资人问题。国家要制定相应的法律法规，建立中央政府和地方政府分别代表国家履行出资人职责，享有所有者权益，权利、义务和责任相统一，管资产和管人、管事相结合的国有资产管理体制。要确保国有资产出资人与其他资产出资人享有同等的权利，既要到位，又不能越位和错位。

实现企业股权结构多元化、分散化、合理化，除极少数特殊行业（如自然垄断）的企业外，一般都不应建立国有独资公司，而要尽可能建立股权多元化、分散化的有限责任公司和股份有限公司。即使对这些有限责任公司和股份有限公司，也要逐步解决国有股一股独大和内部人控制等问题。要建立一个大小股东结构合理，能够相互制衡的股权结构，以有利于实现规范的公司治理。

公司法人治理结构是公司制的核心，建立规范的公司法人治理结构是进行规范的公司治理的前提条件。而建立规范的公司法人治理结构，关键是要处理好股东会、董事会、监事会和经理层的关系，形成一个各负其责、协调运转、有效制衡的公司治理的基本框架。

进行规范的公司治理，就是要在建立健全公司法人治理结构的基础上，通过正确处理股东、董事及经理层之间的关系，公司与利益相关者（如员工、客户、债权人和社会公众等）之间的关系，以及正确执行有关法律、法规和上市规则等，确保全体股东的权益。现阶段，中国上市公司治理中存在的主要问题是内部人控制下的国有股一股独大。具体表现为治理结构中缺乏制衡机制、监督机制弱化、小股东权益得不到保障，以及"造假"、"掠夺"（侵犯小股东的利益）与"掏空"（使上市公司成为空壳）等。解决这些问题，关键是要严格按照上市公司的治理准则，确保上市公司的独立性，并严格按照法律、法规和公司章程的规定，真实、准确、完整、及时地披露信息，建立健全有效的监督与激励约束机制，以确保所有股东，包括中小股东和外国股东的合法权益。

(二) 提高企业的技术创新能力

企业的技术创新能力直接决定着企业的市场竞争能力。企业有了较强的技术创新能力，能够研制开发并生产出满足市场需求的高技术和高质量的产品，就能不断提高自己的市场竞争力。而提高企业的技术创新能力，首先，要建立和完善企业技术创新体系。大型企业应建立技术开发中心，不断加强技术开发力量，加大技术开发资金的投入，加快开发具有自主知识产权的技术和主导产品。一些大型企业和企业集团，可与国外跨国公司合作建立技术开发机构，开展多种形式的技术合作；有条件的企业，可以到世界科技开发的最前沿建立技术开发机构，与合作者实现技术资源共享和优化配置。其次，要积极探索新的技术创新模式。开展多种形式的产学研结合，吸引科研机构和大专院校的科研力量进入企业，组织力量对一些重要领域的关键技术难题进行联合攻关，实现技术上的突破与跨越，促进科技成果向现实生产力的转化。最后，要形成有效的技术创新机制，这是企业技术创新能力的动力与源泉。要深化企业的人事制度和分配制度改革，真正使资本、技术等生产要素参与权益分配，以吸引人才，留住人才。要通过技术入股、岗位工资和建立重大奖励项目等多种分配形式，充分反映和体现科技人员实现技术创新和技术进步的价值，最大限度地发挥他们的创新潜能和积极性。

(三) 提高企业的管理创新能力，实现企业管理的不断创新

企业管理创新，包括企业管理思想创新、企业管理组织创新、企业管理方法创新和管理手段创新等多个方面。其中，管理思想创新，对整个企业管理创新起着导向和决定性作用。只有管理思想能够与时俱进，不断创新，才能实现整个企业管理的创新。实现企业管理创新，最重要的是在实现企业制度创新的基础上加强企业发展战略的研究。企业的发展战略是否科学与正确，是企业能否取得成功的关键。企业要面向市场、适应市场，制定和实施科学的发展战略、技术创新战略和市场营销战略等，并根据市场变化适时加以调整。为了制定和实施科学的发展战略，企业要实行科学决策、民主决策，不断提高决策水平，同时要搞好风险管理，避免出现大的决策失误。

提高企业的管理创新能力，首先，必须有一个敢于创新、善于创新，并且懂经营、会决策的企业领导集团；其次，必须有一支精通和从事企业的基础管理、专业管理和综合管理的高素质的经营管理队伍；最后，要建立健全一个能够不断实现企业管理创新的机制。企业有了健全的企业管理创新机制和较强的企业管理创新能力，才有可能实现企业管理的持续创新，从而使企

业管理始终保持先进水平。

（四）加强企业文化建设，为提升企业竞争力提供精神支持

企业文化的核心是精神文化，它包括企业精神、企业经营哲学与经营理念，以及企业价值观等。如果说企业制度创新能力、技术创新能力和管理创新能力渗透于上述各个方面之中，则为提升企业的竞争力提供精神支持。

需要指出的是，企业文化是一个中性的概念，特别是企业的精神文化，既可以是一种积极向上的对提升企业竞争力发挥正向作用的文化，也可以是一种保守落后的对提升企业竞争力产生消极作用的文化。只有当企业文化，特别是企业的精神文化顺应社会发展，融入人们的社会生活，体现时代精神，同时又具有鲜明的企业特点的时候，它才能促进企业竞争力的提升。否则，它不仅不能对提升企业的竞争力发挥积极作用，反而还会削弱企业的竞争力，阻碍企业的发展。因此，企业文化也必须与时俱进，不断创新。此外，企业文化还必须实现内容与形式的统一，表象与实质的统一，并且与本企业的生产技术特点和经营管理相结合，具有鲜明的个性和独特的风格，才能真正促进企业竞争力的不断提升。企业在建设自己的文化时，必须充分注意到这一点。

（原载于《经济管理》2003 年第 3 期）

来自应对金融危机第一线的经验与启示

如果说应对金融危机是一场激烈而残酷的战争，那么企业，特别是外向型企业，则处在这场战争的第一线。目前，我随同中国企业联合会组织的企业管理现代化调研组到江苏省进行调研，发现有一家产品以出口为主的纺织企业，自金融危机爆发以来，其生产经营活动，包括对外出口不仅没有受到太大影响，而且不少经济技术指标都在不断提升，位居同行前列。这家企业是江苏联发纺织股份有限公司（以下简称"联发纺织"），其一些做法很值得思考和研究。

一、"联发纺织"在逆境中前行

"联发纺织"是一家集棉纺、色织、印染、服装、热电生产和国际贸易为一体的大型纺织集团，拥有年产纺纱 6000 吨，色织布 8000 万米，印染 5000 万米，衬衫 500 万件的产能，产品销往全国 20 多个省市，出口美国、英国、日本等 36 个国家和地区。目前市场分布状况为：欧洲市场占 40%、美国占 40%、日本及东南亚各国占 14%、国内市场占 6%，是一个典型的以出口为主的外向型企业。2008 年，在受金融危机的严重冲击、外向型纺织企业普遍不景气的情况下，实现销售收入 17.9 亿元，比 2007 年增长 11.18%；自营出口 1.63 亿美元，比 2007 年增长 14.79%；上缴税金 1.35 亿元，比 2007 年增长 19.47%；实现利润 1.28 亿元，比 2007 年略有下降（下降 6.57%，主要是产品价格下降，原料价格上升所致）。特别是 2009 年以来，在世界金融危机继续发展和蔓延的情况下，"联发纺织"的各项经济指标继续全面提升，实现了在逆境中大步前行。2009 年 1~4 月接单量 3324 万米，比 2008 年同期的 3288 万米增长 1.09%。实际产量 2594 万米，比去年同期的 2533 万米增长 2.41%。而 2009 年第一季度我国棉织物出口 13.61 亿米，较 2008 年同期减少 13.62%；

1~4 月出口创汇 4590 万美元，比去年同期的 4465 万美元增长 2.80%。同期，我国纺织品出口同比下降 15.29%；实现利润 4337 万元，比去年同期增加 741 万元，增长 20.61%（其中有退税率提高的影响）。

二、"联发纺织"应对金融危机的主要做法

（一）适应市场要求，实行敏捷营销

"联发纺织"取胜的关键在一个"快"字。根据市场需求，不仅研发、生产快，销售更快，实行了敏捷营销。近些年，公司与全球客商广泛结为合作伙伴，逐步形成了品牌商、贸易商和生产商紧密合作的国际贸易网络。过去，公司 70%的订单是通过贸易公司承接的，这种营销形式不仅利润低，而且订单不稳定。为了实现敏捷营销，公司不断加强营销队伍建设，调整客户层次，改进营销方式。目前，公司 80%的订单是直接与客户签订的，不仅减少了中间环节，降低了成本，提高了效率，而且增强了企业抗风险的能力。

快捷、周到的服务，是巩固和稳定客户的重要环节。面对金融危机，公司及时调整经营策略，稳定合作的大客户，当订单达到一定数量时，就主动给予价格上的优惠。为了满足客户对交货期的要求，公司采取了各种缩短生产周期的措施。手织样交期 3 天、大样 10 天、大货 20 天，适应了客户抢占市场的需要。以顾客为中心的经营理念，被融入到了全体员工的日常行为中。

（二）加快技术创新和技术进步，提高产品竞争力

（1）引进先进的工艺技术。公司 2005 年在全省首家应用潮交联免烫整理技术和经轴染色技术的基础上，2006 年又引进了 1000rpm 的高速喷气织机，2008 年又成为全省首家引进液氨整理技术的企业，实现了经轴染色产业化、高支纯棉色织织造高速化、面料整理功能化的生产。

（2）加大新产品开发力度。2008 年，公司与东华大学进行合作，每年投资 300 万元共建研发中心，不断增强研发能力。公司每年的研发投入都在销售收入的 3%以上，2008 年达到 6000 万元，实现新产品利润 1.02 亿元。公司自主研制生产的无莱卡弹力色织面料，面料细腻滑爽，富有弹性，风格华贵，具有丝的光泽和羊绒般的手感，达到了国际领先水平。目前，公司的主要产品色织布，已形成七大系列 5000 多个品种。高档化、多样化的产品拓展了广阔的竞争空间，大大提高了产品的竞争力。

（3）加强技术改造。近年来，公司投入大量资金进行设备改造和装备升级。如 2008 年，公司投资 7000 多万元引进了具有国际先进水平的液氨整理设备和服装吊挂生产线，大大增强了企业后劲。

（三）降低产品成本，增强竞争优势

（1）降低人工成本。公司切割单元、分散员工，将落后的增值不大的工序，采用外包的形式，以减少人工成本；加大技改，提高设备的自动化程度，减少用工。新增的 2 台自动穿织机可减少用工 50 人。对精减的人员，统一安排到其他新上项目，从而控制了用工总量，提高了劳动效率。

（2）降低制造成本。主要措施是节能减排、循环利用。如将丝光排放的废碱用于热电厂的水幕除尘，通过酸碱中和，每天可节约 2~3 吨硫酸，同时减少了二氧化硫的排放，既取得了经济效益，又履行了环保责任。

（3）降低质量成本。通过质量管理体系的不断完善和工艺流程的不断优化，使产品质量稳步提升，其中一些主要质量指标，如染色一次命中率、织造免修布率等都达到了行业领先水平，有效地降低了成本。

面对百年不遇的金融危机，"联发纺织"之所以能够从容应对，除了采取各种有针对性的应对措施外，还得益于多年来形成的多方面的积淀，包括不断完善公司治理结构、整合产业链、加强人力资源管理和财务管理等，具备了足够的抗风险能力。

三、"联发纺织"的经验带给我们的启示

"联发纺织"作为一家外向型的纺织企业，在世界金融危机的冲击下，能够保持"这边风景独好"的态势，他们的做法和经验带给我们很多启示。其中最主要的是，一个企业的竞争力是在长期的发展中形成。当危机到来时，采取相应的应对措施是非常重要的，但更重要的是平时注意加强对竞争能力和应变能力的建设。"联发纺织"的做法至少在以下几个方面具有普遍意义：

（1）坚持深化改革，使企业始终充满生机与活力。"联发纺织"是始建于 1955 年的国营老企业（当时叫国营染织厂），参与了我国国有企业改革的全过程。在改革大潮中，1998 年企业实行了股份制改造，并对下属工厂推行承包经营，实行计件工资，彻底打破了平均主义。2003 年根据企业进一步发展的要求，公司进行了产业链的整合和组织结构的调整，并引进了高层次的管理人才，使企业逐步走上了现代化管理的轨道。2006 年开始，公司进一步完善

和规范了治理结构，为企业上市进行各项准备工作，目前这些工作已经全部准备就绪，只待有关部门批准。改革的不断深化，使企业始终充满生机与活力，为企业的快速发展提供不竭的动力。

（2）持续进行技术创新，使企业产品始终保持强大的竞争力。"联发纺织"在世界金融危机冲击下，国际市场不仅没有萎缩，而且还在不断扩大，关键还在于产品具有强大的竞争力，而这种竞争力又来自持续不断的技术创新和技术改造。这是企业在激烈的市场竞争中能够取胜的法宝。

（3）不断进行新产品开发和产品结构调整，始终保持产品对国际市场的适应力。产品适应市场的要求和客户的需要，是企业生存和发展的前提。市场是瞬息万变的，对市场的把握程度和适应程度决定着企业在竞争中的成败。为了适应不断变化着的市场需求，"联发纺织"不停顿地进行着新产品开发，按照市场的变化随时进行产品结构调整，紧跟市场甚至走在市场前面。这就适应了纺织品市场发展的规律，确保了产品市场的不断扩大。

（4）全面加强企业管理，使企业始终保持着较强的盈利能力、偿债能力和资本扩张能力。企业的盈利能力、偿债能力和资本扩张能力，与企业的技术创新能力和产品竞争能力一样，直接决定着企业的可持续发展。如果说企业的产品竞争力主要来自企业的技术创新能力的话，那么企业的盈利能力、偿债能力和资本扩张能力则是由企业的整体管理水平决定的。正是由于近年来"联发纺织"全面加强和提升了企业管理，才大大增强了他们抵御风险和应对危机的能力。

四、企业希望行业和国家帮助解决的主要问题

在调研中，企业也提出了一些希望行业和国家帮助解决的问题。

（1）进一步提高出口退税率。目前纺织品出口退税率为16%，企业希望将出口退税率提高到17%。

（2）在企业技术改造上给予政策扶持。由于纺织行业属于传统产业，用工多，收益小。但却是关系国计民生的大产业。企业希望国家能够加大对纺织行业技术改造投入的政策扶持，如在贷款利率方面给予更大优惠等，以帮助企业更好更快地发展。

（3）加快纺织技工学校的发展。目前纺织行业的装备、技术快速升级，需要大量文化程度高、综合能力强的员工，招收一般劳工已不能满足企业发展的要求，至少需要由技工学校培养的技能人员来补充企业的员工，才能保证

纺织行业的健康发展。希望国家能采取措施,加快纺织技工学校的发展,保证纺织企业高素质员工的来源。

(4)进一步推动高等院校、科研院所与纺织企业的产学研合作。为了充分利用高等院校、科研院所的技术优势,国家应采取进一步的鼓励措施,推动高等院校、科研院所与纺织企业的产学研合作,提高企业研发能力,推动企业技术升级,加快由"中国制造"向"中国创造"的转变。

(原载于《送阅件》2009 年 7 月 1 日)

中国企业人文管理的缘起：
理论探索与实践①

一、引 言

　　进入 21 世纪以来，"人文管理"、"人本管理"等思想越来越得到企业界的认同，尤其是 2008 年北京奥运会提出"人文奥运"的理念之后，"人文"一词得到的关注度更是不断提高。随便到任何一家中国企业，几乎都会听到"人性化管理"、"以人为本"及类似的说法。然而，一个有趣的事实是，尽管类似"人文管理"的思想得到人们广泛的认同，但是对于什么是人文管理以及其内涵是什么，仍然是仁者见仁、智者见智。人文管理的研究仍未形成整套系统的理论体系（赫潞霞，2005）。从概念层次来看，尽管有学者认为人文管理是人本管理的升华（王文臣，1999），但大多数研究中常常将人文管理与人本管理、人性化管理等概念相互混用，仍然未形成相对统一的概念（本文随后的研究将说明这三者实际上存在着层次关系。在对"层次"进行研究之前，本文对三者也暂时通用）。

　　在理论界对人文管理尚未有统一的认识的情况下，企业界的探索方式也是多种多样的，而且水平也参差不齐。值得人们深思的是，虽然人们对人文管理似乎表现出高度认同，但在实际运作中却往往不得要领。一些企业表面上是实施"人性化管理"、"以人为本"、"人文管理"的企业，实质上在喊出这些口号后却不知如何行动。也有一些企业的确进行着人文管理的实践，但往往仅仅是在员工关系管理上进行努力，而在其他很多方面都还不够深入。可

　　① 基金项目：本研究受国务院发展研究中心、中国企业联合会、清华大学"中国式企业管理科学基础研究"项目资助（项目编号：DRC CEC-THU050310）。

以说，相当多的企业还不能将人文管理纳入到企业持续发展的轨道中去。那么，中国企业人文管理是如何产生的，又该如何界定，目前的实践状况又是怎样的，都是值得研究的问题。本文拟就上述问题进行一些探讨。

二、人文管理的缘起：制度管理的困惑

（一）中国改革开放后企业管理由经验管理向制度管理的转变

改革开放以来，中国企业在管理方面不断进行着恢复、完善与创新探索，西方一些管理思想也开始进入到中国，尤其是强调管理规范性的制度管理的思想进来之后，更是给人们耳目一新的感觉。理论界和实务界都逐步认识到，企业运行有着自身独有的规律，根据企业运行的规律，打造一个制度化运行的公司，让企业管理从人治化的随意性转向制度化的规范性，是企业发展的必由之路。

从管理理论上进行分析，制度管理也确实有其相对的优越性。制度管理是以"制度"为中心的管理方式，它以高度精确的刚性管理为主要手段，依靠等级森严的金字塔组织体系和行政命令的领导方式，其目的是最终实现组织效益最大化的目标。经验管理，或者粗放管理、人治化管理，都是以个人"经验"为中心的管理方式，它依据个人经验、直觉、逻辑、情感进行管理。制度管理依据的是"制度"，经验管理依据的是"人"。相比之下，制度管理更具备科学性，能够降低经验管理下过分依靠管理者素质所带来的风险，管理更加民主化、透明化、公平化。在制度管理下，人人各负其责，组织中奖惩分明，制度面前人人平等，企业可在制度化的轨道上迅速发展。

（二）现阶段企业实行的制度化管理所遇到的困惑

制度化管理以其相对于经验管理的优越性，在改革开放后的中国受到了普遍的欢迎。然而，随着制度化建设的推进，一些企业在实践中又遇到了一些新的困惑。这些困惑促进了实务界和理论界对制度管理的反思，催生了制度管理基础上人文管理思想的萌芽。制度管理主要存在以下五个方面的困惑：

1. 制度管理的规范性与人性复杂性之间的矛盾

中国企业不缺乏进行制度化建设的经验，新中国成立以来学鞍钢、学邯钢等，一直到后来的学习华为的基本法等，在制度建设层面可谓不遗余力，但是制度在具体应用时却往往事与愿违。在相当多的企业中，制度往往是形同虚设。制度管理蕴藏着一个非常简单的逻辑，那就是直线的、因果的、数理逻辑的，它更多倡导一种科学的理念，却忽视了人性复杂性的特征。人们依据一定的前提假设，进行组织机构的制衡、责任之间的嵌套、利益之间的博弈，形成企业运行的规则。设计者以为有了规则，人们都去遵守，企业就能够按照预先设计的轨道运行。尽管在设计的时候，也尽可能地形成了很多可靠的人性假设，但是设计思想的哲学指导依然是科学理念，更多的是将人抽象为一个具有共同特征的单一因素，忽视或未足够重视人性因素的复杂性。然而如果不依照制度进行严格管理，组织更是呈现出无序状态。于是对制度管理的追求与人性复杂性之间的矛盾，让许多企业感到困惑。

2. 制度管理刚性僵化约束与企业应对外部环境复杂多变所需要的灵敏性之间的矛盾

进入网络时代以来，企业所处的环境不再是静态的、简单的、缓慢的，而更多地是动态的、复杂的、迅速的。在这种情况下，面对复杂多变的外部环境，需要企业能够果断、准确、及时地做出灵敏的反应。然而实行制度管理却在一定程度上要求企业更加"循规蹈矩"。制度管理是刚性的，强调的是规范性，它要求企业必须严格按照制度所规定的责任、流程等规则来应对外部环境的变化。这种"循规蹈矩"的要求会使企业的灵活性变差。尝试进行制度化打造的企业，随着制度化程度不断增大，规范性越来越高，但对企业的自主创新性束缚也越来越大，企业反应的灵敏性就会因此而降低。如何在"死"的制度与"活"的追求之间找到恰当的平衡，困惑着许多企业的管理者。

3. 制度管理下"人的被动性"与企业运行所需"人的主动性"之间的矛盾

企业竞争性的体现，在某种程度上都离不开人的主动性的发挥。在制度管理中，人是被动的、从属的、次要的，而在企业运行中，却需要人是主动的、支配的、主要的。这一对矛盾常常使企业感到困惑，企业不知道如何在强调人的主动性前提下开展制度管理，也不知道如何在坚持制度管理的同时，发挥人的积极主动性。进行严格的制度管理，人更像一个木偶，许多不该错过的机会会错过，许多不该失误的工作会失误，许多不该浪费的资源会浪费；可是如果不实行严格的制度管理，整个组织会呈现无序状况，该抓紧的工作未抓紧，该做的事情未做。对"人的主动"需求及"人的被动性"规定之间的矛盾，困惑着许多企业的管理者。

4. 制度管理的刚性与团队建设的柔性之间的矛盾

在新的市场环境下，团队建设越来越重要。企业里许多工作，需要岗位与岗位之间、部门与部门之间、人与人之间甚至企业与企业之间的通力合作。客户需求的差异化、个性化及易变性，要求团队成员之间能够统一理念、凝心聚力、及时应变。然而，团队建设更多属于柔性管理的范围，很难用制度管理的刚性规定。同样的制度，在不同团队的应用效果可能截然不同。越是强调制度管理的刚性，越有可能影响团队建设的柔性，产生适得其反的效果。如何平衡两者之间的矛盾，困惑着许多企业管理者。

5. 制度管理的"负激励"倾向与人的"正激励"需求之间的矛盾

制度管理隐含着"负激励"倾向。在这样的倾向下，制度成为了组织成员必须共同遵守的规则。对制度的遵守是每个成员的义务，违反制度受到"惩罚"则是应该的。然而，知识经济时代的到来，人们追求个性的张扬、人性的自由，更需要"正激励"，甚至更需要"负激励"以"正激励"的形式表现出来。事实上，负激励在一定范围内可以起到惩戒作用，但长期的负激励使员工置于被监督的环境下，将不利于人的成长：一是会抑制员工创造力的发挥；二是监督与反监督的关系使组织关系更为紧张；三是由于导致工作失误的原因的多样性，责任主体的相关性，进行负激励的裁决标准难以制定等原因，负激励更容易挫伤员工积极性。员工的正激励需求与制度管理的负激励倾向，使得许多实施制度管理的企业产生困惑。

（三）困惑的本质在于企业管理中缺失了的人文之维

制度管理困惑主要来源于制度管理的系统性缺陷。制度管理本身存在着强调机械科学性、僵化约束性以及要求人被动服从、弹性不足、负激励倾向等特点，这是制度管理的系统性缺陷。这些缺陷决定了制度管理无法满足企业实际需求，如人性复杂性、企业反应灵敏性、人的主动性、团队建设柔性、正激励等内容。

在企业管理实践中，企业可以通过提高制度管理水平，降低一些操作性失误，但不可能从根本上解决系统性缺陷。它的人性假设前提并未全面把握人的本质，更多的是将人看作是"经济人"，或工具理性之中的"社会人"，管理思想中也过多强调了工具理性、效率主义、科学主义，而忽视了人文主义。总而言之，制度管理系统性缺陷的本质在于过于强调企业管理的科学之维，而严重缺失了人文之维（冯周卓，2005）。

三、人文管理理论探索：内涵、层次与特征

（一）人文管理的内涵

梳理近些年来的人文管理理论发展，会发现学者们对人文管理内涵的理

解仍然存在着很大的分歧（赫潞霞，2005；姚作为，2003）。一般说来，按照人文主义的词源以及人性的概念，如果关注人的需求并且以通过各种形式最大程度发挥人的优点为导向，那么这种管理可称为人文管理（Domenec Mele，2003）。它更多强调的是"人是管理的中心"，与"以物为中心"的管理思想相对应（兰邦华，2000）。有的学者将人本管理概括为 3P 管理，即企业最重要的资源是人和人才、企业依靠人进行生产经营活动、企业为满足人的需要而存在（刘刚，2004）。有的学者将其分为五个层次，即情感管理、民主管理、自主管理、人才管理和文化管理（姜霞，2005）。有的学者将其分为两个层次，认为第一层次含义的人本管理是"首先确定人在管理过程中的主导地位，继而围绕着调动人的主动性、积极性和创造性去展开企业的一切管理"。第二个层次是"通过以人为本的企业管理活动和以尽可能少的消耗获取尽可能多的产出的实践，来锻炼人的意志、脑力、智力和体力，通过竞争性的生产经营活动，达到完善人的意志和品格，提高人的智力、增强人的体力，使人获得超越受缚于生存需要的更为全面的自由发展"（芮明杰，1997）。在比较多的研究中，认为人文管理就是按照不同人的不同需求，有序和谐地进行不同层次的管理，以促进人的全面发展。它强调人文管理是一种在人性复苏的前提下，以人为主体的管理。它肯定了人的主体性需求是社会发展的本质动力，追求的是组织行为与人的主体性的有机结合。它通过满足不同人的不同需求，激发其积极性和创造性，目标是构建企业的核心竞争优势和营造企业精神（于省宽等，2001）。

我们认为，对人文管理的理解，应该建立在对人性的理解的基础上，但必须超越简单的人性化管理。人文管理是在"文化人"的假设基础上，充分体现人文关怀，在对人的需求有序管理的前提下，认识并把握组织运行规律，在制度管理的基础上，实现员工自主管理，以促进人的全面发展、企业核心竞争力的提升和社会的可持续性发展。它包括以下几个基本要点：

（1）以"文化人"为假设基础。所谓文化人，简单地说，就是指每个人身上都体现着语言、神话、宗教、艺术、科学、历史等文化内容，而这些文化内容则是人类在劳动中共同创造，又同时塑造着人的文化本质（黎红雷，1999）。它强调了人的本质是文化符号，而文化符号的产生又与劳动活动密不可分。人的复杂性由文化的复杂性所决定，并反映出人性展示的多样性、多变性、复杂性，而这些人性特点又与劳动活动紧密联系，从而使对人的认识更加具体与真实。

（2）人是管理的主体。人文管理的主体就是要求管理必须以人为核心，针对不同层次、不同需求的员工，实行适合人性特点的管理。它要求对人充分理解，理解人的不同需求以及背后的不同文化特质，理解人在不同环境下、不同时间以及与不同人形成团队所表现出的需求及其背后的不同文化特质；它要求对人充分尊重，将员工首先看作是一个有着独立人格自由的人，其次才是组织中履行不同职责的员工；它要求充分发展人，体现人文关怀，促进人得到全面发展，进而帮助人完成梦想。只有充分认识到人是一切的主宰者，充分发挥人的主动性和积极性，才能有企业的持续发展。

（3）组织运行规律的人文视角审视。企业运行规律的人文视角审视，就是从人文视角重新认识企业愿景、发展战略，以及营销管理系统、生产管理系统、采购管理系统、服务管理系统、人力资源管理系统、财务投资管理系统、技术创新管理系统以及其他企业运行的基本管理系统。它还要求人们从人文视角重新审视企业组织机构、责任界定、流程管理、领导力、团队建设、文化建设等内容。

（4）人的全面发展、组织核心竞争力提升和树立良好的企业公民形象。人文管理根本目的在于追求企业中人的全面发展、企业核心竞争力提升以及企业公民角色的强化。从个体角度来说，追求的是人的全面发展；从组织角度来说，追求的是企业核心竞争力的提升；从社会角度来说，追求的是企业公民责任和义务的履行，追求的是整个社会的可持续性发展。三者相互关联，共同构成人文管理的目的。

（二）人文管理的层次

在对人文管理的内涵界定之后，我们试着将人文管理分为三个层次，即人性化管理、人本化管理以及人文化管理三个层次。从广义上来说，三者都可以统称为人文管理，都体现了"以人为本"的思想，但从管理水平来看，三者却存在着层次递进的包含关系，其中人性化管理为第一层次；人本化管理为第二层次，包含着人性化管理的内容；人文化管理为第三层次，又同时包含着人本化管理的内容。

1. 第一层次为人性化管理，主要关注的是管理者与员工之间关系管理

人性化管理强调"以人为本"，但实际上更多强调的是管理者与员工之间的关系管理。它强调管理者必须将人当作人来对待，需要认识到人需求的不同层次，形成和谐的管理者与被管理者之间的关系。它所关注的更多的是管理者如何对待员工，或者说是领导者与员工之间的互动问题。一般来说，它要求管理者不能仅仅用冷冰冰的制度来对待员工，而是需要结合员工的需求变化或心理感知，进行有效的情感管理和民主管理，以更好地促进人的发展。

2. 第二层次是人本化管理，主要关注的是企业的"软"管理内容

人本化管理同样强调"以人为本"，它不仅仅包含了人性化管理的基本内容，而且进一步包含有组织管理方面的内容。它要求理解人、尊重人、充分

发挥人的主动性和积极性,并通过一系列关于"人"的管理方法和手段来达到"以人为本"的管理目的,但是更多涉及的是企业"软"管理部分,如人力资源管理、企业文化管理等。与第一层次的人性化管理相比,人本化管理开始通过把握组织的运行规律并通过管理活动的实施来达到"促进人的全面发展"的目的,然而并未涉及企业的"硬"管理部分,如生产管理等内容。

3. 第三层次是人文化管理,关注的是人文视角下企业的"全面管理"

人文化管理强调人文视角下"人"的全面发展,它通过对组织运行规律的认识与把握来最大限度地"发展人",管理范围已经从"软"管理开始向"全面管理"扩大。无论在人力资源管理、企业文化管理等"软"管理方面,还是在供应链管理、生产管理、营销管理等"硬"管理方面,它都强调运用人文管理视角去认识管理活动的规律,通过对具体管理活动的实施达到促进企业可持续发展的目的。对"硬"活动的人文视角审视,意味着人文化管理既承认制度管理或科学管理的科学性,也看到其局限性,因此人文化管理是制度管理基础上的超越,是在坚持管理科学性的基础上突出人文之维。

(三) 人文管理的基本特征

根据人文管理的基本内涵及层次特点,结合已有研究,我们认为人文管理应具备以下九大基本特征:

(1)"以人为本"是人文管理的核心。人是管理的主体,又是管理的客体。人是管理的出发点,也是管理的最终归宿。在深刻认识人在社会经济活动中的作用的基础上,突出人在管理中的地位,实现以人为中心的管理。

(2)"人的全面发展"是人文管理的终极目的。人的自由而全面的发展,是人类社会进步的标志,是社会经济发展的最高目标,从而也是人文管理所要达到的终极目标。

(3)正激励是人文管理最重要的激励方式。人的文化人本质特征,决定了人必然有其个性化需求。正激励要求结合人的不同需求,恰当地选择最适合的激励方式,甚至约束也以适当的激励方式出现,从而最大限度地激发人的活力。

(4)柔性管理是人文管理的重要手段。在刚性、精确化面临挑战的时候,柔性管理的优势更为明显。它要求组织结构更加扁平化、生产柔性化、营销组合化、产品多样化,甚至要求战略决策更加灵活,整个组织对外界的反应更加灵敏,从而使企业对内的管理、对外提供的产品或服务都更加人性化。

(5)学习型组织是人文管理的增强凝聚力的主要组织形态。人文管理不仅要研究每一成员的积极性、创造力和素质,还要研究整个组织的凝聚力与向心力,形成整体的强大合力。从管理型组织向学习型组织转变,能够凝聚人力，进而提高整个组织的发展能力。

（6）创新是人文管理的突出表现。创新是企业的灵魂，创新是企业生存和发展的根本。通过人文管理，使企业更有活力，更富创新力。

（7）企业可持续发展是人文管理的核心战略理念。人文管理要求企业以科学发展观为指导，追求企业长期目标与短期目标的平衡、经济效益与社会效益的平衡、公平与效率的平衡，促进企业不断打造核心能力，从而取得可持续发展。

（8）树立社会责任意识是人文管理对企业的基本要求。企业树立起社会责任意识，积极履行企业公民的社会责任，树立良好的社会形象，这既是人文管理对企业的基本要求，也是企业实施人文管理效果的体现。

（9）人文管理具备更为开放的哲学特点。人文管理反对刚性、僵化、机械的科学范式，但并不排斥科学管理中优秀的东西。按有些学者的说法，它是以科学管理的精确、严格为现实基础的，企业管理无法逾越某种形式的科学管理的充分发展（胡磊，2003）。人文管理坚持管理是科学与艺术的结合、科学与人文的结合，从而以更为开放的态度汲取一切优秀的管理理念、思想、方式、方法，促进人的全面发展和企业管理水平的持续提升。

四、人文管理的实践

以人为本的思想似乎与中国传统文化有着天然的联系，更易为中国企业所接受。如有学者认为，儒家文化是一种综合考虑组织与个人关系的特殊的管理哲学，它把组织的稳定性作为管理的基本目的，同时承认组织的基础是人，组织要以人为本（袁闯，1996）。然而，对人文管理思想的接受，提出响亮的口号，并不代表会必然转化为行动。一份调查显示（刘艳霞，2007），过半的企业虽然提出过人性化管理的口号，但却仅限于"纸上谈兵"，并未付诸实施。对人性化理念的认同，但实施程度低，反映了中国企业总体尚处于向第一层次人性化管理方面过渡阶段，主要表现为以下几种类型：

（1）表面是人文管理，实际上是正向人性化管理过渡。这类企业中，"以人为本"仅仅是一种口号、理念，是管理者用来激发员工积极性的一种工具，企业管理实质上还处于僵化的制度管理或经验管理阶段。不过，由于接受了以人为本的思想，企业管理正向人性化管理过渡。这类企业占的比例较大。

（2）着眼于员工关系的管理，处于人性化管理的层次。这类企业的确开始倡导并推行人文关怀，但是能做的往往只是在人文关怀表面上做点文章，工作迟迟不能深入。譬如，在员工过生日时送个蛋糕、贺卡，组织员工提出合理化建议，倡导管理者要使用人性化的管理风格等。这样的人文管理实际上处于人性化管理的水平，还不能将人文思想融合到企业的人才管理、组织管理、决策管理甚至文化管理之中。这类企业占到一定的比例。

（3）人文管理遭遇瓶颈，渗透不到企业全面管理之中，处于人本化管理阶段。这类企业往往开展了企业文化、学习型组织甚至人际关系改善等一个或多个活动，但是人文管理推进到一定程度，遇到了"软"管理的瓶颈，就很难切入到企业管理的采购、生产、销售、服务等主价值链环节之中。

由于人文管理理论上尚未清晰，实践活动也表现出一些思想认识上的误区。譬如因为人文管理与中国传统哲学天然的亲近性，而将人文管理看作是运用中国传统哲学进行企业管理；又譬如将人文管理简单等同于企业文化管理、人力资源管理或某一职能管理等。当人文管理被等同于中国传统哲学时，在实践上很难与具体的管理活动相衔接；当人文管理被等同于某一职能活动时，可能仅仅被看作是企业管理的一项活动或手段，具体实践很难持续开展。这都是未从根本上理解人文管理的内涵，未认识人文管理建设的系统性和全面性所造成的。

五、结论与讨论

人文管理在中国企业实践中的兴起有其必然性。改革开放以来，中国企业开始越来越深刻地认识到了制度管理的重要性和必要性。然而，在实施制度化管理建设当中，企业也开始认识到实践制度化管理所带来的困惑，包括制度管理刚性、僵化约束与企业应对外部环境复杂多变性所需的灵敏性之间的矛盾等。这些困惑的根源在于，制度管理存在着系统缺陷，过于强调企业管理的科学之维，而缺失了人文之维。在这样的背景下，尽管理论界尚未对人文管理形成统一的认识，企业界就已经开始通过不同方式进行了实践。

人文管理常常与人本管理、人性化管理等混用，不同学者对其的定义也不相同。我们认为，人文管理是在"文化人"的假设基础上，充分体现人文关怀，在对人的需求有序管理的前提下，认识并把握组织运行规律，在制度管理的基础上，实现员工自主管理，以促进人的全面发展，企业核心竞争力的提升与社会的可持续性发展。在这种内涵的界定下，人性化管理、人本化管理、人文化管理是三个相互递进的层次。人性化管理属于最低层次，它主要关注的是管理者与员工之间的关系管理问题；人本化管理包含了人性化管理的内容，但更进一层次包括了诸如文化管理、人力资源管理等"软"管理的内容；人文化管理则在包含人本化管理内容的基础上，进一步将管理范围扩大到"全面管理"，也就是还包括"硬"管理方面。在硬管理方面，人文管理强调的是对组织规律的人文视角审视，它承认制度管理或科学管理中的一些优秀的内容，但也看到这些管理方式缺乏人文之维的缺点。对"硬"活动的人文视角审视，意味着人文化管理既承认制度管理或科学管理的科学性，也看到其局限性，因此人文化管理是制度管理基础上的超越，是坚持管理科学性的基础上突出人文之维。人文管理具备"以人为本"是人文管理的核心、"人的全面发展"是人文管理的终极目的等九大基本特征之一。

人文管理在中国的实践尚处于非人文管理向人文管理最低层次过渡的阶段。运用本文的人文管理三层次思想进行划分，大部分企业表面是人文管理，实质上还尚处于向人性化管理层次过渡的阶段。一定比例的企业的确开始倡导并推行人文关怀，但是能做的往往只是在人文关怀表面上做点文章，迟迟不能深入。有少数企业通过人力资源、企业文化等职能活动进行人文管理建设，但是总是渗透不到企业全面管理之中，实际处于人本化管理阶段。中国企业在推动人文管理建设时，需要准确理解人文管理的内涵、层次和特征，持续、有序地推进。中国目前大多数企业的人文管理实践尚处于向人性化管理层次过渡阶段，未来的发展方向应该是逐步实行人性化管理，进而向强调软管理的人本化管理和全面管理的人文化管理迈进。

本文主要对中国企业人文管理的缘起进行了理论探索及实践分析，但仍有一定局限性，如人文管理的构成要素及其关系、人文管理在企业管理中开展的运作规律、人文管理三个层次如何建设，以及层次之间如何过渡等内容均未展开研究。这些内容可结合具体企业进行案例研究，或者通过问卷调查进行实证研究。

参考文献

[1] Domenec Meke. The challenge of humanistic management [J]. Journal of Business Ethics, 2003, 44 (1).

[2] 冯周卓. 管理的人文之维 [M]. 南昌：江西教育出版社，2005.

[3] 赫潞霞. 人本管理预研 [J]. 科技进步与对策，2005 (2).

[4] 石磊. 从科学主义到人道主义——企业中的人与人格价值问题 [J]. 复旦学报，1993 (3).

[5] 姜霞. 论人本管理模式 [J]. 现代管理科学，2003 (5).

[6] 刘艳霞. 我们需要什么样的管理——企业人性化管理调查 [J]. 人大报刊复印资料，人力资源开发与管理，2007 (5).

[7] 刘刚. 人本管理的理论基础及人性假设 [J]. 南昌航空工业学院学报（社会科学版），

2004 (4).

　　[8] 兰邦华. 人本管理：以人为本的管理艺术 [M]. 广州：广东经济出版社，2000.

　　[9] 芮明杰. 人本管理 [M]. 杭州：浙江人民出版社，1997.

　　[10] 王文臣. 人文管理与中国特色企业管理体系的构建 [J]. 经济评论，1999 (5).

　　[11] 王树华. 论"人文管理"理念在现代管理过程中的扩充 [J]. 中国软科学，2001 (2).

　　[12] 姚作为. 人本管理研究述评 [J]. 科学学与科学技术管理，2003 (12).

　　[13] 于省宽等. 人文管理——企业管理的变革与创新 [J]. 价值工程，2001 (2).

　　[14] 袁闯. 论儒家组织人本主义的管理哲学 [J]. 复旦大学学报，1996 (2).

（原载于《管理世界》2009 年增刊第 Z12 期，与任俊正合作）

企业社会责任管理理论及在中国的实践

近几年来，与企业社会责任（CSR）有关的热点事件不断出现，有些恶性事件甚至成为了公共事件。与此同时，企业界对加强社会责任管理的热情也不断高涨，不少企业对自身社会责任履行状况进行了重新审视，对如何履行社会责任进行了持续思考，并着力开展社会责任管理的创新活动。理论界的研究成果更是不断涌现，为人们客观、全面、科学地认识企业社会责任起到很强的促进作用，为企业开展社会责任管理活动提供了理论支持与指导。然而，就整个社会而言，对企业社会责任的认识水平还是参差不齐。在理论界和企业界，仍然普遍存在着对企业社会责任理解上的偏差。因此，我们将对企业社会责任管理的相关理论进行梳理与解读，进而指出中国在企业社会责任管理上出现的问题及今后的发展趋势，以期对我国企业社会责任管理水平的提升起到促进作用。

一、对企业社会责任管理的理论梳理及解读

自企业社会责任的概念提出以来，不同学者对其进行了大量的研究及争论，基于不同的视角对企业社会责任管理的认识有很大不同。

（一）对企业是否应该履行社会责任的不同论断

对于企业是否应该履行社会责任有两种截然不同的观点：一种主要源于自由古典经济学学派，主张企业应该以利润最大化为目标，不应该承担除盈利之外的社会责任；另一种是企业应该履行除盈利之外的社会责任。这种争论由著名的"贝利与波德论战"开始，逐步形成主张企业社会责任与否定企业社会责任的两大阵营。这场持续很长时间的争论，虽然最后并没有定论，却大大推动了对企业社会责任问题的研究。

否定企业应该承担社会责任的学者，主要有弗里德曼、哈耶克、波斯纳等人。他们认为，企业的唯一责任是在遵守游戏规则的情况下实现利润最大化，社会问题应该交给政府和立法解决，而鼓励企业承担社会责任，可能会增加企业产品的成本，从而会降低企业的国际竞争力，另外企业也没有解决社会问题的专长，承担社会责任会使企业淡化对主要目标的重视。

支持企业应该承担社会责任的学者非常多，如弗里曼、德鲁克、安德鲁斯等。他们认为，现代社会中企业的功能与定义已经开始转变，企业如果不能及时改变自己的行为，可能会危及企业的合法性。为了自己的长期利益，企业应该承担社会责任，而且承担社会责任会避免可能出现的政府干预和管制，而干预和管制会给企业带来成本上更大的压力。

(二) 企业竞争优势视角的企业社会责任管理

支持与否定企业应该承当社会责任的矛盾焦点在于，企业履行社会责任是否会给企业增加成本，是否会损害股东利益，是否进而会损害企业的竞争优势。由于对上述问题的答案还不明晰，理论上难以形成体系，2006 年 12 月，著名战略学家迈克尔·波特提出了企业社会责任战略模型。

波特认为，企业在改善业务活动的环境影响和社会影响方面已经投入了很多，但效率却不够理想，根源在于企业所犯的两类错误，第一类是将企业与社会对立起来，而实际上两者是相互依存关系；第二类是企业往往只是就社会责任而谈社会责任，不能从战略角度进行思考。如果能够从战略角度进行思考，企业社会责任就能够成为社会进步和企业发展的巨大源泉。他不再将商业成功与社会福利当作零和博弈，而是提出了一个理论框架，非常清晰地描绘了企业履行社会责任与竞争优势之间的逻辑关系，并且为企业履行社会责任提供了可操作的指南。

波特的企业社会责任战略模型主要包括两个：一是由内及外的价值链模型；二是由外及内的钻石模型。由内及外的价值链模型描绘了企业创造价值的活动所带来的社会冲击，可以用作企业社会责任自检，也可以帮助企业将社会责任落实到具体的经营管理活动之中。企业可结合这两个模型分析潜在的社会责任并进行分类、分级及排序，最后确定相应的实施战略。

波特的企业社会责任战略模型带给我们四点启示：一是把企业社会责任纳入到战略管理的框架之中，从战略角度对企业社会责任进行重新思考，履行社会责任就可以增加公司的竞争优势。二是企业社会责任管理要融入到经营管理的整个过程。企业价值链的每个环节都可能会产生社会影响，企业应该努力降低价值链活动所产生的消极影响，努力增加价值链活动所产生的积极影响。三是有些社会责任需要企业无条件持续履行，譬如遵纪守法，努力降低经营活动对社会造成的危害等，这些责任是企业履行社会责任的底线。四是企业在对战略性社会责任进行选择时，应该选择那些和自己业务活动有交叉的社会问题，选择标准不应是该项业务道德价值多么崇高，而应看能否有机会创造出既有利于社会又利于企业的共享价值。既为社会带来价值，又给企业带来竞争优势，应该是企业社会责任管理的战略实施所追求的双赢结果。

（三）基于企业公民理论视角的企业社会责任管理

企业公民理论认为，企业作为社会中的一个公民，在享受社会赋予的权力的同时，还应对社会承担自己的责任和义务。

从企业社会责任构成层次角度来说，根据卡罗尔的社会责任金字塔论，企业社会责任可分为经济责任、法律责任、道德责任、公益责任四个具有递进关系的层次，其中经济责任位于最低层次，是企业基础的社会责任；法律责任，是企业按照社会期望遵纪守法的责任；道德责任，是企业应该建立起反映股东、员工、社区及其他利益相关者期望的道德规范与道德标准；最高层次为公益责任，既通过开展一定的项目或活动推动社会福利水平的提升，成为优秀企业公民的期望。这四个层次要求逐级提升，由被动到主动、由内及外，勾画了企业社会责任的构成以及各构成要素之间的关系。

从企业社会责任管理角度来说，根据迈克尔·波特的企业社会责任战略模型，企业的社会责任可分为敏感性社会责任（Responsive CSR）和战略性社会责任（Sstrategic CSR）。敏感性社会责任是企业必须尽好自己的本分，包括成为一个遵纪守法的企业公民，这种责任与金字塔论中的经济责任、法律责任基本对应，以及减轻经营管理活动（价值链活动）对社会的负效应（危害性）；后者是为了寻找企业与社会共享价值所承担的责任，主要包括为了加强经营管理活动（价值链活动）对社会的正效应（有益性）和战略公益活动。这种责任与金字塔论中的道德责任、公益责任相对应。只有承担了战略性社会责任，企业才能既对社会施以重大影响，又产生丰厚的商业收益。

从企业利益相关者角度来说，企业对所有的利益相关者负责，但是对特定的利益相关者的社会责任又有所不同。利益相关者可分为直接（初级）利益相关者和间接（高级）利益相关者。前者是指与企业直接发生联系的群体，包括股东、投资机构、员工、客户、供应商以及政府、为企业提供服务的公共部门等，后者则包括与企业没有直接联系但可相互影响的群体，如媒体、非营利组织、种族组织等。企业应该针对不同利益相关者进行社会责任需求分析，对社会责任战略进行统一规划。

通过以上分析，我们认为，如果将企业当作一个独立的公民，那么企业公民所应承担的社会责任归根结底包括两个方面：一个是法律意义上的社会责任，也就是按照企业法律法规要求，在尽可能少地带给利益相关者危害的同时、尽可能多地为社会提供物美价廉的商品和服务的责任。这样的责任类似于卡罗尔从构成层次角度所说的经济责任与法律责任和波特从管理角度所说的敏感性社会责任。另一个是道德意义上的社会责任，也就是企业按照道德规范的要求，建立满足利益相关者期望的道德标准，通过积极的行动，增加利益相关者的福利，推动整个社会和谐发展的责任。这样的责任类似于卡罗尔所说的道德责任与公益责任，也与波特的战略性责任相对应。一个优秀的企业公民，不仅仅能够按照法律法规要求，中规中矩地履行最必要的责任，而且能够主动对经营管理活动进行社会责任自检，积极通过创新活动促进经营管理活动向对社会有益的方向转变，能够主动从事战略性公益活动，在为社会贡献价值的同时，实现企业自身的商业成功。

二、我国企业社会责任管理存在的主要问题

我国企业社会责任管理在不太长的时间里所取得的进展和成就是巨大的，但就整体而言，也还存在不少问题。这些问题主要包括以下几方面：

（一）对社会责任认可程度越来越高，但社会责任管理却难以融入到企业发展战略之中

随着践行科学发展观活动的不断深入，越来越多的企业认识到企业自觉履行社会责任的必要性。然而，具体到社会责任管理时，从战略角度对企业社会责任进行思考的企业却比较少，真正建立企业社会责任战略的更少。其主要原因是，企业还未认识到履行社会责任的战略作用，看不到履行社会责任与竞争优势提升之间的关系，甚至看不到公益投入与企业形象打造的关系。对于企业社会责任这一新生事物，企业不知如何与发展战略相对接，不知如何进行统一的思考。当然，也还有一定数量的企业对社会责任认识不够，将社会责任看作是企业生存与发展的负担。

（二）社会责任报告不断推出，社会责任管理却难以融入到日常管理之中

近几年，越来越多的企业开始披露社会责任状况。这是一个非常积极的现象，说明社会责任管理在我国企业中已经普遍开展。然而，在企业实践中，普遍存在着社会责任管理与日常管理活动结合不紧密，甚至存在两张皮的现

象。譬如，相当一部分企业撰写社会责任报告时，突击检查社会责任，报告发布之后便没有具体行动了。其中主要原因就是，企业不知如何将社会责任管理融入到日常经营管理之中。当然，也有一定数量的企业，根本未意识到社会责任管理的重要性，仅仅是形式化地发布社会责任管理报告。

（三）公益活动投入热情高涨，基础的社会责任管理却难上台阶

近几年，随着社会责任概念的普及，越来越多的企业投入到社会责任活动之中，但相当多的企业将社会责任等同为做公益事业，在道德意义的社会责任上投入较多，而对法律意义上社会责任的担当却不够重视。在很多企业，公益活动做得很多，但基础的社会责任管理水平却在底线徘徊，譬如对待员工的行为在《劳动合同法》底线附近，频频引发劳动争议，拖欠农民工工资、制假贩假、污染环境等。

三、我国企业社会责任管理发展展望

（一）履行社会责任是落实科学发展观、构建和谐社会的必然要求，也是广大企业在实践中达成的共识，将成为更多企业的自觉行为

企业自觉履行社会责任，协调企业、社会、环境与利益相关者的需求与期望，打造企业核心竞争力，推动社会可持续性发展，是广大企业实践中达成的共识。企业在为股东创造利润的同时，也肩负着对利益相关者、对社会发展、对环境保护等方面的社会责任。建设和谐社会离不开企业，建设和谐企业应该成为构建和谐社会的重要组成部分。实现企业中人与人、企业与企业、企业与社会、企业与环境等方面的和谐，要求企业必须落实科学发展观，自觉履行社会责任。

（二）基于战略导向的全面社会责任管理将成为企业社会责任管理的重要方向

基于战略导向的全面社会责任管理，要求企业基于战略角度思考社会责任，要求准确判别自身经营活动的每个环节与社会、环境及利益相关的互动关系，密切关注经营环境的变化，结合企业发展实际进行战略选择，并通过有效的管理机制建设，把企业社会责任全面落实到企业日常经营管理活动之中，使社会责任成为企业日常活动中自觉履行的内容，从而实现社会发展与

企业成功的共赢。这将大大推动企业社会责任管理的规范化、系统化、持续化，成为企业社会责任管理的重要方向。

(三) 创新将成为企业社会责任管理的鲜明特色

随着企业社会责任管理与企业战略、企业经营活动的不断融合，履行企业社会责任将始终与创新活动相联系。例如，在生产活动中，履行某些社会责任，如节能减排，就要求企业必须加强技术创新，走循环经济的道路，而履行另外 些社会责任，如工人待遇、职业发展等，则要求企业加强人力资源等管理创新，否则就很难履行好社会责任。

(四) 企业社会责任危机管理体系将逐步被重视

在网络经济时代，企业社会责任事件随时会因为媒介作用而成为公共事件，给企业带来危机。建立企业社会责任事件危机管理体系的目的，就是要加强企业社会责任的宣传、预防社会责任危机的出现、控制危机发展的进程和方向、减轻危机造成的危害、寻找危机中隐藏的机会，其中预防危机的发生最为关键。企业社会责任事件危机管理体系的建设并不是为了不履行或少履行社会责任，而是要求企业更加理性地看待所处的市场竞争环境，深刻认识到履行社会责任的重要性和必要性。

(五) 企业社会责任标准化工作继续推进，但标准差异化特点将越来越明显

目前的企业社会责任标准多是以西方国家为主形成的，西方国家主导的标准并不一定完全符合中国的实际。在全球社会责任标准中，中国应该有代表中国企业的声音。为此，近几年有关组织也在积极形成、推广我国自己的社会责任标准。同时，由于不同行业、不同地区情况存在差异，以及出于国有资产管理、上市公司监管等不同目的，在相对统一的标准下，体现不同特点的标准会越来越多。

(六) 社会责任管理信息披露将进一步规范化

2006 年 3 月，国家电网公司率先发布社会责任报告，引发了我国企业发布社会责任报告的热潮。然而，社会责任报告的规范性还很不够，质量也是参差不齐。为充分发挥社会责任信息披露在社会责任管理中的作用，保障信息披露的及时性、准确性、全面性、连续性，进一步规范社会责任信息披露将是必然趋势。

（原载于《国家行政学院学报》2010 年第 3 期，与任俊正合作）

附录一　专访周绍朋：企业改革与管理理论的领跑者[①]

一代人有一代人的磨砺与光荣，一代人有一代人的奋斗与梦想。个人的际遇和国家的命运是密不可分的，国家行政学院教授、博导、经济学部原主任周绍朋的人生经历便被深深打上了鲜明的时代烙印。

周绍朋于 1946 年 11 月出生在河南一个普通的农村家庭，属于"生在旧社会，长在红旗下"的一代。1965 年，搭着"文革"前的高考"末班车"，他考入当时国家第一机械工业部在北京的唯一一高校——北京机械学院，就读工程经济专业。1966 年"文革"爆发，周绍朋和同学们离开了课堂。当年 10 月，中央命令全部首都高校搬离北京，周绍朋和同学们随着学校搬到了陕西汉中。1970 年，周绍朋大学毕业后，被分配到西安电力机械制造公司。他在这家企业一待就是八年，期间主要从事企业的财务和计划管理等工作。

改革开放前期，邓小平同志复出主持工作，中央召开了第一次全国科技大会，中国迎来了科学的春天，陈景润、杨乐等中青年知识分子得到破格提拔晋升。1978 年，研究生招生制度恢复。在这种大背景下，周绍朋考上了中国社会科学院研究生院的硕士研究生，受业于蒋一苇先生。1981 年，研究生毕业后，他留在社科院工业经济研究所工作。后来，他又师从蒋一苇先生攻取了博士学位。在工经所，他先后评上了副研究员、研究员，任研究室主任。

1994 年 2 月，周绍朋被组织派到内蒙古呼伦贝尔盟挂职任副盟长，主管企业改革，并协助另一个副盟长负责城市工业经济。

1995 年底，周绍朋回京后被调到国家行政学院，负责筹建经济学教研部。当时，筹建中的经济学部只有三个人，除他以外，一个是王健教授，另一个是石磊教授，困难可想而知。对周绍朋个人来讲，从事一份全新的工作，将面临一个转型的过程。来学院之前，他所做的工作大多与企业改革和企业管理有关，属于微观经济学；来到学院之后，为了学院发展的需要，他不得不

---

① 位宏如，崔克亮. 专访周绍朋：企业改革与管理理论的领跑者［N］. 中国经济时报，2014-03-05.

开始转向宏观经济学研究，这个转型对他而言无疑是一种挑战。

在国家行政学院，周绍朋除了做企业研究，还搞宏观经济分析、中国经济走势研究、产业经济和区域经济研究等。近30年来，他在上述研究领域尤其是他始终专注的企业管理和改革研究领域著述丰硕、卓有大成。

话及自己的治学心得，周绍朋说："不同的行业有不同的发展规律，对于教学研究人员来说，一定要找准自己的研究重点和方向，准确定位，然后围绕你的专业逐步扩大到各相关领域。"就研究方法来说，周绍朋以蒋一苇先生的"三个自圆"和"两个切忌"的教导概括之。即"自圆其想"、"自圆其说"、"自圆其写"和作报告（包括讲课）切忌东拉西扯，写文章（包括搞研究）切忌不疼不痒。周绍朋说："这些我受用终生。"

一、受业于蒋一苇先生

中国经济时报：您最早是何时接触经济学并走上经济学学习和研究之路的？

周绍朋：我最早接触到经济学，是读了于光远先生写的那本《政治经济学》。之后，为了更好地学习经济学，在读研究生期间，我认真攻读了马克思的《资本论》。

1980年，我在《江淮论坛》发表了第一篇论文《劳动力所有制与商品生产》。在该文中，我粗浅地论证了商品生产存在的种种条件及其存在的必要性，在当时产生了较大影响，现在看来仍有一定的积极意义。

我曾长期在企业工作，我的研究生导师蒋一苇先生是著名的经济学家和企业管理研究专家，我留在工经所后的研究方向主要集中在国企改革和企业管理领域。自1982年起，时任所长蒋一苇先生带领我们对首都钢铁公司、成都量具刃具厂、第二汽车制造厂、上海机床厂等企业进行了系统的考察，并写了四本关于这几个企业经营管理情况的考察报告。其中，首钢是北京市第一批扩大企业自主权试点企业之一，成效显著。在对首钢进行调研时，蒋一苇和四川社会科学院副院长林凌带领研究人员，在首钢工作40多天。我和毕业留所的78级研究生同学陈佳贵、郑海航等都参加了调研。除《首都钢铁公司经营管理考察》外，调研组还写了一份关于对首钢实行利润递增包干试点的报告，通过马洪送给国务院领导。不久，这个报告被批准。

二、实现国资监管和运营分离

中国经济时报：十八届三中全会《决定》提出，完善国有资产管理体制，以管资本为主加强国有资产监管，改革国有资本授权经营体制，组建国有资本运营公司和投资公司。这种情况下，国资监管体系会发生什么变化？国资委的定位和职责会发生什么变化？如何进一步优化国资布局、改善资本结构以增强国企活力？

周绍朋：随着社会主义市场经济体制的建立和不断完善，传统的国有资产监管方式早已不适应经济发展的要求了。经济体制的核心是资源配置方式，有什么样的资源配置方式，就必然会形成什么样的经济体制。反之，要建立什么样的经济体制，就必须采取什么样的资源配置方式。以管资本为主加强国有资产监管，对新形势下的国有资产监管提出了新要求。所谓以管资本为主加强国有资产监管，实际上就是对经营性的国有资产，国家要按照管股权和资本经营的原则进行监管，这对于深化经济体制改革，完善社会主义市场经济体制，优化国有经济布局，推进国有（国家出资）企业战略重组，强化国有资本经营，提高国有资产运营效率都具有重要意义。

从管理和经营的目标看，资产管理的目标是保证资产的完整无损，提高资产的使用效率，而资本经营的目标是获取盈利，即通常所说的保值增值。就深化经济体制改革，完善社会主义市场经济体制来说，首先必须坚持和完善基本经济制度，发挥市场在资源配置中的决定性作用。在坚持公有制为主体，多种所有制经济共同发展的同时，还必须大力发展混合所有制经济。而在混合所有制经济情况下，改变传统的国有资产管理方式，以管资本为主加强国有资产监管，强化国有资本经营，也就是必然的了。

国有资产监管是政府职能，国有资本运营是企业职能，必须实现监管和运营分开。按照以管资本为主加强国有资产监管的要求，着力形成国有资产监管和运营的三个层次，即国有资产监管机构—国有资本投资和运营公司—被投资企业。国资监管机构应回到政府序列，专司国有资产监督职能，负责有关国有资产监管法律、法规和制度的起草与制定，并按照这些法律法规和制度对国有资产的运营进行监管，代表政府对国有资本投资和运营公司的主要领导人进行任命和调整；国有资本投资和运营公司则负责国有资本的运作，对被投资企业行使股东的权利。各层次之间职责分明、权责清晰，这样也有利于提高国有资产的运营效率和效益。

国有资本投资和运营公司可以三种方式建立，一是由各级政府运用国有资本预算收入，根据国有资产投资的需要新建；二是把现有国有（国家出资）企业中的国有股权集中起来，组成专门的国有资本投资和运营公司；三是按照十八届三中全会《决定》要求，把有条件的国有企业改组为国有资本投资公司。

为了对国有资本投资和运营公司的经营业绩进行科学评价，必须对国有资本投资和运营公司实行分类管理。要把国有（国家出资）企业分为关系国家经济安全和国防安全的企业，如重要的军工企业、战略物资储备企业，以及某些由生产技术特点决定的自然垄断企业和重要的基础设施企业、提供公共产品和劳务的公共企业等。按照对国有资本投资和运营公司经营业绩考核的需要，并根据十八届三中全会《决定》提出的国有资本应重点投入的领域，首先应把国有资本投资公司分为投资公益性和盈利性行业两类，然后再把盈利性行业分为垄断性行业和竞争性行业两类。

实现以管资本为主加强国有资产监管，必须对国有资本投资和运营公司进行严格监管与考核。政府国有资产监管部门要按照国有资本投资和运营公司投入的领域不同，分类制定不同的考核办法。

三、国企改革的四个阶段

中国经济时报：请您回溯一下改革开放以来国企改革和发展的历程，划分为几个阶段？每个阶段的改革重点以及利弊得失是什么？

周绍朋：作为中国经济体制改革中心环节的国有企业改革历来受到党和政府的高度重视，党的十一届三中全会，拉开了国有企业改革的序幕。30余年的国有企业改革不仅使国有小企业转换机制，焕发了勃勃生机与活力，也使国有大中型企业实现了脱困目标，初步建立了符合市场经济体制客观要求的现代企业制度。

国企改革经历了以下几个阶段：

第一阶段，扩权让利。在计划经济体制下，企业成为行政机构的附属物，没有任何经营自主权，实行统收统支的分配制度。中共十一届三中全会提出让地方和工农业企业在国家统一计划指导下有更多的经营自主权，最初的改革思路是要通过"放权让利"调动企业和职工的积极性。随后，国务院相关文件对扩权的主要内容、让利（利润留成）的方式等作出了具体规定。1981年10月，国务院转发国家经委、国务院体改办《关于实行工业生产经济责任制若干问题的意见》，提出在国家给予企业自主权的同时，要求企业承担相应的经济责任。由于实行经济责任制后产生的部门、行业各方利益冲突难以协调，1983 年和 1984 年先后实行了两步利改税。

第二阶段，承包经营责任制与"两权分离"。国有企业对行政机关的行政依赖和软预算约束问题依然存在，企业仍然无法真正自主经营、自负盈亏。1984 年，中共十二届三中全会提出增强企业活力，特别是增强全民所有制大中型企业的活力，是整个经济体制改革的中心环节，并明确了国家与全民所有制企业的经济关系，使企业成为相对独立的经济实体，自主经营，自负盈亏，同时通过政企职责分开，使政府正确发挥管理经济的职能。1988 年 4 月，七届人大一次会议通过的《全民所有制工业企业法》明确了国有企业的法人地位。自此，"两权分离"成为了改革的主要原则。在此原则之下，出现了对承包经营制、租赁制、股份制、资产经营责任制等各种形式的探索。

第三阶段，建立现代企业制度。之前的一系列改革使得人们开始认识到，国有企业的改革，不仅要在国家与企业的关系层面进行，更需要在微观层面对企业运营机制实施改革。1992 年 7 月，国务院颁发《全民所有制工业企业转换经营机制条例》，提出企业转换经营机制的目标：使企业适应市场的要求，成为依法自主经营、自负盈亏、自我发展、自我约束的商品生产和经营单位，成为独立享有民事权利和承担民事义务的企业法人。转换企业经营机制的重点是落实企业自主权。1993 年中共十四届三中全会要求"进一步转换国有企业经营机制，建立适应市场经济要求，产权清晰、权责明确、政企分开、管理科学的现代企业制度"。自此，现代企业制度成为中国国有企业改革的基本目标和方向。

1997 年，中共十五大提出对国有大中型企业实行规范的公司制改革，国有企业开始按照《公司法》要求进行规范的公司制和股份制改革。1999 年，中共十五届四中全会指出，"公司制是现代企业制度的一种有效组织形式，公司法人治理结构是公司制的核心，股权多元化有利于形成规范的公司法人治理结构"。国有大中型企业，特别是国有大型骨干企业开始着力进行规范的公司制和股份制改革，积极推进主辅分离、改制重组和主业整体上市，进一步加强和改善公司治理结构等。

第四阶段，深化国有企业和国有资产管理体制改革。2002 年中共十六大提出了"国家所有、分级行使出资人职责"的改革思想，国有企业改革进入了一个建立和完善国有资产出资人制度的新阶段。2003 年 10 月，中共十六届三中全会提出，建立归属清晰、权责明确、保护严格、流转顺畅的现代产权制度，是构建现代企业制度的重要基础；要完善国有资产管理体制，深化国有企业改革，建立健全国有资产管理和监督体制，坚持政府公共管理职能和国有资产出资人职能分开。2007 年 10 月，中共十七大明确提出，深化国有企业公司制股份制改革，健全现代企业制度，优化国有经济布局和结构，增强国有经济活力、控制力、影响力。2008年10月，十一届全国人大常委会第五次会议通过《中华人民共和国企业国有资产法》，为建立起真正有效的国有资产出资人制度，解决长期以来中国国有资产所有者缺位问题，真正实现政企分开和政资分开，防止国有资产流失，提供了法律保证。

中共十八届三中全会《决定》提出一系列关于国有企业改革的新表述，着重指出要推进国有企业完善现代企业制度。此前的"十二五"规划中，提出对大型国有企业改革主要采取三种形式：能够整体上市的就整体上市；不能够整体上市的要进行股份制改造，实现股权多样化；个别必须保留国有独资公司的大企业也要进行公司制改革。中共十八届三中全会《决定》则进一步深化了国有企业改革的措施，指出有条件的国有企业要改组为国有资本投资公司，从管资本的角度对国家出资企业进行管理。

四、分类改革国有大型骨干企业

中国经济时报：国企改革搞了这么多年，虽然取得了许多重要成就，但是大量艰巨任务尚未完成。主要原因是什么？如何进一步深化和推进国企改革？

周绍朋：国企改革存在的主要问题是大型企业的股权结构不合理，导致国企的法人结构不合理。股权结构决定法人治理结构。发挥市场在资源配置中的决定性作用的前提下深化企业改革，要更进一步完善现代企业制度，健全法人治理结构。如果采取国有独资公司形式，那么法人治理结构就很难完善。

后金融危机时期，国有企业改革的重点是深化国有大型骨干企业改革。现阶段国有大型骨干企业存在的主要问题仍然是体制不顺、资本运营效率不高。一些深层次的问题，如国有资产出资机构的定位问题，管人、管事、管资产相结合问题，投资主体多元化与国有独资公司的治理问题，整体上市与建立国有资产经营公司问题，高管人员的薪酬问题等还有待进一步解决。随着《中华人民共和国企业国有资产法》的全面实施，各级国有资产监管机构作为出资机构，将不再履行或代行任何行政管理职能。为此，可将现行的国有资产监管机构分为两大部分：一部分作为国有资产监督管理部门，回到各级政府序列，专司国有资产监管职能；另一部分改组为各级国有资产总公司，专行国有资产出资人职能，并以投资者的身份，进行国有资产的投资和经营。

　　推进国有大型集团企业母公司层面的改革和改组。在分类改革和管理的基础上，对国有大型集团企业进行改革和改组。除少量应采取国有独资形式的特殊企业，对其他母公司采取独资形式的集团公司，要大力推进母公司层面的股份制改革和重组。可以把母公司改造为投资主体多元化的股份公司或上市公司，即整体改制或整体上市。其国有股份由国有资产总公司直接持有，行使出资人权能；也可把母公司改组为纯粹的控股公司或投资公司，作为国有资产总公司的子公司或分公司持有所投资企业的股份。要做大做强已有的上市公司，使其成为新的集团公司的母公司。

　　对国有大型骨干企业进行分类改革与管理，要准确而合理地确定国有独资企业的范围。国有控股和参股企业的范围，应根据产品在国民经济的重要程度确定。对极少数国有独资企业，要继续深化董事会改革试点。

　　深化垄断行业改革，是深化国有大型骨干企业改革的关键。对垄断行业必须分类进行改革。按照产生的原因，垄断分为经济垄断、行政垄断和自然垄断。由竞争形成的垄断为经济垄断；政府运用行政力量（包括行政法规与政策）造成的垄断是行政垄断；由行业和企业的生产技术特点决定的垄断为自然垄断。当前，深化垄断行业改革的重点是推进行政垄断改革和自然垄断行业中非自然垄断环节的改革。非公有资本，特别是民间资本进入垄断行业，是深化垄断行业改革的根本途径。非公有资本能不能进入某些竞争领域，主要取决于这种领域进入门槛（主要是技术、资金等）的高低和企业实力的大小。

　　改革政府与国有企业的关系，关键是要进一步转变政府职能，在把国家与国有企业的行政管理关系和产权关系分别处理的基础上，实现政企职责分开。国有企业的最终所有权应由国有资产投资公司代表国家来行使；国家对各类企业的行政管理职能则由各级政府来行使。同时，对国有企业实行真正的税利分流。其税后利润，一部分要上交国有资本经营预算，用于对现有企业的再投资或投资开办新企业，一部分要留给企业，用于企业的自我积累、自我改造和自我发展。

　　同时，为了正确处理中央和地方的经济关系，在实行税利分流的基础上，还应进一步完善中央和地方分税制。在政资、政企和税利分开以后，政府对企业的管理要从直接管理转变为间接管理，其重点是建立健全宏观调控体系，包括制定经济政策、运用经济杠杆、发布经济信息、培育各类市场、健全经济行政法规、加强经济行政管理等。

附录二　别样经历　百味人生
——周绍朋教授访谈录①

　　一代人有一代人的磨炼，也有一代人的光荣与梦想。周绍朋教授的经历在很大程度上代表了一代人，通过这次采访，我们了解了他们的欢乐与忧伤，矛盾与困惑，追求与奋斗。刻上特殊时代的烙印，这一代人涂上了别样的人生色彩，他们的故事已经成为不可复制的传奇，但他们筚路蓝缕、以启山林的开拓精神，无怨无悔、不计得失的奉献精神，求真务实、严谨自律的治学精神，却值得我们永远继承和发扬。采访完成后，我们感到身上的担子更重了。

　　高：周主任，首先感谢您在百忙中能抽时间接受我们的访谈。

　　周：谢谢！也感谢学院团委给我提供这样一个与年轻人对话的机会。看到你们年轻人，我很高兴，也非常羡慕。你们这个活动的宗旨是学习、传承、创新，我觉得非常有意义。通过这样一个活动，把建院以来学院发展当中的一些好的传统，让年轻人有一个了解和学习的机会，然后在新的阶段有一个创新，符合学院现在提出的人才兴院战略，对学院今后的发展会起到积极的作用。另外一点我非常高兴，你们都很年轻，而且代表团委做这项工作。我年轻的时候长期担任共青团的干部，虽然现在老了，但对共青团还是非常有感情。

艰苦求学：国家的命运就是我们个人的命运

　　高：我们年轻人对您的成长经历很感兴趣，您能不能先介绍一下这个过程？

　　周：简单说是非常艰辛、曲折，而且好像带有一些传奇色彩，当然大的背景跟国家发展是密切相连的。可以说，国家的命运就是我们个人的命运，我们这代人的人生经历无不被打上深刻的时代烙印。我 1946 年 11 月 30 号出

---

①　被采访人：周绍朋，原经济学教研部主任、研究员。采访人：高钦为，信息技术部图书馆馆员；徐盼，研究生院培养处副主任科员。选自 2013 年五四青年节"学习·传承·创新"主题访谈会。

生在河南一个不算很偏僻，但是非常贫穷的农村，那时候新中国还没成立，我们这一代人叫作"生在旧社会，长在红旗下"。1953年，我开始上小学。我们村小学有两个老师，一个教数学，一个教语文，但是只能读到四年级。1957年，由于我学习成绩比较优秀，被保送到中心小学读五年级和六年级，这时咱们国家一个大的政治背景就是"反右"。中心小学离我家18里地，每周回家两次。当时一下子离开家上学很不习惯，一是很想家，二是要吃饭，学校里没有吃的，需要自己带东西，自己做饭。那时候很贫穷，粮食比较紧张。

徐： 没有食堂或厨师什么的吗？

周： 哪有什么厨师，都是在农民屋里用一个小锅自己烧。那时家里东西也少，拿的东西经常不够吃。记得有一次饿得不行了，我就在屋里找到了一个人家用的"酵馒头"，把它稍微炒一炒吃了。回去跟家里人一讲，家人说太危险了，这个东西如果不炒熟的话，吃完马上就胀死你。就这么一个状态，那时候求学是非常艰苦的。

1959年，正好是我们国家"三年自然灾害"，我升初中的时候，要到离家将近35里地的中学去考试。当时是人民公社，吃食堂，我走的时候去跟村上的事务长要了一点面，回去自己做了3个大饼。后来生产队长知道了，训斥了事务长，在半路上要走了1个，那时候很困难，他虽然是个队长，条件好一点，但他也想吃好一点的东西。

后来我考上了县上（现在还是）最好的一所初中，离县城55里地。我每周六下午步行回去，走不到家天就黑了，经常住在农民家里，第二天才到家，又不能及时赶回学校，星期一上午才能到校。读到初二的时候，因为自然灾害吃不饱饭，学校就无限期放假。我想学习可能要中断了，大概放了六七个月的样子又恢复了，我太高兴了。初中3年，整个国家处在困难时期，我在县城的第二中学，可以吃商品粮，虽然社会上很苦，但学校还不错。

1962年我考高中。当时陈云同志提出"整顿、巩固、充实、提高"八字方针，各方面进入整顿和收缩阶段。本来前些年还有中专，比较贫穷的孩子都愿意上中专以减轻家庭负担，但是我初中毕业那一年根本没有中专，只有我们县上一所高级中学，即所谓的一中，所以我就考了这个学校。上完3年高中到了1965年，又是一个节点，1965年是"文化大革命"前最后一次高考。

高： 这最后一次高考您赶上了？

周： 我赶上了是很幸运的，但有一个小曲折。那时我要到离我们县上百公里的汝南县去考试，中间还隔了一个平舆县。我们坐的是一个拉货的敞篷汽车，结果半路下暴雨，把我们全部淋成了落汤鸡。第二天考试，我发高烧达39度，几乎晕倒在考场上。我就跟老师说，我明年再考试吧。那时候，一个县能考上几个大学生是很了不起的，校长看我的学习成绩很不错，寄希望于能提高学校的升学率，就鼓励我说，像你这种学习成绩，能够坚持下来就可以了。我听了老师的话。因为发高烧吃不下饭，我第一次被注射葡萄糖，稀里糊涂坚持考完了。后来想想，如果那次不考第二年就没有机会了。

那次生病使我的高考成绩受到了很大影响，但毕竟来到了北京。我学的是工科，就读当时国家第一机械工业部在北京唯一的一所学校——北京机械学院。

高：您大学里学的什么专业？

周：工程经济。当时学苏联，培养经济工程师，但是要学工科的课程，实际就是培养厂长、经理接班人。

高：您能不能给我们描述一下第一次来北京上学的情景？

周：我们县里那年所有考上大学的人结队一起走，路上才陆续分开。我第一次坐上了火车（在高考前由于到信阳检验飞行员专门去看过一次火车），很多人是第一次看见火车。我们坐的是慢车，因为只有慢车才是半价票，从我老家到北京要换两次车，走一天一夜都不能到达。现在从县里到北京仅4个小时的路程，这就是国家的发展。

我们学校在东郊，从永定门火车站到学校要路过天安门，心想这就是书上读到的"红墙黄瓦"，心情很激动。到了学校，中午吃饭，高年级学生接待我们，给我们打了饭菜，有肉，有大米饭，我想可能就这么一次吧。因为刚到学校，就像客人一样，没想到后来天天如此。当时中央非常关心大学生生活，周恩来总理特别强调要给大学生保证每个月15.5元的伙食费，当时15.5元是一个学徒工的月工资。来北京时，我唯一的行李是一个小棉袄和一床被子，没有铺的东西。后来学校花3元钱给我买了一个单人小棉絮，还给了6尺宽幅布作为床单。农村的学生伙食费全部由国家承担，额外每月发3元钱。到了第二个月，我用3元钱买了毕生以来的第一支钢笔。

第二年就开始"文化大革命"，我记得非常清楚，那一年6月2号早晨，两报一刊——《红旗》杂志、《人民日报》、《解放军报》发表社论《横扫一切牛鬼蛇神》，然后我们就走出课堂了。后来你们都听说了一些，10年"文化大革命"，我们整个就没有再学习。到了后期，新中国成立20年的国庆大游行，毛主席检阅，我还在游行队伍里。我记得参加的是教育方队，有一个大牌子，叫"教育为无产阶级政治服务，教育与生产劳动相结合"，我们从天安门广场的东华表抬到西华表，这是1969年的10月1日。

10月5日中央命令首都全部高校都撤离北京。那时候要与苏联打仗，中央对学生非常关心，害怕战争打起来不安全。我随学校迁到陕西汉中，毕业后就地分配在西安，进入工厂。毕业时是"文化大革命"后期，1969年、

1970 年两届大学生一起毕业，毕业以后到了工厂，都住在单身宿舍楼里，名字叫"9 号楼"。因为"文化大革命"被批判的有九种人，知识分子排第九，叫"臭老九"。我们报到后先挖防空洞，那时还在备战。毛主席说，深挖洞，广积粮，不称霸，备战备荒为人民。我是第一个从防空洞里被调出来的。当时财务科有一个同志要生孩子，需要一个人接替她的工作，我于是到财务科去帮忙，后来下到车间当了一年工人。这与我后来的研究及从事的学术方向有一定的关系。我在企业待了 8 年，做了两项工作，即企业的财务和计划管理。就在这个阶段，我担任了厂里的团委员和车间支部书记，做了共青团的工作。

徐： 您什么时候报考研究生的？

周： 到了改革开放前期，邓小平同志出来主持工作，召开了第一次全国科技大会，迎来了科学的春天。当时有几个知识分子典型人物，中国科学院的陈景润、杨乐、张广厚都是被破格提拔的，我们非常受鼓舞。1977 年恢复高考制度，1978 年恢复研究生制度，在那个大背景下，我报考了中国社会科学院的硕士研究生（当时哲学社会科学部刚从中国科学院分出来，中国社会科学院成立不久）。

因为当时中央非常重视，各地都支持多年积累下来的大学生报考研究生，包括工农兵学员。凡是报考研究生的人，可以给一个月的假期不上班。我因为工作忙，又担心自己考不上而不想事先张扬，就偷偷地找我们的组织科长给我开了报名的介绍信，并希望他先给我保密。他是一个非常好的同志，居然答应了我的请求，因此就没有享受一个月的假期。考试那天，我老伴儿（那时还很年轻）给我煮了几个鸡蛋做午饭。第一堂考政治，当时是毛主席的三个世界理论等，我答得还不错。到第二天考外语就不行了。那时谁也不敢学外语啊，学外语被认为是准备叛国投敌的，我心里也很没底，犹豫着要不要继续去考，家人鼓励我说，既然已经考了一天了就还去考吧。我说，考可以，别再给我煮鸡蛋了（因为那时鸡蛋是要凭供应的，平时不舍得吃）。结果第二天，考场 2/3 的人都没去，大家都害怕了。我坚持了下来，后面的政治经济学、工业经济、企业管理，我觉得越考越好。考完以后心里就抱有一丝幻想，每天到传达室看信。终于有一天，突然接到了中国科学院经济研究所（那时两院刚分开，用的还是中国科学院的信封）的复试通知。我非常激动，但是心里有点犯愁，通知上写着费用原则上自理。我上有老下有小，经济非常紧张。后来我又遇到了一个贵人，就像那位给我开介绍信且答应给我保密的同志一样，他是我们厂技术科科长，后来升了副厂长，我们在一个支部学习。当他得知我的情况后，便决定派我去出差，让我先去考试，然后去天津买一个晒图用的灯管。我很高兴，这样不仅可以报销车费，而且还可以坐卧铺。

到了北京以后，来了 40 多人复试，听说只招 5 个人，5 个人里还有好几个都是挂了号的，有的给中央领导同志写了信，提出了好的建议，受到了中央领导的重视。我觉得自己根本不可能，情绪非常不好，就专门到天安门照了一个相做纪念，心想以后再也不来北京了。到了 9 月份，跟我在同一个企业工作，报考中国铁道科学院的一位同志已经去北京报到了，我这儿还没有任何消息。一直到了 9 月 27 日下午，天下着小雨，我从办公室里出来，给我开介绍信报名的那个科长喊我去他办公室，递给了我一张研究生的入学通知，他说通知本来早就来了，但因为我们要向国庆节献礼，要完成计划，事先没有给你，现在马上放假了，你要办关系去，10 月 5 日之前必须到北京报到。转完户口和粮食关系，我就很快上学了，后来读博士，又在所里工作，这就是整个求学过程。当然这里面还有很多有趣的故事，就不一一说了。

徐：我看到您今天还专门带来了一本书，它对您一定有些特殊的意义，您能给我们讲讲这本书的故事吗？

周：对，这是一本俄汉词典，它跟我一生的成长都有关系。在第一次科技大会以后，全国形成了一个学习的氛围，但是在 10 年"文化大革命"中，专业书籍都被销毁了，刊物也停办了，特别是外语资料一点也没留下。有一天下午，我跟"9 号楼"的同事们一块逛新华书店，第一次发现了这本书，它是改革开放以后第一批外语工具书。我高中学的是俄语，趁大家在前面逛的时候偷偷买了下来。因为害怕人家议论，当时学外语很敏感。我回去以后就看单词，从头到尾翻一遍，这对我后来报考硕士研究生有了很大的帮助。你们大概不知道，第一届硕士研究生考试是允许带词典的，因为外语丢得太久了，到了第二年考外语的时候就不允许带词典了，所以这本书对我非常有纪念意义，算是一个非常珍贵的物品。我很多东西都丢了，唯独这本词典没有丢。

徐：因为这本词典你考上了研究生，改变了命运？

周：这是一个机遇，如果说不去考试，没有这么一个想法，就是另外一条道路了。一个人的成长和发展，与整个国家发展的阶段及背景是分不开的。1981 年，我研究生毕业以后留在社科院工作，在那儿评了副研究员，研究员，任研究室主任，然后带博士。到了 1994 年初的时候，我被组织派往内蒙古呼伦贝尔挂职担任副盟长，主管企业改革，并协助另外一个盟长负责工业经济工作。本来是一年的期限，但他们看我能干一些活儿，又硬留了我一年。我是 1995 年底到学院的，当时直接从飞机场过来，都没回家，来的时候学院就只有两栋楼，地上全是泥，一晃已经过去十几年了。

艰难创业：所有教师加在一起只有十几个人

高：您来到学院之后，当时主要干哪些工作？

周：那时候边建院边办班，学院只有一个大教研部，所有教师加在一起只有十几个人，班次也少。我来了以后开始筹建经济学教研部，当时只给了我两个人，一个是现在的王健教授，还有一个是现在公共管理教研部的石磊教授。

徐：人手这么少，在这个过程中有很多困难吧？

周：困难的确很大，当时刚刚提出要搞社会主义市场经济，1992 年中央召开了中共十四大，提出经济体制改革的目标是建立社会主义市场经济，1993 年召开了党的中共十四届三中全会，学院就开始办一个月的社会主义市场经济培训班。

首先，研究和上课不一样，我自己也有一个转型的过程。另外比较困难的就是人手少。那个时候中央刚提出以经济工作为中心，体制改革主要讲经济体制改革，学院虽然班不多，但主要办的还是经济体制改革的班次，特别是一些省部长的班。开始阶段就那么两三个人，工作量大，一切都在摸索，要求也非常严格，比如说每个班讲哪些课，课程设计都要在党委会上讨论。那时候还没有进修部，不管是省部长班、国有企业班还是投资班、金融班都由经济学教研部组织进行。我们在人数非常少的情况下，既要讲课，又要组织，还要负责联系请外面的老师，任务特别重。外面知名的专家、省部长来讲课，我们除了一般迎送外，还要写简报，这是个硬任务，每一期都要写，而且第二天简报就得出来，当时有两个外聘的老同志帮忙写。我们不分昼夜地干活，夜里住在宾馆里，我曾经还累得晕倒了一次。

高：那时候您已经 50 多岁了吧？

周：我 49 岁来到学院，那时很辛苦，压力很大，一是全新的工作没搞过，二是请人讲课全凭个人的资源和关系。因为学院当时是边建设边办学，很多东西不健全。

徐：心里会不会很矛盾，为什么会来到这儿，做这么基础的工作？

周：有矛盾。当时行政学院刚刚成立，桂世镛同志担任第一任常务副院长，也是从社科院调来的。当时社科院党委书记是王忍之同志，在计委的时候他与桂院长是同事。当时王书记还不想让我来，他俩打电话在那儿争吵，我都听见了。王忍之说，"你是从社科院调走的，了解的人多得很，干吗一定要他？这个我已经有用了（当时是让我当研究生院院长），你再找吧。"老桂说，"你那么多人，给我一个不行啊？"后来在他俩争吵不决的情况下，我又回到呼伦贝尔去挂职，等我回来以后，我们的王忍之书记"妥协"了，桂院长"胜利"了,两个都是老领导,我都熟悉,他们说让我上哪儿我就上哪儿,于是就来到了学院。

高:您在前面说到咱们建院初期,经济学教研部只有两三个人,就像宝生书记在全院教职工大会上讲到的,学院"从最初十几个人的教师组,到现在有5个教研部,有了一批有一定影响力的学科带头人,这个很不容易,是很大的成绩"。您作为经济学教研部的第一任主任,在带队伍方面有哪些经验,能否跟我们分享一下?

周:我虽然在社科院工经所也担任过主任,但毕竟不一样,我们这儿有一个很重的教学任务,当时只有两三个人,然后陆续一直调,调来的都是年轻人。他们都是博士毕业,基础知识、基础理论都比较好,你只要培养好,马上会成长起来,因为年轻人有后劲。我们采取了边学边干和集体备课的办法,让新来的同志先试讲,然后提出改进的意见。另一个主要的工作就是要"带",手把手教,比如有些年轻人写的东西,需要我看的,我一个字一个字地改,改完让他们看一看,我为什么这样改?改的有没有道理?如果认为没有道理咱们再改回去,从多方面入手。科研上,有时候讲一些方法,董小君教授曾和我讲,"主任,您那时候看我的文章,老说你们怎么老爱用一个'了'字",她印象特深。我说,"了"字有时候必须用,但有时候用上就显得文章没劲了,本来是在论述,你就不要"了",还在开玩笑。作为一个群体,它要有一个学术的氛围,一个教学的方法,现在周文彰副院长搞的教学观摩非常好。

学无止境:所谓的"官、产、学、研"我都经历过

高:我们知道,您一直研究国有企业改革、国有资产管理、宏观经济等,您最近在关注哪些热点?

周:来学院之前,我在社科院工经所企业管理研究室长期做主任,研究的重点方向是企业这一块,包括企业内部的管理、企业改革等,后来随着改革的深入,我的研究领域扩展到整个国有资产管理体制改革。来到学院以后,为了学院发展的需要,开始研究宏观经济,我现在除了搞企业研究外,还搞宏观经济分析、中国经济形势走势,包括产业经济和区域经济。另外,中共十八大提出要形成新的经济发展方式,我觉得这是中央和国家提出的最大的战略。过去大家关注宏观经济,老关注增长速度,把速度高一点低一点看得很重,这个当然很重要,但是我更关注中央提出的结构调整,特别是需求结构调整,如果这个结构调整不能很好地实现,增长虽然上去了,最终却不可持续。

2008年我有一个送阅件叫《抓住时机,加快实现我国经济发展战略的转

型》，当时我提出两位数的增长速度是不可能持久的，从长远看我们的经济增长幅度应该控制在 8%，最高不要超过 10%，这是 2008 年给中央写的。我最近也写了一篇文章，与中共十八大相关，内容是加快形成新的经济发展方式。还有一个我长期关注和跟踪的领域，即国有资产管理体制和国有企业改革。国企改革全国各个方面包括经济界、企业界都在研究，对国有大型企业，特别是央企的母公司、集团公司、总公司进行股份制改革，我写的文章很多。在 2010 年两会期间，我在《中国经济时报》连续发表了两篇文章，一篇是关于转变经济发展方式的，一篇是推进国有大型企业母公司层面的股份制改革，后来"十二五"规划讲到了三个类型的改革，即对于央企，能够整体上市的要整体上市，实在不能整体上市的，要进行股权多元化改革，实在需要保留国有独资企业的要进行公司制改革，在这点上我至少起到了推动作用。

除了刚才讲到的两个热点外，我这些年投入比较多的是企业管理创新工作。我最初就是搞企业改革、企业管理的，这些年也一直在参与，每年会花比较多的时间到大企业指导他们的创新工作，2013 年 3 月 31 日刚刚召开了全国企业创新大会，这是我从内心比较热爱、比较关注的。我们国家企业发展的走势，就是改革和管理的走势，决定着整个发展战略和全面建成小康社会的进程。经济学界的一些活动我参加，管理学界的活动我也参与，前面还提到挂职，所谓的"官、产、学、研"我都经历过。

徐：您这两年除了上课之外，在日常生活中有哪些兴趣爱好？

周：年轻的时候，我爱打篮球，后来年龄大了，加上工作比较忙，平时除了散散步以外，要说兴趣，就是喜欢跟我的学生们凑在一起吹牛，天南地北地扯。跟年轻人在一起聊天，会有更多的信息，我很愿意跟他们交流。

深情寄语：作报告切忌东拉西扯，写文章切忌不疼不痒

高：您早年当过团支部书记，做过青年工作，现在依然喜欢跟年轻人在一起，最后想请您对我们年轻人的成长成才提一些期望和建议。

周：不同的行业有不同的发展规律，对教学研究人员来说，首先要把握好自己研究的重点和方向，这是立足点，围绕你的专业，逐步扩大，不要把战线拖得太长。其次做学问是很艰苦的事，要能够沉下心来。不管是讲课还是写文章，要有一种冲动，要觉得非常想写，非常想讲，单纯为了完成一个任务去干工作是不行的。要沉下心来，围绕你的方向和兴趣去做一些基础性的工作，我很欣赏周文彰副院长说的那句"居高临下，融会贯通"。这话说起来好说，但是没有长期的积累是不行的，要一点一点地积累。在管理岗位上的年轻人，一是做好本职工作，二是兴趣广泛，关注各方面的一些重要问题，有兴趣写一些东西。在接人待物方面，一是以诚待人，二是互相之间要宽容。

另外，在学风上要严谨，这点我的恩师蒋一苇先生对我的影响非常大，老师的优秀品质，让我一生受益匪浅。我的老师蒋一苇先生是很知名的一个大家，曾任中国社科院工业经济研究所所长，对我国经济体制改革的进展发挥了重要的作用。蒋老师还是一位老革命，是重庆地下党的成员，《挺进报》的编辑，江姐的战友。我和他联名发表的唯一的一篇文章是1992年11月在《经济日报》上的，题目是《评我国现行企业劳动制度》。当时我的老师已经处于病重后期，躺在医院里，他说让别人发表文章，想表达我们的诉求和观点很难，还得我们自己写。他说现在我写不动了，你能不能给我起草一下，我来看。这是值得纪念的唯一一次跟老师联合发表论文，后来《经济日报》给了300元稿费。老师病重，让师母转给我，一分钱他都没留。师母说，老师说了，这是你写的文章，你要不收他会生气的。前两年咱们学院有个格言征集活动，书里写了老师教导我的两句话，现在送给学院的年轻人，我们共勉，他是这样说的：作报告切忌东拉西扯，写文章切忌不疼不痒。

这里还有一个小插曲。我们毕业的时候，老师希望我们都留在社科院工作，但当时面临户口解决不了、家属调不来分居的问题。我的老师那么一个大经济学家，当时给胡耀邦同志写了一封信，要求改革户籍制度。他说，我就不相信户籍问题解决不了，你们的家属工作解决不了，在解决之前你们都可以先回家去工作，但是关系留在我这儿。老师就是这样对待事业，对人才这么爱惜。等到我们毕业留在所里，还是面临这些问题，大家有点情绪化。后来导师让我们考博士，我们就说，不考了，我们响应党的号召，撇家舍业地来到北京学习，现在我们家属都调不来，我们太伤心了。后来，为了让我们考博士，老师专门请我们吃了一顿饭，把我们召集起来说了这样一番话，他说不要以为你们有了硕士学位就万事大吉了，等以后满社会都是博士的时候，你们再想考就没有机会了。导师的眼光很长远，我们就是在这种情况下考了博士研究生。

最后，我想给学院的年轻人提点希望，国家行政学院是一个学习、研究、教学最好的平台，我们有那么多好的老师、好的课程，不管你做哪一项工作，都要抓住机遇，利用优越条件，多听，多积累。同时要甘愿付出，不怕辛苦，才能更快地成长成才。

采访后记：长者的风采

直到接到采访任务，我才认识周主任。原本以为经济学教研部的第一位主任，资历深厚、地位崇高，应该是一位非常学究气的老人。但他打开办公室门，笑容满面地说着"进来吧"，那一瞬间，我悬着的心就彻底放下了。

采访开始前，周主任特意找话题让我们活络气氛。近3个小时的采访，他始终精神饱满，热情洋溢。周主任说得最多的一句话就是："看到你们年轻人，我很高兴，也非常羡慕。"

这不是场面话，他确实羡慕，童年求学的艰辛，考硕士研究生、博士研究生的不易，要不是他的一路坚持，恐怕也绝没有今天的成就。他"生在旧社会，长在红旗下"，人生发展的每一个阶段几乎都赶上了国家发展的历史节点。小学时"反右"开始，1959年读初中赶上"三年自然灾害"，1962年考高中赶上中央出台八字方针，1965年考大学赶上了"文化大革命"前的最后一次高考，1978年参加恢复研究生制度后的第一次考试。他自己总结说："一个人的成长和发展，与整个国家发展的阶段及背景是分不开的。"但是我却感觉他的成长经历，却正好符合了"天才是1%的灵感加99%的汗水"这句名言。

"坚持"是我对周主任的第一个印象，第二个印象就是"感恩"。在提到帮助过他的人时，他称呼为"贵人"，还特意加重了语气，清楚地记得对方的名字、职位；他尊重导师，将导师的教导铭记在心；他回忆苦难，语气顽皮，讲述得跟笑话似的，不以为意。

周主任还有一点让我印象深刻，那就是他对年轻人发自肺腑的关爱："手把手教"，"一个字一个字修改"，"年轻人后劲足"，"喜欢跟年轻人在一起"。他毫不掩饰自己对年轻人的喜爱，也从不在年轻人面前摆谱。他关切年轻人的成长，也乐于给年轻人机会。他教导年轻人要以诚待人、懂得宽容，他告诫年轻人"作报告切忌东拉西扯，写文章切忌不疼不痒"。

越是有实力的人，姿态放得越低。周主任淋漓尽致地向我们诠释着这句话的含义。

长者如斯，夫复何求？